维纳自传
——从神童到控制论之父

Norbert Wiener
A Life in Cybernetics

[美] 诺伯特·维纳(Norbert Wiener) 著

王善平 译

上海科学技术出版社

图书在版编目（CIP）数据

维纳自传 ：从神童到控制论之父 /（美）诺伯特·维纳(Norbert Wiener) 著 ；王善平译. -- 上海 ：上海科学技术出版社, 2025. 1. --（数学家传记丛书）.
ISBN 978-7-5478-6855-3

Ⅰ．K837.126.11

中国国家版本馆CIP数据核字第20241HM704号

维纳自传——从神童到控制论之父

［美］诺伯特·维纳　著
王善平　译

上海世纪出版(集团)有限公司　出版、发行
上海科学技术出版社
（上海市闵行区号景路159弄A座9F-10F）
邮政编码 201101　www.sstp.cn
江阴金马印刷有限公司印刷
开本 787×1092　1/16　印张 32.5
字数 490 千字
2025 年 1 月第 1 版　2025 年 1 月第 1 次印刷
ISBN 978 - 7 - 5478 - 6855 - 3/K · 58
定价：128.00 元

本书如有缺页、错装或坏损等严重质量问题，请向印刷厂联系调换

译 者 序

王善平

诺伯特·维纳(Norbert Wiener,1894—1964)在少年时代就已是公众人物,因为他不到12岁就上大学,不到15岁拿到学士学位,不到19岁获得博士学位,作为神童很早就被记者追踪报道。他承受着"神童"名声带来的沉重负担,在生活和学习中历经磨难,经过努力奋斗而成为卓有成就的数学家。不仅如此,他还在其职业生涯的后期创建了把人、动物和机器的动作和行为综合在一起研究的"控制论",从而为人类开启了自动化时代,激发起人们对当时刚发明的被称为"电脑"的电子计算机、即将涌现的机器自动化工厂以及伴随而来的社会问题和哲学问题的极大兴趣。这使他再次成为公众人物。

在此背景下,维纳于1953年和1956年,先后出版了两卷自传《昔日神童——我的童年和青年时代》(*Ex-Prodigy: My Childhood and Youth*)和《我是一个数学家——神童的后来生活》(*I Am a Mathematician: The Later Life of a Prodigy*),它们立即成为畅销书,并被各大媒体广泛报道和评论。如今这个译本是两本书的合并。

维纳的自传第一卷《昔日神童》,讲述了他的成长道路,其写作目的,部分是为了满足许多读者对"神童是一个怎样的神奇怪物"的好奇心;另一个目的,他说:"重温我童年时期作为神童的困难经历是一种巨大的精神压力,但把它们写出来也是最好的精神疗法。"维纳的好友、美国著名人类学家米德

(M. Mead,1901—1978)对此卷评论道:"维纳博士以一个数学家的清晰和严谨,对自己的一生以及他那早熟而聪明的头脑给睿智而精力充沛的父亲带来的问题进行了思考。他斟字酌句,语言精准,达到了最大的客观、冷静与温和……复杂的文化思潮赋予了维纳与生俱来的特殊禀赋,也赋予了他既蓬勃发展又饱受磨难的命运。"[1]

第二卷《我是一个数学家》主要讲述维纳成年后的科学生涯和生活经历。其中他还用通俗的语言详尽解释了所从事研究学科的专业知识和历史发展,包括他所创建的控制论;并阐述了他对人类社会一些问题的看法以及未来发展的设想。他说道:"在本卷我希望仔细思考自己的职业生涯意味着什么,并获得情感上的平静——只有对自己的过去进行彻底的思考和理解才能带来它。我也希望在数学和其他科学领域的类似职业中不断出现的年轻人能分享这种认识。我觉得,知识界的众人并不十分了解科学家、科学家的生活方式和对科学家的要求,而我认为自己在这里有解释的责任。"

以下略叙这两卷书的梗概。

"神童"名声——难以承受的重负

维纳大约3岁时就开始阅读,7岁时所看的书已经深入生物学和物理学的各个分支,甚至超过其父亲的知识范围。当时父母曾把他送去读小学三年级,然而他一方面所掌握的知识已远远超出比他大好几岁的同学,另一方面写字能力和数学运算能力很差,背不下乘法表,习惯于扳手指做加法,显然无法适应学校的教学要求和纪律。在此情况下,父母决定让他离开学校,由父亲负责实施对他的全面教育,其核心是数学和语言(主要是拉丁语和德语)。维纳如此描述他父亲的上课过程:

> 他会以一种轻松、交谈的语气开始讨论。这种语气一直持续到我犯了第一个数学错误。我那个温柔慈爱的父亲就一下子变成有血仇的冤家。他对我无意中的犯错发出的第一个警告,是高音喊声"什么!",如果我没有马上照着他的意思改正,他就会警告我:"现在,再做一次!"这时我已经在哭,被吓坏了。几乎不可避免的是,我仍然犯

译者序

错,或者更糟糕的是,把一个原本还行的解答改得一塌糊涂。这时,我父亲再也控制不住自己的脾气,对我说出了一连串的词,这些词在我看来甚至比它们的原义更粗暴,因为当时我不知道它们是从德语转来的。"Rindvieh"(德语:牛)并不完全是一个褒义词,但它肯定没有"brute"(英语:畜生)那么严厉;而"Esel"(德语:驴)已经被好几代的德国学校教师使用,它几乎已经成为一个爱称。

对于这样的教学方式维纳终究还能适应,然而父亲还把他的管教延续到别的场合。他经常在饭桌上,在亲友们的面前,反复讲述维纳的幼稚、可笑的行为,使他如坐针毡,受尽精神折磨。

父亲却对自己的教育理念和方法颇为自豪。他在接受杂志记者采访时,大谈维纳只是一个普通男孩,其学习取得优异成绩主要是因为训练方法的优越性。[2]这些话语严重打击了维纳的自信心。

父亲还经常在他的哈佛大学同事面前夸耀儿子的学习成绩,引起包括数学家伯克霍夫在内许多学者的反感,他们在维纳的早期职业发展阶段频频设置障碍。

1903年秋天,9岁的维纳作为一名特殊学生进入艾尔中学,从初三读起。三年后,12岁的他跟17、18岁的同学一起高中毕业,随即考入塔夫茨学院。1909年春天,不到15岁的维纳以优异成绩本科毕业,却未能按惯例入选美国大学优等生荣誉学会(Phi Beta Kappa)。他得知其未入选的主要原因竟是,人们怀疑一个神童的未来成就是否配得上这份荣誉。这使他第一次完全意识到,自己被认为是自然界的一个怪胎,一些人在等待他将来的失败。

令维纳极度反感的还有那些报刊记者,他们纠缠着他,试图挖出其个人隐私,写成关于神童的八卦文章,跟那些双头小牛奇闻以及X伯爵跟Y富翁的老婆相恋的故事放在一起,发表在周日增刊上,成为大众闲聊的谈资。

维纳从塔夫茨学院毕业后,同年考入哈佛大学攻读生物学,是那时被录取的五名神童之一。而其中年仅11岁的神童威廉·詹姆斯·西迪斯(William James Sidis,1898—1944),名声比维纳还要大。西迪斯入学时已精通高等数学和天体运动,被邀请在哈佛数学俱乐部做关于四维正则图形的报告,人们期待他会成为伟大的数学家。然而从哈佛大学毕业后，西迪斯并没有做出一鸣惊人的工作，一连串的挫折甚至使他开始厌恶数学，宁愿去从事一份日常计算工作以糊口，业余时间则沉浸于收集世界各地的有轨电车车票，竭力躲避着世人的目光。而在这时，《纽约客》的一篇文章[3]，把西迪斯作为神童失败的案例而加以报道。这不仅让世人开始重新关注西迪斯，而且使他蒙受耻辱，搅乱了他的平静生活，不久病逝。这件事让维纳极为愤慨。

还有一件事，维纳在哈佛大学攻读哲学博士期间，刊登在教育家专业杂志上的一篇文章这样描述他[4]：

> 据说他尝试学习物理学、数学和生物学的高级课程，但不成功；学习哲学的成绩还算满意，但他缺乏创造性，流于肤浅。这个孩子看样子做不到沉下心来，去搜集充分的数据——他要立即得出结论，然后用于别的地方；这些结论有的是正确的，但很多时候并非如此。
>
> 他从小就在动作控制方面发育缓慢。他不会玩任何游戏，甚至不会掷球和拿球，在他参加的所有室内活动中他都显得很笨拙。图画得丑陋不堪。他总是说，事情做好了，却被发现错误，而他自己永远不会发现这些错误。
>
> 他的大学同学觉得他不好相处；他跟同龄伙伴们玩，但由于他不会玩他们的游戏，而他们又不懂他所学的知识，所以双方之间的联系不会紧密。

这篇羞辱性的文章同时激怒了维纳和他的父亲，父亲甚至写了一封抗议信给那家杂志，但并没有起到什么作用。

维纳指出：所谓"神童"，只是这样的孩子，他在通常的接受中学教育的年龄之前，就已取得了相当于成年人智力水平的显著成绩。但这并不意味他将来一定会取得巨大的成功。而世人对于神童有一种"非巨大成功就是巨大失败"的极端态度；还有不少人认为早熟的孩子在智力上预支了他一生的精力资本，注定要早早垮掉，成为永久的二等百姓，如果他没有靠救济过活或住进疯人院的话。维纳认为，这些态度不仅是错误的也是不公正的；往往会让那些神童在重负之下变得性格扭曲，最后因精神崩溃而被压垮。而他本人有幸走上了既是学者又是世界公民的积极的生活道路,才得以避免悲剧性结局而获得精神上的解放。

"压弯的树枝"

维纳原先为其自传第一卷起的书名是《压弯的树枝》(*The Bent Twig*,后来因出版商的建议,才改用现书名),这源自西方的一句古老的谚语"树枝怎么弯,树就怎么长",隐喻一个人在年幼时的经历和引导对他们的成长有着持久的影响。维纳要以此向世人讲述,家庭和社会的力量如何交织在一起,令他成为极度弯曲的树枝。据说他在书中写到与父母的关系时,甚至会放声大哭以发泄情绪[5]。

除了父亲严厉施教所带来的痛苦和精神折磨,维纳怪罪其父母的另一重要原因是,他们刻意向他隐瞒了他们的犹太人出身。在这件事上,他主要针对母亲。

在维纳的8位曾祖中,有7位是犹太人,只有母亲的外祖母可能是路德教徒。但维纳的父母显然是为了让子女能够很好地融入美国的主流文化,而有意阻断他们与犹太传统文化的联系。尤其是母亲经常在子女面前嘲弄犹太人的种种缺点,附和世人贬低犹太族群的狭隘言论。维纳把父母阻止他接受犹太人传统文化的做法比喻为"剥夺继承权"(第一卷第十一章)。

维纳直到16岁上康奈尔大学读博士时,才从父亲和老友的聊天中得知,自己的祖先就是母亲所鄙视的犹太人!这使他感到非常震惊:一方面因为发现自己属于社会边缘族群而深感自卑,另一方面觉得自己长期以来生活在谎言中,对自己所热爱的母亲的行为是否符合他自幼被灌输的人类正义和道德而陷入困惑。在很长一段时间里,维纳的思想一直在重返犹太传统文化怀抱和接受母亲的反犹立场这两个极端之间摇摆。

此外,维纳对于父母强加给他的看护和教育弟妹的家庭责任,干涉他的学业和工作选择,甚至朋友交往,也都甚为反感。

直到维纳认识后来成为他妻子的玛格丽特·恩格曼(Margaret Engemann),在她的帮助下,他才解开了长期困扰自己的各种心结。玛格丽特坚定地认为,维纳应该诚实地承认自己是什么样的人，不卑不亢地接受自己的犹太身份。在妻子的坚决支持下，维纳终于找到处理犹太偏见问题的明确思路，并将其升华到针对一般被贬低群体的偏见问题。

维纳认为，犹太人主要是一个有着一定传统和一套价值观（包括宗教的和世俗的）社会族群；而这个族群其实无关种族（race），因为它是几个种族的混合，而且还经常会被其他族群混合体吸收（根据维纳的这种观点，本书将 Jewish origin 译为"犹太出身"而不是"犹太血统"）；人类文明发展至今，特别是第二次世界大战以后，反犹主义以及其他的种族偏见思潮都在逐渐消退，不再成为人们生活中真正重要的因素。

妻子还帮助维纳成功摆脱了父母对他的掌控，使他感觉到自己已成长为成熟的男人。

维纳因此将其自传第一卷献给了妻子，以表达感激之情。他写道："献给我妻。在她温柔看护之下，我才识自由。"

平心而论，维纳的父母无论从任何标准来衡量，都是非常优秀和称职的家长。他们对子女的培养和教育极其用心，有周密的长期规划。特别是母亲。就如维纳自己在书中所讲，在他的早期记忆中，唯一的父母就是母亲，她的关心和温柔；而父亲只是一个让他感到害怕、严肃而冷漠的人物。母亲经常在庭院里给他念书，从吉卜林的童话故事到狄更斯的小说；在床前给他唱歌剧哄他入睡。他与父母之间的矛盾与冲突，除了性格方面的因素之外，主要是因处于不同文化之间激烈碰撞的时代，以及现代社会中最常见的新老之间的代沟。

维纳出版其自传时，母亲仍健在，据说此书让她特别受伤害。[5]

父与子

维纳在书中用大量的篇幅讲述了他的父亲列奥·维纳（Leo Wiener，1862—1939）以及他们之间的关系，因为父亲对于其一生有着最重要的影响，无论在好的方面还是坏的方面。

列奥·维纳是俄裔犹太人，其父亲所罗门·维纳（Solomon Wiener）是一位学者型记者，推崇德语文化，就将列奥送进讲德语的路德教会学校，让他把

译者序

德语作为母语。然而所罗门是一位对家庭缺乏责任心的丈夫和父亲,迫使列奥的母亲独立支撑起家庭,列奥则年仅13岁就开始以辅导同学来养活自己。列奥后来去波兰的华沙预科学校,毕业后曾进入华沙大学医学院,后来又去柏林理工学院学习。他的拉丁文和希腊文成绩特别优秀,数学成绩也非常好。他在那时已展示出惊人的语言天赋,轻松地掌握了十多种语言(他一生中共掌握了40多种语言)。也在这段时期,他成为忠实的托尔斯泰主义者,开始终生戒酒、戒烟、素食。他受同学鼓动影响前往美国,去建立一个素食主义-人道主义-社会主义的社区。计划破产后,他开始在美国这片新土地上游荡。1880年来到新奥尔良时,18岁的他口袋里只有50美分,不得不四处寻找工作。有一段时间在美国南方种地,他种出的庄稼甚至比附近的专业农民所种的长得更好。从此他热爱田园劳动。

列奥后来到了堪萨斯城,一开始做过小贩和商店的清洁工。一次偶然的机会,参加了一个天主教堂举办的盖尔语(爱尔兰和苏格兰人的传统语言)学习班。他凭借着极高的语言天赋和出色的工作能力,很快成为学习班的老师,又当上盖尔语学会的负责人。他的语言能力如此出众,以致被当地人称为"俄国爱尔兰人"(第一卷第一章)。他后来又申请成为堪萨斯城的高中老师,并积极参加当地的各种活动。在一次勃朗宁(Browning)诗歌朗诵会上,他以狮子般咆哮的高声朗诵,赢得密苏里州圣约瑟夫百货公司老板亨利·卡恩(Henri Kahn)的女儿伯莎·卡恩(Bertha Kahn)小姐的芳心。两人遂结为连理,这时列奥已经成为密苏里大学的现代语言教授。同时教法语和德语。列奥夫妇生下的第一个儿子和第一个女儿,分别用了勃朗宁的叙事诗《在阳台上》(*In a Balcony*)中两位主人公"诺伯特"和"康斯坦丝"的名字,显示夫妇俩要把儿女培养成材的决心。诺伯特·维纳在书中写道:

> 我在写作时,面前放着我父亲在1910年春天为《波士顿晚报》(*the Boston Evening Transcript*)写的连载文章,标题是"生活散记"(*Stray Leaves from My Life*)。当我意识到这些文章是我父亲在比我现在小十岁的时候写的,我感到很吃惊。文章叙述了他在欧洲的青年生活和所受教育,他在美国的旅行,以及他在这里的生活,直到

他得以成功地在密苏里大学开展学术事业。文中充满了生活中的浪漫乐趣,以及对贫穷和艰难的满不在乎——这属于一个充满活力的年轻人,特别是当他刚刚摆脱欧洲中学教育的严格约束。Dans un grenier, qu'on est bien à vingt ans![法国诗人皮埃尔-让·德·贝朗瑞(Pierre Jean de Beranger)的诗句,意为:住在阁楼里,20岁的青年觉得这很好!]

维纳刚出生不久,父亲因受排挤离开密苏里大学,接着在哈佛大学谋得斯拉夫语言的教职,然后逐步晋升,直至教授。

在哈佛任教期间,父亲以惊人的毅力完成大量的学术工作,包括出版了他的第一本书《意第绪文学史》,两卷本《俄罗斯文学选集》,两年内译完24卷托尔斯泰作品,帮助犹太服装工人莫里茨·罗森菲尔德(Moritz Rosenfeld)出版诗集,等等。他还频繁地与欧美文化界和政界人士交往,特别是曾经在俄国革命时期在家中接待了许多俄国政要和难民。

他对维纳施行严厉的教育,部分是出于他的强势个性,将对自己的严格要求自然而然地转移到儿子身上;部分显然是受了传统家长制的影响(在这方面中外传统文化有相似之处)。他的做法虽然造成了父子之间严重的对立,但总的来说,还是实现了他的目标:让维纳走上追求知识和真理的道路,并且在学术上出类拔萃。晚年的维纳对父亲甚至达到了崇拜的地步,把他当作近乎完美的伟人。

维纳自我分析道:"在我自己对我父亲的态度中,有敌对的成分,有自我防卫的成分,甚至有恐惧的成分。但我始终认识到他在智力方面的超强能力,以及他的完全诚实和尊重真理,这些使我可以容忍许多经常出现的痛苦局面。"

他说:"我父亲是一个浪漫主义者,而不是维多利亚时代的古典主义者。除了托尔斯泰和陀思妥耶夫斯基,他最亲密的精神联系是1848年的德国自由派。他的正义感包含了这样一些元素:奋发,胜利,光荣而有效的努力,对生活及其中的情感深切的体验……他在许多方面成为一个高尚的、令人振奋的人,一个内心充满诗意的人。正因为如此,正因为我的监督人同时也是我心目中的英雄,我才没有被我所经历的艰苦的训练过程压垮,而成为一个死气沉沉、毫无作为的人。""从他身上,我学到了真正的学者所应具备的学术标准,以及学术生涯所要求的男子汉气概、献身精神和诚实。我懂得了学术是一种召唤和奉献,而不是一份工作。我学会了对一切虚张声势和学问作假的强烈憎恶,也学会了'不被任何我有可能解决的问题所迷惑'的自豪感。这些都是值得付出代价的苦难。"

学习成长之路

维纳在少年时看了许多博物志图书,被其中高度刺激的冒险经历和所展现的精彩世界所吸引,于是立志要当博物学家。与此同时,他对动物学和植物学中复杂的结构图和关于生长与组织的问题,以及医学问题,也深感兴趣——这些对他以后的发展有重要的影响。

8岁的时候,因大量阅读,导致眼睛过度疲劳。眼科医生严格命令,在6个月内不得阅读。父亲于是用口授耳听的方法讲课。这段时间使维纳练成了在头脑中进行数学运算的能力,掌握了用口语训练学习语言的方法,并且增强了记忆力,让他终生受益。

维纳在塔夫茨学院虽然学习数学专业,但后来迷上了生物学,于是毕业后就进入哈佛大学攻读生物学博士。但仅学了一个学期,就被证明因手眼笨拙不适合在生物实验室工作。父亲于是帮他申请了康奈尔大学的奖学金,去那里攻读哲学博士,因为维纳在高中时曾写过一篇论文"无知论"(the Theory of Ignorance),父亲认为他有哲学天赋。第二年由于没有继续获得奖学金,父亲又强迫他转到哈佛大学哲学系,并终于在两年后获得博士学位。专断的父亲让他"不由自主地成了哲学家"(第一卷第十三章)。但维纳在这里受到广泛的逻辑训练,并且在亨廷顿(E.Huntington)教授的数学课上系统学习了公设理论,从而为其未来的数学生涯打下了坚实的逻辑基础。特别是他的博士论文"关系代数的施勒德处理与怀特海-罗素处理之比较"(A Comparison Between the Treatment of the Algebra of Relatives by Schröder and that by Whitehead and Russell),受到现代数理逻辑开创者罗素的关注,这使得维纳在申请获得海外进修一年的奖学金后,能够赴英国剑桥大学跟随罗素学习。

在剑桥大学,罗素亲自向维纳等三名学生讲授他与怀特海合作的名著《数学原理》;他还向维纳提出了一个合理的建议:作为一个打算专门研究数理逻辑和数学哲学的人,应该学习一些数学知识。维纳于是选修了哈代、贝克(H.F.Baker)和利特尔伍德(J.E.Littlewood)等著名数学家的课。其中哈代的课让他深受启发。哈代从数理逻辑的基本原理出发,通过集合论、勒贝格积分理论、实变函数论,引出柯西定理,从而为复变函数论构建了一个严格逻辑基础。这让维纳消除了早期学习数学课程因不理解而产生的许多疑虑。维纳说:"在我听了这么多年的数学课中,在清晰度、趣味性和智力强度方面,没有其他任何人能够达到跟哈代相同的水平。如果要我宣布谁是我的数学训练的师傅的话,那一定是哈代。"

罗素还让维纳牢记,不仅数学是重要的,而且还需要有对物理的感觉;建议维纳研究卢瑟福和其他人关于电子理论和物质性质研究的新进展。并让他注意到爱因斯坦新近发表的相对论,敦促他去阅读爱因斯坦的论文。这帮助维纳养成了在物理和现实的背景下思考数学问题的习惯。

罗素将在下一学期受邀外出访学,维纳听从他的建议在此期间前往德国格丁根大学。维纳在那里跟着希尔伯特和兰道(E.Landau)学习数学,跟着胡塞尔学习哲学。当时格丁根是世界数学的中心,而希尔伯特是20世纪最伟大的数学家,攻克了现代数学各个领域中的许多难题。维纳赞叹道:"希尔伯特代表了本世纪初数学的伟大传统。对于年轻的我来说,他就是我想成为的那种数学家,将巨大的抽象能力跟对物理现实的脚踏实地的感觉结合在一起。"

在欧洲的一年让维纳收获满满。除了上课,他还积极参加各种学术会议并且与众多杰出的教师和优秀的学生交往。通过这些活动使他认识到:数学不仅是一门需要在书房里用功的学科,而且是一门需要开展讨论和终生为伴的学科。与此同时,因为远离父母的管束,令他感受到前所未有的身心独立和自由。他觉得自己获得了"解放"(第一卷第十四章)。

由于第一次世界大战的爆发,维纳提前结束了在欧洲的学习,回到美国,在哥伦比亚大学完成了剩余学年的学习。然后被哈佛大学聘用任哲学系助教,除了日常的辅导学生的工作外,维纳还开设"教员讲座"课程,讲授"构造逻辑"(constructive logic)。第二年维纳未获续聘,遂去缅因大学执教。一年后,因美国参战,维纳辞去在缅因大学的教职而去服兵役,并参加了哈佛大学军官训练团接受训练。终因视力不好而未能正式入伍。

在以后的日子里,维纳先是在通用电气公司当学徒,然后去《美国百科全书》编辑部做写手。不久,他受到数学家维布伦(O. Veblen)的急电邀请,前往阿伯丁试验场从事计算火炮弹道参数的工作;当时在那里集中了一批美国最优秀的数学人才。阿伯丁实验场的工作经历为维纳在20多年后的第二次世界大战中,设计防空火炮预测控制系统做了很好的准备。第一次世界大战结束后,维纳回到家里,又去《波士顿先驱报》当记者,但不久被解雇。

关于这段时间的经历,维纳写道:"在经过了神童的岁月和很早获得学位之后,再去做车间工人、写手、计算员和记者这些有点常规的工作,似乎在走下坡路。然而,就我自己来说,这些工作等于是对我周围世界的体验,许多男孩在更小的时候就获得了这些体验,这是他正常成长过程中平淡无奇的一部分。正因为我在更早的时期没有这些经历,正因为与周围世界的这种接触基本上是每个人教育的一部分,所以这些日常经验对于我来说具有一种魅力和新奇感,这对于一个成长过程比较平常的男孩来说是体会不到的。"(第一卷第十七章)

1919年春天,维纳经他父亲的朋友、哈佛大学数学教授奥斯古德(W. F. Osgood)的介绍,成为马萨诸塞理工学院(MIT,又译"麻省理工学院")数学系的教师。他在这里如鱼得水,从此正式开启了他的人生辉煌事业,直到生命的终点。他对MIT的感激之情表达在其自传第二卷的献辞上:"献给马萨诸塞理工学院,她给了我工作的勇气和思考的自由。"

维纳的数学成就和数学思想

绝大多数纯数学家或应用数学家的研究工作始终局限于一两个数学分支,只有极少数非常优秀的数学家,才会在其职业生涯的后期,跳出其长期耕耘的分支领域,开始关心作为数学基础的数学哲学和数理逻辑的问题。而维纳所走的是完全相反的道路,他的数学研究,是从数学哲学和数理逻辑开始的,然后逐步转向纯数学和应用数学。这就决定了,他往往会从更抽象的角度、用更一般的方法来研究他所面对的问题,从而能够获得比其他数学家更深刻、更完整的结果。

维纳的博士论文是关于罗素的数理逻辑理论的比较研究,随后又赴欧洲跟随罗素学习。他在那里发表了几篇关于罗素理论更深入的研究论文,其中所蕴含的思想,跟十多年后在数理逻辑领域出现的两项重大成就"哥德尔不完备定理"和"图灵推理机器"不谋而合。从欧洲回来后,他又尝试用罗素的理论和方法,构建拓扑学的逻辑基础。他本来可能成为这个后来很时髦的数学分支的先驱之一,但当时觉得它缺乏实质性的内容而将之放弃。

进入MIT这所著名的工科院校之后,维纳很快从同事那里了解到美国最伟大的科学家吉布斯的工作。吉布斯是在数学和物理学的中间地带开展研究的先驱;不同于牛顿力学的分析方法,吉布斯主要应用概率统计来解决各种问题。与此同时,维纳发现,哈代教会他的勒贝格积分,正是处理在概率统计领域经常出现的高度不规则区域的理想工具。自此以后,运用勒贝格积分并结合吉布斯统计思想,解决具有物理或工程技术背景的数学问题,成为维纳研究工作的主题。维纳甚至认为,这种研究模式,将成为现代数学发展的趋势。

在上述思想的指导下,维纳很快获得了第一个重要成果,那就是成功地用函数空间的概念刻画了"布朗运动"这一困扰物理学家多年的随机现象。

在此期间,维纳还与法国数学家弗雷歇(M.-R.Fréchet)合作,发展抽象空间理论。他给出了关于距离空间的一套公理,跟波兰数学家巴拿赫所提出的概念差不多相同,并且几乎同时发表。但维纳觉得自己还是更喜爱研究布朗运动这种更现实的物理问题,于是放弃了对抽象距离空间的进一步研究——这类空间现在被称为"巴拿赫空间",是一个重要的数学概念。

维纳接下来的任务,是解决MIT电气工程系所提出的一个急迫的问题:为通信理论中的亥维赛算法提供严格的数学基础。为此,维纳发展了一种范围极其宽泛的广义调和分析理论,使得亥维赛算法被完全容纳其中。

结合研究布朗运动的成果和广义调和分析,维纳又成功解决了位势理论中的一系列问题。

译　者　序

维纳赴德国格丁根大学做学术演讲,介绍他的广义调和分析理论,赢得包括希尔伯特在内的德国数学家和物理学家的赞赏;他在演讲中所阐述的振动频率精确性和时间精确性不可兼得的观点,启发了海森伯提出量子力学的"不确定性原理"。维纳后来还与另一位德国物理学家玻恩合作,推广了矩阵演算,可用于同时表示原子光谱中的连续性和分离性。

维纳还运用他的广义调和分析理论,成功推广了数论中重要的陶伯定理(Tauberian theorems)。由于这一成果,维纳荣获美国数学会 1933 年博谢奖。维纳所取得的成就令他的老师哈代赞赏不已。哈代作为 20 世纪著名的数论大家,曾利用陶伯定理解决了许多数论问题。他同时是一位极其厌恶应用数学、以数学的"无用"为荣的纯数学家。如今面对这位不仅在应用数学领域而且在纯数学领域取得优异成绩的得意弟子,哈代不得不声称:维纳是一个伪装起来的真正纯数学家,他的许多数学工作中的工程用语是一种骗人的东西,是为了讨好他在 MIT 的工程师朋友。

维纳还与科学家霍普夫(E. Hopf)合作,建立了描述恒星辐射平衡的微分方程,后被称为维纳-霍普夫方程,该方程还能用来描述有关原子弹的许多重要问题。

维纳后期的数学工作主要围绕通信理论中的滤波、预测和反馈控制系统,这方面的工作导致他最后创建了控制论,而这一切是从他认识一位名叫李郁荣的华人学生开始的。

与华人学者李郁荣的终生友谊,中国之行

李郁荣(Yuk-Wing Lee)1904 年 4 月 14 日出生于澳门,1924 年从上海圣约翰大学毕业后,赴美国 MIT 电气工程系求学,1927 年获学士学位,1928 年获硕士学位;然后在万尼瓦尔·布什(Vannevar Bush,1890—1974)教授的指导下,继续攻读博士学位。就在这时,维纳的出现改变了他人生的轨迹。维纳说:

> 我认识李郁荣的过程非常有趣。我的荷兰朋友斯特勒伊克在贝尔电话实验室找到了一份与电路分析有关的暑期工作。这立刻让我

想到，我是否可以通过运用傅里叶级数，以不同的方法研究同样的问题。经过进一步的考虑，我觉得自己的想法看来不错，于是我问万尼瓦尔·布什能否给我一个电气工程方面的好学生，让他在我的指导下完成一篇论文。他非常乐意，并向我推荐了当时住在波士顿一所教堂教区会所的李郁荣。李爽快地接受了邀请，于是我们就一起工作了。

李和我成为科研同事到现在已经有四分之一个世纪了。从一开始，他的稳重和判断力正好提供了我所需的平衡轮。我最初的想法是建立一个可调节的校正网络，这本来是可行的，但代价是浪费大量零件。是李发现了如何用同一个部件同时实现几种功能，并通过这种方式将一个庞杂的装置简化为一个设计精巧而实用的网络……正是布什作为电气工程师取得长足发展的时候，他让李郁荣做我的研究生。这是布什为我做过的最好的事情之一，我永远感激他把李引向我的方向。

李郁荣获得博士学位后，维纳极力帮助他进入美国电气工程行业，但当时美国仍处于 1929 年以来的经济大萧条时期，而且当地公司企业对华人工程师普遍持排斥的态度，所以李郁荣很难找到合适的工作。于是他回到了中国上海，先是受聘于中国电业公司，任职电机工程师，后接受时任清华大学工学院长兼电机系主任顾毓琇的邀请，于 1934 年 8 月正式聘为电机系教授。李郁荣在清华大学安顿下来后，就向工学院、物理系和算学系的负责人提出邀请维纳来访的建议，得到积极响应。于是清华大学向维纳发出正式邀请。维纳说道：

李没有忘记我。1934—1935 学年，我收到清华大学的邀请，请我去那里讲授数学和电气工程，为期一年。邀请当然来自清华校方，具体是梅贻琦校长和后来成为中国教育部次长的顾毓琇院长。但它肯定是李郁荣首先提议的。经过一段时期的商议，其间我始终迫切想去，但对能否成行和中国局势的稳定性有所顾虑，最后我接受了邀请。当时我的两个女儿分别是 7 岁和 5 岁，尽管我们有些担心旅行的安全和对她们健康的影响，但还是决定带她们一起去。

译 者 序

  我对即将开始的中国之行怀有极大的热情。不仅是因为我始终热爱旅行本身的缘故,而且是因为父亲从小教育我,要把知识世界看作一个整体,而每个国家,无论其地位多么崇高,都不过是这个世界上的一个地区而已。我已经看到并且参与了,美国科学从完全跟随欧洲科学,上升到具有相对重要和自主地位的过程;我还坚信,这里所发生的一切也会发生在任何国家中,或者至少发生在任何已经在行动中显示出知识和文化创新能力的国家。我从来就认为,欧洲文化相对于任何东方伟大文化的优势只是历史上的一个短暂插曲,所以我渴望亲眼目睹这些欧洲以外的国家,通过直接考察来了解他们的生活和思想模式。在这一点上,我得到我妻子的完全支持,民族和种族偏见对于她,就像对于我一样,始终是不沾边的。就连我的女儿们,她们还是小孩子的时候,也是在通常的偏见之外教育成长的。

  维纳携带全家,于1935年8月15日来到清华大学。他的工作之一是分别给电机系和算学系的师生讲课。其中在算学系讲授的是调和分析与勒贝格积分,听课的青年教师包括赵访熊、曾远荣、华罗庚、徐贤修、吴新谋、段学复和庄圻泰等。维纳特别欣赏华罗庚,不仅帮助安排把华的论文在MIT刊物上发表,还极力推荐他赴英国剑桥跟随哈代学习数论。[6]

  维纳还积极为清华电机系与MIT合作建造机械式计算机穿针引线。

  然而维纳在清华的主要工作是继续跟李郁荣合作研究。他们的合作课题有两个:一个是继续两人几年前在MIT的工作,改进李-维纳滤波网络,包括提出新的网络结构和采用新的计算方法。他们很快获得新的研究成果,并为这些成果申请了两个新的美国专利。

  另一个合作课题是改进布什所制造的模拟计算机,他们尝试采用电子线路来取代原机中的机械转动装置,这样可以大大提高运行速度。但在这里遇到了一个极为困难的问题:要设计一种机制,以把输出运动部分作为新的输入返送至过程的起点。这种机制后来被称作"反馈机制"(feedback mechanism),其使用必须小心,因为如果反馈太强了,会使机器振荡而无法达到平衡。在布什机中,反馈机制是用机械方式实现的,产生的反馈量较小,所以较容易避免振荡。而用电气机制产生的反馈作用较强,很难控制。维纳和李郁荣认识到,只有在建立关于反馈机制的完备理论后,才有可能彻底解决所面临的难题。但他们当时还没有做好这样的理论准备,所以这项研究未能取得进展。

1936年5月,维纳结束在清华大学的访问,携全家离开中国前往挪威奥斯陆,他在那里将代表中国参加国际数学家大会。他这样评价自己在中国的一年:

> 如果我要为自己的生涯确定一个特定的分界点,即作为科学的一个刚满师的工匠和在某种程度上成为这一行中一个独当一面的师傅,那么我应当选择1935年,即我在中国的那一年作为这个分界点。

维纳很想重返中国,但由于第二次世界大战的爆发而作罢。李郁荣夫妇也因抗日战争而滞留上海,他们跟维纳之间的联系暂时中断。维纳在战争期间的主要工作,是负责设计防空火炮控制系统,其中涉及两个关键问题:一是过滤噪声以精准定位飞机的现时位置,二是预测飞机下一时刻的位置。这些正是维纳先前跟李郁荣合作中所研究的课题,特别是在这里又遇到"反馈"这个概念。然而这次维纳已经有充分的把握来处理它。他把他的研究成果写成《平稳时间序列的外推、内插与光滑处理》(*Extrapolation, Interpolation, and Smoothing of Stationary Time Series*),这本书因封面黄色且内容难懂,而被工程师们戏称为"黄祸书"。

第二次世界大战结束后,滞留上海9年的李郁荣终于联系上维纳。维纳为他在MIT谋得一个教职,李郁荣夫妇得以重返美国,维纳前往车站迎接。见面之后,李郁荣就迫不及待地与维纳开始讨论未来的工作计划。鉴于李已远离专业那么长时间,几乎不可能与已熟练掌握最新知识的年轻人竞争,维纳为他想出一个绝妙的高招:要避免在这场竞争中惨败,可以刻意先走在前面,让别人必须花几年时间才能赶上来。具体而言,就是让李向广大工程师和政府官员介绍和解释维纳的"黄祸书"中所蕴含的理论和思想。维纳说:

> 由于我们曾经有多年合作的习惯,他对我的思维过程和写作方式非常熟悉,这使事情变得容易多了。于是他着手把我只是概括性

译者序

地描述的那些想法,转化为详细的通信和工程的理论,并充当向工程界众人解释我后来称之为控制论的那个领域的翻译。

李在这一计划中确立了自己的地位,几年来一直忙于贯彻这一计划,并取得巨大成功。现在,他正在从新的角度撰写一本关于通信工程的书,他在书中表现出了极大的耐心、彻底性和对读者的体贴。对于我来说,虽然我跟这门学科的起源有着密切关系,但我不可能做到这样超然的处理。

李已经向相当多的政府部门和工业实验室介绍了那些新思想。他培养了整整一代年轻的电气工程师,让他们沿着统计路线进行研究,并把我的观点作为解决通信问题的惯用方法。他还组织了非常成功的暑期会议,使已经积极投身于通信行业的工程师们能够来到MIT进修有关控制论的课程。

通过这些方式,十年隔绝所造成的种种困难被成功地绕过了。李在新方法方面的领先优势使他有时间补上1936—1946年间产生的知识,而且他所从事的工作为他提供了具体的问题,以作为他理解和熟悉这段时期研究的试金石。换句话说,我俩从李氏夫妇战后抵达波士顿南站的那一刻起就开始采取的计划,现在看到了回报。

李郁荣回到MIT后,极大地鼓舞了我继续深入研究伺服机构以及后来被我命名为控制论的整个一类课题。

创建控制论,开启人类自动化时代

维纳虽然已成为卓有成就的数学家,但从小养成的对医学和生物学的强烈兴趣并没有消退。他跟墨西哥神经生理学家阿图罗·罗森布吕特(Arturo Rosenblueth)长期合作,致力于把数学——特别是通信理论——应用于生理学。他们发现,如同火炮防空预测控制系统,反馈机制也在人的神经控制中起着重要的作用!维纳进而发现,神经系统的工作原理与数字计算机极其相似,其中神经纤维起着开关器件的作用,而神经纤维之间通过"突触"相连如同开关器件之间的关联。于是维纳和罗森布吕特召集一批神经生理学家、通信工

17

程师和计算机专家定期开会,专门讨论运用现代数学方法把神经系统当作通信问题来研究。这个会议后来得到在纽约市的梅西基金资助,而被冠名为"梅西会议"。维纳认为梅西会议就是控制论这门新科学(或者说是,在机器和活有机体内的通信和控制理论)的发源地。

维纳于1948年发表了他的划时代著作《控制论:或关于在动物和机器中控制和通信的科学》(Cybernetics: Or Control and Communication in the Animal and the Machine),其中花了整整一章的篇幅来讨论关于反馈和振荡的问题,并给出了完整的数学描述和解决方案。1950年,维纳又发表了《人有人的用处:控制论和社会》(The Human Use of Human Beings: Cybernetics and Society),对控制论的思想作了通俗的阐述。他说道:

> 这些就是我希望综合在我的《控制论》一书中的理念。我最初的目标相当具体和有限。我想介绍香农和我本人正在发展的新信息理论,以及源于战前柯尔莫哥洛夫的工作和我对防空预测器的研究的新预测理论。我希望让要比我的"黄祸书"读者更多的公众注意到这些观点之间的关系,并向他们展示一种主要是统计的通信工程新方法。我还希望让这些公众注意到人类神经系统与计算和控制机器之间的那么多的相似之处,它们启发了罗森布吕特和我的共同研究。然而我只有竭尽自己的全部才智,才有可能完成这项多重形式的任务。几乎在一开始,我就清楚地认识到,这些新的通信和控制概念涉及对人类、人类对宇宙的认识以及对社会的新诠释。
>
> 通信绝不仅限于人类,因为已经发现至少在哺乳动物、鸟类、蚂蚁和蜜蜂中,都有不同程度的通信;然而相较于所有的动物之间的通信,如鸟类的叫声和求偶舞蹈,蜜蜂向巢中同伴指示蜜源方向和距离的哑舞,以及我们刚刚开始了解的其他所有的通信方式,人类的语言比动物的这些方式更发达、更灵活,并且因此提出了一些完全不同的问题。
>
> ············
>
> 通信是社会的胶合剂。社会并不只是众多个体为了各自的争斗

译 者 序

和繁衍后代的聚集,这些个体还会在一个更大的有机体中亲密互动。社会有自己的记忆,它比所属任何个人的记忆都要持久和丰富得多。在那些有幸拥有良好文字记录的社会中,这种公共传统的很大一部分都被记载下来;但也有一些社会,虽然没有文字,却以宗教仪式来记忆部落颂歌和历史,以此技术形式保存了整个传统。

社会学和人类学主要是通信科学,因此属于控制论的范畴。社会学的一个特殊分支被称为经济学,与社会学的其他分支相比,它的特点是拥有更好的数值衡量标准;由于社会学本身的控制论特性,经济学也是控制论的一个分支。所有这些领域都共享控制论的一般思想,尽管其中许多领域的数值技术,还没有精确到值得利用控制论的全部数学工具的地步。

除了在这些已有科学中的作用之外,控制论必然会影响到科学哲学本身,特别是在科学方法和认识论或知识论领域。首先,在控制论和我早先的研究中如此明显的统计观点迫使我们对秩序或规律性采取新的态度。完美的信息中没有任何可测量的东西,就此而言可测量的信息不可能是完美的。如果我们能够测量因与果之间的关联程度(我在信息论方面的许多研究表明,这是一个完全可能实现的目标),那么这只能是因为宇宙不是一个完全严密的结构,而是一个在不同区域可能存在微小变化的结构。这样我们就能观察到,宇宙某一方面的变化会给其他方面带来多大的变化。

因此,从控制论的角度来看,世界是一个有机体,它结合得既不太紧密,所以某些方面发生变化并不会使所有方面都发生变化;也不太松散,所以不是任一件事都可以像其他任何事一样轻易发生。这个世界既没有牛顿物理学模型的刚性,也没有处在一种最大熵状态或热寂状态下的——此时不可能有真正的新事物发生——缺乏细节特征的柔性。这是一个"过程"的世界(a world of Process),而不是一个"过程"所导致的最终死寂平衡的世界,也不是一个在所有事件发生之前就由像莱布尼茨那样预先确定的和谐所决定的世界。

在这样一个世界里,知识的本质就是认识的过程。寻求处于时间尽头之宇宙的渐近状态中的最终知识是没有用的,因为这种渐近状态(如果存在的话)很可能是无时间的、无知识的和无意义的。知识是生命的一个方面,如果它一定要被解释的话,就必须在我们活着的时候加以解释。生命是个人与环境之间持续不断的相互作用,而不是永恒形式下的存在方式。

从以上维纳的话可以看出,控制论实际上是他综合毕生所学的知识——生物学、哲学、数学、语言学、物理学、社会学,等等——而得到的产物,而且反过来,控制论也可以成为研究以上各门学科的普适工具。维纳在书中还详细论述了,因控制论而诞生的大量自动化工厂会带来的社会问题以及解决办法。

别具风格的西方人文简史,博物志,百科全书

撇开"神童"的光环,维纳实际上所记叙的,只是一个单纯的小男孩,从降临人世开始,怀着害怕、惊异和强烈的好奇之心观察和探索着周围的世界,后经过努力和奋斗而融入其中的人生之旅。特别之处在于,作者试图借鉴弗洛伊德精神分析的模式,并选择19世纪英国著名哲学家和经济学家约翰·斯图尔特·穆勒(John Stuart Mill,1806—1873)与其父亲詹姆斯·穆勒(James Mill)的关系以及文学名著《众生之路》(The Way of All Flesh)中所讲述的父子关系作为对照,深入探讨了孩子的成长和教育问题以及父与子的关系,对于中国读者来说,可以从中获得深入了解西方的教育、文学、宗教和历史及其相互之间复杂联系的一个可贵的新视角。

维纳自传同时也讲述了,一个西方的普通犹太家庭在动荡、变化的世界中生存和发展的故事。其中他们经历了多个国家不同文化和制度之间的冲突甚至激烈碰撞,经历了两次世界大战、美国经济大萧条时期,以及在第一次世界大战结束后不久爆发的那场可怕的流感(维纳妹妹的未婚夫就死于这场流感)。读者从中能观察到现代西方的政治演变、发展进程和社会百态。

维纳小时候爱看博物志,曾经有当一名博物学家的理想。长大后则喜欢旅游,并养成观察和记录各地的风土人情、历史文化的习惯。在本书中随处可见到这样的记载。如他对所居住地或所到之处的植物、地形地貌的描述,对美国和欧洲各国民众性格习惯的观察,对欧美学者风格的比较,对日本、法国历史遗迹的考察,等等。给人留下深刻印象的,有他对墨西哥国立心脏病研究所中的壁画细致入微的观察和评论中所表现出的极高的艺术鉴赏力;以及他在中国的一年中,对当地民风民俗、政治文化体制、北京城的布局之了解,其中有不少知识甚至很多中国人自己也不一定知晓。所以从某种意义上讲,维纳自传也可称作是一部别具风格的现代游记和博物志。

维纳认为,向公众解释科学思想的发展,是科学家的职责。为此在本书中,他尽可能地摒弃科学的专门词汇,用日常语言,系统地介绍了大量的科学知识:包括数理逻辑,非欧几何的历史,微积分的发展史,单变量函数理论与单复变函数理论,拟解析函数理论,勒贝格积分,调和分析,函数空间等极其抽象的数学概念;布朗运动,牛顿力学,吉布斯统计力学,麦克斯韦气体动力学,量子力学等物理概念;直流电、交流电电气工程技术,通信理论与数学上的正弦波、调和分析之间的联系;二进制原理,从机械模拟计算机到电子数字计算机的发展历史;关于生物学、医学和生理学的知识;以及科学哲学及其思想演变史,数学与艺术之间的关系,等等。堪称是一部关于现代科学技术的通俗而简明的百科全书,而且讲述得准确而深刻,即使是专业的学者,也能有所获益。

参考文献

1. Mead, Margaret. Analyzing a Prodigy. Virginia Quarterly Review,1953,29:438-441.
2. Bruce, H Addington. New Ideas in Child Training. The American Magazine. 1911,72:May-Oct,286-294.
3. Manley, Jared. Where Are They Now? The New Yorker,August 14, 1937:23-2-26.
4. Dolbear, Katherine. Precocious Children. Pedagogical Seminary,1912,19:461-491.
5. Conway, Flo & Siegelman, Jim. Dark Hero of the Information Age: In Search of Norbert Wiener, the Father of Cybernetics. New York: Basic Books, 2005. 中译本:维纳传——信息时代的隐秘英雄. 张国庆,译. 北京:中信出版集团,2021.
6. 王善平. 李郁荣和维纳——科学史上值得铭记的合作. 上海:上海科学技术出版社,待出版.

7. Wiener N. Cybernetics：Control and Communication in the Animal and the Machine. Cambridge：MIT Press，1948；2nd ed，1961. 中译本：维纳. 控制论：或关于在动物和机器中控制和通信的科学. 郝季仁,译. 北京：科学出版社,1985.
8. Wiener，N. The Human Use of Human Beings：Cybernetics and Society. Boston：Houghton Mifflin，1950. 中译本：人有人的用处——控制论和社会. 陈步,译. 北京：商务印书馆,2017.

目　　录

译者序 …………………………………………………… 1

第一卷　昔日神童——我的童年和青年时代

献词 ……………………………………………………… 2

致谢 ……………………………………………………… 3

引言 ……………………………………………………… 5

第一章　堪萨斯城里的一个俄国爱尔兰人 …………… 8

第二章　道地的密苏里人家族 ………………………… 20

第三章　最早记忆中的印象：1894—1901 年 ………… 26

第四章　从坎布里奇出发，经纽约和维也纳，回到坎布里奇：
　　　　1901 年 6—9 月 ……………………………… 38

第五章　刻苦学习：坎布里奇，1901 年 9 月—1903 年 9 月 … 46

第六章　神童的娱乐 …………………………………… 61

第七章　青春期少年中的孩童：艾尔中学，1903—1906 年 … 71

第八章　穿短裤的大学生：1906 年 9 月—1909 年 6 月 … 79

第九章　童年已逝，青春将至 ………………………… 89

第十章	方枘圆凿：哈佛大学，1909—1910 年	96
第十一章	剥夺继承权：康奈尔大学，1910—1911 年	110
第十二章	问题与困惑：1911 年夏	120
第十三章	不由自主地成了哲学家：哈佛大学，1911—1913 年	125
第十四章	解放：剑桥大学，1913 年 6 月—1914 年 4 月	137
第十五章	战争时期的旅行学者：1914—1915 年	155
第十六章	初出茅庐：在哈佛大学和缅因大学教课：1915—1917 年	171
第十七章	活动扳手，浆糊瓶和计算尺战争：1917—1919 年	185
第十八章	回归数学	197

结束语 ……………………………………………………… 213

第二卷　我是一个数学家——神童的后来生活

献词 ………………………………………………………… 222

序言 ………………………………………………………… 223

第一章	我开始当数学家	225
第二章	1920 年斯特拉斯堡国际数学家大会	243
第三章	巩固的岁月：1920—1925 年	262
第四章	海外旅行时期——马克斯·玻恩与量子理论	274
第五章	作为古根海姆学者赴欧洲，新娘跟来	289
第六章	成长和进步的岁月：1927—1931 年	299
第七章	剑桥大学的非正式教师	315
第八章	回国：1932—1933 年	328

第九章	战争的先声：1933—1935 年	334
第十章	中国之行与环游世界	341
第十一章	战前的日子：1936—1939 年	358
第十二章	战争岁月：1940—1945 年	370
第十三章	墨西哥：1944 年	404
第十四章	科学家的道德问题，原子弹：1942—	417
第十五章	南锡，控制论，巴黎及以后的日子：1946—1952 年	431
第十六章	印度：1953 年	448

结束语 …………………………………………………… 462

人名索引 ………………………………………………… 468

第一卷

昔日神童
—— 我的童年和青年时代

VOLUME
1

献给我妻子
在她温柔看护之下
我才识自由

致　　谢

在本书的写作过程中，作者得到了多方面的帮助，在此一并致谢。首先，手稿初稿的大部分内容是由我于1951年在欧洲和墨西哥口述给我妻子的，具体在马德里、圣让·德吕兹(Saint-Jean de Luz)、巴黎、托农莱班(Thonon-les-Bains)、库埃纳瓦卡(Cuernavaca)和墨西哥城等地。在墨西哥，国家心脏病研究所的康塞普西翁·罗梅罗(Concepcion Romero)小姐帮助我重新打印了手稿的修订版。最后，在马萨诸塞理工学院，我的秘书乔治·鲍德温(George Baldwin)夫人与我一起完成了漫长的修订和筛选工作，这是完成手稿所必需的。马萨诸塞理工学院的玛格丽特·菲茨吉本(Margaret FitzGibbon)小姐、萨莉·斯塔克(Sally Starck)小姐和凯瑟琳·泰勒(Katharine Tyler)小姐在手稿的最后打字工作中给予了很大的帮助。由于本书几乎完全是通过口述完成的，因此，我从以上各方得到的协助对于本书的完成是至关重要的，他们的协助也是建设性的贡献。

我已将书稿交给许多朋友审阅，感谢他们对我的书稿提出了详细的意见，包括正面和负面的意见或建议。除了与我合作完成全书的妻子之外，我还想提及日内瓦的马塞尔·莫尼耶(Marcel Monnier)博士，伦敦的莫利(F. V. Morley)先生和斯坦利·昂温(Stanley Unwin)爵士，墨西哥城国家心脏病研究所的阿图罗·罗森布吕特(Arturo Rosenblueth)博士，暂时也在该研究所的莫里茨·查菲茨(Moritz Chafetz)博士和威廉·奥舍(William Osher)博士，马萨诸塞理工学院的达纳·L. 法恩斯沃思(Dana L. Farnsworth)博士、小 F. G. 法塞特(F. G. Fassett，Jr.)院长、乔治·德桑蒂利亚纳(Georgio de Santillana)教授、卡尔·多伊奇(Karl Deutsch)教授、阿瑟·曼(Arthur Mann)教授和埃尔廷·E. 莫里森(Elting E. Morison)教授，哈佛大学的奥斯卡·汉德林(Oscar Handlin)教授和哈里·沃尔夫森(Harry Wolfson)教授，以及纽约的珍妮特·里奥克(Janet Rioch)博士。在所有这些人中，我想特别提到多伊奇教授，他对我的作品提出了大量细致的批评，这完全超出了我对一位自愿阅读本书的朋友的期望。

我的出版商西蒙和舒斯特公司的亨利·W. 西蒙(Henry W. Simon)先生负责本书的印刷工作。我要特别感谢他敏锐的批评和善解人意的评论。

诺伯特·维纳
马萨诸塞州坎布里奇
1952 年 6 月

引　言

如本书所要讲述的,我曾经是名副其实的神童,因为我不到12岁就上大学,不到15岁拿到学士学位,不到19岁拿到了博士学位。当然,一个人到了57岁,就不再是神童了;如果他在一生中取得了成就,那么从其后半生得失的更大视野来看,无论他曾经作为神童有多么风光都是不重要的。

但是,本书并不试图评价我整个人生的好坏。相反,它研究这样一个时期——其间我经历了一个相当不寻常的和早期的教育过程;以及随后的一个时期——其间我天性中由此突显的不平衡和不规则性有机会以这样的方式释放出来,即以我能自认为走上了既是学者又是世界公民的积极的生活道路之方式。

所谓"神童"(infant prodigy)或"少年得志者"(wunderkind),是这样的孩子,他在通常接受中学教育的年龄之前,就已取得了相当于成年人智力水平的显著成绩。"神童"这一词,不能成为对成功的夸耀或对失败的悲叹的解释。

我们一般会想到的神童,是像约翰·斯图尔特·穆勒①和布莱兹·帕斯卡②那样的人,他们从早熟的少年时期就开始了有作为的成年人生涯;或者会想到与之相反的一些人,他们发现自己过于特殊,而不能完成从早熟的少年到

---

① John Stuart Mill(1806—1873),19世纪英国著名哲学家和经济学家;3岁学希腊文,8岁学拉丁文,12岁遍读英国历史学家的重要著作,并开始研究几何学、代数学和政治经济学。——译注

② Blaise Pascal(1623—1662),17世纪法国著名的数学家、物理学家和哲学家;16岁就写出了解析几何领域开创性论文。——译注

后来有作为的成年之间的过渡。然而"神童"这词本身，并没有把我们限制在这两种相反的情况中。完全可以想象，一个智力发展特别早的孩子，在其一生中找到适当的定位，取得一定的成功，但并没有干出一番惊天动地的事业。

人们往往用"巨大的失败"或"巨大的成功"这样的词来评判神童，原因在于，神童很少见，公众只是经由传闻才知道他们；所以公众只听说到"引以为训"的或"传为美谈"的神童。一个有前途的少年惨遭失败，其不幸遭遇可以作为吸引人的读物；而一个成功故事的魅力，则是众所周知的。反之，一个曾经轰动一时、大有前途的少年，后来只取得普通成就，这样令人扫兴的故事，是不会引起大家注意的。

我认为这种对神童极端的态度是错误的；岂止是错误，这实际上也是不公正的；因为一个取得普通成就的神童的故事带给读者的扫兴感觉，会使神童丧失自信，而这可能是灾难性的。从神童的宝座上体面地下降到普通教师的平凡讲台，或者走进二流研究人员的实验室，这需要有特别坚强的性格。因此，一个神童如果实际上不具备这样的性格力量，那他必须在事业上取得很大的成功，否则他很可能认为自己失败了，并且真的成为失败者。

成年人对于一名儿童的经历所怀有的感伤之情，并非是该儿童看待自己的真正态度。对于成年人来说，一个孩子在周围的成人世界中感到困惑，无所适从，这很可爱，是理所当然的。但对于这个孩子来说，这远非是令人愉快的经历。陷于一个他所不了解的世界使他深感自卑，而这种感觉一点也不好受。看到他在一个半懂不懂的世界里挣扎，他的长辈可能觉得他讨人喜欢，很有趣。但当这个孩子认识到此环境对于他来说太难应付，他不会比处于同样环境中的成年人更令人愉快。

我们现在的时代与维多利亚女王时代①已完全不同，因为发生了许多变化，特别是西格蒙德·弗洛伊德②的出现：如今写书不知道弗洛伊德的理论是不行的。用弗洛伊德的语言写自传是一个很大的诱惑，尤其当书的大部分内容正是关于弗洛伊德的父子冲突主题。尽管如此，我还是要避免使用弗洛伊

---

① The Victoria，指英国女王维多利亚统治时期(1837—1901年)。——译注
② Sigmund Freud(1856—1939)，奥地利精神病学家，精神分析学创始人，犹太人。——译注

引　言

德的语言。我不认为弗洛伊德理论绝对正确,以致我们必须冻结自己的思想而去使用一些专门语言——它们当然只是一门正在快速发展的学科在当前阶段的语言。然而我不能否认,弗洛伊德探究了人类的心灵,并揭示了一大群缩进自己的洞里、苍白而害怕暴露情感的生物。但我并不把所有的弗洛伊德教条都当作无可置疑的真理来接受。我不认为当前流行的脱衣舞式的情感暴露完全是好事。不过,请我的读者不要误会:此书的许多观点跟弗洛伊德的若干概念相似,这不完全是巧合;如果读者发现他能够把我的一些叙述翻译成弗洛伊德的语言,那他应该明白,我完全知道有这种可能性,只是有意拒绝这样做罢了。

第一章
堪萨斯城里的一个俄国爱尔兰人

我对 20 世纪头十年的知识界的印象是强烈而真实的：我还是一个小孩，坐在父亲的写字台下容膝之处，听着他和朋友们谈论时局变迁和历史掌故，从中学到许多。虽然只是孩子，我却真的理解了许多事情，而且我的幼稚观点也并非毫无可取之处。我们这些以学术为职业的人，往往能够抓住儿时零碎的、无关联的记忆，包括许多我们接受时还不懂的东西，把它们有条有理地组织起来。

如今，我们都已成长进入了一个时代(age)①——虽然可能是一个衰败的时代，但也是一个有许多新事物的时代。对于这些新事物的产生，科学家甚至数学家发挥了很大作用。我既是它们的见证者也是参与者。因此，我不仅可以用参与者的眼光，而且希望也能用客观批评家的一些规范性判断来谈论它们。

我的部分工作似乎引起了公众极大的兴趣和好奇心，这部分工作属于我所称的控制论(Cybernetics)，或叫作通信和控制的理论(the theory of communication and control)——它可能会出现在任何地方，无论是在机器还是在生物中。我很幸运地对这些事情讲出了一番道理。这不仅仅是一时的洞察。它在我的个人发展中以及在科学的历史上，都有很深的根源。在科学历史上，它源于莱布尼茨，源于巴贝奇(Babbage)，源于麦克斯韦，以及源于吉布

---

① age 既指人的年龄也指社会时代，所以这里是一句双关语。——译注

斯（Gibbs）。在我这里，它源于我对这些大师的一些了解，以及这些了解在我头脑中发酵的方式。因此，也许，讲述我如何开始接受这些理念，以及如何认识到它们的重要性，会让那些将要走我的道路的人们感兴趣。

据我所知，我的八位曾祖中有七位是犹太人，另有我母亲那边一位曾祖可能是德国路德教徒。由于我本人主要是犹太人的后代，所以我会多次谈到犹太人和犹太教。既然我自己、我父亲以及据我所知他的父亲都不信仰犹太教，我必须解释我使用"犹太人"（Jew）这个词以及所有相关的词——如"犹太教"（Judaism）和"非犹太人"（Gentile）——所要表示的意义。

在我看来，犹太人主要是一个族群和一个社会实体，尽管他们中的大多数人也一直是一个宗教的成员。然而当此宗教与其周围的族群之间坚固的屏障开始松动时，那些曾经笃信这个或多或少遵循原始教义的宗教的人的生活，有了许多变化因素。犹太人的家庭结构比一般的欧洲人家庭结构更紧密一些，比美国人的家庭结构则紧密得多。犹太人不得不面对一种敌对的偏见，无论这是宗教偏见还是种族偏见，或者仅仅是少数民族的偏见；即使这种偏见在许多情况下可能正在消失，但犹太人对它深有感受，而它改变了他们的心理和对生活的态度。当我谈到犹太人和作为犹太人的自己时，我只是在陈述这样一个历史事实：我是那些属于同一族群的人的后代，这个族群有一定的传统和一套价值观，包括宗教的和世俗的；而我应该知道，我自己和我周围的那些人正是被这套价值观的存在而制约。我在此所说的无关种族（race），因为很明显，犹太人产生于几个种族的混合，并且在许多情况下又被另一个种族混合体所吸收。我在此所说的也无关犹太复国主义（Zionism）和其他形式的犹太民族主义，因为犹太民族比任何这类运动——它们的发展已不止限于文字和仪式——都要古老得多；而且即使新的以色列国垮台了或者让位于民族主义的其他主张，犹太民族仍然能很好地继续存在下去。我不想擅自对语言、宗教、种族或民族主义给出标准的评价，更不想对传统习俗这样做。我要说的是，我自己和我身边的许多人都来自这样一个环境，在此环境中，为了我们自我理解自己是什么，以及为了我们在周围世界中正确地把握方向，了解关于我们犹太人来源的事实是非常重要的。

有关我父亲列奥·维纳(Leo Wiener)那一边家族的资料现存很少,也许大部分已无法找到。自从纳粹在第二次世界大战期间洗劫了白俄城市拜罗斯托克(Byelostok)后,情况更是如此。我父亲就出生在那里。据说我祖父在他所居住的房子被烧毁时丢失了家谱,然而从我所听到的关于他的情况来看,他确实能够在最平静和最清醒的时候丢失文件。我在后面将谈到,有一个传说,讲我们是摩西·迈蒙尼德(Moses Maimonides)的后裔,他是科尔多瓦(Cordova)的犹太哲学家,也是埃及萨拉丁王的大臣(the Vizier of King Saladin of Egypt)的私人医生。尽管只是作为自己的700年前祖先的一个远亲,我还是愿意想象这个传说是真的,因为迈蒙尼德,这位哲学家、《塔木德》①法律的编纂者、医生、事务家,对于我来说是一个远比他的大多数同时代人更为可敬的祖先。而如果声称自己是中世纪修士——当时西方基督教国家唯一的知识分子类型——的后裔,那几乎没有什么可尊敬之处。但是我觉得,相隔了那么长的时间,关于我们所谓的祖先的这个传说很不可靠,也许只是以在某个时代,曾有少许塞法尔人②的血液渗入我们血管的事件为依据的。

我们祖先中下一个杰出人物则要可靠得多,尽管我觉得他远没有那么有吸引力。他叫阿基巴·埃格尔(Aqiba Eger),1815年至1837年是波森(Posen)的大拉比(Grand Rabbi)。与迈蒙尼德一样,他被公认为最伟大的塔木德学权威之一,但与迈蒙尼德不同的是,他反对世俗学问,而这种学问正通过门德尔松③等人进入犹太教。总的来说,我感到很满足,我没有生活在他的时代,他也没有生活在我的时代。

父亲告诉我,我们祖先的一支是从1866年出现在克罗托申(Krotoschin)的一个耶路撒冷塔木德出版商家族传下来的。我不知道他们与我祖父所罗门·维纳(Solomon Wiener)的确切关系。我只在纽约见过祖父一次,当时我还是一个小男孩,他没有给我留下特别的印象。我了解到,他是一位学者型的

---

① Talmud,犹太教法典,公元前2世纪~公元5世纪间犹太教有关律法条例、传统习俗、祭祀礼仪的论著和注疏的汇集。——译注

② Sephardic,西班牙系犹太人。——译注

③ Moses Mendelssohn(1729—1786),德国犹太哲学家,是帮助犹太人从传统生活与文化中获得解放的领导者。——译注

记者，也是最不负责任的那种人，无法维持家庭的稳定。他出生在克罗托申，但结婚后在白罗斯托克定居，我父亲于1862年在那里出生。他所做的一件事对我的生活产生了巨大的影响，尽管是间接的：他设法用书面德语取代他所处环境中的意第绪语①。这样，他确定了德语应当成为我父亲的母语。

我父亲的母亲出身于白罗斯托克的一个犹太制革商家庭。我被告知，他们曾是旧俄时代的荣誉公民。对于一个犹太人来说，这相当于一项小小的贵族特权。例如，当沙皇驾临白罗斯托克时，我祖母家的房子就被选为他的住所。因此，他们的传统与我祖父的讲求学问的传统有些不同。我觉得，正是我父亲踏实的、有条理的行事习惯，使他能够在生活中站稳脚跟；他虽然是一个热心于事业的人和理想主义者，但他脚踏实地，始终是家庭责任的好监护人。

让我在这里插入一两句话，谈谈犹太人家庭的结构，它与犹太人的讲求学问的传统并非毫无关系。在任何时候，年轻的有学问的人，特别是拉比，无论他是否有一点实际的判断力，是否能够在生活中为自己创造一个好的事业，总是富商女儿的选择对象。从生物学上看，这与早期基督徒的情况形成了鲜明的对比。西方基督教的学者献身于教会，不管他是否有孩子，他当然不应该有孩子，从而实际上他的后代繁衍往往不如他周围的人。作为对比，犹太学者往往拥有一个大家庭。因此，基督徒的生物习惯倾向于把种族中任何有利于学习的遗传素质去除，而犹太人的生物习惯则倾向于繁衍这些素质。这种遗传差异在多大程度上增强了犹太人中讲求学问的文化倾向，这一点很难说。但没有理由相信遗传因素是可以忽略不计的。我曾与我的朋友霍尔丹(J. B. S. Haldane)教授讨论过这个问题。他当然也是这样认为的。事实上，很有可能当我提出这个观点时，我只是借用了霍尔丹教授的一个想法。

再回到我的祖母，可以肯定的是，如我所说的，她在任何时候都很少得到我祖父的帮助。这个年轻的家庭必须依靠自己来谋生。在犹太人的传统中，13岁是一个相当关键的年龄，因为它代表着男孩被接纳为宗教团体的成员。我们西方文化中一般把青年时期延长到高中和大学时期的做法，对于犹太教

---

① The Yiddish，德语方言的一种，主要由欧洲犹太人使用，尤其是底层人民。——译注

来说是陌生的。从青春期开始，犹太男孩就被赋予了男人的尊严和责任。我父亲是一个智力早熟的孩子，他在13岁的时候就开始通过辅导同学来养活自己。那时，他已经会说几种语言。德语是家庭用语，俄语是国语。因为我祖父偏爱德语，我父亲去了路德教会的学校，所以德语在他生活中的作用得到了加强。他学了法语，因为这是受教育阶层人的语言；而在东欧，特别是在波兰，仍有一些人坚持文艺复兴时期的传统，把意大利语当作另一种高雅的语言。此外，我父亲很快就离开了明斯克的大学预科学校(Gymnasium)，去了华沙的大学预科学校，那里的课程也是用俄语讲授，但波兰语是他和伙伴们讲话的语言。

父亲总觉得与波兰同学们非常亲近。他告诉我，据他所知，他是当时唯一与波兰地下抵抗运动有联系并了解其秘密的非波兰人。作为华沙的大学预科学校的学生，他与世界语的发明者柴门霍夫(Zamenhof)同期，虽然两人不在同一个学校，但我父亲是最早研究这种新的人工语言的人之一。

这使他后来有更充分的理由来反对世界语，其实是反对所有的人工语言。他断言，我认为是对的，等到一种人工语言积累了足够多的惯用表述，从而能跟现有的自然语言一样表达精确知识和情感内容，那它也将积累了与其竞争对手相同的习语结构负担。父亲的基本观点是，在相当大的程度上，一种语言的难度反映了构成其惯用表述的思想量；英语在表达复杂的思想时对其习语的依赖程度，就像书面日语（可以用假名来为每个字标音）为了简洁而依赖汉字一样。父亲一直认为"基础英语"并不基础，而是降格。他说，没有一种所拥有的习语足以简洁地表达复杂思想的语言，能够被用来在相互竞争的文化之间轻松地充当不偏不倚的媒介。

离开大学预科学校后，我父亲进入了华沙大学的医学院。我敢说，他的动机至少有一部分是在犹太家庭中很常见的，即一般都希望至少有一个儿子是专业人员，如果可能的话是医生。这种动机很强烈，在一个长期以来在社会上被鄙视的群体中很容易理解。只有上帝才知道，这种动机产生了多少张口结舌的拉比、失意的律师和从不开业的医生。

不管怎么说，我父亲很快就发现，他没有当医生的意愿。解剖工作，以及我猜测的,他的粗野的同学,使他感到厌恶。无论如何,他很快就离开华沙,进入当时在柏林的理工学院(Polytechnicum)学习,这所学院多年前已搬到夏洛滕堡(Charlottenburg)。

父亲来到柏林时已接受了很好的中等教育。他上的大学预科学校,区别于实科中学(Realgymnasium)和高级实科学校(Oberrealschule),强调把古典学科置于其他学科之上,而且我父亲的拉丁文和希腊文的成绩特别优秀。同时,那所预科学校也没有忽视数学训练。事实上,父亲毕业后一直在业余时间研究数学,时不时地向没什么名气的美国通俗数学杂志投稿,所以直到我开始从事已经达到大学生后期或研究生早期标准的工作时,我才感到自己超越了他。

我不知道我父亲作为一个新手工程师是否比作为一个新手医生要成功得多。他很少告诉我他在那段时间的生活,只是说那时有穷困的犹太学生所消费的便宜啤酒、雪茄和肉品。我确实知道他在制图室工作,两边分别是一个塞尔维亚人和一个希腊人,而这使他在自己的语言库中增加了塞尔维亚语和现代希腊语。

我父亲在柏林有几个富裕的亲戚。他们是与门德尔松银行(the Mendelssohn bank)有联系的银行家,其历史可以追溯到摩西·门德尔松和18世纪。他们试图说服我父亲加入他们做银行家,但他不喜欢这种受拘束的生活,而仍然渴望着冒险。

有一天,他碰巧参加了一个人道主义性质的学生会议。会上的一些演讲加强了他内心长存的托尔斯泰主义的情结,他决定在余生中要戒酒、戒烟、戒吃肉。这个决定对于我的未来当然有重要影响。首先,如果没有这个决定,我父亲就不会来到美国,他就不会遇到我母亲,这本书也就不会写出来。其次,即使假设所有这些事件还是按其应有的顺序发生了,那我也不会长大成为素食主义者,不会生活在这样一个屋子里,四处都是关于虐待动物的素食主义小册子,其中的内容可怕而令人毛骨悚然,更不会接受我父亲在这类事情上大量的规矩和做法。

所有这些只是推测。事实上,父亲与一位学生同事一起参加了一项狂热的事业：要去中美洲建立一个素食主义-人道主义-社会主义的社区。他的同伴临行前变卦了，父亲独自登上一艘开往哈特尔浦①的轮船，上船前他向一位困惑的官员出示了他的俄国学校证书而不是他应该持有的德国军方证件。在穿过英格兰抵达利物浦之后，他再乘船前往哈瓦那②和新奥尔良③。这是一次为期两周的旅行，在此期间，我父亲学到了西班牙语和英语的基本知识。有人告诉我，他的英语主要是从莎士比亚的戏剧中学来的。他那流利的语言结合古老的词汇，一定给他在新奥尔良码头上所遇到的人留下了相当奇怪的印象。建设中美洲殖民地的轻率计划已经破灭，父亲只能在美国开创他的事业了。

我在写作时，面前放着我父亲在 1910 年春天为《波士顿晚报》(the Boston Evening Transcript)④——亲爱的、呆板的、老派的《晚报》！——写的连载文章，标题是"生活散记"(Stray Leaves from My Life)。当我意识到这些文章是我父亲在比我现在小 10 岁的时候写的，我感到很吃惊。文章叙述了他在欧洲的青年生活和所受教育，他在美国的旅行，以及他在这里的生活，直到他得以成功地在密苏里大学(the University of Missouri)开展学术事业。文中充满了生活中的浪漫乐趣，以及对贫穷和艰难的满不在乎——这属于一个充满活力的年轻人，特别是当他刚刚摆脱欧洲中学教育的严格约束。*Dans un grenier, qu'on est bien à vingt ans!* （法语诗句，意为：住在阁楼里，20 岁的青年觉得这很好！）⑤

有意在法国塞纳河左岸⑥寻求波西米亚⑦生活刺激的美国侨民，通常对我父亲的这种经历没有什么准备，也不知道它对于欧洲年轻人的真正意义。这

---

① Hartlepool，英国北海沿岸的港口城市。——译注
② 北美国家古巴的首都。——译注
③ 美国的一座海港城市。——译注
④ 据核查，维纳父亲 Leo Wiener 于 1910 年 3—4 月在 *the Boston Evening Transcript*（维纳简写成 the Boston Transcript）上发表了题名为 *Stray Leaves from My Life* 连载文章。——译注
⑤ 引自法国著名诗人皮埃尔-让·德·贝朗瑞(Pierre-Jean de Béranger；1780—1857)的长诗"阁楼"(*Le grenier*)。——译注
⑥ The Left Bank，指法国巴黎塞纳河的左岸，这里有许多的学院及文化教育机构，是集中了咖啡馆、书店、画廊、美术馆、博物馆的文化圣地，又被称为作家与诗人的天堂。崇尚清贫的文化、年轻的奋斗和人文的气质。——译注
⑦ Bohemia，欧洲国家捷克的旧称。常用来代表欧洲一些行为不羁的文化人，他们往往穿着宽松、色彩浓重的衣服，这些人与传统文化相悖，有才华、创造力。——译注

第一章　堪萨斯城里的一个俄国爱尔兰人

些美国人从未受到过法国中学、德国大学预科学校和英国公立学校那样的严格纪律约束。他们并不觉得,从摆脱学校的奴役到在艰苦的竞争世界中为谋生而忍受更严酷的奴役,在此间隔中多么需要有一段成长和自由的时间!对于他们来说,波西米亚只不过是在他们已经受过的宽松且没什么要求的教育上,叠加一个额外的宽松期。更糟的是,在这种宽松状态下,他们把自己从美国社会的要求和标准中解放出来,又不想承担其当前所在国家的要求和标准。如果他们没有完全沉湎于酒精、欲望和无益的懒惰中,那就很幸运了。

欧洲男孩,作为对比,特别是 19 世纪的欧洲男孩,必须冲破由那有效、严厉而传统的教育所形成的硬茧(the hard cocoon),才能试展自己的翅膀。他这样做时,无论是在牛津大学或剑桥大学过着快乐的隐居生活,或在德国大学过着喝啤酒、唱歌的男孩生活,甚或在塞纳河左岸拉丁区的一个阁楼里过活,都无关紧要。青春和自由的极致是在新土地上游荡,而当时的美国本身就是一块新土地。

再说到父亲文章中那些自然率真的故事,其写作风格完全匹敌于在马克·吐温[①]和布雷特·哈特[②]的书中所体现的纯美国风格。它以乐观、愉快的态度看待事物,字里行间散发着年轻、勇气和冒险的气息。读者能感受到美国南方道路上的尘土和堪萨斯农场新翻的垄沟,西部新城市的喧嚣和谢拉(Sierras)山峰上的凛冽寒风。而在这一切中都有我父亲那瘦小、活跃、戴着眼镜的身影,他对每件新奇和引人注目的事物都很敏感,过着全新的生活,失去一份工作,又找到一份工作,不考虑明天,日子始终过得很愉快。

他身材短小,身高约五英尺二三英寸[③],动作非常敏捷,能给每一个看到他的人留下深刻的印象。他有运动员的胸部和肩膀,臀部狭窄,腿部修长,那时他还有着运动员般的机警。他的眼睛黝黑而发亮,在深度近视眼镜的后面快速闪烁着,透露出智慧的光芒。他的头发和上唇胡须直到中年以后仍然保持黑色,而他的脸是禁欲主义的。他很喜欢步行和骑自行车,经常带领一群年轻人到乡下远足;我仍然记得有一张照片,其中他站在一辆老式的高轮自行车旁边。

---

① Mark Twain(1835—1910),美国著名批判现实主义作家。——译注
② Bret Harte(1836—1902),美国西部文学的代表作家。以描写加利福尼亚州的矿工、赌徒、娼妓而负盛名。——译注
③ 157～160 厘米之间。——译注

他的讲话声音尖锐而果断,对英语掌握得很好,对他所讲的其他所有语言都掌握得很好。有人告诉我,他有浓重的外国口音,但因听惯了,我的耳朵很早就对这种口音感觉迟钝。我对他的英语的印象是,其外国腔更多地表现在使用过度精确的措辞和词汇,而不在别的地方。

他是一个喜欢争论而令人着迷的健谈者,尽管以其超人才智和咄咄逼人的态度,他很难在讨论中给人平等讲话的机会。很多场合,总是他在阐述一连串精彩的论点,而不是跟别人一起交流互动。他对笨人很不耐烦,而我恐怕,以他敏锐的智力来看,很多人似乎都是笨人。他对学生很好,并深受他们的爱戴,而他本可以用其强势的性格来压倒他们,只是学校不能允许他这样做。

他是一个热爱种地的农民,喜欢待在户外,也是一个不知疲倦的步行者。他往往把自己所喜乐的东西强加给身边的人,却没有充分意识到,如果不是如此明显地强迫别人加入,许多人可能会更投入地参加和他在一起的生活。他的一个特殊爱好是收集、烹饪和食用本地区相当安全的菌菇。也许是吃毒菌菇致死的那点微小可能性,让这项运动带有一定的刺激性。

他于1880年来到新奥尔良,那时才18岁,口袋里只有50美分。这些钱大部分被用来买香蕉以充饥,同时他不得不四处寻找工作。他的第一份工作是在一家用水压机打包棉花的工厂里。但是当一位伙伴跌入机器被压成重伤后,父亲对此工作失去了兴趣。然后,他在一条在建的跨越庞恰特雷恩湖(Lake Pontchartrain)的铁路上找到了一份送水的工作。作为一个还不熟悉体力劳动的男孩,他手脚笨拙造成了失误,于是被辞退。随后一段时间,他与一两个伙伴在美国南方诸州漫无目的地流浪;接下来一个时期内,他在佛罗里达州和堪萨斯州种地。当这位犹太人决定转而耕作时,没有哪个农民会比他更投入。他因种出的庄稼比附近专业农民所种的长得更好而感到高兴,其程度甚至超过他因语言学上的最大发现而感到的喜悦。这个习惯一直保持到他临终前。

在他种地的日子里的某一天,父亲在密苏里州遇见了一群旧傅立叶主义者①社区的留守人员。这个社区已经衰落,所有能干的人都已离去,只留下一

---

① Fourierist,信仰法国思想家François Marie Charles Fourier(1772—1837)所提出的空想社会主义理论的人。——译注

些流氓、废材和无所作为的空想家。父亲很快就厌烦了他们。虽然他一生都是托尔斯泰主义者，但他从此不再和那些没有一点现实感的空想家打交道了。

我不知道父亲最初究竟是如何来到堪萨斯城的，也不很清楚他在那里做了什么事。有一段时间，他做过小贩。他还曾在堪萨斯城的一家商店里做打扫清洁工。这时，他在新美洲冒险的乐趣已经相当淡薄了。他开始有点羡慕那些衣着光鲜的顾客了。他决定，他有权享受生活的一些乐趣和便利。一定是在这个时候，他经过一座天主教堂，上面贴有广告："盖尔语①教课。"这对于父亲的语言学好奇心来说，是无法抵挡的诱惑。他加入了这门课的学习。由于他有着比其他人高许多的语言天赋，他很快成为这门课的老师，不久成为当地盖尔语学会的负责人。

他被称为"俄国爱尔兰人"（Russian Irishman）②，其名声在堪萨斯城广为流传。在当地图书馆发生的轰动一时的一件事，就是这个卑微的移民小贩竟然在借阅别人都看不懂的书，并且在读这些书。

最后，我父亲决定结束这种不正常的生活，重新从事他所擅长的智力工作。他大胆地向堪萨斯城的学监申请了一份工作；在密苏里州奥德萨（Odessa）的一所落后的乡村学校度过了试用期后，他被堪萨斯城的高中录用。在那里，他显示自己是一名出色的教师，是学生们的好朋友，也是一位在堪萨斯城学校体系中留下自己印记的改革者。父亲在教书时（但他在教我时并不总是如此），他试图激发学生的兴趣，而不是强迫他们按照预先指定的方向思考。他的目标是激发他们的独立思考，而不是让他们不由自主地顺从。他参加他们的体育活动和旅行，并设法把他对户外活动的热爱传一些给他们。

在堪萨斯城高中任教期间，我父亲和一些朋友一起去加利福尼亚旅行。他经常愉快地跟我讲他在旧金山这个城市的浪漫往事，他穿越优胜美地山谷（the Yosemite Valley）的徒步旅行，以及他在高高的谢拉山脉开始登山的经历。他告诉我，他在登山的时候，遇见一位女游客，她对这个年轻人对自然和冒险的浪漫热爱非常感兴趣。这位女士就是安妮·佩克（Annie Peck）小姐，

---

① 盖尔语（Gaelic）是爱尔兰人和苏格兰人的传统语言。——译注
② 此称呼显然是指，维纳的父亲为"能流利地讲爱尔兰语言的俄国人"。——译注

她后来成为她那一代人中最杰出的登山家之一，她在安第斯山脉进行了引人注目的攀登，其中包括登上钦博拉索山（Chimborazo）和科托帕希火山（Cotopaxi）。后来佩克小姐写信给父亲，说她的登山运动首先是由他的热情所激发的。

　　父亲在堪萨斯城期间的一个消遣是去参加降灵会，并试图揭穿灵媒的作假手法。我不认为父亲会对"灵魂不灭论"特别感兴趣，不管是赞成还是反对，但做一点侦探工作能满足他的冒险精神和求知的好奇心。他后来坚决相信，如果真有灵魂的话，也不可能通过他所调查的那些灵媒来找到。

　　那时美国中西部新兴的文化正在被勃朗宁①诗那种迂回曲折风格和令人费解的隐喻所吸引。当然，就我父亲所掌握的文化知识来说，无论是风格还是隐喻，对于他都不是困难。父亲在勃朗宁俱乐部的女士集会上，像狮子咆哮般高声朗诵，我相信他就是在那里认识了我的母亲。不管怎样，他们肯定很喜欢在一起朗读《指环与书》（*The Ring and the Book*）和《在阳台上》（*In a Balcony*）②。我和我妹妹康斯坦丝的名字取自《在阳台上》中的人物，于是我们被迫成为一个过去知识时代的化石。我必须认为，我的父母不顾后果地给我起了这样一个深奥而不寻常的名字，是他们早已定下的一个计划的重要部分，这个计划就是要在我生活的每一步提供指导和帮助。

　　我的父亲选择做语言老师。他几乎也能轻易当上数学老师，因为他在数学上既有天赋又有兴趣。事实上，在我整个大学学习期间，我的大部分数学知识都是从他那里学到的。有时候我想，如果我父亲选择数学而不是语言学作为他的领域，那将是更幸运的事。这样做的好处是，在数学领域，一个人的错误往往表现得非常清楚，只要用笔一划，就可以改正或擦掉。数学常被比作下棋，不同之处在于，数学上起决定作用的是一个人的最佳时刻，而不是其最差时刻。稍不留神就可能输掉一盘棋，而一个解决问题的成功方法就能让数学家声名鹊起，尽管有许多其他方法被扔进废纸篓。

　　然而，语言学肯定是一个依赖于对一系列细节研究做出认真评价的领域，

---

① Robert Browning（1812—1889），英国诗人，剧作家，下文所提到的《指环与书》和《在阳台上》均为他所写的长篇叙事诗。——译注

② 作者误写成 *On a Balcony*，这篇叙事诗中只有两个人物：Norbert 与 Constance。——译注

而不是依靠逻辑思维的机械推理。对于一个有直觉和想象力的人来说,在语言学领域里他很容易犯错;而且如果真的犯错了,他可能永远不会察觉。数学家犯了严重错误且从未察觉,那他就不是数学家了;但一个富有想象力的语言学家直到一个明显的错误让他打住以前,可能会在迷途上走得很远。我父亲在语言学上的成功是毋庸置疑的,但他自信乐观的性格会让他在一个能自我检查对错的领域里获益良多。

就是这位奇特的年轻人,他成为我的父亲和老师。1893年,他与我的母亲结婚,我的母亲婚前是伯莎·卡恩(Bertha Kahn)小姐,她是密苏里州圣约瑟夫(St. Joseph)百货公司老板亨利·卡恩(Henry Kahn)的女儿。下面让我谈谈我的母亲和她的背景。

第二章
道地的密苏里人家族

我的外祖父亨利·卡恩，来自莱茵兰(the Rhineland)的德国犹太移民，是密苏里州圣约瑟夫一家百货商店的老板。他妻子出身于一个名叫埃林格(Ellinger)的家族，在美国定居已超过两代人了。据我了解，我外婆的母亲不是犹太人。埃林格家族似乎有一种奇特的婚姻模式：我外婆那一代的女孩都嫁给了像她们父亲那样的犹太人，而男孩则娶来像他们母亲那样的非犹太人。不管怎样，这个家族甚至在100年前就处于保持犹太背景和融入一般社会之间的不稳定平衡状态。

这种男孩和女孩的婚姻模式不同的情况，在相当不同的文化背景下也有发生。我听说纽约有一个家庭，妻子是荷兰人，丈夫是中国的基督教牧师。这对夫妻的所有儿子似乎都在美国的大环境中迷失了自己，娶了美国妻子，而把他们那部分东方血统抛在脑后。另一方面，女儿们都嫁给中国人并回到了中国。就这种情况来说，造成差异的原因似乎是，中国的男孩极力要娶受过西方教育和有西方背景的妻子，这给这对夫妇的女儿们提供了非常有利的中国婚姻的机会，而不用接受至少部分受种族偏见限制的美国婚姻。我不知道，埃林格家族中是否在某种程度上也存在与此相似的原因；但看到在如此不同的情况下出现相同的现象，这是很有趣的。男系随男系，女系随女系(The Sword follows the Sword, the Distaff the Distaff)。

埃林格家族在美国的最早落脚点似乎在密苏里，或者在更远的南方。家族成员们有很好的南方绅士风度，而其行为高度不可预测。男人中不止一个人突然终结自己很好的事业，离开家庭，远走世界，有一个传说，埃林格家族中的一个人最后成了西部强盗，在拒捕时被枪杀了。

即使不考虑这种极端的个性表现，埃林格家族过去和现在都是缺乏凝聚力的。只是到后来，这些独特行为逐渐减少了，他们才被允许在这个始终承认他们能力的社会中完全站住脚。

我们现在已经习惯于这样一个事实，即我们几乎所有人都是移民的后代。在19世纪中叶，情况并非如此。今天，这个大熔炉不仅熔化金属，而且还产出合金。它比过去更容易做到这一点，因为它没有被过多投入未加热的、奇特而难熔的金属。已经被融入美国大环境的移民家庭，不用再面对刚走出船舱的新移民。我们欧洲大陆血统的美国人也不再面对一个由新到移民、站稳脚跟的移民和老美国人组成的等级制度。一个稳定的社会上升阶梯在形成，其中每个人都有自己严格的位置。

从各方面来看，早期移民中心情最轻松的是东欧农奴，他们除了锁链之外几乎没有什么可失去的。而对于在欧洲社会阶层中有较高地位的移民来说，他们先要丧失继承权，社会地位下降，然后才被美国化，并在社会等级体系中上升。

所有这些都是不可避免的，甚至可能是外来移民所需要遵守的一个重要规则，以使他能在一个与其出生地方非常不同的社会中站稳脚跟。然而如今，移民不仅自己是受益者，而且也让他所迁入的国家受益。他的本土文化往往丰富多彩，不应该被贬低，让它在一个没多少文化传统的大陆上消失。他的艺术和思想、他的民间传说和他的音乐，其中有许多方面很值得被重置在美国的文化中。然而，随着来自旧国家的大量新移民蜂拥而来，他们所带来的这些传统文化很难得到评价和欣赏。他们很可能不加抗议地接受分配给他们的低下地位，并通过对更晚来的移民进行类似的贬低来保护自己。

在这样一个社会和这样一个时期，受人尊敬是一颗无价的珠宝。施密特(Schmidt)变成了史密斯(Smith)，而伊斯雷尔·莱文(Israel Levin)则成了欧文·勒维恩(Irving Le Vine)。基督教福音派(顺便提一下，还有犹太教)的关于"避免做即使是表面上邪恶的事"(avoid even the appearance of evil)宗教禁令被解释成"避免做表面上邪恶和粗野的事",而远远不是"避免做本身邪恶和粗野的事"。一个强大的人物确实可以藐视这样一个社会,并按照自己的价值观生活。对于不那么强势的人来说,就很容易接受这些价值观,并屈服于社会舆论。只有像我父亲那样胆敢挑战全能上帝的人,才不会受缚于社会舆论的正统观念中。

19世纪从70年代到90年代的移民和犹太家庭所受到的那些挫折,被镀金时代(the Gilded Age)①普遍的道德沦丧所强化。在这个时代,威士忌酒帮(the Whiskey Ring)的格兰特已经取代了内战的格兰特②,林肯已去世,而丹尼尔·德鲁③和范德比尔特船长④一类的人物还非常活跃。内战时期的热情和奉献已经耗尽,而20世纪的热情和奉献还未在地平线上出现。当时有一种普遍的懈怠和消沉。在战败的南方,以及几乎是南方前厅的密苏里州,这种消沉一定是最强烈的。

除了这些属于社会群体和时代的压力和紧张,我母亲的家庭还发生了更多的个人纠纷。她的家庭因其父母之间的隔阂而分裂。我的外婆是一个具有良好的综合文化素养、精力充沛、感情奔放的人。她有一种强大的、不受约束的生命力,这使她能够享有高寿,而她那比较安静、不太有活力的丈夫简直受不了她。

我母亲的一个姐姐也有野心,要成为家庭的女智者,并且相当看不起她的姐妹们。这导致了最终的裂痕,我的母亲和父亲站在一边,她的大部分家人站在另一边。造成这种裂痕的至少一个原因是德国犹太人和俄国犹太人之间的传统摩擦,以及他们在社会地位上的差异。再加上我父亲在处理社会问题上的轻率和天真。

---

① 名字取自马克·吐温的长篇小说,指美国内战结束后,从1870年代到1900年的时期。——译注
② 格兰特(Ulysses S. Grant,1822—1885)是打赢美国内战的联邦军总司令,但在战后任职总统期间,被涉威士忌酒帮腐败案。——译注
③ Daniel Drew(1797—1879),美国著名投机者,据说他从100美元开始,经过贩牛、经营汽轮机、操纵伊利铁路股票,赚得1 300万美元,成为当时美国最有钱的人。最后于1876年破产。——译注
④ Cornelius Vanderbilt(1794—1877),经营铁路和水上运输致富,绰号"船长"(Commodore),以他开头的范德比尔特家族是美国最富有的家族之一。——译注

第二章 道地的密苏里人家族

无论如何,我母亲在我父亲的支持下,逐渐与她的家庭决裂。虽然父亲经常让她感到困惑,但她深深地爱着他,并且非常钦佩他。然而,对于我母亲来说,这并不是一个容易的步骤。她从小就作为家中的美女被娇生惯养。我记得有一张她的照片,是在我大约四岁时拍的。她穿着时髦的短海豹皮夹克,看上去非常漂亮。我对那张照片和她的美丽感到非常自豪。她是一个小女人,健康、有活力、活泼,直到现在确实依旧如此。如今她仍然过着像一个正值盛年的女人一样的生活。

我母亲所出生的家庭有多种文化背景,并属南方名门,家中的繁文缛节也许太多了,侵犯了许多原则上不该侵犯的主张。这就不奇怪,我母亲有一个,而且她自认为有一个,很重的任务,那就是改造我那才华横溢、心不在焉、热情洋溢和脾气暴躁的父亲,使他达到社会可以接受的标准。

在这件事上,我们的社会对男人和女人的要求有很大不同。对于男人来说,他被允许某种程度的不拘小节,只要他有人品和才华。但女人却被期望循规蹈矩,守护传统美德,而这些美德确实需要有人来培育。男人可以有暴躁的脾气而不受指责,但女人必须温柔文雅。自我出生以后,家中除了因父亲的直率脾气而产生的矛盾之外,又添加了一个孩子带来的麻烦,这个孩子有着与其父亲有点类似的能力,同样的暴躁脾气,同样的难以驯服;我母亲有时一定感到束手无策,这一点也不奇怪。后来,当我和父亲发生顶撞时,母亲只能充当不站队的和事佬,不太想很明确地表达她自己的任何意见和原则。这使我很难理解她。在我与父亲的冲突中,虽然很激烈,但我一般都能承认一个我必须尊重的原则,即使我父亲对这个原则的解释让我理屈词穷。而我母亲几乎不能奢望得到这样的待遇。当丈夫是一个狂热者时,妻子必须是一个顺从者。有多少不谙世事的学者,无论是犹太人还是基督徒,他们的生存都必须依靠他们的顺从的妻子!

我父母结婚时,父亲已经是位于哥伦比亚镇的密苏里大学的现代语言教授。他同时教法语和德语。我父母在一个小型大学城里过着简朴的社会生活。他们和许多教员一起住在一个公寓里,我于1894年11月26日在那里出生。

当然，我对这个在襁褓中时就离开的小镇没有任何记忆，但有一些家庭故事可以追溯到那所公寓，还有父亲当年的朋友 W. 本杰明·史密斯（W. Benjamin Smith，后来在杜兰大学教数学）。他是我父亲的挚友，喜欢恶作剧。有一次，史密斯回到公寓，发现那个大块头的黑人服务员已经被一个身材瘦小的人取代。史密斯教授就大吼："山姆！你怎么缩掉了！"莫名其妙的服务员扭头就跑，再也没有回来。

我之所以提到关于史密斯和一个黑人的故事，是因为多年后他和我父亲的友谊就是在这个种族问题上破裂的。史密斯是一个逆潮流的顽固派，他出版了一本关于黑人劣根性的伪学问书，这对于我父亲的自由主义和尊重事实的态度来说，是太过分了。

我刚脱离襁褓，就陪同父母做了一趟以波士顿为终点的单程旅行。这次旅行是由在密苏里深根固柢的权势而引起的。一个密苏里州的政客为了安插他的亲戚和心腹，看中了我父亲的工作。我父亲在密苏里大学讲授现代语言学很成功，以至于不可能再一个人单枪匹马干了。于是决定法语系和德语系各由一人负责。他们让我父亲选择，他选了德语。不幸的是，那个政客的门徒或关系户也看中了这个职位，于是分系之后，我父亲出局了。父亲在国内其他地区的学术界没有任何关系。他来到波士顿纯粹是想碰运气，因为他认为最好是去有工作的地方找工作。

不久，他引起了《苏格兰民谣》(*Scottish Ballads*)博学的主编弗朗西斯·蔡尔德(Francis Child)教授的注意。蔡尔德通过欧洲和亚洲的各种语言追踪苏格兰民谣及其相似作品，他需要有人帮助查核其中大量作品的源头。父亲被指派处理南部斯拉夫语言部分。他对蔡尔德很有帮助，后者就帮他在波士顿附近找到一个职位。父亲最初是在波士顿大学和新英格兰音乐学院任教，他还在波士顿公共图书馆的编目部工作过。最后，蔡尔德为他在哈佛大学找到一个斯拉夫语言的教职，这是在哈佛大学第一次设立这样的教职，我相信在全国也是第一次。这就开启了我父亲逐步晋升的职业生涯，从助理教授到教授，直到在1930年退休。

然而，多年来，他还得用兼职来增加收入。虽然生活费用很低，但工资也很低。父亲继续在新英格兰音乐学院和波士顿大学上了几年课,并不时地为波士顿公共图书馆做一些事。他还为《韦氏大词典》(*the Merriam-Webster Dictionary*)的几个版本做了大量重要的词源学工作;在这项工作中,他是与也在哈佛大学的斯科菲尔德(Schofield)教授合作的。在晚年,父亲在大学里的外快主要来自在拉德克利夫女子学院(Radcliffe College)上课,该学院多年来一直为哈佛的教授们提供薪金补贴。

蔡尔德教授是一位了不起的人物,一贯平等待人,他是父亲真诚的朋友。有一天,父亲看到另一个矮小、近视、充满活力的年轻人离开了蔡尔德的家。当父亲进来时,蔡尔德告诉他,他刚刚错过了与拉迪亚德·吉卜林[①]的会面。吉卜林跟蔡尔德的第一次见面显然很糟糕:蔡尔德穿着旧衣服在花园里给他的玫瑰花浇水,吉卜林先生误认为他是雇来的园丁。"啊,"蔡尔德说,"昨天有个工人从篱笆那边张望,尽情地闻着我的花儿的清香。他是我的兄弟。"

[①] Rudyard Kipling(1865—1936),著名英国作家,诗人,1907 年诺贝尔文学奖获得者。他写的短篇小说集《丛林书》(*The Jungle Book*)是维纳的儿时读物,给他留下深刻的印象(见下一章)。——译注

第三章
最早记忆中的印象

1894—1901 年

一些弗洛伊德主义者(我指的不是弗洛伊德本人)有一种十分有害的观点,他们认为,婴儿除了初步的性欲之外几乎没有什么精神生活。非常多的弗洛伊德主义者对所有来自婴儿期和儿童甚早期(very early childhood)的其他记忆都持怀疑态度。我一点儿也不否认婴儿期的性行为的存在和重要性。但它远不是对儿童早期精神生活的详尽描述,包括情感和智力。

我的有意识的记忆可以追溯到我大约两岁的时候,当时我们住在伦纳德大街(Leonard Avenue)的一个二层公寓里,在坎布里奇市和萨默维尔市交界处的一个相当不起眼的、不太让人喜欢的地方。我记得那通往我们住处的楼梯:它似乎一直在上升,对于我来说是一个无尽的距离。我们那时候一定有一个保姆,因为我记得我曾和她一起外出,去一家据说是在萨默维尔的小商店买东西。整个地区的街道混乱不堪,因为这些街道分属两个没有很好协调的城市系统,我清楚地记得这些街道就在我们的杂货店前,相交成锐角。

在拐角处有一座相当阴森恐怖的建筑,我知道那是一家收治绝症患者的医院。它今天仍然在那里,叫作圣灵医院(Hospital of the Holy Ghost)。我很确定,当时我并不很明白什么是医院,对绝症更没有概念,但我母亲或我们的保姆提到这个地方时的语气,足以让我充满阴郁和不祥。

这是我能真正记住的关于伦纳德大街的一切。后来有人告诉我,我母亲在那里生了第二个孩子,那孩子出生当天就死了。我被告知这件事时,还是个

13 岁的孩子;这个消息让我震惊到了极点,因为我害怕死亡,并且自我安慰地相信,我们自己的家庭圈子还从来没有被死亡打破过。我对那个孩子的存在没有直接的回忆,至今也不知道是男孩还是女孩。

1897 年夏天,我两岁半的时候,我们在新罕布什尔州贾弗里镇(Jaffrey)的一家旅馆里度过。附近有一个池塘,里面有划艇,还有一条通往山上的小路,我知道那座山的名字是莫纳德诺克(Monadnock)。我的父母爬上了那座山,自然没有带上我,他们还带我去了邻近的一个村庄,由于某种原因,他们去了铁匠铺。铁匠的一个脚趾被马踩扁了,我听了很害怕,因为即使在那个时候,我对受伤和残缺也有一种非常强烈的恐惧。

在 1897—1898 学年,我们住在坎布里奇市的希利厄德街(Hilliard Street)。我模糊地记得,看见行驶中的搬家车,把我们家的东西从伦纳德大街搬来。从这时起,我的回忆越来越多,越来越快。我记得我的第三个生日,还有我的两个玩伴,赫尔曼·霍华德(Hermann Howard)和多拉·基特里奇(Dora Kittredge),他们是住在同一条街上的哈佛教授的孩子。我很遗憾地说,我对赫尔曼的第一印象是在他的生日聚会上与他争吵,当时他五岁,我三岁。

父母告诉我,当我们住在希利厄德街时,为我们干活的法国女仆约瑟芬(Josephine)教我法语。我对约瑟芬本人没有印象,但我确实记得她使用的儿童课本,上面有勺子、叉子、刀和餐巾环的名称和图画。我那时学到的法语一定是以同样快的速度忘掉了,因为当我 12 岁在大学里再次学习法语时,以前的关于这门语言的知识没有留下任何明显的痕迹。

带着我在布拉特街(Brattle Street)和拉德克利夫的场地上散步的一定是约瑟芬。布拉特街的树荫带来的黑暗,如今让我感觉很舒服,但当时却让我感到害怕;我完全搞不清楚附近街道的地形。在希利厄德街和布拉特街的拐角处有一栋房子,它有一个封闭的窗台,让我非常害怕,因为它看起来好像是一只盲眼。当我父母让木匠把连接我们家餐厅和配膳室的递菜窗口关闭时,我也有同样的恐怖和幽闭恐惧症的感觉。

离我们家不远的地方有一栋旧学校建筑,但我已不记得当时是在使用还是被弃置。奥本山街(Mount Auburn Street)离我们家只有几栋房子,拐角处有一家铁匠铺,还有一条铺着白色鹅卵石的车道。有一次我想挖走一块鹅卵石,结果当然受到了责骂。我们房子边上的一条小巷通往一个小花园,那里有一位名叫罗斯先生(Mr. Rose)的老人——至少在我看来他很老——经常在散步,抽烟斗。花园后面是另一座房子,那里住着两个比我大的男孩,他们经常保护我。我记得他们是天主教徒,在他们的房子里有一个身上带伤、头戴荆冠的基督被钉在十字架上的画像,这让我觉得是一个残酷和不公正的受害者的画像。他们还养了一盆植物,并把它叫作"流浪的犹太人"(Wandering Jew)①,为了解释这个名字,他们给我讲了一个传说,我不明白,但觉得很痛苦。

在我生命的整个这段早期岁月里,我对父亲的记忆非常少。我母亲在我早期的记忆中占有很大的比重,而我父亲是一个严肃而冷漠的人物,我只是偶尔在他的书房里看到他在他的大书桌前工作。我曾经在那张桌子下玩耍。我不记得他有过任何冷酷或严厉的行为,但那低沉的男声本身就足以让我感到害怕。对于这么幼小的我来说,唯一的父母就是母亲,她的关心和温柔。

母亲经常在庭院里给我念书。我现在知道,这个院子只是门口台阶外一块三四英尺的草地,但那时它对于我来说似乎很大。她最喜欢给我念的书是吉卜林的《丛林书》(*The Jungle Book*),其中她最喜欢讲的故事是"Rikki-Tikki-Tavi"②。当时我自己也开始阅读,但我只有三岁半,有许多词我不认识。我看的书并不特别适合我的年龄。我父亲有一位老朋友,是一位名叫霍尔(Hall)的律师,他一只眼睛失明,一只耳朵失聪,他对人类社会相当不了解,不知道一个小孩子需要什么东西。他在我生日的时候送了我一本《伍德博物志》(*Wood's Natural History*)哺乳动物卷的旧书。这本书的字体很小,而且已重印很多次,字模和木刻版都已嵌满油墨而模糊不清。我的父母把原书弄丢了,但为了避免让老先生不高兴,他们很快又买了一本;我在能轻松阅读此书之前,一直在翻看里面的图画。

大约在同一时间,我收到了另一本作为礼物的书,关于这本书我还有许多

---

① "流浪的犹太人"是一个 13 世纪开始在欧洲传播的传说,讲的是有一个犹太人因嘲弄正在被押往刑场钉十字架的耶稣,而被诅咒在尘世行走,直到耶稣再临。——译注
② 短篇小说集《丛林书》中的一个故事,讲的是一个名叫 Rikki-Tikki-Tavi 的獴如何为保护家园而跟两条眼镜蛇搏斗。——译注

没搞清楚的地方。我知道这是一本关于基本科学知识的儿童读物,它除了讲别的东西,还讨论了行星系统和光的性质。我知道它是从法语翻译过来的,而且其中至少有一些木刻画是表示巴黎。然而,我现在不知道这本书的书名,而且相信我从 5 岁起就没有见过它。也许它是卡米尔·弗拉马利翁①的一部作品的译本。如果我的任何读者能认出这部作品,而我又能找到它,我当然可以根据我对图画的记忆来核查它是否就是我所说的那本书。由于我是以科学为职业的,而这本书是我首次接触到科学,我很想看看我是从什么地方开始的。

我不记得当时的许多玩具了。不过,有一个玩具我记得很清楚,那就是我用绳子拉着的一个小战舰模型。当时正是美-西战争时期②,玩具战舰在年轻人中非常流行。即使到现在,我仍然记得那战舰的白色油漆和笔直的桅杆,以及副炮台的小型甲板炮塔,只有几个炮塔装有较大口径的火炮,这是在无畏舰③出现之前的过渡时期的战舰。

我儿时睡的房间是在屋子的后面,与二楼的其他房间只有一两级台阶之隔。有一天,我在这浅浅的台阶上绊倒,摔了下来,弄破了下巴,留下的疤痕至今还在,这也是我留胡子的原因之一。我的手也曾被我睡觉的小铁床上的金属尖头划伤。我仍然记得那是多么的疼痛。

我还记得我父母唱着歌哄我入睡的情景。我母亲非常喜欢唱歌剧《天皇》(*The Mikado*)④,其中的咏叹调是我最早的回忆之一。一些音乐厅的歌曲也在我的童年时期留下印象,其中包括"塔啦啦-蓬-德-哎"(Ta-ra-ra-boom-de-ay)⑤和"嘘,嘘,嘘! 妖怪来了"(Hush, Hush, Hush! Here Comes the Bogey Man)。我父亲喜欢唱"罗蕾莱"(Lorelei)⑥,和一首我从来没有听懂过的俄国

---

① Camille Flammarion(1842—1925),法国天文学家和作家,写过 50 多本书,其中包含关于天文学的科普书和科幻小说。——译注
② 发生于 1898 年的美国和西班牙之间的战争。——译注
③ 无畏舰(dreadnaught)是在 20 世纪初出现的革命性战列舰,其技术与设计之先进,特别是所装备的大口径火炮数量,远超过同时代的战列舰。——译注
④ 这是在 19 世纪末风摩欧美的滑稽轻歌剧。——译注
⑤ 19 世纪末流行于波士顿的音乐厅歌曲。——译注
⑥ 罗蕾莱原指莱茵河上的一块岩石,后被比喻为一个美貌的女妖。德国作家海涅于 1824 年写下诗歌《罗蕾莱》,后被谱曲演唱。——译注

革命歌曲，不过其音节我至今仍然记得。

我的妹妹康斯坦丝(Constance)出生于1898年的初春。助产士是一位和蔼可亲的爱尔兰妇女，名叫罗丝·达菲(Rose Duffy)，是我的一个特别的朋友，我用她的名字给一个布娃娃命名。她和一个帮她做家务的妹妹玛丽·达菲(Mary Duffy)小姐住在康科德大街(Concord Avenue)。当我去拜访她们时，我可以吃到她们装在盒子里的姜饼和糖蜜饼干。

据说我妹妹的出生让我很不安。几年后等她长大懂事了，我确实开始以一种最应受谴责的方式与她争吵，但这些事后来都被多年的陪伴和好感所取代。家里生养了一个娃娃，让我学到了许多关于奶瓶和尿布的奥秘知识，后来一直没有忘记。

在那个夏天，父亲去欧洲旅行。我很喜欢他从陌生城市寄来的明信片，上面的印刷字是给我看的，因为我这个孩子还认不出手写体的字。也是在那个夏天，我开始阅读一本博物杂志，上面有鸟类的图片。我甚至能回忆起这本杂志页面上那些奇怪的、老式的广告，但杂志的名字我已经忘了。

父亲已经跟波士顿公共图书馆的工作人员很熟了。他在那里的朋友中有一位李(Lee)先生，其妻是儿童读物的插画家和作家，他们有一个和我一样大的小女儿。他们住在牙买加平原(Jamaica Plain)，离富兰克林公园(Franklin Park)近在咫尺。我记得我读过李太太的书，并和小女孩一起在公园里的石洞里玩耍。我还记得乘有轨电车经过中央广场和农舍桥，穿过波士顿的一部分地区，那一带后来都大变样了。我曾经读过李家女孩的那本书《一千零一夜》。几年后，她得了糖尿病，在那个没有胰岛素的年代，这是对一个小孩的死刑判决。李先生把这本书和他女儿的其他一些物品给了我，但对于我来说，读这本书是带有一种悲伤的快乐。

当时我读的另一本书是《爱丽丝漫游奇境》，但我花了好几年时间才完全体会到作者刘易斯·卡罗尔(Lewis Carroll)的幽默，书中爱丽丝的变形对于当时的我来说有一种恐怖。事实上，当我看到《镜中奇遇记》(*Through the Looking Glass*)[①]时，我失去了所有的幽默感，断然认定这是一本讲迷信的书。

[①] 这是卡罗尔所写的《爱丽丝漫游奇境》的续集。——译注

第三章 最早记忆中的印象

我是一个易受惊吓的孩子。有一次,因为找不到照看小孩的保姆,我的父母就带我去老基思(Keith)杂技场。我看到一对小丑在互相打闹。被突然一击后,其中一人的头上露出了亮闪闪的红色假发,所有这一切把我吓坏了,我突然哭了起来,不得不被带出剧场。

父亲从欧洲回来后的第二年,我们继续住在希利厄德街的那幢房子里。我被送到哈佛大学天文台对面康科德大街上的一所幼儿园。我没有忘记我穿的羊毛衫和紧身裤,跟其他孩子一起玩的游戏,以及我们必须做的折纸玩物。我在那里遇到了我的第一个心上人——一个可爱的小女孩,她的声音让我着迷,在她的身边感觉很开心。我还记得我们幼儿园的孩子们去附近一个花园的那次快乐的游玩,那里有红花、郁金香和宽阔的冷杉树下的铃兰。

1899年夏天,我们在新罕布什尔州的亚历山大市(Alexandria)度过。四岁半时,我已经大到可以看火车的窗外,看着大地景色向后闪去。我早已开始对铁路技术感兴趣了。这时我肯定已经有了自己的玩具小火车,以增加我的兴趣。

从那时起到1933年左右,我没有机会再来亚历山大市。当我第一次重访时,发现我对这个地方的地理环境的记忆与我面前的场景完全吻合:布里斯托尔,它的内战纪念碑,和放在乡村广场中央的老式迫击炮;纽芬德湖(Newfound Lake),我们住过的旅馆,对面的小房子曾住过我父亲的一个同事,我曾和他的儿子一起玩。所有这些都和我记忆中的画面一样。我发现亚历山大的村庄本身没有变化,还有熊山(Bear Hill),我曾在那里和父母一起在长满水晶兰的松树林里散步,后来不得不让父亲背回来。这一切都和我想象中的一样。我清楚地记得布里斯托尔的纺织厂,那里有呼呼作响的织布机,小时候父亲曾带我去那里。

接下来的冬天,即1899年底到1900年初,我们住在坎布里奇市牛津街(Oxford Street)的半幢双联式房子里。我的父母已经有了让我上学的计划,他们带着我去拜访阿加西学校(Agassiz School)的校长鲍德温(Baldwin)小姐,这所学校离我们家只有两个门。最后没有被安排进这所学校。鲍德温小姐是一位极其杰出的教师,也是一位非常有尊严的女性,她是黑人。她是在19

世纪80年代进入坎布里奇学校系统的,那时主张人道主义,废除奴隶制的动力还没有完全消失,而且直到20世纪开始前,新英格兰地区势利的绅士阶层尚未屈服于南方名门世家。

我住在牛津街的时候,收到了作为生日礼物的《圣尼古拉斯杂志》[①]。我非常清楚地记得,那天邮递员给我送来了一本上期的和一本当期的杂志,都是在1899年出版的。从那时起,新世纪开始了,我来到了1900年。《圣尼古拉斯杂志》对于我来说是一个天启之物,构成了我童年时最愉快的阅读中的大部分。我几乎无法想象,现在这一代的孩子如果没有这份杂志或类似的读物,将如何生活。《圣尼古拉斯杂志》一直认为,儿童尽管只有几岁,本质上已是一个文明人,把那些对于成人来说没有什么用的知识性读物放在他的面前,是对他的轻视。现在这一代的儿童如何能够用胡闹而无聊的滑稽画和艺术很高但没有文学内容的图画书来代替这些东西,这对于我来说是一个深刻的谜。我那个时代的孩子们会认为,如今的孩子们正在受到欺骗。

那年秋天的一件大事是杜威(Dewey)上将在美-西战争胜利后返回波士顿。我的父母带我去看了庆祝这次凯旋的游行;但我没有也不可能感受到这一时刻的历史意义,因为战争对于我来说就是一些会砰砰作响的军事玩具,而不是任何有关真实的人失去真实的生命的事情。

那年冬天的另一个清晰记忆是圣诞节。清晨,我在天亮之前早已醒来,去查看我的袜子,想知道圣诞老人在里面放了什么。那时我还不知道圣诞老人是我的父亲,但我很欣赏在袜子里找到的糖果、玩具和笑话书,还有橘子、坚果和蜜饯。更大的礼物放在圣诞树下,我和妹妹本应等到早上再去看,但我们对早上的理解非常宽泛,所以四点左右就下楼了。

我对那一年的其他印象则完全是零碎的。我们的隔壁邻居,一位好斗的爱尔兰妇女,警察的妻子,英勇地把几个入侵的顽皮男孩从她的城堡里赶走了。我相信她用了一把扫帚。我骑着三轮车上人行道然后下来,每天的骑行中经常遇到我父亲那些无聊的成年朋友。附近有一个独腿的男孩,他有时戴

[①] *St. Nicholas Magazine*,美国通俗儿童月刊,创刊于1873年,包括马克·吐温在内许多著名作家为其写文章。后于1940年停刊。——译注

有时不戴假腿,让我很困惑;他经常骑着自行车在去学校的路上经过我们家。

奇怪的是,在我早期的记忆中,痛苦和肢解的画面反复出现。我不觉得我对这些事情的兴趣主要出于人道主义,或是对痛苦的真正同情。我的一部分兴趣是出于孩子的无情而专注的好奇心,另一部分则是对灾难的真正恐惧,因为这种灾难既已发生在我能看到的人身上,就可以设想会发生在我身上。大约在这个时候,我做了一个扁桃体和腺样体割除的外科小手术,在上了麻醉药后,我被随之而来的剧烈眩晕吓坏了。但我并没有把这个小手术和我对被肢解的恐惧联系起来,所有这些恐惧都是弗洛伊德主义者所非常熟悉的观察和他们所给出的有效解释的重复。

我的父亲对于他早年当农民的经历感到非常自豪,并长期渴望成为一个地主。这其中既有托尔斯泰主义,又有克服犹太人传统局限的自豪感。1900年春天,他在福克斯伯勒(Foxboro)买下了他梦想中的农场。房子背对着一条路,路两旁种着一排梓树,这个地方因此得名:梓树农场。

我不记得父亲在那里种了什么,尽管我无法想象他那时没有干农活。我确信,那个夏天对于我了解乡村生活和新英格兰地区的树木和植物有很大的帮助。邻近农场的乡下孩子们照例欺负我,他们认为自己有资格欺负一个城市男孩,在我的嘴里塞满了路上的脏东西。我在村里找到了几个更合适的玩伴,或者至少是几个更愿意接受我的玩伴。他们让我知道了蚯蚓的存在,并让我看被切成两半的蚯蚓,它只是稍微有点行动不便,这让我感到惊讶。这个过程的残忍性只给我带来一点轻微的良心不安。

我对当时的福克斯伯勒印象不深,尽管我确信,对于我们来说,那里最让人兴奋的事情是关于圣滚者(the Holy Rollers)①新建了一座教堂的八卦新闻。我还记得一个比我大的男孩带我去看福克斯伯勒和阿特尔伯勒(Attleboro)之间的棒球比赛。我当时不懂棒球的奥妙,直到很久以后我才对棒球产生了兴趣。

这一年的初夏,我的维纳祖母从纽约来到这里,同行的还有我的堂姐奥尔加(Olga)。在我的印象中,祖母当时就是一位老太太,尽管她不可能比现在的我大很多。她总是穿着欧洲老人的深色衣服,而且她的举止绝对是外国式的,

---

① 基督教新教的一个派别,其成员在教堂仪式上往往会在地板上跳舞、摇晃或打滚。——译注

表现在她用食指做手势和摇头的方式。她是一个瘦小、活跃的人，常有一种饱受磨难的神态。从我所听到的关于我祖父的每一件事来看，就凭他的脾气和做事无章法，跟他一起生活不可能不受苦。在欧洲，祖母一直靠自己谋生；现在，维纳家的人都以我父亲为榜样，也来到了美国；祖母就根据子女们抚养她的经济能力，在他们中轮流居住。

祖母说话时总是带着浓重的口音，而且永远无法区分"厨房"（kitchen）和"小猫"（kitten）这两个词。她读她自己的报纸，用一种外国字体印刷，我后来发现是意第绪语。她每次从纽约来看望我们，总是带来美味佳肴和玩具，但即使没有这些，我们也会喜欢她。我的母亲看不起我父亲的纽约亲戚，因为她的家族已经早一代来到美国，但她还是情不自禁地喜爱祖母。我们总是以德语"Grossmutter"来叫祖母，以跟卡恩外婆（Grandmother Kahn）区分开来。

9岁的堂姐奥尔加是一个伶牙俐嘴的姑娘，她比我大4岁。她的母亲，也就是我的姑妈夏洛特（Charlotte），被一个离家出走的丈夫抛弃在这个世界上；对于奥尔加来说，有机会在乡下过一个健康的暑假是非常重要的。她和我母亲总是剑拔弩张。纽约后街小巷的生活往往会使一个未成年人老于世故，这对于我母亲来说很难忍受。

奥尔加和我经常争吵。有一次，她和我吵了起来——我不知道是为什么而吵。奥尔加告诉我，上帝知道一切，他不会同意我的行为。我当时就发表了我不相信上帝的声明。看到没有闪电从天而降将我当场击毙，我继续坚持我的无神论，并将此事告诉了我的父母。我在父亲的态度中找到了足够的同情心，他鼓励我坚持这一观点。

我一直没有弥补我与耶和华的幼稚争吵，直到今天我还是一个怀疑论者，尽管我对那些把怀疑论当作一个宗教的怀疑论者嗤之以鼻，他们是在精神上跟神职人员没有区别的无神论者。

梓树下有丁香花丛，我在里面发现了一个有蓝色鸟蛋的小窝。奥尔加告诉我，因为我碰了它们，鸟妈妈会离开它们，不再来了，于是这些蛋不会被孵化，而孵化出来的雏鸟也会死。对于一个五岁的孩子来说，这使我在自己的心目中成为凶手，并且这种罪恶感在之后的很长一段时间里一直困扰着我。

父亲有几次带我在附近的地方进行短途旅行,其中有些是为了散步和采集蘑菇——这是他最喜欢的运动,有些是为了促进对我的教育。例如,他带我去了附近的一家铸造机械厂。那里鼓风炉的原料是废金属,而不是矿石;我看到金属流入模具中形成钢锭,或流入更精致的形状的模具中形成用于加工的零件。这家机械厂既加工铜制品,也加工钢制品。白色和黄色的碎屑在刀具的切削下变成卷曲的形状,真是好看极了。

父亲一直设法送我去学校念书,但他在办这件事时出现了一些障碍,虽然我不太清楚是什么障碍。我想也许是我年龄太小,未达到学校董事会的标准。我为进村里的学校去接种了疫苗,并在那里上了几天学,然后父亲把我转到乡下的一个小红校舍,那里所有年龄段的孩子们在一个老师的带领下一起学习。我只记得校舍外面有一个池塘,当时是冬天,孩子们在上面滑行和溜冰。

1901年春天,在我六岁的时候,我们在坎布里奇的哈佛大学天文台对面康科德大道上的一个公寓里住了下来。我们回到坎布里奇的公寓,因为我们正在考虑夏天去欧洲旅行。我的父母忙着购买旅行必需品,还买玩具和其他好玩的东西,以供我和妹妹在船上玩。我对这段时间的回忆不多,只记得我又去看望了玩伴赫尔曼·霍华德,还有住在同一公寓年龄比我大一些的女孩勒尼·梅蒂维耶(Renée Metivier),她很照顾我。她教我如何制作和放风筝,我记得我和她一起去教堂街买材料。那时的教堂街作为坎布里奇的工匠区,其名声甚至超过现在。当我还在上幼儿园的时候,老师就带我们到那里去看那些有趣和神秘的铁匠铺、车匠铺和木工场。

谈到我早年的回忆,我想附带说明一点。读者可能很想知道,神童的甚早期智力发展(the very early intellectual development)与其他儿童有什么不同。然而,无论孩子是否为神童,在他达到社会意识水平之前,是不可能跟其他儿童比较他们较早阶段智力发展的,而这种社会意识直到儿童晚期才开始。说一个人是神童,这不是一个只涉及这名儿童的说法。它是一个关于他与其他人的智力发展的相对速度的说法。而且,他的父母和老师可以比他自己更早地观察到这一点。在一个人的早期学习阶段,他是他自己的标准;如果他感到困惑了,那唯一可能的答案就是印第安人的答案:"我没有走失,而是棚屋移走了"(Me not lost, wigwam lost)。

我在大约七八岁时的童年生活很顺利,直到我对其他孩子的智力发展有足够的了解,并开始在内心评判他们和我的相对学习速度。那时,我早已过了认字乃至学做简单算数的早期阶段,并几乎已忘记当初是怎样学会的,就像一般的孩子早已彻底忘记当初是怎样学会说话的一样。由于这个原因,关于这方面的事以下我所要讲的,与其他任何孩子所经历的几乎没有什么区别,只是我会以准确年份和月份来讲述我在生活中所经过的各个发展阶段。

要牢牢记住的是:所有儿童早期的学习都是一个奇迹,即使是在我们后来认为有些迟钝的孩子身上。当一个孩子开始说话时,他已经学会了第一门外语。从出生到两岁之间,是获得新知识的旺盛时期,这在以后的生活中是无法比拟的,不管这个孩子是天才还是白痴。这种发展是通过"做"(doing)而不是通过对"做"的思考而获得的;是新天赋能力的自然迸发,而不是孩子自我监督的结果。在我的例子中,我确实在还不到许多孩子开始说话的年龄的两倍时就开始阅读了,而这一点被我是在学习阅读而不是在学习思考阅读的事实所混淆了。后来,当我在学习早期课本时(在家里,父母的指导下),我弄清了大写字母和小写字母以及手写字体之间一些令人困惑的区别。我只记得在学习的道路上遇到的障碍,而不记得大部分的学习任务,这些任务都是自发和无意识地完成的。我记得,i 和 j 之间的相似性曾经让我困惑,还有在老式课本里有长长的 s,看起来像怪怪的 f。我记得,写字的机械动作对于我来说很困难,即使是我写的最好字也长期低于班级的可接受标准。至于算术,我用手指头来计数,甚至在我的班级上规定不能这样做以后的很长一段时间里都是如此。我对诸如 a 乘以 b 等于 b 乘以 a 这样的公理感到困惑,我试图通过画一个由点构成的矩形并把它们转过一个直角来解决这个问题。我学习乘法表的速度不是特别快,事实上,我对其他任何必须死记硬背的学习项目都不太行,尽管我在很小的时候就对相当复杂的运算原理有很好的理解。我记得温特沃思①写的旧式课本《算术》(*Arithmetic*),我提前阅读了其中讨论分数和小数的

---

① George Albert Wentworth(1835—1906),美国数学教师,编写过大量的很有影响的中小学和大学的数学教材,其中有的在 20 世纪初流传到中国。——译注

内容,没有任何大的困难。总的来说,我在算术学习中有两大障碍:一是掌握快速而精确的加法和乘法的技巧,二是理解为什么各种算术法则,即交换律、结合律和分配律,是正确的。一方面,我对算术这门课的理解很快,但我的运算跟不上;另一方面,我要求有对算术基本性质的解释,而这对于一本主要讲授运算的书来说是做不到的。但是,如果我们不谈论这些,而是回到我最初学习算术的时候,那就像让我回到开始阅读或开始说话的时候一样,很难回忆起来。

我在工作中的困难和真正的智力部分被藏于完全意识的水平之下,这不仅仅是在我的童年,直至如今仍然如此。我并不完全知道我是如何得到新想法的,也不知道我是如何解决那些早已存在我心中的各种想法之间明显的矛盾的。我确实知道,当我思考时,我的想法是我的主人,而不是我的仆人,而且,如果它们自己设法形成一个可用的和可理解的模式,那它们是在我的意识水平如此之低的情况下完成的,以至于大部分都发生在我的睡眠中。我将在其他地方谈论这个问题,但在此先说明一点:在我的智力发展的历史中,先有童年时为追求幼稚知识而做的努力,后有成年时为探求新的和未知事物而掌握的力量和所做的努力,而我没有看到从先者到后者之间的任何突变。我现在知道得更多,并有更好的工具,但我往往很难说清我是在什么时候和如何获得这些工具和这些新知识的。

我和我父亲有一个共同点,就是有极好的记忆力。我这样说,并不意味我们不能也没有成为那种心不在焉的教授的完美典范,也不意味我们在日常生活中不太会遗忘什么。而我的意思是,当我们获得了一系列的想法或看待事物的方式,这已经成为我们的一部分,不会因为任何变故而丢失。我记得我父亲在生命的最后阶段,他因中风而躺在病床上,他的优异智力甚至已不能让他认出他身边的亲人。可是我记得,他依然自如地用英语、德语、法语、俄语和西班牙语说话。他已搞不清楚自己所看到的周围的人和物,但他的语言却很清晰,合乎语法和习惯用语。这种模式已渗透到了他的全身,无论怎样磨损和消耗都无法抹去它。

第四章
从坎布里奇出发，经纽约和维也纳，
回到坎布里奇

1901年6—9月

G. K. 切斯特顿①曾经在什么地方说过，看伦敦的最好方法是进行一次从伦敦出发、再回到伦敦的环球旅行。对于一种经验，除非并且直到我们有其他与之不同的经验作为方位点（points of orientation），我们才能欣赏它。我确信，如果我没有在一生中的某个时期离开新英格兰地区足够远，从而能看到它的精神特征的巨大轮廓像地图一样在我面前展开，那我就永远不能了解新英格兰。

1901年春末，我六岁半，我妹妹大约三岁，我们全家乘福尔河航线（the Fall River）的船去纽约，在那里我们将住在我父亲的亲戚家里。他们在第三和第四大道之间的东六十几街。那时，第四大道的北段还没有获得现在作为"公园大道"（Park Avenue）的名声，只是一个比东城贫民窟稍好的地方。我的亲戚住在典型的老式公寓里，位于从街道引进来的一长段露天台阶的顶端。它很暗，拥挤，闷热。仅有的窗在正前方和正后方。这个公寓在接纳四位波士顿访客之前，就已经住着太多的人。但我们离中央公园很近，只要走一小段路，穿过林立在第五大道两边的大厦就能到达，而那里的动物园一直是我们喜爱的目标。

我的叔叔杰克·维纳（Jake Wiener）是这一家中唯一的男人。他是一名熟练的印刷工人，对自己的手艺非常精通。他的主要娱乐活动是体操。他曾在

---

① Gilbert Keith Chesterton（1874—1936），英国作家。——译注

第四章 从坎布里奇出发,经纽约和维也纳,回到坎布里奇

美国的双杠比赛中名列第三。当然,如果有一个人是为这项运动而生,那就是杰克叔叔。我已经说过,我父亲的肩膀很有力,但他的兄弟杰克的肩膀宽阔,全身的肌肉像摔跤手的一样。他甚至比我那矮个子的父亲还要矮,两腿则又细又长。他有着运动员的内收的腹肌。他的脸向一边歪斜,因为早年受伤导致他的一侧下颌骨组织坏死。他对我们这些孩子很好,我记得他给我们看了一顶带铃铛的小丑帽子,这是他在某个旅馆的娱乐活动中戴的。当时他还不到 30 岁,而且是单身,不过后来他结婚有了家庭。

我的几位姑妈受文化浸染的机会比杰克叔叔多。她们保留了大量的俄罗斯文化,尽管她们后来发现法国文化对于她们在服装行业有更大的商业价值。奥尔加的母亲夏洛特姑妈有一个离开她的丈夫。她与他离了婚,但命中注定要再经历一次类似的不幸。她和她的从未结婚的妹妹奥古斯塔(Augusta)一样,做缝纫工作。她俩都是特别聪明的女人;如果在生活中有我父亲的一半机会,她们会做出一番不亚于我父亲的事业。她们能流利地讲几种语言;后来她们去了巴黎,待了几年后,两人成为一名纽约女装设计师的很有用的商务助手,在那里她们装作是法国女人。

夏洛特姑妈一直工作到很高的年龄,直到最近才死于一场事故。她有一张典型的犹太人面孔,就像莫里耶①带着一股激情所画的那些法国犹太妇女中的几位。奥古斯塔姑妈跟夏洛特长得很像,但好看得多。她和她姐姐一样,也活到了高龄。还有一位阿黛尔(Adele)姑妈,她后来结婚了,在乡下跟我们做了一段时间的邻居,后来又搬去太平洋沿岸;但我对她的印象非常模糊。

我父亲还有一位兄长名叫莫里茨(Moritz),他已经从家族的视野中消失了很多年。他最后被听到的地方是巴拿马的科隆(Colon),也叫阿斯平沃尔(Aspinwall),当时正值黄热病大爆发。我的祖母在谈到他时,总好像他还活着,随时都可能出现;但她心里知道他早就死了。直到今天,尽管已经时隔很久了,当我的女儿们在做突发横财的白日梦时,总希望能有那么一天,有一位非常年长的绅士从遥远的地方来到我们家,比如说是从澳大利亚过来,他在那里发了财,出于家族的感情把这笔财富留给了我们。

---

① George du Maurier(1834—1896),出生于法国的插图画家和作家。——译注

只要我的祖母还活着，我们每去一次纽约就意味着对第三代、第四代堂表亲和他们的朋友进行一系列无休止的礼节性访问。我现在知道，这是犹太家族的一种习以为常的风俗，但在那时我甚至还不知道我们家是犹太人。当然，我的母亲有必要用一些词句来挖苦我父亲的亲戚的那些举止，她不想让我们效仿他们；而仅凭她用一种轻蔑的语气说出"纽约"这个词，就足以达到这个目的了。

然而，孩子主要对孩子的事情感兴趣，而在这个家庭中让我最感兴趣的是奥尔加。她向我展示了一些城市儿童的小把戏，比如把大头针放在电车轨道上，让过往的车辆把它压扁，我相信我们曾经一起玩过纸牌游戏。杰克叔叔会变纸牌戏法给我看，还教我如何用旧纸牌搭造小房子。奥尔加常去附近的文具店买儿童小纸牌；这些纸牌总是不全的，除了用来搭房子外，没有多大用处。

在第三大道高架上行驶的喷着气的小蒸汽火车让我很开心。我们经常乘坐它到市中心的大商店去购物。我的一个不愉快的记忆是，跟在母亲的后面，四处购物，可是除此之外没有其他方法来给我为即将到来的远洋航行购置装备，而且大部分是买给我和妹妹康斯坦丝的玩具。我记得有一艘小帆船，我试着让它在中央公园（Central Park）的湖面上行驶。我和父亲都没有足够的知识和经验来操控它。

这次远洋航行的其他装备是成套的儿童科学实验玩具，叫作"好玩的电""好玩的磁"和"好玩的肥皂泡"。我不知道这一代人在查尔斯·亚当斯①的刺激下，是否已经将这些成套玩具的范围扩大到"好玩的原子物理学""好玩的毒理学"和"好玩的精神分析"。无论它们是否有，我童年时的这些玩具是很好玩的，甚至今天我还能记得它们所包含的实验细节。

最后，我们乘上摆渡船，穿过港口来到霍博肯（Hoboken），登上了荷兰—美国航线的一艘船。我们坐的是二等舱，这在当时对一个有孩子的家庭来说是最便宜的体面的旅行，当时的三等舱是统舱。甚至在我第一次世界大战后的早期西行旅行中，我还记得从二等舱的甲板上往下看到有各式各样的统舱乘客，他们往往还穿着他们家乡的服装，很不舒服地挤在一起，让人联想到以

---

① Charles Addams（1912—1988），美国漫画家，以黑色幽默和描写死亡恐怖著称。——译注

第四章　从坎布里奇出发,经纽约和维也纳,回到坎布里奇

前通过中央航道(the Middle Passage)贩运奴隶的时代。

对于一个年轻的孩子来说,船是一个令人愉快的地方。船上有许多其他孩子,我可以和他们一起玩;而晕船主要是成年人的病。我做了不少调皮捣蛋的事,自然地被赶离了船上的工作通道。我很高兴能从甲板上俯视千变万化的雪白的浪花。船上的英文、德文和荷兰文公告引起了我的兴趣,我已经知道了足够多的德文——我不知道我是怎么学会的——从而能辨识德文和荷兰文的客房公告之间的相似之处。我无疑骚扰了坐在轮船椅子上的乘客,就像孩子们在船上经常做的那样,然而我的淘气受到了应有的惩罚:一位乘客把我拽到他的椅子下面,挠我的痒,让我简直受不了。最后,一天早上,我醒来时发现船的引擎停下来了,透过舷窗望出去,鹿特丹赫然在目。

我们乘坐有分隔车厢的欧洲火车前往科隆。我现在还记得那里的火车站、我们住的酒店和大教堂的样子。德国的投币机比我在国内看到的任何一种款式都要大得多、好得多,而他们卖的烤杏仁是一种我从未吃过的美味食品。最后我们去了科隆郊区,那里住着我父亲的一个表亲。

我说过,我在去欧洲之前已经掌握了一些德语知识,但我怀疑这些知识加起来是否足以让我父亲认可我懂一点德语了。我的父亲在语言方面是个完美主义者,因为对于他来说,学语言是一件很容易的事,并且他对语言的钻研也非常深。他要求最大限度的完美和正确,而这对于他的学生来说并不总是能轻松做到的,对于他的家人来说就更难了。我母亲可能有比一般人更好的外语能力,对德语也很熟悉。但是面对父亲大师级的水准,她就张口结舌了。她钦佩父亲的语言才能,并让自己对他产生了不必要的依赖。至于我,直到离开父母,结了婚,在妻子温和的指导下,我才敢使用外语,而没有了那种导致我犹豫不决和每句话都结巴的内疚感。

和我父亲一起访问欧洲,就是用欧洲人熟悉的眼光来看欧洲。严格地说,我从来没有经历过游客的这样一个阶段,就是看到每一扇门和每一堵墙都像是对自己抱有敌意的堡垒。因为在第一次访问期间,我是这片土地上的陌生人的问题,完全被另一个不同的、更大的问题掩盖了,那就是我当时还只是个孩子。而到了我第二次访问欧洲的时候,我已是青年,由于我对第一次访问的

记忆,我的学习和阅读,再加上我父亲经常和我在一起,使我对欧洲几乎就像对美国一样的熟悉。过去的任何时候,我都不能将一个未知的欧洲与我很熟悉的美国进行对比。

我不会说,我从来没有像那些头脑简单的国外旅居者一样,轻率而夸张地批评所到的国家和地区。但我会很快停止这样做,而且由于我早年在欧洲的经历,我也不会批评得很厉害。我始终觉得,亨利·亚当斯①在晚年所遭受的旅游挫折,就像一个人在20多岁时第一次接触到腮腺炎。亚当斯一生都对现代欧洲过敏。至于我,早年的旅游也许正是所有我可能受到的训练中最好的一种,因为作为科学家必须是世界公民。

从科隆出发,我们乘汽船沿莱茵河而上。我们在美因茨(Mainz)下船,然后前往维也纳。在相当长的一段时间里,维也纳是我们的总部,也是旅途中给我留下最深刻印象的一个地方。正是那些琐碎小事会给孩子留下深刻的印象,其中也许是各种气味在人的记忆中停留时间最长。我父母用来为我妹妹热晚餐的酒精灯的味道,浓郁的欧洲巧克力加生奶油的味道,那里的酒店、餐厅和咖啡馆的味道——所有这些都依然强烈地留在我的鼻孔里。我记得我们去吃过饭的那些素食餐厅,它们一般都在城市的某个不起眼的地方;我还记得那浮在煮沸的牛奶上面的皮,我简直无法吞咽下去。在法兰克福,我们曾尝试过一杯苹果新酒(Apfelmost),我喝了以后的情况甚至更糟。

我看到咖啡馆里挂在木架子上的报纸,觉得很新鲜。当父亲在看报纸新闻时,我就会翻看一份英文报纸,上面有一个儿童故事连载。我的阅读还不是很流畅,要从我能看到的那些每天登载的零碎内容还原出整个故事,这不是一件容易的事,但我现在还依稀记得这个故事是吉卜林的《波克山上的精灵普克》(*Puck of Pook's Hil*)②。当然,日期是差不多的,因为吉卜林的故事是为他的孩子们写的,他们比我大一点,他们一定是在我出生前不久吉卜林住在布

---

① Henry Adams(1838—1918),美国历史学家和作家。出生于波士顿,毕业于哈佛大学,曾任美国历史学会主席。——译注

② 这是吉卜林写的故事,讲的是两个孩子在波克山上表演莎士比亚戏剧《仲夏夜之梦》片段,结果召唤来该剧中的精灵普克,普克给两个孩子讲述了英国的历史。——译注

拉特尔伯勒(Brattleboro)时出生的①。

我父亲去维也纳的目的之一是去见一位名叫卡尔·克劳斯②的记者。我不知道他们讨论了什么,也许是他们所关心的犹太人事务,也很有可能讨论了如何把莫里茨·罗森菲尔德③的诗歌从意第绪语翻译成书面德语的事,罗森菲尔德是服装工人兼诗人,我父亲"发现"了他。我记得被带进克劳斯的家中,是在维也纳的一栋老式公寓里,我记得那里混乱和无序的状况,我在其他地方从来没有看到过。

维也纳又热又不舒服,臭虫毫不留情地咬着我们这些孩子。父母不知道我们得了什么病,请著名皮肤科医生来看也没有什么用。那医生把我们的病症诊断为瘙痒症(the itch),"七年之痒"④的说法并没有减少父母的担忧。

当查明真正病因后,我们没有得到女房东的同情。她告诉我们,在维也纳这座充满灰泥和碎石的古城里,没有人能够不被臭虫咬——即使是住在皇宫里的皇帝也不能。皇帝可能对臭虫已习以为常,但我们是新遭此罪;它们无疑是一份明确的通告,要我们离开这个城市,去一个更健康的地方。

我们在卡尔滕洛伊盖本(Kaltenleutgeben)的维也纳林山(Wienerwald)小镇的一个鞋匠的家找到了住处。房门直接面对村上的街道,门口几乎没有人行道。房后是陡立的小山,几节台阶通向一个舒适的花园凉亭。就像我们在亚历山大住过的农舍一样,我在卡尔滕洛伊盖本的经历足以让我把那里的地形牢牢记住,以至于三十多年后我再去那里,还能找到那幢房子。

鞋匠家里有几个男孩,他们是我的玩伴。我们当时是如何相互交流的,现

---

① 吉卜林夫妇在布拉特尔伯勒生了3个孩子:其中只有生于1893年的大女儿Josephine比维纳大,出生于1896年的二女儿Elsie和出生于1897年的儿子John都比维纳小。——译注

② Karl Kraus(1874—1936),20世纪早期最著名的奥地利作家之一。他是记者、讽刺作家、诗人、剧作家、格言作家、语言与文化评论家,并且提拔了许多年轻的作家。——译注

③ Moritz Rosenfeld(1862—1923),美国意第绪语诗人,出生于波兰,1886年移居美国,他的诗作由维纳的父亲译成英语并出版,于是广为流传。——译注

④ "七年之痒"(seven-year itch)这一说法最早出现在1854年美国作家亨利·戴维·梭罗(Henry David Thoreau)的文章里,后来在西方社会被广泛借用,最常见的借用是指夫妻结婚7年后可能会发生婚姻危机。——译注

在我很难搞清,因为他们肯定不会说英语,而我的父母确认我不会说德语——至少按照我父亲的标准我不会。但我们确实能彼此清楚地理解,因为我们一起做的恶作剧,比威廉·布施①笔下的两个小无赖马克斯和莫里茨的还要多。当我们不去看后花园里的肥肥的鼻涕虫和蜗牛时,就到邻近餐馆附设的球馆里偷偷地玩保龄球,或者乱弄鞋匠的机器,让它不能好好工作。我们还出现在附近脏兮兮的露天浴场里,或在当地集市上购买装满有色水的仿制婴儿小水瓶。

我们慢慢地旅行,穿过德国和荷兰,最后来到了伦敦。我们在梅达韦尔(Maida Vale)找到了一家素食酒店,它由两幢大房子组成,后面是一个为住在隔壁的房主保留的花园。我和那里的一些孩子一起玩,如果我没记错的话,他们是著名钢琴家马克·汉伯格②的弟弟和妹妹。当时布尔战争③仍在进行;由于我父亲是政治上的自由主义者,我在我的几个玩伴面前响应他的观点,宣称自己支持布尔人,尽管我对战争冲突的原因没有丝毫了解。那些英国孩子们为了报复,就一人叠一人地压在我身上。

离梅达韦尔不远的地方是伊斯雷尔·赞格威尔④的家,我父亲曾与他就犹太复国主义事务通信。赞格威尔是英国最能辩的犹太复国主义者之一。我父亲从那时起就预见到,在穆斯林环境中建立犹太人聚居地所产生的困难。他是一个真正意义上的同化主义者,因为他觉得犹太人在新国家中的前途,在于他们将自己的利益跟那些国家的利益联系起来,而不是打开另一个新的民族主义的伤口。

我们访问了赞格威尔在梅达韦尔附近的家,门前有一个漂亮的小花园。他用肩膀扛着我上楼。我记得他的脸:非常犹太化,有强烈的线条,并不英俊,但有趣而敏感。我第二次访问欧洲时又见到了他,那年我18岁。

---

① Wilhelm Busch(1832—1908),德国幽默作家、画家、诗人和雕刻家,并以其带有讽刺性的插画故事闻名,《马克斯和莫里茨》(Max and Moritz)是他以诗歌的形式写和画的一个插画故事。——译注

② Mark Hambourg(1879—1960),俄裔英国钢琴家。——译注

③ 1899年10月11日至1902年5月31日英国与荷兰移民后代阿非利卡人(布尔人)之间在南非进行的战争。——译注

④ Israel Zangwill(1864—1926),英国犹太人作家。——译注

第四章　从坎布里奇出发,经纽约和维也纳,回到坎布里奇

他并不是我们在英国访问的唯一文学家。还有克鲁泡特金①,伟大的地理学家,一个真正的俄罗斯皇室血统的王子,他在年轻时变成了无政府主义者,曾试图刺杀他的堂兄沙皇,并被迫逃离该国。大约一年前,他曾来波士顿访问,我父亲带他四处参观。他给我的礼物是一小纸盒矿石。一天晚上,杰克·加德纳夫人②在她的芬韦宫(Fenway Palace)用酒宴招待了他。他之后来到我们家,怒气冲冲而口齿不清地对我父亲说:"维纳,我被侮辱了!"父亲设法让他稍微平静以后,他才把事情经过说出来。一位波士顿的社会名流问他:"哦,克鲁泡特金王子,您亲爱的表弟沙皇近况如何?"

我们在肯特郡布罗姆利(Bromley)的一所小房子里拜访了克鲁泡特金。那是一个工人的家,它跟街上的每栋房子一样地死气沉沉。然而,他家的后花园是一个令人愉快的地方,他的两个女儿在那里为我们端上茶。

我们游览了伦敦常见的景点,如议会大厦和威斯敏斯特教堂。有时我们在霍尔本(Holborn)的素食餐厅吃饭,有时在 A.B.C.茶室③用餐。我们大多是乘坐公共汽车游览,汽车的上层好玩极了;有时我们乘坐新的地铁,很久以前,它被称为"两便士地铁"。双轮马车在当时还没有真正的竞争对手,而伦敦的街道上满是浓浓的福尔摩斯故事中的味道——这是我后来才体会到的。

我们旅行的最后一段是去利物浦,而返程的航行当然似乎总是一样的枯燥乏味,不能指望会有新的异国风情来增添旅途乐趣。

---

① Peter Alekseyevich Kropotkin(1842—1921),俄国革命家和地理学家,无政府主义的重要代表人物之一,其父亲是俄国世袭亲王,但没有证据表明他们跟沙皇有近亲关系。克鲁泡特金于 1876 年逃离俄国,当时的沙皇亚历山大二世则于 1881 年被民意党成员刺杀;而在 1901 年维纳父子访问欧洲前后,俄国的在位沙皇尼古拉二世则是沙皇亚历山大二世的孙子。所以维纳这里所讲的事情跟历史不完全相符。——译注

② Mrs. Jack Gardner(1840—1924),婚前姓名 Isabella Stewart Gardner,波士顿著名的艺术品收藏家。——译注

③ 由艾略特面包公司(The Aerated Bread Company)于 1884 年创办并经营的自助茶室连锁店,20 世纪早期在伦敦几乎无处不在。——译注

第五章
刻苦学习

坎布里奇,1901年9月—1903年9月

在坎布里奇的埃文大街(Avon Street),我们选择了一栋有点陈旧但很舒适的房子,它的主房后面有一个稍矮些的侧房。房子有雕花毛玻璃的前门,前部有一个藏书室兼客厅,还有一间适合我父亲用的小书房。楼上的房间宽敞而明亮,侧房的上层小楼做我们的儿童室。还有一个不大不小的后院供我和妹妹玩耍。

离我们大约两栋房子的地方住着博谢教授①,我们后来知道他是一位伟大的数学家。他的父亲曾是哈佛大学法国现代语言教授;我相信他有两个跟我年龄差不多的孩子。1903年的复活节,我和他的孩子们一起去寻找为他们种下的复活节彩蛋。在他家后面,离马路更远的地方,是杰出的生理化学家奥托·福林(Otto Folin)教授的房子。他是瑞典农民出身,娶了一位来自美国西部老式家庭的太太,她是我母亲在密苏里时最亲密的朋友之一。我可以自由进出他们的家,并经常阅读他们的书。我母亲和福林夫人都还活着,而且仍然是亲密的朋友。

遗传学家卡斯尔(Castle)和生理学家沃尔特·坎农(Walter Cannon)是我父亲的另外两个朋友,我曾经问过他们关于科学的肤浅问题。我和父亲到哈佛医学院的实验室去看坎农,当时的哈佛医学院在波士顿公共图书馆的后面,现在这栋大楼归波士顿大学使用。我对坎农博士给我们看的几张照片特别感兴

---

① Maxime Bôcher(1867—1918),数学家,专长微分方程、级数和代数;哈佛大学教授。——译注

趣,照片中有加拿大边远地区的居民亚历克西斯·圣马丁(Alexis St. Martin),他的腹部意外被枪打了个洞;还有美国军医博蒙特(Beaumont),他利用前者来研究消化系统。坎农本人向我们讲述了这一合作关系的精彩故事。

我对坎农博士的 X 光机也很感兴趣,如果我没记错的话,它是由某种静电发生器激发的。坎农也许是第一个将新发现的伦琴射线用于研究心脏和胃等软组织的人,从而继续以前只有利用圣马丁的可怕瘘管才能进行的工作。他也是使用铅屏来保护 X 射线操作员的先行者。正是由于这种预防措施,多年来他似乎没有被这些危险的光束灼伤,而他的早期同事大多在经受了一次又一次的切除手术后去世。不过,虽然他很好地活到了 70 多岁,但最终还是被早期的 X 光灼伤夺去了生命。

以上几位只是偶尔来我们家。更经常到我们家来的一位客人是父亲的朋友,亚述学专家穆斯-阿诺尔特(Muss-Arnoldt)。我相信,穆斯-阿诺尔特是一个奥地利犹太人,他的脸和表情几乎跟他自己研究的亚述有翼神牛(Assyrian winged bulls)一模一样。他长着黑胡子,相当粗壮,是个大学者,而且脾气暴躁。当他住在我们家时,而我父亲正在忙其他事,他偶尔也会教我学习;他是一个严格但不懂教育方法的管教者。几年后的一天,在上完了一节让我特别恼火的拉丁语课后,我去浇灌草坪,出于一种突然的、非理性的冲动,我把水管对着他浇。我当然受到了父母的惩罚,而穆斯-阿诺尔特从此不再正眼瞧我。

对于一个曾经看到坎布里奇发展和衰退的几个阶段的人来说,很难将今天的它与 20 世纪初的它进行比较。只是在不知不觉的过程中,房屋变得更加肮脏,交通更加繁忙,空地消失了,一个在 1900 年还保持着大部分乡村小镇气氛的社区,已经发展成为一个又大又脏的商业城市。

当我还是个孩子的时候,仍然有人用旧名"北大街"来称呼"马萨诸塞大街";那时大街两旁是富商们没有品位但颇有吸引力和舒适的豪宅。它们至今还在那里,但已从荣耀中跌落。门前停车道上没有马车,门廊上的精致木雕也已毁坏。那时住在里面的是一些带有四五个孩子的家庭,由能干、专横的女仆从厨房里发号施令。那时孩子们可以在宽敞的院子玩耍,为他们遮阳的树木还没有被东坎布里奇工厂的烟雾染成令人厌恶的灰白色。

47

那时在坎布里奇的空地上，春天盛开着蒲公英，夏天盛开着金凤花，秋天盛开着浅蓝色的菊苣花。街道大部分都没有铺设；下雨时，街道被运货马车的轮子压出深深的车辙。在下雪的季节，马车被雪橇和雪车取代，年轻人最喜欢把雪橇绑在当时被称为"蓬"（pungs）的送货雪橇后面。在起伏不平的街道上滑行的，不仅有一人颠簸着驾驶的小雪橇，还有由两个雪橇、一块木板和一个方向盘组成的大型双轮车。那时有很多结冰的水池可供溜冰，而且总是可以去贾维斯球场（Jarvis Field）观看哈佛大学冰球队的训练。

我之前说过，我的父亲是一位十分投入的业余菌类学家；在他的指导下，我经常巡视空地，春天寻找羊肚菌，秋天寻找田间琼脂菌。羊肚菌只生长在大家熟悉的几处地方，而哈佛大学的菌类学家们认为这些地方理应归他们所有，就立桩把它们瓜分了。往往会由于其中一人偷采了被另一位同事认为是其私有财产之地上的羊肚菌，而闹起不愉快。田间琼脂菌较少引起这种所有权的纠纷，而毛头鬼伞菌（coprinus）太常见了，根本没有被当作财产。

除了以上的菌类外，我们的厨房里偶尔也会有韭菜或一些榆树菇。我们时不时地会找到一丛珊瑚菌或美味齿菌，甚至还有一些更罕见的美味；但这些大多要留在暑假中吃。采菌菇的部分乐趣在于，人们可能会把这些可食用的真菌跟有毒的鹅膏菌（amanita），或者至少跟催吐的鲁苏拉（russula）混淆；这种症状要等待大约12个小时后才会发作，这是让我父母和我自己度过不止一个不眠之夜的原因之一。

在关于这些田野里的菌菇之外，我还记得其他的植物学知识。我永远不会忘记种在土壤里的小枫果，也不会忘记它们变成了小树。新鲜泥土的气味，枫树皮的气味，樱桃树脂和新修剪的草地的气味，还有割草机的突突声，让我们的草地保持绿色的喷水器发出的嗒嗒声，它们都留在我的青春记忆中。到了秋天，脚踩着沟渠中发出脆响的落叶堆，或者鼻闻着这些落叶燃烧时的芬芳烟味，总是令人十分愉快。在我的童年记忆中，除了以上这些气味，还有新伐松木的树脂香味，以及各种建筑工人身上的亚麻籽油和新水泥的味道。

那时我们整个的生活方式跟现在都不相同。那时的木材非常便宜，我们常常把杂货店送货的箱子劈开当柴烧；我们的黄油是放在木桶里买回家的，或者是放在精制滑盖榫头木箱里。不过那些美好日子的主要标志是,人们可以很容易地找到女仆。母亲使唤的女仆从来没少过两个,一个厨师和一个保姆,另有一个洗衣女工帮助洗衣服,而当时我的父亲只是一个穷讲师或助理教授,还不知什么时候能获得终身职位。在我们住在埃文街的大部分日子里,我近乎崇拜我们的保姆希尔德雷思·马洛尼(Hildreth Maloney),一个聪明、忠诚和能干的年轻女子,后来她努力提高了自己的社会地位。我不记得我们的厨师了,但洗衣女工忠实而勤劳,名字叫玛吉(Maggy),我们给她起了个绰号,叫"纽扣碎裂机"(The Button-breaker)。

我是在一个研究学问的家庭中长大的。我父亲是几本书的作者,我从记事起,就习惯于打字机的声音和浆糊罐的气味。但我一开始并没有想到,这是父亲作为文字专家在努力工作。后来我能自由阅读了。我有充分的自由浏览我父亲的包罗万象、五花八门的藏书。不知什么时候,我父亲的科学兴趣已经涵盖了大多数能想象到的研究领域。在我们的书橱里,有中文字典,有稀有语言和外来语的语法书,有关于超自然现象的骗术一类的书,有关于特洛伊和梯林斯(Tiryns)的发掘记录,还有维多利亚时代后期的一套英文科学入门书。特别还有被称为"洪堡文库"(the Humboldt Library)的,一本关于精神病学、电学实验的论文汇编,和博物学家在世界荒野地区的游记。另外还有金斯利(Kingsley)的杰作《博物志》(*Natural History*)两册,和多年前霍尔(Hall)先生送给我的伍德(Wood)写的书,书的学术性很差但其中趣闻轶事较多。

我什么书都看,到八岁的时候,因贪婪地阅读我所能拿到的所有的书,我的一双原本不太好的眼睛已过度疲劳了。我看父亲书橱里的学问书,听母亲给我念狄更斯的书,还看史蒂文森(R. L. Stevenson)的《金银岛》、阿拉伯故事《一千零一夜》和梅恩·里德(Mayne Reid)的书。对于我来说,这些都是关于高度刺激的冒险经历的书;不过相比于那些博物学家在阴暗的雨林中发现新的野兽、鸟类和植物,并听到金刚鹦鹉和长尾小鹦鹉的聒耳叫声的真实探险记录,朗·约翰·西尔弗①的传说和《圣尼古拉斯杂志》(*St. Nicholas Magazine*)中的故事就显得黯淡无光了。

---

① Long John Silver,是小说《金银岛》中的主要反派人物。——译注

因此，我渴望成为一名博物学家，就像其他男孩渴望成为警察和火车司机一样。我只是隐约地知道，伟大的博物学家和探险家的时代正在消逝，留给下一代的只是拾遗补缺的任务。不过，即使我对博物学了解很多，我对科学的忠诚也已不止这一门。我父亲从哈佛大学图书馆给我带来了一本专门介绍光学和电学研究各分支情况的书，其中包括一个胎死腹中的电视理论，它的失败是由于硒光电管的不完善。这本书引起了我的好奇心，我通过进一步阅读物理学和化学方面的书来探究其中的问题。在我大约七岁的时候，父亲看到我有这方面的兴趣，就请来一位喜欢俄语并听过他讲课的学化学的学生，在儿童室里建立了一个小实验室，并教我做一些简单的实验。

当然，我对实验中散发出来的怪异气味特别感兴趣，并学会了制备硫化氢①的诀窍：用硫磺加热金属碎片制成硫化物，然后让硫化物跟醋之类的酸反应，就产生了硫化氢。我的老师是怀曼（Wyman）先生，在我因近视度数迅速增加而被禁止阅读后，他又继续教了我几个月。此后不久，我听说他因一场车祸而早逝，车祸的现场离我现在任职的马萨诸塞理工学院办公室不远。我相信这是在坎布里奇最早发生的汽车死亡事故之一。

即使在动物学和植物学中，不仅仅是那些冒险和发现的故事，复杂的结构图和关于生长与组织的问题也同样充分激发了我的兴趣。一旦我对科学产生了兴趣——各种科学玩具在这方面起到了几乎跟我的阅读同样大的作用——我就开始注意我周围一切有启发性的事物。我经常去阿加西（Agassiz）博物馆，对其中几个展品几乎烂熟于心。我读过一篇科学文章，对我现在的工作产生了直接影响，但想不起来是在哪里看到的。在我的记忆中，它与丹·比尔德（Dan Beard）在《圣尼古拉斯杂志》上发表的一篇题为"关节棒"（The Jointed Stick）的文章混淆了。这篇文章包含一些关于脊椎动物骨骼的异体同功和同源性的内容。在我的记忆中跟这篇文章长期混淆的另一篇更深层次的文章，一定是由某位专业的生理学家写的。该文对神经脉冲沿着神经纤维传递的过程做了很好的说明：它是一个连续的分解过程，类似于一串积木连续下落，而不是一个连续的电现象。我记得这篇文章激起了我设计拟生命自动机（quasi-

---

① 硫化氢会散发出浓烈的臭鸡蛋味。——译注

living automata)的欲望,我从这篇文章中获得的概念在我脑海中存留了许多年,直到我成年后通过更正式的现代神经生理学研究,这些概念又被进一步完善。

在这些我大量阅读的书中,有一些内容给我带来了非常真实的痛苦,但在这种痛苦的刺激中我却感到一丝羞于言表的喜悦。没有人禁止我有这种喜悦,但我不允许自己有,然而当我翻过那些可怕的书页时,又情不自禁地要看上一眼。《乱头发的彼得》(*Struwwelpeter*)与《马克斯和莫里茨》(*Max und Moritz*)这两本书中有很大一部分内容归属于这一类。在《一千零一夜》中,有一个可怕的"希腊医生的故事";还有《格林童话》中的故事"不知道恐惧的男孩"。我所看到的科学书籍中的某些内容,也刺激我产生这种较低级的复杂情绪。我尤其记得《洪堡文库》中恐怖而吸引人的段落,其中专门讲述了电刑处决和伤害人体的时尚。我很早就对医学书籍感兴趣,其中部分内容是合法的和科学的,但也包含了不少的"正面看妖魔"的内容。我非常清楚我在阅读这些内容时的混合情绪,而且我无法在任何时间内假装我的兴趣是完全无辜的。这些书唤起或令人回忆起痛苦和恐怖的情绪,但又显示这些情绪与快乐的情绪有关。我当时就知道这一点,早在弗洛伊德的作品引起我的注意并帮助我理解这些错综复杂的情绪之前。

也许我早期阅读的很多内容都超出了我当时的理解力。就教育的价值来说,接触每一种思想时并不一定要必须理解它。任何一个对知识真正感兴趣并具有丰富知识的人,只要他逐渐地充分理解了他所接触到的思想与其他有关思想之间的联系,他就会收获许多。一个人如果必须由他的老师指明他所掌握的概念之间的明确联系,那么他就缺乏属于学者的最重要的特征。学术研究是一个渐进的过程,它也是这样一种艺术:通过一个人的整体个性和经验的力量,将个别的学习项目相互联系起来并重新组合,使得没有任何东西被隔绝在外,每个概念都成为其他许多概念的一个注释。

我的这种不寻常的读书经历,使得我在学校里很难被安排。七岁时,我的阅读能力远远超过了我的写字能力,我的字写得很难看。我的算术很好,但不规范,因为我喜欢走捷径,比如用加十减一的方法来加九。我仍然习惯于扳手指做加法,而且对乘法表的后面部分还不是很熟练。我已经开始熟悉德语,并如饥似渴地阅读每一本我能弄到手的科学书。

经过几番周折,决定让我进入埃文街的皮博迪学校(Peabody School)三年级学习。老师很和蔼,有学问,而且对我的幼稚笨拙非常宽容。我不知道过了多久,我的父母和我的老师才达成共识,认为我应该转到四年级。我不相信他们等了一整年才做出这个决定。当时我的年龄几乎比7岁大不了多少。无论如何,四年级的老师对我的缺点不太同情,而且在某种程度上我也不太适应。

我的主要不足是在算术。我对算术的理解远远超过了我的运算能力,而我的运算能力肯定是很差的。我的父亲正确地看到,我的主要困难之一是运算训练让我感到厌烦。他决定让我离开学校,并让我学习代数而不是算术,目的是为我的想象力提供更大的挑战和刺激。从这时起,直到我近十岁时去艾尔中学(Ayer High School),甚至更晚,我的全部教育都是直接或间接由我父亲掌握。

我不认为他最初的目的是为了逼迫我前进。然而,他自己很年轻就开始了学问生涯,而且我觉得他对自己在我身上取得的成功感到有点惊喜。所以开始时只是凑合着给我讲课,然后延续下去成了一个明确的教育计划。在这个计划中,数学和语言(尤其是拉丁语和德语)是核心。

代数对于我来说从来都不难,尽管我父亲教它的方式让人几乎不得安宁。每犯一个错误都必须马上纠正。他会以一种轻松、交谈的语气开始讨论。这种语气一直持续到我犯了第一个数学错误。我那个温柔慈爱的父亲就一下子变成有血仇的冤家。他对我无意中的犯错发出的第一个警告,是高音喊声"什么!"如果我没有马上照着他的意思改正,他就会警告我:"现在,再做一次!"这时我已经在哭,被吓坏了。几乎不可避免的是,我仍然犯错,或者更糟糕的是,把一个原本还行的解答改得一塌糊涂。这时,我父亲再也控制不住自己的脾气,对我说出了一连串的词,这些词在我看来甚至比它们的原义更粗暴,因为当时我不知道它们是从德语转来的。"Rindvieh"(德语:牛)并不完全是一个褒义词,但它肯定没有"brute"(英语:畜生)那么严厉;而"Esel"(德语:驴)已经被好几代的德国学校教师使用,它几乎已经成为一个爱称。它在英语中对应的"Ass!"(驴)或等同的"Fool! Donkey!"(蠢驴)就不能这样用。

我很快就习惯了这些责骂;由于我的每次上课从未持续多个小时,它们是我可以跨越的情感障碍。然而,每天如此,这样持续下去会成为让我难以跨越的真正的障碍。每个地方的校长都能拿学生的谬误来说事以帮助此学生。我父亲说话的声调就是蓄意要刺激我的情绪,而当这种声调跟讽刺和挖苦相结合时,就成了一种带有许多次鞭打的笞刑。我的课经常在家庭争吵中结束。父亲怒气冲冲,我哭了起来,母亲竭力为我辩护,尽管她每次都失败了。她有时提醒说,争吵声打扰了邻居,他们已经上门来抱怨,这可能使我父亲受到一定程度的约束,而我丝毫没有得到安慰。许多年来,我时常担心家庭的团结可能无法承受这些压力,而一个孩子的所有安全感恰恰就在这种团结中。

但是对于我来说,更严重得多的是,父亲的管教延续到别的场合。我经常在饭桌上,在亲友们的面前,听着我父亲反复讲述我的幼稚、可笑的行为,使我如坐针毡,受尽精神折磨。我还被详尽告知了我祖父的种种缺点,他最坏的特性已经潜伏在我的身体里,只等几年后就会显现出来。

如今我读约翰·斯图尔特·穆勒谈论他的父亲。从表面上看,像是讲述了双方之间完整的道德关系。我知道得更多,当我读到他描写他父亲的暴躁脾气的几段话时,我就知道该如何解释这些话。我确信,即使他父亲的暴躁比我父亲的表现得稍微文明一些,但它很可能也是无休无止的。穆勒所写的那一段又一段的话,完全是一个真正的维多利亚时代的人会对一个训练过程所做的陈述,而这个训练过程跟我所经历的极其相近。

我与穆勒所接受的教育有显著的相似之处,也有重要的区别。穆勒主要接受古典教育,而当时没有其他能作为健全的培训内容的基础科目。所以,穆勒与我相比,在年龄更小的时候学到了更多的古典作品;但是他学习数学的起步时间相当晚,而且他的父亲在这方面的权威性较低。我父亲从年轻时就表现出相当出色的数学能力,他从我七岁起就把这种能力传授给我。而且,到我七岁时,我自己的阅读已经深入到生物学和物理学的各个分支,这甚至超出了我父亲的知识范围,而且肯定远远超出了穆勒童年徒步旅行时所学到的相当学究式的分类博物学。

我的父亲有一点跟詹姆斯·穆勒①很相似：两人都是热心的步行者，都喜欢乡间生活。不过，我推测，老穆勒并没有我父亲引以为豪的园艺技能，所以小穆勒也用不着跟我一样被迫在花园和田里劳动。对于穆勒和我来说，跟我们的父亲一起散步看来总能有很多收获：不仅可以获得户外活动的乐趣，而且跟有学问和有品格的人接触后获得精神上的激励。

穆勒父子似乎把他们的一生的精力都用于探究伦理学的问题上。他们是苏格兰人，而成为哲学家和道德家是每个苏格兰人与生俱来的权利。同样，这也是每个犹太人与生俱来的权利。然而，带有地中海人更为冲动性格的犹太人，他们所表现的哲理推究和道德感化，跟属于欧洲北方的苏格兰人是不同的。

穆勒父子在历史上是两位伟大的人道主义者。我父亲的职业生涯显示了几乎同等深度的人道主义动力。然而，他的人道主义思想的根基跟穆勒父子不同，就如同杰里米·边沁②和列夫·托尔斯泰之间的区别。穆勒父子对人类的热情是一种知识分子的热情，充满了高尚和正义，但也许因为缺乏对被压迫者的感情参与而显得相当贫乏。我父亲的根基在于托尔斯泰式的对人类的深厚同情心，而这种同情的本身也有很多印度圣人的慈悲和自我牺牲的精神。简而言之，穆勒父子是古典主义者，吸收了浪漫主义时期的同情心；而我父亲虽然是在古典主义传统中接受教育，但却是浪漫主义者中的浪漫主义者。

我无法想象我父亲或我自己会像穆勒父子那样被蒲柏③所翻译的《荷马》之隽永深深打动。最能打动我父亲的诗歌，就像它最能打动我一样，是海涅的诗歌，它对美的渴望以及它那种深深的厌恶——来自诗人太清楚地看到了现实与他愿意相信的东西之间可怕的对比。我无法想象穆勒把海涅看成是一个无礼的新贵，尽管在穆勒的书中很有一些暗中引用海涅的地方，这让我看到了

---

① James Mill (1773—1836), John Stuart Mill 的父亲, 19 世纪著名的苏格兰历史学家、经济学家、政治理论家、哲学家、功利主义伦理学家和功利主义教育思想家。——译注

② Jeremy Bentham (1748—1832), 英国法理学家、哲学家、经济学家和社会改革者。——译注

③ Alexander Pope (1688—1744), 18 世纪英国最伟大的诗人, 讽刺家; 他翻译了古希腊的著名史诗《荷马》(Homer)。——译注

第五章 刻苦学习

谎言。

穆勒的经历在细节和大的轮廓方面跟我的有许多相似之处。很明显,我们的老师都希望通过强制谦虚的政策来防止我们把自己看得太重,这有时相当于系统地贬低我们。很明显,两个孩子都把对父亲的深深敬意与内心某种程度的被剥夺感和怨恨结合起来。然而,父子之间的冲突却以非常不同的方式表现出来。在穆勒父子身上似乎都有一种对任何情感表现的厌恶,这在我父亲身上肯定是没有的。然而,从穆勒对其所受教育的描述中可以很清楚地看出,强烈的情感是存在的,而且这些情感并没有因为父子俩表面上的不动声色而有任何减弱。

我怀疑老穆勒是否有愤怒爆发的时候,而我父亲肯定有;我同样怀疑他是否流露出人类的弱点和渴望,这些弱点和渴望有时几乎颠倒了我家庭中父亲和儿子的角色,并使我更加深爱我的父亲,因为他从未完全失去孩童之心。在穆勒的书中,他对自己所受的教育既自豪又憎恨的矛盾心理,似乎总是像 18 世纪花园中的树木一样被修剪着。

我们之所以能清楚地看到约翰·斯图亚特·穆勒和他父亲之间被压制的冲突,这部分归功于塞缪尔·巴特勒[①]。塞缪尔·巴特勒也许不是一个名副其实的神童,但和许多神童一样,他是在一个专断的父亲的密切监督下长大的,跟包括我在内的许多神童一样,这种监督导致了他在回忆自己童年生活中表现出某种程度上的反抗态度。事实上,我觉得塞缪尔·巴特勒作为《众生之路》中的欧内斯特·庞蒂菲斯[②],至少遭受了和我自己一样严格的父母监护,而且是在一个跟我父亲相比极其平凡、更少同情心的人手中。在他对自己父亲的矛盾情绪中,恨的成分远远多于爱的成分,而其中所包含的尊重更多是对强势人格的尊重,而不是对善意的尊重。我不能否认,在我自己对我父亲的态度中,有敌对的成分,有自我防卫的成分,甚至有恐惧的成分。但我始终认识到

[①] Samuel Butler(1835—1902),英国作家,他身后出版的自传小说《众生之路》(*The Way of All Flesh*)在 1998 年兰登书屋评选的百部最佳英文小说中排名第 12 位,远远超出海明威等诺贝尔奖获得者的代表作品。——译注

[②] Ernest Pontifex 是《众生之路》所描写的四代庞蒂菲斯人中最后一代人物,其父亲是牧师。——译注

他在智力方面的超强能力,以及他的完全诚实和尊重真理,这些使我可以容忍许多经常出现的痛苦局面,而这些局面一定是庞蒂菲斯牧师先生的儿子绝对无法忍受的。

就外部世界的影响而言,父亲庞蒂菲斯的因循守旧当然会引发跟欧内斯特的极其激烈的冲突,但这也使欧内斯特免于受到周围世界对他一些可能的非难,就像防波堤保护了港口里的船只一样。庞蒂菲斯牧师是一个十足的、顽固不化的因循守旧者,没有半点不因循守旧的地方。就我自己而言,我很了解我的父亲,作为一个不因循守旧人的不因循守旧的孩子,我不得不接受双重惩罚。因此,我被两种不同的隔离方式与周围的环境隔绝。

塞缪尔·巴特勒,以及还有约翰·斯图尔特·穆勒,在与他们的父亲的关系中,宗教问题似乎占了主导地位。这些问题在埃德蒙·戈斯①的青年时期甚至更加尖锐。戈斯是讨论父子关系时必须提及的另一位作家,他的自传《父与子》跟巴特勒的书一样,讲述了一个渴望独立的男孩与一个喜欢神学、非常专断的父亲的关系。确实,穆勒的书没有用正式的神学语言来描述父子双方,但它有一种强烈的伦理声调,起到了跟神学类似的作用。就我自己的情况来说,虽然我父亲是一个具有强烈道德感的人,但不能说他对神学有多大的兴趣。父亲的人道主义的来源是托尔斯泰,尽管托尔斯泰引用了许多《圣经》的话来装点他的宣传文章,父亲很赞同基督教中宣扬谦逊和慈善,颂扬被压迫和被鄙视的人的美德的那些方面。我已经说过,我早在五岁时就开始表达对宗教的怀疑了,如果是落在老巴特勒或老戈斯这样的父亲手中,这些话会给我带来严厉的训斥,甚至是雷霆般的咆哮。

再来详细谈谈我自己的情况。我当然不记得我父亲有过任何真正的反对意见。事实上,我强烈怀疑我幼年时期在不可知论和无神论方面的冒险尝试,几乎只是我父亲自己态度的反映,而我父亲的态度可能也反映了我那个不负责任的祖父的态度——他早已脱离了犹太教的怀抱,却没有接受任何同等的宗教。即使是像老穆勒这样的怀疑论者也会觉得我的轻率言行是不可容忍

---

① Edmund Gosse(1849—1928),英国翻译家,作家,文学史家,批评家,1907 年出版了自传《父与子》(*Father and Son*)。——译注

的。因此，我自己作为一个神童的成长道路跟那些专断父亲的受害者或受益者的不同的地方在于，我完全处在一个与宗教无关的世俗世界中。

很清楚，宗教或等同的道德问题是让维多利亚时代中期的人花时间思考的问题。对于我的父亲以及对于我来说，最主要的动机是一种深刻的知识分子的好奇心。父亲是一位语言学家，对于他来说，语言学更像是历史学家的一种探索工具，而不只是学问的宣言，也不只是让过去伟大的作家进入自己灵魂中的手段。虽然在我父亲的人格中以及在他指导我的生活过程中，总带有强烈的道德含义，但是我对科学的兴趣始于对真理的奉献，而不是对人类的奉献。我现在之所以关注科学家的人道主义职责的问题，主要是受到困扰当今研究人员的那些道德问题的直接影响，而不是基于"科学家首先是慈善家"的任何原始信念。

为真理服务，这虽然不是伦理学的首要任务，但我和父亲都认为，这是我们可能承担的最大的道德义务。我父亲后来在接受 H. A. 布鲁斯的采访①时，用自己的话说明了这一点：传说伽利略在被定罪后说道，"Eppur'si muove!"②，这个传说虽然不一定是真的，但它本质上真实地刻画了科学家的准则。我父亲认为，学者不能以任何个人安危的借口来拒绝对学术诚实的要求，就像士兵不能拒绝在前线作战的责任，或像医生不能拒绝留在瘟疫流行的城市以尽职责一样。然而，我们两个人都认为，这是这样一种义务，它之所以属于一个人，不只因其作为人类一员，真正的原因是他专门选择了献身于为真理服务。

我说过，我父亲是一个浪漫主义者，而不是维多利亚时代的古典主义者。除了托尔斯泰和陀思妥耶夫斯基，他最亲密的精神联系是 1848 年的德国自由派。他的正义感包含了这样一些元素：奋发，胜利，光荣而有效的努力，对生活及其中的情感深切的体验。对于我这个刚刚开始生活的男孩来说，这些使得我父亲在没落、颓废的波士顿的那些冷漠和压抑的人中间，在许多方面成为

---

① H. Addington Bruce. New Ideas in Child Training. *The American Magazine*. v.72，1911 May - Oct，286 - 294.

② 意大利语："它确实在动！"——译注

一个高尚的、令人振奋的人，一个内心充满诗意的人。正因为如此，正因为我的监督人同时也是我心目中的英雄，我才没有被我所经历的艰苦的训练过程压垮，而成为一个死气沉沉、毫无作为的人。

我父亲不仅直接教我，而且还让他在拉德克利夫女子学院的学生海伦·罗伯逊（Helen Robertson）小姐每周来几次，跟我一起复习拉丁语听力，并帮助我学习德语。她的到来让我很高兴，也让我在家庭之外与成年人的世界有了另一种接触。我从她那里知道了哈佛大学和拉德克利夫学院的种种传说：知道某教授的刻薄，某教授的机智；知道那个被称为"橙带党人约翰"①的老商贩，他的运货车连带起名为"安·拉德克利芙"②的拉车驴子是哈佛学生送的；以及神奇的盲聋学生海伦·凯勒③。我还知道普鲁士的亨利王子（Prince Henry）来访时，学生们搞的恶作剧。总之，即使在八岁的时候，我就预感到了大学生的生活。

大约在这个时期，我开始发现我比周围的孩子们都要笨拙。这种笨拙有些是真正的肌肉协调性差，但更多的是由于我有缺陷的视力。我以为我抓不到球，而真实的基本情况是我看不到它。毫无疑问，这一切都因为我很小就学会了阅读，以及我过度沉迷于这种消遣活动而变得更加严重。

我的笨拙形象，因我经常使用从阅读中获得的知识词汇而显得更加突出。虽然这完全是自然的，并没有半点装腔作势，但它向我的长辈，特别是向那些不太了解我的人强调，我在某种意义上是个不合群的人。正如我将在下一章指出的那样，我与其他同龄男孩的关系相当融洽，因此我认为这种反常现象在我的同龄人中实际上并没有像在我的长辈中那样引起注意。如果我的同龄人从我的成年人词汇中得到任何特别的印象，我倾向于相信这只是重复了他们的父母传达给他们的印象。

---

① 橙带党人（the Orangeman），爱尔兰新教徒在1795年组成的政党，因其成员皆佩橙色带子或徽章而闻名。——译注

② Ann Radcliffe（1764—1823），英国女作家，是描写黑暗、恐怖和神秘的哥特小说的先驱。——译注

③ Helen Keller（1880—1968），美国现代女作家、教育家、社会活动家。2岁时因突发的疾病猩红热丧失了视觉和听觉。1900年进入哈佛大学拉德克利夫女子学院学习。——译注

第五章 刻苦学习

我八岁那年,困扰我的眼睛问题开始变得令人不安。当然,我的父母早在我感觉到这个问题之前就已经注意到了。一个孩子不会意识到像视力不足这样的持续性感官缺陷。他接受自己的视力为视力的标准,如果有任何缺陷,他会认为这些缺陷是人类共同的。因此,虽然人们能觉察迅速恶化的眼睛疾病,但不会注意稳定性视觉缺陷,例如当近视所造成的困难并不影响阅读的时候。近视眼患者往往把书拿得离眼睛太近,这对于阅历较深熟的他父母来说是很明显的问题。但在他自己看来,这并不明显,直到有人指出这一点,直到他尝到了戴一副合适的眼镜的好处。

我父母把我带到我们的眼科医生哈斯克尔(Haskell)那里,他下达了严格的命令,要求我在六个月内不得阅读,在这段时间结束后,再重新考虑我的整个读书问题。父亲用口授耳听的方法继续教我数学,包括代数和几何,并且我的化学课也继续上。这段用耳朵而不是用眼睛训练的时期可能是我经历过的最有价值的学习阶段之一,因为它迫使我能够在头脑中进行数学运算,并将语言视为口语练习,而不仅仅是书写练习。许多年后,当我开始学习中文时,我的训练证明对我有很大的帮助,因为对于复杂的中文标音符号,看懂要比听懂难得多。我不认为这种早期的训练造就了我一直延续到现在的良好记忆力,但它肯定让我看到我有这样的记忆力,并让我有可能利用它。

六个月结束之后,我的近视眼没有再出现令人不安的症状,于是我被允许再次阅读。医生允许我回去看书学习,这个诊断在我过去五十年的生活中被证明是正确的,因为尽管近视程度加深,患了白内障,双眼晶状体被摘除,我的视力还是相当可以,而且我认为在我有生之年,我的眼睛不会让我无法工作。

在穆勒的《自传》(*Autobiography*)中,有一段话在我的经历中引起了某种共鸣。穆勒讲他在教导他的弟妹们。我的妹妹康斯坦丝告诉我,她听我少年时的说教,很受罪。我当然没有像穆勒那样,正式成为家中的小老师(pupil-teacher)。然而,如果在生活中最受尊敬的人总是以老师的身份出现,只能让孩子认为成熟和责任就是学校教师的成熟和责任。不可避免的是,所有集中的教学都会把孩子教成一个老师。这一点以后可能会被克服,但它代表了一种必然始终存在的趋势。

接下来的几年里，在父亲的指导下，我努力学习了温特沃思编写的代数、平面几何、三角学和解析几何等教科书，并学习了拉丁语和德语的基础知识。我没有遇到太多困难，但自尊心严重受损。我承认了父亲说话具有学者的权威性，就如我承认了，我外面的大多数老师说话并没有那么大的权威性。

第六章
神童的娱乐

上一章专门讲了我作为"神童"的早期学习情况。然而,我的生活不仅是学习,也有玩耍。我的父母让我成为一家儿童游乐场的会员,这个游乐场建在皮博迪学校旁边的一块空地上。我们必须出示会员卡才能进入,并能允许我们获得游乐场老师的服务,以及在丛林健身房中爬行,从滑梯上滑下,或使用其他供我们玩弄和锻炼的设备。我在那里花了很多时间跟巡逻的警察交谈。默里(Murray)巡警住在我们家对面,他喜欢讲警察工作中的奇闻怪事来逗我开心。

我在皮博迪学校有很多玩伴,甚至在我退出学校由父亲接管我的教育后,我还跟他们玩。有一个叫雷·洛克伍德(Ray Rockwood)的,他后来去了西点军校,多年前作为一名军官因公去世。他有两个姨妈,她们的工作是相互拆台:一位是基督教科学派成员(Christian Scientist)①,另一位则制造专利药品。

沃尔特·芒罗(Walter Munroe)是波士顿高架铁路一位发起人的儿子,而温·威拉德(Winn Willard)是木匠的儿子。我的另一个玩伴则是一位后来成为坎布里奇市市长的人的儿子。哈佛大学教员金(King)的几个儿子在机械方面很有天赋,他们拥有一台能开动的小蒸汽机,令我羡慕不已。我的父母当时替我订阅了《青年之友》(*The Youth's Companion*),这家杂志组织的订阅竞赛

---

① 基督教科学派于1879年在美国创建,主张通过祷告治病,反对使用医药。——译注

所提供的奖品中有这种蒸汽机，而且即使不参加竞赛，也可以通过他们的服务以较低的价格购买这些奖品。我的父母通过这种方式给我买了很多玩具，但他们从来不肯多花钱来买那台蒸汽机。

在那些日子里，报纸上一时间没完没了地大量报道新闻：土耳其人对亚美尼亚人的迫害。我不知道我们是怎么得出这事跟我们有关系的结论，因为我们肯定对土耳其人了解很少，对亚美尼亚人则了解更少。有一天，金家的男孩们跟我决定外逃，去战场，为被压迫者而战。我不知道我父亲是如何追踪到我们的，但在大约半小时后，他找到了三个狼狈不堪的小男孩，他们在马萨诸塞州大街上，哈佛广场和中央广场之间那一段，正看着一个商店的橱窗。他把金家的男孩交还给他们的父母来发落。对我，他除了刻薄的嘲讽外，没有给予任何惩罚。过了许多年后，我的父母才不再拿这件事来取笑我，但直到如今，回想起这种嘲笑仍会刺痛我。

我童年的玩伴中大多数活着的人在这个世界上都过得很好。其中一个在我们所有人中名声最臭，因为他特别调皮和使坏，现在则成为一位工业大亨。另一个人因拿着斧头在街上追赶一名同伴而出名，但他现在放弃了暴力生活，转而做小骗子过日子，令我们所有人失望。

在那些日子里，我们有各种各样的争斗，从打雪仗到严重的帮派事件，其中两支男孩军队在埃文山街相遇，拿石头互掷对方。我们的父母很快把大家驱散了。在一次打雪仗中，我的一个患高度近视的同伴，其一只眼睛的视网膜被击中而脱落，失明了。

我说过，我也是近视眼。我想正是这次打雪仗的事故，加上其他种种事情，导致我的父母惩罚我，并不惜一切代价制止我打架。我永远不会成为打架好手，因为一旦情绪激动，就会使我因恐惧造成的软弱而无法动作，几乎说不出一句话，更不用说动手打人了。我想原因既是心理上的，也是生理上的，因为我在血糖低的时候总是陷入虚弱状态。

我积极参加同龄孩子的游戏活动。我帮助用雪堆造堡垒以用于打雪仗，还堆造雪牢以关押俘房，有时我自己也会被关在里面。我从背后跳上送货雪橇或"箱型雪车"（pungs），它们那时在坎布里奇冬天的黄色雪泥覆盖的街道上

第六章 神童的娱乐

行驶。我在雪车背面的栅栏挡板上攀爬,跳下来的时候往往会扯破衣服。我学会用儿童双轮溜冰鞋溜冰,而因脚踝软弱无力,所以我从来没有学会使用更有效的单轮溜冰鞋。我沿着埃文山街滑行,常要求比我年龄大些和技术好些的朋友让我乘坐他们更快的双冰刀雪橇。在春天,我在人行道上和院子里寻找一种小石块,我可以用唾沫把它们弄湿掰碎,制成一种粗陋的画笔,用它在人行道上画出"造房子"游戏的格线,我和我的同伴们可以在上面玩。我步行到北坎布里奇,按照一年中不同的节日,在那里的文具店购买漫画情人卡或圣诞卡,还买便宜的糖果和其他哄孩子的小玩意。

我曾经花了大量时间来玩微型电动马达。有一次,我想按照作为圣诞礼物收到的一本书中的说明,制作一个这样的电机。然而,这本书是为备有自用小车间的孩子写的;即使我拥有这样一个小车间,我当时以及后来都没有机械操作的能力来使用它。

我记得我的玩具中有一个扩音器、一个万花筒和一个幻灯机,以及一套放大镜和简单的显微镜。幻灯机里有许多漫画幻灯片,这给当时的小孩带来的愉快,就像沃尔特·迪斯尼(Walt Disney)的电影给现在的孩子所带来的一样。我们常在儿童室里放映幻灯片,并收取图钉作为报酬。

有几次我们想为我们的生意赚点真金白银。父亲有一套希腊艺术的照片,我以为这些照片是送给我的,就开始在周围邻居中兜售。当父母发现我所做的事情时,我的一个好差使是把这些照片收回来。

1901年的圣诞节对于我来说很难。我刚七岁。然后我第一次发现,圣诞老人是大人们的一种传统发明。当时我已经开始阅读难度较大的科学书籍,我父母似乎就认为,一个达到这样程度的孩子应该不难抛弃在他们看来显然是一种情感的虚构东西。他们没有意识到的是,孩子的思想世界是碎片结构的。孩子不会离家太远,只有几个街区之外的地方,也许对于他来说就是一片未知的天地,而他可以任意想象其中的地形分布。这些想象往往变得如此强烈,以至于即使孩子已经进入了这片先前未知的天地,他的想象中的信念仍然会使他接受一个他的经验已经证明是错误的地形。

关于物理世界地形图的情况是如此,关于孩子思想中概念关联图的情况也是如此。他还没有机会从他的由经验获取的少数中心概念出发,去探索到很远的地方。在中间区域,任何东西都可能是真的;那些对于他的长辈来说至少是一个因情感需要而编造的故事,对于他来说则是一个可以用任何一种方式来填补的空白。为了填补这个空白中的大部分,他必须依靠父母的真诚。因此,圣诞老人神话的破灭向他揭示了,这种对父母真诚的依赖有其局限性。他可能不再接受他们告诉他的东西,而必须用他自己不完善的判断标准来衡量它。

这一年的春天,家庭又扩大了。我的妹妹伯莎(Bertha)出生了,而我母亲为了生她差点丧命。我们的邻居泰勒(Taylor)医生护理我母亲。他是一个白胡子的老人,有两个儿子,都是我的玩伴。和以前一样,罗斯·达菲是助产士。我对出生可能意味着什么浮想联翩,有一个奇怪的想法是:拿一个玩具娃娃,比如说用药瓶做的娃娃,对它念一通咒语,就可以把它变成一个婴儿。

考虑到我当时所掌握的科学知识,能有这种天真的想法很值得探讨。我在六岁到九岁期间所读过的各种生物课本,包含了大量关于一般动物的,特别是脊椎动物的,两性现象的内容。我很清楚以下过程的主要轮廓:有丝分裂,卵子和精子的还原分裂,以及雄性和雌性代核的融合。我对一些低等无脊椎动物的胚胎学和原肠胚形成的原理有相当的了解。我知道这些事实在某种程度上与人类的生殖有关,但我的父母不鼓励我询问这方面的问题,而我很清楚,在我思路的某个地方缺少了线索。在理智上,我对植物和动物的性现象的理解已经很深入了。但在情感上,我就像年幼小孩能做的那样,对整个事情漠不关心;或者说,如果我对这个事情有所关心的话,它所激起的唯一情感就是困惑和恐惧。

伯莎出生时,让家庭情况更困难的是,在母亲分娩的前后,我和妹妹康斯坦丝都得了麻疹。我不记得当时家里是如何设法在同一时间照顾我们三个孩子的。

大约在这个时候,我的父母想尝试让我跟其他教师的孩子们的习性更合拍些。他们把我送进了唯一神教派的主日学校(Unitarian Sunday School);而在此之前,我跟这所学校的牧师塞缪尔·麦科德·克罗瑟斯博士(Dr. Samuel

第六章 神童的娱乐

McCord Crothers),在他放学之后,进行过哲学辩论,提出了相当多的抗议。这位令人钦佩的散文家和文学家,是我们家多年的朋友,二十多年后,他还为我两个妹妹主持了婚礼。克罗瑟斯博士并没有因为我年幼气盛拒绝宗教而感到震惊,并试图认真地回应我的论点。无论如何,由于他的宽容,我才有可能继续上主日学校。

主日学校有一个很好的图书馆,我记得有两本书给我留下特别深刻的印象。一本是拉斯金(Ruskin)的《金河之王》(*King of the Golden River*)。许多年后,当我读到他的《现代画家》(*Modern Painters*)时,我又看到他对山地风景的同样感觉和同样强烈的道德观,这些我通过他那本儿童故事已经很熟悉了。另一本书是19世纪70年代法国故事的英文版本,书名是《一个年轻博物学家在墨西哥的冒险》(*The Adventures of a Young Naturalist in Mexico*)。我在今年才再次看到这本书,我对它所描绘的墨西哥低地热带森林一片郁郁葱葱的景象再次留下深刻的印象。

主日学校举办了一场圣诞演出,我本应以某种方式出演一个小角色。化妆和打扮让我非常尴尬,由此造成我对参加业余戏剧表演的反感,至今依然如此。

那年夏天,我们在福克斯伯勒的村舍里度过。《宇宙杂志》(*Cosmopolitan Magazine*)连载了H. G. 威尔斯①写的故事《登月先锋》(*The First Men in the Moon*)。我的堂姐奥尔加和我如饥似渴地读着它,虽然我无法理解文章的所有社会意义,但我真的对大月球的脆弱身影感到震惊和恐惧。大约在同一时间,我一直在读儒勒·凡尔纳的《神秘岛》(*The Mysterious Island*)。这两本书让我认识了科幻小说。事实上,多年来我一直保持着对儒勒·凡尔纳的热爱,去图书馆找他写的另一部作品,可能比这一代孩子看电影的乐趣还要大。

顺便说一下,尽管如此,我并不喜欢现代科幻小说。科幻小说已被迅速地程式化了,这种体裁不再给试图遵循其公认准则的作家以充分发挥的自由了。

---

① Herbert George Wells(1866—1946),英国多才多艺的作家,著有120多部作品,其中科幻小说占六分之一,被称为"科幻小说之父";还是一位具有前瞻性的社会评论家。——译注

我曾尝试写过关于科学题材的幻想小说,但它完全是在科幻小说专用的框架之外。一些科幻小说家因对一些虚构情节的特别爱好而失去了对现实的感觉,并被利用成为各种骗人项目的代言人。科幻小说所特有的原创性已经蜕变成为一种陈词滥调。它的华而不实完全不同于儒勒·凡尔纳借鉴大仲马①的浪漫场景的热情和魄力,也完全不同于威尔斯让他的关于社会学的评论变得易懂和受人喜爱。

无论寒暑,父亲都做了相当多的文字工作,我总觉得,目睹出书的各阶段工作逐步完成是非常令人兴奋的事。他自己的第一本书是《意第绪文学史》(*History of Yiddish Literature*),而之前他还帮助出版了莫里茨·罗森菲尔德的《诗》(*Poems*)。他的第一本书对于我来说有点太早,没有清晰的记忆,但我清楚地记得他的下一本书,两卷本的《俄罗斯文学选集》(*Anthology of Russian Literature*),他编辑这本书,其中的部分内容在很大程度上是他翻译的。随后,他跟达纳·埃斯蒂斯父子公司(Dana Estes and Sons)签订了一份大合同,据此我父亲同意以总额一万美元的报酬,翻译托尔斯泰的所有作品。即使在当时,这也是相当吝啬的报酬;而在今天,翻译 24 卷书,仅支付这么少的一笔钱,简直是荒唐可笑的。我父亲在 24 个月内完成了这项任务。在这个过程中,他得到了一位非常能干的秘书哈珀(Harper)小姐的帮助,我相信她的报酬是由出版商直接支付的。父亲跟出版商的关系从来都不是很顺畅,我认为,他对出版商一般都持怀疑的态度,这是合理的。

我很快就弄清楚,手稿交付后就会送来长条校样稿,而完成长条校样稿的校对后又送来光滑长条形的分页校样稿,接着是长条形的铅版校样稿。我学会了校对员用的主要标记和校对的一般技术。我了解到,作者修改长条校样稿的费用很高,修改分页校样稿的费用又高很多,而修改铅版校样稿实际上是禁止的。我看到父亲为了翻译托尔斯泰引用的《圣经》语录,剪了两三本《圣经》,我经常拿丢弃的校样纸和剪剩下的《圣经》玩耍,就像我自己在读校样

---

① Alexandre Dumas(1802—1870),法国 19 世纪浪漫主义作家。小说多以情节取胜,构思巧妙周密、故事扣人心弦、语言生动有力、对话灵活机智等构成了其小说的特色,其代表作有《三个火枪手》《基督山伯爵》等。他跟儒勒·凡尔纳是好朋友,积极支持后者以浪漫主义风格创作科幻小说。——译注

第六章 神童的娱乐

一样。

我对我母亲娘家人的记忆大多是在我们住在埃文街的时候,虽然我之前就已经认识了他们。外祖母和我母亲的两个姐妹是什么时候随母亲一起来到波士顿,我已经忘了。我妹妹伯莎出生时,外祖母住在坎布里奇市谢泼德(Shephard)街的一家旅店里;我还记得她为我洗澡时动作利索果断,全然不顾我几乎窒息和肥皂刺激我眼睛。

我不认为她与我有什么特别的争执,但她肯定与我的父母有争执。我不知道我父母是如何得罪她的,不过很明显,德国犹太人和俄罗斯犹太人之间由来已久的不和至少起了作用。总而言之,我的父母指责我母亲的家人试图破坏他们的婚姻,于是就出现了那些至死也不会终止的家庭争斗。参与这些争斗的人,一些可能已死去,但对于生者来说,怨恨还是留在他们的记忆中。

我至多只见过我的外祖父卡恩一次。通过他的照片,我对他的长相已经非常了解:高个子,神态庄严,留着长长的灰白胡须。他已经和外祖母分开了,住在巴尔的摩的某个养老院里。我记得后来在我某年的生日上,他送了我一块金表作为礼物。他大约在1915年去世。

1903年春天,父亲和我花了很多时间寻找一个可以度过夏天的地方。我们定期去波士顿南部的几个村子巡查,从戴德姆(Dedham)到弗拉明翰(Framingham),甚至沿着科哈西特(Cohasset)周围的海岸到处转,但一直没有找到合适的地方。我们向父亲所有住在郊外的朋友征求意见。最后,我们决定去西北区一个比较偏远的地方找,终于在哈佛镇上找到了一个叫老磨坊农场(Old Mill Farm)的地方,大约在哈佛镇和艾尔(Ayer)转车站的中间。我们在那里度过了一个夏天,熟悉了这个地方,并决定我们应该在第二年夏天对农舍进行现代化改造,要准备过一个农民和大学教授相结合的简朴生活。

我不知道哈佛镇的名字与哈佛大学有什么确切的关系,但这两个地方即使有任何联系,那也是很远的。哈佛镇在历史上有名的是,马萨诸塞州内地第一或第二个水力磨坊就建在那里。虽然这个磨坊不在我们最终买下的农场里,但旧水闸仍然矗立在农场的近旁;后来因磨坊屡次修建,水塘不断扩大,以致水闸就矗立在农场农舍的对面。于是,这个地方就被称为"老磨坊农场",这个名字我在接下来的各章中会提到。

父亲当时买下老磨坊农场,并决定以后常年住在那里。我想有几个动机在起作用:一个是他喜欢农村,想在农田里干活;另一个是附带地成为土地所有者,这一身份让他感到自豪(我想这个动机是很不重要的)。毫无疑问,父亲认为他的孩子应该尽可能多地在乡下长大;并且我相信,他发觉我的学校教育问题不像在城市里那样难以解决,因为在城市里,只能要么选择相当严格的公立学校,要么是相当昂贵的私立学校。我不认为当时父亲能发现,乡村比城市更有利于他的文学和科学工作;而且对于我来说确实很明显的是,他在艾尔和坎布里奇之间来回奔波,做出了相当大的牺牲。

1903年夏天,当我们第一次来到老磨坊农场时,农场的房舍既荒凉又难看,还是南北战争十年前的建筑。房子的山墙朝向公路,正房经由通常的侧房和柴房与一个大谷仓相连。房子的对面就是那个水塘,当时我觉得它几乎是一个湖,但它的宽度几乎不可能超过200英尺。水塘里有一个沼泽岛,水塘右边有一片小树林,初夏时我们在里面发现了蕨类植物和三叶草。水塘的另一边是水闸,从那里有两条溪流穿过一片沼泽草地,从公路下面通向我们农场的尽头边沿。在其中一条溪流的旁边,在水闸下有一个装有涡轮机的棚子;以前的主人把它作为一个小工厂,生产一些我不记得的产品。

两条溪流和公路之间一块杂乱的土地是年轻人喜欢去的地方。溪水里有青蛙和乌龟。我的宠物小猎狐梗很快懂得我对它们感兴趣,会用嘴衔来乌龟给我。在半沼泽的三角地里,纠缠在一起的杂草中有很多孩子感兴趣的花,如凤仙花、紫菀草、乌龟嘴和绣线菊。支撑路面的石堤下,挂满了野葡萄的藤蔓。草地四季百花盛开,有蓝色、黄色和白色的紫罗兰,还有野鸢尾花,以及矢车菊和香草。在远处的一片牧场上,生长有两种龙胆草:毛边的,卷叶的;还有粉色和白色的绣线菊,以及偶尔出现的杜鹃花丛。

所有这些都使我很愉快。同样使我感到愉快的还有,长在水塘边一排排的柳树,以及一个柳条遮盖下的老树桩,它是我们的游戏场所。附近有一个沙堆,我们在那里用旧地毯和旧钢琴箱搭了一个帐篷。在沙堆边上,有几个布满了松针的土墩,上面被一棵伞形松树遮住,我们可以在那里挖洞做小烤箱,在

第六章 神童的娱乐

里面烤土豆。沙堆是一条老路被冲毁的部分,这条老路经过我们家旁,那时现在的房子还没有建造。据说拉斐德①在周游美国时曾骑马走过这条路,当时他是作为国家的客人应邀返美的。有一条小路始于沙堆,穿过一片潮湿的桤木林,通向多沙的湖畔,我和妹妹经常在那里洗澡,水中都是蝌蚪、水蛭和小青蛙;当时我们还没有学会游泳,不被允许到一个倾斜的海滩上去。后来,当我们长大了,我们最喜欢的洗澡地点是大水闸上面的一个水池,那里的干流像瀑布般倾泻下来,我踮起脚尖,鼻子刚好露出水面。

水塘中有一条船,我们经常划船经过17世纪大水闸的遗址,深入水塘的入口处。水塘一直是我们喜爱的地方,这里有黄白相间的睡莲,有梭鱼草,有狸藻,还有神秘的乌龟、鱼和其他水下生物。那个旧鸡舍也是我们喜爱的地方,它的铁丝网被绑在已经生根并长成幼树的活柳树桩上。那个用干草覆盖的谷仓,我们也很喜爱,在那里人们可以尽情地躲藏、滑行和跳跃。我们也很喜欢附近的农舍,我们总是在这些农舍的后门停下,喝杯冷水,跟农夫的妻子愉快地交谈。我们学会了避开前门,那里门前的草地无人踩踏;因为它通向前厅的禁区,只为婚礼和葬礼开放,厅里放有簧风琴、硬粗布蒙着的家具、着色的家庭照片,还有陈列着家中特殊的珍贵之物和家庭相册等东西的古董架。

在稍远的地方,大约一英里半,有一个震教徒村(the Shaker village)②。这是难得一见的好地方;一个新教修道院,在那里,属于一个规定要永远独身的教派的兄弟姐妹们,在他们的小教堂过道两边相对而坐,穿着极为正式的贵格会传统的朴素服装。我记得可敬的伊丽莎白(Elizabeth)修女,还有安妮(Anne)修女,她们戴着假发和煤斗型女式草帽,还保留着世俗的娇媚。她们轮流看管设在空荡荡的大楼里的小卖部,出售纪念品和草药,以及糖橘皮和散发着薄荷与冬青味的大块糖片。这些东西都非常便宜,也是我们父母唯一允许我们可以尽量吃的甜食。

这个聚居地一定有大约一个世纪的历史了,那里有一种欧洲式的古老和

---

① Marquis de Lafayette(1757—1834),法国贵族,军人,政治家,参加了美国独立战争。——译注

② 震教徒(Shaker),1747年创建于英国,1774年转移到美国并在那里发展起来的基督新教的一派,属于贵格会(Quaker)下的支派,因在教徒集会上一起震颤身体唱歌舞蹈而得名。其教义强调简朴、独身和工作。——译注

持久的气氛，远远不是美国式的。一个不许婚嫁的教派总是很难找到新成员，即使震教徒领养了一些孩子，希望他们能在他们的严格的信仰中长大，但通常在青春期或者稍晚，往往会发生一些事情，使得年轻人几乎总是放弃他们养父母的正义信仰，走上魔鬼和肉欲的道路。因此村里的大工场和两层楼的石库房都空着，一半的田地也荒废了，而外围的社区房屋，在一片冷杉树的笼罩下，已改造成为孤儿院或客店。墓地一片荒凉，杂草和荆棘丛生，它们都靠地下的骨头滋养生长；按照震教派教规，每家门前都要建造登车平台，以便妇女上马车时仪态端庄，不露出脚来，这些平台都腐烂了。

有几年时间，康斯坦丝和我曾经一直吵架，这在我没有经验的父母看来是原罪的表现。我说他们没有经验，因为他们刚开始意识到，这是兄妹俩在成长过程中必然会有的冲突。然而现在，我八岁，康斯坦丝四岁了，我们开始有可能成为战友。我记得，我们一起探索了 30 英亩的农场，而这是我第一次开始把她看作一个独立的人。

虽然我的乡村新生活有它的乐趣，但我与同龄孩子交往的中断是一个很大的坏处。我确实找到了一群来自艾尔和邻近农场的孩子，我可以和他们一起玩。但因为我们相对隔绝，我玩耍的次数减少了。回想起我们在埃文街的那些年，事实上，我看来再也不能完全像当时那样，结识各式各样的同伴了。我很清楚，鉴于当时家庭的经济困难，这种过分孤独和隔离的处境的不利之处是不容易消除的，而且其影响是严重而持久的。当我离开坎布里奇去哈佛镇后，我和幼年的同伴不再联系了，尽管我在艾尔以及后来在梅德福（Medford）结识了新的朋友，但我再也无法继续体验童年环境中那么丰富的友谊了。

第七章
青春期少年中的孩童

艾尔中学,1903—1906 年

父亲打算住在哈佛镇的农场里,每天去坎布里奇上班。他是一个非常忙碌的人,因为正如我前面所说,他承诺在两年内将 24 卷托尔斯泰的作品翻译成英文。这是在他的哈佛大学教学和农场经营之外的一项艰巨任务。他能用于教育我的时间是有限的,所以他开始四处寻找可以送我去的学校。即便如此,他还是打算每天晚上和我一起复习功课。这时,我的学习进度已经远远超过了任何一所普通的小学,唯一的解决办法似乎是把我送到附近的某所中学,让我自己找到适合自己的年级。艾尔中学愿意尝试这种非正规的实验。艾尔这个地方很适合我的父亲,因为它是通往波士顿的主要铁路上最近的车站,他每天早上要驾马车到那里去,乘坐往坎布里奇的火车,把他的马和马车留在艾尔的一个马厩里,直到他晚上回来。

1903 年秋天,9 岁的我作为一名特殊学生进入艾尔中学。关于我应该入哪一年级的问题,我们留给将来决定。很快就发现,我的大部分功课是属于初中三年级的,于是这一年结束后,我被转入高中年级,将于 1906 年 6 月毕业。

学校的大脑和良心是劳拉·莱维特(Laura Leavitt)小姐,她服务了 50 年后,现在刚刚退休。她温和而坚定,也是一位优秀的古典文化学者,对拉丁文的造诣很深,远远超过了一般中学的敷衍了事的水平。我第一年跟她读恺撒[①]

[①] Julius Caesar(前 100—前 44),古罗马杰出的军事统帅,政治家,罗马帝国的奠基者,遇刺身亡。——译注

和西塞罗①的著作,第二年读维吉尔②的诗。我还学习了代数和几何,但这些课程对于我来说基本上是复习。我还学了英国文学和德语,但教这些课的老师没有给我留下特别印象。她们可能是年轻的女性,来教书是为了填补从大学毕业和结婚之间的这段时光。

虽然我可以像大多数年长的学生一样背诵课文,虽然我对拉丁文的即席翻译还算可以,但我在社交方面还是一个不成熟的孩子。自从我8岁时去过坎布里奇的皮博迪学校后,就没有上过学,而且我从来没有很正规地去上学。现在艾尔中学,座位对于我来说太大了,而我的那些青春期同学在我看来已经完全是成年人了。我知道莱维特小姐试图把我从处在这个陌生的地方和陌生的人物中的惊恐中解脱出来;在我上学的头几个月里,有一次她在课堂上朗诵时把我抱到她的腿上。这一善意的举动并没有引起全班同学的笑声或嘲弄,他们似乎把我当成了他们的小兄弟。一位友好的老师把这么小就上中学的孩子抱在膝上,这也是很自然的。

当然,长期获得这样的待遇是不符合学校正常纪律的,不过我不久就学会了课堂行为的要点。我与同学在年龄上的差距继续使我免受他们的嘲弄。我想,如果我只比他们小四岁而不是七岁,情况就不太会是这样了。他们在社交方面把我看作是一个奇异的孩子,而不是一个未成年人。而幸运的是,学校与现在被称为初中的一个学校共用一栋楼,在那里我能够在十一二岁的孩子中找到一些玩伴,其中一些是我同班同学的弟弟。

我在中学的训练和社会接触只是我实际生活的表面。其另一面则是我在家里继续背诵课文给父亲听。我的家庭日常作业,在上中学以后,同他当我的专职老师时没有什么区别。无论是学校的什么功课,我都必须背诵给父亲听。他忙于翻译托尔斯泰的作品,即使在我背诵的时间里也很难全神贯注于我。通常我会走进房间,坐在父亲面前,他要么正在用打字机[那是一台老式的布利肯斯德弗(Blickensderfer)打字机,装有可更换的字键,可以让父亲打出多种

---

① Marcus Tullius Cicero(前106—前43),罗马共和国晚期的哲学家、政治家、律师、作家、雄辩家。——译注

② Publius Vergilius Maro(前70—前19),古罗马最伟大的诗人。——译注

文字]飞速打出译文,要么沉浸在对无穷无尽的长条校样稿的校对中。我背诵课文的时候,似乎没有迹象表明他在听。而事实上,他只用半只耳朵听。但是即使这样,他也完全能抓住我的任何错误,而错误总会不断地出现。当我还是个七八岁的孩子时,我父亲就因为这些错误责骂我,而上了中学后,情况也没有什么不同。取得任何好成绩通常最多只能得到他爱理不理的一句随口称赞,如"好的"或"很好,你现在可以去玩了";但失败会受到惩罚,如果不是责打,就是跟责打差不远的严厉训斥。

在完成父亲的作业被允许离开他的房间后,我经常和弗兰克·布朗(Frank Brown)一起度过下午。他是和我同龄的男孩,是当地药商的儿子,也是莱维特小姐的侄子,他成了我一生的朋友。我们的住处只相隔两英里,所以我放学后和他一起玩,或在周六和周日步行去看他,都不困难。他的家人喜欢我们之间的交往,而我一直把他们一家当作我最好的朋友。

弗兰克和我经常用篙撑着船,从水塘出发,沿着17世纪老磨坊大闸的边上,进入一条小河,在满是石头的浅水上前行,直到进入灌木丛中一条黑暗的水通道,再由此行进一两英里,就到达一条通向哈佛镇中心的小路。在树林的一个老水沟里,我们会想出各种稀奇古怪的玩法。我们把棍子捅下去,看到下面的沼泽气体冒泡上升并破裂。我们在水塘里捕捉青蛙和蝌蚪,并要把这些不知好歹、不听话的东西当宠物来养。

有一次,我们用从他父亲的药店里偷偷拿出来的材料制作鞭炮,结果我把弗兰克的手背上的皮烧坏了。还有一次,我们把轮胎打气筒灌满水,然后悄悄地来到广场上,对着一辆老式的旧汽车喷水。我们把旧纸箱和马车车轮组装成一辆晃来晃去的玩具火车,玩起了铁路人的游戏。有时我们会去阁楼,在那里我们一部分时间在阅读《金银岛》或《黑美人》(*Black Beauty*),一部分时间在把一些电器零件组装成电铃。我们曾经组装过一个我们认为是无线电的东西。我们是男孩子,男孩子一直如此,永远如此。当然,在这个年龄段,我并没有因为不寻常的学校身份而受到特别的压迫或给我留下特别的印象。

每两星期中有一天,中学举行一次辩论会和一场演讲比赛,参加的孩子们将背诵一些范文片段,这些范文为此目的都已汇编成册。在我第一学年结束后的假期中,我决定写一篇哲学论文,以备将来在这种场合使用。第二年冬天,我背诵了这篇论文,但不是作为这项比赛的积极参与者。这篇文章的题名为"无知论"(Theory of Ignorance),是对所有知识之不完整性的哲学论证。当然,这篇文章并不适合于演讲比赛,而且超出了我的年龄。但我父亲很喜欢它,作为对这篇文章的奖励,他带着我坐了很长时间的电车,去缅因州的格林埃克斯(Greenacre,靠近新罕布什尔州的朴次茅斯),在皮斯卡塔夸(Piscataqua)河的薄雾朦胧中度过几天假期。格林埃克斯是巴哈伊教徒(Bahaists)的聚居地,巴哈伊教乐意接受各种形式的东方宗教信仰。它代表了一种趋势,但这种趋势现在属于洛杉矶而不属于新英格兰①。我不知道,当新英格兰巴哈伊教的一些虔诚的教徒发现巴哈伊教是伊斯兰教苏菲派的变体时,他们会有什么想法。

老磨坊农场是一个真正的工作农场,有牛,有马,还有其他所有的东西,由一个雇工和他的妻子监管。在农场的牲畜中,我的个人财产是一只山羊和我的特别好伙伴——牧羊犬雷克斯(Rex)。雷克斯一直和我们在一起,直到1911年,我的父母再也无法容忍它追逐汽车的习惯,决定最好把它放掉。虽然这可能是必要的,但我几乎不能不认为,这是对一个老朋友的背叛行为。那头山羊是父母买给我的礼物,用来拉一辆他们雇人制作的小马车。这辆马车作为玩具很有趣,但作为运输工具却不尽如人意。雷克斯和山羊似乎对很多问题都有争执。山羊的角和硬头跟雷克斯的牙齿完全势均力敌。

一年中最困难的时候是暮冬和早春。那时乡村道路还没有铺设路面,货车和马车留下一道道车辙,它们又被冻成了简直无法通过的垄沟。在这段悲惨、沉闷的日子里,大约半英里外的一个邻居经常邀请我过去,跟他和他的妻子一起玩纸牌。我在家里有大量的时间独自在父亲的藏书室里阅读。我对艾萨克·泰勒②的《字母书》特别着迷,我几乎从头到尾把它记得烂熟。

但夏天就不同了。除了在水塘里划船和游泳,做一些随意的植物学研究,

---

① 缅因州的格林埃克斯属于英格兰地区。——译注
② Isaac Taylor(1829—1901),英国教士、语言学家、地名学家;他编著的《字母书》(The Alphabet),介绍了世界上几十种文字字母的来源和发展。——译注

第七章　青春期少年中的孩童

以及和父亲一起去采蘑菇,我还经常跟霍默·罗杰(Homer Roger)和泰勒·罗杰(Tyler Roger)一起玩,这两个和我差不多大的男孩住在一个邻近的农场里。我们试图用铁皮灭蝇喷雾器做一个内燃机,可是差点把我们自己炸死;我们还在做业余无线电实验中差点触电而死,实验所用的器材是父亲给我买的,但我一直没有真正学会怎样使用。

父亲鼓励我自己弄一个花园,尽管他对我的园艺能力不是很关心。我用男孩的轻便货车拖了一车豆子,设法卖给了艾尔杂货店的唐兰(Donlan)先生。唐兰先生除了经营自己的杂货店外,还兼任一家轮船公司的代理商,他是我父亲的一个知己朋友,俩人经常一起谈论盖尔语。为了跟上唐兰先生的盖尔语,父亲从哈佛大学图书馆借了几本爱尔兰童话故事。他经常在我躺在床上的时候把这些故事翻译给我听,而我对这些故事的怪诞无稽感到惊讶,它们与我所听惯的格林的故事是如此不同。

晚冬,我父亲迎来了米柳科夫(Milyukoff)教授的来访,他是俄罗斯杜马的成员,是政治体制方面的权威,后来在命运多舛的克伦斯基(Kerensky)政权下担任内阁成员。米柳科夫是一个高大、和蔼、蓄有胡子的俄罗斯人,由于他是在圣诞节期间来的,所以他给我和妹妹带来了簇绒儿童雪地鞋,有了它,我们就可以像穿上能加速的长靴一样,横越白雪皑皑的乡间。我的父母已经有了自己的雪鞋,他们发现,在其他季节因太潮湿而不能穿行的地区,现在就像宽敞的公路一样通行无阻了。

米柳科夫正在写一本关于美国政治制度的书,父亲指导他了解当地政治和社会历史的兴趣点。我们的邻居农民布朗(Brown)用雪橇载着我们去了震教徒村,去了邻近的一个主张单一税制人的庄园,还去了弗里特兰(Fruitlands)的小屋——在布鲁克农场①项目失败后,奥尔科特②夫妇曾住在那里。父亲向米柳科夫解释了一切,或者至少我认为他解释了,但我听不懂他们

---

① Brook Farm,这是由美国唯一神教牧师 George Ripley 及其妻于 1841 年创建的一个乌托邦实验农场,不同于后面所提 Alcott 在同一年创建的 Fruitlands。维纳在此把两者混淆了。——译注
② Amos Bronson Alcott(1799—1888),美国教师,作家,哲学家和改革家。他于 1843 年在哈佛镇创建了弗里特兰(Fruitlands,或称水果园),这是一个超验主义的社区生活实验,居民不吃任何肉类,饮料只喝水,只用冷水洗澡,不使用人工照明,该项目在七个月后失败。——译注

说的俄语。

1906年春天,在我11岁的时候,我的弟弟弗里茨(Fritz)出生了。他一直体弱多病,关于他的成长和教育问题,我后面会讲更多。我的妹妹伯莎比我小七岁,但仍足以与我分享一个相当长的成长和发展时期。弗里茨出生时,我已经接近青春期了;而当他自己进入青春期的时候,我已经是一个年轻的成年人了,忙于解决干一番事业并在理念世界中找到自己的社会地位的问题,所以我们永远不可能成为伙伴。

正如我所说的,我在艾尔中学的第二年初就被编入高中班。当时我将近11岁,充满了叛逆的思想。我有一个疯狂的想法(即使在我最亲密的伙伴中也从未表达过),要在我这个年龄的孩子中成立某种组织,以抵制他们长辈的权威。然后我感到一阵阵良心不安,怀疑自己是不是犯了像叛国之类的大罪,即使这只是自己的头脑里的想法。我自我安慰地想,即使犯了大罪,我因为太年轻,还不至于受到严厉处罚。

在中学春季学期即将结束时,我经常和我的一些同学和老师在学校大楼附近的一个次生野樱桃林里用午餐。地上铺满了银莲花和紫罗兰,间或点缀一两朵凤仙花。温暖的春日阳光透过还只盖满绿绒绒树叶的树枝,唤起新的生命和活力。

中学最后一年,我11岁的时候,爱上了一个在学校音乐会上弹钢琴的姑娘。她大约15岁,是一个铁路员工的女儿,脸上长有雀斑。尽管这是徒劳的,但这是真正的爱,而不是未发育的儿童的那种几乎无性的感情。她是个早熟的姑娘。我只有11岁,而且从体格上看,还不是一个典型的11岁儿童。我的身心构成包括小到8岁、大到至少14岁的各种元素。这种初恋对于我来说相当可笑,在别人看来也一定如此,我为此感到羞愧。我试图用实际上对我来说最不有效的方式来向她炫耀自己——为她创作一首曲子,而我其实是所有男孩中最没有音乐细胞的。这首曲子就像许多初次作曲尝试一样,听起来就像是连续敲击钢琴的黑键。

当然,这种友谊不可能有什么结果,甚至连"绯闻"也没有。除了我在年龄上还只是个孩子的事实之外,我对自己体内新的和半懂不懂的力量太过惊慌,

第七章 青春期少年中的孩童

这股力量要打破我的稚气,去纵情享受不允许有的快乐。我父母询问了我,也询问了别人,弄清楚了,这个姑娘既没有毁坏我的身体,也没有把我的灵魂引向灭亡——事实上从来不曾有丝毫这样的危险。这段经历标志着我无忧无虑的童年时代的结束。尽管我不希望长大,但我发现自己正飞速走向成熟,伴随而来的是这种成熟所带来的各种未知的责任和可能性。

早恋是每个正常男孩都会有的经历。几年后,男孩在跟与自己年龄相仿的女孩有来往时,他学会了如何无拘束地跟她们交流。而到他上大学的时候,他已经对未来有足够的信心,可以认真地追求女孩,以免婚姻被拖延太久。然而,我的早恋特别早,以致二十多岁时,仍未能摆脱心内阴影,也没有能力考虑结婚。

学年结束的一段时间,我的同学们举办或参加各种毕业宴会,当时他们都已十七八岁。当同学们乘坐从震教徒那里租来的马车来到老磨坊农场,参加我家举办的毕业宴会时,我虽然是名义上的东道主,但在宴会上是局外人。我坐在房间一边写字桌下的容膝之处,看着同学们跳舞,这是宴会应有的仪式,而我没有参与其中。

庆祝宴会和毕业典礼都结束之后,我在老磨坊农场度夏,阅读《圣尼古拉斯杂志》,跟我在艾尔的玩伴们一起玩,有时去霍默·罗杰和泰勒·罗杰的农场找他们玩。我曾多次给圣·尼古拉斯协会投稿,这个协会是年轻艺术家、诗人和小说家的摇篮,但我获得的最好结果是荣誉奖,而且只获得一次。我不得不满足于能用钱买来的快乐。大约在这个时候,我弄到了一台廉价的布朗尼相机;我希望能买一支气枪,但是父母不赞成,最后我得到的是一支带软木塞的玩具枪。

我非常感激在艾尔的朋友们。他们使我有机会在一个充满同情和理解的氛围中,度过我成长过程中最笨拙的几个阶段。在一个更大的学校里,要获得这种理解可能会困难得多。我的个性和隐私得到了老师、玩伴和年长同学们的尊重。莱维特小姐对我特别关照和理解。我有机会看到我的国家的民主处于最佳状态——它体现在这个新英格兰的小镇上。我为走向外面的世界和开始我的大学经历做好了准备,时机已成熟。

自从离开中学后，我曾多次访问艾尔，尽管每次访问间隔的时间都很长。我看到该镇从一个铁路转接站突然变成了一个军事营地，还看到它的大部分铁路都消失了。我看到第二次世界大战使这个村庄的地位再次上升，但我想会看到它再次下降至相对不重要的地位。然而，经历了所有这些世事变迁，我所认识的那些家庭，都朝着团结和安宁的方向取得明确的进步。他们生活在小镇上，但显然不是小市民。在一个很少阅读的时代，他们都大量阅读。他们很了解剧院，尽管最近的剧院在 35 英里之外。自从我离开这个地方后，已有两代人长大为成人，他们是在爱和尊重的氛围中成长起来的。我的印象是，我在这个工业小镇的朋友们代表了一种安定的性格，其中没有趋炎附势的习气，而这种习气并非局限个别地方而是普遍存在的。他们的社会结构可与欧洲类似地方最好的社会结构相媲美。当我回到他们中间时，他们期待——是正确的期待——让我适度恢复作为家庭长辈关怀下的一个男孩的身份。我很感激地这样做了，带着一种对于我来说无比珍贵的叶落归根和安全舒坦的感觉。

第八章
穿短裤的大学生
1906年9月—1909年6月

中学毕业后,我父亲决定把我送到塔夫茨学院(Tufts College),而不是冒风险去参加紧张的哈佛大学入学考试,这样也避免了把一个11岁的男孩送进哈佛大学可能造成的过度宣传。塔夫茨学院是一所优秀的小型学院,离哈佛大学很近,因此在公众的视线中被其掩盖了。正是由于这一事实,它分享了波士顿大都市的知识优势。我们有可能住在塔夫茨附近的梅德福山庄,父亲可以每天从那里乘电车去哈佛大学工作。

我被塔夫茨学院录取的依据是我的高中成绩和一些简单的考试——我接受的大部分是口试。我们买下了山庄上一栋快完工的房子,是从住在这房子隔壁的建筑承包商那里买的,并让他按照我们的要求装修完工。

为了熟悉学院的情况,我们提早几天从老磨坊农场下来,搬进我们的新居。我仔细阅读了关于学院的介绍资料,使得当时我对塔夫茨学院的具体了解超过后来的任何时候。

我开始跟邻居家的孩子们熟悉起来。在我早先的阅读中,我了解了一些关于催眠术的知识,并决定自己尝试一下。我什么也没成功,只是得罪了我玩伴的父母,让他们感到害怕。我和同龄的孩子们玩了很多,但我们没有形成任何一个有共同兴趣的较大的团体。我发现街角药店的店员是个有趣的年轻医科学生,他愿意跟我讨论我所读过的科学读物,他似乎熟悉赫伯特·斯宾塞[①]

---

① Herbert Spencer(1820—1903),英国社会学家,哲学家,社会达尔文主义的创立者。——译注

的全部著作。我当时对赫伯特·斯宾塞充满敬意,但后来发现他是19世纪最令人讨厌的人物之一。

随着学期的开始,我的学习任务也开始了。我的教授们的年龄和威严给我留下了深刻的印象,而我很难意识到,我现在比当时他们中的大多数人要老得多。我发现,要从我在中学时所享有的儿童特权,过渡到当下要跟这些长者建立的更严肃的关系,这并不容易。

我开始在一位相当出色的教授手下学习希腊语,他的名字叫韦德(Wade)。他的一家过去住在塔夫茨学院附近;小时候,他在偷乘一辆波士顿-缅因州货车时掉了下来,失去一条腿。他肯定一直很内向,这次事故更使他成为一个孤独的人;但这似乎并没有多大影响他去欧洲和近东旅行的爱好。他每个夏天都在国外度过,他似乎知道古典世界的每一个遗迹,无论是雕像还是地方传统,从赫拉克勒斯之柱到美索不达米亚。他对希腊经典有一种真正的诗人般的共鸣,也有将这种共鸣传送给别人的天赋。他关于希腊艺术的幻灯讲座让我很感兴趣。我父亲很喜欢他,他经常到我们家来。我在地板上玩耍,着迷地听着这两个人之间的广泛对话。如果说有什么能让我成为一个古典主义者,那就是这些经历。

我还没有达到应有的社会成熟阶段,所以不适合学习一些英语课程。此外,书写的机械动作也是一个严重的障碍。我在书写中的笨拙动作,让我倾向于省略任何我可以省略的单词,并迫使我写出像螃蟹爬的潦草字。

在数学方面,我已经超过了正常大学一年级学生的水平。没有什么数学课程能准确符合我的要求,所以兰塞姆(Ransom)教授带我上了一门关于方程理论的阅读课。兰塞姆教授在为塔夫茨学院服务了半个世纪之后,现在刚刚退休。我跟他学习的时候,他还是个年轻人;按理说,他现在已不可能年轻了。但这些年来,我看到他那充满活力、机警的走路姿势,他那长满胡须的下巴的前倾姿态,以及他的热情和兴趣,都没有什么变化。他是一个狂热者,但却是一个自谦的狂热者。这门课程确实超出了我的水平,尤其是关于伽罗瓦理论的部分,但在兰塞姆教授的大力帮助下,我得以顺利完成。我的数学是在最困难的地方开始的。在塔夫茨学院,我后来再也没有遇到过对我要求这么高的

第八章 穿短裤的大学生

数学课程。

我在费伊(Fay)教授手下学习德语,他因上课迟到而被称为"塔德"[①]费伊。他是一位很有教养的绅士,对法语和德语的文学价值有着很高的见识;此外,他还是一位伟大的登山家。我相信,加拿大落基山脉的一座山是以他的名字命名的。自然,这在我看来是非常浪漫的。虽然我们读了一些浅近的德语散文,但这门课中最吸引我的部分是德语抒情诗选集。在这里,费伊教授的工作因以下的补充因素而取得非常好的效果:我的父亲会充满感情地给我背诵他所熟记的许多德国诗,而背诵工作既是我课堂作业的一部分,也是我非常欢迎的方式。我的物理课和往常一样,包括背诵、讲课和演示教学。我花了一些时间来培养一种适当的物理感觉,使我能够正确地完成作业,但我总是对演示教学感兴趣。我对化学实验室的工作也同样感兴趣,我最后一年在那里学习了有机化学,其中每次实验所损耗的仪器设备可能是塔夫茨学院本科生中最高的。

我有一个朋友和邻居,埃利奥特·昆西·亚当斯(Eliot Quincy Adams),我在塔夫茨学院读本科期间,他是马萨诸塞理工学院的大学生。他向我介绍了在平面或三维空间上表示四维图形的可能性,以及对四维规则图形的研究。有一次,我们试图用旧铁罐做一个滴水驱动的电机。

我在物理学和工程学方面还有几次课外冒险,尤其是在电学研究方面。我和梅德福的一个邻居分享了电学实验。我们曾经通过转动一个手摇发电机来发电,用于制造胶体金和胶体银。我不记得我们是否真的做出了这些物质,但当时我们认为是做成了。我们还尝试实现我的两个物理想法。其中之一是一种用于无线电通信的电磁检波器,与布朗利[②]的静电检波器不同。它依赖于独立于其方向的磁场作用,将一堆铁屑和碳粉压紧,从而改变其电阻。有几次,我们认为我们已经获得了积极的效果,但我们不确定它是由于这种磁凝聚力还是由于某种完全不同的东西。然而,这个想法是合理的,如果不是由于真

---

① Tard,意为拖拖拉拉的。——译注
② Edouard Branly(1844—1940),法国发明家,物理学家。他所发明的布朗利检波器,推动了无线电报的早期发展。——译注

空管的发明而使所有这些设备过时，我还是有兴趣从头开始重新做这些实验。

我们尝试做出来的另一件设备是静电变压器。它依赖于这样一个事实，即电容器的能量或电荷是以电介质应变的方式存在的。其诀窍是通过平行排列的电极，对一个旋转的玻璃盘或一串的玻璃盘充电，并通过串联排列的电极来放电。其不同于电磁变压器之处在于，它是对直流电作用，还在于这样的事实，即对于仪器来说，至关重要的是，盘子应该是旋转的。我们在尝试制造这台机器的过程中打碎了不计其数的玻璃板，却从未完全让它运转起来。我们不知道，这个想法已经出现在文献中，而且已经存在了很长时间。事实上，在过去两年里，我在墨西哥大学工程学院的实验室里看到了一个非常类似的仪器。它的功能非常好。这台机器的两个连续阶段的放大，使电压上升了几千倍。

我很早就对无线电报感兴趣了。我相信，用我书桌上的无线设备能够偶尔收到几个连续点和划的电码信号。我既没能学会电码，也没能作为一个实用的无线电设备制造者脱颖而出。

在社交方面，我主要依靠与我年龄相仿的人，而不是跟我一起学习的大学生们。我入学时还是个11岁的孩子，而且穿的是短裤。我的生活明显分为大学生和儿童这两个层面。

与其说我是孩子和成人的混合体，不如说在社交结伴方面完全是个孩子，在学习方面就几乎完全是个成人。我的玩伴和大学同学们都知道这一点。我的玩伴们接受我作为一个孩子和他们在一起，尽管我可能是一个稍微不容易理解的孩子，而我的同学们则愿意让我参加他们的自由讨论，如果我讲话声音不太大和不太固执己见的话。我不胜怀念往昔我在坎布里奇有过很多玩伴的日子。

我在塔夫茨学院读书时，继续在老磨坊农场度夏，在那里我跟我的艾尔朋友们保持着联系，偶尔会有塔夫茨学院的同学来拜访我们。每个夏天都是一样的，同样的寻找蘑菇之旅，同样的一般植物学研究，同样的徒步旅行，同样的在水塘里游泳。随着我越来越成熟，在我父母的朋友来访的时候，我也被当作家庭的一员了。

第八章 穿短裤的大学生

在学期中,我试图跟我在埃文街的老朋友们重新来往。这些重温过去的尝试并不都是成功的,而到最后完全停止了。梅德福山庄离坎布里奇太远,除了周末,我很难去拜访我的朋友。此外,随着我自己与埃文街的隔离,我变得更加苛刻和猜忌。更重要的是,我的埃文街的伙伴们正在朝不同的方向发展。确实,金家的孩子们对科学表现出越来越大的兴趣。虽然我后来又见过金家的孩子很多次,并在他们的地下室实验室里和他们一起玩耍,但我很少再见到坎布里奇的其他许多熟人。

我已谈过一些我在科学阅读方面的爱好。而我在科学领域以外的阅读是非常广泛的。我充分利用了我所能利用的各种公共图书馆的资源,我在波士顿公共图书馆的儿童室花了大量的时间。

我已讲过,我喜欢儒勒·凡尔纳的作品,而作为冒险小说,我把他的作品与库珀①和梅恩·里德②的作品交替阅读。后来随着年龄增长,判断力也增强,能够承受分量更重的文学作品时,雨果和大仲马被加入了我的书目。特别是大仲马,他的作品我爱不释手;我曾有许多小时沉浸在达达尼昂或基督山伯爵的冒险故事中,而忘记了周围的世界。

当然,我也读了许多聚藏在公共图书馆上一代人的儿童书籍。路易莎·奥尔科特③的作品足够吸引人,但我是一个高傲的小男孩,我认为它们主要是写给女孩看的。霍拉肖·阿尔杰④把表面上的谨慎和道德与粗陋的成功标准结合起来,这让我非常反感。我甚至大胆去读了一段时间的廉价小说(dime novels),却发现它们很浅薄。在狭义的美国男孩作家中,我最喜欢的作家是J·特罗布里奇⑤,尽管他的关于新英格兰和纽约州北部的男孩故事现在给我的印象已经没有像以前那样深刻了。另一方面,我认为他的三部内战小说《库

---

① James Fenimore Cooper (1789—1851),美国早期浪漫主义作家,西部文学的开创者之一。——译注
② Mayne Reid(1818—1883),爱尔兰作家,创作过多部冒险小说。——译注
③ Louisa May Alcott(1832—1888),美国女作家,其代表作是《小妇人》(Little Women)。——译注
④ Horatio Alger Jr.(1832—1899),美国儿童小说家,作品有130部左右,大都讲述孩子如何通过勤奋和诚实获得财富和社会成功。——译注
⑤ John Townsend Trowbridge(1827—1916),美国作家,作品包括儿童文学、小说和诗歌。——译注

吉奥的洞穴》(Cudjo's Cave)、《鼓童》(The Drummer Boy)和《三个侦察兵》(Three Scouts)代表了男孩战争故事所能达到的最高水平。

我常在报摊上买旧的《斯特兰德杂志》①。这是一本在美国风行多年的英国期刊。它登载了一些夏洛克·福尔摩斯的故事、伊夫琳·内斯比特②所写精彩的儿童故事，以及几篇 A. E. W. 梅森③所写优秀的侦探故事。这本期刊上的小说比当时大多数美国期刊上的写得好，它让我认识了许多新作者，并将伦敦的古朴、严肃的面貌大量地重现在我的脑海中。

即使在冬天，我在家里也待不住。塔夫茨学院水库旁的那条道路，提供了沿水库行走的好机会。当我同我的朋友走在他的送报路线上时，我也享受着把凛冽刺骨的空气吸入肺中；在学院小山的空地上，从一栋楼冲到另一栋楼，即使在冻僵手脚的严冬，也会产生一种快感。

我父亲见我能灵活地玩弄一些哲学词汇，认为这表明哲学是我真正的知识领域，就鼓励我去学习它。于是，在塔夫茨学院的第二年，我选修了库什曼(Cushman)教授的几门哲学和心理学课程。这位教授在哲学方面是相当业余的。

在我的阅读中，对我影响最大的两位哲学家是斯宾诺莎和莱布尼茨。斯宾诺莎的泛神论和他在伦理学中所使用的拟数学语言，掩盖了他的著作是历史上最伟大的宗教书籍之一的事实；如果连贯地阅读他的著作，而不是把里面的公理和定理单独拿出来深究，就能体会到它代表了风格的华丽升华和对人类尊严以及宇宙尊严的发挥。至于莱布尼茨，我钦佩他作为最后一位伟大的哲学全能天才，同时蔑视他作为一个善于奉承、追求地位的势利小人，我从未能把对他的这两种看法协调起来。

---

① Strand Magazine，英国月刊，主要登载短篇小说和大众感兴趣的文章，柯南·道尔所创作的福尔摩斯破案故事，几乎都发表在这本杂志上。创刊于1891年，停刊于1950年，因其在伦敦的办公室靠近斯特兰德大街而得刊名。——译注

② 维纳在这里似乎把名字搞错了，Evelyn Nesbit(1884—1967)是美国著名时装模特儿、歌舞女郎、女演员，不是作家。曾在《斯特兰德杂志》上发表小说的应为 Edith Nesbit(1858—1924)，她是英国女作家、诗人。——译注

③ Alfred Edward Woodley Mason(1865—1948)，英国小说家、剧作家、演员、军官、间谍，也曾短期从政。——译注

第八章 穿短裤的大学生

我的哲学和心理学课程所用的文献资料都很肤浅,比不上我课外阅读的那些书,特别是比不上威廉·詹姆斯教授①的伟大著作——我几乎把它们当作文学珍品,狼吞虎咽地阅读其中严肃的内容。我知道詹姆斯是我父亲心目中的伟人之一,不久我就有机会去他家拜访。我不太记得那次访问,但我对这位和蔼可亲、蓄有胡子的长者印象深刻,他亲切地解答我的困惑,后来还邀请我去听他的实用主义洛厄尔(Lowell)讲座。我去听了这些讲座,并且很高兴詹姆斯教授把收有他这次系列讲座所有演讲的书送给了我父亲。我后来知道,这本书其实是要送给我的,但詹姆斯和我父亲都不希望因直接送给我这份礼物而助长我的自负。

我并不觉得詹姆斯最好的工作是在实用主义。在更具体的心理学材料中,他的洞察力在其文章的每一段中都能显示出来;但纯粹逻辑从来不是他的最强项。美国学术史上的一句老话,亨利·詹姆斯②以哲学家的风格写小说,而他的哥哥威廉·詹姆斯则以小说家的风格写哲学。在我看来,威廉·詹姆斯的风格不仅仅是小说家的风格,而且其哲学家的风格也许比人们想象的还要少,因为他从具体事物中发掘新东西的能力,远大于他把这些东西以有说服力的逻辑形式组织起来的能力。

也是在塔夫茨学院的第二年,我发现生物博物馆与实验室是一个令人着迷的地方。活体动物室的管理员,同时也是看门人,成为我的一位特别的亲密朋友。这些科学界没有头衔的小人物是一群十分有趣的人,没有他们任何实验室都无法运作;他们特别吸引一个有志于进入科学领域的男孩的想象力。我想,我应该去尝试一下生物学方面的工作。我曾有好几次跟兰伯特(Lambert)教授以及一群学生一起去米德尔塞克斯(Middlesex)瀑布和其他地方,进行春季生物考察,看着他们收集蛙卵、藻类和其他对生物学研究有用的东西。

我很早就对生物学问题感兴趣,我父亲想要弄清,我未来的学习是否值得选择生物学作为专业。我们一起坐火车去了伍兹霍尔(Wood's Hole),哈佛大

---

① William James(1842—1910),美国心理学家和哲学家,美国机能主义心理学和实用主义哲学的先驱,美国心理学会的创始人之一。1875年,建立美国第一个心理学实验室。1904年当选为美国心理学会主席,1906年当选为国家科学院院士。——译注

② Henry James(1843—1916),美国小说家,William James之弟。——译注

学生物系的帕克(Parker)教授允许我尝试解剖一些狗鱼。我只记得我的解剖工作并不特别出色,而且几天后,我的工作位上出现了一张告示:"这里不能切鱼"。

在塔夫茨学院的最后一年,我决定尝试认真学习生物学。我选修了金斯利(Kingsley)的脊椎动物比较解剖学课程。顺便说一下,金斯利是《博物志》(*Natural History*)的作者,我在八岁时就对这本书非常感兴趣。他个子不高,行动敏捷,很机灵,是我在大学期间所遇到的最善于启发人的科学家。我在课堂作业方面没有任何问题,因为我善于把东西分门别类;但我的解剖速度太快,太草率。金斯利则一定要让我有足够的工作做,他给了我大量的爬行动物、两栖动物和哺乳动物的头骨,让我学习,看我是否能发现它们源于共同祖先的秘密。即使这种工作我也做得太快、太乱了。我经常很长时间待在实验室的资料室里,在那里阅读诸如贝特森①的《变异研究材料》(*Material for the Study of Variation*)等书籍。

现在的年轻学生对生物研究可能有一种不正常的兴趣。他的正当的好奇心混杂着对痛苦和恶心之物的低级趣味。我意识到我自己的动机中有这种混乱。我曾说过,在我所看的书中,无论是科学论著还是童话故事,都有一些段落,我会迅速翻过,不看它们;但我又会时不时地抓紧看它们,从中获得冷酷的快感。反对活体解剖和主张素食的人道主义小册子散乱在我们的书桌上,它们的夸张内容加剧了我的心里混乱。在这种混乱中,我发现自己经常处于疑虑不定的状态。

我所经历的最严重的心理混乱,发生于我在塔夫茨学院的最后一年。我们几个人一直有借助人体解剖学的教科书——我忘了是奎因(Quain)的还是格雷(Gray)的书——对猫进行解剖的习惯。这是一种非常可取的做法,因为猫和人的解剖结构虽然很相似,但不完全一样,而正是这些差异使我们能鼓起勇气,更好地进行观察。在这些人体解剖学的书中,有关于结扎动脉和建立新的吻合点以重新建立血液循环的有趣观察。我们中有两三个人对这些段落特别感兴趣。年长的男孩们自然比我成熟得多,但恐怕我必须承认,我是这件事

---

① William Bateson(1861—1926),英国生物学家,遗传学的创建者。——译注

的领头羊。经看门人的同意,我们得到了一只豚鼠,结扎了它的一条股动脉。我不记得我们是否使用了麻醉剂,尽管我隐约觉得我们多少还是用了一些,即给那只动物嗅了一下乙醚。手术失败了,因为我们没有将动脉与伴随的静脉和神经正确分开,动物死了。当金斯利教授发现我们闯的祸时,他非常气愤,因为活体解剖无疑是一项犯罪行为,很可能实验室的重要特权会被取消。虽然我实际上没有受到外界的惩罚,但我受到了羞辱和深深的困扰。我很清楚,在我自己的良心法庭上,我无法提供经得起审查的动机说明。我试图用过早的遗忘把这件事埋葬,但这当然使它更加深入我的意识。我对这一事件的内疚感使我的情绪变得更加紧张。

尽管我对生物学有兴趣,但我是从数学专业毕业的。我在学院里每年都学习数学,主要是在雷恩(Wren)院长的指导下,他的观点跟兰塞姆教授相比更接近于工程师的观点,兰塞姆教授在一年级时教过我。我发现微积分和微分方程的课程相当容易,我经常和我的父亲讨论这些课程,他对通常的大学数学很了解。就数学和文化的课程而言,我的双重学习的惯例没有改变。在这些课程中,我父亲仍然是我完全的主人,他的一连串骂人的话丝毫没有减少。

我于1909年春天毕业,在三年内完成了我的专业课程。这并不像它表面上看起来那样,代表了一项伟大的成就,只是因为我当时比其他男孩更少分心。只要孩子能够全身心地投入到持续的学习中,就会取得这样的成绩。

我决定第二年去哈佛大学研究生院继续我在动物学方面的学习。这主要是我的决定,而父亲只是勉强同意。他曾认为我可以去读医学院,但沃尔特·B. 坎农教授向他强烈建议不要这样做,说我年纪小,去学医会比学其他任何专业困难更大。

由于我不在塔夫茨学院读书了,我父亲打算下一年搬到坎布里奇居住。这意味着要购买或建造一所房子。在哈佛大学一家建筑师事务所同事的劝说下,我父亲在哈伯德(Hubbard)公园和斯帕克斯(Sparks)街的拐角处买下了两块地,并要在其中一块地上盖一幢真正雄伟的建筑,象征着家庭的日益繁荣。这涉及复杂的操作,因为要处理掉梅德福山庄的房子和哈佛镇上的老磨坊农场。我们都认为这些操作显示了非凡的远见和智慧,这个看法已经成为我们家族信仰的一部分。多余的那块地本应在我们找到买主后立即出售,但直到15年后,它才跟房子一起被卖掉。

无论如何,我们不能在老磨坊农场度过这个夏天了。我们在初夏时回到了哈佛镇,但是在镇上另一个地方,住在一栋破旧的房子里,而它对我们所有人的健康都不利。我们在夏天结束前放弃了这所房子,离开哈佛镇,在温斯罗普(Winthrop)的一所公寓里度完假期,从那里我父亲能监看我们新房子的完工。通过在哈佛大学图书馆工作的两位女士的好心帮助,我们找到了一所还算不错的公寓。在哈佛大学开学之前,我还有闲暇时间。我把这些时间一部分花在温斯罗普公共图书馆,一部分花在波士顿,在那里我参观博物馆和看电影,还有一部分花在里维尔(Revere)海滩,玩在那里的机械娱乐设备。

当时正是发现北极的激动人心的时刻,库克(Cook)[①]和皮里(Peary)[②]的报告相互矛盾。我还记得库克在报纸上显示出竭力讨好读者的秉性,以及我们错误地对他寄予希望。巴德·费希尔[③]的《马特和杰夫》的连环漫画刚开始不久,这些漫画的内容大都是关于极地探险的悲喜剧。按照当时的描写,马特和杰夫几乎不可能小于30岁。令人十分惊奇的是,他们现在的年龄应该已经72岁以上,却依然敏捷活泼。

那年夏天,我的脑海中一直盘旋着一个科学上的想法。那就是,脊椎动物的胚胎相当于一种腔肠动物的水螅,其通向四肢的囊状部分已经成为后者的筋节。在我看来,后者口部四周的神经带对应于前者的大脑和脊髓,而其中心腔的底部则对应于脊椎动物的消化管。我记得曾用我们在艾尔的那位医生的显微镜,检查了一位朋友从伍兹霍尔寄给我的一些切片;我还不断地向卡内基基金会提出申请,要求资助我开展对这个问题的研究。当然,后来并没有结果。

---

① Frederick Albert Cook(1865—1940),美国医生和探险家,他声称自己在1908年到达北极,被认为是造假。——译注

② Robert Peary(1856—1920),美国北极探险家。通常认为是他领导一支探险队于1909年首次抵达北极。——译注

③ Bud Fisher(1885—1954),美国漫画家,他创作的《马特和杰夫》(*Mutt and Jeff*)是美国第一部报纸每日连载连环画。——译注

第九章
童年已逝，青春将至

直到毕业，我才意识到在塔夫茨学院的三年消耗了那么多的精力。我很疲惫，但我不能让车轮停止转动，我不能休息。

那年夏天，我的身体不太好。每当我的皮肤被抓破，就会有轻微溃烂，而且我一直在发低烧。我的情绪状态则与身体情况一致。脱离受保护的童年期，长大成为担责任的人，我不喜欢这种感觉。我的大学生的日子结束了，而我的未来是未知的，我感到茫然无措。

我在毕业典礼上享受了应有的那份短暂的喜悦，但在这幸福时刻的背后，心中却翻腾着两个大问题：我将来应该做什么，我有望取得什么成功？

第一个问题的部分答案是我决定在哈佛大学读研究生。但是，关于我能取得什么成功的问题则多了一份辛酸。虽然我以三等优异（Cum Laude）的成绩毕业，但未被选入美国大学优等生荣誉学会（Phi Beta Kappa）。我的毕业成绩可以有两种解释：一种能作为入选的理由，另一种则能作为不入选的理由。但我得知，我落选的主要原因是被怀疑，一个神童的未来成就能否配得上这份荣誉。这是我第一次完全意识到，我被认为是自然界的一个怪胎，我开始怀疑我身边的一些人可能在等待我的失败。

15年后，我得到了毕业时未能取得的那份荣誉，此时我已经开始在科学界崭露头角。这个时候给我的荣誉，就像赛马结束后，才给一匹马下的注。这份荣誉如果在我毕业时给，那就意味着对我自己和我的未来的信任，而这将是一种力量的来源。因为在我身上,相当程度的自负和更大程度的不自信是交织在一起的。

我确实对所有的荣誉社团都持很消极的看法。当然,这是我在塔夫茨学院的经历所造成的,但在我后来与这些社团的接触中,这种看法得到了巩固和加强。根本的问题在于,这些社团所给予的表彰——以及确实还有大学授予荣誉学位所给的表彰——都只是起到锦上添花的作用。他们不寻找值得表彰的年轻人,而是主要根据以往的表彰来授予目前的表彰。于是,许许多多的荣誉都给了那些已经拥有荣誉的人,而在另一方面,在他们背后,那些有成就但先前未获表彰的人的价值被低估了。

在这里,我感到有某种道义上的责任。我太清楚有这样的一座桥存在,要获得任何荣誉就必须跨过它,我曾经很厌恶我的前辈们的封闭而多层次的等级制度,认为这直接阻碍了我的进步和对自己的信心。因此,当我后来获得表彰时,我不愿意成为那种我年轻时就厌恶的锦上添花式表彰的受益者。就这样,我早年被美国大学优等生荣誉学会拒绝的经历,加强了我后来形成的一种原则,根据这个原则,我退出了国家科学院,并阻止了我的朋友在其他地方为我争取类似荣誉的努力。在这个问题上我并不是一成不变的,因为在有些情况下,人们并不欣赏拒绝接受荣誉的人坚定、独立的性格,而是把这种行为看作是对有声望的学术团体的失礼,这些团体在(通过授予荣誉的方式)有意无意地寻求对本身的支持。尽管如此,我今天对此类事情的反应与近四十年来的反应基本是一样的——学术荣誉本质上是坏事,在其他条件相同的情况下,我选择避免它们。

于是,我从塔夫茨学院毕业后,迫使我面对一个作为神童必然会得到的最大认识:社会不需要神童。他没有受到同龄伙伴的特别排斥。所有的孩子都爱吵架,直到懂事的年龄,他们才学会比动物园社会风气更好的东西。但是,当神童开始意识到社会上年龄较大的人对他心存怀疑时,他就开始担心这种怀疑会反映在他的同龄伙伴的态度上。

有一种传统看法,并不局限于美国,认为早熟的孩子在智力上预支了他一生的精力资本,注定要早早垮掉,成为永久的二等公民,如果他没有靠救济过

第九章 童年已逝,青春将至

活或住进疯人院的话。

我的经验使我相信,神童对自己极不自信,对自己评价过低。每个孩子,在获得情感安全保障的情况下,都会相信他周围世界的价值准则,因此开始时不是一个革命者,而是一个彻底的保守者。他愿意相信他所依赖的,安排和控制他所生活的世界的长辈,都是明智的和善良的。当他发现他们不是这样的时候,他就必须面对孤独,必须自己形成对一个他不再完全信任的世界的判断。神童与每个孩子都有这样的经历,但他又多遭受了一份痛苦,这是因他一半属于成人世界,另一半属于他周围的儿童世界而产生的。因此,他经历了一个阶段,其中他所遇到的冲突比其他大多数孩子所遇到的更多,所以他不太可能会过得很好。

在我早年的时候,我没有意识到自己是一个神童。甚至在上中学的时候,我才开始有点明白,而在上大学期间,我已无法避免面对它了。令人不太愉快的后果之一是,我被一群记者纠缠,他们急于要挖出我的个人隐私,写成文章廉价出售。我很快就听惯了那些一心想要侵犯别人隐私的记者,以一种祈求的声调跟你说:"你不接受采访,我就要丢工作了!"最后,我明白了,总的来说要避开记者,我最终练就了足够的奔跑速度和躲避能力,带着记者穿过大学校园,又穿过哈佛广场的小巷子,不给他的伙伴拍到可用的照片的机会。

这些文章大多出现在报纸的周日增刊上。它们属于一类昙花一现的文学作品,早已谢落回到其出生的水沟里。虽然它们的奉承满足了我对受人关注的幼稚欲望,但我和父母都认识到这是一种病态的自恋;而看到自己成为昙花一现的新闻人物,跟什么双头小牛奇闻,以及X伯爵跟Y富翁的上了年纪的老婆相恋的多少有点真实的故事,一起刊登出来,这并不令人感到愉快。

对我伤害最大的是那些比较严肃的文章。H. 爱丁顿·布鲁斯的温雅和奉承的文章①,让我父亲有机会直言不讳地大讲一通关于如何教育我的理论,

---

① 见57页脚注①。——译注

而在教育家的专业杂志上偶尔刊登的一篇文章①,则完全向我展示了我的笨拙和社会对我的排斥。

就是父亲本人也难免受到诱惑,接受那些通俗杂志的记者关于我和我的训练的采访。在这些采访中,他强调,我基本上是一个普通的男孩,但却拥有超强的训练优势。我现在认为,这部分是为了防止我自负,而且这不完全是我父亲的真实想法。然而在当时,这使得我对自己的能力更不自信,甚至超过父亲的责骂对我自信心的打击。总之,无论在家里还是在社会上,我都处于最糟糕的境地。

除了对我的直接伤害外,这些文章只能使神童在其周围社会的潜在敌意压力下,感到更加孤立。

学院生涯的结束,迫使我对自己和我在周围世界中的位置进行评估。在我筋疲力尽的状态下,这种评估带有一种阴郁的基调。我第一次强烈地意识到了死亡这个事实。我计算自己已经活了十四年半的时间,度量自己未来可能活多长时间,以及自己希望活多久。我在阅读小说时,总是要弄清楚其中人物的年龄,以及他们还能活多少年;我也不能避免查阅伟大作家的生活,找出他们写名著时的年龄,以及此后又活了多少年。当然,这种痴迷触动了我与父母和祖父母的关系,并在一段时间内使我的生活完全无法忍受。

对死亡的恐惧平行于对罪恶的恐惧,并被后者加强。我在活体解剖中的冒险尝试使我惊恐地认识到,我可能是残忍的并且视残忍为乐趣,而这些只有

---

① Katherine Dolbear. Precocious Children. *Pedagogical Seminary*, 1912, Vol. 19: 461-491. 此文研究了当时的 9 名早熟儿童(Precocious Children,其中包括维纳)和 5 位曾经是早熟儿童的历史名人(歌德、开尔文、达·芬奇、穆勒、威特)。文中对维纳的描述(p.463)摘要如下:

据说他尝试学习物理学、数学和生物学的高级课程,但不成功;学习哲学的成绩还算满意,但他缺乏创造性,流于肤浅。这个孩子看样子做不到沉下心来,去搜集充分的数据——他要立即得出结论,然后用于别的地方;这些结论有的是正确的,但很多时候并非如此。

他从小就在动作控制方面发育缓慢。他不会玩任何游戏,甚至不会掷球和拿球,在他参加的所有室内活动中他都显得很笨拙。图画得丑陋不堪。他总是说,事情做好了,却被发现错误,而他自己永远不会发现这些错误。

他的大学同学觉得他不好相处;他跟同龄伙伴们玩,但由于他不会玩他们的游戏,而他们又不懂他所学的知识,所以双方之间的联系不会紧密。

关于维纳对这篇文章的进一步评论,参见本书第 135 页。——译注

第九章 童年已逝,青春将至

在痛苦和磨难中才能得到集中反映。我在学院的这几年,几乎正好是我从一个男孩变成一个非常年轻和没有经验的男人的时期。意识到我身上的男子气概,却没有任何相应的经验和世俗的智慧来驾驭它,这使我陷入了可怕的恐慌之中,不时地寻找回到童年的封闭之路。我是在一个双重的清教徒环境中长大的,即犹太人原来固有的清教徒精神再加上新英格兰人的清教徒精神。而我从童年到青春期最初级的自尊阶段在我看来要么是有罪的,要么充满了犯罪的可能性。这些可能性是我甚至不能与父母自由讨论的事情。我的父亲大体上可能会采取一种同情的态度,但这种态度所表达的同情是不愿意深入细节的,而且总的来说,不太可能会以愿意倾听和找出真正困扰我的东西,来回答我对不愉快的事情的含含糊糊的表述。另一方面,我的母亲则会全盘接受最细小的每一条清规戒律,却坚决不愿意承认她的孩子所做的任何事情可能违犯了这些教规。

换句话说,在这些与我有重大关系的问题上,我所遇到的不是指责性的敌意,而是沟通的障碍,使我基本上只能独自面对自己的问题。这并不是神童的特殊负担;这是许多青少年,也许是绝大多数青少年的共同命运。然而,当它与压在神童身上的其他各种各样的负担结合在一起时,它自然就加重了。

如果我的孩子或孙子像当时的我一样感到困扰,我就会带他去见精神分析学家,不是相信治疗会以某种确定的方式取得成功,但至少希望能有某种理解和一定程度的缓解。但是在1909年,美国没有精神分析学家;或者,即使有一两个好冒险的弗洛伊德信徒碰巧来到美国,他们也是孤立的从业者。人们习惯上不会请他们看病,而且像大学教授这样中等收入的人也几乎请不起他们。此外,即使在20年后,如果我父母承认,即使是暗自承认,家里某个成员可能需要这样的治疗,在我的父母看来,也是一种亵渎神明和承认失败的行为。

然而,这些都是事后的话。事实是,当时既不可能减轻向童年告别的痛苦,也不可能减轻与青春期性欲几乎密不可分的犯罪感觉。像其他许多青少年一样,我走在一条黑暗的隧道里,我看不到问题,也不知道是否有问题。直到我将近19岁,开始在剑桥大学学习时,我才从这个隧道里走出来。我在

1909年夏天的那种苦闷,并不是突然结束,而是逐渐消失。

我与父亲的关系逐渐发生了变化,我只是模糊地意识到了这一点。在塔夫茨学院读书,让我从他的一直不放松的权威中得到了部分解放,因为我在生物学等领域初试了自己的身手,在这些领域中,他不再能够指导我,而我却有希望超越他。而我对数学的研究确实赢得了他的认可,同时也为我提供了一个领域,在这里他不可能跟上我的进展并打破我的独立性。我对数学的研究让我意识到自己在这一困难领域的力量,这是它的巨大吸引力之一。这时我的数学能力是一把剑,我可以用它来打开成功的大门。这不是一种很好的或符合道德规范的态度,但事实确实如此,而且它是正当的。

自从我进入塔夫茨学院,父亲就经常告诉我他正在做的语言学工作。其中有些是关于吉卜赛人的早期历史;有些是对语言学中有争议的问题的研究,如意大利语单词"andare"(去)和法语单词"aller"(去)的起源,有些研究是关于赫卡忒女神①崇拜及其在中世纪欧洲的影响,有些研究是关于阿拉伯对欧洲语言的影响。还有大量有趣的研究,涉及印欧语系、闪米特语系、达罗毗荼语系等既定语言群之间关系的大轮廓;后来,这种比较研究被扩展到南北美洲的语言群和非洲人对这些语言的影响问题。

在所有这些研究中,我父亲把他的三样东西结合了起来:其广博已达到罕见程度的语言学知识,几乎无可比拟的语言学历史感,以及非常现代的对纯粹形式化语音语言学的不信任(从而支持在当前一代人中已占优势的更多历史和经验观点的语言学)。父亲是耶斯佩森②及其工作的大崇拜者;将来在为现代语言学思想的来源进行客观和公正调查的时候,我毫不怀疑,父亲的名字将作为语言科学中最伟大的人物之一,跟耶斯佩森的名字并列在一起。

然而,父亲的直觉,尽管建立在几乎是超人的勤奋阅读和研究的基础上,但在正式的逻辑表述过程中,其工作速度太快了。对于他来说,语言学是一项

---

① Hecate,希腊神话中一个重要的女神,总是和夜晚、鬼魂、地狱、魔力、巫术和妖术联系在一起。——译注

② Otto Jespersen(1860—1943),丹麦语言学家,英语语法的最重要的权威,帮助彻底改变了欧洲的语言教学,为语音学、语言学理论和英语史的发展做出了巨大贡献,并创立了一种国际语言——诺瓦克语。——译注

推理工作，是一场壮观的纵横字谜游戏；但我恐怕，他经常在还剩四分之一的纸张要写的时候，就停笔不写了。虽然在很多场合，他知道还有什么没有写，只是太轻视他的读者的能力了，以至于不愿意在每一个 i 上加一点，在每一个 t 上加一横。然而我相信，在一些不太明显而重要的场合，他自己并不确定如何对他的工作做最后的润色。

父亲研究语言学时，已有全面的语言学训练，但未受到该领域任何名师的扶持。他喜欢盛名和赞扬，但基本上是一个孤独的人物。语言学界的外国名家视他为闯入者，而他本身的能力使他立即被当作危险人物而不受欢迎。在哈佛大学，斯拉夫语系在现代语言分部中形成了一块小小的自治飞地，虽然父亲被所有人咨询，但他不属于任何一方。在他的很高的个人知名度背后，隐藏着那些苦干却无大成就的人对天才的不可避免的不信任。我们都知道据说是路德维希·伯尔内①讲的德国金句：毕达哥拉斯发现直角三角形定理后，他献祭了一百头牛；从那时起，每当发现一条新真理时，所有的牛都在颤抖。

在这些情况下，作为大城市中的一名隐士，父亲转向我寻求知识上的陪伴和支持是很自然的。我对他的工作深感兴趣，但并不总是被他论证的每个细节所说服。当我因提出问题而表现出一些我自己的看法时，父亲就很生气。我哪怕只对他的只言片语提出质疑，就是叛逆。我其实没有资格对他提出的大多数问题发表意见，但我还是能够根据自己的一点判断力来回答一小部分问题，而且父亲的全部教诲和榜样也不允许我对不能真正同意的事情随声附和。当然，我当时没有意识到，在父亲跟我的大部分谈话中，我只是一个代表科学公众的非专业人士，而父亲只是带着他自己的疑虑来跟我对话。然而，尽管我抗议说我对他所谈论的主题了解不够，无法给出合理的意见，父亲还是经常要求我直接回答一个具体的问题。这时，我可能会发现自己处于虚假的同意和不情愿的违抗之间。我宁愿选择违抗；而我父亲肯定会看穿同意的虚假性，并会责备我的半心半意。这是不公平的，我知道这是不公平的；但我也知道，我父亲把这些问题带到我面前，是出于内心迫切的需要，他不是一个快乐的人。

---

① Ludwig Börne（1786—1837），德国作家、记者、文学和戏剧评论家，被认为是青年德国运动的领袖。——译注

第十章
方枘圆凿[①]

哈佛大学,1909—1910 年

1909 年秋天,埃利奥特[②]校长从哈佛大学退休,由阿博特·劳伦斯·洛厄尔[③]接任。我从温斯罗普赶来观看了这场仪式,其间在大学礼堂门前的露天场地上授予了几个荣誉学位,而我很享受这种学术盛况。

我没有意识到,事实上当时我们中很少有人意识到,埃利奥特的离开恰好是一个伟大时代的结束和一个平庸时代的开始。埃利奥特可能有新英格兰人的暴躁脾气的局限性,但他阅历丰富,具有学者的眼光。洛厄尔则一心要把哈佛变成统治阶级的私有领地。

洛厄尔接任不久,即开始大手笔改善教职员工的福利,而我父亲也属于那些有充分理由在经济上感谢校长的人们。然而,这种感激之情不可能不受玷污。洛厄尔让教授们富有,是因为他希望他们成为富人的盟友。他希望他们避免跟平民为伴,而是在大企业和大工业的圈子里寻找同志。

我的父母原先并不知道洛厄尔校长送给教员们的玉米棒子里藏着剃须刀片。许多年后,我父亲在退休时收到一封信,其强横的措辞犹如对待一个不称

[①] 原文标题为 The Square Peg(方钉子),喻指某人的性格不适合做某事,同中国成语"方枘圆凿"意相近。维纳在此要表达的是,他不适合学习对动手能力要求较高的生物学,以及错误的教育方式会毁掉天才儿童。——译注

[②] Charles William Eliot (1834—1926),美国教育家,担任哈佛大学校长 40 年(1869—1909)。——译注

[③] Abbott Lawrence Lowell (1856—1943),美国律师,教育家,1909—1933 年任哈佛大学校长。——译注

第十章 方枘圆凿

职的厨房女佣,于是在我父母的眼里,洛厄尔校长这位具备所有美德的典范,变成了一个不义的魔鬼。然而,他既不是道德典范,也不是魔鬼。他只是一个看上去文质彬彬,而实际上是一个不折不扣的循规蹈矩的普通人,他忠于他的社会阶层,而对其他阶层的人漠不关心。

在他当校长的早期,我经常去在昆西(Quincy)街的校长住宅,参加为大学生举办的、相当拘束和正式的聚会。我们学会了如把茶杯平放在膝盖上,我们听着洛厄尔夫人回忆很久以前的一个冬天,严霜冻住了波士顿港。洛厄尔校长则会附带发表一些意见,其范围从政府和行政到其他领域,并宣传他所支持的观点,即政府虽然要使用专家,但应该是听取他们的意见而不是让他们抛头露面。他赞美业余身份的政治家,赞美那些头脑中无需具备任何特定的知识而能够很好地判断每一件事的人。

在我们搬进坎布里奇新居的前几天,哈佛大学开学了。那时我快15岁了,并且我已决定尝试攻读生物学博士学位。

我对哈佛学习经历的最早记忆,是为我的组织学课程,去坎布里奇的"新池塘"(the Fresh Pond)保留地,在那里的一个小池塘里收集水蛭。我的组织学课程开始时是一团乱麻,后来也一直是失败的。我既没有对纤细的组织做精细操作的手工技能,也没有正确执行任何复杂程序所需的顺序感。我打碎了玻璃,搞砸了切片,无法遵循一个合格的组织学家必须掌握的杀戮和固定、染色、浸泡和切片的细致顺序。我成了同学们和我自己的麻烦。

我的笨拙和无能是由几个因素混合造成的。在我的身体结构中,可能有相当多的主要肌肉(primary muscular)缺乏灵活性,但这绝不是全部原因。我的眼睛是另一个主要因素;虽然我的视力通过有效的眼镜得到了很好的矫正,而且在当时几乎没感觉到用眼疲劳,但近视者还是有不便之处,而这对于一般人来说不是能明显觉察到的。肌肉的灵活性既不完全取决于肌肉,也不完全取决于视力。它取决于整个连锁反应:从眼睛开始,到肌肉动作,再到眼睛对这一肌肉动作的结果进行扫描。不仅需要肌肉和视力均为健全的,而且同样需要两者之间的关联是精确和持续的。

而一个戴着厚厚眼镜的男孩,仅仅因眼镜在鼻子上的位置一个小位移,他的视觉图像就会移动一个相当大的角度。这意味着视觉位置和肌肉位置之间的关系要不断地重新调整，于是这两者之间不可能有绝对关联之类的事。在这里，我们找到产生笨拙的一个原因，而它并不是一下子能看出来的。

我行为笨拙还有一个原因是心理上，而不是生理上的。在社交方面，我还没有适应我的环境，而且我往往不顾他人感受，这主要是由于我对自己行为的确切后果认识不足。例如，我自己不戴表，而老是去问其他男孩的时间，最后他们给了我一块表。虽然我的个人开支得到了父母的慷慨照顾，但我还没有习惯于完全控制使用每周的定期津贴，人们如果知道这些情况，就不难理解我的那些不顾他人感受的行为了。我必须克服的另一个心理障碍是急躁。这种急躁在很大程度上是由我的思维敏捷和身体迟钝共同作用的结果。远在我能够努力工作完成操作阶段的任务以获得结果之前，我就预见到结果会是什么。当科学工作包括一丝不苟的仔细和精确的操作，并且总是伴随着整齐的进展记录，无论是书面的还是图表的，急躁确实是一个非常现实的障碍。这种笨拙的综合征所造成的障碍究竟有多严重，我只有在尝试过之后才能知道。我进入生物学领域，不是因为它符合我知道我所能做的，而是因为它符合我所想做的。

不可避免的结果是，我周围的那些人劝我不要在动物学和其他所有实验和观察的科学中干下去。不过尽管如此，我后来与生理学家和其他比我更擅长实验的实验室科学家一起做了有效的工作，我还对现代生理学工作做出了一定的贡献。

成为一名科学家有很多方式。所有的科学都起源于观察和实验，的确，没有人能够在不了解观察和实验的基本方法和规范的情况下获得成功。但是，一名好的观察者并不一定要用自己的眼睛看，一名好的实验者也不一定要用自己的双手做。在观察和实验中，除了单纯的数据收集以外，还有很多更重要的工作。这些数据必须被组织成一个逻辑结构，而提供这些数据的实验和观察则通过此逻辑结构被搭建在一个框架中，它们足以代表所要研究的问题的本质。

理想的科学家无疑是那些既能搭建问题的框架[①]又能在此框架中进行提

---

① 维纳在此所说的"搭建问题的框架"（frame the question），应该是指针对某类问题创建理论体系，如爱因斯坦针对物理问题创建相对论，以及维纳自己针对控制反馈问题创建控制论。——译注

第十章 方枘圆凿

问的人。能够以最大的效率执行这类计划的人并不罕见,尽管他们可能缺乏搭建框架的洞察力:在科学界,善于动手的人要多于善于动脑指挥他们的人。因此,尽管笨拙、粗心的科学家不适合做科学的大部分工作,但如果他是一个有理解力和良好判断力的人,在科学上还有其他工作可以做。

全能的科学家所要担负的使命是毋庸置疑的,要识别他们并不十分困难。一位好老师的标志,就是既能识别那些能出色执行别人的战略的实验室人才,也能识别那些能为前者提供思想指导和帮助的手脚笨拙的学者。而当我还是哈佛大学的研究生时,我的老师们并没有看出来,尽管我有种种严重的缺陷,但我仍然可以对生物学做出贡献。

不过,已故的罗纳德·撒克斯特(Ronald Thaxter)教授是个例外。我选修了他的隐花植物学(cryptogamic botany)课程。他的讲课精心组织,对藻类、菌类、苔藓、蕨类和它们的同类植物的解剖学和系统发育做了详尽的说明。这通常需要学生做详细的笔记和复制教授在黑板上画的图。实验室的工作则包括检查和绘制活的植物和隐花植物组织的切片。我的实验室工作糟得无法再糟了,简直是毫无希望。然而,我在这门课程中得到了 B+ 的成绩,尽管我没有记下一个字的笔记。

记笔记是学生应该具备的技能,而我却没有掌握它。我认为,学生既要集中注意力尽可能完整地记下笔记,又要集中注意力理解讲课人接连不断的话语,这两者之间肯定有冲突。学生必须选择做一个或另一个,而每一个都有它的优点。如果他像我一样,眼和手都很笨拙,那他的笔记一定是不完整的,而且字迹潦草难辨。他会两头落空。如果他决定还是做笔记,那他就已经破坏了他掌握一闪而过的论点的能力,而到课程结束时,他只得到一大堆难以辨认的涂鸦。然而,如果他的记忆力和我一样好,那么放弃做笔记的想法,在脑海中整理演讲者提供给他的材料,就会好得多。

我的比较解剖学课程以一种介于组织学课程和植物学课程之间的方式进行着。我画图很差劲,但我对事实有很好的理解。与金斯利一样,我的最大倾向是急于完成工作,而不是深入研究细节。而这的确是我一生的倾向。这对于我来说不难解释。我对各种思想有相当快的洞察力,而又极度缺乏手的灵活性。对于我来说,要把我的手工劳动加快到与我的思想流相适应的节奏;或者把我的思想控制成一个足够缓慢的序列,以符合我身体资源的要求;这些都是很困难的。

我在体育馆里找到了身体锻炼方式。我参加了一个健美操班,在其中做一般的健身操并结合一些温和的民间舞蹈。我试着参加在体育馆地下室进行的篮球比赛,但在这种粗暴的运动中人们不会顾及你的眼镜,而没有眼镜我就是一个完全没有用的人。

我在哈佛大学联合会①的图书馆里度过了许多快乐的时光。它是最近由慈善机构成立的"无俱乐部的俱乐部"(club des sans club),以抗议哈佛其他俱乐部的排他性。在新任校长洛厄尔的治理下,它并不兴旺。当时正流行一股反犹的新潮流,当局开始考虑执行限制招收犹太学生人数的规定。不知从何而来的流言蜚语逐渐流传,大意是联合会已成为犹太人和类似不受欢迎的人的总部。这些谣言也传到我家。我母亲询问我有关联合会的犹太人色彩的问题,并开始暗示我,最好少去那里。由于我没有别的地方可去过我的社交生活,这些问题让我非常苦恼。然而,这些问题是无法绕开的。

在一个特别的方面,1909年是哈佛大学的奇迹年。我是被录取入学的五名神童之一②。其他几名是西迪斯(又译"席德斯",W. J. Sidis)、伯利(A. A. Berle)和锡德里克·温·霍顿(Cedric Wing Houghton)。音乐家罗杰·塞申斯(Roger Sessions)则在次年以14岁的年龄进入哈佛。我当时将近15岁,是一年级的研究生。西迪斯作为新生进入大学。他的父亲精神病学家鲍里斯·西迪斯(Boris Sidis),和妻子一起在新罕布什尔州的朴次茅斯开设了一家私人精神病院。和我父亲一样,鲍里斯·西迪斯也是俄国犹太人,而且和我父亲一样,他对儿童的教育有着很固执的看法。

当时11岁的小西迪斯显然是一个聪明而有趣的孩子。他的兴趣主要在数学上。我清楚地记得在哈佛大学数学俱乐部的那一天,埃文斯(G. C.

---

① Harvard Union 由亨利·李·希金森(Henry Lee Higginson,1834—1919)捐资成立,以为没有参加别的俱乐部的学生和教职工提供社交场所,它拥有一幢精美的大楼,其中包括一个宏伟的大厅,舒适的阅览室,愉快的餐厅,以及一个很好的图书馆。该大楼的内部设施已于1990年代被拆除。——译注

② 关于维纳所提到的几位神童的情况,可参阅第92页①和102页脚注①中两篇文章。——译注

第十章 方枘圆凿

Evans,现已退休的加州大学数学系主任,也是西迪斯一生的朋友)让这个男孩做关于四维正则图形的报告。这个报告让任何年龄的一年级或二年级的研究生来做,都能得到加分,尽管其包含的所有内容别人都已知道,而且在文献中也能找到。关于这个题目,我是跟在塔夫茨学院读书时期的伙伴亚当斯(E. Q. Adams)学来的。我相信,西迪斯当时没有机会接触到现成的资料,因此这个报告代表了一个非常聪明的孩子独立勤奋学习的成果。

同样毫无疑问的是,西迪斯在社交能力和社会适应方面的发展,大大落后于大多数同龄儿童。我当然不是社交礼仪的典范;但我很清楚,没有哪个跟他同龄的孩子会在布拉特尔(Brattle)大街上疯狂地挥舞着猪皮书包,既不遵守秩序又邋里邋遢。他是一个有着成年约翰逊博士①全部缺点的婴儿。

在童年时代,西迪斯获得了超过他应有的那份盛名。西迪斯在哈佛大学取得有限的成功后,过了一两年,在其朋友埃文斯的帮助下,他在得克萨斯州休斯敦新成立的赖斯(Rice)研究所获得一份工作,这时报纸大肆报道。但他并没有表现出妥善处理这份他肯定完不成的任务所需要的成熟和策略。后来,他参加了某个激进的游行并打出了横幅,因此被拘留,而报纸则甚至表现得更兴奋。

西迪斯在这一事件后崩溃了。他对自己的家庭产生了怨恨,甚至不愿意参加父亲的葬礼,对所有的数学、科学和学问也产生了怨恨。事实上,他对任何可能使他处于负责任的位置并要他做出决定的事情都产生了憎恨。

多年以后我见到了他,当时他经常在马萨诸塞理工学院的大厅里出没。他的知识分子生涯已经过去了。他所要求的不过是一份从事日常计算的工作,以赚取面包和黄油,并有机会沉浸在收集世界各地的有轨电车换乘车票这个简单的娱乐中。他像躲避瘟疫一样躲避媒体曝光。

这时,第二次世界大战即将来临,马萨诸塞理工学院有许多计算工作要做。为西迪斯找到一份工作并不困难,尽管总是很难避免给他一份更好、责任

---

① Samuel Johnson(1709—1784),绰号"约翰逊博士"(Dr. Johnson),英国评论家、传记作家、散文家、诗人和词典编纂者,被视为18世纪生活和文学的最伟大人物之一。早年因体弱多病而被毁容,成年后的行为放荡不羁。——译注

更大但超过他所愿承担范围的工作。关于他工作的评价报告从来没有变化。在他强加给自己的限制范围内,他是一个异常迅速和有能力的计算员。他甚至设法在个人外表上做到了某种最低程度的整洁,而且是一个安静、不惹人讨厌的工作人员。他在与我们一起工作时有一定的安全感;我们都知道他的故事并尊重他的隐私。

我毫不怀疑,如今可以随时找到的那种合格的精神分析帮助可以挽救年轻的西迪斯,即使是在我在哈佛大学认识他的时候,使他有一个更有用、更快乐的职业生涯。我同样确信,他的父亲,竟然还是一位不折不扣的精神病学家,忙于阅读心理地图上的细字,却无法看到上面用最大的字写的、从一个角落延伸到另一个角落的铭文。很明显,西迪斯后来的崩溃在很大程度上是他父亲造成的。

在不宽恕老西迪斯的愚蠢行为的情况下,至少有必要理解他们。想一想,一个刚从俄国的迫害中走出来的犹太人,住在一个还没有完全下决心要接受他的土地上。想一想,他的成功,已经超过了他作为孩子时所能期望的,但仍未达到他的理想。想一想,他有一个聪明的孩子,注定要取得更大的成功,超过其父母所能达到的成就。想一想,犹太教的塔木德学习传统,从门德尔松时代开始,这种传统被转移到向全世界开放的世俗学习中,想一想,正统犹太家庭的野心,即在他们的儿子中至少有一位伟大的拉比,以及这样一个家庭为实现这一目标而做出的普遍牺牲。

我不愿意把自己的名字加在那些对鲍里斯·西迪斯过度谴责的人名单上。我手上有一位作家的来信,他在花了一天时间看了关于这个案子的公开报道后,确信这位父亲犯了死罪,而这种罪行是其科学家的态度造成的,他对科学如此执着,以至于愿意对自己的孩子进行精神上的活体解剖。我认为这样的判断是不成熟的,而且缺乏真正伟大作家所特有的同情心和怜悯心。

我觉得应该详细讨论一下西迪斯,因为他的生活构成了《纽约客》(The New Yorker)上一篇残酷而很不适当的文章①的内容。几年前,当西迪斯在马萨诸塞理工学院周围过着破碎但独立的生活时,一位工作积极的记者捕捉到

---

① Jared Manley. Where Are They Now? The New Yorker, August 14, 1937, 23-2-26. ——译注

第十章 方枘圆凿

了他的传奇故事。我相信他赢得了西迪斯的信任。西迪斯——其后半生是一名在谋求生存的斗争中被打败的战士,一名虽败犹荣的战士——却被当作用来吓唬蠢人、放在木笼里展示的怪胎。

他曾经在将近四分之一世纪的时间中,不再成为新闻人物。如果说有谁做错了,那就是他的父亲,他也早已去世,而这篇文章并不能纠正他对儿子犯下的过错。神童的问题在那时已不是热门的话题,即使在大众报刊上也是如此,而且这样的状况已经保持一段时间了,直到《纽约客》让它重新引起关注。鉴于这一切,我不明白这篇文章的作者和这本杂志的编辑如何能以"公众眼中的人们的行为是报纸公平评论的对象"的说法来支持他们的行为。

我怀疑《纽约客》的某些工作人员思维混乱。在许多文化圈子里,反智主义是当今的主流。一些思想敏锐的人将时代的罪恶归咎于现代科学,他们欢迎有机会抨击现代科学的罪恶。况且还有人仅仅把神童的存在,就当作是对他们的羞辱。那么,挖掘出西迪斯旧事,同时让这位神童蒙羞,又揭露了那位科学家与神童的制造者的罪孽,还有什么东西能比这一篇文章构成更好的精神灵药呢?但负责这篇文章的先生们忽略了一个事实,即W. J. 西迪斯那时还活着,他会受到很深的伤害。

西迪斯起诉了《纽约客》,要求赔偿。我的目的不是批评法院,而且我对法律的了解也不足以公平地描述这个案件。但我认为,主要问题在于,在这一个具体指控无可争议且只涉及文章嘲讽语气的诽谤诉讼中,要想获得赔偿,就必须证明所称的损害会妨碍受害方从事其职业工作。但现在西迪斯没有职业,因此不可能证明这种损害。他只是一个按日结算的工作者,而且事实是,这种批评不会让他失业或导致他的工资减少。这并不是那种个人痛苦成为法律问题的诽谤案。因此,《纽约客》赢得这场官司。

几年后,当西迪斯去世时,我记得我们是多么震惊。我们试图从医院获得一些关于他的致死病因的说明。但我们不是亲属,因此医院当局很恰当地保持沉默。我至今都不知道他的死因。

1952年3月,《波士顿星期日先驱报》(*Boston Sunday Herald*)的《本周杂志》(*This Week Magazine*)上发表了一篇文章,再次提出了这个话题。文章题为"你可以让你的孩子成为天才",是根据对威廉·詹姆斯·西迪斯的母亲的采访写的。作为一篇报道,它是普通新闻记者的应命之作,与出现在周日增刊和流行杂志中无数其他作品不相上下。而作为一份人类文件,它几乎不值得考虑。

西迪斯的失败,在很大程度上是他父母的失败。但是,对一个诚实的人的弱点表示同情是一回事,而在公众面前把一个人冒险失败留下的残骸当作成功的例子来炫耀是另一回事。那么,你可以让你的孩子成为一个天才,你能吗?是的,就像你可以把一块空白的画布变成达·芬奇的画,或者把一卷干净的纸变成莎士比亚的戏剧。我父亲能给我的只有我父亲所拥有的:他的真诚、他的光彩、他的学识,和他的激情。这些品质不是在每个街头角落都能捡到的。

伽拉忒亚需要一个皮格马利翁①。雕塑家除了把多余的大理石从石块上移开,用自己的大脑和自己的爱使人物栩栩如生之外,还做了什么?然而,如果石头有缺陷,有瑕疵,雕像就会在艺术家的木槌和凿子下崩塌。那些选择按照自己的尺度雕刻人类灵魂的人,必须确信他们有一个值得作为雕刻蓝本的人物形象;他们必须知道,塑造一个新兴智慧人的力量,既是一种赋予人生命的力量,也是一种致人死亡的力量。功效强烈的药物同时也是一种强烈的毒药。敢于使用它的医生必须首先确定他知道用药的剂量。

让很多人感到惊奇的是,1909—1910年在哈佛大学学习的我们这群早熟的孩子,彼此之间完全不是没有关联的:在某些方面我们相似,而在某些方面不同。至少有三人来自有雄心勃勃父亲的家庭,但几位父亲毫无一点相似,而且他们的雄心所采取的形式也不相同。我的父亲主要是一名学者,他的雄心是让我在学术上出类拔萃。他非常认真地对待自己在这个问题上的责任,为我的教育上所花费的时间,如果不是过多的话,也是很多的。伯利的父亲则希望他的儿子能成为一名成功的律师和政治家。他在伯利的早期教育中花了很大工夫,但我不相信他在伯利就读哈佛期间还在继续这样做。西迪斯的父亲

---

① 皮格马利翁(Pygmalion)是古希腊神话中的塞浦路斯国王,他用象牙雕刻了一座栩栩如生的美女像伽拉忒亚(Galatea),并深深爱上了她。最终使伽拉忒亚深受感动,变成了真人。——译注

第十章 方枘圆凿

是一位心理学家,职业是精神病学家。我曾说过,他希望他的儿子在学术方面表现出色,尽管在我对年轻的西迪斯的记忆中,找不到像我父亲对我的教育所表现出的那种持续参与他儿子教育的程度。我毫不怀疑,在西迪斯童年的早期,他受到了父亲严厉的管教。但在我初次遇见他的期间,他大约11岁,他在坎布里奇这一年的大部分时间都被单独留在公寓里,他的私人朋友很少,亲密的人更少。

关于霍顿或塞申斯与他们各自家庭的关系,我一无所知。我推测,部分原因是可以了解的情况较少,而且他们的家庭没有像我们另外三人的家庭那样密切地、压倒性地参与到他们的教育中。我相信这些男孩更多的是依靠自己的天赋,因此,他们并没有受到我们所遭受的同样压力。

我记得14岁的伯利第一次来访问我时,他穿着精致,带着小手套,出示了一张正式的拜访卡。这对于我来说是一个新现象,因为我的学业早熟使我和我的父母都没有意识到,我毕竟是一个未满15岁的男孩。然而,我又是一个身体早熟的孩子,早已过了青春期的开始阶段,而这个小家伙虽然实际上是同龄人,但在身体的各个方面至少比我小五岁。在一个半大的男孩身上发现这种风度和社会礼仪感,对于我的感觉是一种冲击。

西迪斯以收集电车转乘票为乐,伯利也有一种近乎个性化的癖好。他对波士顿的各种地下通道很感兴趣,如地铁、下水道和各种被遗忘的避难洞穴;特别是他向我们介绍了那条可以追溯到早期殖民时代的带有浪漫色彩的通道,那时候,它仍然在旧地方政府大楼的地基下面通过。那些砖头已经有两个半世纪以上的历史,而我俩童心大发,共同设想了一个文学奇案,按照案件的发展,我们会在砖墙后面发现一份莎士比亚的文件。

自从伯利大学毕业后,我与他没有任何联系。他成为费利克斯·法兰克福特[①]旗下那群年轻律师和政治家中的一员,这个群体一直是人才辈出。伯利的崛起是迅速而确定的,丝毫不令人惊讶,因为他的野心与他的才能相匹配。《纽约客》在一篇介绍他的文章里有点出言不逊。但我不会像在西迪斯案中那样,对伯利被粗暴对待感到愤慨。伯利一直是公众人物,他掌握着很大的权

---

① Felix Frankfurter(1882—1965),美国著名法学家,曾担任美国最高法院大法官。——译注

力。只要遵守新闻界的某些准则(我不能说《纽约客》违反了这些准则),公开报道他的行为和品格并做公正的评论是合法的。而西迪斯已经离开了公共生活,再将他的旧事重提则是非常残忍的行为。

我们五个男孩,年龄从11岁到15岁不等,如果不是因为被安排在这一特殊环境中,我们自然不会寻求彼此成为伙伴。我已经说过,伯利和我在第一次接触中,我们都没有感到特别的兴奋;而在我们经过正式的相互介绍认识之后,我们发现很少有谈话的内容。后来,我们经常一起在体育馆地下室的保龄球馆里打保龄球,还有一两次我们一起步行去波士顿。伯利告诉我他对波士顿的地下通道很感兴趣,于是如我之前所说,我们共同计划参与一个文学奇案。但我们的相识并没有持续下去,因为它没有根基。

西迪斯太年轻,行为太古怪,不能成为我的伙伴,尽管我们曾在一个班上一起学习关于公设的理论,而且我尊重他所做的工作。霍顿是我的一个非常好的朋友,在这几位中我最了解的是他。我时常去他在神学楼的房间看望他,他给我的印象是一个非常随和的人。他应该有一个远大的前程,却不幸夭折。他在将要毕业的时候,因患阑尾炎而过早去世了。

至于塞申斯,我只见过他一两次,我们的兴趣差异很大,无法形成共同的语言。

因此,作为一个群体,我们之间并不很熟悉,也很少有相互的吸引力。我曾一度试图将我们五个人联合起来,组成一个神童俱乐部,但这种尝试是荒谬的,因为我们不具备足够的使彼此紧密相连并愿意联合过社会生活的因素。我们出于学习知识的考虑,跟比自己年长的学生交往;而为了满足自己作为儿童和青春期少年的需要,我们又跟同龄男孩交往,他们很聪明,只不过学习成绩平常。就所有的情况来说,我们的社会关系在其他地方维护得很好,除了在与我们同类神童密切社会接触方面。我们不是从同一块布料上剪下来的,所以一般来讲,除了智力发展较早外,没有任何特征能使我们成为一个群体。而这就如同将佩戴眼镜或拥有假牙作为社会团结的基础。露易丝·贝克[①]在她

[①] Louise Baker(1909—1981),美国女作家。8岁时因车祸失去右腿。但她还是设法滑旱冰、游泳、打网球,独自到欧洲旅行,并成为报纸记者。《独腿闯世界》(1946年)是她以幽默的笔调写的自传。——译注

第十章 方枘圆凿

的幽默自传《独腿闯世界》(*Out on a Limb*)中说到,在一个独腿的小女孩和另一个独腿的小女孩之间,并非一定要绑上伙伴关系。而我的经验使我相信,以智力早熟作为结伴的基础并不比以肢体残缺为结伴基础更合理。

我在哈佛大学的第一个学期即将结束,生物学是否会成为我的职业,这已经是非常值得怀疑的事了。像往常一样,事情由我的父亲决定。他决定,我在塔夫茨学院读本科时,在哲学方面所取得的成功,表明了我职业的真正方向。我要成为一名哲学家,于是申请了康奈尔大学塞奇(Sage)哲学学院的奖学金,我父亲在密苏里大学时的老朋友弗兰克·蒂利(Frank Thilly)教授在那里主讲伦理学。我能理解,由于我们家的财力有限,加上其他孩子也很快需要花钱,所以不可能让我有机会犯严重的错误,但这种剥夺我的自行判断并承担自己决定的后果之权利的做法,使我在今后的许多年里处于不利地位。它推迟了我在社会和道德方面的成熟,成了我到中年才部分摆脱的一个障碍。

然而,我并非不愿意离开哈佛大学。我从一开始就觉得自己在那里不合适。哈佛给我的印象是一个"正确思想"(right-thinking)压倒一切的地方。在这样的氛围中,一个神童很可能被视为对神的傲慢无礼。我父亲公开宣布对我的教育的态度,这在他的同事中引起了敌意,并使我的命运变得不容易。

我曾希望在我的同学中找到一种自由的学术生活。确实,我发现有些人愿意讨论知识问题,并愿意为他们的信念展开辩论。但按照哈佛的风气,一种绅士般的冷漠,一种研究性的淡定,一种学问上的冷静,再加上社会上的风度,才是理想的哈佛人。30 年后,我对他们中的一些人已经陷于情感乏味、学问无知的地步感到不是意外,而是震惊。

在学年结束时,我父亲做了一个决定,为此我将永远感谢他。他在新罕布什尔州的桑威奇(Sandwich)镇租下了塔马拉克(Tamarack)小屋,作为我们那个夏天的家。直到如今,桑威奇仍然是我的夏日之家,它在我心中占有特殊的地位,因为那里风景秀丽,起伏的山峦可供散步和攀登,村民们头脑清醒、举止得体、待人含蓄而友好。我的散步有时是去塔姆沃思(Tamworth)或桑威奇中心的短途旅行,途中我常在街坊家的后门停留一会儿,同他们聊天,喝一杯牛奶或水;有时是我父亲带着我和我的大妹妹爬山,穿过怀特费斯山(Whiteface)

和帕萨科纳韦山(Passaconaway)的小道。有一次长达近一周的旅行,父亲、妹妹、哈罗德·金(Harold King)和我,带着小帐篷和行李包,进入帕萨科纳韦山谷,沿着运木的铁路而上,走到利弗莫尔(Livermore)荒原上的六号营地遗迹;然后沿着利弗莫尔的木材村庄下行,来到诺奇(Notch)路,再沿着克劳福德(Crawford)小径爬上华盛顿山的顶峰;从那里下来,我们越过布特斯珀(Boot's Spur)的山丘,来到塔克曼(Tuckerman)山谷,再到平克姆诺奇(Pinkham Notch)、杰克逊(Jackson)、英特韦尔(Intervale)和塔姆沃思。事后我们听说,我们在威廉·詹姆斯去世的那一天经过了他的家。

如今,当我不在环球旅行的时候,平时在新英格兰生活,冬天去马萨诸塞州的贝尔蒙特(Belmont),夏天就在新罕布什尔州的桑威奇度过。然而,尽管我大部分时间是在城市里,但我觉得最有归属感的地方是我的乡村家园。新英格兰人无论来自乡村还是城市都是沉默寡言的;但一个乡下人的沉默寡言是极为谦逊而自傲的。新罕布什尔州的农民有一种与祖先生活在一起的感觉,这种感觉来自于耕种同样的土地,居住在同样的房子里,而且经常使用同样的工具。然而,这种历史连续性的感觉太过个人化,太过私密,不能在游客面前炫耀。对于城市里的新英格兰人来说,家庭往往是个人的资产;但对于乡下人来说,个人不过是家庭连续性中一个流逝的阶段。如果乡下人沉默寡言,那是因为他认为,尽管他的事情对于他自己来说很重要,但你自己的事情对于你来说才是最重要的;所以他在打扰你之前,会等待一些迹象表明他受到欢迎。他等待是为了打量你,但他等待也是为了给你打量他的机会。即使在这时,他也把你看作一个完整的人,而不是把你看作像雇主或顾客一类的抽象的半人半兽。他要在同你闲聊五分钟到十分钟之后,才开始跟你做生意,这是他的权利,也是你的权利,作为两个人类生物,彼此之间有着比买卖更重要的关系。他愿意接受礼物但不接受小费,接受雪茄但不接受美元钞票。简而言之,无论你是否能爱他,而且很多时候你能爱他,你可以而且必须尊重他,因为他尊重自己。

我们在山里有很多朋友。其中一位古怪而有趣的邻居是希斯洛普(Hyslop)教授,他因从事超自然现象研究而闻名。我们在他的小屋里的火炉前度过了许多有趣的时光,那小屋原本是作为鸡舍建造的,我们听他讲述关于

第十章 方枘圆凿

食尸鬼和幽灵以及神秘的声音和灵媒的古怪故事。他的房子属于费城的霍格(Hoag)先生,他的家族到第三代还居住在这个地区。霍格家的孩子们、小希斯洛普和我属于一个很不正式的棒球队,该队还包括马萨诸塞理工学院杜格尔·杰克逊(Dugald Jackson)教授的儿子,已故总统格罗弗·克利夫兰(Grover Cleveland)的两个儿子,以及一两个来自纽约的芬利(Finlay)家的孩子们。我不记得其他球员的名字了。我们曾经在芬利家附近的一块不太平整的场地上练习,对于我来说,练习总是意味着来回走五英里的路程。我们只打了两场比赛,两场都输得很不光彩。我是队里的替补。我想没有什么能更好地表达我作为一个运动员的确切身份了。

第十一章
剥夺继承权[1]

康奈尔大学，1910—1911年

我赢得了康奈尔大学的奖学金。父亲要陪我去伊萨卡（Ithaca）[2]，正值夏季结束时，我们必须决定如何去那里。那时候，城际无轨电车还没有被公共汽车和长途汽车所取代。父亲和我决定乘坐带有浪漫色彩的无轨电车去纽约州中部和伊萨卡。到了那里，我们去拜访蒂利教授并安排了随后学年的计划。而且还决定，我可以随时去蒂利的家，可以向蒂利教授和他的夫人倾诉我这年轻人的烦恼和困惑。

我父亲和蒂利教授在晚上一起聊了很久，谈到了以前在密苏里大学的日子和其他许多事情。在海阔天空的聊天中，蒂利随口向父亲提到，他记得多年前有一个传闻，说我们家族很早以前出现过一位名叫迈蒙尼德[3]的哲学家。父亲承认听说过一些传言，也许不很可信，但根据我祖父丢失的旧文件，我们应该是迈蒙尼德的后代。

我以前没有听说过这个传说，甚至也不知道迈蒙尼德这个名字。很自然地，我没有耽搁太久就去查阅了百科全书。我在书中发现，迈蒙尼德，或称拉比·摩西·本·迈蒙（Rabbi Moses ben Maimon），按照犹太人使用首字母缩写名的习惯，又名兰巴姆（Rambam），是科尔多瓦人，住在开罗，是苏丹萨拉丁

---

[1] 原英文标题 Disinherited，维纳在此应指其父母亲刻意对他隐瞒其犹太人的出身，相当于剥夺了他继承祖先传统文化的权利。——译注

[2] 康奈尔大学位于纽约州的伊萨卡镇。——译注

[3] 参见本书第10页脚注③。——译注

第十一章 剥夺继承权

宰相的私人医生。我了解到他是埃及犹太人的领袖,是一位伟大的亚里士多德主义者,他所写的最有名的书是 Moreh Nebukum,即《困惑者的指南》(Guide of the Perplexed)。

我自然对有这样一个重要的人物作为我们家族的骄傲很感兴趣,但这个传说所暗示的东西给我带来深深的震撼。我第一次知道自己是犹太人,至少我父亲那边是。你可能会问,当我有记忆的时候,我的祖母维纳就曾收到用我所认识的希伯来文字印刷的报纸,而像我这样一个聪明的男孩怎么可能没有觉察到这样的事。我只能回答说,世界是复杂的,其中盘根错节的联系不是一个青少年所能轻易理解;况且对于我来说,在东欧的非犹太人使用犹太人的文字,也是有可能的。此外,我的堂姐奥尔加曾经告诉我,我们是犹太人;但我的母亲予以否认,而我当时还没有学会质疑父母的话。

在那个时候,一个属于犹太群体的人所处的社会劣势比现在大得多,因此让孩子们在不知道他们属于一个不受欢迎的群体这一社会耻辱的环境下成长,肯定是有道理的。我并不断然地说这样做是正确的;我只是说这样做是有理由的,而且可能是出于保护儿童的愿望——实际上也确实是出于这个动机。这种做法的道德责任巨大。它做得高尚,又做得卑劣。

为了使这一行动过程得到最好的可能的引导,有必要以一种理解的态度来抚养那些不知道自己是犹太民族后裔的孩子。应该让他们看到,那些人因属于这样一个不受欢迎的少数群体而受到损害,这是一种他们不应承受的负担,至少他们应该被避免加重这种负担。这种态度应该贯穿于整个生活,并且也应该用于对待犹太人、爱尔兰人、新近移民和黑人等所受到的不公正歧视。当然,从道德的角度来看,最好的做法,实际上也是唯一彻底公正的做法,就是激发孩子抵制,如果不是敌视的话,所有形式的贬低他人的偏见,无论被贬低的对象是谁。然而,如果做不到这一点,那么每一个可能激发或加剧儿童的偏见的词语都是对他道德完整性的打击;最后,当他不可避免地知道了他自己出身的真相,则是对他的信心和对自己的信念的打击。原罪意识的负担在任何形式下都是难以承受的;而它的一个特别隐蔽的形式就是,得知自己属于一个被教导要贬低和蔑视的群体。

对我的犹太人身份保密的责任主要是我母亲的。我父亲参与了这一切，但只起了次要的和暗示性的作用。我相信，他最初的目的是不想让我们为属于一个被鄙视的群体的意识而感到负担，同时他希望完整地保留我们对这个群体的尊重和我们潜在的自尊心。除了出版著作《意第绪文学史》，他还写了许多关于犹太人主题的文章。他也是最早让莫里茨·罗森菲尔德的名字引起非犹太人公众注意的人。父亲一直在与犹太人出版协会（the Jewish Publication Society）和其他类似的犹太人组织进行各种谈判，我推测这些谈判都是为了解决相当大的矛盾。后来我发现，父亲总是声称这些矛盾是因那些犹太人组织妄自尊大而产生的——他们坚持认为，一个犹太人首先是犹太人，然后才是人；他首先对自己的民族负有义不容辞的忠诚，然后才是对人类的忠诚。我的父亲始终是一个独立的人，他是世界上最不可能站出来承受这种压力的人。

我母亲对犹太人和所有不受欢迎的群体的态度则不同。我们几乎每天都能听到一些关于犹太人贪吃、爱尔兰人偏执或黑人懒惰的言论。我们很容易理解，一个因属于不受欢迎的民族而经历过伤害的人，会讲出顺从那个时代普遍存在的狭隘思想的这些话；但是，尽管我们可以理解导致这种顺从性地鄙视自己出身的动机，甚至可以宽恕这种行为（在信仰宗教的人希望其罪孽得到宽恕的意义上），但我们不能不对它感到遗憾和羞愧。要求被公平对待的人必须做到公平对待别人，而对于一个犹太家庭的孩子来说，无论他们是否知道自己是犹太人，当他们听到另一个犹太家庭因为努力回避那些自己的父母同样一直努力回避的事而被轻蔑地谈论，不会有好的感觉。

像我父母那样保持家庭沉默，这样做即使可能被认为是可取的，但实际操作远比乍看起来困难得多。如果父母双方同意保持这样的沉默，那么当其中一方在孩子面前讲贬低犹太民族的话之时，另一方能做什么？他或者可以把秘密公开，或者可以保持沉默——眼睁睁地看着这种最后只会导致孩子情感方面灾难的行为进行下去。即使是最没有恶意的谎言，其致命的危险在于，如果要维持它，就必须导致一整套的假话，其后果不堪设想。真相所造成的伤口很可能是容易愈合的干净伤口，但谎言所造成的重创却会使伤口不断恶化。

在为我父母的所作所为提供最大程度的辩白中，我并不想就整件事来说

第十一章 剥夺继承权

它是正当的,或应受谴责的。我的意思是确认它对我产生了严重的后果。我很快就被引向了对父母的反叛,去接受他们所讨厌的东西。我是谁,仅仅因为我是我父母的儿子,就有特权把自己当作非犹太人,而我所认识的其他人却没有这样的特权?如果身为犹太人会遭受耸肩和嗤之以鼻的羞辱,那么我必须要么鄙视自己,要么鄙视这种把我放一个天平上而把世界上的其他人放在另一个天平上来衡量的态度。对我的保护可能是善意的,但是如果我要坚持做一个正直的人,就不能接受这种保护。

如果我不是因受一种诚实正直行为的驱使而坚持自己的犹太人身份,如果我的犹太人出身这一事实早已为我所知,且没有处于被家庭强加的情感冲突的氛围中,那么我原本可以并且会接受它作为我存在的一个正常事实,而不认为它对于我自己和其他人有什么特殊的重要性。这样的话,可能会发生一些由现实中的外部反犹太主义——我发现它是属于我们这个时代的——所煽动的冲突,并且它们迟早会以这种或那种方式打击我。然而,若不是家庭对待犹太人的暧昧态度,它们不会在我自己的内在精神安全方面,对我造成真正的伤害——而事实上,我在这方面确实受到了伤害。因此,试图向我隐瞒我的实际犹太人出身的不明智做法,加上家庭中反犹太主义对我的伤害,使犹太人问题在我的生活中变得加重而不是减轻。

我说这些事的用意非常明确,就是为了帮助那些可能被诱惑重复这种错误做法的人,避免让他们把孩子带着不必要的挫折感和下地狱的心情进入这个纷扰的人世。

因此,当得知自己是犹太人出身时,我感到很震惊。后来,当查到我母亲的婚前姓氏,发现"卡恩"(Kahn)只是"科恩"(Cohen)①的变体时,我感到更加震惊。我无法用分裂的人格来辩白自己不是犹太人,而这种人格允许我母亲的家人用不同的尺度来衡量外人和他们自己的亲属。我对自己做这样的推断,我是一个犹太人,而如果犹太人具有我母亲所认为的那些非常可恨的特

---

① Cohen 是犹太人最常用的名,其原意是 priest(牧师)。其变体包括 Cohn,Kogan,Kagan,Kahan,Kahn,Cohan,等等。这说明瞧不起犹太人的母亲自己也是犹太人出身,因而令维纳更加震惊。——译注

征，那我自己一定有这些特征，而且我的所有亲近的人也会有。我照了照镜子，没有错：凸起的近视眼，略微外翻的鼻孔，深色的波浪形头发，厚厚的嘴唇。它们都在那里，都是亚美尼亚人的标志。我看了看我妹妹的照片，在我眼里她是漂亮的女孩，但她看起来确实像漂亮的犹太女孩。她的面貌跟一个犹太男孩非常相像，这个男孩恰好是我在康奈尔寄宿学校的同屋。他是一个新近移民家庭的成员，在他的盎格鲁-撒克逊族同班同学中显得很异类。我的势利心使我无法把他完全当作自己的朋友，这其中的含义对于我来说很清楚：我那时还不能接受自己成为一个有任何社会准则的人。

在这种情感和理智的两难境地中，我做了大多数年轻人所做的——接受两边最糟糕的部分。直到今天，想到这一点，我依然感到很羞愧。那时我在懦弱的自卑和懦弱的决断这两者之间摇摆着，在这种情况下，我甚至比我母亲更反犹。再加上我当时还是一个未成熟、不善于社交的男孩，第一次离家远行，虽然摆脱了父亲的直接教育的压力，但还没有养成独立工作的习惯，所有这些问题，都是给你制造苦难的材料。

那时我很惨。我对个人卫生和仪表整洁没有正确的概念，自己也不知道什么时候会说出一些不可原谅的粗鲁的或指桑骂槐的话。我跟二十几岁的伙伴们在一起感到局促不安，可是没有与我年龄差不多的伙伴来替换他们。我父亲给我灌输的素食主义习惯增加了我生活在家庭以外的社会、跟别人相处的难度。那时我还是在我父亲深深的影响之下，并且由于我从小受到的家庭教育，以致即使远离了他的权力的威胁，我也不愿意像我的几个妹妹后来所做的那样放弃这些习惯。

我在家的学习一直受到父亲的密切监督。这使我很难养成独立学习的好习惯。我知道，父亲声称一直赞成我在学习上的独立，并希望我坚定地站在我自己的立场上；然而，无论他声称希望什么，我们一起生活的模式却朝着完全相反的方向运行。我已经逐渐依赖于他的支持，甚至依赖于他的严加管教。脱离这种庇护，一下子转到作为成人中的一员而承担全部责任，这对于我来说太难了。

我在康奈尔大学的那一年选修了一系列颇具特色的课程。我跟哈蒙德

（Hammond）学柏拉图的希腊文原本《共和国》，发现自己在哈佛大学所学的希腊语还没有生疏。我还参加了心理学实验室的课程，并且选修了阿尔比（Albee）的 17 和 18 世纪英国古典哲学家的课程。阿尔比的课很枯燥，但很有启发性，我相信我的写作风格，一定程度上受益于我短时间内精读了大量的 17 世纪作品。

我试图在哈钦森（Hutchinson）的指导下学习单复变函数论的数学课程，但我发现它超出了我的能力。部分困难来自我本人的不成熟，但另一部分——我这样认为——来自该课程并没有充分阐述如何解决该学科的真正逻辑困难。直到后来在剑桥大学，当我发现哈代（Hardy）大胆地直面这些困难，而不是以"干下去，就会有信心"的态度把它们留给学生，我才开始觉得自己掌握了函数理论。

在柏拉图的课程中，我没有摔得那么惨，因为这不过是我父亲的教学在另一位导师指导下的延续。在我的形而上学和伦理学课程中，我受到了一种新的、模糊的青春期宗教热的影响（这并没有持续很久），因此需要一种鲜明的逻辑思辨来阻止我的散漫的感情。

我必须为阿尔比写几篇关于 17 世纪和 18 世纪哲学家的文章。我写文章的笔调幼稚，而且拿笔的姿势笨拙。我的文章由紧凑的单词结块（knots of words）铺就，其与英语语言的规范差别如此之大，以至于我不止一次地被问及我的第一语言是否是德语。

康奈尔大学有一本自己的哲学期刊，塞奇哲学学院的师生们的职责之一，是将其他哲学期刊上的文章写成简短的摘要，并把它们发表在本校期刊上专门为此开辟的栏目中。原文是英文、法文和德文；而翻译工作使我们既熟悉了这些语言的哲学词汇，又熟悉了世界上流行的思潮。我不能保证我们的翻译质量，但是我对这项工作对于我们的学术价值有非常深刻的印象。

在我生命中这黑色的一年里，也有一些欣慰。虽然我不能跟我的同学完全共享同窗之乐，但在附近的小溪上野餐，以及雪后在那里乘坐雪橇的冬季活动确实非常愉快。在我的宿舍里有一两个大学本科生，我和他们一起吹牛聊天，度过了美好的时光。他们经常对我和彼此进行幼稚的恶作剧。校园的风景绚丽多彩,然后春天来了,椴梓种植园里鲜花盛开,美丽之极,胜过我在塔夫茨学院校园或其他地方所看到的任何景色。我们在卡尤加(Cayuga)湖上乘坐帆船,并到附近的瀑布游玩,我们在那里游泳,并在直泻的水流中洗澡。

我跟不止一位同学至今仍保持着友谊。克里斯蒂安·鲁克米希(Christian Ruekmich),一个身材瘦削、长得像林肯的人,是我许多次散步的伙伴和在心理学实验室的搭档。最近几年我收到他从阿比西尼亚(Abyssinia,埃塞俄比亚的旧称)寄来的信。他一直在那个国家从事教育制度改革的工作,他的儿子在从事航空业。

还有保加利亚人查诺夫(Tsanoff),最近一两年我在赖斯学院(the Rice Institute)见过他,他仍然在教哲学。还有一对名叫肖布(Schaub)讨人喜欢的夫妇,我经常与他们共进午餐。肖布教的是比较宗教学课程,他对《旧约》的讨论跟我所感兴趣的语言学知识吻合得很好,我是从我父亲、从塔夫茨学院的韦德教授以及从图书馆获得这些语言学知识的。

随着这一年在一天天地过去,事情开始明朗,我没有继续获得把我带到伊萨卡的奖学金;或者无论怎样,如果我能再次获得奖学金,那将是特别恩赐的。我感到很压抑,不仅是因为我在课程学习上没有取得好成绩,还因为那种伴随着几乎每个正常年轻人的内在的性发育而产生的青春期负罪感。我的负罪感使我躲避蒂利夫妇,而这种疏远以我父亲和蒂利教授之间的争吵结束。要让我父亲相信他的家人之一可能有错,这几乎是不可能的。对于我来说,要我忍受每次讨论必然要落到我头上的一连串令人畏缩的痛骂,那甚至是更不可能的。

年底前,家里还有其他消息。我有了一个新的弟弟,一个多病的孩子,他几乎没能活过这一年。随着康奈尔大学的坏消息传来,我父亲立即把我从萨奇哲学院带走,强迫我转到哈佛大学研究生院的哲学系。我知道,家庭的责任使父亲很难冒险让我在没有奖学金资助的情况下继续在康奈尔大学学习,但我还是希望,作为一个年轻人,能有机会在哪里跌倒就从哪里爬起来。父亲强行让我转学,其结果是使我原先已缺乏的自信更加缺乏了。我的过失化为一连串永无尽头的险恶岁月。同时,我没有机会学会自立的艺术和技巧,未来对

第十一章 剥夺继承权

于我来说是一潭浑浊的死水。

回家后,我有时间对自己的道德情感状况进行了评估。我在康奈尔大学的一年中在自立方面取得的成绩,被年初发现我是犹太人后所产生的怨恨、绝望和拒绝等一团团混乱的情绪,不可估量地破坏了。

我的一些朋友要求我更具体地谈谈我所受到的冲击和接下来为使内心得到适度安宁而经历的必要调整。很明显,我一下子成了犹太人,又曾经被我长辈中的某些人灌输了对犹太人的敌视或贬低的态度,这使我在道德情感上处于无所适从的境地。这可能会使我陷入持续的反犹太主义,或者相反,逃进犹太人始祖亚伯拉罕(Abraham)的怀抱——笃信犹太教。

事实上,这两种逃避对于我来说都是不可能的。我从父亲那里所受到的关于学问和道德操守的教诲是如此之强,令我不愿意为自己和近亲接受一种正义标准,而为外部世界接受另一种正义标准。我在家里听到了足够多的关于大学里其他犹太人家庭试图逃离犹太教的苛刻评论,从而意识到,在我身边有一些人用一种尺度来衡量维纳家族的人,而用另一种尺度来衡量世界上的其他人。很粗俗地讲,即使我自己和我的一些直系亲属愿意否认我的犹太出身,这种否认走出我们家门一步就行不通了。

简而言之,我既不可能也不希望活在谎言中。我的任何反犹太主义都必须是自我憎恨,而不是别的。一个憎恨自己的人有一个他永远无法摆脱的敌人。这样一来,只有灰心丧气,幻灭,并最终陷入疯狂。

然而,对于我来说,进入犹太教的圈子也同样是不可能的。我从来没有去过那里,在我早期所受的整个教育中,我只是从外面看到了犹太人的社会,对它的仪式和习俗、它的权利和义务只有最模糊的概念。与正统犹太教的决裂确实是从我祖父那时候开始的;他为了实现使东部犹太人日耳曼化并以高地德语取代意第绪语的愿望,曾将我父亲送到路德教学校学习。因此,就我自己而言,回归犹太教并不是真正的回归,而是一种新的宗教皈依和确立新的信念。不管是好是坏,我和我父亲都不很赞同任何形式的宗教皈依。在全盘接受任何信条的过程中,无论是在宗教、科学还是在政治方面,放弃和否认个人判断的态度都是有悖常理的。学者的态度是保留在任何时候根据所产生的证据改变他的意见的权利,而我就是在学者的世界里出生和长大的。

我的这种训练深深植入我的本性中。尽管我对人作为人有很深的敬意,不管他是否是学者,但我在思想和感觉中从来没有跟谁合伙行动的冲动。在感情上,我不可能把自己作为躲避犹太教的人隐藏在大多数人中;但我同样不可能把自己隐藏在一个限制性的犹太社会中并得到安慰。我无法相信老牌的新英格兰人是天选之民;但即使是犹太传统的巨大力量也无法说服我相信以色列是天选之民。关于我父亲与犹太教的关系,我知道的一点是,他是一个同化主义者,而不是犹太复国主义者,而且他在这个问题上与赞格威尔(Zangwill)和其他人有过许多争论。这是一个我认可的立场,不仅因为他是我的父亲,还因为我认为他的看法是正确的。

就这样,我因发现了自己的犹太人身份而受到强烈的震动,但我在反犹太主义或极端犹太主义中看不到出路。那么,我可以做什么呢?

我不知道自己何时找到了问题的答案,因为解决方案是一步步发生的,直到我结婚后才合理地完成。然而,有一件事很早就变得很清楚:反犹太人的偏见在这个世界上并不孤单,它是许多形式中的一种,在这些形式中,一个执政集团(无论是有意还是无意地)寻求将世界上好东西都据为己有,并将那些渴望同样好东西的其他人打倒。我读过吉卜林的许多书,足以了解英国帝国主义的态度;我也有许多印度朋友,足以使我认识到这种态度是多么的令人憎恨。我的中国朋友非常坦率地与我谈论西方国家在中国的侵略行为;而且我只需要用我的眼睛和耳朵,就能知道我们这个国家中黑人的一些情况,特别是当他们渴望争取比农场雇工或非技术工人更好待遇的工作时的处境。我对老波士顿人和新兴的爱尔兰人之间的势不两立有相当充分的了解,后者要求享有自己的那份社会权利,并对提出同样权利诉求的其他移民和小群体持非常自由开放的态度。

最终的结果是,只有当我把反犹太人的偏见当作偏见来憎恨,而不首先强调它是针对我所属的群体的事实时,我才能感到内心的平和。我觉得如果不这样做,就是我自己和我身边的人对特殊特权的要求。但在抵制对东方人的偏见、对天主教徒的偏见、对移民的偏见、对黑人的偏见时,我觉得我有一个健全的基础,可以抵制对犹太人的偏见。长期以来,我一直对来自东方和其他国家的同学感兴趣,现在我看到他们的问题与我自己的问题是平行的,而且在许多情况下,远比我的问题更深刻更困难。

而且,当我听说我们是有名的迈蒙尼德的后代时,我意识到,在某种意义上东方是我们家族传统的一部分,这甚至比单纯地确定我们是犹太人更重要。我,有一个最值得骄傲的祖先曾经在伊斯兰世界生活,为什么要让自己站在西方一边反对东方?于是,我开始研究和观察犹太人的思想文化的发展(特别是从摩西·门德尔松开始的、导致犹太学问与欧洲学问普遍融合的那段值得关注的过渡时期),与我眼前所发生的在欧洲以外的知识分子中的类似现象之间的平行关系。后来,当我花了一年中的部分时间协助哈佛大学的日本教授服部(Hattori)完成他的中国哲学课程的日常工作,我对这个问题看得更清楚。

以上讲的是在发现自己的犹太人出身后,我个人内心的反应。然而,也许应该补充一些关于我自幼生活的那些社区中反犹太主义的偏见及其历史的事实。从那些在19世纪中叶之前来到美国的犹太家庭的历史中可以相当清楚地看到,反犹偏见对于他们的生活并没有造成很大的影响。事实上,在美国占主导地位的新教徒更愿意承认他们的著作和思想对《旧约》有相当的引用,并在犹太移民中看到跟他们自己传统相同的东西。我被告知,即使是"一无所知运动"(Know Nothing Movement)[①]也不是特别反犹,而且我国历史上这段令人不快的插曲的一些领导人本身就是犹太人。尽管如此,在20世纪初,我们国家对反犹太主义的抵制逐渐减弱,就像新英格兰地区对黑人的传统友谊以及早期许多宽厚的态度也逐渐减弱了一样。镀金时代(the Gilded Age)已经结束,继之而来的是涂漆时代(the Varnished Age)。

---

① 这是主要在1854—1856年间,部分美国人因害怕国家受到爱尔兰天主教徒移民的压迫而发起的运动,致力于控制移民入境。他们因被人讥讽"一无所知",索性把这句话拿来当作自己的标志。——译注

第十二章
问题与困惑

1911年夏

那个夏天,我们在离新罕布什尔州布里奇沃特(Bridgewater)不远的一个农舍度过。附近只有一座小山,非常崎岖,没有小路,父亲不允许我爬上去。我在附近乡村的路上游荡,寻找夏令营,在那里我可以当老师赚点钱,还能找到几个伙伴,可是没有人用我。我在当地的一块地里打干草,结果因对干草粉过敏而生了一场大病。我阅读过期的《哈珀杂志》(*Harper's Magazine*)、《斯克里布纳杂志》(*Scribner's Magazine*)和《世纪》(*Century*);我渴望开学,从而能将我从因一家人挤在一起生活且与世隔绝而产生的烦恼中解脱出来。

在我父亲看来,他的革命性教育理论已经由于我在学业上取得的成功(尽管我还有许多缺点)而得到了证实。我的妹妹们的情况很快就清楚了,她们尽管以任何通常的标准来看都是非常聪明的女孩,但却没有像我一样能跟上父亲的训练。在某种程度上,我父亲对她们的期望也不高。因为她们是女孩,无法承受我所受到的严厉管教。

我们家预先把家庭成员的命运分配好了。我的妹妹康斯坦丝被期望成为艺术方面的人才,因此我的父母把音乐、绘画和文学作为她的领域。为了防止出现任何争执,我们其他人要严格回避这些东西。

就这样,康斯坦丝,我的小妹妹伯莎后来也以类似的方式,离开了我被最早送入的智力竞争领域。偶尔我也会让自己羡慕一下她们更轻松的生活道路,有时候,我会认为生为女孩是一种特权,不再需要进行艰苦的智力劳动,最终也不需要独自站在一个我觉得充满敌意的世界中。

当然,我弟弟弗里茨的情况跟我的两个妹妹完全不同。直至我在哈佛大学读研究生时,他才到接受教育的年龄,他的教育给我们带来了严重的问题。我父母要把他培养成像我一样从事学术工作的人。这一次,不存在对较弱性别的人降低要求的问题,所以我父亲的教育理论必须得到全面贯彻。我父亲曾经多次宣称,我的成功,如果我确实有任何真正的成功的话,与其说是我的能力出众,不如说是他的训练有素。他在各种文章和采访中都表达了这一观点[①]。他声称,我是一个最普通的男孩,我获得了很高的成就是由于——而且仅仅是由于——他的教导。当这句话被白纸黑字刊登出来后,对我产生了毁灭性的影响。它向公众宣布,我的失败是我自己的,但我的成功是我父亲的。

现在,我的弟弟已经到了上学的年龄,维纳家有了第二个人选,能去争取名声和荣誉,从而支持我父亲的论断。我父亲试图把用在我身上并取得成功的方法,再次用在他的小儿子身上,这是不可避免的,而且已经公开宣布因而无法改变的。几乎同样不可避免的是,我被当面告知,弗里茨会成功——这是要压制我一下,以抬高我父亲的权威。

我从来没有同意父亲对我的评价,他认为我是一个能力一般的男孩,我总觉得这样的评价是为了抑制我的自负,并迫使我在家庭中就范。没有什么根据,就说弗里茨能做我所做过的事,这是不公平的。而且,父亲没有考虑到这样一个事实,即虽然我是一个容易激动和难以相处的年轻人,但我精力充沛,可以承受远大于一般孩子所能承受的惩罚而不被完全毁掉。我弟弟结果是一个有点脆弱的孩子,我认为他的天赋在中上水平,并不具备出类拔萃的能力;于是,在这样的情况下,各种麻烦就产生了。

围绕弗里茨的教育问题的争吵持续了20多年之久。我父母为了让弟弟能和我平起平坐而对他特别照顾,我对这种不公平的做法非常不满意。还有让我很不高兴的是,让年仅16岁的我做我弟弟的辅导员和保姆;每天早上,在

---

① 1911年7月发表在《美国杂志》上一篇题为《儿童训练的新理念》的文章(参见第57页脚注①)直接引用了我父亲的话:我深信,他(她)们所取得的成果必须归功于训练。有些人说,诺伯特、康斯坦丝和伯莎是天赋异禀的孩子。那是胡扯。他们根本不是这样的。如果他们比其他同龄的孩子懂得更多,那是因为他们受到了不同的训练。——原注

开始自己一整天的工作之前，要先送他去上小学。我，一个行动笨拙的青春期少年，被要求陪伴一个比自己小11岁的小孩，这样的事很罕见。这段年龄差异是关键。我16岁的时候，他5岁；我25岁的时候，他还只有14岁。

要为我父母针对我和弗里茨关系的做法说几句公道话。有必要记住，在我还没有长大的时候，即第一次世界大战之前的那个时期，世界就已经在变化。当我和我的大妹妹还是小孩子时，即使家庭相对贫困，也没有阻止我母亲至少使唤两个佣人，其中一个是厨师，另一个一般是出色的保姆。20世纪所发生的变化使可以做佣人的移民逐渐减少，工资则大幅度上升。即使我们国家更加繁荣，也无法弥补这些新变化，也不能重新创造一个几乎不复存在的劳动阶层。因此，照顾年幼孩子的任务就落在了年长孩子的身上。

以我现在的观点来回顾这件事，我不能责怪我的父母把照管孩子的责任转给我，以前他们是多么地愿意承担这种责任来照管大孩子，但我的责任环境比他们的要差很多。我对弗里茨的责任是一种受大人委托的责任，完全没有权威。弗里茨在我的监护下很烦人，如果我采取任何措施，不管多么温和，让他表现好，他只会向我们的父母抱怨。无论我采取什么措施，对于他们来说都是不可原谅的。况且我自己还是一个困惑的、不善于社交的青春期少年，按照任何合理的标准，我已劳累过度多年，而且需要一切可利用的时间来增加社会接触和提升社交能力。

一点儿也不意外，我父母对我同伴们的评判，无论是男孩还是女孩，是男人还是女人，都把他们是否接受弗里茨放在其他任何条件之上。这对于我来说也是不公平的。要求年轻人把另一个总是有一个蹒跚学步的弟弟跟在后面的年轻人当作朋友，这太过分了，特别是当后者年轻人对他的弟弟没有权威，而孩子也知道利用这一点的时候。因此，即使不是借口，也有足够的理由解释我经常严厉地（如果不是残忍地）对待我弟弟。讽刺和挖苦是那些没有其他武器的人的武器；而我并没有少用它们。困难的局面变得更加困难了。

我也在一定范围内被赋予了教育弗里茨的责任，但没有权威。弗里茨很快积累起一套远非他能理解的专业性和学术性词汇。在家庭争论中，他试图通过问一些有学问的问题来维护自己的观点，但他对这些问题的答案并不全懂,而且对它们也没有很深的兴趣。我被告知,我必须详细地回答这些问题,即使弗里茨对它们不再有兴趣,他的心思已在别处游荡。当全家人一起去剧院看戏时,对剧中任何激起我弟弟想展示自己知识的情节,我都被要求发表意见,而我却没有一个像样的机会对其进行真正属于我自己的思考,并同我真正有知识的同年伙伴开展讨论。

当然,我在这里所讲的一切,已经远远超出了作为本章主题的我的那段历史时期;我正在叙述一个持续感染我们家庭生活的溃烂的疮。在这一时期的相当长一段时间里我住在家中,既作为一个未成年人,又作为一个给家庭做贡献的成年人。也许有人会问,为什么我不离开家,自己去找地方住,甚至可以搬到坎布里奇去。很多时候我正想这样做,而且我的父母也多次表示,如果我继续我的行为方式,这将是不可避免的结果。然而,特别是我母亲明确表示,这种分离将永远对我不利,是我最终失败的标志,并意味着家庭关系的完全和最终崩溃。

在我早年生活在家里的时候,我被告知,我完全依赖于家庭的供养,而我通过奖学金获得的那些钱只是抵消了其中一部分。后来,当我获得了自食其力的能力时,我仍然没有获得家庭以外的任何朋友圈。因此,虽然与家庭分离或许是可取的,但离开家庭就是被放逐到外面的黑暗中。

继续把本书看下去的人会知道,在我结婚前的许多年里,我的夏天都以长时间的山地旅行为标志。后来,这些旅行在某种程度上被欧洲之行所取代,常常是和我的妹妹们一起。这些旅行在一定程度上缓解了家庭生活的压力,特别是我被迫监护弟弟的压力,对我的幸福生活是绝对必要的。然而,我的父母千方百计地强迫我带弗里茨一起去登山旅行。这是不公平的,也是我无法接受的那种要求。

这种有点像父权制的家庭结构,已经不是第一次给我带来困扰。有一次,在我年轻的时候,我父亲曾计划和我一起为老磨坊农场附近的动物和植物建立一个博物馆收藏,并建议我们把大部分业余时间花在维护这个收藏上。还有一次,他说他打算在康斯坦丝和我长大后,将他的余生用于按照他自己的原则开办一所儿童学校,我和妹妹将在那里做教师。他还不止一次地谈到要回到他年轻时的浪漫冒险中去,要和我们一起乘坐一辆有篷马车穿越大陆。所有这些计划都是令人钦佩的,表明了他的年轻精神,而且在一个不那么严格的父母控制下的家庭中,这些计划将是最迷人的父爱和家庭利益的建议。而就我们家的情况来说,它们让事情变得更糟糕。

夏天,我们总是在整修花园,而我则被安排去除草、间芦笋苗、摘桃子等等。这些都是很轻松的工作,如果没有把子女对父母俯首帖耳的规矩直接延伸到户外的话,在花园里干活会是最令人愉快的事。我笨手笨脚,不中用,而且懒惰——我在父亲身边的田地里干活时,就听着他不停地这样数落我。我是一个差劲的农民,就像我父亲所说的那样,于是我当然对田里的工作产生了厌恶感。这种感觉一直持续到今天,阻碍我去花园里做一些轻松的工作,这样的劳动本来很适合如今肌肉活力在逐渐下降的我。总之,只要父亲管教我的生活方式延续整个冬季,我不能忍受把那个夏季,我非常需要休养恢复和寻求新的社会接触的夏季,搞成仅仅是冬季管教制度的延伸。

事实上,在第一次世界大战的后期,父亲把斯帕克斯街的房子卖掉了,因为它对于一个不再需要儿童室的家庭来说太大,他不仅把钱用来买下白金汉(Buckingham)街的一栋较小的老房子,还买了马萨诸塞州格罗顿(Groton)镇的一个苹果园。他曾希望全家人都能合作经营这个苹果园,至少在采摘苹果的季节,而且这个地方将来可以为已婚子女和预期的孙子孙女提供一个凉爽的夏天。这个计划从一开始就注定要失败。二十岁出头的年轻人不得不考虑他们自己的社会生活的迫切需要,不能长期剥夺他们寻找和认识未来伴侣的机会。

第十三章
不由自主地成了哲学家

哈佛大学,1911—1913 年

1911 年 9 月,我以哲学博士候选人的身份回到哈佛大学,当时我已经快 17 岁了。从 1911 年到我获得博士学位的这段时间,哈佛大学哲学系中名流学者济济一堂。虽然威廉·詹姆斯已经去世,但罗伊斯(Royce)、帕尔默(Palmer)、明斯特贝格(Münsterberg)和桑塔亚纳(Santayana)都还在那里,而且很活跃。

我第一年参加了桑塔亚纳的课程。对课程内容记得很少,但对上课气氛却记得相当多。这种与古老文化相延续的感觉,以及哲学是生活或艺术以及精神的内在成分的感觉,给了我很大的满足感;然而,在这些年过去之后,我却不能指出这门课程带给我什么明确的理念。

回想起来,帕尔默的课程对我的意义也不大。它们是阅读课程,在我的记忆中,它们涵盖了英国学派的传统哲学。我对帕尔默的印象是他那严肃、温和的个性,老态龙钟的驼背,但仍然热衷于鼓励年轻人的想法,并消除他们天生的胆怯。

拉尔夫·巴顿·佩里[①]是受我父亲委托招收我入学的主要人物之一。他和心理学家霍尔特(Holt)是后来被称为"新现实主义"宣言的那篇文章五六位

[①] Ralph Barton Perry(1876—1957),美国教育家和哲学家,美国实用主义哲学中新现实主义学派的创始人。1902—1946 年在哈佛大学执教。1910 年,他参与在 *Journal of Philosophy* 上发表联名文章 *The Program and First Platform of Six Realists*(六位现实主义者的纲领和第一纲要),被认为开创了新现实主义。——译注

作者中的两位。该文将詹姆斯的实用主义思想，与跟英国伯特兰·罗素和G. E. 摩尔的工作有一定类似的理论结合在一起，代表了对那种将所有事物都归属于精神和精神现象的唯心主义的抗议。这个学派看上去似乎很有道理，但我记得它给我的主要印象是一种难以忍受的粗制滥造和自以为是。其中一位作者甚至试图把他的理论建立在数理逻辑的基础上，而他所写文字中有一半是对被误解的术语的乱用。文章的风格相当于大学二年级的水平。尽管如此，在我的印象中，霍尔特是一位才华横溢、有吸引力的人物，在他的讨论班上，他总是能言善辩；而佩里一直是美国自由主义的伟大而可敬的人物之一。

我与乔塞亚·罗伊斯[①]有两种不同形式的接触：听他的数理逻辑课程和参加他主持的科学方法讨论班。虽然我不认为他自己对数理逻辑有多大贡献，但他把我引入这个领域。罗伊斯是一个多面手，他正好出现在知识领域的这样一个关键时期：哲学思想的古老宗教泉源正在枯竭，而一些科学新想法在迸发出生命力。他的数理逻辑课程差不多是表明了这样的迹象：一个杰出的人太晚进入一个新领域，以至于无法完全掌握它。

这种既面对过去又面向未来的立场，在罗伊斯的科学方法讨论班上也表现得很清楚，我参加了两年的讨论班，在里面受到了以前从来没有过的一些最有价值的训练。罗伊斯欢迎各类符合这样条件的知识分子参加讨论班：他们正在进行合理的研究工作，并能清楚地说明他用什么方法得出自己的想法以及其中的哲学意义。

至少可以说，这个讨论班上的人相当混杂。我们当中有一位夏威夷的火山专家。他留给我的印象只有"pahoehoe"和"aa"这两个词，我认为这是两种类型熔岩的名称。我们中间还有弗雷德里克·亚当斯·伍兹（Frederic Adams Woods），《皇室遗传》（*Heredity in Royalty*）的作者，一个具有势利心态和前遗传（pregenetic）观点的优生学家。珀西·布里奇曼[②]（Percy

---

[①] Josiah Royce(1855—1916)，美国实用主义和客观唯心主义哲学家，是唯一同时研究和撰写历史的美国古典主义哲学家。——译注

[②] Percy Bridgman(1882—1961)，美国物理学家，因其在高压物理方面的工作而获得1946年诺贝尔物理学奖。他的科学哲学著作《现代物理学的逻辑》(1927年)倡导操作主义，并创造了"操作性定义"这一术语。——译注

Bridgman)甚至在那时就已开始对实验和观察中所包含的各种原理持怀疑态度,他了解詹姆斯的实用主义对物理学的影响,他肯定会转向到他后来所倡导的操作主义。波士顿精神病医院的第一任院长索瑟德(Southard)就精神病学方法的问题做了有趣的发言。还有生理学家劳伦斯·J. 亨德森(Lawrence J. Henderson)教授,他将一些关于环境适宜性的真正出色的想法综合起来考虑,但在我看来,可悲的是他没有能力将这些想法置于任何哲学结构中;而且他有一个信条,即事物的格局应该是这样的,在像他这样的纯学者和造物主的中间应该有一个伟大的企业家,而这一信条并没有减少他的浮夸做法。顺便说一句,我发现那些低估自己的学术专业的人很少是在该专业中达到顶峰的人。

我相信,正是在这个研讨会上,我第一次见到了拉特雷(F. C. Rattray),一个英国人,后来成为唯一神教派(Unitarian)的神职人员,并在英国剑桥的一个教堂讲道。当时,是拉特雷而不是我的任何一位正式老师让我知道什么是好的辩论术,以及课堂讨论的艺术可以提高到怎样的完美程度。

我从来没有见过一个人能够在进行这种争论时经常出现的废话中找到一个漏洞而驳倒它。然而,我不禁感到,他竭力为塞缪尔·巴特勒和他的生命力学说①辩护,就像萧伯纳所做的那样,更多的是一种被敏锐的机智所巧妙地捍卫的个人情感,而不是因为折服于某种严格的论证。拉特雷和我经常在我们参加的讨论班上联手,因此我恐怕已成了他的得力弟子并且是我导师的肉中刺。

我还参加了明斯特贝格的讨论班。他是一个十分难以捉摸的人。他的傲慢有多少是对他教学所在的美国的暗中蔑视,以及将其与他未能找到永久住所的德国相比较的结果,我们永远不会知道。奇怪的是,他从大洋彼岸带来的个性,竟是仿效于德国皇帝的个性,在我看来,这种个性不无表现出不自信和粗暴的自信,而它在强大而能干的第二帝国的许多不同的社会层面上都成为一种虚假的特征。无论他对他所选择的和已选择他的美国的私下看法如何,

---

① 巴特勒(参见 55 页脚注①)曾写了多部著作,以批判达尔文的进化论,其中蕴含了"生命力"(Life force)的思想,后来被萧伯纳(1856—1950,爱尔兰剧作家、评论家、政治活动家)发展为一种关于生命的哲学。——译注

他已经成为美国报酬最高的艺术之一的大师：个人宣传的大师。他在接受采访表情严肃，浓重的外国口音和略带异国情调的措辞而显得更加耐人寻味，明斯特贝格成为最受记者欢迎的人。

我从亨廷顿(E. V. Huntington)教授那里学习了我的哲学专业中的数学课程。他是我父亲的老朋友，当我们住在哈佛镇的老磨坊农场时，他曾访问过我们。我记得在那个时期，在我高中毕业之前，亨廷顿曾考过我一点解析几何，并教我九点圆的理论。

亨廷顿是一位了不起的老师，也是一位非常善良的人。他给我们出的公设论方面的习题都是教育的瑰宝。他会取一个简单的数学结构，并为之写下一系列公设，而我们不仅要找到满足全部公设的例子，还要找到在一个地方或几个特定地方不满足公设的其他例子。我们也被鼓励提出我们自己的公设集合。我和西迪斯都在这门课上，正是在这里，我第一次意识到这个男孩的真正能力，他的过早垮掉使数学遭受了巨大损失。

亨廷顿的职业生涯对于我来说一直是个谜。以他的敏锐性和创造性，我本应期待他会写出一些伟大的数学著作。然而，他的所有作品，无论其中包含多少思想，都是小题目和短文。我确实记得他的一篇较大的作品，其中他试图给平面和立体几何学提供一个基础；但一方面，这项工作并没有大大超出希尔伯特稍早的工作；另一方面，他的一些主要观点已经在怀特海的著作中有表述。在我看来，亨廷顿的可贵高尚的职业生涯似乎印证了这样一个教训：数学生产力缺乏的众多重要的可能原因之一，是缺乏雄心壮志，亨廷顿只是把自己的眼光放得太低了。

让我说一两句我在这些年里的娱乐活动。在1910年我和父亲一起去长途登山旅行的过程中，我了解到阿巴拉契亚登山俱乐部在白山(White Mountains)维护山路方面所做的出色工作。我于1912年秋天加入该俱乐部，我的大部分锻炼就是参加它的星期六远足。我们一群人，年龄和性别各不相同，但都是忠实的徒步旅行者，我们通常在波士顿的一个火车站集合，然后乘火车到郊区，接着在乡下轻快地走一下午。

1912年，我获得了硕士学位。它并不代表通往博士的航程中的任何特定阶段，但它可以让我方便地应付我在第二年可能会遇到的任何障碍。我还通过了之前我所提到的关于各种专题的预试，这些考试使我与我的同学之间有了比以往更密切的接触。

除其他事项外，这一年是泰坦尼克号沉没冰海的一年。它代表了对我们情感安全的一次冲击，是随后发生的巨大冲击的合适的引子。也许正是这一事件，而不是两年后第一次世界大战的开始，让生活在长期保护欧美的持久和平中的我们孩子们认清这样的事实，我们并不是一个仁慈的宇宙的宠儿。

除了像往常一样阅读大仲马和吉卜林的作品——它们为青春期男孩所喜爱，我又增加了我特别喜欢的书单。少年男孩不太喜欢斯威夫特①，即使所看到他的作品是精心删减过的版本。但随着男孩的成长，他发现辛辣的讽刺是一剂健壮补药，我开始喜欢上了斯威夫特，尽管在读他的书时会不寒而栗。我也开始喜欢萨克雷②的柔中带刚的文风，而且原谅甚至喜欢他的转弯抹角的叙述。但在所有的讽刺作家中，我最喜欢海涅那令人心碎的呐喊，在其中增加一个字或减少一个字，都会使他所热爱和所憎恶的变得模糊。我和我父亲一样，知道他的《希伯来语旋律》(Hebraische Melodien)的几乎每一个字，没有什么诗能让藏于我内心的犹太人感到更加自豪或痛苦。

这些书我不是读了一遍，而是许多遍，我俯卧在床上，回味着最后读到那些话——以前已读过许多遍了。我从来不是一个非常喜欢阅读新事物的人；但是我把读过的、喜欢的东西都牢记在心里，这样它们就成了我的一部分，永远不会被丢弃。

以同样的方式，我重新学习了拉丁文和希腊文。贺拉斯③优雅精确的诗歌(lapidary poetry)不仅仅隐藏在我课本的页与页之间：更被深深地镌刻在我的记忆中。荷马的宽广和宏伟则是我永远无法忘记的记忆。从专业和竞争的角

---

① Jonathan Swift(1667—1745)，英裔爱尔兰作家，英语世界中最重要的讽刺作家。其小说《格列佛游记》在中国很有影响。——译注

② William Makepeace Thackeray(1811—1863)，英国小说家，其代表作是《名利场》(Vanity Fair)。——译注

③ Horace(公元前65—公元前27)，古罗马杰出的拉丁文抒情诗人和讽刺作家。他的颂歌和诗集最常见的主题是爱情、友谊、哲学和诗歌艺术。——译注

度来看，我也许算不上什么古典学者，但古典教育的根基在我身上扎得很牢。

这时，我妹妹收到了一本罗斯金（Ruskin）的《现代画家》（*Modern Painters*）。我热切地阅读这本书，非常欣赏其中相当学院式的绘画，而语言又是那么华丽和富有诗意。尽管我发现他大胆尝试那些可被称为准科学（quasi-science）的东西是武断而不正确的，但我还是不禁要向他作为观察者的高超才能表示敬意。这本书是我欣赏绘画、雕塑和建筑的入门书，但后来的经验告诉我，虽然这本书是对艺术的精辟评论，但罗斯金的偏见中有某种任性的成分，他的研究需要辅之以对伟大艺术作品的直接了解，以及对非欧洲国家的艺术采取更包容的态度。

1912年夏天，我们回到了桑威奇镇，令我们高兴的是，我们在弗拉特（Flat）山和桑威奇山的脚下的内地小山谷里定居下来。我们租的房子被称为塔潘（Tappan）广场。我们的隔壁邻居是坎布里奇一位银行家的幸福家庭，年龄小的不到10岁，大的25岁左右。除了一个男的，其余都是女孩。他们都是很好的徒步旅行者，加上我新近对攀岩极感兴趣，我们一起在桑威奇山和怀特费斯山进行了许多次快速登上和快步走下的旅行。我发现这些女孩很有吸引力，特别是被那位跟我年龄相近的女孩迷住了。虽然我相信未曾公开向她表示过我对她的爱慕，但我们家后面可能还有不止一棵山毛榉树，上面有我用小刀刻下的表达情感的印记。

我继续和父亲一起在森林里漫步，但已经很明显，我的活力在增强，他的活力开始减弱。背着沉重的背包和躺在凤仙花上过夜，这样的混合乐趣他已不再有能力享受。

我原来决定，下一年在罗伊斯的指导下撰写数理逻辑领域的博士论文。然而，罗伊斯的健康状况恶化了，塔夫茨学院的卡尔·施密特（Karl Schmidt）教授同意接替他。我后来得知，施密特是我们在新罕布什尔州的夏天住所的邻居，他那时还很年轻，对数理逻辑有着浓厚的兴趣，但他后来在卡尔顿（Carlton）学院任职期间的专业领域是宗教哲学。施密特给我定了一个可以考虑的课题，即比较施勒德（Schroeder）的关系代数与怀特海-罗素的关系代数。研究这个课题需要做很多形式运算，而我觉得这很容易；尽管后来当我去英国

第十三章 不由自主地成了哲学家

直接在罗素的指导下学习时,我了解到在这个课题中我几乎错过了所有真正有哲学意义的研究点。然而,我所完成的工作是一篇可以接受的论文,它最终使我获得博士学位。

施密特是一位耐心和善解人意的老师,他具有亨廷顿的那种本领,即能够通过轻松的几个步骤把年轻人带入研究工作。如果那一年我没有被宽厚地对待,我相信自己不可能安然渡过难关,因为除了我的论文,还有两个拦路虎在等着我。

第一个拦路虎较温和,即我的专题考试,这些都是笔试。而后面就会迎来更凶猛的拦路虎,那就是口试。我拼死拼活通过了专题考试,没有向它屈服。发生过一件与这些考试有关、有损于我名誉的事。我们所有参加考试的人都急于打听分数,而我们发现一位顺从的看门人,他可以进入教授的房间,看到批好分数的考卷。现在说起来感到很遗憾,当时我挑逗了他,让他告诉我这些成绩,而且我至少让另外一个考生也知道了这个秘密。这只是一种用错了地方的好奇心和善待他人的举动,跟贿赂没有关系,尽管我后来被指责在这件事上行贿。

我对口试的恐惧远远超过对专题考试的恐惧。我到我的各位教授的家里去口试。每到一家,教授都很和蔼可亲;每一次口试,我都在一种恍惚的状态中通过,几乎没听明白对方跟我讲的话。伍兹教授对我进行了希腊哲学方面的考试,我发现自己几乎忘记了所知道的每一个希腊语单词,而且几乎无法理解柏拉图《共和国》中最简单的段落。

我必须把所有的功劳归于我的父亲,因为他帮助我渡过了口试的巨大难关。每天早上他都和我一起去散步,以让我保持身体状况并增强勇气。我们一起走过坎布里奇的许多我以前还不知道的地方。他会问我后面一场考试的问题,并注意到让我对如何回答这些问题有适当的准备。

然而,按照我自己的评价,我每场考试都不应该及格;但博士学位的主考教授对待学生可能比学生自己更有人情味,更有同情心,并且完全相信他。对于所有的主考教授来说,学生的恐惧心理是司空见惯的,是正常考试环境的一部分,也是他们自然考虑要给予补偿的,所以没有任何博士学位的考试是完全按照其当场的表现情况来打分的，而总是根据诸如教授所掌握的关于学生的能力等其他数据来给出评定。

我在马萨诸塞理工学院任职期间，也经常担任主考教授。我现在懂得，恐惧心理是值得同情的，可以原谅，也是正常的；尽管在考官面前试图当场发挥聪明才智，使自己摆脱困难值得赞扬，但虚张声势则不可原谅。最该害怕的不是胆小的学生，而是那些口齿伶俐却还没有搞懂问题的学生。

在通过规定的科目口试之后，我进入了苦难历程的最后一站——要在哈佛大学全体哲学家们面前进行我的博士论文答辩。从理论上讲，这个答辩是博士学位候选人为获取博士学位而经受的苦难历程中最为关键的一道关。但事实上，没有一个管理良好的院系会允许一个候选人走到这一步，除非它确信他将会通过。此外，候选人现在汇报他的课题成果，有一个巨大的优势，那就是他在理论上比他的任何考官都更了解一个课题，因此，一个诚实的人没有任何理由被吓倒，除非他口齿不清和胆怯——而这正如我刚才所说，是他的教授们最愿意宽恕的。事实上，博士学位的口试更像是对学生在课堂上举止行为的考察，并且它对于挑选那些将要走上学术岗位的学生有相当大的影响。在这方面，我不认为自己做得特别好。

考试结束后，在哈佛大学章程惠允我能待在学校里的最后日子到来之前，我在打字机上打印自己的论文，其样式需达到我可以把它庄重地交给哈佛大学档案馆长期保存的要求。这些工作一部分是在家里做，一部分则是在大学堂里在悬挂着的哈佛著名校友肖像的注视下完成的。哈佛大学当时并不要求公开发表博士论文。我认为哈佛的态度是正确的，因为接受期刊编辑的判断作为授予大学学位的标准是不公正的。况且，那些不符合科学期刊编辑要求的论文被迫自费发表，这让学生掏了一大笔钱，而大部分专业学者并未获得相应的便利。因为自费发表的论文普遍无法获得，而且一般来说，很少有人阅读。公开发表论文的要求正在被逐步取消，我对此感到很高兴。

人们常常认为，一个人的博士论文应该是他平生所做的最好的工作之一，足以成为评价此人学术能力的尺度。我不相信这一点。博士论文只不过是一项具体的工作，通过它，一个学徒有资格成为他所在行业的师傅；如果他在其职业生涯中没有超过这个水平十几次,那他确实是一个非常差的师傅。我知道很多人相信,博士论文应该在许多年内明显超出该博士的后续工作的水平,但在实践中人们往往忽视这一要求。一个人只有把他的博士论文置之身后,并且不用担心未来可能会被正式要求完成其他事,他才能作为一个自由人做他最好的工作,这时他以完成自己的任务为目标,而不是以追求某种学术和社会地位之类虚假之物为目标。博士论文应该是好的,但如果这位学者以后的工作不能很快超过此论文的水平,那么他很可能会成为我们在三流大学的教师会议上所看到的那些干瘪的人物之一。

如果我的这篇博士论文是我在那段时间所做的唯一的科学工作,那么它将是我进入学术生涯的一张最不满意的门票。然而,事实表明,它确实给了我组织科学材料的训练,让我在接下来的两年里写出了一系列的论文——我更愿意选择它们作为自己进入学术生涯的标志。

我认识不止一个这样的学生,他已经写出一些可以接受的论文,但他一直要等到能写出一篇让他以最大的动力和热情在学术界闯出一片天地的文章,才愿意提交他的博士论文。当然,如果一个年轻人能够通过其第一部作品将自己打造成一个重要人物,这是一件好事。然而,我觉得许多学生过于强调这一点,浪费了多年时间等待伟大的想法出现在他身上,而这些时间本可以用来积累出版经验和接受公众对其已发表作品的批评。首次尝试就期望成为伟大人物,这根本是一种奢望;如果一个人后期的工作过程没有包含什么令自己感到羞愧的东西,那么他的第一篇论文是优秀的,还是仅仅够上博士学位所必需的标准,都无关紧要。

1913年春末,我觉得时间过得特别慢,那时我刚通过博士学位考试,正在等待毕业典礼的举行,等待聆听洛厄尔校长宣布我被正式惠允进入学术界那封神的一刻。

1912—1913年是拆除哈佛大学图书馆旧楼并准备建造怀德纳(Widener)所捐赠新楼的一年。旧楼原来只是通过接连不断的临时装修和内部重建,才改作图书馆来使用的,因此,尽管它可能是美国早期学院哥特式建筑最正规的标本之一,但它的时代已经过去,它必须离开。看着它的尖塔和拱顶在巨大的摇摆铁球撞击下被拆除,有一种罗马假日的快感;的确,当初建造它的工人一定工作得很踏实,以致即使采用如此暴力的方法,拆除工作也经常没有什么进展。噪声令人无法忍受,我们在爱默生大楼上的哲学课,就是在轻便发动机和墙壁倒塌的伴奏声中进行的。

尽管老建筑的拆除代表着所有的进步,但我们感到它标志着一个时代的结束。图书馆再也不会让我们联想到过时的中世纪,而它周围宽阔的草坪将会被拥挤的怀德纳图书馆主体永远割碎。我父亲一直认为,鉴于他对书库是多么熟悉,以及他在那里做了多么多工作,"怀德纳"中的"德(d)"或许可以去掉,改成"维纳(Wiener)图书馆"。话虽如此,在我看来,怀德纳图书馆作为图书仓库的巨大便利性,远非该建筑中任何特别可爱的品质所能匹配。这是一座冰冷而令人生畏的建筑,后来在战争时期,图书馆的大楼梯上装饰着两幅冰冷而令人生畏的宣传美国军事力量的画。它们是萨金特[①]的作品,但当然不是萨金特的最好作品。

当时,我最常去的地方之一是哈佛大学哲学图书馆。那是一个令人愉快的地方,图书馆员兰德(Rand)博士完全是略显消瘦的英国大学老师在哈佛大学的翻版。他是一位优秀的历史学家和目录学家,因此,在书架上寻找新的和令人兴奋的东西总是很有趣。例如,我们发现威廉·詹姆斯遗赠图书馆的一些书中充满了詹姆斯本人的亲笔旁注,这些旁注如果当初是打算写给公众看的话,就会写得更端庄得体些。詹姆斯遗赠的罗伊斯和伯特兰·罗素著作的版本特别有趣。当兰德发现这些书确实是无价之宝后,就把它们锁在自己的私人书柜里,不让公众自由查阅。

即使在此之后,我们仍然发现许多有趣的珍贵读物。英国哲学家席勒(F. C. S. Schiller)的著作,尽管缺乏深刻的见解和重要的思想,但其机智的讽刺笔调总是让我们感到有趣。此外,人们不知道在新到的书籍和期刊中会找到些什么。因此,随意翻阅这些书刊是我们每周例行活动的一部分。

在春天的时候,我开始看一些教育期刊,为了满足我的好奇心:他们如何

---

① John Singer Sargent(1856—1925),美国画家,擅长肖像画,也曾为几家图书馆和美术馆画壁画。——译注

第十三章　不由自主地成了哲学家

看待神童。由克拉克(Clark)大学的 G. 斯坦利·霍尔(G. Stanley Hall)主编的一本杂志《师范神学院》(*Pedagogical Seminary*)发表了凯瑟琳·多比尔(Katherine Dolbear)小姐(她是塔夫茨学院已故杰出物理学家的女儿)的文章"早熟的孩子"①,我看到后,让我的好奇心受到了强烈的惩罚。这篇文章专门讨论了伯利、西迪斯和我,逐案逐名地进行。多比尔小姐显然并不觉得我们的成绩有多神奇。她非常仔细而精确地,不仅介绍了我们在几所学校里的正式记录,还介绍了她能收集到的一切有关我们的大学本科生同学对我们的看法。

在任何方面,这都不是一篇令人感到愉快的文章。我早就意识到我的社交发展远远落后于我的智力进步,但我郁闷地发现,多比尔小姐笔下记录的我,是一个多么无聊、粗鲁和讨厌的人。我曾以为自己在改正缺点的路上已经走得够远。但多比尔小姐的文章让我觉得自己就像一个四子棋②的玩家,不幸被一粒骰子打回老家。

我把这篇文章给父亲看,他勃然大怒,其程度不亚于我所感到的羞辱。父亲写了一封抗议信,发表在《师范神学院》的下一期上,尽管这并没有起到任何特别的作用。我们的家庭律师在这个问题上也拿不出让我们满意的办法。寻求法律赔偿的尝试会使我受到比以往所遭受的任何事情都要危险和恶毒的宣传。即使在理论上,美国法律也不太承认个人的隐私权,而且诽谤诉讼要想成功,必须指控诽谤所造成的一些具体损害。因此,称律师为骗子或医生为庸医是非常危险的,因为这种指控确实对其对象的专业地位造成了非常明显的伤害。然而,我还没有职业;尽管我希望将来能有一个职业,但对将来职业的损害很难证明,也无法评估。这正是后来《纽约客》的律师在西迪斯对他们提起诉讼的案件中,做辩护时提出的观点;这一辩护的成功证实了我们当时决定放弃控告是正确的。

我认为法律对待诽谤的这种态度是非常不公正的。首先,在我看来,对初露头角的人提出严重的怀疑,是比干扰一个事业有成的人更严重的犯罪。其次,对一个已经处于困难和被质疑境地的人的自尊心的攻击,与任何身体上的

---

① 参见 92 页脚注①。——译注
② parchesi,其玩法类似国内的飞行棋。——译注

攻击一样，都是一种巨大的伤害。我认为，在这种问题上，医学领域的杂志做法体现了合理的道德标准，我认为这种做法已经非常成熟，要赋予它法律效力并不十分困难。在专业期刊上准确而自由地报道医疗案例是符合公众利益的。然而，至少在未经病人自愿和明确同意的情况下，提供病人的姓名或任何可以识别他的数据被认为是一种严重的违法行为。当他的照片作为病例必要文件的一部分被展示时，如果眼睛和脸部没有显示疾病症状的某些基本部分，习惯上会在打印时将其抹去。我看不出有什么理由让教育学杂志，或者实际上是没有任何科学意图的杂志在这种问题上有更大的自由度。这不是一个新闻自由的问题，但这显然是一个与这种自由发生必要关联的问题：新闻的责任。

在哈佛大学的最后一年，我申请了旅行奖学金。当然，当我得知批准的消息时，我感到非常兴奋。有两个地方被推荐为备选的目的地：剑桥大学和都灵大学，前者有罗素正处于全盛时期，后者则是因皮亚诺（Peano）的名字而闻名。我得知皮亚诺的巅峰时期已经过去，而剑桥是最适合进行数理逻辑训练的地方。于是我写信给罗素，因为在我出发去那里学习之前，有必要获得我的老师的许可。

第十四章
解　　放

剑桥大学,1913年6月—1914年4月

那年夏天,我们回到新罕布什尔州,我有了一个很好的机会充分休息为来年的工作做准备,并进一步熟悉山区的情况。山区对于我来说是一种永恒的快乐。它们现在也很美,而在战争和战争威胁之前的那些日子里,在两次世界大战引起大量采伐木材之前,在汽车以及它把距离变得无足轻重并将大部分路边变成农村贫民窟之前,这个国家本来就很美。如今,作为一个身体活动因年岁增长和生活奔波而受到一定限制的人,我带着某种悲伤的心情回想起那个时代,那时走山路是多么的轻松,20分钟的快走就能来到长满蕾丝状酢浆草的边坡上了。从这个边坡,可以眺望到那一片巨大的树干,每棵树都适合做国王御舟上的桅杆。我感到自己与山丘和森林有一种浪漫的结合。

我的主要家务之一是去拿邮件和牛奶。每天步行两英里去怀特费斯村的小邮局,然后步行两英里回来,半路上还要手提带回一个奶桶。我很想去取信,因为通往冒险之路的钥匙在等着我:一封罗素同意接受我的信。

亨廷顿教授向我推荐了两本数学书,作为我在开始跟随罗素学习之前的暑期读物。它们是博谢(Bôcher)的《现代代数》(*Modern Algebra*)和维布伦与杨格(Veblen and Young)的《投影几何》(*Projective Geometry*)。第一本书当时并没有给我留下深刻的印象,但我后来又读了很多遍,并发现它作为矩阵理论的导论非常有用。第二本书对我的影响很大,它是我所看到的,用公设的观点阐述投影几何的所有著作中,在一致性方面做得最好的一本书。我几乎做

了该书第一卷(当时只出版了这一卷)中的全部问题。虽然这本书有两位作者,但在达特茅斯学院的杨格教授身体不太好,这本书主要体现了普林斯顿大学的奥斯瓦尔德·维布伦(Oswald Veblen)教授的风格。他是普林斯顿大学伟大的数学学派的创始人,也是同在普林斯顿的高级研究所科学体系的创建者。毫无疑问,他是美国数学的奠基者之一。

全家要出国过冬。我们原想早点走,甚至已经准备买票,但那是在巴尔干战争期间①,我父亲认为政局太危险,不宜出行。然而现在,我们真的登船出发了。我们乘的船属于莱兰(Leyland)航运公司,是大名鼎鼎的国际商业海洋公司(International Mercantile Marine Co.,IMM)下的一个小分支,在波士顿和利物浦之间运送牲畜,兼载运一些乘客。我还记得,那时运气好的话,花50美元就能为自己订到一个隔间,并把船包下来。

我们乘地铁,穿过东波士顿隧道,离开坎布里奇,来到那个荒芜的、被称为"东波士顿"的贫民窟和码头区。我们的船就停泊在此处。我记得,在父亲自相矛盾的命令下,我手拿着沉重的行李跑过迷宫般的铁轨,累得我浑身酸痛。

上船后,大家感到如释重负。船还没有离开港口,身穿白夹克的服务员就为我们提供了饼干和牛肉茶。虽然还待在那么熟悉的波士顿港,邦克山(Bunker Hill)纪念碑清晰可见,但我们已在外国领土上:服务员的举止,饮食的习惯,人们所讲的语言,这些对于我们来说都是新的、陌生的。

我的父母一直保持着一种近乎本能的立场,认为他们所讲和所学的英语是唯一地道的英语,所有其他形式的英语都不够纯正。我敢说,让父亲从美国波士顿的英语调整到伦敦或兰开夏(Lancashire)的英语,比让他调整到巴斯克(Basque)语或藏语更难。

因为在船上主要讲的是兰开夏的英语。这是一种自那以后我听到过很多次的语言;虽然它也许不是所有形式的英语中最漂亮的,但它像好面包和好奶酪那样有吸引人的好口味。

乘客很少,收音机里播放的世界新闻也不那么惹人厌烦。旅途很长,不拥挤,而且很平静。食物是足够的,但吃下去不易消化。除了像大理石纹般排列

---

① 巴尔干战争始于1912年10月9日,终于1913年5月30日。——译注

第十四章 解 放

的海浪,以及一个老船长的女儿与无线电员的偶尔调情,没有别的什么可观赏的。我们玩了几次沙狐球,下了几盘象棋,非常舒适地度过了这次旅行。到了一天早上,我们发现船已停靠在默西(Mersey)河的浮动码头。

上岸的手续很简单。那是一个星期天的早晨,我们买了去伦敦的车票后,在一家酒馆吃了一顿面包和奶酪,然后上车了。我望着火车窗外,重拾起我小时候见过的英国乡村的印象。特别是,我想起了常春藤、较小的农场和田地、砖石建筑、树木稀少的郊野,以及看上去矮小的树木。

从尤斯顿(Euston)车站出发,我们前往布卢姆斯伯里(Bloomsbury),那里当时甚至比现在更像是不富裕的学术界游客的天然营地。我们在南安普顿街的一家旅馆住下,许多年以后,我认出这里就是格雷厄姆·格林①的一个关于难民和间谍活动的悲惨故事的场景。我们借助游客指南,找到了一两家较好的素食餐厅。我们到父亲的老朋友伊斯雷尔·赞格威尔在圣殿区的住处去拜访他,商量我留在剑桥大学的计划。家里的其他人要去慕尼黑过冬。康斯坦丝要学习艺术,伯莎则要去一所私立女子中学。

父亲陪我一起去了剑桥大学。我们在三一学院伯特兰·罗素的房间里拜见了他,他帮助我们熟悉环境。当我们在罗素的房间里时,一位年轻人走了进来,我父亲以为他是大学生,他没有引起我们的特别注意。这就是 G. H. 哈代,一位在后来的岁月里对我影响最大的数学家。

我似乎无须正式注册入学,因为哈佛大学和剑桥大学有关于优待高年级学生的某些协议。因此,我不能指望住在大学里,有必要在城里为我找一个女房东。我父亲并没有花大力气为我找到了住处。他当着女房东的面问我对这个地方的看法。我不知如何回答。我被迫在离开时告诉他,在我看来,这是我所见过的最简陋、最脏、最不方便的住所之一。父亲没有取消我们跟女房东之间的口头协议,而是认为我不太可能再见到房东太太,就让事情不了了之。他急着要赶回伦敦的火车。最后,我退而求其次,住到在新广场的另一个邋遢的小女房东那里。她跟我讲好,以最低价格向我提供素食生活所需的蔬菜和奶酪。

---

① Graham Greene(1904—1991),英国小说家,剧作家,记者。——译注

在那个时候,对于一个有着正常成长经历的美国男孩来说,不可能完全摆脱对英国的某种憎恶心理。两国之间的战争,包括在我们的南北战争期间未宣布的敌对行动,加上一些英国评论文章中怀有某种潜在敌意的语气,使得美国人对英国没有什么好感。而比所有这些影响更重要的是,一些热心的美国亲英分子的行为更增强了美国男孩的爱国心。

然而后来,当我从英国回来时,我了解到我和英国之间有一种非常密切和永久的联系,特别是我和剑桥大学之间。我了解到,英国人与亲英分子非常不同,因为一旦穿透那个用来防范美国人和其他外国人的保护层,他们就很愿意承认,英国在有些方面并不是完美无缺的,他们跟世界打交道肯定有做错的地方。我发现英国人和我一样不相信亲英分子的万灵药——即把英国的各种机构制度,切成若干块,加以编号,并用稻草包裹起来,全部进口美国,就像进口都铎(Tudor)家族①的庄园一样。简而言之,我发现亲英分子所描述的英国是一个世外桃源,既不在大西洋的这一边,也不在大西洋的那一边,而只是在那些选民的心中。

我发现,在我曾经生活过的社会体制中,那些与英国生活最相似、最容易让人们了解英国生活的,在很多情况下是我童年时所经历的最有特色的美国社会体制。艾尔市和哈佛镇的乡村生活,尽管它既没有乡绅也没有固定牧师,却是一种有着很深的英国根源的乡村生活。我的新罕布什尔州的农民朋友可能会把住在湖区(the Lake Country)的同行们从早骂到晚,同时他们自己也会受到对方类似的责骂;但尽管双方都有敌意,方言也有差异,但双方的行事处世的态度差不多是相同的。只需几个星期的相互接触,一方和另一方就会意识到,他们彼此的处世态度和对事物的预判并没有太大的区别。

我第一次看到的英国是一个尚未被两次世界大战冲击的国家;确实,自从拿破仑时代以来,除了一些殖民战争以及在克里米亚和南非的大冲突之外,英国一直处于和平的状态。这是一个对于富人来说是天堂,对于穷人来说非常

---

① 都铎家族,一个起源于威尔士的英国王室王朝,它给英格兰带来五位君主:亨利七世(1485—1509年在位);他的儿子亨利八世(1509—1547年);随后是亨利八世的三个孩子:爱德华六世(1547—1553年)、玛丽一世(1553—1558年)和伊丽莎白一世(1558—1603年)。——译注

第十四章 解　放

接近于地狱的英国。在这个英国，一个工人要想成为一名学者，比如今一个墨西哥农民做同样的事更难。这种阶级分层以及伴随而来的嫌贫爱富的倾向——这甚至更像是穷人一方的受虐狂，而不是富人一方的虐待狂——如今就像法国大革命时期的贵族一样，已经完全消失了，尽管产生它的一些因素可能仍然存在。

我的女房东让我第一次了解到英国人的那种势利和奉承，这种情况在当时很普遍，但后来却不常见了。她是一个邋遢、刻薄的小女人，看不起隔开我们两个门的邻居。她说："噢，他只是个商人的儿子。"尽管商人的级别比她所能攀上的任何级别都要高得多。

1913年的大学生是来自贵族阶层或者至少是根基稳固的中产阶级的年轻人。从那以后，我才看到了领补助的大学生的出现。工人阶级的男孩，因在幼年和娘胎里缺乏营养而发育不良，牙齿不好，手脚粗糙，穿着旧西装和厚鞋底皮靴，靠着奖学金读完小学、中学和大学。这些人就是我现在所认识的青年教师；他们虽因品学兼优而被接受，但经常苦于不善交际，不得不做出非常真诚和自觉的努力来克服它。他们中不止有一个人向我倾诉了，他为了学会一套在高端宴会上侃侃而谈的好方法，在开始时不得不忍受的很多痛苦。

我所说的这一现象已经扩展到英国大学安静的校园以外。对于我来说，如今能够坐在公园的长椅上与英国工人交谈是一种轻松愉快的感觉，他既不会把我当作一个"来自上流社会的人物"表示反感，也不会向我乞求什么帮助。的确，对于读到本书的当今一代英国人来说，我似乎在指责他们前辈的恶习，而这些恶习与他们自己所养成的品格相去甚远，以至于较年轻的英国人无法想象它们。但我可以说，在我年复一年地重游英国的时候，我看到阿谀奉承的情况在不断减少，一种普遍的男子气概和志同道合的友情则随处可见。

我对剑桥大学的怀念就讲这么多。下面继续讲述我在那里的生活。我初到此地，花了几天时间熟悉周边的环境，随后的感觉是无可奈何和彻底的孤独。当时学期尚未开始，我还没有机会结识新朋友。我在学院的四周和大学后面的空场上走来走去，极其漂亮的建筑物和郁郁葱葱的花草树木很大程度上舒缓了我的怀乡病。在此期间，我认识了两个大学生：一个是跟我住同一幢房子的印度人,另一个是住在我们隔壁第三幢房子里的英国青年。他们都是圣凯瑟琳(St. Catherine)学院的学生,他们邀请我参加该学院一个辩论俱乐部的会议。

我已不记得在圣凯瑟琳学院的那个俱乐部里具体说了什么和做了什么。只记得我被要求读一篇文章并说几句话。我照做了,还模糊地记得我用羞愧和困惑来掩饰自己。在剑桥大学的头几个星期,我当然是在学习英国人对事物的看法,以及在清除我的许多笨拙举止中最不能让人接受的一些东西。我知道,我那肤浅的民族主义让我不止一次地陷入幼稚的争吵。

然而,我觉得这是我成长过程中的一个关键时期,我非常感激这一时期我的老师和我的本科生朋友们。我在他们身上发现了对思想的接受和宽容(这不是哈佛大学的特点),以及在提出这些思想时具有挑战性的辩论技巧。

我和几个年轻的本科生,在他们的俱乐部和社团,在运动场上,以及在他们的房间里喝茶,相处得非常愉快;但在本科生和青年教师之间有一群年纪稍大的人,他们对我特别友好,帮助很大。其中一个是巴特利特(F. C. Bartlett)——现在是弗雷德里克·巴特利爵士,剑桥大学的心理学教授。我的印象是,他来自英国一所比较新式的大学,那时他的职业前景并不特别光明。我发现他的稳重安静并且在任何争论中都不会崩溃,对于我自己的易于冲动的脾气是一贴健康良药。他的批评总是公正的,不会因友谊而有所偏袒。我很高兴我们的关系在这几十年里一直保持着,而且这种关系的基础一直没有任何本质上的改变。

伯纳德·穆西奥(Bernard Muscio)是我的另一位高年级同学,他对我非常好,帮助我成长。他出生在澳大利亚,在那里获得了他的第一个学位。他的警觉性和快速反应使他成为道德科学俱乐部①的重要人物,该俱乐部更被称为道德臭味俱乐部(the Moral Stinks Club),我们不止一次地联合起来,跟那些我们不同意其观点的人展开辩论。

---

① 剑桥大学道德科学俱乐部(Cambridge University Moral Sciences Club)成立于 1878 年 10 月,是一个哲学讨论小组。该俱乐部在分析哲学领域影响深远,参加该俱乐部的条件是,必须通过剑桥大学道德科学荣誉考试(The Moral Sciences Tripos)。成员包括罗素、摩尔、维特根斯坦等。——译注

第十四章 解　放

我早期的两个非常另类的伙伴是奥格登(C. K. Ogden)和理查兹(I. A. Richards)。奥格登成功地把他的大学本科生的生涯延长了不知多少年,当时他住在佩蒂·库里(Petty Cury)街的街口房子楼上,他的房间里挂满了英国知识界几乎所有重要人物的照片。在他多方面的身份中,有一个身份是记者,他向我索取了一篇文章,发表在《剑桥杂志》(*Cambridge Magazine*)上;关于文章内容,经过那么多年后,我已经完全忘记了。理查兹和他是亲密的伙伴,我相信我在剑桥大学的时候,他们已经开始合作,并导致《意义的意义》(*The Meaning of Meaning*)这本书的出版。不管怎么说,他们对于语义学的兴趣是显而易见的。

在剑桥大学里,给我留下最深刻的印象之一,是英国大学学者那种过分隐居的氛围。他原先毕业于一所致力于满足青少年需要的学校,那里培养了他的教育中最基本和最有特点的部分,现在来到一所其建设体制跟他在青少年时期所在的学校很相近的大学,如果他成功了,他的整个职业生涯就会在同样的支持下展开。

英国的大学,虽然不再像 19 世纪初那样是专设的独身者教士的机构,但仍然保留了许多修道院的特征。因此,进入数学领域的年轻人在评价数学工作时,很多是持着其在板球场上学到的青少年"按规则玩游戏"的态度。这虽然包含了许多优点,能导致我们在比较世俗的生活中难以找到的对学术的奉献,但却不利于他对自己的工作采取完全成熟的态度。

哈代——读者可在他所写的书《一个数学家的辩白》(*A Mathematician's Apology*)中容易发现——正是因为数论缺乏实际应用而给予它高度评价,但他并没有完全面对数学家的道德问题。纯粹数学家蔑视世俗世界的要求,放弃生活上的享受,而选择追求知识的苦行主义,这确实需要勇气,因为他不会与世俗世界对数学在军事上和商业上应用价值的评估扯上关系。然而,在我们这个时代,数学已经成为改变科学和我们所生活之世界的强效药物,而不是醉生梦死之人沉迷于其中的温和性麻醉品,所以这样的做法纯粹是逃避现实。

当我在与工程师合作多年后,作为一个成熟的数学家回到剑桥大学时,哈代就声称我的许多数学工作中的工程用语是一种骗人的东西，我采用它是为了讨好我在马萨诸塞理工学院的工程师朋友。他认为我是一个伪装起来的真正纯数学家，而我在纯数学以外的其他工作是肤浅的。事实上，情况并非如此。正是在那个名为数论的"圣人炼狱"(Limbo of the Sages)中可能采用的一些概念，成为研究电报、电话和无线电的有力工具。无论他的内在灵魂和动机有多纯洁，高效的数学家都有可能成为改变社会面貌的一个强大因素。因此，作为未来新的科学战争的潜在武器制造者，他确实很危险。他可能讨厌这一点，但如果他不面对这些事实，他就没有尽到他的全部责任。

在安排我的课程时，罗素曾向我提了一个相当合理的建议，即作为一个打算专门研究数理逻辑和数学哲学的人，应该要学习一些数学知识。于是，我在不同时间参加了一些数学课程，包括贝克(Baker)的一门课，哈代的一门课，利特尔伍德(Littlewood)的一门课，以及默瑟(Mercer)的一门课。贝克的课我没有坚持很久，因为我对它准备不足。然而，哈代的课让我深受启发。他从数理逻辑的基本原理出发，通过集合论、勒贝格积分理论、实变函数的一般理论，引出柯西定理，并给出复变函数理论一个可接受的逻辑基础。在内容上，它涵盖了我在康奈尔大学从哈钦森那里学到的，建立在大部分相同基础上的知识，但哈代课程对严谨性的关注，让我消除了对早期课程因不理解而产生的疑团。在我听了这么多年的数学课中，在清晰度、趣味性和智力强度方面，没有其他任何人能够达到跟哈代相同的水平。如果要我宣布谁是我的数学训练的师傅的话，那一定是哈代。

就在上这门课的时候，我写了我第一篇印出来的数学论文。回顾这篇论文，我认为它不是特别好。它是关于大序数的良序数列中正整数的重新排序。不过，它还是让我第一次尝到印刷出版的甜头，而这对于一个正在上进的年轻学者来说是一个有力的鼓舞。它出现在剑桥大学出版的《数学信使》(*Messenger of Mathematics*)上，我看着它当场印出来，感到心满意足。

我上了伯特兰·罗素的两门课。一门是他对感觉数据看法的极其漂亮的介绍，另一门是他与怀特海合著的《数学原理》(*Principia Mathematica*)阅读

第十四章　解　放

课程。在第一门课中,我发现自己不太能接受他把经验原料当作是感官数据最终性质的观点。我一直认为感觉数据是一种思维构造,而且是负向的思维构造,与柏拉图的理念(ideas)构造的方向正相反,但同样是思维构造物,它们与未经加工的原始感觉经验相去甚远。除了我们在这个特定问题上的分歧之外,我发现这门课程很新颖,也很有刺激性。特别是,它让我知道了爱因斯坦的相对论,以及新近对观察者的重视——这种重视在爱因斯坦手中已经引起了物理学的革命,而在海森伯、玻尔和薛定谔手中则引起了甚至更彻底的革命。

在《数学原理》阅读课程中,我们只有三个人,进度很快。我第一次完全意识到关于类型的逻辑理论及其所表示的深刻的哲学思想。我开始羞愧地意识到自己的博士论文的缺点。不过,联系这门课,我做了一篇短文,后来发表了;虽然它既没有引起罗素的特别赞许,也没有在当时受到多大重视,但我写的关于将关系理论还原为类型论的论文,在数理逻辑中占据了某种适度的永久地位。这篇论文在我刚满19岁后不久,发表在《剑桥哲学学会论文集》(*Proceedings of the Cambridge Philosophical Society*)上,它代表了我对数学思维和写作的真正入门。

对于我来说,甚至在时隔多年的今天,要写出我与伯特兰·罗素的接触以及我在他手下所做的工作也不是一件很容易的事。我的新英格兰清教徒主义与他对放荡不羁思想的哲学辩护发生了冲突。放荡不羁的人跟斯巴达男孩有很多共同之处:当一个放荡不羁的人所爱的妻子被另一个放荡不羁的人拐走时,他却感到出于哲学上的理由,要咧嘴一笑,举止有礼;而斯巴达的男孩把偷来的狐狸藏在斗篷下,当狐狸咬他时,他必须摆出一副不动声色的面孔。这并不能让我感觉到哲学上放荡不羁的人是可爱的。老式的浪子至少还有满不在乎的乐趣;清教徒是在已知的规范内行事,这可以使他远离麻烦。哲学上的浪子和清教徒一样受到约束,必须在同样狭窄的航道上航行;但这是一条光线不足、浮标不明显的航道。我在这个问题上痛痛快快地表达了自己的意见,我很肯定罗素在一个漆黑的夜晚听到了我对一个朋友讲的一番评论,当时我们在街上相遇,正准备返回他的住所。虽然他从未表示过听到我的话,但这一经历使我特别担忧他的批评。

我知道,罗素认为我的哈佛论文是不充分的,因为我没有充分深入地探究逻辑类型的问题和悖论,而这个悖论是建立基本逻辑公设系统——区别于用公认的逻辑具体构造的派生公设系统——的困难标志。就我自己而言,我当时已经感觉到,所有试图说明一个逻辑系统的假设,包括用来组合它们以产生新结论的假设,注定是不完备的。在我看来,任何形成完备逻辑的尝试都必须回到未被说明但真实的人类操作习惯上。我觉得,试图用一套足够完备词汇来表达这样一个系统,则会以最糟糕的形式产生类型的悖论。我相信我在一篇后来刊登在《哲学、心理学和科学方法杂志》(*Journal of Philosophy, Psychology and Scientific Method*)上的哲学论文中阐述过这些观点。伯特兰·罗素和当时的其他哲学家曾称这本杂志为"假道学"①,以借其简单的白纸封面而嘲讽它。

哥德尔②后来的工作肯定了我当时离经叛道的思想,他证明了:在任何逻辑公设系统中,都有一些问题无法通过这些公设得到肯定的答案。也就是说,如果这些问题的一个答案与原来的公设不矛盾,那么可以证明相反的答案也同样与这些公设不矛盾。这种对逻辑判定问题的澄清,使怀特海和罗素在他们的著作《数学原理》中所承担的相当一部分任务变得过时了。

于是,逻辑学只得收起它的犄角。留存下来功能有限的逻辑,更像是自然地记录一个演绎系统取得无矛盾的结果实际上所必需的推理步骤,而不是关于该系统应该如何运作的规范性说明。现在,从一个演绎系统发展成一个演绎机器仅需几个步骤。莱布尼茨的"推理演算"(calculus ratiocinator)只需装上一个引擎,就可以成为"推理机器"(machina ratiocinatrix)。朝这个方向的第一步是把数字演算系统改造成理想推理机器的系统(a system of ideal

---

① The Whited Sepulchre,其字面意义是"白色的墓穴"。——译注

② Kurt Friedrich Gödel(1906—1978),奥地利逻辑学家、数学家和哲学家,后移居美国。1931年发表论文"关于《数学原理》及相关系统中形式不可证明的命题"(Über formal unentscheidbare Sätze der Principia Mathematica und verwandter Systeme),其中证明了,任何包含了自然数算术体系的可计算公理系统都是不完备的。这个结果后来被称为"哥德尔不完备定理",是现代数理逻辑研究的里程碑。——译注

第十四章 解 放

reasoning machines),几年前图灵已经做了这件事①。图灵先生现在正忙于建造真实的计算机和逻辑机,而这将完成朝"推理机器"方向发展的下一步。值得一提的是,我自己,独立于图灵先生,最近也以我早期的逻辑工作为起点,朝着研究机器逻辑的方向迈出了一步,于是再次跟他的想法不谋而合。

回到我跟罗素学习的那一段学生时期,虽然我们有很多地方观点不一致,甚至发生摩擦,但是我从中学到了许多东西。他对《数学原理》的讲授非常清晰,令人享受,而我们的小班也能从中得到最大的收获。他关于哲学的一般讲座也是同类讲座中的杰作。他不仅看到了爱因斯坦工作的重要性,也看到了电子理论现在和未来的意义,他敦促我研究它,尽管在当时对我来说非常困难,因为我在物理学方面的准备不足。不过,我不记得,他对量子理论即将到来的重要性的评价也是那么明确和精准。必须记住,尼尔斯·玻尔的划时代工作在当时是非常新的,而且其最初的形式并不特别适合找到一个哲学解释。只是在大约 12 年后的 1925 年,由玻尔的早期工作所引起的跟传统物理学的一系列冲突才开始被重新解决,德布罗意、玻恩、海森伯和薛定谔的观点表明,量子理论给物理学带来的哲学基础的革命,将像爱因斯坦的工作所带来的同样巨大。

在社交方面,我跟伯特兰·罗素接触的最别具一格的方式,是参加他的星期四晚上的聚会,它或因出席客人的数量之多而被称为"斯夸谢斯"②。一群非常杰出的人聚集在那里。有数学家哈代。还有《中国佬约翰的来信》(*Letters from John Chinaman*)和《现代讨论会》(*A Modern Symposium*)的作者洛斯·迪金森③,他被

---

① Alan Turing(1912—1954),英国数学家、计算机科学家、逻辑学家、密码分析学家、哲学家和理论生物学家。1937 年,他发表论文"论可计算数及其在判定问题上的应用"(On Computable Numbers, with an Application to the Entscheidungsproblem),其中首次提出基于数字运算的逻辑分析系统,后来被称为"图灵机",是现代计算机的原型。二次世界大战中,他为成功破解德国军队的机器密码做出了巨大贡献。战后他回到大学和实验室继续研制计算机,其首创研究如何判断计算机是否达到人类智力水平,他提出的方案后来被称为"图灵测试"。——译注
② Squashes,有"南瓜""压扁""狭小空间里拥挤的人群""果汁汽水"等多重含义。——译注
③ Lowes Dickinson(1862—1932),英国政治科学家,哲学家。1901 年,他以连载形式发表了 *Letters from John Chinaman*,假托长期旅英的一位中国人致其英国友人信的形式,揭露英国社会的弊端,为中国文化辩护,引起英美读者的极大兴趣。1905 年发表的 *A Modern Symposium*,记录了一群政治家、教授、作家、记者等在讨论会上,关于政治和社会等问题的发言,被认为是一本很有启发性、有趣而又严肃的小册子。——译注

认为是当时自由主义政治观点的保护人。还有桑塔亚纳,他已经永远离开哈佛大学,在欧洲定居了。除了这些人以外,罗素本人也总是一个有趣的谈话者。我们听到了很多关于他的朋友,约瑟夫·康拉德①和约翰·高尔斯华绥②的故事。

我所接触到的三位最重要的道德科学③指导教师,都是三一学院的研究员,被称为"三一疯狂茶党"(the Mad Tea Party of Trinity)④。他们各自所对应的身份是明确无误的。伯特兰·罗素只能说看起来就像"疯帽匠"⑤,而不可能是别的。他一直是一个非常杰出、有贵族气派的"疯帽匠",而他现在则是一个白头发的"疯帽匠"。但是坦尼尔⑥所画的"疯帽匠"几乎把这位艺术家预想的东西都展现出来了,尽管我被告知,刘易斯·卡罗尔所描述的和坦尼尔所画的原型是牛津大学的一个真正的帽匠,而他的"盎格鲁-撒克逊姿态"⑦其实是因工业汞中毒引起的。麦克塔格特⑧,一个黑格尔主义者,威尔斯的《新马基雅维利》(New Machiavelli)书中的科杰(Codger)博士⑨,他那双胖乎乎的手,天真无邪、昏昏欲睡的样子,以及侧身走路的步态,他只能是"睡鼠"。

第三位是摩尔⑩博士,一个完美的"三月兔"。他的长袍上总是沾满粉笔灰,帽子很破烂,有时甚至不戴,头发乱糟糟,在人们的记忆中从来没有用梳子梳过。他经常用手粗暴地梳理头发,但并没有让它变得有型和平顺些。他穿

---

① Joseph Conrad(1857—1924),波兰裔英国小说家。——译注

② John Galsworthy(1867—1933),英国小说家、剧作家,1932年诺贝尔文学奖获得者。——译注

③ 参见142页脚注①。——译注

④ "三一疯狂茶党"的典故出自 Lewis Carroll 的童话小说《爱丽丝漫游奇境》,指的是三月兔(The March Hare)、疯帽匠(The Mad Hatter)和睡鼠(The Dormouse)这三位聚在一起喝茶的故事。——译注

⑤ 维纳的好友赵元任先生,《爱丽丝漫游奇境》翻译者,罗素访问中国时的翻译,也曾当面对罗素说,他很像"疯帽匠"[见《赵元任早年回忆》]。——译注

⑥ John Tenniel(1820—1914),英国插画家和讽刺艺术家,其最著名的作品之一是为《爱丽丝漫游奇境》绘制生动的插图。——译注

⑦ "盎格鲁-撒克逊姿态"(Anglo-Saxon Attitudes)这个词语出自《爱丽丝漫游奇境》,指一种奇特的走路姿态,后来 Angus Wilson 把它当作他于1956年出版的一部讽刺小说的书名,深受欢迎。该词语后来还被用于文章、会议和电影等作品和活动的名称。——译注

⑧ John McTaggart Ellis McTaggart(1866—1925),英国唯心论形而上学哲学家,因著作《时间的非实在性》(1908)而闻名。——译注

⑨ Herbert George Wells(参见65页脚注①)于1911年创作连载小说《新马基雅维利》,科奇博士在书中是剑桥大学的讲授黑格尔哲学的教师,后被借指古怪或有趣的老头。——译注

⑩ George Edward Moore(1873—1958),英国哲学家,分析哲学创始成员之一。——译注

第十四章 解　放

过镇子去学校上课,脚上穿的不是皮鞋而是卧室里用的拖鞋,在鞋子和他的裤子(短了几英寸)之间的裸露处则被套上皱巴巴的白袜子。他有一个奇怪的习惯,就是当要强调他写在黑板上的话时,他会用粉笔把这些话再描一遍,而不是在它们下面划线。在哲学讨论中,他经常以一种气喘吁吁但带着微笑、不慌不忙的方式,发表最尖锐的言论。"讲真的,"他会说,"你不能指望任何正常人持有这样的观点!"至少有一次在道德科学俱乐部的会议上,他惹哭了格顿学院的女院长琼斯[①]小姐(那些调皮捣蛋的学生亲切地称她"琼斯妈妈")。然而,当我后来认识了他,并请他对我的工作提出意见时,我发现他很善良、很友好。

这些教师都看重个性,而这往往成为看重怪癖。我的一些剑桥大学的朋友告诉我,他们认为我的某些不太传统的习惯是为了博取赞扬。无论如何,事实总归是事实;虽然我认为罗素的癖性(稍微有一点)只是其贵族背景的真实表现,但我非常肯定,G. E. 摩尔的不修边幅和麦克塔格特在学术上不切实际的做法,其实都是经过精心培养的。他们有一种陈年老酒的味道——如果没有酒窖专家的干预,这种味道就不会达到如此完美的程度。

在这个学期里,我结识了很多朋友,我的壁炉架上挂满了辩论俱乐部的名片。我应邀去拜访赞格威尔先生的一些朋友,他们住在 15 英里外的乡下;我步行走完全程,到达那里时,风尘满面,全身泥污。总的来说,学期结束时,我在剑桥大学找到了自己的社交位置,甚至开始喜欢我的新环境了。

然而从物质生活来看,大部分时间我过得极其不舒服。我给房东太太的租金不多,但这并不能成为她拿生胡萝卜和难以下咽的球芽甘蓝给我吃,以代替正宗素食的借口。我不时买点便宜的巧克力之类的东西来充饥,而结果还是半饥半饱。

在我的闲暇时间——我有很多闲暇时间——大学联合会和它的图书馆是我的救星。我是哈佛大学联合会的成员,这使我能够使用剑桥大学联合会的

[①] Emily Elizabeth Constance Jones(1848—1922),1875 年进入剑桥大学格顿学院学习,毕业时获道德科学荣誉考试一等奖。1903—1916 年担任格顿学院院长,主要从事伦理学和哲学逻辑学方面的研究。——译注

设施,我甚至还参加了一两次著名的大学生辩论会。此外,我的一些朋友偶尔会请我在联合会内用餐,这样我也领略了英国俱乐部内的优雅舒适。

我发现剑桥大学的环境远比哈佛大学的更为舒心。剑桥是专为知识分子服务的。假装对学术问题不感兴趣,这一直是可敬的哈佛学者在生活上所必需的,而在剑桥,这只不过是一种传统和有趣的游戏,重点是在私下里尽可能地努力工作,同时假装表现出一种优越的冷漠。此外,哈佛一直讨厌怪人和有个性的人,而正如我说过的那样,在剑桥,怪人是如此的被看重,以至于那些实际上不那么怪的人也为了体面而被迫装出古怪的样子。

就这样,到了12月初,我要动身去慕尼黑和家人一起过圣诞节,这时我比以往任何时候都更高兴,也更像个男人。这次旅行很快乐。我从哈里奇(Harwich)乘船到欧洲大陆,渡海时风平浪静。我在黎明前就起床了,看见荷兰角港的万家灯火,听到搬运工人讲荷兰语,觉得很悦耳但听不懂。我在空荡荡、有回声的大火车站吃了早餐,天亮时我出发去鹿特丹并顺利抵达那里。我不知道我是如何用英语、糟糕的德语和手势说服一个搬运工,用手推车把我的行李穿过市区运到另一个车站的,但我很快发现自己乘上去科隆的火车,很不舒服地坐在一个三等车厢里,所有的车窗紧闭,整个车厢弥漫着像由旅行推销员和烟草烟雾混合而成的气氛。

我在下午到达科隆,在一家非常便宜的旅馆找到了住所,我现在可以肯定,这家旅馆只不过是由一些服务员合办的小客店。由于当天去不了慕尼黑,我在城里游逛,试图把眼前的印象跟11年前我的童年之旅的记忆联系起来。我发现,事实上有很多东西我确实记得:例如车站、桥梁和大教堂。

第二天,我乘直达火车去慕尼黑。路上看到的一切都让我很高兴,从带着雪花的森林到那些村庄和车站,在我看来,它们就像我小时候玩过的那套安克尔(Anker)积木的说明图。我的德语还不足以让我与同行者交流,所以我把大部分注意力放在外面的风景上。莱茵河沿岸的风景唤醒了我对童年时的旅行的回忆,而弗朗科尼亚(Franconia)树木繁茂的群山,在我看来,跟怀特(White)山很相似。

我的家人在慕尼黑车站接我,把我带到他们租的公寓,这是老式房子,但

第十四章 解　放

位于市中心。虽然这类公寓房早已进入美国，但在那以前我还没有住过，而且我父母很不喜欢公寓房的生活方式。事实上，我小时候所受的教育，让我把城市的公寓生活看作是对那些不得不如此的人的一种剥夺和一种不幸。我们的女房东不会说英语，我母亲对自己的德语也没有信心，而这并没有使事情变得容易些。

我父亲整天在巴伐利亚法院和国家图书馆工作。离开了哈佛图书馆（由于在那里工作多年，他可以找到他想要的每一本书），通常规定不能进入书库，而糟糕之极的图书资料编目系统（这是美国以外的标准系统）让他在使用过程中备受折磨，他的工作陷入困境。此外，令他失望的是，他的名字在欧洲同事中的知名度比他预期的要低，而且他与他们的个人接触很少，甚至根本没有。在某种程度上，这也是意料之中的事，因为我父亲有一种非常具有个性的工作方式，他会毫不犹豫地断然拒绝那时学者们的观点，而且写作时开门见山，冒犯了那些人的自尊。当时的德国是一个等级社会，从最底层的工人到最高层的德皇；而在这个大框架内，大学的人群形成一个较小的等级制度。一个在这个体制中没有任何地位的外国人，竟敢冒犯一大群德国知识界的元老，这是一种无法形容的丑闻。我的父亲是一个最敏感的人，不可能不知道他周围的气氛。

在那之前，我父亲一直是德国文化和德国教育的忠实崇拜者。虽然他早先憎恨在他年轻时就已在德国发展的军国主义和官僚主义，但从根本上说，他是 19 世纪中期的德国自由主义者。他的俄国托尔斯泰主义是一种影响，在他的发展过程中与德国的影响并行不悖，并没有与之相矛盾。长期以来，他一直期待着这一天的到来，就是自己能够回到德国，被德国人接受为一名伟大的学者。这一天并没有到来，他发现自己被拒绝了，或许仅仅是没有被接受，这种情感上的渴望变成了一种恨，就像是失去爱情后产生的那种痛苦的恨。

妹妹们都被安排进了合适学校。我不记得我的妹妹康斯坦丝在决定到应用艺术学校（Kunstgewerbeschule）或工业艺术学校工作之前，为寻求音乐和艺术训练经历了多少波折。伯莎被安排在一所时髦的、受人尊敬的女子学校——萨瓦埃特学院（Institut Savaète），在那里她在普通教育和对德国事物的理解方面取得了很大的进步。我不太记得我们是如何安排弗里茨的在校学习的。

此时我已经长大,足以成为我父亲的一个比较满意的伙伴了。我们一起去参加各种讲座和啤酒馆辩论会,讨论有趣的话题。我记得有一次关于国际和平与谅解的会议,发言者是著名的鱼类学家、斯坦福大学校长戴维·斯塔尔·乔丹(David Starr Jordan)。我记得我喝着啤酒,在德国学生中间感觉很自在。

我父母偶尔会带我去普拉茨尔(Plätzl)广场和其他饭馆;我还经常和妹妹们一起去看电影,它们刚开始显露今后将要大发展的迹象。我们还参观了几次博览会和历史博物馆。而我最喜欢的是德意志博物馆:一个科学、工程和工业博物馆。部分展品是古代的和老式的;但该博物馆在展示科学实验技术方面处于世界领先地位,参观者可以通过拉动绳子或转动旋钮,在保护性的玻璃箱后面亲自操作。那里有一些可爱的老服务员,他们随时准备为感兴趣的游客提供服务,向其展示一些不常引起公众注意的特殊小东西。我记得有一个服务员对我特别友好;他会说几句英语,带着非常好听的巴伐利亚口音。

德意志博物馆有一个非常现代化的科学图书馆;我在那里认真阅读了罗素指定要我看的各种著作和文章。我记得其中有爱因斯坦的原始论文。我曾说过,罗素是最早认识到爱因斯坦在1905年这神奇的一年中所完成的工作具有无比重要性的哲学家之一,他在这一年里提出了相对论,解决了布朗运动的问题,并发展了光电的量子理论。

那个假期的另一个乐趣是去慕尼黑最大的公园"英国花园"(Englischer Garten)游玩,即使这是在白雪覆盖的冬天。我还记得在公园里中国塔(the Chinese Pagoda)附近池塘上的溜冰者。当时我还不知道英国花园是按照一个来自马萨诸塞州沃本(Woburn)镇的新英格兰北方人的设计来兴建的,他就是伟大而令人讨厌的本杰明·汤普森,伦福德伯爵[①],是本尼迪克特·阿诺德[②]

[①] Sir Benjamin Thompson, Count Rumford(1753—1814),英国物理学家,发明家。出生于殖民时期的马萨诸塞州,美国独立战争时在英国保皇党军队中任骑兵中校,美国独立后逃亡英国伦敦。——译注

[②] Benedict Arnold(1741—1801),独立战争时期的美国军队的将军,但战争后期叛变投靠英军,并率领英军与自己曾指挥过的美国士兵作战。其名字在美国成为叛国和背叛的代名词。——译注

第十四章 解　　放

的后台老板。

我于一月份回到了剑桥。我觉得自己在这个城市已经更加自在,也不那么孤独了。我继续在哲学和数学之间分配我的时间,并开始为剑桥哲学学会撰写第二篇论文。这一次,我试图用《数学原理》的语言来描述量的级数,比如在色棱锥(the color pyramid)中发现的那些量,它们不包括在怀特海和罗素所处理的级数中,因为它们在两个方向上都不能无限延伸。我发现有必要对这样的测量系统进行逻辑处理:其测量结果之间存在阈值,当差异小于阈值就几乎无法被察觉。在论文中,我使用了与怀特海教授有关的一些想法,他当时在伦敦大学,忙于研究用一种新方法来定义逻辑实体:要把它们从不具备特定属性的原始系统的实体中构建出来,而不是作为一个公设系统的对象。我给怀特海教授写信约见,并到他在切尔西(Chelsea)的房子里拜访他,在那里我见到了他的全家。当时我没有想到,怀特海教授将作为我在哈佛大学的邻居来结束他漫长且有益的职业生涯;而我将成为他女儿的一个笨拙的学生,在蓝山(Blue Hills)的峭壁和昆西的采石场学习一些攀岩的初步技能。

我本来打算在剑桥大学读完这一年,但我发现罗素已被邀请在第二个学期访问哈佛大学,那我将在五月的学期里在剑桥闲着。根据罗素本人的建议,我决定去德国格丁根大学完成这一年的学业,跟着希尔伯特和兰道(E. G. H. Landau)学习数学,跟着胡塞尔学习哲学。在最后两个学期之间的假期里,我回到了慕尼黑。我父亲已经回到美国哈佛大学,在那里,他跟德语系的一些年轻同事交往,聊慰孤寂,但是我母亲和家庭的其他成员仍然留在慕尼黑。

在这一年,我看到报道说,哈佛大学为本科生和研究生的论文提供了一些奖项。我发现我有资格竞争鲍登奖(Bowdoin Prize),于是提交了一篇有点怀疑论思想的论文,我给的篇名是《至善》(The Highest Good)。其目的是驳斥,或者至少是拒绝所有绝对的道德标准。巴特利特[①]认为这篇论文写得不怎么样,无论是作为普通文章还是作为哲学论文,但无论如何,它赢得了其中一个奖项。我很肯定,弗雷德里克爵士至今仍会认为这是哈佛大学犯错,而不是我

---

① Sir Frederic Charles Bartlett(1886—1969),英国心理学家,以记忆研究著称。1922 年担任剑桥大学心理实验室主任,1931 年成为该校第一位实验心理学教授,1948 年被封为爵士。——译注

的成功。

我离开英国的时候跟女房东打交道,搞得非常不愉快。之前我父亲跟她谈租房的事,他觉得是为我安排在她那里住一个学期或更短的时间。然而,按照剑桥当地的惯例,一个学期有固定的长度,它要比我们称为全学期(在此期间,学生应该有住所)的时间更长,而所有的租房合同一向是按照那个较长期限签订的。当第二个学期即将结束时,女房东坚持要我履行完这个合同。她从要求到强迫,从强迫到辱骂。我则以牙还牙,这就让事情变得更糟。我和一些本科生朋友商量,他们建议去做一些捣乱的事,让女房东吃苦头;尽管我很愚蠢,但还没有愚蠢到去做这样的事。我试图把我的一个箱子背走,女房东就扣留了另一个箱子;当我要求警察帮助我拿回自己的财产时,他们告诉我这是民事问题,他们管不了。

我一直靠最低限度的钱生活,所以当我向房东太太支付赎回箱子所需的钱时,我发现自己已没有足够的钱去慕尼黑了。我向大学联合会的大厅门卫借了一小笔钱。因为难为情,我借的钱太少了。结果是,在开往慕尼黑的火车上,我不得不决定是早餐吃奶酪三明治,午餐饿肚子,还是反过来。我不记得当时我的决定是什么。这一切的结果是,我到达慕尼黑时,口袋里没有一枚硬币。幸运的是,托运行李的费用要到领取行李时才需支付,所以我把行李留在车站,自己走到我们的公寓。

我发现我们的公寓正处在危机中。房东太太和我母亲之间的摩擦已经爆发为公开的争吵,而我父亲已经不在那里,不能用他的德语来帮助缓解矛盾了。母亲去找房子,经过一番努力,我们终于在郊区找到了一套公寓,就在英国花园的北端,几乎紧挨着它。在这里,我们得到了完全的安宁。

第十五章
战争时期的旅行学者
1914—1915 年

在慕尼黑住了几个星期后，我在学期开始前去了格丁根，参加在那里举行的心理学大会，并去看望我的老朋友、哈佛大学的心理学家埃利奥特（Elliott），他也来参加这次大会。我对这次大会已没有太多印象，但发现这座城市是令人愉快的中世纪瑰宝，其古老的城墙几乎完整无缺。

我花了一笔在我看来少得离谱的钱，就完成了大学注册，并开始寻找住处和用餐的素食餐馆。我在城墙外找到了住所，那是比申（Büschen）小姐的家，一幢瑞士风格的半木结构别墅，我的房间虽然昏暗，但还算舒适。曾是音乐教师的比申小姐负责管理这所房子的业务，并且经营得井井有条。而把我们的早餐和其他家务事交给了她的妹妹，她妹妹不太渴望追求像音乐教师那样高的社会地位。在这幢房子附近的某个地方，还住着她们的一个不起眼的弟弟，他曾接受过牙科医生的训练，但似乎没有开业干这一行。

我记得至少有一次比申姐妹为她们的学生房客举办的聚会，附近的一些漂亮女孩前来参加。我特别记得这次聚会给我这个敏感的 1914 年新英格兰人带来的冲击，因为我发现所有的来宾，无论男女，都抽着烟，而且不拒绝喝酒喝到半醉。

我在剧院街的鲍尔（Bauer）夫人家中找到了我的素食餐厅。她是个寡妇，有好几个不同年龄的女儿，协助她和厨师的工作。供应素食并不是鲍尔家唯一与众不同的地方，这里的女孩们还赤着脚照料桌旁的客人，她们也是服装改革者、青年运动者、健身狂热者和反犹主义者。在她们的餐厅里，我第一次看到了那份恶毒的报纸《锤子》(Hammer)，即使在那个时代，它已经包含了希特勒和戈培尔后来灾难性地散布的所有谎言和亵渎神明的话。

鲍尔一家虽然有偏见，但也不完全是坏人。她们的食物又好又便宜，每个人的态度也很和蔼可亲。他们供应一种燕麦粥，有个不怎么好听的名字叫Haferschleimsuppe。它价格便宜，而且容易填饱肚子。

我时常在想，可怜的鲍尔一家是否意识到，她们的怀抱里有两条毒蛇，那就是我和一位名叫海曼·莱维(Hyman Levy)的年轻苏格兰数学物理学家。莱维现在是伦敦帝国理工学院的杰出教授，尽管他的格拉斯哥口音无可挑剔，但他和我一样是犹太人，这从他的名字就可以看出；然而，我们这两个堕入地狱的犹太人之子却不畏周围反犹报刊的愤怒，吃着，甚至享受着为我们准备的廉价而可口的饭菜。当我想到莱维教授除了他的犹太血统外，还成为英国政治左派的堡垒时，我想鲍尔老妈妈（如果她真的死了）会在坟墓里辗转反侧呢。

鲍尔餐厅的上菜速度很慢。我们习惯把盘子端到厨房的厨师面前，让她把饭菜从炉子上的锅里直接给我们装盘。之所以能够如此随意，是因为我们是一群无忧无虑，来自不同地方，没有钱的德国人、美国人、英国人和俄国人，而且我们中间许多人对时尚和饮食毫无追求，只要价格低廉。我们经常在那里阅读报纸。

德国学生的酒宴是出名的。而我们，英国学生和美国学生，也在两个分开却共餐的社团的会议上举办酒宴，这两个社团分别是英国侨民社团和美国侨民社团，它们的首领被称为族长(Patriarch)，莱维是英国社团的族长。两个社团占据了弗兰齐斯卡纳餐厅(Franziskaner Restaurant)楼上的一个房间。啤酒供应源源不断，而且地板倾斜，即使肚子里没有灌满啤酒也很难走动。我们共用一架钢琴、一本德国学生歌曲集(Kommersbuch)和一本苏格兰学生歌曲集（莱维的个人财产）。我们的会议时间长、有酒喝、感情融洽。我们不加选择地用英语和德语唱着歌，向欢迎我们的国家致敬，也向养育我们的国家致敬。我们是镇上最吵闹的酒鬼，之前由于业主或警察的抗议，我们已经被迫换了两次或三次地方。

第十五章 战争时期的旅行学者

有一位社团成员的名字，出于对他在世的亲属的尊重，我不打算明说，虽然同时代的格丁根人都不会忘记他。我们姑且叫他厄尔利（Early），尽管这不是他的真名。厄尔利是一位美国赞美诗书籍出版商的儿子，他似乎决心要败坏他家的好名声。他已婚，其妻子和年幼的女儿得到了两个侨民社团的深切同情。厄尔利曾经走遍世界寻找一个理想的定居地，后来选择了格丁根。他用不知道什么方法在格丁根大学注册成功，并在那里当了大约十年的学生，但我从未听说过他选了课或上了课。当任何一个美国学生要到附近的城市干一些不可告人的勾当时，厄尔利就是他们的向导、朋友和出谋划策的人。

我必须承认，这些活动仅仅显示了他的人格一些次要方面。他生活的真正目的是喝酒。没有一次在两个侨民社团的联合酒宴结束时，他不喝得烂醉如泥，而我们中间还得有人送他安全回家。我相信在这些场合他都会礼貌地表示歉意；在他身上确实还残留着一些有教养的人的奇特气质。

当我1925年再去格丁根时，厄尔利已经不在了，但他的名声还没有消失。我听说他在第一次世界大战爆发好久还安然住在那里，但在美国参战前夕，他的家人已经把他接回去了。从他当时的年龄和生活方式来看，他现在肯定早已去世。然而，他这种类型的人永远不会死；凡是学者聚集的地方，就有舒适的生活，也就会有这样的长期不毕业的学生来搅合。我在写这一章时，正住在巴黎圣日耳曼（St. Germain）大道旁一家旅馆的房间里。此时此刻，在那街角处的弗洛尔（Flore）咖啡馆和马戈（Magot）咖啡馆里，有几十个"厄尔利"正在喝着开胃酒，想要把那些更认真学习的年轻人变成他们自己的样子。

我在格丁根认识了很多人。我记得有一位来自俄罗斯帝国警察部队的学生，他正在学习与职业有关的心理学。我在哲学方面的另一位熟人是一个非常聪明的俄罗斯犹太青年。有一次，我们几个人参加在这位犹太青年的房东家举办的一场小型聚会，这位房东是一位退休的林务总管，他的直率让人很自然地联想到他的职业。我不记得我们讨论的所有事情了，但我的哲学朋友让我谈谈伯特兰·罗素的工作。我还没有讲几句话，我的同学就说："但他不属于任何学派。"

这使我大为震惊：判断一个哲学家竟然不是看他本人著作有什么内在含

义,而是看他与什么人为伍。事实上,这不是我第一次听到这种知识分子的门户之见,它在那个时代的德国很常见,而且并不局限于这个国家,但我从未真正遇到过如此直白表达这种迂腐学究规则的例子。我确实遇到过美国新现实主义者的集体宣言①。但这个团体的弱点是如此明显,以至于在我看来,他们的团结和精神上的相互支持就像一群大学生在看完一场精彩的足球比赛,经过一个激动人心的夜晚后,行走在回家的路上:(除了相互依靠)他们简直无法独自站立。

然而,当我现在看到在德国的类似现象时,据称这不仅仅是一种保护性的抱团。言下之意,一个人进行思考的权利,取决于他是否有合适的朋友。后来,当我打算回到美国时,我发现自己交错了朋友。我曾与一些伟人一起学习,但他们不是美国人。哈佛数学系不接受我,因为我的大部分数学知识是在剑桥和格丁根学的。当战后新成立的普林斯顿大学数学系招聘教师时,我已经成为不受欢迎的"独狼"。诚然,这两所大学(连同芝加哥大学)在门户之见方面从未达到德国某些大学那样的极端程度,但它们也已经走了相当远。

我上了兰道教授的群论课和伟大的希尔伯特教授的微分方程课。后来,当我对数学文献和数学研究技术更加熟悉时,我对这两个人有了更清楚的了解。希尔伯特是我所见过的真正的全面的数学天才。从数论到代数,从积分方程到数学基础,他的研究涵盖了已知数学的大部分。在他的工作中,他完全掌握了各种工具和技术;然而,他从未将这些工具和技术背后的基本思想交代清楚。与其说他是数学运算专家,不如说他是伟大的数学思想家;而且他的工作是全面的,因为他的视野是全面的。他几乎从不依赖于单纯的技巧。

另一方面,兰道是一个棋手。他坚信数学就是给出一连串的命题,就像棋盘上一步步地移动棋子,但他不相信数学的非符号表达部分,即构成命题组合背后的思想和策略。他不相信数学风格,结果,他的书虽然很有价值,但读起来却像一本西尔斯-罗巴克(Sears-Roebuck)百货公司的商品目录。

将这些书与哈代、利特尔伍德或哈拉尔德·玻尔(Harald Bohr)的作品进行对比是很有趣的,他们都是以有教养的成熟学者的方式写作的。另一方面,

---

① 参见第 125—126 页。——译注

兰道有智慧，但他既没有品位，也没有判断力和哲学上的思考。

提到那个时代的格丁根，就不能不提到费利克斯·克莱因①，但由于某种原因，我在那里的那个学期没有见到他。我想他大概不在城里或者生病了。当我在1925年见到他时，我发现他确实像个病人：一个面容严肃、满脸胡须、膝上盖着一条毯子的男人，坐在他华丽的书房里讨论着过去的数学，仿佛他自己就是数学史上的缪斯女神。他是一位伟大的数学家，但在其职业生涯的此时，他已成为数学界的政治元老，而不是数学思想的创造者。他身上有一种王者风范，它使得美国数学界的职业数学家们认为，如果追随他的脚步，他们也有可能成为王者，他们珍视他的一些小举止（如他用小刀剔雪茄的方式），似乎只要认真仿效这种仪式，他们也可以伟大起来。多年以后，我才知道，哈佛两代数学家都是从他那里学到这一招的。

除了这些数学课程，我还参加了胡塞尔教授的康德课程和他的现象学研讨班。这些哲学课没有给我留下什么印象，因为那时我的德语水平不足以应对哲学语言的微妙之处。我当时从数学课程中学到了一些东西，但是大量更多的收获是来自那种所谓智力上的延迟理解，它让你在日后意识到以前听过但当时未理解的东西的重要性。

对于我的智力训练来说，比课程更重要的是数学阅览室和数学学会。阅览室不仅收藏了可能是世界上最完整的数学书籍，而且还有费利克斯·克莱因多年来收到的重印本。浏览这些书籍和重印本是一种很好的体验。

数学学会经常在一间讨论班的教室里开会，桌上摆满了世界上所有最新出版的数学期刊。希尔伯特主持会议，教授和高年级学生坐在一起。宣读论文的是学生、教授或别的什么人，讨论自由而尖锐。

会议结束后，我们会穿过市镇，到罗恩（Rohn）咖啡馆去，它开设在山顶上一家美丽的公园内，从那里可以俯瞰全城。我们在咖啡馆里喝着淡啤酒或咖啡，讨论各种数学思想，包括我们自己的和从文献中学到的。在那里，我认识

---

① Christian Felix Klein（1849—1925），德国数学家和数学教育家，因其在群论、复分析、非欧几何以及几何与群论之间的联系方面的工作而闻名。他在1872年提出的埃朗根计划，以基本对称群对几何进行分类，是对当时许多数学的综合，影响深远。——译注

了一些年轻人,如费利克斯·伯恩斯坦(Felix Bernstein),他在康托尔理论方面做出了卓越的贡献;还有小个子的奥托·萨斯(Otto Szasz),他穿着高跟鞋,留着红色的八字胡。萨斯是我的密友和保护人,我很高兴后来希特勒政权上台时,我能够帮助他在美国定居。

在山顶罗恩咖啡馆上进行的科学与社交生活相结合的活动,对我特别有吸引力。这些活动与哈佛数学会的聚会有一定的相似之处,但老数学家更多,年轻人更有才能、更热情,彼此交往也更自由。哈佛数学会的聚会与格丁根的聚会相比,就像喝淡啤酒与干一大杯慕尼黑啤酒相比。

大约在这个时候,我首次取得了开展新研究所必需的全神贯注热情工作的经验。我有一个想法,即我以前用过的从一个不确定的系统中获得一系列更高阶逻辑类型的方法,可以用来建立一些东西,以取代对一大类系统的公设化处理。我想到把在级数理论中已经使用过的传递性和可置换性概念推广到大维度的系统中去。我带着这个想法生活了一个星期,只是在偶尔吃一口从熟食店买来的黑面包和蒂尔西特(Tilsiter)奶酪时,才停止工作。我很快意识到我有了好东西;但这些想法在未被完全理清之前对于我来说是一种真正的折磨,直到我最终把它们写下来并从我的头脑中释放掉。我把这篇论文命名为《综合逻辑研究》(Studies in Synthetic Logic),是我早期研究中最得意的作品之一。它后来发表在《剑桥哲学学会论文集》上,也是我大约一年后在哈佛大学主讲"教员讲座"的基础材料。

数学对于那些无法从中获得很大回报的人来说,是一个过于艰苦和缺乏吸引力的领域。数学的回报与艺术家的回报,性质完全相同。看着一块难以加工处理、不折不弯的材料,无论它是石头还是石头般的逻辑,获得了生命的形状和意义,这就是要成为皮格马利翁①。在曾经是没有意义和不理解的地方看到意义和理解的产生,就是在分享一位神的杰作。无论是在数学家的生活中,还是在画家或音乐家的生活中,再多的技术正确性和再多的劳动也无法取代这一创造性的时刻。与之相联系的是一种价值判断,它与画家或音乐家的价值判断完全相同。无论是艺术家还是数学家,也许都无法告诉你一件有意

---

① 参见第104页。——译注

第十五章 战争时期的旅行学者

义的作品和一件夸张的庸俗作品之间的区别是什么;但如果他从未能在自己的内心深处认识到这一点,他就根本不是艺术家,也不是数学家。

一个人如果有创作的冲动,他就会利用自己所拥有的一切进行创作。对于我来说,我发现自己所拥有的可用特殊资产,是相当广泛和持久的记忆力,以及一串串转动无碍的万花筒般的想象力——它或多或少地使我对相当复杂的智力难题的各种可能性有一个连贯性的看法。数学工作对记忆的巨大压力,就我来说,与其说是记住文献中的大量事实,不如说是记住我一直在研究的特定问题的方方面面,以及将我稍纵即逝的印象转化为足以在记忆中占有一席之地的永久性东西。因为我发现,如果我能够把我过去真正涉及这个问题的所有想法归纳成一个综合的印象,问题就解决了一大半,剩下要做的往往是摒弃这组想法中与解决问题关系不大的方面。这种摒弃不相关的、净化相关的工作,我可以在外界的影响最小的时刻做得最好。很多时候,这些时刻似乎是在醒来时出现的;但这可能真正意味着,在夜间的某个时候,我经历了建立我的想法所必需的澄清观念的过程。我非常肯定,这个过程至少有一部分是在人们通常所说的睡眠中以梦的形式发生的。可能更常见的是,它发生在等待睡眠的所谓浅睡状态中,它与入睡前昏沉中所出现的那些心像密切相关,这些心像具有幻觉的某些可感觉的确实性,但与幻觉不同的是,它们或多或少可以按照人的意志加以操纵。这些心像的用处在于,在主要概念尚未被充分地彼此区分,因而还不能用简易和自然的符号体系来表示时,它们提供了一种临时性的符号表示,以帮助人通过一个一个的阶段,直到可以建立一个适用的普通符号体系。事实上,我确实发现还有其他一些心理因素,可以很容易地作为初步符号,用于数学概念的确立过程中。有一次,我得了肺炎,神志不清,疼痛难忍。但是我谵妄中的幻觉以及疼痛引起的模糊反应,与困扰我的一个尚未完全解决的难题联系在了一起。有一组应该彼此契合的想法,却无法把它们整合在一起,这让我心中非常不舒服,如今我把它和我的病痛等同起来。然而,正是这种认同给了我足够的考虑问题的思路,使我在生病期间在这个问题上取得了一些真正的进展。

但我在格丁根的生活并不全是研究。我需要户外运动,于是我和我的英美同学一起徒步去格丁根南部的森林地带和汉诺威-明登（Hanover-Münden）地区旅行。我最喜欢的午餐小吃可能看起来相当难以消化，但却清凉可口：一块蒂尔西特奶酪三明治、一份苤萝泡菜、一杯淡啤酒和一块冰山莓。

格丁根有许多有趣的景点。瓦尔肯米伦广场（Walkenmühlenwiese）上有一个集市，靠近我们最喜欢的莱讷（Leine）河游泳场；我们很喜欢看那些杂耍表演，在这个陌生的背景下，还听到了我在新英格兰狂欢节上熟悉的那种叫卖声。我还记得在当地的"自动啤酒馆"（Automat）里偷偷品尝过的各种啤酒，还记得澡堂里不同档次的服务以及高档服务所提供的大量毛巾。我记得一堂课有两小时，而在上半堂和下半堂课之间十五分钟的休息时间里，我们买三明治和莱布尼茨饼干当点心吃。

夏季学期即将结束，而报纸上登载的萨拉热窝暗杀事件①犹如一道夏季闪电，预示第一次世界大战的风暴即将来临。随后的外交周旋并未能缓解紧张局势。幸运的是，我已经计划返回美国，而且我已经买好了从汉堡到美国的三等舱船票。

我从格丁根学到的东西让我终身受益。我与哲学家们的接触不很令人满意。我没有那种哲学头脑，能够自如地进行抽象思维，除非从抽象概念到某个科学领域的具体观察或计算之间有一座现成的桥。我通过正式的课程从数学家那里学到的东西也相对较少。兰道的群论课程是对大量细节的艰苦探索，我还没有做好充分准备来应对。我只能听懂希尔伯特的微分方程课程的一部分，但这些部分让我对他们的科学力量和智慧留下深刻的印象。让我学到多得多东西的是数学会的会议，它们让我认识到，数学不仅是一门需要在书房里用功的学科，而且是一门需要开展讨论和终生为伴的学科。

此外，在格丁根，我学会了结交同类和异类，并与他们相处得很好。这标志着我在社交发展方面迈出了重要的一步。最后的结果是，我离开德国时比刚到那里时更像一个世界公民。我可以非常真诚地这样说，尽管我并不是喜

---

① 萨拉热窝事件（Sarajevo Assassination）于1914年6月28日在巴尔干半岛的波斯尼亚发生，这一天奥匈帝国皇位继承人斐迪南大公夫妇被塞尔维亚民族主义者青年枪杀，导致第一次世界大战爆发。——译注

第十五章 战争时期的旅行学者

欢格丁根环境的所有方面,尽管在随后的战争中,我是明确反对德国的。然而,从1919年到希特勒上台的这段混乱时期中,我曾回到德国,当时尽管我可能在政治问题上感到疏远,但德国有大量的知识分子,我与他们在过去的经历中有足够的共同基础,让我觉得自己是其中的一员。

我在康奈尔大学学习的一年和在哈佛大学攻读哲学研究生的两年是我青春期的延续,也是我逐渐开始独立研究的过程。就我纯粹的知识进步而言,它们是令人满意的,但它们并没让我彻底远离绝望的深渊。我和周围的人一样清楚,神童的道路上布满了陷阱和圈套。我完全知道,我的纯智力超过了平均水平;我同样知道,我是按照这样的标准来评判的:取得不大的成功就算是失败。因此,我没逃脱青春期常有的挣扎;尽管这种挣扎是在远远高于大多数青少年的知识水平上进行的,但它代表了一种比通常更严重、更难以捉摸的斗争——即我力图要消除未来发展的不确定性和克服自身的不足。

然而,正是在剑桥和格丁根的这一年让我获得了解放。我第一次能够在智力上与那些在年龄上并不比我大多少、实际上代表了欧洲乃至世界知识分子精英的人进行比较。我还接受了哈代、罗素和摩尔等一流人物的考查,他们不受我身上神童光环的影响,也跟属于我那个混乱时代的那些指责无关。我不知道在他们眼中我是否杰出,但至少他们(或他们中的一些人)认为我今后的事业有可能取得成功。我不在父亲的直接监护之下,也不必用他那加负荷的天平来衡量自己。总之,我已经进入了国际科学的大世界,在那里取得一些成就似乎并非毫无希望。

我一直在学习,作为社会一员如何处世接物,以及与其他传统和习俗的人生活在一起时需要注意什么。在德国的学习意味着我与童年生活的断裂进一步加大,也使我更有必要适应外国的标准,至少不要与它们发生正面冲突。

萨拉热窝燃烧的水锅逐渐从小滚达到沸腾。当我到达汉堡时,街上已经贴满了海报,呼吁所有适龄的奥地利人回祖国参军。全城都住满了人,我住的基督教医院只能把我安排在服务员家的一间浴室里,那是他们的附属建筑。晚上,我听到街上的歌声,以为战争来临了,但其实没有,天亮以前,我绕着阿尔斯特(Alster)湾的外围散步。

我乘火车前往库克斯港(Cuxhafen),在那里我登上了汉堡-美洲航线(Hamburg America Line)的辛辛那提号(Cincinnati)轮船。一天半后,我在斯皮特黑德(Spithead)看到了英国舰队的动员,大约两天后,我们收到了德国和英国开战的消息,电台也被关闭了。当我们准备前往波士顿时,我们不知道我们是否能够到达,一度有人说我们可能会驶往亚速尔群岛。然而,太阳的位置显示情况并非如此,我们如期到达波士顿。这艘船后来一直停在波士顿的一个码头上,直到美国参战,它被接管成为美国的运输船,最后被德国人用鱼雷炸沉。

我父亲上船来接我,看到我安然无恙,他松了一口气。我们一起乘火车前往新罕布什尔州。我注意到父亲对我比以往任何时候都更加尊重:更把我当作一个成年人。在火车旅途中,我们谈到了战争。我惊讶地发现,父亲的观点和他所代表的大学的观点是多么明确地反对德国。

战争的消息很糟糕。我们曾希望战争尽快结束,但德军的战线却一点一点地进入佛兰德(Flanders)和法国越来越深,甚至当它被霞飞元帅①的出租车部队守住时,很明显,我们将面临一场漫长、绝望和前途未卜的阵地战。那时,我们这一代的孩子们知道了,我们出生得太晚,或者——几乎不可能——太早了。圣诞老人在1914年去世了。我们猜测,生活就像卡夫卡②后来所描述的那样,是一场噩梦,人们从噩梦中醒来,才意识到噩梦是真实的,或者说,人们从噩梦中醒来,进入了一个更可怕的噩梦。

我曾写信给伯特兰·罗素,询问我是否可以用1914—1915学年哈佛授予我的新的和增加的旅行奖学金,重返剑桥大学继续学习。他在回信中说,来这里很安全而且应该来,于是我预订了从纽约出发的一艘美国航线的旧船。这艘船建于辅助帆船的年代,有一个快艇的头和一个船首斜桅。我觉得这艘船

---

① Joseph-Jacques-Césaire Joffre(1852—1931),法国元帅,第一次世界大战期间任法国军队总司令。在1914年9月5日至12日进行的著名的马恩河战役中,他率法军击退了德军的进攻,其间巴黎的出租车司机被动员起来,开车运送大量战士上前线。上海市曾有一条以他的名字命名的"霞飞路"(即现在的淮海中路)。——译注

② Franz Kafka(1883—1924),捷克德语小说家,犹太人。其作品大都用变形荒诞的形象和象征直觉的手法,表现被充满敌意的社会环境所包围的孤立、绝望的个人。被誉为西方现代主义文学的先驱。——译注

第十五章　战争时期的旅行学者

非常浪漫。

在纽约为我送行的是我的两个姑姑,当时她们已经在服装贸易界崭露头角,并且大部分时间待在巴黎。旅途缓慢而愉快。和我一起上船的还有一些年轻人,他们试图忘记战争。我们用沙狐球杆和圆盘打一种改良的高尔夫球,在甲板上用粉笔画洞,用通风管、系缆墩和甲板舱作为障碍物。有一对来自澳大利亚的老夫妇慈祥地看着我们玩这种滑稽的游戏。他们在自己的国家开办了一所农业学校。后来我在战火纷飞的伦敦去看望了他们,他们的亲切让我倍感安慰。

就这样,我来到了战时的剑桥大学。空气中弥漫着浓浓的阴霾。大学校园的后面已被改造成临时的伤兵医院。在大学的所有空地上,不断冒出丑陋的棚屋,这种临时性建筑似乎将永久存在,甚至超过任何永久性的建筑。

大学联合会里张贴着伤亡名单,痛苦的父亲和兄弟们在阅读这些名单时,希望其中没有自己亲人的名字,但又明白这些亲人迟早会出现在名单上。《布莱克伍德杂志》(Blackwood's Magazine)每月一期刊登伊恩·海·比斯①的小说《第一个十万人》(The First Hundred Thousand),让我们感受到战争的直接性和某种参与感。

新闻仍然是黑色和不祥的。我的朋友和同事们几乎无法认真对待他们的研究工作,灯火管制下的街道和涂成白色的路边更增添了一种普遍的阴郁和厄运的感觉。最后,我们开始听到这样的说法:德国人很快就会对商船和客船发动一场大规模的无限制潜艇攻击。

在电影中,在大街上,甚至在大学的教室里,到处都能见到士兵的身影,同时想到我作为外国人被免除了每位国民都应做出的牺牲,这些使我感到局促不安。有好几次我想去参军,但又因为这毕竟不是我的战争,而且在我父母还没有准备好接受这种局面的情况下参军,从某种意义上说是对他们的严重不孝,于是就打消了念头。此外,我的视力很差,并不是当兵的最佳人选;我也不

---

① John Hay Beith(1876—1952),英国的一名校长和军人,但作为小说家、剧作家、散文家和历史学家,他以 Ian Hay 的笔名写作,最为人们所熟知。他于1915年出版的小说《第一个十万人》,以幽默诙谐的笔调描写英国士兵在战争中的生活,成为当时的畅销书。——译注

想为一项我还不完全相信其优点的事业牺牲生命。虽然我在战争中肯定倾向于英国和法国一方,但我还没有被激起义愤,我父亲一直以一种复杂的情绪怀着这样的正义感,这我之前已经叙述过了。

给我留下深刻印象的是,英国统治阶级中存在着同舟共济的精神,无论他们的政治观点如何,这种共济精神使他们有可能分享对新闻界和公众精心隐藏的许多秘密的内部消息。在剑桥的第二次逗留期间,我强烈地意识到了这一点。我习惯于从父母那里收到旧的波士顿《文摘报》(*Transcript*)的复本,这家刊物从前很有声望,提供的新闻相当准确。我在其中一期中读到英国"大胆号"(Audacious)巡洋舰沉没的消息。我在英国报纸上没有看到关于此事的任何报道。我带着这个消息去找罗素,他告诉我,这件事发生后,大家都知道了,《伦敦新闻画报》(*Illustrated London News*)刊登了这艘船的照片,标题是"一张大胆的照片!"但没有对"大胆"做任何解释。

而且罗素似乎对战争中其他不为公众所知的每个细节都知道得很清楚。可是,此时的罗素在英国政府官员中是一个极不受欢迎的人物。他是一名良心反战者,也是一名坚决的和平主义者;后来美国参战时,他用敌视的语言表达了自己对美国政府的看法,以至于被送进监狱,最终被剥夺了在剑桥大学的职位。

在我看来,罗素先生既被政府正式列入黑名单,又能从他的官方对手那里获得一般公众所不知道的消息,这两种情况交织在一起,似乎是对当时英国的稳定性和该国统治阶级的稳固地位的一种非凡的赞誉。

到了圣诞节,我再也无法忍受剑桥的阴霾,于是去了伦敦。我在霍尔本附近一个令人感伤的拐角处找到了住所,把大部分时间花在阅读房东太太关于旧伦敦的书籍上,并外出去查看了所提到的当年那些地方的如今状况。我在布卢姆斯伯里的一家旅馆找到了几位澳大利亚朋友。我访问了哈佛大学另一位享受哲学奖学金的校友艾略特(T. S. Eliot),我相信他已经把自己当作牛津大学的人,就像我已把自己当作剑桥大学的人一样。我在布卢姆斯伯里的一家旅店找到了他,我们在里昂一家较大的餐馆一起吃了一顿不太热闹的圣诞晚餐。我也访问了怀特海一家,发现他们已经遭受了战争的丧亲之痛。

我回去后不久,就收到了父母的一封电报,告诉我潜艇的威胁日益严重,

第十五章　战争时期的旅行学者

我应该从速乘船回国。事实上，剑桥大学几乎已经关闭，再待下去已经没有什么意义了。我决定去哥伦比亚大学完成自己的学业，因此我预订了从利物浦到纽约的船票，并最终在令人沮丧的战争环境下乘火车前往利物浦。我在车厢里的同伴是一群擅离职守的士兵，他们在我们到达莱姆街（Lime Street）之前的第一站就跳下了火车，结果落入宪兵的手中。

我曾经历过这样几次冬季横渡大西洋的旅行，它们与盛夏时节的任何旅行一样平静而愉快，但这次三月份的航行并不如此。海浪打到这艘老船的驾驶台上，但我因年纪轻体质好，一路上没有晕船。在我的同船乘客中，最有趣的是一个比利时难民家庭，他们离开了英国剑桥的临时避难所，前往美国坎布里奇的哈佛大学寻求更长久的庇护。迪普里耶（Dupriez）教授是比利时鲁汶大学的一位著名的罗马法教授，一位迷人的绅士，但他也是一个欧洲式的不切实际的小学者。他的妻子则是一位有着王后般的仪态、道道地地的弗莱米什①夫人，她是这个家庭的主心骨，精力充沛。他们有四个孩子，两男两女，他们还很小，还没有因为战败和逃亡所带来的愁苦而完全失去旅途的冒险乐趣。在接下来的几年里，我们还经常跟这家人见面。

船到了纽约，纽约的亲戚们来接我。我去波士顿重新过了几天家庭生活，然后回到纽约，在哥伦比亚大学完成了一年的奖学金的学习。

经历过在剑桥大学和格丁根大学的生活之后，我发现哥伦比亚大学的摩天大楼宿舍让人感到压抑。我还发现这里的生活缺乏协调和整体性，不能令人满意。教授们极其分散地居住在大学高地的公寓里或郊区的平房中，让他们团结起来的几乎唯一的纽带，就是对校长尼古拉斯·默里·巴特勒②和他所主张一切的普遍敌视。

我和宿舍里的其他人相处得不是很好。我们之间没有知识上的联系，而且我显得非常不老练。我坚持在知识方面批评比我年长的同学，其方式并不适合一个只有大二学生年龄的男孩。我讲了一些显示我学问的知识，而这些

---

① 比利时的三大区之一。——译注
② Nicholas Murray Butler（1862—1947），美国哲学家、政治家、外交官和教育家，1931年诺贝尔和平奖得主。1887年创办哥伦比亚大学教育学院，并于1902年到1945年期间担任哥伦比亚大学校长。——译注

知识对于我身边绝大部分是研究生的人来说是没有兴趣的。的确，我并不总是知道这些知识特别深奥因而没有什么人会感兴趣。我闯入了人家已经搭配好的桥牌游戏，却没有弄清楚我是否受欢迎。我原本应该对自己的行为所引起的反应多注意一些。他们经常恶搞我，放火烧我正在看的报纸，还有其他诸如此类的冷血可笑的行为。

遵从伯特兰·罗素的建议，我跟着约翰·杜威学习。我还选修了其他一些哲学家的课。特别是，我听了一位新现实主义者的课，但我只能证实自己的印象，那是一大堆未消化的数理逻辑的词语，完全没有跟关于它们究竟是什么的任何知识结合在一起。

我在哥伦比亚大学的那一学期，充其量不过是权宜之计；虽然我开始发展自己的思想，但并没有从教授那里得到多少帮助。确实，他们当中只有一人能与我在剑桥和格丁根学会欣赏的那些教授相提并论，那就是大名鼎鼎的约翰·杜威；可是我不觉得自己学到了他身上最好的东西。他总是用文字表达思想，而不是用科学符号来表达；也就是说，他的社会论述不容易转化为我在英国和德国所接受的精确的科学术语和数学符号。在我年轻的时候，我就非常欣赏严谨的逻辑和数学符号学对我的帮助和约束。

就在我返回美国的前后，我被告知哈佛大学哲学系将在下一年为我提供一个助理的职位，并允许我做一个次数不限的"教员讲座"系列（这在当时是每个哈佛博士的特权）。于是我开始准备我的"教员讲座"。

我在纽约的研究工作，是尝试在罗素和怀特海的《数学原理》的概念和术语框架内，建立用公式化和构造性方法处理拓扑学的体系。这是在 1915 年，比亚历山大（Alexander）、莱夫谢茨（Lefschetz）、维布伦（Veblen）等人成功地做了与我当时试图做的非常相似的事情要早许多年。我写了好几页纸的公式，取得一些实际进展，但我很失望，因为我觉得，从我为获得这些结果而建立的庞大的前提结构来看，我的所得真是少得可怜；结果，我一直没有把自己的研究深入到足以把它们公开发表的地步。由于忽视了这一点，我很可能失去了成为最时髦的数学学科奠基人之一的机会。然而，我很早就开始研究数理逻辑，而许多数学家都是在熟悉了其他数学领域之后才开始研究这门学科的，

第十五章 战争时期的旅行学者

这让我对为抽象而抽象感到厌倦,并使我有点严苛地要求,在我能够认为一种数学理论在知识上令人满意之前,需要在所使用的数学工具和所获得的结果之间取得适当的平衡。这使我不止一次地放弃对某种理论的专注,该理论至少有一部分是我自己提出来的,并且由于它很容易成为博士论文的素材,后来成为一个时髦的研究领域。这里我特别指的是对巴拿赫空间的研究,我在 1920 年夏天独立于巴拿赫(Banach)发现了这种空间,仅比他的原创研究晚几个月,但是在他公开发表它之前。

在这方面,让我说明一下,我是从具有最抽象理论的学科起步的,这一事实总是让我非常在意(一个理论体系中)知识结构的丰富性以及数学思想对科学和工程问题的适用性。我过去一直是,现在仍然是,对单薄、肤浅的工作抱有很大的怀疑和保留;我不能否认,很大一部分典型的美国研究成果以及国外所发现不少的成果,都存在某种结构单薄的问题。直到因战争工作所要求的应用意识让我们有了改正问题的机会。

我经常徒步游览整个曼哈顿岛,甚至一直走到炮台区。我和数学系的卡斯纳(Kasner)教授一起到靠近泽西河一侧(Jersey side of the river)的帕利塞兹陡崖(the Palisades)散步。他当时住在大学高地脚下的哈勒姆(Harlem)区,那时哈勒姆区还没有变成现在的样子。卡斯纳给我讲了很多他在微分几何方面的想法,他是一个令人愉快的散步伙伴,他知道那个远比现在荒凉得多的帕利塞兹地区。

我在纽约的逗留期间加入了美国数学会,首次见面认识了这个组织中大部分老一辈学者。那时候,数学会的总部设在默里山酒店(Murray Hill Hotel),这是"欢乐的九十年代"(Gay Nineties)①时期体面人物聚会的地方。与现在相比,当时的学会更像是一个纽约的机构,因为它确实是由一个纽约团体创立的,并且在过去的一些年里一直被称为纽约数学会。它在那里还带上了一些啤酒馆的味道,但随着时间的推移,以及科学家的财富和社会地位日益

---

① "欢乐的九十年代"是美国的一个怀旧词,指的是 19 世纪 90 年代,出现了 Aubrey Beardsley 的颓废艺术,Oscar Wilde 诙谐戏剧和审判、社会丑闻以及女权运动开始的十年。还有 1893 年的大恐慌引发了美国大范围的经济萧条,并一直持续到 1897 年。——译注

提高，这种味道已经消失了。

我在曼哈顿的斯普滕杜伊维尔(Spuyten Duyvil)地区某个地方，与我的外祖母和其他纽约亲戚一起度过我们的星期天，有时候星期六也在那里过。我的亲戚们对我很好，但我发现曼哈顿北部公寓楼里的"带馅鱼"①的气味，有点令人窒息。有一次，我冒昧地接受了堂姐奥尔加的邀请，和她一起去乡下散步，并拜访了几个朋友。我这段时间本来应该陪伴外祖母，因为她上了年纪，患有糖尿病，可能活不过一年了。而母亲在得知我没有尽到孝心后发火了，部分原因是她对外祖母的爱。至少另一部分原因是，她害怕我接受奥尔加和她那年轻一代提供的更具威胁性的犹太环境。

我在哥伦比亚大学读书时，外祖父去世了，我见母亲匆忙地从纽约赶到巴尔的摩。不久后，我收到父亲的电报，要我立即回家出席一个紧急会议。当时我总是手头拮据，便匆匆赶上火车，在车厢里坐了一夜。当我回到家时，才得知那个坏消息。原来是我以前的一个同学，已当上哈佛大学的教员，他告诉正在考虑我未来职业的哲学系领导：我在刚获得博士学位之前，贿赂了看门人，让他给我看一些考试的结果。这件事我在本书第10章里已经提到过，虽然我的行为肯定是不正当的，但这绝不是贿赂。我父亲立即把我带到佩里教授的办公室，让我与我的人当面对质，我有生以来第一次愉快地听着父亲滔滔不绝的痛骂，挨骂的不是我，而是我的一个敌人。这次事件以我被正式宣告无罪而告终，但对于我后来寻找永久性工作没有什么好处。

我在哥伦比亚大学的学习并不在我那年的原定计划中，而是迫于战争的爆发和父母的害怕而导致的。这段时间可能是我的学术生涯从欧洲之行的巅峰下来的低谷，以后我又逐渐上升，并努力成为一名教师和独立的研究者。这里的研究工作显得单薄，那是因为它确实单薄。不过，它还是让我了解了纽约，了解了大城市大学的学术生活。我完成了自己的一项科研工作，如果当时我有勇气看到它的独创性，并在人们对拓扑学这门新学科普遍缺乏兴趣的情况下坚持把研究继续做下去，那么这项工作就会变得非常重要。

---

① gefüllte-fish，是一道用鲤鱼、白鱼或梭子鱼等去骨鱼肉混合水煮制成的菜肴。传统上，它是阿什肯纳兹犹太家庭的开胃菜。在安息日和犹太节日(如逾越节)很受欢迎。——译注

第十六章
初出茅庐：在哈佛大学和缅因大学教课
1915—1917 年

那年夏天，我们回到了新罕布什尔州。拉斐尔·德莫斯（Raphael Demos）是我在哈佛大学哲学系时就认识的学生，另外还有两个希腊年轻人，哈佛大学古典文学系的阿里斯蒂德·埃万耶洛斯·普特里德斯（Aristides Evangelos Phoutrides）和密歇根大学农学院的布尤科（Bouyoucos），他们在仲夏时节与我在那里相遇，我们开始了一次登山旅行。

这是一次长途的荒野地区的旅行，也是我第一次在没有父亲指导的情况下进行的旅行。除了美丽的风景和与我同时代的人一起踏青的快乐之外，这次旅行还因为普特里德斯的人格魅力而变得生动活泼，他本身就是一位诗人，也读过许多最好的现代希腊诗。他的登山技巧是在帕尔纳索斯山（Parnassus）和奥林匹斯山上练成的，他将登山运动中的乐趣与真正的古典传统联系在一起，通过他的眼睛看我们这里的怀特山，真给我们带来很多意外的发现。

旅行结束后不久，我们返回城市，开始了学期的工作。除了独自承担一门逻辑学课程的教学任务外，我还在一年级学生的哲学课大班上做辅导老师。在我的本科教学中，我必须做好出勤记录，为一两位教授阅卷，并在哈佛大学和拉德克利夫女子学院分别上初级哲学的辅导课。事实上，我和这两门辅导课的大部分学生年龄相仿。我不认为我在教学中明显怯场了，但要站在一群人面前，尤其是一群和我年龄相仿的女学生面前，循序渐进地展开讨论，需要一定的勇气。我不知道当初自己怎么应付过去的，因为缺乏安全感的新手自然会这样,当时 21 岁的我,要比 58 岁现在的我,性情要高傲得多。不过,哈佛大学和拉德克利夫女子学院的学生历来很好管理,而且我对自己的课有兴趣,随时可以答辩问题。

我庆幸自己生来喜欢讲话。要改正年轻时废话太多的毛病比较容易,而要培养在想不起什么词时讲些什么东西出来则比较难。除此之外,我当时因为非常缺乏经验,对自己正在课堂上闹什么笑话没有什么感觉。后来我才知道自己的问题,那是在第二年,我离开坎布里奇的舒适环境,去缅因州奥罗诺(Orono)的森林里①接触那些缺少教养的学生。我为自己在课堂上的无能付出了沉重的代价,而那些学生看见我无法维持课堂纪律而乐不可支。

除了教学,我还有一些特殊的任务。东京大学的服部教授正在开设一系列关于中国和日本文化及哲学的课程,他需要一个年轻的美国人帮助他做考勤和评分的日常工作。我接受了这份工作,并发现它激发了我对东方文明的兴趣,而在处理我的犹太出身问题时,我已经通过对被低估的民族的普遍问题的兴趣被引导到了这一领域。我对东方文明的兴趣还由于这样的事实而加深:这年我结交的特别要好的朋友,他经常和我一起在米德尔塞克斯山脉(Middlesex Fells)和蓝山徒步旅行,他是赵元任,一位才华横溢的年轻中国人,他放弃在康奈尔大学的物理研究生学业,来到哈佛大学攻读哲学,他同样精通音韵学和中国音乐。这些年来,赵元任一直是我的挚友,在我无法与他见面的日子里,我收到了他的《绿信》(Green Letters)②,他用这种方式解决了他同各地的亲友广泛的书信往来的问题。这些信都是篇幅相当长很有价值的印刷文件,他通过它们让朋友们随时了解他的情况。

顺便提一下,赵元任可能已成为最伟大的汉语语言学家和两位主要的汉语改革家之一。他做过伯特兰·罗素在中国的翻译;他娶了一位迷人的中国女医生,她也是把中国烹饪介绍给西方的最伟大的翻译。他们有四个女儿,其中最大的两个出生在美国,现在已经结婚,她们在第二次世界大战期间帮助父

---

① 暗指缅因大学。——译注
② 赵元任先生每隔一段时间,就会向他的朋友发通函,汇报自己的工作,因为经常使用一种绿色的封面或标题而得名。《赵元任全集》第 16 卷收录了他的 5 封绿信。——译注

第十六章 初出茅庐：在哈佛大学和缅因大学教课

亲在哈佛大学教中文。

这些友谊让我很清楚地认识到来自欧洲以外的学者在美国大学中的作用。我所处的时代，是美国在世界科学中的相对作用和绝对作用都在发生巨大变化的时期。恰当地说，这些变化只是总的变化过程的一部分，其中有些国家的创造性活动上升了，有些则下降了。由于人才外流、战争和艰难困苦，德国已从压倒性优势的地位衰落下来，就是一个例证。我当时发现，而且现在仍然看到，以前跟欧洲文化无关的国度，如中国、日本和印度，以及新殖民地国家，都发生了更引人注目和更有意义的变化。其中许多国家在我有生之年已渐渐地在西方知识界发挥重要影响。

除了常规课程，我还开设了所谓的"教员讲座"，介绍"构造逻辑"（constructive logic）。多年来，哈佛大学准许本校每位博士，在其选择的领域里开设系列讲座，但没有报酬，听课的学生也没有学分。而除了这些，哈佛大学是正式承认这些讲座的。我已经提到过，我打算用一种程序来补充公设化方法，依照这个程序，数学实体应该由高阶逻辑类型来构造，其形成方式应该使它们自动具有某些所需的逻辑和结构特性。这个想法有其合理性，但也存在一些我未曾预见和评估过的困难，它们反映了我们经验范围的基本有限性。我的工作与伯特兰·罗素所提出的"视角"（perspectives）概念密切相关，我猜想我和他的工作有许多相同的优点和缺点。

那时，在哈佛大学数学系的上空，出现了一颗一等亮度的明星。他就是伯克霍夫[①]（G. D. Birkhoff）。1912年，时年28岁的伯克霍夫解决了动态拓扑学中的一个重要问题，令数学界震惊，这个问题是庞加莱提出的，但他一直没有解决。更难能可贵的是，伯克霍夫是在美国完成这项工作的，并没有得益于在国外任何大学的深造。在1912年之前，人们一直认为任何有前途的年轻美国数学家都必须去国外完成学业。伯克霍夫标志着美国数学自主成熟的开始。

他继续从事庞加莱曾讨论过的那种动力系统的研究，并开设了一门关于

[①] George David Birkhoff（1884—1944），美国数学家，本科和硕士毕业于哈佛大学，在芝加哥大学获博士学位，1912年起，一直在哈佛大学任教，直至退休。早年努力钻研法国数学家庞加莱的工作，在动力系统、三体问题、拓扑学等方面获得重要成果；并且在四色问题、相对论、美学的数学理论等广泛领域有贡献，最重要的数学成就是证明了"遍历定理"，他是他那个时代公认的美国数学家领袖。——译注

三体问题的课程。我报名参加了这门课程，但不知是由于我准备不足，还是由于伯克霍夫的讲述晦涩难懂，或者很可能两者兼而有之，我在这门课上遇到了很大的困难，无法继续学习。

伯克霍夫和明斯特贝格都是我的"教员讲座"的听课者。随着战争的进行，明斯特贝格发现自己在哈佛的处境越来越困难。他站在德国人一边，而他的大多数同事，包括我的父亲，都站在协约国一边。最后，明斯特贝格给我父亲写了一封信，而我的父母认为是受了侮辱，随后双方发生了激烈的争吵，争吵中明斯特贝格提到了他对我的工作的兴趣以及他对我的讲座的关注和支持。自然，这种情况对于我来说再尴尬不过了，可我还是站在父亲的一边，表现出忠诚而不是圆滑。

以前在哈佛大学期间，我偶尔参加过哈佛数学会的活动，现在我第一次开始定期参加该学会的活动。这是一个以典型的哈佛方式规范行事的机构。教授们坐在前排，以一种仁慈和威严的态度俯视着学生。最显眼的也许是奥斯古德(W. F. Osgood)，他留着椭圆形的光头和浓密的络腮胡，用小刀切他的雪茄烟，像费利克斯·克莱因一样，拿着雪茄时还不忘摆出一副派头。

在我心中，奥斯古德是哈佛数学的典型。像在20世纪初访问过德国的许多美国学者一样，他带着德国妻子和德国习俗回家。让我补充一句，娶德国妻子有很多好处——我自己也很高兴这样做了。在奥斯古德的时代，这种"新英格兰假德国人"①是当时的时尚。他对所有德国事物的钦佩令他用几乎完全正确的德语撰写了他的函数理论一书。毫无疑问，德国元老的尊崇地位给他留下了深刻印象，他渴望把美国的学术生活塑造成这样一种形式，使他能够想象自己处于那种元老的地位。他在数学分析方面做出了很好的工作，突破了一些禁忌的阻挠，这些禁忌永远驱使某类新英格兰人放弃原创性工作，而只做导出推广和相沿成习的东西。他的一些想法本应引导他发现勒贝格积分，但他却没有迈出最后一步，而这一步可以使他接受从自己的想法中导出的惊人结果。他一定有些懊恼地意识到自己是如何错失良机的，因为在他的晚年，他决不允许他的任何学生使用勒贝格方法。

---

① 类似民国初期的"假洋鬼子"。——译注

第十六章 初出茅庐：在哈佛大学和缅因大学教课

美国数学教育的德国化时期的另一位代表人物是马克西姆·博谢(Maxime Bôcher)教授。他是一位前法语教师的儿子，但曾在德国接受教育，并娶了一位德国妻子。与奥斯古德一样，德语是他的家庭语言；但在其他方面，他却与奥斯古德并不一样。他的工作更有独创性，基础也更广泛，他的个性也没有显而易见的矫揉造作的举止。

在其他数学教授中，也许给我印象最深的两位是爱德华·弗米利耶·亨廷顿(Edward Vermilye Huntington)教授和朱利安·洛厄尔·库利奇①教授。我前面已经讲了一些有关亨廷顿的情况，他的非凡的独创性与他在哈佛的职业生涯发生了碰撞。尽管他在纯数学和逻辑独创性方面的能力更强，但他还是被贬到劳伦斯工学院(the Lawrence Scientific School)，讲授工程数学。他活着看到了他在公设化研究方面离经叛道的做法已成为正统，如今，公设化方法对博士研究生的吸引超过了正常的比例。他是一位优秀、富有启发性和耐心的教师。

在洛厄尔校长的统治下，作为洛厄尔本人的亲属和杰斐逊的后裔，像朱利安·洛厄尔·库利奇这样的人物，必然会受到青睐。库利奇曾在英国和德国接受教育。他的专业是几何学，在这方面他表现出了极大的勤奋和努力。他的机智使他成为一个有趣的人，他还成功地把不会发字母"r"这个音的缺陷，变成了一个颇具吸引力的个性特征。

向数学会提交一篇论文是对呈送技巧和逻辑的一场真正的训练。原创性和能力并不是最重要的。数学能力在于拥有各种工具，无论是传统的还是其他的，它们使人们能够解决在工作过程中所遇到的大部分以前未曾解决的问题。这是创造或发展一些方法以匹配问题研究之需求的能力——而在数学会那样的环境中，这种能力并不受推崇。当时还没有一个地方优先发表那些超越研究生早期阶段的高级学者的成果，尽管后来发展起来"数学讨论会"(the Mathematical Colloquium)形式的组织，它现在已经取代了数学会的大部分职能。

---

① Julian Lowell Coolidge(1873—1954)，中国数学家姜立夫1915—1919年在哈佛大学攻读博士学位的导师。——译注

为了锻炼身体，我将徒步旅行和在体育馆进行一些摔跤运动结合起来。摔跤是近视眼可以参加而不会对身体造成严重损害的运动之一。我远远不是真正的摔跤好手，但我又重又壮，肩部尤其结实，所以那些摔跤好手要费好大工夫才能把我摔出去。有一段时间，我身上都是肿块和垫子擦痕，全是摔跤运动带来的。

从剑桥大学和哥伦比亚大学回来后，我又落回家庭管教的权威氛围中，这种氛围的强度和无处不在的程度丝毫不亚于我做学生的时候。但仍有一点不同：我不再是父亲任何学科的小学生了。家庭结构的旧观念依然存在，但这一次他们要接受这一事实：我现在是一个完完全全的挣钱人，我开始有权利获得一定的地位。然而，直到婚后很久，我才可以说，在父亲眼中，我基本上不再是一个被要求服从的孩子。

我从欧洲回来以后，我的父母就习惯于为父亲的学生们举办星期日茶会。我自己的学生以及我妹妹的同学也会被邀请。教授和青少年在一起的星期日茶会确实是个老传统了，而且这个传统的原有意图也没有改变。当我在萨克雷的书①中读到剑桥大学"放血疗法教授"（the Professor of Phlebotomy）试图把自己的女儿介绍给有前途的大学毕业生时，就不禁想到星期日茶会。尽管如此，我是最不应该嘲笑这些茶会的人，因为它们确实为我提供了社交生活的场所，而当时很少有其他这样的场所，我和我的妹妹们就是在这些场合第一次认识了我们未来的配偶。我从中学到了很多社交技巧，也开始结交朋友和熟人。

我的父亲是哈佛大学的俄语教授，因此接待俄国来访者是他的分内之事。战争期间，来访的俄国人非常多，先是负有与俄国政府有关的各种重要任务的使节，后来是躲避革命风暴威胁或革命本身的难民。他们是具有不同才能的男女。其中一些人执行的是严肃的任务，比如代表沙皇政府处理采购工作的善后事宜。也有些人是专为逃命而来——这些年轻的优雅人士来参加我们的茶会，在我们的钢琴上弹奏俄罗斯歌曲，在我们的房子里到处调情。即使在他

---

① 指1848年出版的讽刺作品集《势利小人之书》（*The Book of Snobs*），放血疗法教授及其女儿的故事出现在该书第15章"关于大学里的势利小人"。——译注

第十六章 初出茅庐：在哈佛大学和缅因大学教课

们中间，也有人有足够的能力在新国土上有所作为；但还有人，他们与生活的联系就像泡沫和啤酒的关系一样稀薄。有一段时间，我的父亲和母亲因为款待这群贵族，觉得自己的社会地位上升而乐此不疲，还常拿他们的谦恭、老练和随机应变与我的笨拙做比较，这当然对我很不利；但我一直清楚地意识到，我们的家只不过是这些纤弱的灵魂表演多情芭蕾舞的背景，他们对我们即使不是蔑视，也完全是漠不关心。特别是我知道，如果我有一刻在模仿这些难民在前台优雅举止的同时，也模仿了他们在后台的行为，而让我父母有所察觉，我就会被赶进阴曹地府。最后，我的父母终于意识到，这些外国人在契诃夫式花园派对上的行为，是有些蔑视我们的味道，于是他们的来访变得越来越少，后来就完全停止了。

我父亲从一开始就不赞同共产主义。这至少有一部分原因是，他与俄国的亲密关系是与米柳科夫等人建立的，米柳科夫是孟什维克分子，与失败的克伦斯基政权有联系。对于我父亲来说，最理想的做法是与新俄国保持足够的联系，不管他喜欢与否，这样他就能够了解正在发生的事情的细节，甚至能够向美国政府提出警告，提醒它注意可能出现的新危险。无论如何，从革命开始，我父亲的研究不仅离俄国的现实越来越远，而且他与俄国的个人联系也断了。他出版了一本关于俄国以及如何从美国人的视角看待俄国的书，但这本书完全是根据已过时的材料写的。总之，父亲对俄罗斯的疏远，导致他脱离了自己在哈佛大学所肩负的俄国事务的责任。我毫不怀疑，他脱离了斯拉夫研究这件事，是后来我父亲在超过退休年龄好几年的情况下，要求继续在哈佛大学工作，而校长洛厄尔不表示同情的一个因素。

公众舆论更加倾向于协约国，我们很有可能要站在协约国一边参战。在第二学期，哈佛大学成立了一个名为"哈佛军团"（Harvard Regiment）的军官培训组织，我立即加入了。隆冬时节，我们穿着邋遢的夏季军服，踏着积雪来到士兵操场上的棒球笼，在那里我们开始了"单兵训练"（the School of the Soldier）和"班训练"（the School of the Squad）。春天来临时，我们继续在哈佛体育场的后面进行户外训练，并进行了几次例行行军和其他远足活动。我们还行军到韦克菲尔德（Wakefield）的国家步枪靶场，在那里接受了步枪实弹射击的训练。尽管我的视力很差,但我还是有生以来第一次获得了神枪手的成绩。这并没有提高我的声誉,而是提高了我的教官、波士顿经纪人富勒(Fuller)先生的声誉。

哈佛军团让我们自己的事都停下来了,但我已计划夏天去普拉茨堡(Plattsburg),接受后备役训练。当然,这一切都取决于我能否在接下来的一年里找到工作。我去见了很多寻找新人的院长和系主任,但他们似乎都对我不是特别感兴趣,佩里教授也很肯定地对我说,我的能力不足以获得推荐。当时,我并不是一个让人家很愿意一试的应聘者,但我不能不相信,我所在的系对我的冷淡在某种程度上是因为我缺乏经验,还因为他们对未知事物不愿尝试的保守态度。

不过我的困难在某种程度上也是我自身发展的结果。一年前,我的助教职位来得很容易,因为这并不意味着要与一些资望较深的哈佛大学的人竞争他们真正想要的东西。而现在,在我的学年结束时,情况就不同了。我谋求的是一个讲师职位,有了它就可以进入一个职业领域,其中理想的工作是极少的。哈佛大学的老师们并不愿意把这样的机会给予一个难以管理、前途未卜的人。

最后,迫于父亲的压力,我决定改在数学界而不是哲学界找一份工作,而且是以一种我认为相当丢人的方式:在一些教师机构登记我的名字。这种方法有点像钓鱼,轻咬一口的鱼要比上钩的鱼多得多。最后,我终于钓到一条上钩的鱼,我同意第二年在缅因州奥罗诺的缅因大学担任数学教师。暑假期间,我们回到了"世界之巅"①——我们在桑威奇镇的夏屋。

拉斐尔·德莫斯和来自哈佛大学哲学系的年轻澳大利亚学生吉姆·默塞尔(Jim Mursell)再次来访。默塞尔、德莫斯和我又乘韦伯斯特(Webster)号列车到华盛顿山北边去徒步旅行。旅行结束后,我去了纽约普拉茨堡的军官训练营,以争取在美国参战时能够如愿加入陆军。

我从桑威奇南区乘上长途汽车。在横渡尚普兰湖(Lake Champlain)的汽船上,我发现了年轻时的一个同学,他就是沃克街(Walker Street)上那个屡教

---

① The Top of the World,这是维纳的父亲当时在桑奇镇租下的房屋名称。——译注

第十六章 初出茅庐：在哈佛大学和缅因大学教课

不改的恶棍,曾用斧头追赶另一个男孩,现在已成为马萨诸塞州最有前途的年轻骗子之一。他把碰巧一起旅行的一个骑兵二等兵说成军官来骗我,但我已经对军队的徽章有了足够的了解,不会被骑兵的黄色帽绳与军官的金黑色帽绳之间的相似完全误导。

哈佛军团让我在一定程度上为军营生活做了准备。但那些绅士假军人的酗酒和粗言秽语还是让我有些震惊。在我的连队里,只有一两个人让我有兴趣与之交谈,尽管当时有不止一个纽约上流社会的公子哥儿在那里。最吸引我的同伴是一个来自缅甸的传教士家庭的成员,他代表了对伟大的传教士阿多奈拉姆·贾德森①传统的继承。

我的登山活动让我得到了很好的锻炼,我的身体状况还算硬朗,经得起多次行军和军事演习。我惊奇地发现,即使是我自己,也会因为作为一个人数众多、方向一致的团体的成员而在行为举止上发生改变。例如,我通常绝不肯在有来往车辆和行人的公路旁光着身子洗澡。可是,只要有成百个光屁股的人泡在河里,你就不会觉得自己的赤身裸体有碍观瞻了。

同样,有一天,当我穿过连队帐篷之间的小道时,不小心踩坏了一个人的眼镜。我的正常本能,应该是走到他面前向他赔钱,但在这么多穿着制服、责任心不强的年轻人面前,我恐怕是踩完就跑了。

在专门的步枪射击训练的那段时间里,我相当痛苦。我在哈佛军团时曾接受过富勒先生的特别指导,而现在没有这种指导,我的视力让我无法击中一排谷仓中的一个。当我向负责步枪射击的军官解释了我的缺点并回到帐篷时,我的帐篷里的伙伴们开始指责我装病。他们早已知道只要骂几句下流的话就能让我难堪,而这次让我痛苦到极点。我非常生气,把手放在帐篷里堆放的一支步枪上,但完全没有把它当步枪用的意思,也没打算把它当棍子用,只是一种表示愤怒和绝望的姿态。当然,他们毫不费力地就缴了我的械,但当我第一次清楚地看到我的行为可能被构陷成蓄意杀人时,感到无比震惊。

我结束了训练营,没有被推荐担任军官,也没有特别的成就感。我回到山里待了一个星期左右,然后前往奥罗诺,到缅因州大学开始我的新工作。

---

① Adoniram Judson(1788—1850),美国公理会传教士,在缅甸传教近40年。——译注

我觉得奥罗诺与我已习惯的新英格兰城镇大致一样,只是不怎么开化,也不怎么吸引人。我在奥罗诺客栈(Orono Inn)搭伙,该客栈是大学初级教职员工的公共食堂,我住在大学图书馆馆长所拥有的一栋颇具吸引力的新英格兰白色房子里。

虽然能有一份不受父亲直接监督的工作让我非常满意,但我在缅因州并不快乐。年长的常任教授们大部分是颓废之人,他们早已放弃了在学术上有所成就或在事业上有所发展的希望。他们中的少数人还残留着文化抱负的痕迹,但大部分人都甘于失败。较年轻的人几乎都是像我这样的过客,他们那批人中最优秀的已被教授们精心挑走了,剩下的则通过教师中介机构被批发买来。留在这里的人只是这所大学的过路客,对此地没有任何兴趣,他们唯一的希望就是尽快离开这里,以免因在此工作时间过长而让他们想去的那些单位给他们打上太明显的"(因缺乏技能或素质)不能聘用"印记。在这样的地方,不因知识的萎缩而夭折的人少之又少。

校长是从美国中西部来的人,深知自己的权威。当时的学生大多是年轻的农民和伐木工人,身材魁梧,与常春藤联盟大学的学生一样游手好闲,但花费只有他们的三分之一。他们唯一的兴趣就是踢足球和跟教授纠缠不休。由于我年轻、紧张、有问必答,所以成了他们的牺牲品。对于他们来说,我的大部分课程都是枯燥乏味的例行公事,我在课堂上听到的让我恼火的话语不胜枚举。

考试作弊和作业抄袭已经习以为常。我一开始就被告知举报这些违规行为是我的责任,但很快发现,举报给我带来的后果比带给违规者的要严重得多。我还发现,我的一些同事,无论是系里的还是系外的,都对我心怀怨恨,因为我对这所小型大学非常严格的社会礼仪的无知和冷淡,我的年少成才,以及他们认为我在学问上的自负。

我试图回到数学研究工作中去。哈佛大学的谢费尔(Sheffer)博士最近向我建议了一种方法,可以将数理逻辑建立在单一基本运算的基础上。我按照他的建议做了一些修改,并以我的名义发表了一篇论文。我想我在论文中提到了谢费尔博士,但我认为我做得不够。现在我明白了,我对谢费尔工作的修改不足以作为一篇单独的论文发表,我应该等到他以更明确的形式提出他的主张时再发表。不只是医学和法律有相当严格的道德规范,世界上所有的善意都不会使这种规范成为一个人的习惯,直到这个人在实践有关领域的行事惯例方面至少有了一定的经验。幸运的是,谢费尔博士和我的其他数学同事都没有抓住我的过失不放,但当我意识到自己的所作所为时,我还是深感不安,直到今天,我的良心还在某种程度上受到谴责。

我的父母对我从奥罗诺写来的信中那总是令人沮丧的语气非常不满。不过,我必须说,他们为我安排的短期休假生活让我过得很愉快。正是在这些时间里,我尝到了波士顿雅各布·沃思(Jacob Wirth)餐厅的啤酒和酸菜美味,也欣赏了刚刚在科普利(Copley)剧院上演的新剧团的节目。我还看了很多相当原始的电影,数量超过以前看的全部;并不时获准与我妹妹康斯坦丝的几个拉德克利夫女子学院的同学见面。但即使在波士顿的娱乐活动中,我也对即将返回奥罗诺感到恐惧。

最终,我被接纳为奥罗诺及其附近一个小型研究小组的成员。这个小组的领头人是统计学家雷蒙德·珀尔(Raymond Pearl),他后来在约翰斯·霍普金斯大学医学院取得了杰出的成就。在他位于村子和大学之间的无轨电车线路旁的小房子里,被选中的客人可以听到精彩的谈话和对各种思想的适当评价。在那些日子里,英国剑桥大学似乎已在我的身后很远的地方,而理想职业的前景又无限遥远,到珀尔医生家做客让我重新感受到了生命的活力。

缅因大学为数不多的学者中,还有一位是博爱理(A. Boring)小姐。她是一位动物学家,也是我在康奈尔大学的研究生同学、心理学家博林的姐姐。多年后,我在中国再次见到了博爱理小姐,当时她在燕京大学任教,而我在邻近的清华大学任教。

我们小组中还有几位班戈(Bangor)综合医院的医生。我还记得一些关于肺癌的非常有趣的讲座,那是在人们普遍认识到类似肺结核的肺癌是一种临床实体之前很久的事了。

我乘电车去班戈不仅是为了参加这个小组的会议。班戈已不再是那个喧闹的小镇,那时归来的伐木工人首先要品尝女人和走私酒带来的快乐,但糟糕的旧时光让它如今萎靡不振,因而它缺乏那些更受欢迎的新英格兰城市的魅力。吸引我去那里的是一支军训队,参加他们在体育馆举行的会议的都是比我年长许多的身材魁梧的班戈市民。

冬季乘无轨电车去班戈和乘火车前往这个城市各有其独特的魅力。整个大地覆盖着深厚的白雪,踩上去嘎嘎作响。寒气凌厉,直冲肺腑。汽车道路在整个冬天都开放的时代还没有到来,因而稀薄的空气中传来一阵阵雪车的铃声。

同宿舍住着一位挪威学生,他的专业是造纸。缅因大学是这一专业的教学中心,空气中确实弥漫着当地造纸厂的硫磺味。我们房子对面的佩诺布斯科特(Penobscot)河之回水的地方被栅栏分开,拦住了从北面漂流下来的纸浆木材。我的挪威朋友经常滑雪来学校,并多次滑雪穿越积雪的沼泽和树林。我们其他人,无论是学生还是教授,都还没有学会这项北欧运动,只能穿着附近老镇印第安人制造的雪鞋去上课。学校大楼门外的雪堤上,总是摆放着许多雪鞋,鞋跟都朝下;学生们,无论男孩还是女孩,都穿着羊毛袜和巴克靴或帕克-莫卡西尼鞋来上课,这是北方伐木工人的衣着标志。

时间过得很慢。我记得读完了放在大学图书馆书架的一个阴暗角落里的欧·亨利和马克·吐温的全部著作,但遗憾的是,当时侦探小说还没有像现在这样流行。在那个冬天,美国即将参战和我的朋友埃弗雷特·金(Everett King)去世的消息让我非常难过。我确信,如果他还活着,一定会成为美国科学界的重要人物。

春天开始了,新英格兰北部的春天特有的湿润骤然而至。校园里出现了一两张新面孔。我记得有一位新来的讨人喜欢的美国年轻人,他娶了一位法国妻子。他让我陪他远足到佩诺布斯科特河对岸的旷野边上去钓鱼,这让我对他产生了好感。

毫无疑问,我们很快就会参战。现有的军官训练团大大扩充了,所有可能的教官都被征召入伍。鉴于我在哈佛军团和普拉茨堡的经历,我也被征召入伍;但事实证明,我既没有指挥的技能,又过于强势,并没有取得多大成功。当战争终于来临时,我要求解除我的教学职责,到一些部队去服役,因为我渴望

第十六章 初出茅庐：在哈佛大学和缅因大学教课

离开缅因州，就像这所大学渴望我不再回去一样。

在班戈一位医生的友好纵容下，我通过了某种初步的身体检查，然后乘汽船前往波士顿，去试试我在军队中的命运。在路上，我几乎第一次想到，我可能要冒生命和肢体两方面的真正风险，我感到很痛苦。不过，我对自己说，我有很大的可能活着从战争出来，带着某种程度还有用的身体。

到达波士顿后，我去港口要塞和征兵局转了一圈，希望能加入某支部队，即使不能当一名军官，至少也要当一名士兵。但因视力不好，我到处碰壁。最后，在我的默许下，父母决定让我加入哈佛大学刚刚正式成立的预备军官训练团(R.O.T.C.)。

随着战争的到来，新成立的军官训练团成为比原来的哈佛军团更加系统化的团队。我们被安排在洛厄尔校长新建的新生宿舍，这些宿舍后来成为哈佛大学宿舍体系的一部分。

我们接受了一群受过学术训练的法国军官的特别授课，其中一位名叫莫里兹(Morize)少校的军官多年来一直担任哈佛大学的法语教授。夏天，我们前往巴里(Barre)平原，在那里扎营并举行演习。我还记得一些挖战壕、模拟战斗和刺刀教学的场景。我在那里只待了一段时间，因为炮兵军官的考试是在马萨诸塞理工学院的新大楼里举行的。我知道这是我在战争中获得炮兵军官资格的最后机会。当然，我的数学考试成绩相当不错，但我无法表现出任何特别的军事才能。在体格检查和州军械库的一次骑马考试中，我惨遭失败。我完全没有心理准备，结果从一匹像体操鞍马一样稳健的老马身上摔了下来。

至于我的身体检查，我的眼睛本来就是我的致命伤，而我的血压在我这个年龄也是偏高的，尽管我一直活到现在可以满意地证明，我的血压并没有超出任何危险的范围。军医们可能很正确地认为，这表明我的性情过于易变，不是当兵的好材料。在当时的虚荣风气的影响下，我试图唬住其中一位医生，让他给我开一张合格的体格检查报告，结果他一把揪住我，把我不光彩地赶出了房间，这就把我本来有可能获得的服役机会一下子毁掉了。

我从预备军官训练团毕业时，拿到了一份显然不能获得军官委任的证书。夏天即将结束，我在新罕布什尔州的银湖(Silver Lake)边度过了剩下的时光。

我阅读了一些关于数的代数理论的书籍,这是我在缅因州时开始研究的,我还做了一些尝试,想推广伯克霍夫关于四色问题的结果。

这个问题,连同费马大定理和黎曼关于 Zeta 函数猜想的证明,都是数学界长期存在的难题①。每一位称职的数学家都至少尝试过解决其中一个问题。我曾试图解决全部三个,但每次我所设想的证明都破碎成了我手中的傻瓜黄金。我并不后悔我的尝试,因为只有通过尝试解决超出自己能力的问题,数学家才能学会充分发挥这些能力。

那年夏天,我们住在奥斯古德教授的夏季别墅附近,我经常去看望他。跟在哈佛大学任职的鼎盛时期相比,住在新罕布什尔州避暑别墅里的他,显得和蔼可亲得多了。我还爬过山,我年轻时最引以为豪的一件事是,我和妹妹康斯坦丝以及一位朋友一起,在一天之内走了 34 英里的山路,翻过怀特费斯山国家森林公园里的帕萨科纳韦山,然后返回。当然,我已筋疲力尽,第二天发烧了;但人在二十多岁的时候很容易恢复,所以这次活动好像对我们没有什么损害。

---

① 四色问题已于 1976 年由数学家阿佩尔(K. Appel)和哈肯(W. Haken)借助电子计算机获得解决;费马大定理于 1995 年被英国数学家怀尔斯(A. Wiles)证明;黎曼猜想至今未获证明。——译注

第十七章
活动扳手，浆糊瓶和计算尺战争①
1917—1919 年

  回到城里后，我显然应该寻找一些能以平民身份参加的战争工作。由于战争，以及因战争而导致大学有关的正常生活几乎完全中断，促使我尽快去寻找非学术性的职业。我觉得我的数学训练是我所能提供的最有用的东西，所以我坐电车去了昆西的福尔河造船厂，看看我能否不用学习就可以在船用螺旋桨设计上发挥一些作用。结果一无所获，于是我又抱着同样的目的去了林恩（Lynn）的通用电气公司。那里有一位工程师是我父亲的俄国朋友，另一位则是我在哈佛大学学习物理课时的老师。我自然受到了更友好的接待。他们告诉我，我不可能马上派上用场，但如果我愿意，他们会在工程培训项目中收我为带薪学徒。这意味着我必须承担在这里做满两年的道义责任。我接受了，并开始在涡轮机部工作。我帮助进行了一些蒸汽消耗测试，并运用了一些数学知识解决几个热力学问题。每天回到家，我都很疲惫，但也很开心，身上沾满了机器厂所特有的油脂，似乎用任何肥皂都无法洗去。我把这当作诚实工人的徽章。

  可是我父亲深信，以我的笨拙，不可能在工程领域真正有所作为，于是他开始四处为我寻找其他工作。他曾给当时设在奥尔巴尼（Albany）的《美国百科全书》（*Encyclopedia Americana*）编辑部写过一两篇文章。他从编辑主任莱因斯（Rhines）先生那里得到了邀请，让我加入他们成为一名写作人员。虽

---

① 代表维纳在这段时期所从事的三种职业。——译注

然我觉得自己在道义上有责任留在通用电气公司,但我太依赖父亲了,不敢违背他的命令,所以我不得不羞愧地向在林恩给了我机会的工程师们递交了辞呈。他们告诉我,我再也不能回到那里工作了,但我这样一个无助的人,又缺乏独立工作的经验,除了服从父亲的命令,我确实别无选择。

父亲陪我去了奥尔巴尼,把我安置在离州议会大厦不远的一栋又旧又高的砖房里,房东是一位相当和蔼可亲的女士。父亲还陪我去了莱因斯先生的办公室。它在一幢阴暗的商业大楼里,正对着一个满是白菜的欧洲式市场。乘货运电梯上几层楼就到了办公室,莱因斯先生是一位满脸胡须的老绅士,他高效、严谨而又和蔼可亲。

奥尔巴尼从一开始就吸引着我。市中心在很多方面都很像欧洲城市或波士顿的后海湾。我在这里找到了一些很好的餐馆可以去用餐、一个很好的杂耍剧场和几家很好的电影院可以消磨时间。我还在当地的基督教青年会找到了一个健身房,在那里我锻炼身体。

我的《百科全书》工作是编纂一些不太重要的短文章条目;我相信这是按件计酬的。我很快发现,我是在同一群卖文为生的人一起工作,大家相处得还不错。他们的薪水不高,人生之路或在上行,或在下走。我们当中有一位上了年纪的英国商人,他经营商业失败了,现在年事已高,无法东山再起。他引以为豪的是对吉尔伯特(Gilbert)和沙利文(Sullivan)歌剧的了解,并能以同样的风格制曲和填词。我们的另一位作家原来是英国铁路司机,后成为伦敦《泰晤士报》的图书馆员(或资料保管员)。他有一个档案箱,里面装满了那些还活着的名人的讣告样张,这些讣告都是在他们生病时写的,(如果他们是相当重要的人物)当他们突然去世时,这些讣告就成了永久性文件。他因酗酒而失去了职位,但仍有足够的能力在《百科全书》编辑部发挥重要作用。他有讲不完的故事,大多是不正经的,但一般是很好笑的不正经。

我们中间还有一位前爱尔兰神学院的学生,他就是詹姆斯·乔伊斯[①]笔下

[①] James Joyce(1882—1941),爱尔兰小说家、诗人和文学评论家。他对现代主义先锋派运动做出了贡献,被认为是 20 世纪最有影响力和最重要的作家之一。有短篇小说集《都柏林人》(1914)。——译注

的都柏林人,他炫耀着那一口有教养的都柏林人悦耳的文学英语,但稍微带一点像是爱尔兰的土腔。还有一位年轻的美国人,是词典编纂者,常和我一起打网球,后来成为《百科全书》的主编。

我们中间有一位毕业于康奈尔大学的年轻女孩。她是奥尔巴尼俄国犹太人皮草商的女儿。我发现她很有魅力,而且也很聪明。我们经常在奥尔巴尼附近的乡间散步,我会去她家拜访她,带她去看戏剧演出。我和她在这群人中年纪足够年轻,肯定是在往上走。我们很享受跟编辑部里那些古怪而友善的年岁大的人打交道,他们在这个放荡不羁的文化人的欢乐聚集地找到了避难所。尽管如此,由于年龄相近,我们彼此分享着城里的许多小娱乐,而不告诉编辑部的其他人。甚至当我发现她已经和一位在法国参军的年轻医生订婚时,只是出于对女伴的渴望,我仍然带她出去玩。

我们有时在办公室里工作,有时在纽约州图书馆工作,这个图书馆在国会大厦附近的教育大楼里。这座大楼真的让我着迷。里面除了有一个非常好的图书馆,我相信也是纽约州教育理事会总部的所在地,它还包括纽约州博物馆,馆内收藏了地理学、地质学、人类学、古生物学、植物学、动物学以及岩石学、矿物学和晶体学的各种藏品。我曾经把太多的业余时间花在博物馆,也许有好多时间不应该用在这里。我结识了一位馆长,他是晶体学和宝石方面的专家,于是去钻研我心爱的《大英百科全书》(Encyclopaedia Britannica)中有关晶体学的文章条目。我还多次跟一位本州的古生物学家见面。这些接触重新唤起了我对脊椎动物起源的兴趣,我重读了加斯克尔(Gaskell)和帕顿(Patton)的著作,看看是否有任何可能的方法来解释脊椎动物起源于蜘蛛的理论。

我发现,编纂百科全书这种卖文工作有其独特的道德规范。编纂者应该严格按照"编纂"这个词的含义来做事。它允许使用现有其他百科全书的信息,只要这些信息已经外部资料来源仔细核查过。如果一定要抄袭,就抄袭其他语言的百科全书,但不要过分偏爱任何单一的资料来源。在给任何文章署名前,一定要慎之又慎。总之,要避免加入你自己的原创想法。

我花了一些时间把这些规则记得滚瓜烂熟,以致它们最终成了我的本能;

而我不止一次地屈服于孩子气的冲动要绕过它们。我用写百科全书的习惯强化了我阅读它们的习惯，并且我多方面的现成知识被派上了用场。有一两篇文章条目，如关于"美学"条目的一部分内容，我偏离规则，写进了一些个人的哲学观点，这些内容至今对于我来说仍是新鲜的。我曾想过将这些文章和我以前关于哲学主题的著作集成一本薄书。不过，除了这些颇具原创性的好文章之外，我还冒昧地写了一些我没有做好充分准备的条目。我提交的关于弹道学的文章完全是胡说八道。我希望莱因斯先生当初没有让这些文章审查通过。

尽管卖文写作有种种缺点和令人不快的一面，但对于我来说却是一次极好的训练。我学会了快速、准确、省力地撰写任何我略知一二的主题。在修改我的作品时，我学会了校对的标记和技巧。

书面语风格的问题与讲外语的问题有着奇妙的联系。人们在卖文写作中获得的经验，与沉浸在异国环境中不得不每日讲该国语言的经验是完全相似的。不可否认的是，书面英语作为要书写的语言虽然深深植根于英语口语，并且只有在将要消亡时才会偏离口语太远，但在许多方面是与口语有很大区别的语言。譬如说，适合于流畅的书面语风格的丰富的隐喻和修辞用语在口语中会显得累赘和"学究气"。因此，对于一个口语已经相当流利的人来说，写作的问题在于如何在这个高端的语言环境中，获得他在日常口语中已经拥有的同样的自由。如果我想流畅地讲西班牙语，我就必须用西班牙语思考，而不能老想着把英语短语翻译过来。我必须按照一个讲西班牙语的人的那种讲话方式讲话，而这些话与一个讲英语的人会讲的话绝非完全相同。同样，如果我想轻松地写出一首诗、一部小说或一篇学术论文，我就必须在用合适的语言形式表达自己这方面进行充分的练习，这样我写出来或口述出来的文字才是流畅的诗歌英语、流畅的小说家语言或流畅的哲学家语言。我的隐喻和修辞用语可以信手拈来，不必费工夫寻找，虽然确实还不是它们最终的精炼形式，但已无须做很大的改动了。我并不否认修改以及逐步剔除弱点和错误表达的好处。我也不想对其他作者做出规定，哪些是为他们强烈表达自己的思想所必需的。但至少就我而言，无论是从事数学研究还是写作，我都要在深入到意识

第十七章 活动扳手,浆糊瓶和计算尺战争

层面以下之后,才能最充分地表达自己的意识。

我在奥尔巴尼过得很开心。我喜欢我的同事和雇主,喜欢我的工作,喜欢我新的独立感。由于我新工作的性质与父亲的工作不同,我受到的父母压力和批评甚至比在缅因大学时还要少。我的年龄也更大了,更适合自立。与奥罗诺或班戈相比,奥尔巴尼是一个简朴雅致、富有传统文化的天堂。

在我新找到的幸福感和满足感背后,始终有战争的声音在沉闷地回荡着。后备军官训练团的经历证明,我根本不适合当军官,但我仍有希望在新的征兵制度下作为二等兵,有限度地服役。我暂时加入了纽约州警卫队。这支队伍在国民警卫队外出作战时,会承担驻守军械库的任务,并且有巡逻自来水厂和发电厂的职责。我没有被征召去执行巡逻这种半实战任务,但我早先接受的操练训练让我在军械库里站稳了脚跟。春天来临时,我们经常利用周六,有时甚至周日去哈德孙河上的一个小岛,那里有一个步枪靶场。

我时常回坎布里奇短期度假。我妹妹康斯坦丝做了一些努力,引导我去参加她的拉德克利夫女子学院朋友的社交活动,我记得有一个澳大利亚女孩偶尔和我一起出去。我在新罕布什尔州度过了一个短暂的暑假,然后又回到了《百科全书》的工作岗位上。但现在很明显,这种工作虽然作为一种提升自己的努力和职业生涯的一个小站是很合适的,但作为一个终点站就很不令人满意了。

当我发现自己所从事的工作虽然没有出路,但却令人愉快时,我并没有感到沮丧。这种工作在许多方面都符合我的实际年龄。从我人生戏剧性发展的角度来看,这似乎是一种倒退,但事实上,我并不认为这是倒退。

就人的一生而言,无论是光面杂志上刊登的标准的成功故事,还是希腊悲剧,都不是正常和有意义的结果。人最终要死亡是显而易见的,但同样显而易见的是,个人生命在肉体上的终结并不是其有意义的结果。在从受孕前的虚无到死亡后的虚无的航程中,蕴含着生命中真正有意义的一切,而这一航程通常既不是戏剧性地驶入漩涡,也不是从成功到成功的凯旋,中间会有一些挫折,也会有一些平静的巡航期。

在经过了神童的岁月和很早获得学位之后,再去做车间工人、写手、计算

员和记者这些有点常规的工作,似乎在走下坡路。然而,就我自己来说,这些工作等于是对我周围世界的体验,许多男孩在更小的时候就获得了这些体验,这是他正常成长过程中平淡无奇的一部分。正因为我在更早的时期没有这些经历,正因为与周围世界的这种接触基本上是每个人教育的一部分,所以这些日常经验对于我来说具有一种魅力和新奇感,这对于一个成长过程比较平常的男孩来说是体会不到的。因此,对这些时期的描述,以及它们对我的影响,就像本书所有其他或许更精彩的部分一样,是本书的重要内容。

当我开始重新找工作时,我听说波多黎各大学数学系有一个职位空缺。我就报名申请,但没有回音。几天后,我收到了马里兰州阿伯丁(Aberdeen)新试验场奥斯瓦尔德·维布伦教授的一封急电。他请我以平民的身份加入他们的弹道工作人员队伍。这是我从事真正战争工作的机会。要求是立即前往,所以我去见了莱因斯先生,并终止了与《百科全书》的关系。我搭乘下一班火车前往纽约,在那里转车前往阿伯丁。

马里兰州的阿伯丁,当时只是一个不起眼的乡村小镇。一条由政府运营的小铁路支线从村庄开往铁路线上一个还没有建火车站的地方,我就在那里下了车。我发现这里有许多临时木屋和泥潭街道,后来这里成了一个非常漂亮的政府小站。那时,总有一辆牵引车停放着,随时准备把陷在泥潭里的卡车从街道上拖走。

阿伯丁试验场的建立,无论是在美国科学史上,还是在驻扎这里的科学家的个人事业中,都是一个非常重要的时期。虽然美国的科学工作在天文学、地质学、化学和其他一些领域长期以来占有重要的地位,但我们大多数最优秀的人才是在欧洲训练,甚至是从欧洲引进的。而数学在美国的认可程度远远落后于这些科学。正如我之前所说,伯克霍夫是第一位没有受过欧洲训练就登上巅峰的真正伟大的美国数学家。他于1912年获得学位,距今不过六年。所以我们美国数学家是一个孱弱的族群,整个国家把我们看作是,那么多没有用处的摆弄符号的蠢人。几乎不可能相信我们能在国家战争中发挥任何有益的作用。

与德国的战争涉及许多新型火炮和弹药的设计。每一种火炮和每一种弹

第十七章 活动扳手,浆糊瓶和计算尺战争

药都需要建立一个完整的新射程表,并将其交给战场上的士兵。这些射程表包括火炮和弹药在每个仰角下的预期射程列表,以及炮耳倾斜、仰角单位变化、火药装填或弹药重量单位超差、风力、高空气压等参数的修正。这些表格还包含对所有主要数据可能误差的估计。事实证明,老的计算射程表的方法太慢、误差太大,无法满足现代需要,而且在防空火炮这个需要非常高的精准度击中飞机的新领域中已经完全失灵。因此,急需所有受过数学训练的人员来操作计算设备,于是像我这样的平民被征召入伍,而应征入伍的数学家被调往军械部队和阿伯丁,甚至军官也被从前线召回,坐在桌前拉计算尺。

普林斯顿大学的奥斯瓦尔德·维布伦教授被任命为军械部队少校,负责管理这支杂牌军。他的得力助手是卢米斯(F. W. Loomis)上尉和菲利普·阿尔杰(Philip Alger)中尉(后来成为上尉),后者的父亲曾是海军伟大的弹道学专家。至于我们其他人,则生活在一种奇怪的环境中,职务级别、军队级别和学术级别都在其中发挥作用,一名中尉可能会称呼他手下的二等兵为"博士",或者听从一名中士的命令。

然而有一件事是很清楚的:我们完成了希望我们完成的任务。这一时期,世界上所有的军队都在从粗糙的旧式弹道学向微分方程的逐点求解过渡,而我们美国人既不落后于敌人,也不落后于盟友。事实上,在内插法和主要弹道表修正计算方面,芝加哥大学的布利斯(Bliss)教授出色地运用了新的函数理论。因此,公众第一次意识到我们数学家在世界上的作用。但在他们的眼中,我们依然不是像化学家和工程师那样的魔法师。

在这方面我们是幸运的,因为虽然新赢得的声誉大大增加了我们的薪水和找工作的便利,但当局还不认为我们有足够的重要性,值得加以干涉和吞并。爱默生①并没有讲出关于那个设计了更好捕鼠器的人之命运的整个故事。不光是公众会踏破门槛来找他,而且有一天,一家兴旺的捕鼠器公司的代表会出现在那个已被众人踩踏得不成样子的前院,给他一笔足够的钱,使他能够从

---

① Ralph Waldo Emerson(1803—1882),美国散文家、诗人和通俗哲学家。据说他讲了这样一句在西方世界脍炙人口的话:"如果你做了一个更好的捕鼠器,那么全世界都会踏破门槛来找你。"(If you build a better mousetrap, the world will beat a path to your door.)——译注

捕鼠器行业退休，然后这家公司开始向市场投放标准化的捕鼠器，也许其中包含了发明者的一些改进，但却是以公众能够接受的最廉价、最敷衍的形式。另一个例子是，老式小奶酪厂生产的个性化且往往美味可口的产品，现在被卖给了大奶酪制造商，他们将其与其他上百家工厂的产品一起研磨成一种令人讨厌的硫化蛋白质塑料。

在第二次世界大战及随后的日子里，美国科学家的成功使自己走上了美国奶酪的道路。在这场战争中，每个化学家、每个物理学家、每个数学家都被拉去为政府服务，在那里，他不得不戴上眼罩从事机密研究，将自己的努力局限于某个问题的微小部分，而对于此问题的更大含义，他被要求不去了解它。虽然这种做法的借口是为了不让敌人得到机密（这无疑也是其真实意图的一部分），但它过去和现在都与美国人追求标准化的欲望和对能力出众的个人的不信任不无关系。这反过来又与我们对预算高达数百万美元的政府项目或私人实验室的热爱有关，它们鼓励用传统的爱迪生式的方法，寻找所有可能的材料，而放弃使用其结果毫无规律且不可预测的知识推理的方法。

然而，在阿伯丁试验场的早期，万事不管的"木头国王"（King Log）已经去世，而"鹳国王"（King Stork）还没有登上王位①。那是美国数学活力初现的时期。第一次世界大战后的许多年里，绝大多数重要的美国数学家都是在"试验场"接受过训练的人。我指的是维布伦、布利斯、格朗瓦尔（Gronwall）、亚历山大、里特（Ritt）和贝内特（Bennet）等人。

我特别感兴趣的是那些年轻人。我在那里找到了休伯特·布雷（Hubert Bray），我最后一次见到他是在我从塔夫茨学院毕业的时候。布雷在赖斯学院工作多年，现在是那里的数学系主任。有一段时间我们住在一起。后来，我和菲利普·富兰克林（Phillip Franklin，现在是我的妹夫和马萨诸塞理工学院的同事）以及纽约市立学院的吉尔（Gill）一起住在民用营房的一个简陋的木板房里。我还曾短暂地跟波里茨基（Poritzky，他后来放弃了纯数学和学术工作，转而从事应用数学研究，并在通用电气公司工作）和维德（Widder，现在哈佛大学

---

① 出自伊索寓言《青蛙求王》的故事：青蛙请求宙斯给它们一个国王。宙斯先扔给它们一根木头，青蛙不满，说这个国王什么事情也不管；宙斯又派了一只鹳下去，把这些青蛙都吃光了。——译注

数学系工作)住在一起。

这份名单还远远不够完整。格劳斯坦(Graustein)曾离开哈佛大学到试验场工作,最后又离开试验场去当军官,在其英年早逝之前的许多年里,他一直是哈佛大学的一流数学家。我还漏掉了许多天文学家、工程师和中学教师的名字,近年来我与他们的接触相当少。

富兰克林和吉尔,19 岁,因此比我年轻得多,是我特别要好的朋友。当我们在嘈杂的手摇计算机(我们称之为"咔嚓机")上的工作结束后,就在一起玩桥牌,用同样的计算机记录我们的得分。有时我们下棋,或者在用活动屏风做成的棋盘上玩新发明的三人象棋,或者不顾危险拿无烟火药或 TNT 炸药点着玩。我们一起在微温、咸湿的切萨皮克湾(Chesapeake Bay)里游泳,或者在长着我们所不熟悉的南方植物的树林里散步。我还记得那里的木瓜,它们用带有异国热带色彩的方式从树干上直接结出了果实。

无论做什么,我们总是在谈论数学。我们的许多谈话都没有导致直接的研究。我记得一些关于普法夫(Pfaff)几何的不成熟的想法,是哈佛大学的加布里埃尔·马库斯·格林(Gabriel Marcus Green)让我对这种几何产生兴趣的。我们讨论过的所有其他话题我都记不起来了,但我确信,这种较长时间地与数学和数学家生活在一起的机会,会极大地促进我们所有人对科学的献身精神。奇怪的是,这种生活与我之前在英国剑桥大学经历过的那种隐居但又充满热情的知识分子生活有某种相似之处,但是没有一所美国大学有这样的生活。

我几次休假回家。大部分时间见到了格林。他爱上了我的妹妹康斯坦丝,而她自己也成为一名初露头角的数学家。其中一次回家,我与父母讨论了一个自己酝酿已久的计划,就是利用我与试验场的关系去参军或服短期兵役。1918 年 10 月,机会终于来了,在梅杰·维布伦(Major Veblen)少校的配合下,我前往县政府所在地的一个邻近集镇领取了入伍登记表。

我被送往斯洛克姆堡(Fort Slocum)新兵训练站,它位于纽约州韦斯特切斯特县(Westchester County)海岸外的一个小岛上。此时,战争显然已接近尾声。我对自己迈出的无法挽回的一步感到惊骇。我觉得自己好像被宣判入狱。新兵们拥挤在一起，他们同时表现出既是被吓坏的男孩又是强硬傲慢的年轻士兵的样子，我对这种不兼容的表现感到非常不适应。这时出现了另一位同样不懂军事的新兵，哈佛大学闪米特语言系的哈里·沃尔夫森（Harry Wolfson）博士，他让我在岛上的生活有所缓解。我的军装因我的肥胖而绷得很紧，而沃尔夫森的军装则几乎比他身体大一倍。我们绕着海堤散步，讨论亚里士多德和中世纪犹太及阿拉伯哲学，即使穿着军装也无法隐藏我们头脑中大学教授的学识。

最后，我们一群人要被送回阿伯丁试验场。我们乘拖船在曼哈顿转了一圈，然后从泽西海岸的一个车站乘火车前往费城。在费城，我们听到了庆祝第一次误传消息的对德停战的汽笛声，看到了从办公室窗户飘下的纸屑。大约两天后，当我们被分配到试验场的各个连队时，我们一大早就被集合起来，并被告知真正的停战协定已经签署。

试验场的军事设置非常奇特。除了行政小组、弹道小组和其他几个同类技术小组外，还有火药包缝制小组和一大批从事必要的挖掘和建筑工作的劳工。后者主要是因性病而未被派往前线的人。所有不同小组的人都混杂在连队和营房中，没有什么区别。对于一个尚未完全适应粗野的军队生活的人来说，这群满口脏话的人给他带来的持续震撼无须赘述。

我担任过两次警戒。其中一次我随身带着值班专用钟，在存放炮弹速度测量器和科学书籍的大楼里待了一通宵，过得很轻松。在巡视的间隙，我发现了很多有趣的读物。另一次，我是一名普通的门外哨兵，扛着一支上有固定刺刀的步枪。我发现自己很难不瞌睡，也很难保持足够的警惕以应对值日官的查岗。凌晨时分，我躺在警卫室一张小床上的光秃秃的床板上休息了一会儿；醒来时，我想要一块华夫饼干，但是递过来的一大杯热气腾腾的咖啡和一些奶酪三明治绰绰有余地代替了它。

除了这些军事职责和我的办公室工作外，我还在射击"前线"做了一定数量的收集防空火力射程数据的工作。我们有一条连接炮站和两三个观察站的专门电话线，观察站里的观察员通过瞄准器观察炮弹爆炸在有坐标光栅覆盖的水平平面镜中的影像。鉴于我的视力较差，我只担任火炮电话员；我躺在一

第十七章　活动扳手,浆糊瓶和计算尺战争

个能很难受地听到开炮声和炮弹爆炸声的土坡上,向观察员报告火炮发射的时间,炮弹爆炸的时间以及此后每隔 5 秒钟的时间。后面的这些间隔时间能使观察员们同步观测烟雾的顺风漂移,从而计算出高空的风向和风力。当观察员们准备就绪,我也要通知炮手。

观察员们乘坐一辆老式福特牌沙滩车前往观察站,有时他们必须穿过正在进行射击的靶场。从理论上讲,负责安全的军官应下令中断射击,让他们通过;但随着时间的推移,即使是这些军官也变得粗心大意,而不怎么执行这种预防措施了。我记得有一次,靶场下面一座塔楼上的观察员抱怨说,弹片正从屋顶上飞过。"好吧,"负责安全的军官却说,"我们再打几发炮弹,就结束了。"

只要我们觉得自己是在为赢得战争做必要的工作,我们的士气就一直很高。而停战后,我们都觉得自己是在等时间;尤其是那些在最后一刻才入伍的人,他们认为自己是一群傻瓜。那些平民身份的人一有机会就开始离开,而我们剩下的人则继续服兵役,直到我们被派往一个军营,并在那里退伍。

即使自己的性格不适合军营生活,即使比一般人更想知道自己在做什么和自己工作的意义是什么,但我还是觉得,当我因为这些年来自己一直在为前途做决定而感到太疲倦的时候,几个月的军营生活是一个避风港。人们曾多次说过,士兵和僧侣的动机奇妙地相似。对清规戒律生活的热爱,对个人选择和责任的恐惧,让一些人觉得穿上军装和戴上僧帽一样有安全感。

我对战争将怎样结束和战后的新生活充满了好奇。与此同时,我也在消磨着时间。这种情绪上的停滞在我服役前(当时我已经在很大程度上过着军营的生活)及以后都对我产生了影响,但随着停战带来的短暂的放松以及人们希望一切都能回归平民渠道,这种情绪上停滞的主要影响开始消失了。

当我在马萨诸塞州艾尔的德文斯(Devens)兵营等待最后的退伍命令时,流感疫情袭击了我们。一开始,我们并没有把它当回事,但很快,这样的事情已很平常:你打听一名士兵的消息,却发现他已于前一天去世。我们都戴上了流感口罩,那位臃肿的达特茅斯学院的哈斯金斯(Haskins)教授还透过他的口罩抽着烟斗。有一位非常诚实和认真的士兵,他是马萨诸塞理工学院的毕业生,被安排去卸货,他抱怨说自己不舒服。医生让他回去工作,第二天他就

死于肺炎。

看到车站月台上高高堆起的粗制松木棺材,使人的心情感到非常的沉重和忧伤,不知道下一次打击会落在哪里。我收到了父亲的一封电报,告诉我说:我妹妹康斯坦丝的未婚夫,也是我的朋友,哈佛大学数学系的格林博士,刚刚死于流行感冒。这个消息给了我很大的打击。这件事就发生在我动身去德文斯兵营之前。

我发现艾尔表面上还是我年轻时的那个小镇,但实际上发生了重要的变化。随着铁路公司延长机车行程的趋势,支线上的业务已经开始萎缩,艾尔已经不再是过去那个重要的铁路中心了。另一方面,德文斯兵营作为战争开始后的新建立起来的一个地方,其规模远远超过了艾尔镇本身,而且那里的商人们也靠做士兵的生意赚得盆满钵满。

在等待退伍期间,没有很多事情要做。就是做体检,签文件。我在发电站的煤堆上干了一天活。我把大部分时间都花在几个营地的图书馆里,阅读切斯特顿的书。终于到了退伍的日子,在短暂拜访了布朗(Brown)药店的朋友后,我乘火车回家了。

第十八章
回 归 数 学

战争的结束,给我们全家带来的是失去 G. M. 格林的撕心裂肺之痛。格林是一位迷人而不张扬的年轻人,与我的妹妹康斯坦丝感情深厚,性格真诚而温柔。他的去世对于现代科学也是一个重大的损失,因为他在几何学方面已经形成了独树一帜的风格,看上去很可能会给哈佛大学的数学发展计划补上缺失一环。一个年轻人在其事业的巅峰时期去世,这也许是最大的悲剧,我的妹妹、我的父母和我,都很难接受我们的好朋友已经离开我们的现实。

格林的父母把他的数学书籍送给了康斯坦丝,因为他的那个阶段的生活大部分是和我妹妹一起度过的,而且她也是他们合适的送书对象。康斯坦丝去了芝加哥大学,希望在新的工作中尽可能忘却丧亲之痛。因此我有机会翻阅这些书籍,并把它们读完。它们在我职业生涯中最恰当的时候出现在我面前。

我第一次对现代数学开始有真正很好的理解。这些书包括沃尔泰拉(Volterra)的《积分方程论》(*Théorie des equations integrales*)、弗雷歇(Fréchet)的一本同名书、弗雷歇的另一本关于函数论的书、奥斯古德的《函数论》(*Funktionentheorie*)、勒贝格(Lebesgue)关于积分理论的书(我特别关注这本书),我相信还有一本关于积分方程理论的德文书。

然而,读数学书既不能向我父母缴付我的食宿费用,也不能直接促进我的职业发展。我再次开始找工作。我把自己的材料寄给了各个教师职业介绍所,但那时才二月份,没有任何一份学术工作可能会在九月份之前开始。《波士顿先驱报》(The Boston Herald)的奥布赖恩(O'Brien)先生曾是我父母在银湖避暑时的邻居,他们让我去找他,看能否在他的报社里找个位置。我在《百科全书》的工作经验为我说了话,虽然奥布赖恩先生一开始的打算是利用我的数学能力培训我担任财经编辑,而我没有同意,因为我在这方面既无天赋,也无兴趣。

把会计师的技能和数学家的技能混为一谈是很常见的事。需要想象力的数学与会计学之间的区别显而易见,而会计与计算之间的区别同样真实。会计师的工作是算到每一分。他的职责是消除账目的漏洞,以避免提供给某人暗地贪污的机会。数学家的工作精确到小数点后的一定位数。他所允许的最大误差不是一个绝对量,如一分钱,而是他所处理的最小量的一个规定分数。从计算师转行为会计师的人很可能会漏算相当大的一笔钱,而从会计师转行为计算师的人往往只精确到小数点后两位,但问题的逻辑可能要求精确到四位或五位,甚至有时候是零误差。除非一个人相当年轻和灵活,否则从这些看似相似的任务中的一项转到另一项,会造成灾难性后果。

幸运的是,我摆脱了这项指派,而被安排从事直接的新闻工作。在《波士顿先驱报》,我是一名特稿撰写人,开始熟悉乱丢的纸头和印刷油墨,打字机和排版机的噪声,以及构成城市报纸正常背景的匆忙和喧嚣。我试着写了几篇社论。我很快就学会,社论作者必须非常小心地核实事实,避免不必要的得罪人。后来,我被安排写周日特稿。

当时,劳伦斯市的纺织业正在经历一次周期性罢工,我被全权派去报道这一事件的概况。那时的我还没有像后来那样能宽容待人。在火车上偶遇劳伦斯工会的一位高级领导人,我满以为他是一个很难对付的人。恰恰相反,他是一位善良、富有同情心的来自英国兰开夏的老人,当工业革命的阴影还在最黑暗的时候,他就离开英国。他目睹了早期新英格兰制造商的博爱精神让位于由那些不在工厂里的人掌握所有权的体制,早期的英国纺织工人被法裔加拿大人、比利时人、意大利人和希腊人取代。他继续对年轻一代工人行使自己的职权,尽管他发现他们所需要的处理方式与前辈们大不相同;在他的指导下,他们已经开始培养自己的劳工领袖。

他告诉我,要密切关注劳伦斯的生活条件和移民美国化工作的处理方式。他还给了我一份牧师和工会领袖的名单,以帮助我摸清在劳伦斯各种外来因素的作用。我很欣赏他的坦诚,认为他的建议既合理又有帮助。

劳伦斯是一个病态的城市。这里的工厂因购置了太多的陈旧设备和南方工厂的竞争(那里还没有任何雇工标准的约束,并且由于气候不那么恶劣,工资可以较低)而陷于困境。劳伦斯工厂的所有者们大都从未涉足劳伦斯,而把管理和就业问题留给了他们的每天被纠缠不清的代理人,这些代理人被碾压在雇主对利润的要求和工人对更高工资和更好工作条件的要求之间。住房条件十分恶劣,尽管雇主们以"他们所雇用的工人会很快把好房子住坏"这老一套的理由来为自己辩护,但人们也可以很容易地回答说,肮脏的住房条件使他们不可能雇到更好的工人。我参加了基督教青年会的一个移民美国化的课程,所见所闻令我震惊。老师们不仅完全不懂他们所教的人的语言(我参加的那个班上的学员恰好是意大利人),而且他们与移民社区中受过教育的人毫无接触。所使用的课本内容是劝勉工人们要爱戴和尊敬老板,要像服从耶和华一样服从工头。这是一种羞辱性的胡扯,必然会引起任何有个性和独立精神的工人的反感。

我发表了我所看到的事情的报道,引起了一些反对,但总的来说比我预想的要少。我想,我的文章对公众舆论产生了一些影响,使他们更加意识到住房问题的重要性,因此可能对后来在劳伦斯地区建立肖欣村(Shawsheen Village)一类的花园城市发挥了小小的作用。

完成这项工作后,奥布赖恩交给了我一项他心目中非常重要的政治任务。这就是为前"北方师"(the Yankee Division)师长爱德华兹(Edwards)将军造势,使其成为美国总统的可能候选人。见面后,我发现爱德华兹是一位和蔼可亲的老绅士,没有什么特别之处。我发现自己一点也不喜欢这项任务。我逐一拜访了他在俄亥俄州、克利夫兰和尼亚加拉瀑布城的亲友,并在华盛顿拜访了前总统塔夫脱(Taft)和其他在菲律宾认识爱德华兹将军的名人。

我为《百科全书》写过很多文章条目,但我还没有学会满怀热情地为我所不相信的事业写作。我被《先驱报》解雇了,而"爱德华兹"连载文章则交到了一位更有责任心的听话人的手中。我对离开报社并不是没有准备,但我很感谢它给我带来的写作经验和对美国现况的了解。

我结束了第二次以卖文为生的经历,带着对"写手"尊严的新感受。总的来说,我们大学的英语课程远没有教会我们英语写作,就像我们的外语课程远没有教会我们真正掌握一门外语一样。以下主要讲的是入门课程的情况。这些课程一般都不要求学生达到这样的水平,即每天必须写一千字经得起挑剔的短文,否则就会受到没有饭吃的严厉惩罚。它们向学生介绍英语,就像在鸡尾酒会上向学生介绍一位令人愉快的年轻女士一样:学生还不太清楚她的名字,以后也不会再认识她。离开《百科全书》,尤其是离开《先驱报》之后,我有理由自信,如果我有责任要在报刊上发表任何言论,一落笔就可以将我要讲的话相当准确有力地表述出来。

因此,我很高兴,在流浪的岁月和不受别人干涉做自己事的岁月之间,我轻松地经历了"卖文为生"的考验。除此之外,我作为熟悉自己业务的雇员之经历还让我获得了独立的满足感,这是其他任何方式都无法实现的。我不仅自食其力,而且以没有向父亲请求任何帮助的方式;在很大程度上,我是在远离家庭和父母教导的情况下谋生的。总之,我成长起来了。

在短暂的待业期间,我把时间都用于撰写两篇数学论文。它们均是关于把谢费尔的具有单一基本运算的公设集合之思想推广到普通代数。我是在我父亲办公室附近的哈佛大学图书馆的书库里写这两篇论文的。它们于次年发表。尽管据我所知,这些论文所代表的工作方向还没有人追随,但它们是我迄今为止写得最好的数学作品。然而,不久之后,我放弃了代数和公设理论的研究,转向研究分析,因为分析在我看来具有更丰富、更坚实的知识体系。因此,我现在很难对这些论文进行评价,甚至记不起它们到底包含了什么内容。

几年来,我一直在为我的哈佛大学教员讲座的讲稿寻找出版商。虽然从某种意义上说,这些讲稿论文并不是一部完成的作品,但我认为,基于我在那里建立的构造逻辑学思想,可以形成一套处理某种概念的方法,而哥德尔就是运用这样的概念证明了:在每一个逻辑公设系统中,都存在着无法根据这些

第十八章 回归数学

公设决定其真假的定理。我的这个看法并不是完全没有道理的。最后，我把手稿寄给了乔丹(P. E. B. Jourdain)，他是一位杰出的英国逻辑学家，住在剑桥大学附近，我和他一直保持着联系。在剑桥大学时，我曾问过能否上他家拜访，但我们没能安排好。那时我还不知道，事实上直到我把手稿寄给他之后好久才知道，他是一位几乎完全不能动弹、无法医治的残疾者。他很清楚自己患有弗里德里希共济失调症(Friedrich's ataxia)，这是一种先天性神经紊乱症，总是以瘫痪和早逝告终。尽管患有这种致命的疾病，他还是结婚了，并成为那本重要的哲学杂志《一元论者》(*The Monist*)的主编。他写过一本关于伯特兰·罗素哲学的非常幽默的批判性著作，其中每一章都以刘易斯·卡罗尔的一段适当的文字作为引子。

我的手稿在乔丹去世前几个月才送到他手里。如果我知道他病得很重，当然不会把手稿寄去麻烦他了。不过，我的手稿还是在《一元论者》上发表了，而且这家杂志还把我的分三期登完的文章的重印本，以书的形式装订在一起。这让当时的我非常高兴，好像自己出版了一本书。

这些文章引起的反响有限。剑桥大学的布罗德(Broad)教授提到过它们；但在当时，数理逻辑方面的研究成果对于在数学或哲学领域找工作，都没有什么帮助。而如今，数理逻辑已成为公认的职业。与其他一些领域一样，它现在是一个"追随者"的职业，而不是"开拓者"的职业。在有些餐桌上，只有在银器和瓷器餐具摆好之后，客人才能受到招待。最好的职业被留给那些学生，他们不折不扣地去做他们的教授年轻时被大家认可的东西，自以为是且专制的老师不会容忍任何狂妄自大的学生。

1919年春天，我听说有两个教职空缺，在我看来几乎同样有吸引力。一个是我通过教师中介知道的，克利夫兰凯斯(Case)理科学校；另一个是哈佛大学的奥斯古德教授让我注意的，马萨诸塞理工学院。我不认为奥斯古德教授对我或这份工作有特别高的评价，因为马萨诸塞理工学院以前对数学研究的贡献很少，而且该系当时几乎完全是一个教学服务系，为学生讲授他们以后从事工程领域工作时所需要的数学。不过战后有一股热潮，要吸收每一个堪称数学家的人。我其实曾经想过，希望维布伦教授能像接纳富兰克林和其他许多人一样,接纳我为试验场小组的一员,并在此基础上建立起那个有名的普林斯顿数学系;可是有许多优秀的候选人,我没有被他选中。

我拜访了马萨诸塞理工学院数学系主任哈里·W. 泰勒(Harry W. Tyler)教授。他个子不高,留着胡子,眼睛炯炯有神,虽然不是数学研究专家,但为人贤明,热心系里的福利和声誉。他任命我为教员之一,分担系里新增的超负荷的教学任务,如果我表现出色,有可能获得更长期的职位,但没有任何承诺。他建议我投身于应用数学的研究。而我在系里一开始的研究不巧是纯数学,但我至今与马萨诸塞理工学院数学系已有长达33年的愉快合作,由于我与工程师和工程问题的接触,使我的纯数学研究充满了应用色彩,因此可以说,我在某种程度上遵从了泰勒教授对我的指示。

此时,哈佛大学正卷入一场关于招收犹太学生比例条款的大争论。洛厄尔校长认为哈佛是一所不分社会阶层的院校,是培养统治阶级的摇篮,为了维护这一理念,他提议对犹太人的入学人数设置一个限定的比例①。大家都知道,这是一项行政措施,因此任何反对者都要冒吃苦头的风险。我父亲坚决反对限制犹太学生的人数,而我可以自豪地说,当这个不公正和不尊重人的措施受到质疑时,我母亲毫不犹豫地支持我父亲的意见。所有这些都发生在我必须为自己的学术生涯寻找坚实基础的时期。我感到自己属于一个受到不公正待遇的群体,这个感觉让我终结了对哈佛大学最后的友谊和感情。

我在童年时完全没有意识到反犹太偏见。我的父母有很多朋友,他们都喜欢和钦佩我的父母,但和我们保持一定的距离,我父母很少有可以随意去拜访而不用事先告知的朋友,也很少有可以随意来我们家访问而不用事先告知的朋友。我认为,这并不是因为哈佛大学的大部分同事真的排斥我们家,而是因为我父母胆小,不敢冒被排斥的风险。

这种情况也延伸到我们这些孩子。在哈佛的其他孩子中,很少有允许我

---

① 鉴于犹太学生占哈佛大学学生的比例已从1908年的6%增长到1922年的22%,校长洛厄尔提出了,将犹太新生比例限制在15%的入学政策。此项提议在学校内外引起很大争议,最后未获校务监督委员会通过。但洛厄尔又采取其他一些措施来达到目的,当他于1933年离任时,犹太学生的入学比例为10%。当时西方许多国家的院校实施限定犹太学生入学份额的歧视政策,直到第二次世界大战结束后,才基本停止。——译注

去看望他们的,除非这样的看望事先经过家庭之间约好。因此,我在很大程度上只能与非大学家庭的人交往。而到后来我认为这样很好。

至于家庭胆小的根源,我想肯定是复杂的。相比我们是老美国人中的新美国人和新英格兰人中的西部人这一因素,我们是犹太人的因素可能不足道。无论如何,这在一定程度上让我们这几个孩子所处的相对孤立的环境更糟。但与我童年生活的其他问题相比,这一切都是不重要的问题。

然而,到第一次世界大战结束时,我充分意识到存在着一种最恶毒的反犹太偏见。在这一时期,犹太男孩经常听到他们的朋友和指导老师的劝告,说他们从事学术生涯的机会相当少。这样的看法曾经持续了相当长的一段时间,但在第二次世界大战期间及之后,它似乎在对种族态度的重新评估中消失了。

我很高兴地看到,不仅对大学里犹太学者的态度,而且大学里犹太学者自己的态度都发生了很大的变化。随着反犹主义的衰落,犹太学者本身的怨恨和恐惧也在减少,他们积极参与解决整个社会问题的可能性大大增加。这种变化和成熟是在我每天看到的周围发生的,我目睹了这一切;我希望并相信,这只是反映了在更大范围内发生的现象。

总的来说,洛厄尔赢得了这场支持"学生份额条款"的斗争,至少在他做校长时期是这样。他的方案虽然未获通过,但他制定了一项行政计划,使他能够对所有非杰出人才的犹太人的人数进行相当严密的监控。我相信,在发生了骇人听闻的纳粹主义大屠杀事件后,以及我们对每个人的就业权和接受最好教育的权利采取了更加开明的态度之后,这个问题已经基本不存在了。然而在洛厄尔任校长时期,那些在校长如此重视的问题上反对他的人,承受了永远得不到他的善待的风险。在讨论"学生份额条款"的教职员工会议之后,我父亲再也得不到洛厄尔校长的眷顾了。后来,当他到了法定退休年龄,希望继续在哈佛工作时,他强烈地感受到了这一点。他被最终拒绝了,而且在拒绝他的信件里,只字不提到他长期以来忠实地为哈佛服务的功绩。

在新罕布什尔州度过了又一个夏天,在学期开始之前,有两件重要的事情占据了我的注意力。我接到辛辛那提大学年轻数学家巴尼特(Barnett)的电话。由于他所从事的是泛函分析研究,而这正是我向往的研究领域,于是问他能否推荐一个好的研究课题。他的回答对于我后来的科学生涯产生了相当大的影响。他建议我研究函数空间的积分问题。在马萨诸塞理工学院的第一年，我找到了这个问题的一个形式解，其中采用了英国数学家丹尼尔(P. J. Daniell)所提出的一些概念，他当时在得克萨斯州的赖斯(Rice)学院任教。然而，我对首次运用丹尼尔概念所得到的结果似乎相当缺乏内容；于是，我开始寻找一些能够体现类似逻辑结构的物理理论。我在布朗运动理论中找到了它。加托(Gâteaux)曾讨论过有些类似的积分理论，他是一位年轻的法国数学家，死于第一次世界大战；但他的工作不能直接归入丹尼尔和勒贝格的概念体系。

我后来在数学方面的大部分工作都可以这样或那样的方式追溯到我对布朗运动的研究。首先，这项研究让我了解到概率论。而且，它还直接将我引向了周期图，以及比经典的傅里叶级数和傅里叶积分更广泛的调和分析形式的研究。所有这些概念与作为一位马萨诸塞理工学院的教授所应有的对工程领域的关注相结合，使我在通信理论方面取得了理论和实践上的进展，并最终创立了控制论这门学科，其实质是用统计学方法研究通信理论。因此，尽管我的科学兴趣看上去有多种多样，但从我第一次的成熟工作到现在，只有一根单线贯穿其中。

到达波士顿后，我发现还有一桩事务在等着我，它的性质非常世俗。长期以来，波士顿警察的住房和工资一直是出了名的不足，一些警察为了改善这些条件，不惜冒险出头。这导致产生了警察要罢工的威胁。差不多在同一时期，其他地方已发生过几次这样的流产的罢工，而保守的公众舆论则开始对警察罢工的可能性感到恐惧，开始团结起来，以对抗那些履行重要公共职能的人所宣称的罢工权利。于是，没有什么困难就招募了一支志愿警察部队，以防正规警察将他们的威胁付诸行动。哈佛大学数学系的一位朋友报名参加了这支志愿警察部队。而我一时被爱国之心误导，也跟着报名了。

所发生的一切已成为历史，这一事件为时任马萨诸塞州州长的卡尔文·柯立芝(Calvin Coolidge)赢得了虚假的声誉。正规警察罢工了。柯立芝没有召集志愿者在正规警察离开时接管警察局，而是让这座城市在经历了24小时

第十八章 回归数学

无政府状态和抢劫之后才采取措施。这可能只是他的优柔寡断,也可能是其政治远见;但无论如何,这对橱窗被砸的店主以及广大市民的神经和腰包都是沉重的打击。我们这些志愿者领到了徽章和左轮手枪,并被派出去结伴巡逻。我隶属于乔伊(Joy)街警察站。我执勤的第一个晚上,坎布里奇街、斯科莱(Scollay)广场和汉诺威街人来人往,但我们的巡逻区域没有发生任何暴力事件,尽管在邻近的巡逻区域有一名男子被杀。后来,我被派往西区各条街道巡逻。虽然我和另一名新兵一起被派往北站附近的贫民窟协助逮捕一名打老婆的人,但并没有发生什么令人兴奋的事情。我拔出了手枪,但它却像一条友好的狗的尾巴一样颤抖着,我必须感谢我的守护天使,它没有走火。还有一次,我在一条安静的犹太贫民窟街道上巡逻,看到一个男孩在和他的伙伴们讨论代数课上的一些难题。我打断了他,把他纠正过来,然后继续巡逻。后来,这个男孩考进马萨诸塞理工学院,成为我的第一批数学高年级学生之一。我最后一次见到他,是几年前在匹兹堡的卡内基理工学院,他现在是那里的教授。

警察罢工的最终结果是让卡尔文·柯立芝当上了总统,解雇了罢工的警察,并组建了一支新的警察部队,它们享有的大部分权利就是那些旧警察牺牲了自己的前途而提出的要求。至于我自己,除了作为州长的受骗者和罢工破坏者而蒙受耻辱之外,什么也没有留下。

我来到马萨诸塞理工学院,这意味着我已经安全进港,不用再为找工作和搞清楚自己要做什么而东奔西跑了。当我来到这里时,是一大批新教员中的一个,都是为了承担第一次世界大战后增长的教学任务。虽然我和其他人一样,有很好的机会成为长期教员,如果我在知识和情感上被证明能够胜任教师的工作,但并没有关于这件事的正式约定。

当时,马萨诸塞理工学院数学系本身正处于转型期。虽然它被看作是主要为教学服务的系,但还是有一个满怀科学热情的数学家的小核心,都是最近前后加入数学系的,这群人期待着有一天,我们的团队能够以原创性研究和培养有能力开展原创性研究的人才,以及积极解决工程领域的问题而闻名。

在系里的年长者中,伍兹(F. H. Woods)早已表现出对纯分析的兴趣;威尔逊(E. B. Wilson)最近离开去了物理系,而且预定还要离开物理系去哈佛大学公共卫生学院从事生物统计研究,他代表了威拉德·吉布斯(Willard Gibbs)在耶鲁大学的伟大思想传统。多年来,利普卡(Lipka)和希契科克(Hitchcock)一直在进行一定数量的极具个性的数学研究;然而,这些研究都偏离了正轨,与美国其他数学院校所支持的研究类型关系不大。穆尔(C. L. E. Moore)和菲利普斯(H. B. Phillips)则是两位新研究方针的最坚定的支持者,也是真正设想了本系数学未来发展的两个人。

穆尔身材高大,体格健壮,他的视力刚刚从因晶状体移位导致半盲的状况下恢复过来,但几年后因青光眼还是成了半盲。他为人和善,对科学研究忠心耿耿,不带任何虚伪的色彩。第一次世界大战前,他曾在意大利学习,在那里,他感受到了一种善良和真诚的氛围,这种氛围强化了他自己原有的这种性格。意大利当时是几何学的世界中心,因此他是一位几何学家。虽然他的工作领域与我的不同,但他鼓励我,父亲似地关注着我在研究的道路上怎样抉择,而这正是一个缺乏自信、笨拙的年轻人在成长中所需要的。他支持我创办了本地的马萨诸塞理工学院数学期刊,这使我能比较方便地发表早期非正统数学研究成果。

菲利普斯教授已经正式退休,但并没有完全退出教学工作,在我看来,他是马萨诸塞理工学院的数学圈里永远存在的人物。他在年轻时看上去不特别年轻,而在70岁时看上去也不怎么老。他是一个身材颀长、关节松弛的南方人,他记忆中的南方出生地,已经被南北战争和战后重建掩盖了一切,于是他成了一个怀疑论者,以一种最乐观和前瞻性的方式来表达他那一点悲观思想。他是一个极具个性的人,而从根本上说,他和穆尔一样善良。

穆尔和菲利普斯为我所做的,就是跟我讨论他们自己的工作,并让我跟他们一起讨论我自己的工作。对于他们来说,接受我半生不熟的想法,忍受我对个人的和科学上的困难的不成熟表述,一定是非常无聊的。但最重要的是,他们倾听了我的意见,我第一次因他人的信任而坚定了成为一名真正数学家的希望。我们之间讨论了数学系的未来乃至美国数学发展的长期计划。得到这些我所尊敬的人的信任和希望,让我觉得自己更像一个男人,我也变得更成熟了。即使是1932年去世的穆尔教授,在他生前也看到我们数学系已远远不是一个主要为教学服务的系,而是学院一个开展建设性研究的系。菲利普斯教授在该系承担起现代职能后,担任系主任多年。他们两人所看到的一切,超出了他们在第一次世界大战结束前所设想的最疯狂的梦。

我在受聘于马萨诸塞理工学院的三四年内,发表了大量的研究成果。我开始对位势理论感兴趣,在这方面,我从当时在哈佛大学的凯洛格(Kellogg)教授那里得到许多建议。渐渐地,我开始清楚地认识到,在无法解决位势与某些边界值拟合问题的情况下,仍然存在唯一的势函数,它在比文献要求的更宽松的意义上与这些边界值拟合。于是问题出现了:在特定情况下,如何确定广义狄利克雷问题(即所谓的势拟合问题)的解,满足经典位势理论所要求的连续性条件?

大约在那个时候,伟大的数学家博雷尔(Borel)发表了一系列论文,论述了一个不同但又略有相关的问题,即准解析函数。博雷尔当时工作的创新之处在于,他让问题的解不依赖于数的大小,而是依赖于级数的收敛或发散。我突然意识到,我的位势函数在边界上的奇异点问题很可能也要以那种形式获得解答,而不是像大多数早期尝试解决这个问题的人所建议的那样,以确定某个特定数字的形式获得解答。无论如何,我费了九牛二虎之力终于获得解答,我的猜想是正确的。在我的墨西哥学生曼努埃尔·桑多瓦尔·巴利亚塔(Manuel Sandoval Vallarta,他后来成为 MIT 教授,是墨西哥科学界的天空上最亮的明星之一)的帮助下,我把我的文章翻译成了法文,并寄给了亨利·勒贝格(Henri Lebesgue)教授,请他发表在《法国科学院院报》(*Comptes Rendus*)上。我之所以这样做,是因为我最近看到了他和一位名叫布利冈(Bouligand)的年轻数学家的一系列文章,这些文章令人不安地接近于完全解决我所感兴趣的问题,从而让这个问题不再出现在文献中。

原来,在我的文章寄出之后,但还没有收到之前,布利冈就提交了一个密封的信封,里面装着一个非常相似的结果,由勒贝格保管,以维护布利冈在这一领域的优先权。这是我和布利冈之间难分胜负的竞争,当我的文章到达后,勒贝格建议布利冈打开他的信封。两篇论文并列刊登在《院报》上。虽然我认为我对问题的表述在逻辑上更完整一些,但两个结果在本质上是相同的。

这件事开启了我和布利冈之间持续至今的友谊；后来，我去普瓦捷（Poitiers）拜访他时，他在火车站月台上，为了让我认出他来，手里拿着我那篇文章的重印本。

1920年夏天，在斯特拉斯堡大学召开了一次数学大会。虽然这次大会遗憾地给出了不让德国人参加的限制，但我还是参加了。这是我第一次有机会参加国际数学会议。我和弗雷歇一起工作，他当时是斯特拉斯堡大学的教授，我暑假的一部分时间是在他家附近的孚日山脉（Vosges）的一家旅馆度过的。

作为我工作的结果，我参与了两篇研究论文的撰写，它们注定会在日后产生一定的影响。我将自己在积分和函数空间方面相当笨拙和形式化的工作转化为对布朗运动的研究，从而将其与爱因斯坦和斯莫卢霍夫斯基（Smoluchowski）的思想结合起来。这项工作是我后来发展应用于通信理论和控制论之技术的一个内在的阶段。

我在与弗雷歇的讨论中形成的另一个想法，是关于某种广义向量空间，我为它提出了一系列公设。但我很快发现，我因只晚了几个月而错过机会，因为同一空间的理论已经由波兰的巴拿赫提出并进行了研究。虽然这是一场几乎旗鼓相当的竞争，但后来我还是放弃了这一领域，把它完全留给巴拿赫去开辟，因为其抽象程度让我觉得它与数学的紧密结构相去甚远，而我觉得数学的紧密结构能给我带来最高的审美满足。我并不后悔在这件事上遵从了自己的判断，因为无论数学家如何分配精力，他在一定时间内所能做的工作都是有限的。对于他来说，最好是在能给他带来最大内心满足感的领域中完成他的工作。

当我回到MIT时，我发现电气工程师们开始指望我能解决奥利弗·亥维赛（Oliver Heaviside）的新颖而强大的通信技术所带来的非常严重的逻辑疑问。我在这方面取得了很大进展，在工作过程中，我发现有必要将傅里叶级数和积分理论扩展为涵盖两者的更一般的三角函数理论。因此，当哥本哈根大学的哈拉尔德·玻尔提出他的殆周期函数理论时，我发现这是一个我已经开发出适当技术的领域，于是我为这个新课题开发了两三种重要的替代方法。

第十八章 回归数学

我和玻尔之间的关系一直很友好,直到他一年半前去世。

自从来到 MIT,我就获得她的忠实支持,获得她对我之需求、局限性和可能性的谅解。我很早就被允许给研究生上课,从而很早就与我的年轻学生合作,并努力发挥他们的才能。我发现自己并不特别适合给本科生上课。然而重要的是,我确实发现在大学里有一个我可以有效发挥作用的教学岗位,这就给了我取得事业成功所必需的自尊心。

我在这里给本科生上课的经历与我在缅因大学的经历大不相同,这让我得到宽慰。也许缅因大学的男生只想玩,而 MIT 的男生当然想工作。虽然课堂上偶尔也有恶作剧,但很少发生;教授和学生之间的关系本着一种相互尊重的精神。偶尔也会出现一些纪律问题,但非常少,并没有成为我与学生关系的重要组成部分。此外,我可以确信,在任何涉及我的合理权威的问题上,我都会得到学院当局的支持。

同时,我也接受了许多教训。我学会了控制自己天生的快速教学节奏,把它调节到比平均水平的学生高不了多少的程度。我懂得了,在维持课堂纪律方面,犀利的言辞是教授的优势,但这种武器要尽量克制少用,才是宽宏大量和明智的做法。我学会了如何在学生听众面前表现自己的诀窍,我永远摆脱了在课堂上的怯场,或在任何其他具有严肃知识目的的听众面前的怯场。

在我 25 岁开始在 MIT 任教的那一年,来我们家喝茶的年轻女士中有一位引起我的特别注意。她有法国的文化背景,在拉德克利夫女子学院主修法语。她在第一次世界大战前和战争期间在巴黎长大,具有拉斐尔前派(pre-Raphaelite)①所赞赏的那种美貌——一种在罗塞蒂②的画中,远胜于动态美的静态美。

我被她深深吸引,花了很多时间去看望她,带她出去玩。她不喜欢我那个年纪小得多的弟弟一直缠着她,结果我的父母和妹妹们都很讨厌她。他们总是嘲笑我,而家庭的嘲笑是我无法招架的武器。我不知道,如果不受干预的

---

① 拉斐尔前派是一个维多利亚时代英国的画家和诗人团体,于 1848 年成立,该团体主张回到拉斐尔之前的艺术黄金时代。在绘画中强调自然主义和写实细节。——译注

② Dante Gabriel Rossetti(1829—1919),英国画家,批评家,"拉斐尔前派兄弟会"的 7 位创始成员之一。——译注

话,我们之间互相有意的关系会如何发展。但不管怎样,在我和她认识的第二年,她告诉我她和另一个男人订婚了。我并没有大度地接受这个事实,但这并不是一个能让人大度行事的场面。

从那以后,我越来越多地去阿巴拉契亚俱乐部广场,在那里参加户外锻炼和社交娱乐。我去俱乐部广场已将近八年了,现在我发现自己在年龄和社交成熟度上更适合身边的人。我认识了几个年轻人,有机会一起讨论了许多我们感兴趣的事情,因此我在社交发展方面向前迈进了一大步。尽管如此,我仍然需要更多的社交接触,而就像从前一样,我在父母的茶会上找到了这些接触。

就在我遇到我上面所说的那位年轻女子的前后,我遇到了另一位年轻女子,她非常吸引我,如果当时我不是正在热恋中,我一定会毫不犹豫地追求她。在那一段恋情破裂后,经过一段重建自尊的必要时间,我开始和她见面,并最终希望她能成为我的妻子。

她的名字叫玛格丽特·恩格曼(Margaret Engemann),成为我的妻子已经超过四分之一个世纪了。我之所以注意到她,是因为我在自己学生的名册上看到了这个姓,他们也受邀参加了这些茶会,而且在我父亲的研究俄罗斯文学的学生名册上也看到了这个姓。我们得知,玛格丽特和我的学生赫伯特·恩格曼(Herbert Engemann)是姐弟,他们出生在德国的西里西亚(Silesia),但曾在美国偏远西部的多个地区生活过。他们祖先的一支可以追溯到巴伐利亚,虽然他们长得很像,但赫伯特的头发颜色很浅,而玛格丽特的头发则深得近乎黑色。他们从犹他州来到坎布里奇,曾是犹他州立大学的学生。他们都是严肃认真、朝气蓬勃的年轻人,我被他们深深吸引,后来我认识了他们的母亲(他们的父亲多年前在德国去世),我认识到她是一位活跃而有趣的开拓型女性。玛格丽特和她母亲一样具有鲜明的性格特征,不过更多的是女性化。

有一次在1921年冬天,我们全家去乡下的新家滑雪,那是在格罗顿(Groton)的一个农场。我父母邀请恩格曼夫妇和我们一起去。在此之前,我曾带玛格丽特去玩过一两次,非常享受我们的相伴时光。我父母认为她和我非常般配,不断地表示赞成这门亲事。然而,他们对玛格丽特明显的好感让我感到非常

第十八章 回归数学

尴尬，我的回应是暂时远离玛格丽特。以结婚为结局的求爱只能是我自己的事，不能代表父母强加给我的决定。因此，我很难向玛格丽特表示特别之意。她后来告诉我，她对我父母明显暗示的反应和我完全一样。

从格罗顿一回来，我开始感到身体不适，不久就患上了支气管肺炎而病倒。我神志不清了好几天，在神志不清和康复期间，我表示希望能再见到玛格丽特，并一起谈谈我们的未来。我现在觉得她就是我的妻子。然而，我们的求婚过程和婚前的准备工作进展得并不快。我仍然对父母过度参与我的事务感到困惑。而且玛格丽特很快就要离开波士顿，到宾夕法尼亚州的朱尼亚塔（Juniata）学院担任法语和德语教师。她在朱尼亚塔学院的四年教学经历，让她在那里留下了持久的受人爱戴的口碑。

玛格丽特在欧洲和美国都与我有着深厚的情感渊源。她出生在西里西亚，并在那里接受了早期的学校教育；十四岁时跟母亲和兄弟们一起来到美国，与他们共同怀有对美国那部分重要的边疆地区的回忆。因此，她始终对自己的祖国和养育她的国家有着深刻的理解，并真诚地忠于这两个国家的真正利益。

从一开始玛格丽特和我一起讨论我们的问题时，她就坚定地认为，我应该诚实地承认自己是什么样的人，不卑不亢地接受自己的犹太身份。我相信，在我考虑结婚的时候，我的家人曾认为玛格丽特会很容易融入我们维纳家多少存在的父权制模式，并且会成为随时约束我的工具。虽然我的父母似乎希望如此，但我很高兴地发现，事实上这根本不可能。然而，在我们俩弄清楚这件事之前，我们只能等待。

我想，在玛格丽特的内心深处，一定早已考虑过结婚的可能性，而我也同样如此。我们曾在玛格丽特的一个朋友家见过一次面，那是在她的大学和波士顿之间的半路上，但那次我们都被眼前自己的前途问题缠住，没有来得及达成一致。而随着时间的推移，我们越来越明显地感觉到彼此的强烈吸引力。我逐渐明白了一个从未被真正怀疑过的事实：如果我的父母认为我和玛格丽特的婚姻将意味着我被家庭无限期地囚禁，那么他们就太想当然了。

在1920年参加斯特拉斯堡数学大会之后的几年里，我曾多次带妹妹或单独一人访问欧洲,与几位美国数学界的朋友一起随意地去爬山,并访问了德国格丁根大学。1925 年,格丁根大学的马克斯·玻恩教授来 MIT 讲授物理学。我的工作似乎开始引起人们足够的兴趣,我也因此收到了去格丁根大学讲学的邀请。资金由新成立的古根海姆基金会提供,该基金会为美国各领域的学者和艺术家提供了大量帮助。我决定春天前往格丁根。

因为要出国,我觉得自己第一次有了需要马上结婚的理由。圣诞节时,我和玛格丽特在坎布里奇的父母家再次相遇,并决定结婚。然而,困难在于玛格丽特的教学任务要到六月才结束,而那时我应该已经在大西洋彼岸了。我们想看看是否有可能在德国的美国大使馆举行婚礼,但最后得出的结论是,这将使我们耗费更多的精力,得不偿失。最后,我们决定在我动身前往欧洲的前几天在费城举行婚礼,然后各忙各的,直到玛格丽特在学期结束后能来德国。我们在大西洋城度过了几天愉快而短暂的蜜月,然后在纽约市闷闷不乐地告别了,之所以闷闷不乐,这在一定程度上是因为我们当时在那个像古代陵墓似的旧默里·希尔酒店(Murray Hill Hotel)里开了一间房,还有一部分原因是我们选择一起看的戏剧是易卜生的最令人郁闷的作品之一。

然而,我们的分离期终于结束了,尽管它似乎永远不会结束,我们在瑟堡(Cherbourg)重聚,开始了我们的欧洲蜜月。那是 26 年前,我们 31 岁。我无法表达这 26 年来我的生活是如何因为我妻子的爱和理解而得到加强和稳定。

结 束 语

这样,就结束了我从 1894 年出生到 1926 年 31 岁结婚为止,人生一段历史的叙述。其间我加入了马萨诸塞理工学院的教职队伍,并一直在那里工作至今。

本书除了那些跟我和我的工作有过一些持续接触的人会感兴趣之外,主要会被那些对我职业生涯中的不寻常之处以及我被称为神童这一事实感兴趣的人阅读。也会有很多人出于好奇心阅读这本书,想了解这样一个神奇的怪物是什么,以及它是如何看待自己的。还有一些人则想从中汲取一些教训,用于教育自己的孩子或受托照管的其他孩子。他们会问自己,也会问我一些严肃的问题:我的神童生涯对于我是有利还是有害?如果有机会,我还愿重复这个经历吗?我是否在同样的基础上培养过自己的孩子?如果没有的话,是否觉得当时应该这样做?

这些问题问起来容易,回答起来难;事实上,人的一生只有一次,对这一生的实验几乎不可能有准确的控制。从理论上讲,对同卵双胞胎这种奇特的人类个体进行有控制的实验也许是可能的,但如果要将这种实验进行到底,那就意味着要对个体的发展和幸福极端地漠不关心。我的父亲不是这样冷漠的暴君。他的天性并不冷漠,而且他坚信自己是在为我尽力。因此,从本质上讲,对这些问题的回答一定只能是一种感性的猜测,而不是科学家经过深思熟虑的准确判断。

我尽量不把这本书写成"发自内心的呐喊"(*a cri du coeur*)。不过,最粗心的读者也会发现,我的童年生活并不全是蛋糕和麦酒。我在极其严厉的压力下极其勤奋地学习,虽然这个压力是出于爱。我所获得的遗传性格本身就容易导致情绪紧张,而在另一个也具有这种紧张遗传性格之人的严管下,我所接受的训练课程必然会让这种性格缺陷放大。我天生就很笨拙,无论是在身体上还是在社交上;我的训练对于缓解这种笨拙毫无帮助,反而可能会加重它。而且,我强烈地意识到自己的缺点和所背负的巨大期望,并感到这两者之间的差别是如此之大,这让我不容易相信自己会成功。

我生就有一种明显的、非常真实的早熟,还有一个永不满足的好奇心,这种好奇心驱使我在很小的时候就开始无限制地阅读。因此,关于如何教育培养我的问题不能无限期地拖延下去。我自己就遇到过不止一个聪明人,但他们却一事无成,因为他们学习很轻松,使他们不用受普通学校的纪律约束,而没有任何东西可以取代这种纪律。我从我父亲那里接受的正是这种严格的纪律和训练,尽管可能接受得太多了。我很早就学会了代数和几何,它们已经成为我人生的一部分。我的拉丁文、希腊文、德文和英文则成了印在我记忆中的图书馆。无论身在何处,我都可以调用它们。我在大多数男孩还在学习琐碎知识的年龄时,就已经掌握了这些非常有用的学习工具。所以后来当其他人还在学习他们的专业所需的基本知识时,我可以腾出精力,从事专门的研究工作了。

而且,我还有机会坐在一位非常伟大之人的膝下,了解他的内心世界。我之所以这样说,既不是出于家庭的自负,也不是出于子女对父辈的忠诚。我作为一个活跃的学者已经度过了三分之一个世纪,我非常了解那些与我接触过的人的智力状况。我父亲的工作因他提出那么多无法给予充分逻辑支持的设想而受到损害,他有不止一个理论被后来的批评检验所推翻。要成为一门像语言学那样内在规律非常细弱的学科的先驱,就必须冒这种风险。我父亲是一个相当孤独的工作者,一个热心于事业的人,一个从早年不同的行业经奋斗转过来的人。这就不可避免地让他有一些缺点。然而,他在语言学领域的影响可与耶斯佩森相提并论,并且他预见到现代语言学家学派的出现,该学派在

结　束　语

语言的文化史中看到了一股比单纯形式上的语音和语法发展具有更强连续性的潮流。当今的语音学家和语义学家的立场都更接近于我父亲的立场，而不是他同时代的大多数人的立场。

我和父亲一起工作时，冲突好像几乎从未间断过，而且冲突确实不少。他是一个敏感的人，认为自己没有得到应有的普遍认可。他希望我不仅是他的弟子，而且是他友好的评论者，或许还是他的继承人。即使是一个成熟的、训练有素的语言学家，同时担任这些角色也是不可能的；何况是一个半大的孩子，这绝对做不到。当我对他的逻辑表示任何怀疑时，而且有些是出于本心的怀疑，我被斥责为无礼、不孝的孩子。然而，我同时也能感受到父亲的痛苦和他对认可的需求。我知道，他是在他觉得有望得到认可的地方寻求认可。因此，在我的自卫性气愤和怨恨中不是没有掺杂着怜悯。

父亲感到失望的是，他的工作没有获得他觉得应该有的，我也觉得应该有的，足够的早期认可。他绝不是失败者，他也不认为自己是失败者，无论是在知识贡献方面，还是在总的学术事业成功方面。至于后者，父亲在哈佛大学获得和保持了正教授的职位，而且毫无疑问，他作为最富有天才的语言学家和语言史学家，受到了极高的尊敬。然而，就在尊敬他的这些同事中，我认为很少有人意识到他在语言学领域所采取的立场是革命性的。我还认为，尽管他尊重哈佛大学的同事，但是对于他来说，他们中的许多人代表了语言学的学识和世故的一个阶段，此阶段可以形成准则，而此准则所提供的判断是没有任何重大意义的。在他抛弃德国和德国抛弃他之前，他心中曾期望获得德国的认可，而这种认可在那个时代的封闭的德国语言学界是不可能得到的。即使在他与德国完全决裂之后，我认为他仍然期待着欧洲，希望出现某种奇迹，会有一只鸽子从不知什么地方飞来，嘴里衔着橄榄枝。我想他绝没有料到会出现如今这样的局面，除非是在梦中，即欧洲的学术研究主要集中在美国，他自己的观点不再被视为一个杰出怪人的幻想，而是被接受和正式认可。

在他去世后仅仅15年，就成功地获得了身后的名声，但这几乎不能减轻他的悲剧性处境。即使在一所名牌大学中拥有崇高的地位，在同事中享有相当高的声望，也有可能成为一个悲剧人物。父亲获得了这样的地位，我母亲必须记一大功，因为她把一个才华横溢、不谙世事的人引导走向那成功的高度并最后到达那里。我父亲自己也知道，这是一个了不起的成功。但作为一门科学的重建者的地位不是他应得的，也不是他向往的。他向往成为带来光明的普罗米修斯，而且在他自己看来，他遭受了普罗米修斯的命运。

从他身上，我学到了真正的学者所应具备的学术标准，以及学术生涯所要求的男子汉气概、献身精神和诚实。我懂得了学术是一种召唤和奉献，而不是一份工作。我学会了对一切虚张声势和学问作假的强烈憎恶，也学会了"不被任何我有可能解决的问题所迷惑"的自豪感。这些都是值得付出代价的苦难，但我要求没有力量在身体和道德上承受这些苦难的人不要付出这种代价。弱者无法承受这种代价，而且这种代价会致命。我是一个不仅具有一定智慧力量而且身体强壮的男孩，这使我有可能承受这种斯巴达式教育所带来的创伤。在我要即使只是考虑让任何一个孩子，不管是男孩还是女孩，接受这种训练之前，我必须确信不仅孩子的智力，而且他们的身体、心理以及道德上的坚持力能够承受它。

即使我们认为这种坚持力是理所当然的，它也是一种特殊的处理方法，只有在通常的方法无法满足需要的情况下才能使用。在我自己的孩子身上，还没有出现需要进行这种高度专门的处理过程的迹象。我从未试图让他们接受类似的训练。如果我发现自己面临我父亲所面临的问题，我无法说我应该怎么做。

然而，如果只对我成长过程中父亲最直接参与的那部分感兴趣，那就会误解本书的意义。当我在哈佛大学获得博士学位时，我已经完成了美国男孩通常接受的正式教育。但无论在年龄上还是在人情世故上，我都还没有准备好在学术界占有一席之地并独立谋生。对于我来说，重要的是不仅要讲述我如何陷入神童的专门化、不自然的生活，还要讲述我是如何从这种生活中走出来，回到可能的正常生活中去的。因为在我看来，回到正常生活跟脱离正常生活具有同样的意义和重要性。

在我作为一个成熟的学者在世界上占据正式地位之前，有必要用每个青少年最后必然会获得的一种普遍经验的基础，来代替那个让我在某种程度上

结 束 语

成为展览对象的特殊条件。我必须学会如何在学习中摆脱专制父亲的榜样,学会如何在那些对于我作为神童的经历毫不在意的人中间处理好自己的事务。我必须成为一名相当称职的教师,了解自己在这一领域的优势和局限。我必须在工业实验室里的劳动中磨炼自己的双手,获得作为一个活跃的团队成员使用工具工作的满足感。我必须发现,靠写作谋生并不是一上手就能做的,而是一种需要训练的工作,每天必须重复许多小时。我必须认识到,数学可以在处理通过观察发现的实际数字和测量值中发挥作用,而且这种数学结果的准确性和适用性能接受严格的审查。还有,由于我是在战争年代长大成人的,因此我必须亲身体验,作为一名士兵(如果不是作为一名战士的话)究竟意味着什么。

在普通学者的职业生涯中,这些体验有许多人在十几岁时就经历了,然后在二十几岁时取得了与我在更早的年龄时同样迅速的进步。这是更为正常的过程,有很多可取之处。但是我不敢贸然宣称,这个过程与我所经历的另一种过程相比,孰优孰劣。一方面,我天生就存在着社交困难的问题,即使我后来的职业生涯也无法将其消除。另一方面,在这段经历丰富的多彩岁月里,我的眼睛已经睁开,可以看到我所关注的大量个别问题,并根据一些主要原则对它们进行分类和组织。我几乎可以夸口说,这些在寻找自我的看似散漫的岁月,没有一天是虚度的,我已经把它们全部融入后来的以一些高度组织起来的原则为中心的事业中。

然而用同时代人的眼光来看,我似乎已经从属于一个天才神童经历的公众耀眼光芒中走下来,进入到一个还不算很糟的失败者的半昏暗境地。我认为,在我刚到马萨诸塞理工学院的时候,这样的说法似乎很有道理,但现在来看,它是不真实的。我后来的工作选择了研究通信和通信设备。这一门学科用到我从父亲那里学来的语言学和语言史学方面的知识,用到我作为学徒在通用电气公司的实验室和在阿伯丁试验场的计算机桌前学来的工程技术,用到源于我在剑桥大学和格丁根大学期间学得的数学技术,用到在《百科全书》和《波士顿先驱报》的工作中我所迫切需要和学得的文字表达能力。我曾协助一位日本教授做日常工作,而这段经历对于我后来在东方教学和与东方学者交往很有益处。即使是我在缅因大学的流放,对于我来说也是一种责罚,但从长远来看,对于一个要以教师为生的人来说,却是一种有益的责罚和真正的约束,因为他有必要在错误尚不会造成严重后果的时候及早犯错。

这并不是我这方面或我父亲方面的任何特别计划的结果。想要在科学的不同分支领域工作的人,必须准备好在他发现想法的地方接受想法,并在它们适用的地方使用它们。任何东西都是他这个磨粉机的磨料。事实上在科学界,一个早年神童的特有优势——如果他有任何优势,并且能够设法在没有遭受重大创伤的情况下完成学业的话——在于,他有机会吸收许多科学领域的丰富知识,然后明确地投身于其中一两个领域。莱布尼茨是一位神童,而事实上,莱布尼茨的工作正是神童训练所特别适合的工作。科学家必须记忆,必须反思,必须相互关联。科学领域已经发展到如此地步,今天的学者必须是半个莱布尼茨,而情况并没有从根本上改变。科学家在今天的任务甚至比在莱布尼茨时代的更重要;如果不能像17世纪那样看似有可能全部完成任务的话,那么能够完成的那部分任务则要求更高,也更不容易逃避。

所有这些都是我多年后对过去的看法,而不是我童年时对未来的看法。我很早就开始工作,但直到二十五六岁时,我的成就才开始完整显现。我在人生的迷宫中,经历了许多考验,走过许多弯路。然而我怀疑,从长远来看,一个目的更单一、不走弯路的职业对于我来说是否会更好。我认为,一位科学家只有学会从困惑和失败中汲取成功的经验,学会在偶然开始的、没有目的的程序基础上提出新的、有效的想法,才算达到了他的最佳状态。那些永远正确的人学不到失败所带来的巨大教益。知识上的成就需要冒一些可预估的风险,而在许多情况下甚至需要冒无法预估的风险;但有一件事是肯定的:凡事不冒风险,就不会有收获。

我想对我们大学内外研究和教育的管理者说这番话。他们的任务是判断经过筛选、正在奋斗的青年男女的前途和表现,他们的决定可能会对这些年轻人的职业生涯产生深远的影响。但那些受他们评判的年轻人所必须从事的工作,大部分是在尚未有任何公认的业绩标准的领域。所有真正的研究工作都是一场赌博,而回报绝非立等可取。奖学金是对一个人的长期投资,不是即期汇票,也不是 12 个月后兑付的期票。创造力是急不来的,历史女神克利俄(Clio)会慢慢地颁发她的奖金。

至于我早年生活中,跟我的犹太身份及我对此发现的有关问题,随着时间的推移已经烟消云散。我从妻子的态度中找到了对处理此问题明确的行动路线的支持,以及对此行动路线的安全保证。正如我说过的,这条路线就是将针对我所属群体的偏见问题升华到针对一般被低估群体的偏见问题。此外,无论反犹太主义可能会出现怎样的暂时回潮,它在我所生活的环境中,乃至很大程度上在整个国家,已经不再是一个真正重要的因素。在那些反犹太主义程度较低、不再成为我们日常生活重要因素的地方中,马萨诸塞理工学院名列前茅。

反犹太主义的明显减少是多种因素共同作用的结果。希特勒反犹主义的耻辱给大多数美国人的精神留下深深印记,这种声名狼藉的主义已经不再时髦,甚至不再令人容忍。何况,犹太人和许多其他移民群体一样,已经形成了新的一代,他们在美国的语言和美国的风俗习惯中长大,不再将不同的服饰、语言和背景等偏见因素,与对宗教差异的偏见以及特别是对犹太群体的偏见结合在一起。解放犹太区的斗争,对于那些认为这种解放早已是历史故事的人来说,已经没有太多的情感内涵。然而,反对偏见的斗争还远没有取得胜利,必须在偏见出现的每一条战线上进行斗争。

总之,最后的结果还是相当公平的。当一个人经历了 58 年的生活变迁,并发现自己有相当的能力应对这些变迁之后,他在社交方面的笨拙无能就显得是一个很小的问题了。我的人生起步较早,但这看来并不妨碍把展示我的生产能力的周期持续到相当晚,而且还大大提高了我开始发挥生产能力的水平。因此,它使我的工作寿命延长了好几年。

回顾我的职业生涯,我当然不认为它被我的早年经历毁坏了,也不觉得因为如俗语所说的"失去我的童年"(deprived of my childhood)而感到任何特别的自怜。我之所以能保持这种平和的心态,应归功于我妻子的关爱、建议和批评。如果让我独自应对,我可能会觉得很难,也许不可能做到。然而,我做到了。现在,随着年龄的增长,我发现在我的熟人和我自己的心目中,我作为一个神童的形象已经消失。对于我来说,青春期和青春期后的成功和失败的问题已经变得不重要了,对于其他每个人来说也是如此,因为作为一名努力工作的学者,在我的职业生涯中有更大更重要的问题。

第二卷

我是一个数学家
—— 神童的后来生活

VOLUME
2

献给马萨诸塞理工学院，
她给了我工作的勇气和思考的自由

序　言

我刚刚口述完本书的最后一个字。它是我自传的一部分,时间大致从我 1919 年进入马萨诸塞理工学院开始,当时我 24 岁。我自传的前一部分以《昔日神童》为书名,讲述童年和青少年时期的我,而本书则讲述成年后的我和我的科学生涯。

它涉及我的工作、旅行和个人经历,我希望它能公正地讲述我的智力发展历程。我所面临的问题是,如何向公众解释科学思想的发展,因为公众一般对科学没有很深的兴趣,当然也不了解科学的专门知识。我不得不尽可能摒弃科学的专门词汇,将我的概念转化为日常用语。对于一位作者来说,这是一场壮观的磨炼,但也是一场有可能无法取得完全成功的磨炼。虽然使用科学术语往往会导致文字难懂,但如果没有科学的历史发展赋予这些术语紧凑的指称和内涵,要表达科学思想的任何重要部分都是非常困难的,因而不太可能取得完全成功,这远非是那些专门的文字批评家所能知道的。

于是我花了两年的时间来磨炼这一本书,理所当然地,我必须等待公众的评判,以确定我是否取得了一定程度的成功。我为什么要承担这项讨厌的工作呢?往好的方面说,它对于我作为一名职业科学家的地位没多大帮助;往坏的方面说,它一定会给那些可能倾向于批评我的人提供新的机会。总之,我不知道。这其中当然有从事文学创作虚荣心的驱使,也想显示一下,我作为一个人和科学家能够完成我常规工作之外的任务。

在坦然承认以上原因的同时,还有其他更重要的动机。如同在我的自传第一卷,在本卷我也希望仔细思考自己的职业生涯意味着什么,并获得情感上的平静——只有对自己的过去进行彻底的思考和理解才能带来它。我也希望在数学和其他科学领域的类似职业中不断出现的年轻人能分享这种认识。我觉得,知识界的众人并不十分了解科学家、科学家的生活方式和对科学家的要求,而我认为自己在这里有解释的责任。所以最后的动机是,我以前没有任何机会写出来的许多观点,在本书中将逐个地,以连贯的历史叙述形式,解释我是如何得到它们的。

在与我讨论过这项工作的同事中,我想提到马萨诸塞理工学院人文系的卡尔·多伊奇(Karl Deutsch)教授,波士顿大学的阿曼德·西格尔(Armand Siegel)教授,马萨诸塞理工学院医学系前教授,现哈佛大学卫生学教授的达纳·L. 法恩斯沃思(Dana L. Farnsworth)博士,以及莫里斯·查菲茨(Morris Chafetz)博士。此外,我还要感谢几位秘书,他们为我记录口述,对我的想法提出批评,并帮助我将作品打印出来。

诺伯特·维纳

马萨诸塞州坎布里奇市

华盛顿诞辰[2月22日。——译注],1955年

第一章
我开始当数学家

本书是我自传的第二卷。第一卷名为《昔日神童》，讲述了我的早期教育，我与父亲的关系，以及我作为神童的不寻常经历。本书将讲述我作为一名职业数学家的经历。

为了便于组织，我必须让本书从某个确定的时期开始，而开始的时间自然是1919年，也就是我第一次来到马萨诸塞理工学院的时候。那时我24岁：年龄太大，已经不再是神童了，但还不算太大，因为身上还带着曾经是神童的深深印记。

我不打算回溯到童年时期（那是我前一本书的主题），以解释这些印记的来源，但我必须报告我青春期的某些特征，这些特征在前一本书中代表了一个孩子生活的最后阶段，但在这里将被解释为一个男人生活的最初阶段。

在我的童年和青少年时期，对我影响最大的莫过于我的父亲列奥·维纳，他是哈佛大学斯拉夫语言文学教授——小个子，精力充沛的男人，感情深沉而又迅疾，动作和手势都很突然，随时会给出赞许和谴责，一个天生的学者，未曾受过任何专门的训练。他身上融合了德国思想、犹太智慧和美国精神的优秀传统。他习惯于压倒周围的人，仅凭自己强烈的情感，而不是出自任何驾驭他人的特别愿望。

在这样一个人的阴影下生活了20多年，而我是他的骨肉，于是我自己也被打造成与我周围大多数人明显不同的样子。我之所以成为一名学者，部分原因是我父亲的意愿,但同样也是我的命中注定。从很小的时候起,我就对周围的世界充满了兴趣,对世界的本性非常好奇。4岁时,我学会了阅读,几乎从那时起,我就一头扎进各种各样的科学读物中。到我7岁时,我的阅读范围已经从达尔文①和金斯利②的博物志,到沙尔科③、雅内④(Janet)和萨尔佩特里埃(Salpêtrière)学派⑤其他人的精神病学著作。这些五花八门的知识都汇集在那有名的、用小钝字体(small and blunt)印刷的多学科丛书中,这就是《洪堡藏书》⑥。

我的不受约束的好奇心,正好跟父亲坚持让我接受严谨的训练相合。我自己学习科学,父亲则引导我学习古代和现代的语言,还有数学。所有这些科目对于我来说都有一定的兴趣,但任何偶然的兴趣都无法满足父亲对精确和熟练掌握知识的要求。这些要求是严厉而痛苦的;但由于我完全理解父亲的正直和知识能力,所以也就忍受下来了。

我所接受的艰苦训练使我与世界趋于隔绝,并让我从小养成有一点咄咄逼人、不讨人喜欢的性格。我经常和其他男孩子一起玩,但他们并不太欢迎我。当我九岁进入高中时,找到了很少几个玩伴,他们都不是我的高中同学,

---

① Charles Darwin(1809—1882),英国博物学家,创立自然选择进化论,首次提出动物和人类有共同的祖先,震惊西方宗教社会。本人是一个不可知论者。——译注

② John Sterling Kingsley(1854—1929),美国生物学家和动物学家,先后执教于多所大学;在塔夫茨学院执教时,维纳曾选修过他的课(见第1卷第8章)。他编纂的《标准博物志》(*The Standard Natural History*, 1883)、《通俗博物志》(*Popular Natural History*, 两卷本,1890)等,图文并茂,很受读者欢迎。——译注

③ Jean-Martin Charcot(1825—1893),法国神经科医生和教授,现代神经病学的创始人,以研究催眠和歇斯底里著称,精神分析创始人弗洛伊德曾跟随他学习。——译注

④ Pierre Marie Félix Janet(1859—1947),法国心理学家、医生、哲学家,也是解离和创伤记忆领域的心理治疗师先驱;他是Charcot的学生。——译注

⑤ 萨尔佩特里埃学派(Salpêtrière School),又称巴黎学派,是1882年至1892年间推动法国催眠术发展的学派之一。该学派的领袖Charcot将催眠视为癔症的一种躯体表现形式,使催眠成为一门科学。——译注

⑥ 弗里德里希·威廉·海因里希·亚历山大·冯·洪堡(Friedrich Wilhelm Heinrich Alexander von Humboldt, 1769—1859),德国著名地理学家、博物学家、探险家,也是浪漫主义哲学和科学的倡导者。1799—1804年间在美洲广泛旅游,对美国19世纪的科学发展影响甚大,在美国被称为"第二个哥伦布""美国的科学发现者"。去世后留下1万多卷图书资料,后被称为《洪堡藏书》(*the Humboldt Library*),其中大部分被焚毁。后来美国"洪堡出版公司"根据留下的藏书书目,重新出版了其中一部分。它们应该就是少年维纳所看到的书。——译注

而是跟我同龄的男孩。

近视眼让性格特别的我处境更糟糕,有段时间似乎还有失明的危险性。虽然这对我的体力没有直接的影响,但让我在童年生活中无法参加全部的依赖于技巧的游戏。这也使得我的身体更加笨拙。这种笨拙本身已够严重,而我父亲总是提到它,经常以此来羞辱我,这使得这个缺点更加突出了。他自己并不是动手能力很强的人,但他对耕作、园艺和户外生活很感兴趣,而且他把自己有限的技能发挥到了极致。他对我的缺点确实感到不快。

父亲的训练必然造成我的孤独,于是我成为一个自我意识很强的笨拙少年,而且心情多变:当我意识到自己的能力时,就会变得自负;而当我受到父亲对我缺点的严厉批评时,或者当我考虑到自己非常古怪的成长经历使我的成功道路注定是漫长而不确定时,就会变得心灰意懒。而我的面前永远摆着我父亲的榜样,他的咄咄逼人是可以接受的,因为它是自然的,而且在某种程度上也是合理的,所以它对我的伤害没有那么大。

除此之外还有另一个让我不自信的根源,它一直困扰着我的大部分生活。我的母亲和我父亲一样,都是犹太人。与父亲不同的是,她怨恨自己是犹太人。诚然,我的父亲和母亲都赞成同化,希望将自己和子女融入美国的大环境。但是父亲的这种愿望是合乎情理的,因为他有兴趣探究问题的许多方面,这使得他能够以一种近乎正确的视角来看待我们的出身这一事实,而母亲则毫不掩饰地,主要从反犹太主义的视角看问题。

一方面,我们这些孩子在成长过程中不仅对自己的出身一无所知,而且还直接对它产生了虚假的印象。另一方面,我们也不可能在任何时候都一点儿也看不到,在我们所处的环境中存在着一些无法解释的犹太元素。我母亲讲了许多贬低犹太人的话,这让我感到,她认为自己的犹太出身并造成我们自己的犹太特性,是一种耻辱的根源。后来,15岁那年,我从父亲那里知道我们确实是犹太人,就回想起母亲的那些话,不由地产生了一种自卑感,这又在很大程度上导致我的不安全感,以至于过了很多年我才获得一定程度的自信。因此我对自己能力的认识和对自己价值的怀疑交替出现,这使我一直在讨人嫌的自负和同样讨人嫌的自卑之间摇摆。

然而在我的成长过程中,有一些重要的因素促成了总体上的成功,并在智力上取得特别的成功。父亲的独立性在我的天性和习惯中都有所体现。他的能力不仅仅在于高水平的智力,还在于他愿意通过艰苦不懈的努力来补充这种能力。我曾看见父亲在两年内完成翻译 24 卷托尔斯泰作品的艰巨任务,累垮了身体。他要求自己做到的,也要求我做到,从小到大,我从来不知道有这样的时候,我因满足于过去的成就而停止努力了。

高中毕业后,我进入波士顿附近的塔夫茨学院学习,后来又在哈佛大学和康奈尔大学攻读研究生。我 14 岁在塔夫茨学院获得学士学位,18 岁在哈佛大学获得哲学博士学位。随着我逐渐从父亲那里获得有限的——非常有限的——独立,我发现接近成年期的最初自由,在很大程度上是犯错误和体会失败的自由。然而,就连这种快乐的自由也受到了父亲的限制。他会突然做出影响我整个未来的决定,它就像我自己的决定一样束缚着我。

获得博士学位后,哈佛大学颁发给我出国奖学金,我得以先后在英国剑桥大学和德国格丁根大学留学。虽然以前也离开过家,但这是我第一次真正有能力独自生活,并能体验一个独立工作者的那种自由。我的主要老师和指导者是伯特兰·罗素,我跟着他学习数理逻辑以及许多有关科学和数学哲学的一般性问题。那时罗素的样子跟现在一样,像个疯帽匠,他的讨论发言非常精彩,主要是评论爱因斯坦新近发表的相对论。我跟几位学生一起学习罗素自己写的数理逻辑著作,上课地点是在他的房间里,我还学习了他向我推荐的其他课程。其中主要的是一门高等数学课程,由 G. H. 哈代主讲。他后来同时成为牛津大学和剑桥大学两所大学的教授,也许是他那一代英国数学家中最伟大的人物。

我在哈佛大学的博士论文是关于数学哲学的。罗素对它的评价给我留下这样的印象,要胜任在数学哲学领域的研究工作,我应该对数学本身有更多的了解。

我于是去跟哈代学习数学,他是有抱负的年轻数学家的理想导师和楷模。我第一次见到他是在罗素的房间里,当时父亲刚把我带到剑桥大学,不管不顾地让我在那里沉浮。父亲和我初见哈代时,都以为他是一个大学生,一个害羞、不张扬的年轻人；后来我才知道，他是一名出色的运动员，精通每一种玩球的运动。晚年的他变得形容枯槁，老是穿着没有熨烫过的剑桥教师的上衣，挎着剑桥老师的包；和蔼可亲、乐于助人，但回避女人，并且极其害怕女人，这是我对他的最深刻的记忆。

他的课程令我欣喜不已。我以前对高等数学的探索并不完全感到满意，因为我觉得许多证明中存在漏洞，而我又不愿意忽视这些漏洞。后来证明我的感觉是对的，因为确实存在漏洞，它们不仅困扰着我，也困扰着我以前的老师。然而，哈代以如此清晰的思路和如此详尽的细节，带领我掌握了高等数学的复杂逻辑，从而当我们遇到这些难题时，他就能迎刃而解，他让我真正领略到，什么是数学证明所必需的。他还向我介绍了勒贝格积分，这直接导致我取得早期职业生涯的主要成就。

对于外行人来说，勒贝格积分并不是一个容易掌握的概念，但由于对它的认识是本书的基础，我将尝试至少说明其大概，如果不能描述它的全部复杂性的话。测度一条直线上的区间长度，或一个圆的内部面积，或其他光滑闭合曲线内部的面积，这些都非常容易。然而当我们试图测度散布在无穷多线段上的点集，或一般曲线所围的面积，或者是那样的点集，其分布的不规则性用复杂的语言都无法充分地描述，对于它们来说，连最简单的面积和体积概念都需要用高级的思维来定义。勒贝格积分是测度这类复杂现象的工具。

对高度不规则区域的测度是概率论和统计学理论所不可或缺的；即使在战前那些遥远的日子里，我已觉得，这两种密切相关的理论即将接管物理学的大片领域。它们大约处于物理学和数学交汇的中间地带，而正是在这个中间地带我最终做出了最好的工作，因为这种工作看来与我自己个性的一个基本方面协调。

更重要的是，它们预示了现代数学的主要趋势，即以物理学为基础，并依靠由伟大的美国科学家乔赛亚·威拉德·吉布斯（Josiah Willard Gibbs）在统计力学中所阐述的测度和概率的概念。将这些数学概念应用于解决物理世界中出现的问题，而探究围绕这些应用所产生的问题，构成了本卷的主题之一。

勒贝格积分理论引导学生将区间的测度，推广到由区间序列的组合而获得的更复杂现象的测度,并进一步推广到可以通过这些区间序列逼近的点集的测度,而被这些序列排除的那些点的集合也可以通过类似的逼近方式求得其测度。其中没有任何内容可以向外行人做出令其满意的解释,但也没有任何内容涉及逻辑和操作的过度复杂性。它使得勒贝格能够将长度或测度的概念从单一的区间推广到测度可能存在的极端重要的极限。

哈代已在几年前去世,但他的更年轻的同事和研究伙伴利特尔伍德(J. E. Littlewood)还健在,我也曾与其共事。当时我以为,利特尔伍德只是许多聪明的年轻人中的一个,但后来我开始了解他,知道他不仅是一位数学家,还是一位伟大的攀岩者。他有着真正的攀岩者所具有的矮小、强壮和结实的体格,无论是作为攀岩者还是数学家,他都表现出了无限的力量和无可挑剔的技术。

在他们的长期合作中,哈代和利特尔伍德的角色很容易区分,因为哈代具有清晰的思路和独创性,而利特尔伍德则具有力量和不屈不挠的毅力。奇怪的是,利特尔伍德是两人中更不愿意抛头露面的那一位。后来当他去格丁根大学拜访埃德蒙·兰道时,那个讲话没遮拦的数学宠儿对他说:"原来你真的存在!我还以为你只是哈代用来发表那些他认为还不够好的论文的一个名字。"

兰道和大卫·希尔伯特后来在同一学年成为我的老师,那是 1914 年春季学期,我在格丁根大学学习,第一次世界大战将要爆发。兰道出身于一个富有的犹太银行家家庭,他本人也可以说是个神童,从小就享受着富裕的父母所能提供的一切奢侈品。他身材矮小,留着一撮小胡子,自负而不自律,在现实世界中总是显得有些格格不入。当人们问他在格丁根的房子在哪里时,他会很天真地说:"你们不难找到。那是城里最好的房子。"

我的另一位老师希尔伯特完全是另一种类型的人,来自东普鲁士,沉默寡言,像个农民。他深知自己的实力,但却非常谦虚。他儿子的数学能力肯定不如他,他在谈到自己的儿子时常说:"他的数学能力来自他的母亲,其他的都来自我。"

希尔伯特本人接连攻克了现代数学各个领域中的许多难题,因而在每个领域都取得了重大成就。他代表了 20 世纪初数学的伟大传统。对于年轻的我来说,他就是我想成为的那种数学家,将巨大的抽象能力跟对物理现实的脚踏实地的感觉结合在一起。

在剑桥大学,罗素已经让我牢牢记住,不仅数学是重要的,而且还需要有对物理的感觉;他建议我研究卢瑟福(Rutherford)和其他人关于电子理论和物质性质研究的新进展。当时我在这些课题上没有走多远,但至少让我对原子核理论有了初步了解,这一理论后来导致元素的嬗变和原子弹的制造。这一理论后来占据了跟爱因斯坦的相对论同等重要的地位,我也从罗素那里了解到了相对论的重要性。在格丁根大学的科学氛围中,我发现罗素对物理学的关注被进一步加强。

结束了在格丁根大学的学习后,我回到新罕布什尔州过暑假,正值第一次世界大战爆发。在剑桥大学的下一学年,我回到了英国,但在那种灾难和厄运的气氛中,我没有发现多少人有心思进行严肃的科学思考,而我自己也难以坚持很好的学习。1914—1915年的深冬,德国的潜艇活动造成了危险,我被父亲召回了家。

虽然几年后美国才参战,但当时我从未停止思考这场大战。如今这一代人是在危机成为家常便饭的环境中长大的,所以几乎体会不到战争给我的同时代人所带来的震撼。我们从小就认为,维多利亚时代的长期和平是正常的,我们曾希望能继续缓慢地向更好的条件发展。即使是四十年后的今天,我们也无法真正接受在身边接连不断的灾难是正常的情况。恐怕我们这些人时不时都会偷偷地希望,一觉醒来,发现自己又回到了20世纪初那慵懒的日子。

在第一次世界大战初期,我断断续续地进行了一些科学和个人的活动。在我的内心深处有这样一个想法:战争很快就会结束,到那时我们就可以恢复以往安定的生活习惯,制定长远的计划。我在哥伦比亚大学修完了剩下的1914—1915学年,在那里不耐烦又失敬地听着各位教授的课,他们并没有给我留下深刻印象,因为之前我有与哈代和哈佛大学的哲学家相处的经历。在研究生宿舍里,我的自以为是和糟糕的桥牌打法让年长的男生们感到讨厌;我用从哥伦比亚大学到巴特里(Battery)的长距离步行来打发充裕而又寂寞的闲暇时光,中间还看了太多的电影和戏剧。

我的数学工作很活跃,但却徒劳无功。我曾尝试将从罗素那里学到的抽象方法应用于拓扑学,这是数学的一个奇怪分支,研究纽结和其他几何形状,只要这个几何对象没有被割开,没有将上面两个远点粘连,即使对它进行彻底的揉捏,其基本关系也不会改变。拓扑学包括对这样一些对象的研究,比如我们所熟悉的单面默比乌斯纸带:拿起一条又长又平的长条,将它的一端旋转半圈,然后将两端粘起来,就得到了这条纸带。这将是一个极好的戏法:你问一个外行人,如果将这条纸带沿中间剪开,直到切口的两端相逢,这时纸带会发生怎样的变化?如果你尝试这样做,就会发现即使剪开完毕,纸带仍然是完整的一条,只是当你绕着它走一圈时,纸带面会转过一圈而不是半圈。

没过多少年,拓扑学成为时髦的数学分支,特别是在美国,在奥斯瓦尔德·维布伦和J. W. 亚历山大的指导下。但此时,我已对自己的工作迟迟不能取得积极成果感到失望,已经毁掉或丢失了我在哥伦比亚大学写下的拓扑学手稿。

1915—1916学年,我回到哈佛大学担任临时讲师兼助教,并根据大学章程中的特殊条款举办了一系列讲座,该条款赋予每位博士举办此类讲座的特权,责任严格自负。我选择的主题与阿尔弗雷德·诺斯·怀特海的工作有关,我的讲座主要是阐述数学如何有可能建立在逻辑构造过程的基础上。怀特海通过举例说明了,这种方法如何能够确保得到各种数学概念:其所具有的那些性质,另一个数学学派——公设主义学派——只能通过作为相当任意的形式假设的推论而得到。例如,怀特海曾设想把一个点表示为所有的这些区域之集合:它们按照更常见的数学语言,可以说是包含了这个点。但是我的讲座陷入了某些逻辑上的困难,这是哈佛大学的G. D. 伯克霍夫教授清楚地向我指出的,我在本书后面将多次提到他。

他是瘦高个的密歇根荷兰人,有着一张刻板的加尔文教派的脸和紧绷的嘴,是第一位完全在国内接受教育的重要的美国数学家。他写过一篇出色的博士论文,其中论述动力学的几个分支,特别是关于行星力学的——亨利·庞加莱早先在法国设定了该领域的框架。伯克霍夫完全清楚自己真正强大的力量,决心要在那些被称为分析学的数学经典分支领域成为美国头号数学家,并一直保持这样的地位,分析学是牛顿的微积分和物理学的扩展和完善。

我后来才知道,他无法容忍可能出现的竞争对手,更无法容忍可能出现的犹太对手。他认为,在年轻数学家找工作的阶段,犹太人所谓的早熟给了他们不公平的优势;他还认为这种优势特别不公平,因为他相信,犹太人缺乏持久力。起初,我是一个很不起眼的年轻人,没有引起他的注意,但后来,随着我的实力和成就的提高,我成为他特别反感的人,因为我既是犹太人,又有可能最终成为他的竞争对手。

在我第一次感受到伯克霍夫的敌意时,我还不完全知道导致这种敌意的整个原因,就在于我的出身和我的亲友。我曾猜测,是因为我不是一个非常和蔼可亲的年轻人。坦率地说,几乎不能指望我会成为一个和蔼可亲的人。我已经详细谈了我曾经是神童的事实,而我也不必多说,已成名的人面对一个他们不知道如何摆放其位置的年轻人时,所感到的厌恶。从童年起就投身于科学事业的人,很少有时间去培养社交风度。

即使考虑到所有这些事情,我仍然是一个有进取心的年轻人。我从心底里觉得,要想在自己所处的十分捉摸不定的环境中取得成功,我必须拿出所有的进取心。另外,我父亲——尽管我们之间存在着种种引起冲突的因素,但他是我的楷模和最亲密的导师——就是一个非常好斗的人。

我听到过父亲与同事之间许多琐碎的争执,但我并不完全知道,在这些个例之外,他被认为是一个爱争吵的人。他的这种名声有一部分是合理的,但更重要的一部分是由于性格不那么多变的人对他的反复无常性格的误解。事隔多年之后,我才了解到,伯克霍夫之所以与我对立,有一个不可忽视的原因,那就是他对我父亲的误解,以及他反感于我父亲对我的有点没遮拦的吹嘘。

第二年,我来到缅因大学,通过一家教师中介在那里找到了工作。我感到羞辱的是,我不能直接凭借自己的学术成绩获得一份工作。我把这段经受磨难的时期当作流放,在我自传的前一卷中已经叙述过了。

这一学年结束时,美国参战了。我曾试图加入某个军种,但因视力不佳而四处碰壁。我曾在林恩的通用电气公司工作了一段时间,但父亲让我离开那里,去接受一份他认为更好的工作:在奥尔巴尼为《美国百科全书》当写手。

我在结束了《美国百科全书》的工作后,跟一批平民和军人混合的数学家一起来到马里兰州的阿伯丁试验场。那里的工作是关于火炮武器射程表的设计问题。我在那里度过了半年多时间,先是当文职人员,后来又当上士兵。我过得很不如意,因为曾经是神童的事实让我在无意之中犯了许多错误,这些错误并非出于恶意,但可能给人对我的人品留下了不好的印象。我在军营环境中过得非常不开心,也没有做什么讨我同伴喜欢的事情。1919年2月,我光荣退役。

在为《波士顿先驱报》写了几个月的稿子后,我写了两篇关于代数的科学论文,论文本身很好,但因不是主流方向而受冷落。后来,哈佛大学的 W. F. 奥斯古德教授为我争取到了在马萨诸塞理工学院数学系任教的机会。

奥斯古德是我父亲的朋友,他的几个儿子也可以算是我多年之前的玩伴。他也许是美国数学界德国传统的主要代表,曾在格丁根大学学习,并在那里娶了一位德国姑娘为妻,回国后决意要在美国过德国教授式的生活。也许我应该说是德国枢密官的生活,因为他处处把费利克斯·克莱因——德国数学界多年来的教皇,享有"枢密官"(Geheimrat)的尊贵头衔——奉为楷模。奥斯古德身材强健,面色红润,已经秃顶,留着欧洲式的铲形胡须。他经常在哈佛数学俱乐部的会议上高谈阔论,他在那里抽雪茄的方式显然跟别人学的,后来我们发现他就是从克莱因那里学来的。他会用小刀戳起雪茄,把烟蒂吸得短得不能再短。

他的一些著作是用德语写成的,质量还算可以,他对数学中的是非对错有着强烈的准道德观念(quasi-moralistic ideas),与简单的逻辑正确性问题完全无关。在他手下工作的人发现,他要用这些观念来约束他们。

我对奥斯古德教授的感激也许还不够,因为他为我争取到了进入马萨诸塞理工学院(或在大多数情况下,简称为 MIT)的机会,给我带来了极好的转机。然而,这一善举也被一些事情打了折扣。首先,我从未觉得自己赢得了他真正的尊重,也不觉得他让我在哈佛大学受到欢迎。此外,随着战后正常生活的恢复,工作机会非常多。马萨诸塞理工学院需要大量人员从事日常教学工作。对于当时 MIT 的高层管理来说,日常教学,也只有日常教学,才是数学系的职能。

事实上,当时在 MIT 数学系中还有一些具有献身精神的人,他们梦想着那一天的到来:MIT 能与哈佛大学和普林斯顿大学并驾齐驱,成为美国创造性数学的伟大中心。这些数学家一直在勇敢地挑战不利的环境,因为当时的 MIT 只是一所工科学校,而数学只是被当作完成工科教学的工具。尽管如此,他们还是从系主任 H. W. 泰勒教授那里得到了某种宽容的同情,尽管还不是多么积极的合作。泰勒教授个子不高,很活跃,留着胡子,他本人并不是一名研究学者,最初对自己的系作为一个服务部门感到非常满意:也就是说,作为一个为那些对工程领域真正感兴趣的人的教育做出贡献的系。但是,就像每一位优秀的管理者一样,他随时准备抓住一切机会来提升自己的系,后来当有机会获得一定的研究声誉时,他就积极支持我们。

我的许多同事都很友好,但是对我鼓励最多的是 C. L. E. 穆尔。他古道热肠,热爱数学,激励他人达到他自己永远无法企及的高度。我愿在此,向这位高大、略显笨拙、幽默而又和蔼可亲的人的无私和正直表示致敬。

在 MIT 的头几年,我住在家里。我的大妹妹康斯坦丝已经从拉德克利夫女子学院毕业,并在芝加哥大学攻读数学研究生。她告诉我她所接受的相当正统的数学训练,激发了我的雄心壮志,但也让我非常怀疑自己是否真的会取得巨大成功。我的小妹妹伯莎正在学习化学,先是在拉德克利夫学院,后来在 MIT。

在那时,我试图通过父母在家里举办的周日茶会,并跟我妹妹的朋友们交往,来开展一定的社交活动。在这种生活中,我依然笨手笨脚,并且还得服从父母的强硬要求。他们竭力为我挑选朋友,拒绝那些他们认为不合适的人。事实上,他们对我所关注的年轻女性行使着完全的否决权。这种否决权的使用主要取决于我父母认为女孩们对我家其他成员的态度,而不是与我直接相关的任何因素。这让我感到沮丧和困惑,也让我更多地下决心利用暑假来摆脱家庭管束的重负。

马萨诸塞理工学院至少是一个让我不容易受到家庭压力的地方。我的教学任务很重,每周超过二十个小时,但我仍然抽出时间不仅学习数学,而且还做创造性研究。年轻气盛精力旺盛的我,整天都待在MIT,从早上九点到傍晚五点;即使那么忙,我还是发现,没有什么事情能比待在没有人的办公室里打发星期天(星期六是工作日)更快乐了:我的思想不受任何人打扰。我当时所做事情的五分之一,对于现在的我来说都太多了。

至于娱乐,除了在老科普利(Copley)剧院看电影和剧团轮演节目外,我还去蓝山或米德尔塞克斯(Middlesex)岩山散步,并制作了一个简陋的雪橇,用来从奥本山公墓后面的斜坡上滑下。我有几个朋友,是年轻的同事和哈佛大学的研究生。冬天,我经常从斯帕克斯街的家里,踩着冰块步行到马萨诸塞理工学院和波士顿,春天和秋天,我用蹩脚的技术轻松地打打网球。

也是在MIT,我对数学的物理方面日益增长的兴趣开始有了明确的轮廓。学校的大楼俯瞰查尔斯河(the River Charles),并遥望那条位置永不变化的多么美丽的地平线。河水的变化总是令人赏心悦目。对于我这个数学家和物理学家来说,它们还有另一层含义。如何才能给对不断变化的涟漪和波浪的研究带来数学规律性呢?因为数学的最高使命不就是在无序中发现有序吗?一会儿波涛汹涌,泛起层层泡沫,一会儿又成了依稀可辨的涟漪。有时波浪的长度以英寸为单位,有时又可能长达数码。我该用什么样的描述语言来描绘这些清晰可见的事实,而又不至于让我卷入完整描述水面所无法避免的复杂性之中呢?这个波浪问题显然是一个平均和统计的问题,因而与我当时正在研究的勒贝格积分密切相关。我于是看到,我所寻求的数学工具是一种适合于描述自然的工具,而且我越来越明白,我必须在自然中寻找我数学研究的语言和问题。

我在MIT的许多年长的同事中,有一位特别帮助我认识到数学的物理方面。这就是至今还活跃着的亨利·巴亚德·菲利普斯(Henry Bayard Phillips),他是一个瘦长的、青春常在的卡罗来纳人,在人们对南北战争后的糟糕日子记忆犹新的时期长大。他过去和现在一直是彻底的独来独往者,更热衷于创造新东西,而不是去发表它们。正是从菲利普斯那里,而不是从其他任何人,我学懂了物理观点对于纯粹数学家的重要性,我也从他那里了解到威拉德·吉布斯在统计力学方面的伟大工作。这是我人生中的一个知识里程碑。

美国最伟大的科学家威拉德·吉布斯本人就是在数学和物理的这一中间地带工作,而且事实上他是这一领域的先驱。他在耶鲁大学过着平静的退休生活,1903年在那里去世,当时他的学生和同事几乎都不知道。他对物理学和数学都做出了许多贡献,但他的工作中我始终最感兴趣的那部分是他的统计力学。正是他在这方面的工作,对我的职业生涯产生了深远的影响。

牛顿的伟大物理传统必然是决定论的,在这里对宇宙某一瞬间的完善知识被理解为包含着对宇宙全部历史的完善知识。牛顿的假设会是这样的,如果能给出在查尔斯河水面上运动的波中那些粒子的当前位置和速度,我们就能永远绘制出此波的运动轨迹。不幸的是,我们有限的测量仪器无法提供关于现在的完善知识,而实干的物理学家所面临的问题是,凭借现有的不完善的知识他能够走多远。

为此他所必须做的,不是研究单一的、固定的宇宙,而是同时研究许多不同的宇宙,其中每一个都有某个预先设定的概率。他不能告诉你总会发生什么,只能告诉你在特定的时间、特定的条件下可能发生什么。这一新的概率物理学已经发展了相当长的一段时间,但吉布斯的工作毫无疑问是趋向于使它最终获得清楚的公式表述。

当我来到MIT时,在知识上已有准备,能够接受吉布斯工作的影响。就在我的学期工作开始之前,辛辛那提大学的巴尼特(I. Barnett)博士来到坎布里奇,跟我讨论了各种数学和个人的问题。由于这是我第一次承担真正成熟的数学工作,我很想知道,自己的新工作应该以什么问题为中心。我请巴尼特提示一个新的而又活跃的问题,于是他告诉我,现在有很多人在研究概率概念的广义化,以涵盖所研究的各种事件不是用平面或空间中的点来表示,而是用空间轨道曲线的性质来表示的概率。

例如,一个单点概率问题可能涉及靶子上弹孔的分布,问我们如何预判这些弹孔在靶心周围的聚集方式。另一方面,如果我们被要求描述蜜蜂飞行的特征,或者更好的是描述一个醉得不省人事的人的行走特征,他上一步的方向和这一步的方向完全没有关系,那么就会出现曲线概率问题。如果我们把这样一个人放在一个给定尺寸的正方形场地中央,他平均需要多长时间才能走出这个场地？

这种对不规则行为的可能结果的新关注，具有一定的历史意义。20世纪早期的数学已经开始转向用更复杂的方式看世界。19世纪数学的主要兴趣是研究点和取决于点的量。而新的关注则试图将用于对点研究的旧分析方法，推广到对曲线的研究。

这一新的着重点的根源牢固地扎在19世纪乃至18世纪关于变分法的研究中。牛顿和莱布尼茨的微积分已经被直接用来研究诸如山顶或碗底的极大值和极小值问题，或山口形状的相关问题。变分法讨论诸如这样的问题：从一点到另一点的最速曲线，该曲线要穿过一个区域，其中在各点上的可能速度是逐点变化的。

不过，虽然关于曲线极大和极小的数学之起源非常古老，但这一学科的全面发展却并不是那么久远的事。曲线的世界比点的世界具有更丰富的内部结构。洞悉这全部丰富内容的任务留给了20世纪。

由于巴尼特的建议，我在MIT的第一年，研究了将勒贝格积分推广到比勒贝格本人所讨论的更复杂的系统上去的各种方法。一位名叫加托(Gâteaux)的法国年轻人已经在这一领域撰写了一篇论文，他在战争中被害。但他的论文只有零碎结果；当我进一步研究它时，觉得它似乎走错了方向。

英国学者丹尼尔(P. J. Daniell)的一些论文也暗示了这一主题，他当时正在得克萨斯州休斯敦的赖斯学院任教。丹尼尔的研究对于我来说，比加托的研究好得多，我也将其作为自己的研究范本。然而，他的研究并没有专门涉及曲线族，而我在跟随他的工作中涉及了这一新领域，但当时我觉得这是人为的结果，不能令人满意。

我热衷于阅读期刊，尤其是《伦敦数学学会会刊》(*Proceedings of the London Mathematical Society*)。我在那里看到了 G. I. 泰勒(后来成为杰弗里·泰勒爵士)关于湍流理论的论文。湍流理论是一个对空气动力学和航空至关重要的领域，杰弗里·泰勒爵士多年来一直是英国在这些学科中的台柱子。这篇论文与我自己的兴趣密切相关，因为空气粒子在湍流中的运动轨迹是曲线，而泰勒论文的物理结果涉及对这些曲线族的平均或积分。

我可以说，我后来多次访问英国，对泰勒有了全面的了解。他代表了英国科学界的一种特殊类型：具有专业能力的业余爱好者。他是一位著名的游艇驾驶员，有着游艇驾驶员特有的开阔视野。事实上，他最引以为豪的成就之一就是发明了一种新型的游艇锚。

有了泰勒的论文支持，我开始越来越多地思考曲线平均理论的物理可能性。湍流问题过于复杂，无法立即攻克，但我发现有一个相关问题正好适合我自己所选择之领域的理论研究。这就是布朗运动问题，也是我第一项重要数学工作的主题。

为了理解布朗运动，让我们想象在一块场地上有一个推球（pushball）[①]和一群到处走动的人。人群中的不同人会碰到推球，并将其推来推去。有人会向这个方向推，有人会向那个方向推，而各方向的推力大致平衡。然而，尽管这些推力是平衡的，但事实仍然是，这些推力是由人们一个一个地施加，所以其平衡只是近似的。于是随着时间的推移，球会像我们已经提到过的那个醉汉一样在球场上游荡，我们会看到某种不规则的运动，其中未来发生的事情与过去发生的事情几乎没有什么关系。

现在考虑流体的分子，无论是气体还是液体。这些分子不会处于静止状态，而是会像人群中的人一样做无规则的随机运动。随着温度的升高，这种运动会变得更加活跃。假设我们在流体中加入了一个小球，它可以被分子推来推去，就像推球被人群推动一样。如果这个球体非常小，我们就看不到它；如果它非常大，并且悬浮在流体中，流体中的粒子与球体的碰撞就会充分平均，从而观察不到任何运动。有一个中间范围，在这个范围内，球体大到我们可以看到，小到在显微镜下呈现持续的不规则运动。这种分子无规则运动被称为布朗运动。18世纪的显微镜学家首次观察到布朗运动，认为它是微观领域中所有足够小的微粒的普遍运动。

在这种情况下，粒子描述的不仅是曲线，而且是曲线的统计组合。对于我的关于曲线空间中勒贝格积分的想法来说，这是一个理想的试验场，而且它具

[①] 19世纪末发明于美国马萨诸塞州，首先在哈佛大学流行起来，一种类似于足球的竞技运动。推球的直径1.8米，重23公斤，双方各11人，将球推进或扔进对方的球门得分。——译注

有吉布斯工作的丰富物理特性。正是在这一领域,我决定应用我在积分理论方面已经完成的一系列工作。我取得了相当大的成功。

布朗运动作为物理学家的研究对象并不新鲜。爱因斯坦和斯莫卢霍夫斯基的一些基本论文涉及它,但尽管如此,这些论文所关注的是任何一个给定的粒子在特定时间内发生了什么,或许多粒子的长期统计,并不关注单个粒子所走曲线的数学特性。

这方面的文献非常少,但法国物理学家皮兰(Perrin)在其著作《原子》(*Les Atomes*)中有一段很有说服力的评论。他实际上是说,布朗运动中粒子所走的非常不规则的曲线,让人想到数学家所假设的那种连续的不可微分的曲线。他称布朗运动为连续运动,是因为粒子永远不会跳过一个缺口再运动,而称其不可微分,是因为粒子在任何时候似乎都没有一个很确定的运动方向。

当然,在实际的布朗运动中,粒子并不是绝对连续不断地受到分子碰撞的作用,而是在一次碰撞和下一次碰撞之间存在短暂的时间间隔。然而,这些间隔太短,无法用任何普通方法观察到。因此很自然地将布朗运动理想化了:即分子是无限小的,碰撞是连续不断的。我所研究的正是这种理想化的布朗运动,我发现它是真正布朗运动粗糙特性的极佳替代物。

我惊讶而高兴地发现,这样设想的布朗运动有一个高度完美和优雅的形式理论。根据这一理论,我证实了皮兰的猜想,并证明除了零概率的一组情况外,所有布朗运动都是连续的不可微分的曲线。

我相信,我就这一主题所撰写的论文,最早揭示了一种非常新的东西——将勒贝格积分技术与吉布斯的物理思想相结合。这些论文还没有解决吉布斯的工作在技术层面上隐含的一些问题,这些问题后来在伯纳德·库普曼(Bernard Koopman)、J.冯·诺伊曼和 G. D. 伯克霍夫的手中得到了勒贝格意义上的解决。不过,这是发生在 1930 年,当时关于吉布斯和勒贝格两人的理论有共同之处的想法已不再完全是新鲜事了。

在我撰写第一批关于布朗运动的论文时,另一种现象也逐渐进入人们的视野,而我的工作同样可以被认为是在描述这种现象。这就是所谓的散粒效应(shot effect),它涉及电流以离散电子流的形式沿导线或通过真空管的传导。没有任何方法可以制造出离散的电子流,使其不会时而电子成团,时而电子稀疏。这些不规则性,即"散粒效应",虽然非常微小,但通过使用真空管放大器,它们可以被放大到能听到的程度。这种真空管噪声或导体噪声是使用负载较重的电气设备时的一个重要限制因素。

1920年,只有极少数电气设备的负载达到了散粒效应的临界点。然而后来的发展——首先是广播,接着是雷达和电视——使散粒效应成为每个通信工程师所直接关心的事。这种散粒效应不仅在起源上与布朗运动相似,因为它是宇宙离散性的结果,而且还有基本相同的数学理论。

因此,我对布朗运动的研究在20多年后成为电气工程师的重要工具。然而在相当长的一段时间里,我的工作似乎将夭折。当我终于开始撰写关于布朗运动的最早论文时——也就是我在斯特拉斯堡度过夏天的时候,我将在下一章介绍那里的情况——我并没有在数学界引起任何轰动。

一篇论文能否引起轰动,不仅取决于它的内在价值,还取决于该领域其他工作者的兴趣。就美国数学当时的状况而言,维布伦和伯克霍夫是紧接着第一次世界大战之后的时期内最伟大的人物。维布伦对拓扑学很感兴趣,我已经谈到过这一点,他认为自己的使命是将这一抽象领域介绍进来,成为美国的新数学;作为对比,他认为欧洲的分析学、微分学和积分学都是陈腐而濒临消亡的数学。他为一门有价值的数学学科的诞生做出了贡献,但事实证明,他对分析学的健康状况的担忧至少是过早了。无论如何,我对分析学过于执着,无法接受训令去追逐新时髦学科。

伯克霍夫是一位分析学家。正如我所说,他已成为美国分析学界毫无疑问的领袖,并决心保持这一地位。他已经使自己相信,真正的分析主要是指庞加莱所研究的动力学领域,而伯克霍夫本人也对该领域做出了重大贡献。对于他来说,其他一切都应归入"特殊问题"而打入冷宫。

所以我的工作在美国数学界领袖的眼中没有任何地位,直到许多年后,当新的一代人崛起,当工业和战争的迫切需要表明,我所解决的问题或我所揭示的问题确实值得关注时,情况才有所改变。

我在欧洲远比在国内受欢迎。莫里斯·弗雷歇(Maurice Fréchet),我在

1920年夏天与他共事,他对我的工作颇感兴趣,因为它在很多方面跟他自己的想法一致。他的较年轻的同事保罗·莱维(Paul Lévy)已经开始沿着相关的思路进行研究。而在英国的泰勒也接受了我的想法。

我的老教师哈代对我这个曾经的学生很亲切,并给了我极大的鼓励,而在当时,要得到这种珍贵的鼓励并不容易。即便如此,在欧洲和美国,我还是被认为是一个具有一定边缘能力的年轻人,而不是下一代的中流砥柱。

尽管如此,我深信我的新思想的重要性,更何况这些新思想很快就组织成了一门学科,同时自带一个整洁的形式化小体系。我觉得这些东西是正确的,即使在当时,如果听到有人讲它会有广阔的发展前景,我也不会感到惊讶。为了理解我的工作所产生的那些分支,我必须学习比我以前所知道多得多的,有关波和振动的知识,或者用数学术语来说,傅里叶级数、傅里叶积分等等。我开始彻底熟悉那些已被证明具有物理意义的数学分支。这一切都与我在MIT的同事们希望我对应用数学感兴趣的愿望相吻合。从那时起,我的工作不再是随意和敷衍的,而是有了一个明确的方向,我可以很自然地朝着这个方向前进。

数学在很大程度上是年轻人的行当。它是智力竞技,只有在年轻力壮的时候才能完全满足其要求。在发表了一两篇有前途的论文之后,许多展示了其才能的年轻数学家,陷入了与昨日的体育英雄一样的困境。

然而设想经过短暂的名噪一时和初露锋芒的活动之后,却度过乏味的一生,这是令人难以忍受的。如果一个数学家的职业生涯要避免虎头蛇尾的结局,他就必须把这短暂的顶级创造能力的青春用于发现新的领域和新的问题,这些领域和问题具有丰富性和引人入胜的特点,使他在有生之年难以穷尽。我很幸运,那些在我年轻时使我激动不已的问题,那些我为之付出了大量心血而开创的问题,在我六十岁的时候,似乎仍然没有失去对我提出最高要求的力量。

丝毫不要以为,我的新成功使我在自己家里成了英雄。父亲对我的勤奋以及做出至少让自己满意的成果的显著能力感到欣慰;但在当时,我的自我表扬并没有得到他的同事们的响应。父亲对数学已不再那么积极和感兴趣,以至于无法根据我的成果本身之优劣来评判它们。

第二章
1920年斯特拉斯堡国际数学家大会[①]

在本章及以后几章中，我将有机会写到我历次出国访问的情况。这些访问是我个人生活和科学生活的重要组成部分。它们绝不是纯粹的旅行，也不是仅仅为我的消遣而添加的插曲，尽管事实上它们让我感到非常愉快。让我来解释一下这些旅行对于我意味着什么，特别是我1920年旅行的重要意义。

在这件事情上，以及在与我的历史有关的所有其他事情上，有必要追溯到我父亲。他所受的正式教育完全是欧洲式的，虽然他曾在俄国统治下的波兰上过大学预科学校（Gymnasium）并短暂就读于一所医学院，但他非常清楚自己的主要教育背景是德国。德国大学预科学校或传统中学的高水平，使其在整个中欧和东欧占据主导地位。所有受过教育的东欧人所受的多多少少是一种德国教育。

而且除此之外，父亲还与德国教育有着特殊的联系。他的父亲曾是意第绪语报刊的记者，却对纯正的德语情有独钟，贬低意第绪语。有一天，他决定把他在白罗斯托克（Byelostok）出版的杂志的语言从意第绪语改为高地德语（High German）。当然，这让他失去了几乎所有的订户，从此我祖父的事业一蹶不振。

由于这样的环境，我的父亲从小就以书面德语为母语。后来他去了柏林，

[①] 本章英文原标题及内容中数次出现"国际数学大会"（The International Mathematical Congress），但正式名称应是"国际数学家大会"（International Congress of Mathematicians），均改。——译注

在老柏林理工学院接受了几个月的工程培训,当时这所学校还没有从柏林市中心搬到后来著名的在夏洛滕堡的校址。父亲在那里的学习生活是短暂和暴风骤雨般的。他最终离开了德国(他是这个国家的国民),参与了在中美洲某地建立一个人道主义素食者聚居地的朦胧计划。

这个计划从来没有被很好地构想过。本来要和父亲一起去的另一个年轻人很快就发现自己不想去冒险。父亲身无分文地滞留在新奥尔良,根本没有去中美洲。有几年,他在西部和南部过着哈克贝利·芬恩[①]式的生活。

最后,他发现有可能通过一条迂回的道路重返最适合他的职业:语言学。他曾在堪萨斯城中心中学教过一个时期的书,后来又在密苏里大学执教,并从密苏里大学冒险来到哈佛大学,引起《苏格兰民谣》(*Scottish Ballads*)的主编弗朗西斯·蔡尔德(Francis Child)教授的注意。此后,他在哈佛大学担任讲师,多年后终于成为斯拉夫语言和文学教授。

父亲是一位满怀热情的学者,他的兴趣远远超出了斯拉夫语言领域。他自诩为德国模式的大学者。这使他产生了一种矛盾的心理。

一方面,他本质上是一个德国自由主义者,属于19世纪中后期那种众所周知的类型,他完全赞同从那个时代传下来的德国知识分子传统,那时是歌德而不是威廉二世皇帝更能代表德国人愿望。我父亲虽然离开了德国,并且主要靠自学成才,因而不属于正统的德国学术传统,但多年来他仍希望完全凭借自己的学识力量和正直的品格,能够赢得德国承认:他是一位伟大的德国学者。

在这种期望中,父亲从未抱有完全现实的态度。他过于天真诚实,不谙世事。他花了很多年才明白,伟大的德国知识传统是如何屈从于一群既得利益者的。普法战争之后,德意志帝国取得了真正的巨大进步,同时也带来了相当程度的向上爬的精神和对物质成就的崇拜。我必须承认,德国大学里有许多人愿意接受任何来源的新思想。尽管如此,年复一年,外来者越来越难以进入德国知识界的内部圈子。这一点在语言学和语言史学等领域尤为真实,因为

---

① Huckleberry Finn,美国作家马克·吐温的小说《哈克贝利·芬恩历险记》中的主人公。——译注

在这些领域，很难甚至不可能对新作品的优劣做出明确的判断。所以，获得完全承认的大门对我父亲是紧闭的。

大约在 20 世纪初和在 1914 年，父亲先后两次访问了德国，他发现自己是一个远远超出他预期的——甚至超出他所害怕的——外人。这让他很受伤。他开始怨恨德国，实际上是憎恨德国，这种憎恨是留给那些让人感觉辜负了自己的亲人们的。

这种憎恨由于他在新德国所观察到的政治和社会变化而益发厉害了。

此外，他也不喜欢在第一次世界大战前所看到的德国军国主义。他后来成为协约国——法国和英国——的美国主要支持者之一。他与哈佛大学德语系的比尔沃斯（Bierwirth，另一位强烈反军国主义者）教授一起，每天早上都会走在布拉特尔街上，用德语斥责德国。他的强烈情绪标志着他个人对欧洲事务的参与，这与普通美国人甚至普通美国学者潜在的孤立主义完全不同。

我父亲非常热爱美国和大部分美国事物，但同时是一种从外来者观察的角度发出的热爱。他对美国的许多东西，尤其是对大部分美国教育之肤浅，提出了深刻的批评。他对美国明显强烈的爱和这种爱的具体特征也许是他身上最不美国化的地方。他热爱美国，仿佛她是他个人的发现，而不是一个与他紧密相连以致他把她当作想当然的背景。

我们曾习惯于在家里招待一些欧洲学者，他们大多是自由主义者，对欧洲的实际状况不满。他们中的一些人是 20 世纪初的伟大改革家。例如，托马斯·马萨里克（Thomas Masaryk），后来成为捷克斯洛伐克的总统，欧洲最伟大的老政治家；保罗·米柳科夫（Paul Milyukov），历史学家、经济学家、俄罗斯杜马议员，最后成为克伦斯基（Kerensky）的助手；天主教布教总会（the Propaganda）的帕尔米耶里（Palmieri）神父，研究东正教会及其各个已纳入天主教轨道的乌尼亚（Uniat churches）教会①的一个主要天主教权威，这些教会已逐渐进入天主教的轨道；以及在第一次世界大战期间，西伯利亚工程师米哈伊尔·亚采维奇（Michael Yatsevich），他为俄罗斯帝国起草了许多合同，并为

---

① 天主教的一个特殊教会，由原来的东正教神职人员创建于 16 世纪。——译注

未来可能民主的俄国确保了这些合同所产生的资金不会被拿走。

因此,在家里听到有人说外语是我们生活中常有的事。我父亲真的能说大约40种外语。他如此精通语言,以至于作为老师,他对语言准确性和流利性的坚持产生了有点意外的效果,就是几乎完全抑制了我母亲和我们这些孩子说一种以上语言的努力。

在这种背景下,我不可避免地会对欧洲产生极大的好奇心,并对欧洲学术的源泉产生了深深的渴求。除了这些因素之外,还有一些与我自身和我的兴趣更直接相关的因素。我在英国的岁月,以及在格丁根大学的学期,几乎是我从紧张的家庭生活和父母的压力中第一次真正解脱出来。我早先的研究训练主要是英语,其次是德语。我在欧洲已经开始得到友好的认可,这与我在哈佛大学所经历的被排斥感形成了鲜明的对比。

诚然,在英国大学里,有一种绅士的伪装,即假装自己只是一个业余爱好者,并不太关心艰苦而繁重的学术工作。大家一般都知道这只是一种姿态。我们不需要有多高的洞察力就能发现,正是那些看上去对什么事物都冷淡的人,对各种思想极度兴奋,迫不及待地要谈论它们。而作为对比,在哈佛大学,装出对创造性学术工作缺乏兴趣的姿态已不仅仅是一种惯例。典型的哈佛人认为,在科学方面说得太多和想得太多都有失风度。努力成为一名绅士已经对他的资源造成了足够的压力。

因此不难理解,为什么战争一结束我就渴望跟欧洲人交往,并且太想重享欧洲旅行的相对自由。在那里,家庭对我鞭长莫及。而且还有一个原因吸引着我:即将在斯特拉斯堡召开的国际数学家大会。

通常情况下,在所有的科学领域中都有这样的习惯,比如说每隔4年,在某个重要学科(像数学、物理或化学)中共同工作的人会在某个中心地聚会,阅读论文,讨论工作中的问题。第一次大战(唉!)打断了这些科学的普遍人性的表现,而目前世界上两大敌对阵营的站队又趋向于进一步阻挠这些会议的召开。

战前最后一次国际数学家大会是1912年在英国召开的。原定于1916年召开的大会显然无法举行,于是被大会委员会取消。而再过4年的1920年大会没有找到任何有足够资格的组织机构来举办。法国决定填补这一空白,要在新近重归法国的斯特拉斯堡市①及其大学召开一次国际大会,以庆祝该市和该大学的回归。这所大学已成为法国的第二大学,也是唯一的一所具有自己伟大传统的地方大学。

从很多方面来看,这是一个不幸的决定。这也让我后来对自己因出席大会而为支持该会尽了微薄之力感到遗憾。德国人被排除在外是一种惩罚措施。经过慎重考虑,我认为,惩罚性措施在国际科学关系中是不合适的。也许再过几年也开不成真正的国际会议,但推迟召开要比实际发生的情况——让一个真正的国际性机构被民族主义所操控——要好得多。我只能说,当时我还年轻,并不认为自己对国际科学所走的道路负有直接的个人责任。我切望抓住机会,以一个科学界小人物的身份重访欧洲。

我希望能够利用9月大会开幕前的这段时间,跟其研究领域令我感兴趣的某位欧洲学者合作。我选择的学者是莫里斯·弗雷歇②。正是弗雷歇比其他任何人更清楚地看到那个关于曲线而不是关于点的新数学所蕴含的意义,我在上一章已经谈过这一领域。当时我们都对他的工作寄予厚望,认为他的工作将标志着向未来数学迈出的又一大步。

让我说,目前弗雷歇的工作现在已被证明是非常重要的,但并没有如我们所预期的成为数学的中心。它是以抽象形式主义的精神写成的,从根本上不利于任何深入的物理应用。然而事后认识要比事先认识容易,当我们在斯特拉斯堡时,很难预料弗雷歇不会成为数学家的绝对领袖。

弗雷歇吸引我的一个具体原因是,其工作的指导精神与我在哥伦比亚大学尝试进行的拓扑学工作非常相似。我接受过罗素的训练,后来又接触了怀特海的工作,这使我对数学中形式逻辑工具的使用有敏感的认识,弗雷歇的工作中有许多内容从一开始就适合用怀特海和罗素为《数学原理》设计的奇特而又极具独创性的数学逻辑语言来表达。

---

① 斯特拉斯堡市在1871年的普法战争中被德国吞并,第一次世界大战后重归法国。——译注

② Maurice René Fréchet(1878—1973),法国数学家,主要的贡献在点集拓扑学,并创建了抽象空间的理论;在概率论和统计学方面也有重要贡献。他有两位华人学生,后来均成为著名数学家:一位是樊㛬(Ky Fan,1914—2010),另一位是关肇直(1919—1982)。——译注

而为了描述 1920 年在斯特拉斯堡发生的主要事件，我首先必须稍微详细地介绍"公设论"（postulationalism）和"构造论"（constructionalism）这两个术语。

希腊人几何学中的定理和命题，其获得可以追溯到几条最初的假设，这些假设被称为"公理"（axioms）或"公设"（postulates），它们被认为是逻辑和几何思想中牢不可破的规则。其中一些公理主要是形式和逻辑性质的，例如"相等于同一个量的那些量必定彼此相等"这一条公理。另有一个假设具有更纯粹的空间内容，称为平行公理，它断言：如果我们有一个平面，其中包含一条直线 l 和一个不在该直线上的点 P，那么在该平面上通过 P 可以画出一条且只有一条不与 l 相交的直线。

这条公设不像数学中的纯逻辑公设那样简单明了。几代数学家都在寻找它的例外。18 世纪，意大利数学家萨凯里（Saccheri）[①]花费了大量的精力来研究关于平行公理的种种变化，希望证明任何对这一假设的否定迟早都会导致逻辑上的矛盾。他出色地完成了对公理的各种修改，但他的努力并不成功。事实上，他越试图从对公理的否定中引出矛盾，他从这一否定中推导出的结果就越多。这些结果实际上已形成一种几何学，它在本质上不同于欧几里得的通常几何学，但与其说它是自相矛盾的，倒不如说它是奇特的。

最后，在 19 世纪初，包括匈牙利的约翰·鲍耶（John Bolyai）、俄国的罗巴切夫斯基（Lobachevski）和德国伟大的高斯在内的一批数学家，得出一个大胆的结论：否定平行公设并不会产生矛盾，而只是产生一种新的、不同的、非欧几里得几何。从那时起，人们越来越清楚地认识到，所谓几何的公设，乃至其他数学科学的公设，并非是不可否认的真理。就我们所希望进一步研究的特定数学体系而言，可以接受或拒绝这些假设。

在数学中，这种试探性的态度逐渐开始成为各国数学家的标准观点，即把公设看作是为进一步研究而做出的假定，并不是思想的基本原则。在美国，哈

[①] Giovanni Girolamo Saccheri（1667—1733），意大利耶稣会士，数学家。他于 1733 年发表的《关于欧几里得的讨论》（*Euclides ab Omni Naevo Vindicatus*），试图用归谬法证明平行公理的正确性，被认为是关于非欧几里得几何学的早期重要工作。——译注

佛大学的爱德华·弗米利耶·亨廷顿是这一观点的早期传播者之一,或许也是主要的早期传播者。我在1912年曾跟随他学习,他对我的思想方法有很大的影响。

怀特海也许是英国主要的公设论者,但他对纯粹公设论做了补充,认为数学的对象是逻辑构造,而不仅仅是公设中所描述的原始概念。例如,有时他把一个点看作是所有的这些凸区域的集合,它们在我们的普通语言中可以被说成是包含了这个点。事实上,亨廷顿也曾独立地提出过非常类似的观点,哲学家乔赛亚·罗伊斯(Josiah Royce)早在几年前就在这方面发表过一篇重要论文。不过,数学中构造论的经典例子是怀特海和罗素的《数学原理》中所出现的关于整数之定义。

数的公设论处理方法与怀特海-罗素所描述的构造论处理方法之间的区别在于,在公设论中,数是未定义的对象,它们通过一系列假定的形式关系和一些具体事物——这些事物可以通过更基本经验的确定组合模式,从我们的经验中建立起来——而相互关联。例如,有一种公设论者处理数的方法是,把数简单地看作是按前后关系排列的对象,它们满足:如果 a 在 b 之前,b 在 c 之前,a 就在 c 之前;并且除了 0 之外的每一个数都有另一个数紧接在它之前,如此等等。此处所需满足的条件,就是这种处理数系的方法中的一些公设。

在构造论者对数的处理中,单位集是指这样的一个集合,其中所有的实体都相同。数 1 就是所有单位集的集合。二元组是一个实体集合,它不是单位集,但只要去掉其中任何一个实体,它就会成为一个单位集。数 2 现在是所有二元组的集合。三元组是既不是单位集也不是二元组的实体集合,但去掉其中任何一个实体后,它就成了二元组。数 3 是所有三元组的集合。这样,通过数学归纳法,就可以建立起所有自然数的完整集合。

对于外行人来说,这一切听起来或许很像是空洞的逻辑滥用。当我们在给出前面这些整数的定义时,难道不是在事实上已经以不过有点模糊的形式使用了数 1,2,3 吗?但是对于逻辑学家来说,这种反对意见似乎没有什么说服力,因为对这些定义的更精确的思考,为他提供了一个能够立足的坚实基础,并由此推进到更高深的数学概念。

从亨廷顿的著作和罗素的著作中，我已经熟悉了用集合的集合以及关系之间的关系，来构建越来越复杂的数学对象之技巧。事实上，我已经写过两三篇论文，将这一技巧应用于某些初等数学体系的构建。

我迄今为止所描述的公设论和构造论，并不只代表数学领域中的运动。尤其是物理学中也存在公设论。爱因斯坦的相对论和新量子力学这两者构成了物理学这样的领域，其中冲破经典欧几里得几何学框架的领域，提出了新的假设定义，这些定义是作为一组明确的公理给出的，而不是像旧的康德空间理论所要求的那样，是一种僵硬的、不可替代的空间直觉。

当然，那种为立公设而立公设、为写论文而写论文的倾向确实是相当多新数学的特点。然而冷硬的逻辑媒介，就像冷硬的大理石媒介一样，对所有的数学家（除了最空洞和最琐碎的数学家）都有一定的内在约束，即使他们偏爱较新的自由模式。

正如我所说的，我是在公设论的传统中成长起来的，并且参与了从公设论中产生的构造论的早期发展。当我寻找一位法国学者作为研究的合作者时，我希望他的工作能够体现这两种思想方向之一或兼两者。就这些要求而言，弗雷歇在法国数学家中是最合适的。

到目前为止，我主要是从英美的角度来谈这种数学思想的新方向。在德国也有一些公设论和构造论的早期倡导者，其中最有创见的领军人物是弗雷格(G. Frege)和施勒德(Schröder)。另一方面，法国采用这些较新思维习惯的时间相当晚，但是，就法国在公设论方面所走的路而言，弗雷歇是毫无疑问的领袖。我自己也曾做过一两次并非完全失败的尝试，那就是用构造论的观点来补充弗雷歇的公设化理论，将其作为研究新的和更复杂的曲线空间的工具。不过这一新努力已在弗雷歇本人工作的内在框架之外。

我写信给弗雷歇，询问他是否愿意在斯特拉斯堡大会召开前的暑假期间，接受我作为一个弟子的来访，我收到了他热情洋溢的邀请信。他最初的计划是去西班牙边境的贝阿恩(Béarn)度假。不过后来他改变了主意，邀请我跟他一起工作，先去斯特拉斯堡，然后再去洛林(Lorraine)的一个德文名叫Dagsburg、法文名叫Dabo的小村庄。

第二章 1920年斯特拉斯堡国际数学家大会

7月初,我乘坐法航的"拉图雷纳号"(La Touraine)轮船前往法国,同行的有我们家的几位熟人,他们答应我的父母在旅途中照看我。然而杜松子酒肆虐的20年代已经来临,我发现我的朋友们对远洋航行生活的看法与我相当清教徒的个人习惯格格不入。

我从不是绝对滴酒不沾的。我喜欢在船上用餐时喝点酒,并用清水大量稀释。另一方面,我不喜欢蒸馏酒,我强烈抗议熟人逼我喝酒的习惯。我认为,这种强迫一个明显不想喝酒的人喝酒的习惯,就像任何清教徒禁止别人喝酒一样,是对个人自由的侵犯。因此我在船上并不开心,也没有交到什么朋友。我急切地想上岸,离开我的同伴们。

不过在上岸之前,我们还有另一个有趣但并不令人完全愉快的经历。旅途中一直是阴天,我们无法测量太阳的高度。我们靠推算来确定船位并全速前进,因为在那时无线电只是一种通信手段,还不能通过精确的十字方位系统来辅助导航。我们即将在毕晓普岩(Bishop Rock)登陆时,突然看到周围的礁石在雾中若隐若现。发动机全速后退,但已为时过晚,船进入了困难的水域。

在后退的过程中,船首被撞出一个大洞。水冲进了统舱。我后来听说当时开始出现恐慌。但被船上的军官和一名其威望足以服众的职业拳击家乘客控制住了。

我们被吩咐下去回到各自的舱房,系上救生带。在熙熙攘攘的人群中再次走上甲板,我感觉很不舒服。我觉得要尽快上甲板,但我又觉得,任何想冲上去抢在别人前面的企图,不仅是懦夫的行为,而且是对我们共同利益的背叛。我克制自己给别人让路,稳步向上走。

当我们来到甲板上时,还不知道等待我们的是什么。船正在进水,舱壁有可能被撑破。船上的木匠努力而有效地忙着加固舱壁,结果在我们横渡英吉利海峡抵达勒阿弗尔(Le Havre)市的旅途中,舱壁一直没有破。但我们还是被命令在甲板上过夜,穿着救生衣被安排睡觉。我记得睡着时,有人把一个瓶子掉到了我的头上。

第二天早上,我们在勒阿弗尔下了船,没有再发生任何意外,但船的损坏程度远远超出了我们所知道的,它被停用维修好几个月。岸上有邮件等着我。

我得知弗雷歇还没有准备好接待我,所以几个小时后,我重新穿过英吉利海峡来到南安普顿,然后去了剑桥大学。在剑桥,我发现一些老朋友在等我。我和伯纳德·穆肖(Bernard Muscio)博士夫妇住在一起,他们是一对澳大利亚心理学家。我在剑桥读书的时候就认识他们,几年前他们曾到波士顿执行英国的战争任务。我还找了其他一些熟人,包括即将离开剑桥去牛津大学任教的哈代。

总的来说,我发现在剑桥我并没有被遗忘,我的同事们也很乐意给予我在哈佛从未享受过的热情接待。我没有在剑桥大学正式注册入学,因为我是根据剑桥大学与哈佛大学的一项特殊安排,被允许去那里选修课程而免除这一手续。多年以后,我问阿尔弗雷德·诺斯·怀特海的女儿杰茜·怀特黑德(Jessie Whitehead),我是否可以认为自己是剑桥人。她说,在这种情况下,我只能说自己是母校的私生子。无论如何,我发现母校很乐意做好准备,迎接她的私生子回家。

几天后,我动身前往巴黎,住在卢浮宫附近一家卫生条件差得令人难以置信的廉价旅馆里。我发现在法国,自己只吃素食没有什么不方便,因为那里有很多便宜的餐馆,提供美味可口的素食。我在巴黎没有朋友,当时的法语也只能勉强使用。此外,巴黎的咖啡馆和街头生活让我这个年轻的清教徒感到震惊,我非常想家,也很不愉快。

在我看来,一座大城市的家家户户的大门,就像是由防御工事密排而成的城墙,对于外来者来说坚不可摧。我把充裕的时间用于在城市的大街上游逛,参观博物馆,特别是一位在法国受过教育的美国朋友提醒我去看那稀罕的博物馆:中央技术学院博物馆(the Museum of the Ecole Centrale des Arts-et-Métiers),里面有19世纪发明的遗物和用于重大科学实验的设备,以法国特有的零乱方式摆放在那里,上面盖满了灰尘。

弗雷歇和我约好,先是在圣米歇尔大道(Boulevard Saint-Michel)上的一所中学见面,他正在那里批改试卷,后来又在同一条大道上的一家阿尔萨餐馆(an Alsatian brasserie)共进午餐。他留着胡子,肌肉发达,运动员般的中等身材。他曾在法国军队服役,为英国人当翻译,而且他和我一样热衷于散步和旅游。我们一见如故。不过他还没准备好立即在斯特拉斯堡接待我,所以在能安顿下来开始与弗雷歇一起工作之前,我先绕道比利时去拜访一些朋友。我在比利时的勒芬市(Louvain)内,在朋友们的漂亮老房子里找到了他们,这座房子刚刚从战争期间被德国军官占领时留下的混乱和肮脏中恢复原貌,但我来到此地的时机不对,因为恰逢哈佛大学的 A. L. 洛厄尔校长及其夫人来访他们的家。所以招待我的主要是一些孩子,特别是家里一个刚从哈佛法学院毕业一年的小儿子。他带我参观了被烧毁的小镇,让我看到残留的图书馆、市政厅和被脚手架半封闭的教堂中殿。他还带我去乡间四处散步,向我吐露了他内心的话。

既然已经离开了哈佛大学,他觉得可以自由地非议英美法律教育的某些事情。他不喜欢判例制度,而非常喜欢一种演绎的方式,那些其法律体系传承于罗马法的国家用这种方式寻找法律原则而非法律先例来判案。

几天后,我取道卢森堡和钢铁之乡①来到斯特拉斯堡。发现自己来到了一个德语比法语更畅通的地区,这让我松了一口气,因为德语显然是我更擅长的语言。我在城市新区的一家寄宿公寓安顿下来。每天或至少隔天,我都要去弗雷歇在伊尔莱茵运河(Ill-Rhine Canal)边的小房子,在花园里跟他讨论几个小时。

在弗雷歇的工作中,有两三个地方我试图加以推广。弗雷歇在处理更广义的空间时,没有使用我们所知道的坐标:也就是说,他没有试图用数集来表示他的点。在空间的坐标表示法中,线段两端的任何两点都是通过一个端点和另一个端点相应的数之差进行测量的。在二维或三维的普通几何中,这种表示线段的方法称为向量表示法。例如给定三维空间中的一点,我可以通过说出从第一点向北走多远、向东走多远以及向上走多远才能到达第二点来确定另一点的相对位置。

向量理论在数学中并不陌生。早在一个半世纪以前,人们就已经知道,一个

---

① The iron country 这一词在不同的国家有不同的含义并指不同的地方。在此应指法国的阿尔萨斯和洛林一带地区,靠近卢森堡大公国的边境,具体包括朗维(Longwy)、维勒鲁普(Villerupt)等地,那里的工业都以铁矿、冶金为主。——译注

普通的三维空间本身就包含着像箭头一样的有向之量(directed quantities)，它们可以相互叠加，例如，先按照一个箭头所表示的方向和大小跨出一步，接着按照另一个箭头所表示的跨出下一步，然后把这两步看作好像是单独的一步。在此我们无须赘述这些有向跨步可以进行的许多操作，但人们早已知道，类似的几何理论存在于三维以上的空间，事实上，也存在于无穷多维的空间。

弗雷歇的广义极限和微分理论适用于包括向量空间在内的多种空间，但并不一定局限于那些元素可被视为跨步的空间。另一方面，这种跨步几何构成了弗雷歇一般理论的一个非常重要的部分，值得用一套适当的公设来加以巩固。弗雷歇没有这样做，他也不认为这些特殊的向量系统在他所考虑过的那些系统中有特别的重要性。而这就是我已经承担的任务。它与被称为群论的连续变换组合理论密切相关，事实上，它构成了群论的重要一章。

不管怎样，我给出了一整套关于向量空间的公理。弗雷歇很喜欢，但似乎并没有被这一结果特别地打动。不过几周后，当他看到斯特凡·巴拿赫(Stefan Banach)在一家波兰数学杂志上发表的一篇论文时，他变得相当兴奋，那篇文章包含的结果实际上跟我所给出的相同，其公理体系的一般化程度既没有更大也没有更小。巴拿赫提出他的概念和发表他的论文都比我早几个月，然而我们之间没有交流的机会，两篇论文的原创性程度完全相同。

因此，巴拿赫和我的这两篇论文一度被称为巴拿赫-维纳空间理论。34年来，它一直是一个热门的研究方向。虽然已经有研究它的许多论文，但直到现在，它才开始作为一种科学方法充分发挥其功效。

我在短时间内连续发表了一两篇关于这一主题的论文，但后来我逐渐离开了这一领域。目前这些空间仅以巴拿赫的名字命名，这是非常恰当的。

有几个原因导致我放弃这个我的大脑所孕育的孩子，我至少是它的父母之一。首先，我不喜欢被别人追赶着做事，或者说不喜欢每天关注文献，以了解巴拿赫或他的波兰追随者还没有在我之前发表什么重要的结果。所有数学工作都是在足够大的压力下完成的，而这种偶然的竞争因素又增加了压力，使我无法忍受。

但是，我接受或拒绝任何一项具体工作的重要原因都与数学美学这一备受忽视的领域有关。要问我这究竟是什么意思,这是个特别困难的问题,因为我不仅要向非数学家传达我所做的数学工作的实质和结构内容,还要传达我对这些工作的情感反应。我必须告诉他们我拒绝某些问题的理由,这些问题在相当长的岁月里已被证明是其他人很感兴趣的,但在我看来,它们并没有提供同样的机会,让我来说明自己的工作风格,展示我的数学品味以及我个人的特别才能。

这就引出一个问题,任何在数学这样一个艰深而依赖于个人努力的领域中做了重要工作的自传作者,都必须以这样或那样的形式面对这个问题。作曲家不能不对作曲技巧、和声与对位的各个方面给予一定的关注,这些方面正是其作品的精髓所在,但即使是音乐会的忠实观众,如果本身没有面对音乐创作的任务,也只能在非常有限的程度上欣赏到这些方面。作家或画家如果写自传,也会遇到同样的问题。他似乎是在向受过教育、能够欣赏其创作成果的普通人介绍自己。然而他并没有完全执行自传作者的任务,除非他同时能够表达自己对写作和绘画任务的看法,而这些任务只有自己在较高的专业水平上面对过的人才能完全理解。

但是与数学家相比,创造性的艺术家甚至创造性的音乐家更能吸引非专业读者的注意。外行人很容易相信,无论他本人是否沉浸在这些创造性工作中,对这些工作创造性本质的了解程度取决于他作为一个有教养人的文化修为。还有一个事实可以进一步帮助他,那就是,即使对于那些并不声称了解达到特定情感效果的全部技术手段的读者来说,也可以直接欣赏到艺术的情感效果,这足以引导外行人真诚地努力了解艺术家是如何在细节上达到美感的,而有欣赏力的观察者可能仅仅把这些美感看作是一个完成的整体。

数学家写自传时所遇到的具体困难是,外行人并不认为了解数学是其美学和文化责任的一部分。对于他来说,数学很可能是一门单调、枯燥和形式化的学科。如果说普通大众对数学有什么看法的话,充其量也不过是把它当作物理学家和统计学家的工具,最差的则是把它当作与会计工作密切相关的东西。几乎没有一个非数学家会承认数学具有文化和美学魅力,承认数学与美、力量或情感有关。

我断然否认这种冰冷僵化的对数学的看法。在训练有素的观察者从技术的眼光看来，一件数学作品可能具有逻辑和严谨的优点，但可能跟别的事物没有什么关联，并且是纯形式化的。而对于其他数学家来说，数学家的任务是使用一种刚性且高要求的工具，表达对宇宙某些方面的新的和重要的看法；表达一种揭示新的和令人兴奋的东西的洞察力。如果说数学家使用的工具是严格和限制性的，那么事实上，所有创造性艺术家的工具也是如此。音乐家的"旋律配合"（counterpoint）并不影响他的知觉力（perceptivity），诗人也不会因为他所使用的语言有语法或他所创作的十四行诗有格律要求而减少自由。无拘无束地做任何事，就等于无拘无束地什么事也不做。

数学艺术家的感染力，与雕塑艺术家和音乐艺术家的感染力之区别，并不在于欣赏它的公众是感情冷漠的，而在于要学会欣赏数学必须接受严格的训练。我们完全可以想象一个音乐作曲家群体，他们的主要满足感来自他们所创作的乐谱的交流。他们很可能对在音乐会上演奏这些乐谱的效果相对地不怎么在意，而那些听众只能通过所感受的情感，比较模糊地来领会乐曲。

数学家之所以表现出来脱离公众，实际上不完全是由于智力美学的势利性，而是由于业余爱好者即使只要求能够欣赏所接触到的内容，也必须接受非常严格的训练，而且事实上，如果缺乏这种技术上的欣赏，似乎没有其他任何渠道可以让普通人感受到任何东西，哪怕只是被动地感受。

这种限制并不像乍看起来那么绝对。实际上有相当多而且越来越多的作为训练有素的工程师和自然科学家的公众，虽然他们最初的兴趣可能是为了纯粹的功利目的而使用数学，但他们已经具备了足够的背景，能够欣赏一个强有力的数学理论或一个巧妙而优雅的数学证明。我写这本书的动机，至少有一部分是想唤起大众对业余数学家这一数量相当有限的群体的关注。我还想让这个小圈子之外的读者至少能感受到数学创造的快感。

所以，是美学上而不是严格的逻辑上的感觉，让我在斯特拉斯堡大会之后的那些年里，觉得巴拿赫空间似乎并不具备我所希望的物理和数学结构内容，因而不值得把我未来的大部分声誉押在这一理论上。如今，在我看来，巴拿赫空间理论的某些方面正呈现出足够丰富的结构内容，并被赋予了足够多的不

第二章 1920年斯特拉斯堡国际数学家大会

显而易见的定理，在这些方面更接近于让我满意。

然而在当时，我觉得这个理论在最近的将来只会有数十年的形式化和单薄的工作。我这样说并不是非议巴拿赫本人的工作，而是针对那些被巴拿赫的工作所吸引，渴望写出简单的博士论文的许多低级作者。正如我所预见的，正是这类作者首先被巴拿赫空间理论所吸引。

在发表了几篇敷衍了事的论文之后，导致我放弃巴拿赫空间理论研究的最主要原因是，我在布朗运动方面的研究工作到了紧要关头。微分空间，也就是布朗运动的空间，其本身实际上是一种向量空间，与巴拿赫空间非常接近，它在引起我的关注之竞争中赢得胜利，因为它具有最令我满意的物理特性。此外在纯数学方面，它完全属于我，而在巴拿赫空间理论中，我只是一个资浅的合作者。

我相信，当我第一次向弗雷歇提到微分空间理论时，他并没有意识到它的重要性。不过，他帮我联系上了当时法国最有前途的概率论青年专家、多科工艺学校(the Ecole Polytechnique)的保罗·莱维(Paul Lévy)，他的工作与我的工作相互影响，直至今日。我花了一点力气说服莱维，让他相信我的研究与加托(Gâteaux)的研究有本质区别，而他很快就明白了我的意思。他后来成了我最亲密的朋友和支持者之一。

奇怪的是，另一位始终与我和莱维有工作上最密切关系的同行是瑞典数学家克拉默(Cramer)，那年夏天，我在英国逗留期间跟他同住在穆肖家，两人见了面。

有一段时间，我对数学的兴趣让我忘记了自己生活的舒适。当我开始充分考虑到自己所处的环境时，发现我在寄宿公寓很孤独。那里有一个美国人，他与我同船而来，对我没什么好感。住在同幢公寓的一位年轻英国作曲家是他的朋友。我希望这位作曲家喜欢我，但我一开始就搞错了。那位跟我一起乘"拉图雷纳号"船来的同伴丝毫不帮助我在这个小团体中站稳脚跟。

那位音乐家认为我是个笨手笨脚的庸俗之人。这部分原因是我实际上不善于社交，礼貌不周，也有部分原因是他认为数学本身的性质与艺术直接对立。而我则坚持这本书所多次阐述的论点：数学本质上是一种艺术；我当时反复唠叨这个论点,这让一个本来因数学本身的缘故而讨厌数学的人忍无可忍。后来我们发生了一次公开的争吵,在争吵中,我们真真切切地说出了对彼此的不愉快的看法,而这样最后反而彼此有了一定程度的了解,甚至建立了有限的友谊。

有一次,我陪弗雷歇一家去达博(Dabo)。他们住在最好的旅馆,为了不侵犯他们的隐私,我自然去了另一家旅馆。我有很多机会在乡间独自漫步,爬上孚日山脉的红色砂岩山丘,深入陡峭的山谷,山谷中的溪流已干涸,因为水都被抽走用于灌溉。

旅馆的店主夫妇对我非常体贴。我偶尔为他们干些劈柴之类的活儿。在乡间,在鸡鸣牛叫声中,我感到宾至如归。我喜欢听村里街道上潺潺的流水声,那是妇女们洗衣服的地方;我还喜欢听打谷场上有节奏的梿枷敲打声。

当我们最后回到斯特拉斯堡时,国际大会已经临近。我有大把的时间可以消遣,游览大教堂周围古色古香的街道,沿着环绕市中心的内运河的圆圈漫步。

我的三位年轻的美国朋友来参加大会。我们把他们安排在我的寄宿公寓,两人一间房。其中一位是哈佛大学的福里斯特·默里(Forrest Murray),他说话含含糊糊但和蔼可亲,我经常和他一起打网球,他也是我们家多年的朋友。乔·沃尔什(Joe Walsh)跟他住在一起。乔的年龄与我相仿,现在仍然是哈佛大学数学系的教授。他身材高大、性情温和,当年他的金发几乎直立在高高的额头上。他似乎非常享受这次法国之行。他打算在法国进行为期一年的博士后研究。他低沉洪亮的嗓音让人听了很舒服,而且分享他对新体验的渴望也让人感到愉快。

我们小组的第四位成员是詹姆斯·泰勒(James S. Taylor),他当时和我一样是MIT的战后新人员,现在已在匹兹堡大学担任教授多年。泰勒是菲尼亚斯·T·巴纳姆①的亲戚,他本人也是一个热衷于表演客厅把戏的人。我们四人后来的发展大相径庭,但当时我们都因为年轻而团结在一起,并尽情地享

---

① Phineas Taylor Barnum(1810—1891),美国表演艺术家,他采用耸人听闻的表演和宣传形式,普及了公共博物馆、音乐会和马戏团等娱乐活动。——译注

第二章　1920年斯特拉斯堡国际数学家大会

受着这青春年华。

参加大会的客人开始陆续到来。从美国来的有普林斯顿大学的艾森哈特(Eisenhart)和他年轻漂亮的妻子；芝加哥大学的数论专家伦纳德·尤金·迪克森①，他以热爱法国和法国人著称，以前是桥牌大师；以及堪萨斯大学的所罗门·莱夫谢茨(Solomon Lefschetz)，他曾在匹兹堡的西屋公司担任工程师，后来遭遇一场可怕的工业事故，但他战胜了事故带来的影响，开始新的数学生涯，并最终成为普林斯顿大学数学系的领导和美国数学会的主席。

出席大会的还有几位老人，我们觉得他们是连接我们与伟大的数学过去的纽带。健壮的乔治·格林希尔爵士(Sir George Greenhill)来自英国的伍尔威奇(Woolwich)。卡米耶·若尔当(Camille Jordan)80多岁了，一直陪伴着我们步行游览，他就像是从路易-菲利普时代开始的回忆录。他的回忆可以追溯到柯西统治法国数学并迫使所有年轻人向他致敬的伟大时代。两年后若尔当去世了，我们都觉得他的去世是数学传统连续性的断裂。

巴黎来的雅克·阿达马②教授在大会上发挥了重要作用。他当时只有56岁左右，但在19世纪末之前就已声名显赫，对于我们这些初出茅庐的人来说，他是一个伟大的历史里程碑。他身材矮小，留着胡子，以法国人的方式看起来非常像犹太人，他在他的年轻同事的心目中占据着独特的地位。

英国数学属于牛津大学和剑桥大学，在那里师生之间有着大量的联结纽带；而德国数学的特点是会议后的愉快活动：在正式讨论一篇科学论文之后，人们会穿过大学城去一家露天啤酒店，在那里大家不分尊卑谈论着数学的最新成果以及生活中的琐碎趣事。但是法国数学主要遵循一种正式的程序，当教授回到他的小办公室，在记录着他刚刚结束的讲课的日志上签字后，他就会从他的学生和年轻同事的生活中消失。

对于这种躲避式的存在，阿达马是个例外，因为他对自己的学生真正感兴

---

①　Leonard Eugene Dickson(1874—1954)，美国数论和群论专家，中国数学家杨武之(1896—1973)的博士生导师。——译注

②　Jacques Hadamard(1865—1963)，法国数学家，其最重要的数学成就是于1896年证明了素数定理。曾于1936年3月来中国清华大学讲学3个月。先期已在清华大学讲学的维纳，对阿达马的来华起了推动作用。——译注

趣,并始终与他们保持联系。他一直认为促进学生的职业发展是自己的重要职责。在他的个人影响下,这一代法国数学家,尽管在年轻人和年长者之间存在着传统的隔阂,但他们已经在很大程度上打破了这种隔阂。

我本人也受益于阿达马的宽广胸怀。他本来没有理由要特别关照一个来自大西洋彼岸、刚刚开始职业生涯的粗鲁无礼的年轻人。也就是说,除了他的善良天性,以及他只要能够看到一点迹象就去发掘数学人才的愿望之外,没有别的理由。

许多年后,当我在各种数学大会上再次见到他时,以及作为讲课老师在中国跟他见面时,我惊讶而欣慰地发现他仍然记得我,并对我工作的整个发展过程有准确的了解。因此斯特拉斯堡大会的一个非常积极的成果,就是把我同好几代法国数学家联系在一起,他们获得知名度和事业上的成就都有阿达马的功劳。

我们这些参加大会的人多次兴致勃勃地游览斯特拉斯堡周围的景点——萨韦尔恩①(Saverne)和已成废墟的上巴尔(Haut-Barr)城堡②,古色古香的科尔马(Colmar)古城③,以及第一次世界大战战场的一部分。法国士兵用军用卡车把我们送到那里,但在返回的路上,卡车抛锚了,我们又经历了漫长而乏味的等待。当我们来到蒂尔凯姆(Turckheim)的葡萄种植小村时,在那里为我们准备的饭菜因等得太久而被撤去,村长向我们每人赠送了两杯本村酿制的葡萄酒,一杯陈酿,一杯新酿。出于礼貌,我们不得不喝下去。我不否认这酒很好,但空腹喝两杯是一种煎熬,而且新酒本身就有一种烈性。当我们继续乘坐卡车和火车前往斯特拉斯堡时,一些沉着稳重的人有点一反常态没有那么拘谨了。

大会很快结束了,我们四人返回巴黎。泰勒要和我一起回美国,但我的另

---

① Saverne,位于洛林边界的小镇,拥有美好的自然风光和丰富的历史文化遗迹。——译注
② 该城堡的历史可追溯到12世纪,它被称为"阿尔萨斯之眼",矗立在海拔470米的三块岩石上,从这里可以俯瞰阿尔萨斯平原和孚日山脉。——译注
③ 科尔马最早出现在西方皇帝查理曼(800—814)的撒克逊战争编年史中。1226年,神圣罗马帝国皇帝腓特烈二世将科尔马提升为帝国城镇,并在其周围修建了防御墙。1278年,哈布斯堡的鲁道夫授予科尔马公民权利。1632年,在三十年战争期间,它被瑞典占领。1635年,法国路易十三将科尔马置于其保护之下;1648—1678年间,科尔马逐渐被法国吞并。以后也曾两次被德国吞并。——译注

外两位美国朋友决定在巴黎学习一年。他们渴望融入一个纯正的法国环境，他们明确表示，我们继续和他们在一起将给他们带来不便。

剩下的我俩发现没有回去的船。我来法国时乘的是"拉图雷纳号"轮船，我们打算也乘它回国，但它在上次经历了几乎沉没的事故后，还没有修复好。于是在整个秋高气爽的9月和部分10月的时间里，我们都在徒劳地等待着轮船复航，直到最后还相信，我们能赶在 MIT 开学前回家。然而这已经是不可能的。

我们开始担心学校对我们的迟到会有什么看法。尽管如此，我们还是在巴黎玩得很开心，由于无事可做，我们逛遍了这个城市的大部分地区。我们去船运公司打听消息，终于听说有一艘新的美国船即将投入跨大西洋航线。乘客名单上的人不多，但都是很有趣的人物，其中大部分是老环球旅行家。旅行家奥萨·约翰逊(Osa Johnson)和她的丈夫，以及他们从印度尼西亚带来的一只驯服的猩猩都在船上。这只猩猩的行为举止很有教养，与一个硬是把我们在吸烟室里下棋的棋子弄散的淘气小孩形成了鲜明的对比。

从欧洲回来后，我的灵感得到了更新和扩展。尽管我的法语有很多缺陷，但我在法国生活过了，并第一次与法国同事建立了联系。无论是在法国还是在英国，我都发现自己的地位比在国内更重要，而且我还有工作要做，这似乎（至少对于我自己来说，即使别人很少有这样的感觉）是数学生涯充满希望的开端。

在比利时以及沿着阿尔萨斯从前的战线，我确实目睹了战争在现实中所造成的破坏。不过我也意识到，欧洲精神的复兴可能性比我之前所想象的要大。尽管西方战火纷飞，俄国脱离了欧洲阵营，波兰战事频传，但人们仍有可能希望，第一次世界大战只是一个插曲，继而将是另一个与19世纪的伟大和平同样长久的和平时期。

至于俄国和开始形成的铁幕，当时的大部分俄国人不仅处于革命前夜，而且也处于战争前夕。希望与西方恢复某种平衡，就像法国在经历了恐怖时期和拿破仑战争之后恢复正常生活一样，这并非是想入非非。

在某种程度上，我对与欧洲接触的兴趣由于得到了满足而与日俱增。我急切地等待着下一次机会，去看看我们文明的母亲大陆。

第三章
巩固的岁月

1920—1925 年

当我从斯特拉斯堡回来的时候,发现我的下一步工作已经准备就绪。布朗运动的论文还处于我们所说的探索阶段(a heuristic stage),也就是说,我的课题和定理证明的总体思路已经很清晰,但要完成它们还有许多工作要做。我向 MIT 的 E. B. 威尔逊教授展示了我的成果,在他的建议下,我立即将这些成果寄给了《美国国家科学院院刊》(Proceedings of the National Academy of Sciences)。

威尔逊教授现已从教学岗位上退休,但仍活跃在科学管理领域,他曾是吉布斯在耶鲁大学的学生,并在 MIT 教过几年数学。1920 年他在那里教物理,并最终成为哈佛大学公共卫生学院的数学专家。他始终关注着精确科学(the exact sciences)[①]中的新发现,多年来,我的研究热情一直得到他的坚定支持。

另一个给了我很多鼓励的研究方向是电气工程系,杜格尔·杰克逊(Dugald C. Jackson)教授是该系的系主任。杰克逊教授和他的儿子是我的邻居,1910 年的夏天我和他儿子在新罕布什尔州度过。多年来杰克逊一直在寻找一位有数学头脑的工程师,或者一位有工程头脑的数学家,来解决当时阻碍电气工程理论发展的一些问题。电气工程分为两个或多或少可以明确分开的领域,英语称之为电力工程(power engineering)和通信工程(communication

---

[①] 精确科学的概念来源于古希腊,是指那些"其结果可以绝对精确"的科学,尤指数学。一般认为还包括光学、天文学和物理学,有人认为语言学也属于精确科学。——译注

engineering),而将其德语名称翻译成英语后,分别为"强电流技术"(the technique of strong currents)和"弱电流技术"(the technique of weak currents)。

关于这两个活动领域,电力工程到1920年已相当稳定。当时人们已经对现有的大多数发电机、电动机和变压器类型有了透彻的了解;而且现在的分马力电动机和独立电机的发展趋势也已初见端倪。自1920年以来,电力工程领域所取得的进展与其说是在战术方面,不如说是在大型系统和电力供应战略方面。美国和其他国家的大型电力网都有增加,相互连接,并且稳定。

至于通信工程,情况稳定下来要晚得多。无线电通信作为一种确定的技术已经有20年了,但在大多数情况下,这只是马可尼①最初设想的有限意义上的无线电通信。全国范围内的无线电广播还没有出现,相较于公众,一般是好奇的年轻科学家和业余无线电收发报者对极少的无线电话的初步尝试更感兴趣。电子管确实已经出现,但几乎没有什么人感觉到它将在多大程度上改变我们的整个生活。电视并不是一个新概念,因为早在20世纪开始之前,人们就已经谈论过电视,但它刚刚从硒光电管的构想阶段,进入到实用的快速光电设备的构想阶段。

电话确实到处取得成功,一张紧密的通信网触须正在向世界伸展。在美国,美国电报电话公司(A.T.&T.)作为电话业的巨头,在整个业务范围内,无论是其雄厚的财力,还是其开明的研究政策,都是无与伦比的。因此,像杰克逊这样具有前瞻性的电气工程师自然而然地将大部分精力投入到通信理论问题上。

那时的通信理论的逻辑基础远不能令人满意,但实际情况要比表面上好很多。人们当然知道,语音是通过波动电流在电话线上传输的,而电流的波动与语音输入的波动相吻合。重要的问题是理解波动电流和电压理论的全部含义。

几十年来,波动电流和电压的理论不仅主导着通信工程,而且还以交流电理论的形式,主导着电力工程。普通的连续的直流电流很难控制,没有什么简

---

① Guglielmo Marconi(1874—1937),意大利物理学家,无线电通信的发明者;1909年获诺贝尔物理学奖。——译注

单的方法来升降它的电压。在使用高压直流输电线时(例如在法国),必须将多台发电机串联运行,以解决绝缘和控制方面的棘手问题。

在解决产生和使用交流电的问题上,尼古拉·特斯拉①的贡献可能比任何人都大。这位才华横溢、性格古怪的南斯拉夫工程师曾为西屋公司工作,并让该公司改变了发电的方法:电不是朝一个方向连续不断地流出,而是以一会儿正方向一会儿反方向的方式流出,比如说以每秒改变方向 60 次的频率。使用变压器,这种交流电可以非常容易地升压和降压,而且它可以直接在发电机中产生,而不会出现与直流电相关的许多其他令人烦恼的问题。它可用于各种类型的电动机,包括一些完全没有滑动电接触的感应电动机。电动机的固定绕组(由外部线路供电)和转子绕组(旋转设备的一部分)之间的唯一连接,就是电磁连接,它也存在于变压器的绕组之间。事实上,在某些形式的感应电动机中,固定绕组和转子绕组(或运动部件)之间没有电气连接。磁化转子铁的电流是由转子和固定部件(或定子)同时作用产生的,就像电磁变压器一样。这种设备的最大优点是没有任何活动触点,因而更简单、更安全、更不容易发生故障。

在交流电出现的早期,拥有交流电发明的西屋公司与在直流电工程上投入巨资的通用电气和爱迪生公司之间,曾发生过一场混战。纽约州决定用交流电来处决罪犯,就是这场争吵的后果之一。这是立法机构通过交易达成的结果,目的是给所谓更危险的交流电抹黑,让人们不愿意将交流电引入家中。然而不久之后,两个电气工程学派之间的争吵平息了,因为通用电气公司也和西屋公司一样使用了交流电。

事实上,正是在通用电气公司,查尔斯·P. 斯坦梅茨(Charles P. Steinmetz)整理并巩固了交流电和交流电网络理论。这位才华横溢的小个子男人大量运用虚数或复数(与实数一样真实可信)的数学理论,来描述交流电流和电压以及在其上运行的设备。在交流电工程中引入复数的原因是,每个复数实际上都由一对实数组成,即所谓的实部和虚部,而给定频率的交流电也由两个实数

---

① Nikola Tesla(1856—1943),塞尔维亚裔美国发明家和工程师,发明了三相电力传输系统。于 1884 年移民美国,并将其交流发电机、变压器和电动机系统的专利权出售给西屋电子公司。1891 年,他发明了特斯拉线圈,一种广泛应用于无线电技术的感应线圈。——译注

决定,其中一个给出它的强度,另一个给出它通过零点的相位或时间。

多年来,交流电工程理论已相当完备,至少在涉及固定频率的电流和电压(例如每秒60周)时是如此。在电话和其他通信工程中,我们也要处理一种交流电,但这种交流电要复杂得多,因为它每秒的振荡频率并不固定,而且在任何时候我们都必须同时处理多种振荡。一条电话线在同一时间既可传输每秒20次的频率,也可传输每秒3 000次的频率。正是这种频率的多变性和多重性使电话线成为有效的信息载体。电话线必须能够传输从呻吟声到吱吱声的所有声音。

在这里,我们所关注的是最古老的数学分支之一——振动弦的理论,它起源于古希腊数学家毕达哥拉斯的思想。他和他的门徒清楚地知道,弦的振动会产生声音,而且所产生声音的音高、弦的长度、弦的密度和张力之间存在着联系。我不知道希腊人在多大程度上了解,一根弦可以同时以几种模式振动;但17世纪和18世纪的近代学者对这一事实非常熟悉。

所有这一切的基本概念就是我们所说的正弦波,为了解释这一点,让我们假设有一个装有烟熏纸的鼓在转动,再假设有一把音叉在平行于鼓的轴线振动,在音叉的末端连接着一根麦秆,麦秆会在烟熏纸上划出白色的印记。当鼓匀速转动时,吸管会留下一个延伸的印记,我们称之为正弦曲线。

现在让我们来考虑一下更复杂的曲线,它们通过添加新的正弦曲线来构成。我们有可能将曲线的位移加在一起来实现曲线的相互叠加,也就是说,我们可以将两个振动频率不同的音叉组合在一起,让它们同时作用于一根麦秆,后者在烟熏纸鼓上划出其轨迹运动。在这种运动中,我们可以同时观察到在同一条曲线上的两种或多种振荡频率。研究如何将各种曲线分解成这种正弦曲线之和的方法称为调和分析(harmonic analysis)。

有一个基本定理指出,如果我们有一条无限重复相同形状的曲线,那么就可以把它分解成无数条以不同频率重复的彼此分开的正弦曲线。虽然这类结果在18世纪就已为人所知,但与这一定理相关联的名字通常是傅里叶[①],他是

[①] Joseph Fourier(1768—1830),法国数学家,也是著名的埃及学家和行政管理专家,曾协助拿破仑管理埃及,还担任过法国伊泽尔省省长。他的重要数学贡献是,建立热扩散偏微分方程,并发明利用三角函数无穷级数来求解。——译注

法国科学院院士,曾随拿破仑远征埃及。

傅里叶的名字还与正弦波的其他相加方法联系在一起,这里需要相加的正弦波数量太多,无法用第一条曲线、第二条曲线、第三条曲线等来表示。我们确实有可能需要添加大量正弦曲线,其数量如此之多,而完全无法按照1,2,3的顺序将它们排列。

调和分析的两个部分分别涉及对两个过程的分析,一种是关于由所谓的傅里叶级数给出的周期性过程的分析;另一种是关于在时间进程中,从零开始上升并再次下降到零的过程之分析。在这两种情况下,数学家都不得不使用我们已经在勒贝格积分的名称下提到过的复杂的数量相加方法。

真正令人满意的傅里叶级数和积分理论在1920年还太新,尚未传到实际工作中的电气工程师那里。而且工程师主要感兴趣的一类现象几乎完全没有纯数学家去研究。纯数学家所研究的傅里叶级数只适用于研究那些在一个固定时间以后重复出现的现象。由普朗舍雷尔[①]等人提出的傅里叶积分理论的标准形式,所涉及的是那些在遥远的过去很小而且在遥远的未来注定会变小的曲线。换句话说,傅里叶积分的标准理论所涉及的现象在某种意义上既有开始也有结束,而不会在同一尺度上无限期地运行下去。我们在噪声或光束中所发现的那种持续现象完全被专业数学家所忽视,而留给像曼彻斯特大学的阿瑟·舒斯特爵士[②]这样具有数学头脑的物理学家去研究。

我逐渐明白,杰克逊教授向我提出的,为通信理论提供适当数学基础的各种要求,应通过进一步研究调和分析来实现,但这不能仅以当时存在的调和分析为基础。通信工程师们实际所做的是使用奥利弗·亥维赛[③]在20多年前提出的形式通信理论微积分。这个亥维赛算法还没有得到完全严格的证明,但对于亥维赛及其追随者来说,它是行之有效的,这些追随者充分吸收了他的理

---

① Michel Plancherel(1885—1967),瑞士数学家,主要研究领域是分析学、数学物理和代数,数学贡献以调和分析中的Plancherel定理著称。——译注

② Sir Franz Arthur Friedrich Schuster(1851—1934),出生于德国的英国物理学家,因其在光谱学、电化学、光学、X射线学以及将调和分析应用于物理学方面的研究而闻名。——译注

③ Oliver Heaviside(1850—1925),英国数学物理学家,电磁学家。证明了电磁学和向量微积分学的重要成果。他将麦克斯韦的20变量20个方程简化为2变量4个方程。——译注

论精神,能够聪明地使用它。

几年来,MIT 电气工程系对我的主要要求就是,把亥维赛微积分建立在适当的逻辑基础上。与此同时,其他国家的其他人也在做同样的事情,尽管我并不认为其中任何一种方法比我最终所给出的更令人满意。在完成这项任务的过程中,我不得不在极其宽泛的基础上研究调和分析,我发现亥维赛的工作可以逐字逐句地翻译成这种广义调和分析的语言。

在所有这些工作中,我在亥维赛理论方面所做的与我在布朗运动方面所做的有相互影响。在我的研究之前,还没有一个完全令人满意的例子,可以说明与具有连续谱的声音或光相对应的那种运动——也就是说,能量在频率上是连续分布的,而不是集中在孤立的光谱线上的运动。已经给出的调和分析更接近于人们观察钠蒸气光时所看到,而不是观察太阳光时所看到的情况。(钠蒸气的光谱集中在一些亮线上,而太阳光的颜色和频率是连续分布的。)

在本书第一章中,我指出了我在离散数学和物理学方面的工作,特别是关于布朗运动的,其中我们研究了气体中的粒子受到运动的分子连续撞击——散粒效应,这是因由一股电子流传递电流的方式而造成的。我发现,通过布朗运动或散粒效应可以产生连续的谱,如果将散粒效应发生器接入一个可以振动的回路,输出的谱就会是连续的。换句话说,我已经开始在连续谱理论中发现统计元素,并通过它在通信理论中发现统计元素。如今,将近三十年过去了,通信理论已经被彻底地统计学化了,而这可以直接追溯到我当时的工作。

我对调和分析的兴趣并没有穷尽我的数学活动。我还在研究其他一些问题,有些研究得很深入,有些则是时断时续地研究。我们数学系的联合研究小组已经开始大量发表文章,这使得我们需要办一本自己的期刊,而且我们已经办起来了[①]。我是第一任代理主编,但很快由菲利普·富兰克林(Philip Franklin)接任,他最近刚从哈佛大学来到我们这里,他是我在阿伯丁试验场时的朋友和同事。

我有时会与哈佛大学的凯洛格(O. D. Kellogg)教授讨论一些我可能有兴趣去研究的问题。当时我并没有意识到,许多教授是多么小心翼翼地为自己

---

① 我很幸运地有一本供自己支配的期刊,这让我确保可以迅速发表论文。——原注

的研究生保留问题，他们对新问题的专有权又是多么敏感。我已经习惯了英国更自由的氛围，习惯了父亲在所有愿意倾听的人面前散播他思想种子的慷慨方式。我积极而自信的好奇心并不会使那些可能会让我受益匪浅的人，对我留下好印象。我并不是凯洛格的正式学生。他对我很有帮助，但我占用了他太多的时间，我想他认为我是个讨厌鬼。

我从凯洛格那里得知，势分布这个老问题重新引起了人们的兴趣。要在这里明确讲述这个问题是没有任何意义的，但完全有可能告诉外行人这是一个什么样的问题。有许多物理问题都涉及在平面或空间上变化的可测量。房间里的温度就是这样一个量，还有其他一些与液体流动或气体扩散有关的类似量；我可以用电压表来测量，给出房间里和地面上各点之间，或电流流过的导体中一点与另一点之间的各种电动势。

在这里，我可以省略对电动势的完整定义；因为只需要知道电动势就是我们用伏特来量度的东西。关于所有的随着空间和时间而变化的量的数学都属于偏微分方程的范畴——这是数学家说话的方式，所要表达的是：这些量在不同方向上的下降率和它们在时间上的变化率之间存在着各种关系。自莱布尼茨时代以来，人们就清楚地知道，有些量既分布在时间上，也分布在空间上；它们既有空间变化率，也有时间变化率。温度可能以每小时多少度的速度变化，但也可能以我们向北或向东每走一百英里多少度的速度变化。再有，如果水流向山下，山坡越陡，水流越快。

在空间和时间上如此分布的许多量，在工程上都非常重要。当我们架设输电线时，局部电动势下降的速率决定了输电线能否在不发生严重漏电的情况下传输电流，或在夜间发生电晕效应——这意味着电力公司及其用户要从口袋里掏出很多钱。对房屋墙壁隔热能力的研究取决于热流、温度下降速度等之间的关系。

这些量（被称为势）的数学原理大都是清晰而直接的。在房间中远离墙壁或任何其他导体的部分，电动势的分布问题相对简单。然而当我们来到房间中具有非常特殊电特性的区域附近时，就会遇到麻烦。而在一些被称为边界的区域附近，静电势问题的复杂性则又上升一个等级。在相关的温度理论和

第三章 巩固的岁月

流体流动理论中也会出现类似的困难。

在静电势的情况中,一个特殊的边界现象是尖角导体,如避雷针。当这样的尖导体深入到有电荷的区域中,那么在其周围的电动势的下降速率会变得非常大、甚至无穷大。电场不会保持这种电势下降的速率(或所谓的电势梯度)。在这样一个尖点周围,空气作为绝缘体被不断地击穿,而如果电场很大,在黑暗中就会看到明显的电晕效应。许多水手都观察到过一种被称为"放电光球"(corposant)的奇特现象:在雷暴雨天气,带电的大气中,钉子和其他尖锐的物体会发出可怕的辉光。避雷针就是通过类似这种电晕效应,在电压升高到可能导致灾难性闪击之前,通过一个渐进的、不引人注目的过程,降低周围带电大气的电位梯度。

在空间电压急剧变化的地方,某些介质会因受压太高而被击穿,就像空气在闪电通过时被击穿,或者像玻璃在闪电透过窗户时被击穿一样。抵抗这些电压的能力被称为电介质强度。

到目前为止,我已经从物理角度阐述了尖导体的问题,这取决于尖导体可能伸入的不同介质的具体电介质强度。然而,还有一些与之密切相关的问题,它们更形式化,具有更纯粹的数学特征。

在这里,我们遇到了这样一种数学情况,即数学思想和物理思想之间存在密切联系,但两者之间的对应关系并不精确。所有物理上的尖状物体都像针尖一样,在末端稍稍变圆。然而,我们可以想象一个更尖锐的点——比如,我们可以把一个无限锋利的空心磨制剃须刀的横截面绕着它的中线旋转,从而得到一个两条轮廓线在其上相切的点。尽管不可能在物理上实现这样的图形,但它的概念却没有任何数学上的困难。我们甚至可以考虑在这样一个凹角尖状物周围的电势分布,并询问这个电势在尖状物的点附近的表现如何。

我们会发现,在某些情况下,这个理想尖状物周围之电势的数学行为,会从一个非常尖锐的物理尖点之电势的实际行为得到强烈的暗示。在物理的情况下,电压会变得非常大,以至电场中的物质被击穿。在数学的情况下,电场中不需要有物质被击穿,但电场本身可能会变得不连续。如果是这样,尖状物的点上之电势就会变得不确定:如果我们通过一条路径到达尖点,它就会呈现一个值；而通过另一条路径到达，就会呈现另一个值。在凯洛格的建议下，我开始研究这一现象。我的目标是要确定，什么样的尖点会出现这种不连续性。

一位名叫扎伦巴（Zaremba）的波兰数学家在这方面获得了一些结果，其中给出了关于点的尖锐性的一些假设，足以保证电势的不确定性；还给出关于点的钝性的一些假设，足以保证电势不会变得不确定。但在这些条件之间留下了一个缺口，其中我们还不能确定电势会发生怎样的变化。在这个中间地带，凯洛格教授做了非常重要的工作，他的两位年轻朋友正在普林斯顿大学撰写关于这个问题的博士论文。当凯洛格告诉我在这个位势理论的角落里正在进行的工作时，我立即开始思考我自己应该如何解决这个问题。

很快我就发现自己可以在这一课题上迅速取得进展，事实上几天之内我就比普林斯顿大学的两位博士生取得了更大的进步。当我向凯洛格教授展示我的数学成果时，他的态度突然发生了变化。之前刚开始的时候，我发现他很高兴我对位势理论感兴趣。但现在，他主要关心的是，我对这一课题的研究可能会对另外两个年轻人的博士论文的通过产生影响。

许多学校都有这样一种认识，即博士论文的发表是它获得通过的一个不可或缺的条件，这在当时是一种普遍的惯例。显然，一篇其结果已知的论文要比一篇其结果全新的论文更难发表。我觉得这是不公平的，同时我认为，从博士学位的角度来看，唯一合理的原创性标准应该是，与提交论文时正常可得的文献相比，论文是否是新的。在这里，我所说的"正常可得"，是指从作者的实际机会来看是正常可得的。

凯洛格教授告诫我，要从脑海中抹去已经完成的有关位势问题的工作，为那两位博士生扫清障碍。我恐怕难以接受他的告诫。我是通过凯洛格博士，也只有通过凯洛格博士，才知道其他人正在研究这个问题，但我不知道他们的方法和工具，我的成果是真正原创的。

此外我并没有欣然接受凯洛格的建议，说我现在已经是一个公认的数学家，不需要这些论文，应该放弃这些论文，作为对年轻人和缺乏经验者的施舍。两位博士生的年龄都比我大，而且他们都是在美国数学界有影响力之人的学

第三章 巩固的岁月

生,所以用不着担心前途。我从来没有得到过当权者的恩惠,而且只有在要让我吃亏的时候,才会有哈佛人想到把我当作一个公认的数学家来对待。

即使我能够全神贯注地投入我的科学工作和保持我的科学地位,所面临的困难局面已足够我应付。然而,科学家同时也是人,他作为人的需求不能无限期地排在他的科学事业的后面。此时我已经 20 好几岁了,我开始憧憬更充实的已婚生活。我已经开始关注那位年轻的女士,她就是我现在的妻子。

这位让我如此感兴趣并深深吸引我的年轻女士就是玛格丽特·恩格曼。她出身于德国一个与土地亲近的家庭,这个家庭逐渐从小农的地位转变为大庄园的租户和管家,又成为神职人员,接着过上了一般的职业生活。她的母亲在丈夫去世后来到美国,在新西部过着积极、浪漫的户外生活。我在女儿身上看到了母亲的直率、真挚和诚恳,这让我先是有了希望,然后确定这就是我要的女孩。

在我将要与凯洛格发生冲突之前,我去拜访了她和她的家人,那是 12 月里阴冷而凄凉的一天。在等待回家的有轨电车时,我全身湿透,并因此患上重感冒。在美国数学学会的一次地方会议上,我与凯洛格讨论了论文发表的问题,当时我已经病得很厉害,神志迷糊不清,后来证实是得了肺炎。我并没有勉强接受他的观点,而是认为这是内部人团结一致反对外部人的不公平主张,并声称我打算确保我的成果尽快在我们新的数学期刊上发表。凯洛格和伯克霍夫都站在道德的高度大声斥责我。

我觉得自己彻底病了,名誉扫地。第二天,我开始了一个寒冷的周末,在格罗顿农场进行一些冬季运动,这个农场是我父母为了将来退休后的生活而买下的。回到家后,我立即上床睡觉,发现自己患上了严重的支气管肺炎。在整个肺炎期间,我的谵妄表现为一种奇特的混合物,即一部分是对我与哈佛数学家的争吵感到沮丧和担忧,另一部分是对我的数学工作的逻辑状态感到焦虑。我无法区分我的疼痛和呼吸困难、窗帘的拍打声以及我正在研究的位势问题中某些尚未解决的部分。

我不能仅仅说,痛苦是紧张的数学思考的显现,或者说数学紧张本身就是痛苦的象征:因为两者结合得太紧密了,这样的区分毫无意义。然而当我后来反思这件事时,我意识到几乎任何经验都有可能充当一种思路尚未被组织和理清时的数学情境的临时符号。我也比以前更清楚地认识到,驱使我学习数学的主要动机之一,是对尚未解决的数学中的某种不和谐所感到的不适甚至痛苦。我越来越意识到,必须把这种不和谐归结为半永久性的、可识别的东西,然后才能放过它,转向其他事物。

事实上,如果说有什么品质能标识一个数学家比其他任何数学家更有能力的话,我认为那就是有能力使用暂时的情感符号,并从中组织出一种半永久的、可重复使用的语言。如果一个人做不到这一点,他就很可能会发现,他的想法由于难以用一种尚未成型的形式保存下来而烟消云散。

在我生病期间,我才真正意识到我是多么需要这位后来成为我妻子的年轻女士。我不敢说从那时起我的求爱就走上了一条直接的道路,也不敢说我立刻就确定了自己想要结婚;但无论如何,我已经开始了一系列的情感变化和起伏,它们最终导致我们的婚姻。我在之前出版的《昔日神童》一书中讲述了这个故事。在此,只是在与我的科学家生涯直接相关时,我才会重提它。

在本书中,我是以科学家的身份向公众展示自己的,我甚至会刻意淡化我自己的生活以及我们后来共同生活中那些对于我们来说最重要的情感事件。我不希望读者得出这样的结论,即我的情感生活仅限于我的科学事业,或者说,没有我终身伴侣的忠诚、爱戴和持续支持,我也能心满意足地生活。是关于男人和妻子之间持久的爱和陪伴所具有的强烈的私人特质,约束我去讲述它们。我无法向我的读者传达这些,因为我觉得这侵犯了只属于我们两个人的东西,也侵犯了那些由于其现实性、深刻性和持久性而已脱离偶然变迁的东西,其中很多内容不能告诉别人,除了我们自己。我的科学属于世界,我的家庭生活和情感只属于我的亲人和我自己。

让我再来谈谈数学家之间的竞争以及支配这种竞争的伦理道德的一般问题。我已经说过,我或多或少地对一开始就必然充满竞争的高压工作感到反感,但我很清楚,我的竞争性超出了更年轻的数学家,而且我同样知道,我所持的态度并不怎么好。然而,这种态度并不是我可以自由选择或拒绝的。我很清楚,我是一个局外人,如果我不强求,就得不到丝毫的认可。如果我不受欢迎,那就让他们知道,忽视我是一件太危险的事。

并不是只有我一人具有这种竞争性。至少有一位美国最伟大的数学家①,他的不赞成是我必须跨越的最高障碍,他甚至具有比我更强烈的竞争性。我总是很容易吸取各种思想,也很随意地传播它们,而且尽管竞争是我天性的一部分,但我并不寻求在极度保密的情况下工作,也不想在别人甚至不知道我一直在研究什么东西的时候,突然把自己的新成果公诸于世。在这一点上,我与某些年长的同行形成强烈的对比,他们在刚获得自己的科研成果时,可能不会表现出那么多的天真喜悦。而且我从未试图引导其他研究人员离开我自己正在做的研究工作,以让我成为一篇新论文的惊喜效应的受益者,这篇论文经过我的精心呵护,直到我可以产生最大的影响的方式把它发表。我并不比我周围的许多人更有竞争性,但我在表现出缺乏竞争性的样子时不够细致,也不注意防止别人钻我的空子。

---

① 应是暗指伯克霍夫。——译注

第四章
海外旅行时期
——马克斯·玻恩与量子理论

斯特拉斯堡之行以后，只过了两年，我又开始重访欧洲。我之所以如此急切，一部分原因是我想在已尝到其滋味的欧洲数学源泉中多多汲取；而另一部分原因则是出于家庭的考虑。

战争结束后不久，我父母在马萨诸塞州的格罗顿镇买下了一座农舍和苹果园，希望在父亲退休后他们能住在那里。这个农场确实可以供我们全家休闲娱乐，而要经营好它，需要全家人花费大量的功夫，但即使在假期中，我们也不再是一群无所事事的年轻人。我们需要空闲的时间来休养生息，因为我们在职业生涯中付出了艰辛的努力。指望我们把来之不易的假期用来种菜和清理自家的林地几乎是不可能的。

我的大妹妹康斯坦丝大部分时间在史密斯大学教数学，小妹妹伯莎还在马萨诸塞理工学院学习化学。康斯坦丝是一个身材娇小、充满活力和自信的年轻女子，她是我父母的支柱，也被认为是我们当中最有处世能力的人。在那些我和母亲的观点分歧越来越大的事情上，康斯坦茨严重倾向于母亲。

比我小七岁的伯莎，也许是家里最独立的成员。她年纪太小，没有承受我所承受的全部教育压力，甚至没有承受康斯坦丝所经历的较轻的教育压力。而且在她的中学学习期间，我弟弟弗里茨的教育问题一直是家庭的主要问题；于是伯莎比我们其他两个人有更多的自主安排自由。因此伯莎总是比康斯坦丝和早期的我能更客观地看待家庭问题。

第四章 海外旅行时期——马克斯·玻恩与量子理论

我渴望将我欧洲旅行的一些乐趣传递给我的妹妹们,而她们非常高兴与我分享这些。我不打算讲述我独自一人或与我的妹妹们同行的历次远航旅游,但我于 1922,1924 和 1925 年这几年的夏天再次出国,去访问家族的朋友和同行。在这些旅行中,我去见莱维的次数越来越多,而且我不仅在英国和法国,在德国也建立了重要的新联系。1922 年夏天,我目睹了德国的大通胀,觉得那真是一次可怕的经历。

我在位势理论方面的研究继续朝着两个方向发展。首先,我对一个区域内部的电磁势与其边界上电磁势之间的关系提出了一个新概念。如前所述,早先关于区域内部电磁势的概念是,它应该跟边界上给出的电磁势数值完全相合。然而我运用与我已经研究过的广义积分类似的概念,注意到区域的内部电势可以被看作由边界周围电势的加法组合决定,即使当我们接近边界点时,这个定义可能无法产生一个连续函数。这是一个全新的想法,它引导我对位势理论的许多概念做重大扩展,包括电荷和电容的概念。在这项工作中,我受到了丹尼尔(P. J. Daniell)的广义积分理论概念的启发,我写过关于该理论的文章。新颖之处在于,我将一个点的势与边界值的关系看作是一种广义积分,而不是一个将内部势与边界点的势统一起来的极限过程。这是对关于边界问题现有观点的一种反转。就像数学中那么多观点的被反转一样,对位势论问题的重新表述,为多年来因过于传统的表述而变得死气沉沉的局面注入了一股新鲜空气。

我的老朋友和导师,MIT 的菲利普斯教授已经研究过类似于位势的量,它们分布在像屏幕这样的方形网以及代表这些方形网扩展的立方体结构上。借助于我在位势理论中的新的广义概念,我得以使菲利普斯教授的工作朝一般位势理论的方向迈出了重要的一步。

通过这种方式,我在位势理论的武器装备中增加了大量可明确定义的新概念。当我把这些概念应用到扎伦巴的老问题上时,我发现它们都很合适。就在这个时候,《法国科学院院报》(*Comptes Rendus*)开始大量登载以扎伦巴理论为主题的论文。这些论文由勒贝格本人和他的一位年轻学生布利冈撰写。

在许多科学课题的研究中，都会出现这样的时候：接连出现的新论文以其尖锐性和明确性来表明，一个重要目标即将实现。勒贝格和布利冈的工作就是这样的。我知道，如果我不付出最大的努力，整个课题很快就会作为最终解决的课题从数学的账簿上划掉。因此，我付出了最大的努力，运用我自己创造的那些新工具，我高兴地发现，从当时的研究角度来看，我已经完全解决了这个问题。

我意识到必须抓紧时间。我去找我的一个墨西哥学生曼努埃尔·桑多瓦尔·巴利亚塔(Manuel Sandoval Vallarta)，他的法语比我好很多，他帮助我用规范的法语重新写了我的研究成果。我把一份简短的说明寄给了勒贝格，希望能在《院报》上发表，并等待着结果。

随后发生的事情是一个巧合，在发现和发明的历史上，这种巧合比人们想象的要常见得多。就在我的信漂洋过海的时候，布利冈获得了一些极其重要的成果，但还没有来得及对它们进行润色。他征询了勒贝格的意见，后者建议他按照数百年来学院传统所认可的惯例，将这些结果装在一个密封的信封里提交给学院。我的论文正好在第二天寄达，然后布利冈的密封信也打开了。两篇论文并列刊登在下一期的《院报》上，勒贝格还为它们写了一篇序言。虽然两篇论文用不同的数学语言表达，但其主要思想是一致的。不过，布利冈的论文逻辑不如我的完整，因为他送来的只是作为备案用的一份初步的研究通报，而不是一份精炼的成品。

与之前对巴拿赫空间的双重发现相比，这次的竞争更是不相上下。巴拿赫空间的竞争和与布利冈的竞争后来的结局都变得非常友好。布利冈甚至比我更愿意承认，我的论文更完整些，我们约定在我来法国访问时见面。

有一项研究工作是在较小的竞争压力下开展的，不过也是以友好的方式结束，它由丹麦数学家哈拉尔德·玻尔对他所称的"概周期函数"(almost periodic functions)的研究而激发。这些函数所代表的曲线并不像墙纸上的图案那样重复出现，而是接近于重复出现。它们的发现代表了调和分析的重要扩展。正如我所说过的，我自己当时正在研究调和分析的扩展，我是通过试图证明亥维赛的形式微积分的合理性而被引导到这一领域的。同样，我没有做

第四章 海外旅行时期——马克斯·玻恩与量子理论

别的什么事,只是花上功夫,看看能否在这个领域巩固我的思想。我这样做确实成功了,我获得了一个充分的理论,它不仅涵盖了那些可以用锐利线条表示的光谱(如我们在元素光谱中所看到的部分光谱),而且还涵盖了那些功率连续分布的光谱。玻尔的理论只适用于线光谱。借助一两个小技巧,我从自己的理论中不仅推导出玻尔理论,还获得有关连续光谱的更广泛的结果。

在这一过程中,我必须使用与研究布朗运动时非常相似的思想。特别是,我必须利用那些连续的曲线,它们是如此的皱缩,以至于不能正确地说它们是有方向的。我在讨论布朗运动时已经指出,这些曲线或多或少是数学带过来的继子女,一直被认为是非自然事物博物馆中的藏品:是数学家从抽象思维中推导出来的,在物理世界中没有真正的代表。在这里,我发现自己正在建立一种本质上属于物理的理论,其中此类曲线扮演着不可或缺的角色。

此时我与欧洲数学的另一次接触是以一种意料之外的方式进行的,尽管是个人接触而非科学接触。我看过很多的莱昂·利希滕施泰因①写的论著,他是研究流体理论的德国数学家,是当时一份主要的国际数学家评论杂志的主编。父亲知道有一个叫莱昂的表亲,曾在柏林技术学院学习(我父亲也在该学院学习过),但他感觉自己不太适合搞工业研究。父亲还知道莱昂已经离开了工业界,转而从事应用数学方面的学术工作,但不知道他取得了多大的成功,也不知道他现在哪里工作。

我们收到了我在纽约的一位姑妈的来信,信中告诉我们,她的表弟莱昂在数学方面比我们所预想的要成功得多。信中告诉我们他的全名是莱昂·利希滕施泰因。我将二者联系在一起,认为表亲莱昂和这位著名数学家极有可能是同一个人。我给利希滕施泰因写了一封信,直接问他是否是我们的表亲,我收到了非常友好的回复。他确实就是夏洛特姑妈信中所提到的利希滕施泰因,而且他很清楚我的存在和我的工作。他邀请我下次去欧洲时找他。他仍然住在柏林,但在莱比锡大学任教。后来我才知道,他是莱比锡大学理学院的院长。

---

① Leon Lichtenstein(1878—1933),波兰出生的数学家,研究微分几何、共形变换、位势理论、流体力学和天文学。他是维纳的祖母方面的亲属。——译注

在我与布利冈和利希滕施泰因建立联系后的那个夏天,我和妹妹伯莎一起来到欧洲。我跑到普瓦捷市(Poitiers)去看布利冈。他手中高举着一份我的论文复印件在车站等我,以便我辨认他的身份。他是个朴实无华的布雷顿(Breton)年轻人,他带我到他家做客。普瓦捷市有很多值得一看的地方,它是一个迷人、浪漫的城市,拥有最有趣的建筑遗迹。布利冈介绍我认识了他的一位朋友,是多科工艺学校的教授,也是当地古迹的权威,他们带我参观了许多有趣的小地方。

那年夏天我还去德国看望了莱昂表叔。和跟布利冈的见面一样,他必须让我认出他,而我也必须让他认出我,因为我们甚至从未见过对方的照片。他在车站迎接我,手举着一张纸,上面写着(为了表示对我的敬意)位势理论的主要公式。

莱昂·利希滕施泰因是个光头,留着胡子,和我父亲的面容并不十分相似,但他和我父亲一样,个子矮小,精力充沛,动作轻快,观点鲜明。他的很多态度都非常反美,尽管他本人对我很友好。利希滕施泰因夫人是维持利希滕施泰因家平衡运转的关键,她和伯莎为了不让我和莱昂之间的争论演变成争吵费了很大的劲。

在这里,我遇到了德国生活中的一个小问题。我们初次见面,莱昂就叫我对他使用"du"①,即我们熟悉的德语称呼。而利希滕施泰因夫人却没有向我提出这样的建议,尽管她和她丈夫一样亲切。在这种情况下,我觉得我和她之间没有资格像和我表叔那样熟络,所以我坚持使用"Sie"这种正式的称呼方式。

1924年,我怀着旧情访问了格丁根大学,发现我的新思想开始引起格丁根人的兴趣。1925年,在与普林斯顿大学的亚历山大(Alexander)爬了一会儿山后,我再次访问格丁根大学,我在广义调和分析方面的研究开始在那里引起真正的关注。

格丁根大学数学的新领袖是理查德·库朗(Richard Courant),他是一个勤奋、活跃的小个子男人,渴望把数学管理的所有事务都掌握在自己手中。库朗建议我在美国寻找一些经费资助,从而能在格丁根大学学习一年,与格丁根的同行在保持密切接触的情况下开展研究。那时约翰·西蒙·古根海姆基金

---

① 德语中的 du 与 Sie,相当于中文的"你"与"您"。——译注

第四章　海外旅行时期——马克斯·玻恩与量子理论

会(John Simon Guggenheim Foundation)刚刚在纽约成立,库朗跟我说,这个基金会很适合我去申请经费。他向我保证,格丁根的同行们会全力配合我的工作,使我的旅行顺利进行,并为我提供一名助手,帮助整理我的论文,解决我德语不流利的问题。

他让我去拜会费利克斯·克莱因——他与希尔伯特并列为格丁根两大数学家之一。克莱因身体欠佳,事实上,他的生命只剩下几个月了。我很高兴能有这个机会,再次见到这位代表着数学庄严的过去的大人物。

我去拜访克莱因,一开始就犯了一个社交错误。当年老的女管家来开门时,我用我最好的德语问道:"Ist der Herr Professor zu Hause?"(请问教授先生在吗?) 她用斥责的语气回答说:"枢密官先生在家。"(Der Herr Geheimrat ist zu Hause.)责备我用"教授"这个较低的头衔来称呼一位枢密官。我可以说,在德国科学界,"Geheimrat"的社会地位,就像在英国被封为爵士的科学家一样;但我从未见过英国人对待爵士头衔,像德国人对待Geheimrat的头衔那样大惊小怪。

我上了楼,看到费利克斯·克莱因正在他的大书房里,那是一个舒适、高大、通风的房间,两边排满了书架,中间有一张大桌子,上面乱中有序地摆放着一些书和打开的期刊。这位大人物坐在桌子后面的扶手椅上,膝上盖着一条毛毯。他留着胡子,面容俊朗,身上散发着时代智慧的光芒。他讲话带有一种恩赐的口吻,仿佛一位国王;随着他侃侃而谈,以往那些伟大名字不再只是一些论文的朦胧的作者,而变成了实在的人。他身上有一种永恒的气质,对于他来说,时间不再有意义。在我恭恭敬敬地听了几分钟之后,我发现自己就像在宫廷里一样被宣退了。

我向格丁根的师生介绍了我在广义调和分析方面的工作,受到热烈欢迎。尤其是希尔伯特,他对这一课题表现出极大的兴趣,不过我当时没有意识到,我的演讲与物理学的新思想密切相关,而这些新思想即将在格丁根大学迸发,其形式就是现在所说的量子力学[①]。

[①] 在本章中,我将试图用非技术性语言解释一些非常困难的工作的技术含义。如果读者对我在这个时期的工作的详细材料不感兴趣,建议跳过这些技术性段落。——原注

量子力学是数学物理学中的一门学科,起源于1900年马克斯·普朗克关于空腔中辐射平衡的研究。通俗地说,量子理论的主题是研究这样的光线,它们在一个热炉中的光和热物质达到平衡后,从炉内发出来:如果我们观察一个带有加热壁的空腔,如高炉,从炉内发出的光有着随着温度的变化而变化的特征。这是一种很容易观察到的效应,我们都能从红热金属片和白热金属片之间的区别来认识它:从红热的高炉中发出的光之光谱在红色或黄色的某处终止,而从白热的高炉中发出的光之光谱可能会延伸到紫外线区域。

普朗克用一个大胆的新假设解决了如何解释光和热之间这种关系的难题,其要点是,传统上把光看成是一种连续现象的说法并不令人满意。他认为,光和物质一样,具有颗粒状的结构而不是连续的结构。

早先的物理学无法设想出任何机制,使得从热炉内发出来的光之颜色分布能够由炉子的温度决定。不过普朗克对这一容易观察到的现象的最终解释并不简单。这涉及数学的理念,以及对宇宙总的思考——这一思考要追溯到17世纪末的一段时期,当时相信物质是不连续的原子论者与相信物质是连续的那些人之间在进行一场重要的知识争论。各种各样的哲学考虑使得这场争论变得特别重要。

然而将这场争论推向高潮的,与其说是当时总的哲学思潮,不如说是一项技术创新。这就是荷兰人列文虎克(Leeuwenhoek)所发明的显微镜,他将显微镜改进到可以看见一滴水中大量的生物。

新仪器的发现往往会立即带来新的洞察。在列文虎克之前,对生命体的研究仅限于肉眼所能看到的,或者至少能用原始的手执放大镜看到。因此,尽管科学家们可能已经有了德谟克里特①的想法,即世界是由极其微小的粒子或原子构成的,但之前在观察诸如比一粒沙子更小的现象方面并没有取得重大进展。

通过直接观察列文虎克的显微镜发现,池塘中的一滴水中蕴藏着大量的生命,堪比一座拥挤的城市。眼睛所获得的新能力激发了人们新的想象力,每

---

① Democritus(约前460—约前370),古希腊哲学家,认为宇宙是由原子构成的主要代表人物。——译注

第四章 海外旅行时期——马克斯·玻恩与量子理论

个人都在思考世界的精细结构以及将其放大的过程所蕴含的哲学意义。斯威夫特那首著名的顺口溜,也许就是这种思考的一个结果:

> 于是,博物学家观察到,一个跳蚤,
> 在它身上有几个更小的跳蚤在咬;
> 而在它们身上有还要更小的在咬,
> 如此下去,没完没了。

我们晚至今天来看,这首顺口溜的背景可能比它本身看上去更有趣,因为列文虎克用他的新显微镜研究的对象包括人类和动物的精子,他非常合理地解释它们参与了受孕。然而通过列文虎克及其追随者们不完美的显微镜,很容易想象,精子中包含着一个卷起来的小胚胎。这种理论为受孕行为提供了一种看似合理的解释,因为它认为受孕仅仅是精子在子宫内着床,然后可以在其中长大,直到成为医生们已经熟悉的那种胚胎。精子是胚胎的唯一前身这一观点引发了一些非常有趣的生物学猜想。

如果精子本身就是胚胎的早期阶段,那么很自然就会认为它是一个微型人,其中人类的所有器官都缩小了——虽然变形,但本质上还是存在的。照此说来,它应该包含更小的精子,就像斯威夫特的跳蚤的身上有更小的跳蚤一样,其尺度远远小于当时的显微镜所能看到的。而这些小精子又被认为包含着更加小的精子,如此下去,没完没了,所以人类的整个未来实际上已在现存人的身体中预先形成好了。这种预成论支持物质的无限可分性,其哲学后果受到了人们的热切关注,尤其是伟大的哲学家莱布尼茨[1]。

---

[1] 从莱布尼茨到斯威夫特这一步,涉及18世纪早期历史中一些值得一说的事情。莱布尼茨是一位伟大的哲学家和物理学家,但是业余的,其正式职务是汉诺威宫廷档案管理员。在此职位上,他显示出自己不仅是一名图书管理专家,还是一名一流的外交官,热衷于为其统治者的利益和扩张效劳。有人猜测他积极参与了将汉诺威家族推上英格兰王位的谈判,这种猜测是有道理的。由于英国辉格党希望汉诺威家族上台,以结束不受欢迎的斯图亚特王朝的统治,莱布尼茨便与辉格党的阴谋联系在一起。他是英国皇家学会的成员,并积极参与其中事务,这极大地促进了他与英国的联系。

而另一方面,斯威夫特是斯图亚特王朝的保守党支持者,在安妮女王去世后,他积极参与试图将老僭君[the Old Pretender,指的是 James Francis Edward Stuart(1688—1766),詹姆士二世之子,但被认为是冒牌货。——译注]推上王位的未遂政变。因此,莱布尼茨和斯威夫特分别是当时英国政治中两个对立党派的关键人物。难怪他们之间会产生巨大的对立。

(转下页)

莱布尼茨以一滴水和同样包含大量多生物的一滴血为类比，认为世界充满了物质。也就是说，他认为生物之间和生物内部的所有表面空间本身都充满了更小尺寸的生物。这一理论使莱布尼茨提出了生命无限细分的假设，进而提出了物质的连续性。

正如我们所看到的那样，这种观点是由当时的微观观察以及莱布尼茨自己的哲学思想所共同造成的，它最终导致莱布尼茨对数学做出了新的解释。我们必须记住，他是微积分的共同发明者之一，他还发明了我们现在仍在使用的符号。对于他来说，不仅时间和空间是无限细分的，而且分布在时间和空间中的量在其所有维度上都可能有变化率。例如，分布在时间和空间中的一个量是温度。当我说温度计以每小时10度的速率下降时，我说的是它的时间变化率。当我说我向西走时，温度计以每英里3度的速度下降，我给出了它的一个空间变化率。在讨论在时间和空间上都有分布的量时，一个自然的数学规律就是偏微分方程，在这个方程中，时间变化率和空间变化率在一个时间和空间都无限细分的系统中相互关联。因此莱布尼茨在论证物理世界的连续性时，成了与原子论直接对立的观点的代言人。

自莱布尼茨时代以来，物理学的发展使原子论和连续论都达到了他那个时代所没有的完善和尖锐对立。分子几乎已被人们看到，离散原子存在性的化学证据也很清楚。超越原子，人们从构成原子的电子、质子以及在原子核内

(接上页)这种对立在《格列佛游记》四部曲中的第三部《勒皮它之旅》(the voyage to Laputa)中有反映。许多人对斯威夫特在书中讽刺科学家之刻毒感到惊讶：这些不切实际的骗子投机者用六分仪测量一个人以给他做一套合身的衣服，他们从黄瓜中提取太阳光，并试图通过相当于爱丁顿的"猴子和打字机"的过程[指在西方流传的说法：一群猴子在许多台打字机上打字无数次，必然能够打出莎士比亚全部著作。天体物理学家爱丁顿曾经深入研究这个问题。——译注]来获得所有的知识。事实上，他们所代表的不是别的，就是英国皇家学会，尤其是莱布尼茨对皇家学会的影响。因此，斯威夫特嘲弄的靶子之一是莱布尼茨式的"跳蚤身上的跳蚤，没完没了"的情况，也就不足为奇了。

斯威夫特对自然界的可变尺度问题以及在收缩或扩张的情况下世界和其中的人会发生什么变化的着迷之处不止于此。这同样也是《格列佛游记》前两部的主题，即前往小人国的航行，那里的居民身高只有正常人的十二分之一；以及前往大人国的航行，那里的居民是身高七十英尺的巨人。

在这两种情况下，斯威夫特关于尺度变化影响的想象力均很敏锐，但有局限性。它在描写那些地方的物理尺寸方面是合理的，但在描写那里人的运动能力方面是不合理的。他不知道，小人国的人如果是由人的血肉组成，那应该能够跳到比他们自己高出几倍的高度；也不知道大人国的类似情况，那里的人将只能懒散地趴在地上，因为他们几乎站不起来。——原注

第四章 海外旅行时期——马克斯·玻恩与量子理论

发现的许多新的基本粒子中,看到了关于原子性的新图景;与此同时,连续论则已成为研究气体、液体和固体动力学以及光和电理论之有用且几乎不可或缺的工具。这两大思想方向的正面碰撞,导致形成了现代物理学的一些主要问题。

这个碰撞大约始于100年前,当时克拉克·麦克斯韦提出了现在所称的气体动力学理论。气体由被称为分子的粒子组成,它们可以以几种独立的方式运动。分子作为整体来说,可以上下、左右、来回地运动,还可以围绕一个垂直轴和两个水平轴旋转。分子的所有这些运动都属于一个刚体的运动,但一个分子往往不仅仅是一个刚体,它还可能有内部振动,这时它就是一个弹性系统。我们可以计算单个粒子的运动模式数,物理学家称之为自由度。通过将组成气体的不同粒子的运动模式数相加,我们可以确定气体作为一个整体的运动模式数或自由度数。麦克斯韦指出,当气体达到内部统计平衡时,每种运动模式平均具有一定的能量,而且所有运动模式的平均能量都相同。这是将温度与气体的其他性质联系起来的一个最重要的定理。

由此立即可知,一定体积的气体吸收能量的能力取决于单位体积内的自由度数。这种能力的测量值称为"比热"(the specific heat)。它使我们能够确定在给定温度下,处于热平衡状态的物体将包含多少能量。如果单位体积内的自由度数是无限的,那么在温度增加有限的情况下,该物体将能够吸收无限多的能量;或者同样的道理,能量的有限增加也不会使它变得更热。如果我们把类似的论证应用于连续介质,它自然会在单位体积内具有无限多的自由度,于是它有无限大的比热。所以温度的概念不适用于连续介质。

然而,克拉克·麦克斯韦不仅是我们刚刚提到的这一理论(即气体动力学理论)的创立者,而且还是光和电作为一种连续介质(即光以太,the luminiferous ether)的振荡而传播的理论的创立者。这意味着以太可以被无限加热而不会变热。由于光以太的运动被称为辐射,其形式包括光、X射线、辐射热等等,因此麦克斯韦的以太理论与辐射温度的存在性是不一致的。麦克斯韦的光理论对于没有物质的自由辐射来说是令人满意的,但它无法解释光与物质在温度上达到的平衡,就像人们实际上所知道在热炉中的情况。研究光的辐射需要更多的不同于麦克斯韦理论的思路，而这更多的思路就是普朗克所提出的。

普朗克不仅观察到辐射有温度，还观察到这个温度与辐射特性之间的关系遵循一个明确的定律，它现在以普朗克的名字命名。为了证明这一定律的正确性，他假定辐射是以他称之为"量子"（quanta）的某个最小份量，一份一份地发出的，他的这一研究成果就是现代物理学量子理论的最早形式。

一般认为，1900年是科学思想的关键时期。在此之前没有多少年，当时最好的科学家们还认为，未来的几个世纪只需致力于将已有的物理学理论精确到小数点后更多的位数。然而，大约在1900年，量子理论开始摧毁辐射领域中某些连续性的思想。吉布斯统计力学已经在用一种有限制的非确定性取代确定性的道路上越走越远，而表明不可能测量到地球穿过以太的速度的迈克尔逊和莫雷的光学实验，新近已成为导致爱因斯坦相对论的思想链的一个基本部分。

爱因斯坦的相对论于1905年提出，同年他还对量子理论做出了关键性贡献：他证明，光电效应（与电相关的光之吸收或发射）中所涉及的某个常数，在数值和维度上与普朗克在量子理论中所使用的一个著名常数相同。七年后的1912年，哥本哈根大学的尼尔斯·玻尔在氢原子辐射理论中发现了相同的常数。

玻尔提出的辐射理论虽然并不完美，但却非常出色。它是一种奇特的混合理论，将非连续理论的特征多少有点牵强地嫁接到像行星轨道那样的连续理论上。这种量子化力学在数值上取得了巨大成功，但在理论统一性上还相当欠缺。到了1925年，也就是我在格丁根大学发表演讲的那一年，全世界都在呼唤着一种量子效应理论，它应该是一个统一的整体，而不是拼凑而成的。

我在格丁根大学演讲时，并不知道那里的人已经以什么方式把兴趣都集中到量子理论的那个困难的问题上，我的演讲是处理这样一个领域，其中关于正常大小数值的规律，在数值非常小的范围内失去作用，而这很像量子理论的情况。正如我已说过的，我的演讲是关于调和分析，换句话说，就是把复杂的运动分解为简单振动之和。调和分析，尽管在现代有很多分支，其历史可以追溯到毕达哥拉斯以及他对音乐和琴弦振动的兴趣。琴弦振动的方式有很多种，但最基本、最简单的方式就是简谐振动。众所周知，乐器琴弦的运动如果不是简谐运动，那就是最基本的简谐运动组合。事实上，作为非常粗略的一级近似，我们可以将这种运动视为简谐运动。

现在，让我们来看看音乐符号到底是什么。音符在五线谱上的垂直位置表示其音高或频率，而音乐的水平记谱法则根据时间来划分音高。时间记谱法包含节拍器速度的指示，将声音细分为全音符、半音符、四分音符等，各种休止符以及其他许多内容。因此，初看音乐记谱法似乎是在处理一个系统，其中振动可以用两种独立的方式来表征，即根据频率和时间的长短来表征。

关于音乐记谱法本质的一个更精细的假设，认为事情并非如此简单。音符每秒的振动次数，虽然是关于频率的表述，但也是关于时间分布的表述。事实上，音符的频率与时间的相互作用非常复杂。

理想情况下，简谐运动在时间上从遥远的过去一直延伸到遥远的未来，没有任何改变。从某种意义上说，它是"永恒存在的"（sub specie aeternitatis）。一个音符的开始和停止都涉及其频率组成的改变，这种改变可能很小，但却非常真实。一个音符的持续时间是有限的，可以将其分析为一系列简谐运动，其中任何一个运动都不能被视为唯一的简谐运动。时间的精确性意味着音高的模糊性，正如音高的精确性意味着对时间的漠视一样。

这些考虑不仅在理论上十分重要，而且与音乐家所能做的实际限制相对应。你不能在管风琴的最低音区演奏吉格舞曲。如果一个音符以每秒 16 次的速度振动，并只持续二十分之一秒，那么得到的基本上是一个没有任何明显周期特征的单一空气推动。它在耳朵里听起来不像一个音符，倒像是对鼓膜的一击。实际是，让一根风琴管发出音乐所必需的那个脉冲反射的复杂机制，还没有获得合适的机会启动。所以在管风琴的最低音区演奏吉格舞曲，与其说是糟糕的音乐，不如说根本没有音乐。

正是调和分析的这一悖论，构成了我 1925 年在格丁根大学演讲的重要内容。当时我清楚地意识到，物理定律有可能像乐谱，它们是真实而重要的，前提是我们不要过分认真地对待它们，不要把时间尺度向下延伸超出某个确定的水平。换句话说，我想强调的是，正如在量子理论中一样，在音乐中，属于极小时间间隔(或空间)的事物与我们日常所接受的事物之间存在着行为上的差异,而宇宙的无限可分性是现代物理学不能再无条件接受的一个概念。

要了解我的观点与量子理论实际发展的相关性,我们必须向前迈进几年,来到沃纳·海森伯①提出他的对偶(或不确定性)原理的时期。在牛顿的经典物理学中,一个粒子可能同时具有一个位置和一个动量——或者略为不同地说,一个位置和一个速度。海森伯最终观察到,在可以高精度测量位置的条件下,只能低精度测量动量或速度,反之亦然。这种对偶性与音乐中音高和时间的对偶性具有完全相同的性质,事实上,海森伯是通过我至少在五年前在格丁根大学介绍的调和分析来解释这种对偶性的。

格丁根大学早期量子力学的两位主要人物是马克斯·玻恩②和海森伯。玻恩在两人中年长得多;虽然毫无疑问是他的思路导致了新量子力学的诞生,但这一理论作为一个独立实体的实际开创却属于他年轻的同事。玻恩一直是一个冷静、温和、热爱音乐的人,他一生的主要爱好是与妻子一起演奏双人钢琴曲。他是最谦虚的学者,直到1954年,在他所培养的多位学者获得诺贝尔奖之后,他自己也获得了诺贝尔奖。

海森伯当时才20出头,其性格不像玻恩那么谦让,而且初出茅庐就尝到了成功的滋味。当玻恩发现自己的得意门生正卷入德国的民族主义潮流时,他一定非常失望。由于玻恩本人是犹太人出身,而海森伯最终加入了纳粹,这使得悲剧变得更令人心痛。这样的悲剧足以让任何一个正常人够受,但我们还必须加上后面那桩事:当玻恩在战后退休来到英国时,他最出色的学生是——克劳斯·富克斯③。

---

① Werner Karl Heisenberg(1901—1976),德国理论物理学家,量子力学理论的主要先驱之一。于1925年发表了一篇重要的突破性论文。在同年与马克斯·玻恩和帕斯夸尔·约当合作发表的一系列论文中,他对量子力学的矩阵表述得到了实质性的阐述。他因1927年发表的不确定性原理而闻名。因"创立了量子力学"而获得1932年诺贝尔物理学奖。——译注

② Max Born(1882—1970),德国犹太裔理论物理学家,量子力学奠基人之一,1936年被纳粹剥夺德国国籍;同年前往爱丁堡大学任教直到1953年退休;1954年获诺贝尔物理学奖。——译注

③ Klaus Fuchs(1911—1988),德国出生的物理学家,1937—1939年在爱丁堡大学玻恩教授的实验室工作,后来获英国国籍。1944年赴美国参加研制原子弹的"曼哈顿计划"。其实早已是苏联的间谍,1950年因向苏联提供美国和英国原子弹研究的重要机密而被捕并判处14年监禁。因在狱中表现良好而于1959年获释,随即返回德国,继续从事核物理研究。——译注

第四章　海外旅行时期——马克斯·玻恩与量子理论

正如我之前所说,我在格丁根大学的论文引起了一定的关注,希尔伯特、库朗和玻恩都向我暗示,我可能会收到邀请,在明年的某个时候去格丁根工作。同时,玻恩要来马萨诸塞理工学院讲学,我准备在这间隔的几个月里与他共事。

当玻恩教授来到美国时,他对海森伯刚刚给出的关于原子的量子理论的新基础感到非常兴奋。这一理论本质上是离散的,而研究这一理论的工具则是一些被称为"矩阵"的正方形数组。这些矩阵的行和列的分离性与一个原子光谱中辐射线的分离性相关联。然而并非原子光谱的所有部分都是由离散的线组成的,玻恩希望有一种理论能将这些矩阵或数字网格推广,使其具有可与光谱的连续部分相比较的连续性。这项工作技术性很强,他需要我的帮助。

我没有必要深入探讨这项工作的技巧,因为它不仅非常抽象,而且在某种程度上是量子理论的过渡阶段。我只想说,我已经掌握了矩阵的推广,其形式就是所谓的算子。玻恩对我的方法的合理性有很多疑虑,他一直在想,希尔伯特是否会认可我的数学。事实上,希尔伯特的确认可了我的方法,并且从那时起,算子一直是量子理论的重要组成部分。大约在同一时间,英国的保罗·狄拉克也独立引入了算子。此外,算子还有助于将埃尔温·薛定谔刚刚在维也纳大学发明的另一种形式的量子力学与海森伯形式的理论联系起来。

从此,量子力学进入了活跃的发展阶段,海森伯本人、狄拉克、沃尔夫冈·泡利和约翰·冯·诺伊曼等年轻人几乎每天都有新发现。在这种热火朝天的氛围中,我无法很好地发挥自己的作用,也不觉得有必要介入这个已经处理得如此得心应手的课题。我确实有过这样的想法,即我那篇关于布朗运动的旧论文背后的哲学思想可以在量子力学中加以利用;但困扰我的那种困难和我的方法可以发挥作用的那类问题要到 20 年后才会有实际意义。在过去的十年里,我和波士顿大学的阿曼德·西格尔(Armand Siegel)一起回到了这个领域,我很有希望这次我最终能说出一些别人没有说过的有用的东西。

在这个领域的所有工作中,无论是过去的还是未来的,我必须记住——读者也必须记住——当今物理学的任务,并不是对现有的其基本要素已经完全清楚的理论进一步地精益求精。物理学目前是大量的局部性的理论，还没有人能够使这些理论真正明确地彼此相容。有人说得好，现代物理学家周一、周三和周五是量子理论家，周二、周四和周六是引力相对论的研究者。在周日，物理学家则两者都不是，而是在向上帝祈祷，希望有人（最好是他自己）能找到这两种观点之间的协调。

第五章
作为古根海姆学者赴欧洲,新娘跟来

在过去的几年里,玛格丽特和我之间的会面是断断续续的,这不是我们合适的相处方式。她的教学工作和对娘家所继续承担的责任让她忙得不可开交。至于我这方面,我的地位还不足以保证我能承担起一个已婚男人的义务。不过我在德国所得到的认可,以及随之而来在 MIT 的收入增加,使我现在第一次有可能正视婚姻的责任。玛格丽特在圣诞节来看我。我再次向她求婚,她接受了。我们决定结婚,并把这次欧洲之行也当作我们的蜜月旅行。

然而,在细节上遇到了困难。按照计划,我将于四月抵达格丁根大学迎接夏季学期,而那时玛格丽特仍将在宾夕法尼亚州的朱尼亚塔学院教现代语言。她不想在学年结束前两个月辞职。我们曾一度想在欧洲举行结婚仪式,但发现要办的手续很繁琐,实际上无法做到。我们还曾设想在大使馆结婚,或者由美国船长在海上主持婚礼。这些方案也遇到了严重的困难。最后,我们不得不承认,切实可行的明智之举是在我启程前在美国结婚,然后玛格丽特回到她的教学工作岗位,暑假期间她到欧洲与我团聚。

玛格丽特再次离开波士顿,回到朱尼亚塔学院教书。在此期间,我发现自己非常忙碌,几乎无暇顾及婚姻和旅行的新问题。当时我的社交生活很活跃,圣诞节后不久,有一次玻恩夫妇邀请我们一群人去他们的公寓,炫耀他们在德国为孩子们买的新电动火车。前来见证这一时刻的科学家和电气工程师有不少:包括现任华盛顿卡内基研究所所长的万尼瓦尔·布什(Vannevar Bush),

曾帮助我把文章翻译成法文的年轻人曼努埃尔·桑多瓦尔·巴利亚塔（现任墨西哥教育部副部长，曾任 MIT 物理学教授），以及其他许多人，他们的名字在从事电学工作的人中已家喻户晓。当火车组装好准备展示并启动开关时，变压器闪烁几下就烧毁了。花了很长时间，我们这群工程技术天才组合才诊断出问题所在：波士顿的那个地方使用的是直流电，而变压器无法在直流电上工作。

在这段时间里，我在工作中与万尼瓦尔·布什有着密切的联系。布什当时已经在开发各种形式的电子计算机，这些机器后来使他声名鹊起。他不时向我请教，而我也在计算设备设计中，试图尽力提出我自己的设想。

我已经谈过我在调和分析方面的工作，即使在当时，我也认为它可直接用于解决重要的实际问题。从那时起，已经实现了一些这样的实际应用；而且正如我后面将要说明的，直到今天，广义调和分析仍然是我工作的重要组成部分。

有一次，我在老科普利剧院观看演出，心中突然产生一个想法，让我的注意力一下子离开了眼前的演出。这就是用于调和分析的光学计算器的概念。我已经学会了不放过这些零散的念头，无论它们在何时引起我的注意。于是我立即离开剧院，去制定新计划的一些细节。第二天，我征求了布什的意见。

这个想法是正确的，我们做了几次尝试，将其付诸实施。在这些尝试中，我的贡献完全是智力上的，因为我是最笨拙的人之一，我甚至完全做不好这样的事：把两根电线接在一起以让它们彼此良好接触。布什除了别的本事之外，他还是美国有史以来最伟大的器械专家，他不仅用脑思考而且用手实现。因此，我们研制新型调和分析仪的尝试很自然地取得了成功，而这些设备此后又给我们的工作带来更大的成功。

春天终于来到，我要动身前往德国。我因为想到自己生平第一次获得实实在在的认可而感到极度兴奋；但我现在觉得，当时我对报纸谈这件事时恐怕有些讲过头了。我当时认为自己摆脱了伯克霍夫和维布伦的压力和冷漠，我更加急切地想承担起新地位带来的责任，我当时一定是一个夸夸其谈、自鸣得意的令人难以忍受的年轻人。

第五章　作为古根海姆学者赴欧洲，新娘跟来

玛格丽特和我在费城一个路德会教堂的教区会所举行了婚礼。随即动身前往亚特兰大市先度了几天蜜月，然后我们还要分开几个月，直到玛格丽特完成在朱尼亚塔学院的工作并辞职。她在纽约市送我上船。我在纽约带她去住的酒店是老默里山酒店，它多年来一直是美国数学会开会的特别总部，那是一座阴暗的老式的大理石和斑岩的陵墓式建筑，住在里面的几乎都是上了年纪的女士，在她们的周围飘荡着"不那么欢乐的九十年代"（the not-so-gay nineties）①之精神。

在住进这个令人压抑的酒店后，我带玛格丽特去了剧院。好巧不巧，我们看的是易卜生的《鬼魂》（Ghosts），这是这位最阴郁的剧作家创作的最阴郁的戏剧。如果这些事情只是一个长长蜜月中的小插曲，倒也无关紧要，但作为离别好几个月的前奏，它们必定扰乱了玛格丽特平静的心灵。

我抵达英格兰时，德文郡（Devonshire）的春天已经来临，报春花盛开。我去牛津大学拜访了哈代，他已经是那里的教授，然后我去格丁根大学，住进了我学生时代的女房东家。

我之前提到过理查德·库朗，这位年轻的数学家已经接过费利克斯·克莱因行政管理的衣钵，成为格丁根的教皇。库朗在我上次访问格丁根时还很和蔼可亲，现在却变得有些敌意。古根海姆研究员的名单出现在了美国报纸上，而我正如前面所说，在接受报纸采访时对我的未来之行讲了太多的话。这次对我的采访，引起在柏林的无所不知的美国研究所（the Amerika-Institut）的注意，他们继续挖掘出我父亲在第一次世界大战中激烈反对德国的事实。

虽然纳粹主义直到 1932 年才在德国正式登台，但在当时一股强烈而激进的民族主义风暴已经积聚了强大力量，并开始令大学中的自由派人士感到恐惧。这些大学当然是政府机构，因此也受到民族主义的压力。这也正是库朗非常希望获得美国好感的时刻。洛克菲勒基金会对欧洲重建深感兴趣。在数学方面，它首先选择了格丁根大学作为资助对象。这完全是自然和正确的，因为格丁根当时作为世界数学中心的地位是毋庸置疑的。我后来知道，伯克霍

---

① 此处应是作者针对"欢乐的九十年代"（the gay nineties，见第 169 页脚注①）这一热词的反讽之语。——译注

夫将于那年晚些时候访问格丁根，并且会就改进和扩建数学研究所的项目提交详细报告。

我并不羡慕库朗那个处于上下夹攻的困难职位。然而是我自己而不是库朗，承受了这些上下夹攻中最严厉的那部分。库朗对我的态度变得相当冷淡，原先答应给我的好处要么被拒绝，要么以一种令人无法接受的态度勉强答应。

库朗责备我在报纸上讲的那些话，并有意拒绝向我提供他曾答应给我的助手和完全正式的身份。尽管如此，他还是允许我以非正式的身份继续留在格丁根。经过一番劝说，他找到了一位能干的年轻数学家，让他帮助我准备讲稿，条件是我必须自掏腰包付给他报酬。

我被留在格丁根大学的一个四不像的职位上。这种羞辱使我濒临精神崩溃的边缘。部分由于这个原因，我的讲课无论是作为数学研究的范例，还是作为德语演讲，都不尽如人意。我毫不怀疑，如果不是几位美国和英国朋友的忠心耿耿，我早就崩溃了，他们在我忧郁的时候给我打气，陪我长时间的散步，并且在几乎所有德国学生和教员都认为我讲课很糟糕而退出不来的时候，他们还来听我的课。

美国朋友中主要的一位是克兰（J. R. Kline），他是宾夕法尼亚州的德国人，多年后成为美国数学会秘书和宾夕法尼亚大学数学系主任。当时他和他的妻子及一个小男孩都住在格丁根，他们几乎把我当成了家里的一员，直到玛格丽特来到这里，才减轻了他们的负担。

在我的英国朋友中，主要的是英厄姆（A. E. Ingham），他当时是利兹大学的教师，后来成为剑桥大学国王学院的研究员。英厄姆是一个害羞、近乎胆怯的人，他已经开始在数论方面做出杰出的工作。正是英厄姆给了我科学上的引领，使我完成了许多最出色的工作。

在我的广义调和分析理论研究中，有一些地方接近完成，但还不能正式收尾。我需要某些定理，而我发现自己证明了一些类似但不完全相同的定理。英厄姆指出，哈代和利特尔伍德已经用他们称之为陶伯定理（Tauberian theorems）的方法解决了许多类似的问题。对这些问题的研究属于数学家的技术范畴，而不属于数学家的思想理念范畴，不过我不打算向外行解释这些。

第五章 作为古根海姆学者赴欧洲,新娘跟来

只要说明这一点就够了,我对这一领域进行了新的探索,取得了彻底的成功,使得我不仅把之前的工作收了尾,而且能够继续对整数理论的许多领域做出简化。

有了英厄姆和克兰这两位朋友,我把注意力转向了一个不成熟的想法,那就是恢复格丁根的两个老社团——美国社团和英国社团,它们曾是我学生时代生活的中心。克兰和我希望通过重建美国社团来改善德美关系。于是,我们向大学的一位副校长寻求帮助。

这位副校长竭尽全力支持我们,但后来证明,他扮演的角色非常可疑。他把我们介绍给一群年轻的德国学生,后来我发现他们身上带有纳粹的全部特征。我们这位副校长朋友还关照在一家当地报纸上透露我们的计划。

这引起了库朗的注意,他勃然大怒。他以德国教授凌驾于大学行政办公室之上十足的蔑视态度,逼迫那位副校长撤回了对我们的支持。我们自己也受到了他愤怒的反击,我在格丁根非常脆弱的地位变得更加脆弱。

我原来期望,我在格丁根得到承认,就可以摆脱伯克霍夫在美国一直施加的有敌意的压力,但现在伯克霍夫亲自来到格丁根。他代表了库朗最希望得到支持的那些美国人。

库朗接近我,希望通过我可以赢得伯克霍夫的好感。我告诉他,我对伯克霍夫没有任何影响力,伯克霍夫对我的整个反应是敌意的。在伯克霍夫来访时,我一直与他保持距离。我觉得,伯克霍夫和库朗之间的关系是他们自己的事。

美国的学校放假后不久,玛格丽特来格丁根与我团聚。我去勒阿弗尔接她下船,然后一起在巴黎待了几天,接着又去荷兰做了短途旅行,最后到达格丁根。我让她看到了一个相当糟糕和混乱的状况,对于一个还不完全了解自己丈夫的新婚妻子来说,这一定是一个巨大的冲击。除了安慰我之外,她还得做一件重要的事,那就是让我的女房东正确地认识到她的责任,大致公平地处理我们之间的租赁关系。就我与库朗的关系而言,我所处的困境已经到了无法挽回的地步,但玛格丽特还是尽力帮我修补了关系。

我们抵达这里后不久,就在格丁根一家著名的酒家为朋友们举办了一场

迟到的婚礼。那里的酒保竭力确保我们点的酒既足够又不过分昂贵。他指出，在喝完第一瓶酒之后，我们的客人就不会再对我们所点的顶级葡萄酒感兴趣了，因此建议我们为后面几瓶酒可以点较便宜的。我们的客人给我们带来了精美的桌布和餐巾作为结婚礼物。

不久之后，我的父母决定访问欧洲，一则为了分享我那所谓的成功，二则为了监督这对新婚夫妇。这让我本已无法解决的问题又增加了一倍多。我是否要将自己受到挫折及个中原因告诉我父母？我前面已说过，其部分原因在于我父亲的反德观点以及德国人把我俩搞混了。对于我来说，息事宁人总比直言不讳要困难得多，于是我把事情的原委告诉了父亲。不出所料，他更在乎他个人所受到的攻击，而不是让我摆脱无望的困境。我们在格丁根一起度过的这一周并不快乐，我也不可能阻止我父母越过我而试图直接跟格丁根人民和德国教育当局打交道。

玛格丽特和我决定在瑞士度过暑假。我们去因特拉肯（Interlaken）郊区的博尼根（Bönigen），住进了一家小旅馆，那是我和妹妹伯莎在之前的欧洲之旅中已经住过的。后来克林一家从格丁根来到同一家旅馆与我们会合。我们有时在阿尔卑斯山麓漫步，有时我会和旅馆老板下棋，他是一位友善的酒商，和我们的关系非常好。但是我们在博尼根的逗留突然被终止，因为我父母正在蒂罗尔（Tyrol）的因斯布鲁克（Innsbruck）度假，硬把我们叫去。

玛格丽特和我需要这段时间来调整婚姻生活，这主要是为了彼此熟悉，而任何监督的企图都会使这样的调整变得无比困难。但由于多年来所受的管教，我在感情上已经变得过于依赖父母，因此无法漠视他们的召唤。

我们发现因斯布鲁克是个可爱的地方，有散步的小路、小剧场和美丽的风景，但我父母的情绪却不可调和。父亲坚持要我立即无条件地向普鲁士教育部长提出抗议。我知道这是徒劳的，因为很明显，教育部长才是我所有困难的真正根源。我的屈服是愚蠢和软弱的，但多年的习惯不容易克服。即使在那之后，玛格丽特也花了很长时间才让我建立起一定程度的独立意识，使我能够摆脱父母的管束，成为一个独立的人和一家之主。

最后，我们去意大利度了三个星期真正的蜜月。我们先在博尔扎诺

第五章 作为古根海姆学者赴欧洲，新娘跟来

(Bolzano)市逗留了一段时间，这个南蒂罗尔(South Tyrolean)省下的城市前不久的名字还是博岑(Bozen)，现在改成一个意大利名字，当地人并不喜欢这个新名字。随后，我们在加尔达湖(Lago di Carda)尘土覆盖的橄榄树林中短暂停留。

之后，我们参观了威尼斯这座神奇的城市，那里有美丽的水街、建筑瑰宝和令人愉悦的公共露天游泳场。如果不是我在格丁根的经历给我带来了黑色忧郁症，这次威尼斯之行就纯粹是仙境了。

对于玛格丽特来说，面对一个其情绪正处于最低点的神经质的丈夫并不是什么愉快的经历。我甚至成了一个更大的问题，因为我父母对我的情绪问题采取了轻描淡写的政策，而不是让玛格丽特面对她嫁给我所承担的真正任务。

我们离开威尼斯前往佛罗伦萨和罗马。特别是佛罗伦萨，在我们看来是一座美得令人难以置信、与众不同的城市，我们甚至能摆脱沮丧的情绪来欣赏它。

然而，到了我们必须决定如何处理我在国外剩下的半年时间的时候了。近期我们将参加在杜塞尔多夫(Düsseldorf)举行的德国科学促进会的会议。在那之后，我们觉得格丁根已经够我们受的了，于是决定在哥本哈根度过我们在欧洲的剩余时间，直到1927年1月。我接受了哈拉尔德·玻尔的工作邀请，决心弥补格丁根之行的遗憾。

我们取道瑞士和莱茵河，匆匆赶往杜塞尔多夫。在那里我发表了一篇论文，并与德国科学家建立了许多新的愉快的联系。特别是，我结识了一位名叫罗伯特·施密特(Robert Schmidt)的年轻数学家，他是基尔(Kiel)大学的教师。施密特在陶伯定理方面做了一些重要工作，而我看到它们与我自己的新想法密切相关。我们决定共同努力。他特别向我指出，有一个综合性的陶伯定理——是我有希望证明的那种——在数论中是最有价值的，特别是在处理素数(就是除了1和自身外，没有其他因数的数，如2,3,5,7,11)分布的问题上。

在19世纪90年代后期，两位伟大的数学家，阿达马和鲁汶大学的德·

拉·瓦莱·普桑(De La Vallée Poussin),成功地证明了:小于一个大数 n 的素数个数约为 $\frac{n}{\log n}$。他们的证明非常严谨,令人满意,但有些复杂。在他们成功证明之前,这个定理多年来一直处于被证明中,而伟大的德国数学家黎曼在19世纪下半世纪前期就已经接近确立这个定理了。黎曼曾提出过一个他未能证明的猜想,如果这个猜想是真的,那么就能对素数的分布做出更精确的估计。

长话短说,我发现自己的思路清晰了,用我的方法给出了一个简单得多的素数定理证明,并且最终给出了几个还要简单的证明。是施密特把我的努力引向了这个问题,施密特还向我建议,我也许可以证明或反驳黎曼假设。然而在这个更加困难的问题上,我总是发现自己无能为力。

后来在哥本哈根逗留期间,我去基尔拜访了施密特几次。起初他对我的新方法充满热情,但渐渐地,他开始对我的工作失去信心。他把工作完全推回给了我自己。事实上,在早期阶段,我的证明存在一些漏洞,但这些漏洞很容易弥补。事实证明,施密特对我工作的否定使我因祸得福,因为它使我重新完全掌握了一项研究,即使这不是我所做过的最好的研究,也肯定接近我的最佳水平,而且它给我带来的声誉之高是我以前的任何工作都无法比的。

库朗参加了杜塞尔多夫的会议,他试图让我下学期回到格丁根。我告诉他,我不会再去拜访他了。玛格丽特和我到附近的比利时作了一次短暂的旅行,然后从那里乘火车前往哥本哈根,旅途非常疲劳。

坐火车去哥本哈根,还得从瓦尔讷明德(Warnemünde)坐渡轮到格耶瑟(Gjedser)。我们乘坐的是三等舱,在渡轮上灯光暗淡、漆成红色的三等餐室里度过了一个不愉快的夜晚。这是一个让人思考自己过去所有罪过和所有被浪费机会的地方。乘客们挤在一起,睡得很不安稳,摇曳的吊灯随着船晃动的节奏和木头的嘎吱声在地板上投下摆动的影子。

当我们到达哥本哈根时,几乎累死了,我们睡了一整天。然后我去拜访哈拉尔德·玻尔,准备进行几个月的研究。我们常常见到玻尔两兄弟。我记得,在他们其中一人(我想是尼尔斯)的寓所里,有一块两人小时候的照片镜框,它

第五章　作为古根海姆学者赴欧洲，新娘跟来

赋予了他们无可否认的乡下人的面貌，而这种面貌已在岁月进程中在他们的脸上消失。其他客人中有一位女士是哥本哈根大学古典文学教授，她不停地抽着黑色大雪茄，她告诉我们，有位朋友曾向玻尔兄弟的母亲表示同情，说她生了两个如此迟钝的孩子。鉴于尼尔斯·玻尔因其科学工作而成为丹麦的民族英雄，并居住在哥本哈根由一家大酿酒厂捐赠的豪华房子里，而哈拉尔德无疑是丹麦有史以来最伟大的数学家，这个故事现在看来岂止是有点可笑。

哥本哈根是一座令人愉快的城市，它既有世界首都从事学术活动的便利，又有小城镇的温馨。在知识界，人人彼此都认识，整个生活都洋溢着友好的气氛。

我们觉得玻尔兄弟富有魅力，他们的同事诺隆德①教授也是如此。诺隆德身材高大而英俊，留着胡子，我之前在斯特拉斯堡国际数学家大会上见过他。他从事纯数学研究，却当上了格陵兰岛大地测量局局长，他的家里经常有豪爽的北极海的船长光顾。诺隆德夫人依然保持着在斯特拉斯堡时给我留下深刻印象的美貌。她对我们非常热情。我们已经决定学习丹麦语，并在一位在美国待过一段时间的中学老师那里上丹麦语课。作为丹麦语教学的补充，诺隆德女士还为我们朗读了安徒生童话的原文。她用甜美、亲切的丹麦语朗读它们，充分展现了这些童话之美。

除了陶伯定理和数论方面的研究，我在哥本哈根还就调和分析中的重要问题开始了一两次新的研究。哥本哈根大学是我在经历了格丁根混乱之后的休息和避难的场所。

我说过，我们离开哥本哈根去德国作了一次短暂的旅行，我妻子去德国探亲，我则与罗伯特·施密特一起工作。之后我们又回来，参加时间延长的丹麦圣诞和新年的盛大节日。两周的时间里，除了派对就是派对，人群在斯特勒格特(Strøget)狭窄的商业街上来来往往，乐此不疲。

现在到了回美国的时候。我们取道英国返回。玛格丽特和我住进了她的

---

① Niels Erik Nørlund(1885—1981)，丹麦著名数学家和天文学家，开创运用复变函数解微分方程，其妹妹 Margrethe 嫁给了尼尔斯·玻尔。他被人劝说担任了丹麦测量局局长(Director of Den danske Gradmaaling)，维纳在此说他是"格陵兰岛大地测量局局长"，可能有误。——译注

几位正在伦敦学习的美国朋友的房间。我发现这个温暖的冬天是一个很好的机会,可以和哈代讨论我的工作,并听取他的批评意见。然后,我们经过一个平静的冬季航行回到美国,在开始找房子之前,我们同我的妹妹康斯坦丝一起住了一两天。

第六章
成长和进步的岁月
1927—1931 年

我们在贝尔蒙特(Belmont)普莱森特街(Pleasant Street),同我的妹妹一起住了几天,那里在我们到达之前刚来过一场暴风雪。我还记得,沉重的铁链拍打在雪地上发出的低沉声响,很好地舒缓了我的心情。然后我们开始找房子。我们找到了一个公寓,就在阿灵顿防线①对面。我开始试着让自己适应做家务杂事的生活,对此我并没有特别的资质。我终于学会了照看炉子和油漆家具,但这永远不会成为我的专长。

德克·扬·斯特勒伊克(Dirk Jan Struik)是我在格丁根大学认识的一位荷兰数学家,新近被 MIT 录用。他很好地融入了我们数学系家庭式的环境,而我开始研究他的微分几何领域。我们开始一起尝试将他的思想应用于微分方程,特别是量子理论中的薛定谔方程。我们偏离了这个领域的发展主线,但确实获得了一些有趣的定理。我们的工作不属于在文献中引起轰动的那种,而是多年后会被重新发现的工作,它具有永久而有限的价值。

我们和斯特勒伊克夫妇在我们所爱的新罕布什尔州桑威奇镇度过夏天。我们把早已熟知的一家寄宿屋作为总部。玛格丽特怀孕了,并且因得了毒藤疹而非常不舒服,所以不能陪我和斯特勒伊克一起远足。不过,我们俩还是在附近的山里转了转,并一起到总统山进行了一次规模较大的探险。我们从那

---

① The Arlington line,美国内战时期用于保卫首都华盛顿的防线,建于 1861 年,位于弗吉尼亚州阿灵顿县,后来成为历史文化遗迹。——译注

里回来时，胡须长得像一头豹子。斯特勒伊克的胡子让他看上去就像是伦勃朗所画的，他很快就把胡子剃光了；而玛格丽特则开始逐渐修剪我的胡子，直到它形成像我现在一直留着的那种样子。

我们的乡邻中有很多朋友。其中包括克莱尔·乔治(Clare George)，一个富裕、怪癖、男人味十足的老处女，在那个女人还不流行穿裤子的年代，她已经开始穿它了，而且在和我妻子单独相处时常常偷偷摸摸地吸烟。我们经常在朋友科利斯家见到她。路易斯·科利斯(Louis Corliss)是从康奈尔大学毕业的工程师，早年曾在斯佩里(Sperry)陀螺仪公司工作，后因家人接连去世，加上过度劳累导致身体不好，他选择在自家农场过农夫的生活，以逃避现代工程和工业化生活带来的混乱。他是个鳏夫，与祖母和母亲生活在一起。他们全家对我们都很友好，一直是我们的亲密朋友。20多年前，科利斯的奶奶去世了，科利斯与照顾奶奶最后生活的护士结婚。他们的女儿珍妮特·科利斯(Janet Corliss)在这个暑假期间成为我信任的秘书，并协助我准备这份手稿。

克莱尔·乔治和路易斯·科利斯的母亲都很清楚，我热爱桑威奇这个地方，玛格丽特也会爱上这里。我们觉得并希望，乡村生活有益于我们未来孩子的成长，这种益处我们俩都曾以这样或那样的方式享受过。我们的朋友忙着在附近寻找合适的避暑住所。她们在熊营地池塘路的一个山丘上找到了一处。那所房子无人居住。但它最近有人住过，所以状况良好。当玛格丽特和我绕着杂草丛生的草坪走了一圈，透过布满蜘蛛网的窗户窥探到里面气派的房间布局时，我们知道，我们找到了想要的房子。

我们打听到看守人和受托管理这处房产的律师的名字。该地区从内战到那时，一直在走下坡路，房地产价格跌到了谷底。所给的价格即使不是我们能立即承受的，也不超出我们几年内所能支付的范围。我们一致认为，这是我们的避暑住所。

不久之后，我的父母来到我们的寄宿公寓看望我们。我们带他们看了我们想买的那所乡间住房，他们极为喜欢，就帮我们买了下来。从那时起，我们在白山的假期就意味着我们需要从MIT的紧张生活中得到放松，也意味着我们有机会让自己的孩子体验乡村和生活的自由，我们认为这是每个孩子与生俱来的权利。

事实上，我们希望我们未来的孩子需要这个地方，而玛格丽特和我也同样需要它。在大学教书是一项非常艰苦的工作，而且教学与研究相结合对于任何人来说都是一项满负荷的工作。我的研究工作在很大程度上有赖于与其他人自由地交流思想；但是当这些初步工作完成后，总会有那么一段时间，我必须花费主要精力把工作成果以简洁、可接受的形式写出来。而只有在心无旁骛的情况下，在我的生活中既有集中精力的脑力活动，又有漫游乡村、与非专业朋友聚会、在海滩上游泳和晒太阳等完全非脑力的乐趣时，我才能最好地完成这个写作。

有许多人认为，大学教授的暑假是一种非常特殊的公款消费，是给知识分子的一种享受，以补偿他们在美国社会价值标准看来较少的薪水和不高的地位。事实完全不是这样的。繁重的研究工作会使一个人感到筋疲力竭，如果没有获得与其工作强度相当的充分的休息机会，他的研究质量就会越来越差。

我并不是说只有知识分子才需要长假。我十分肯定，工业工作的持续压力和作为工作的一种缓解措施而给予的零碎假期，是造成我们工业界许多最优秀的人才过早衰老的原因。自战争以来，这种情况变得尤为严重，因为我们的行为是基于这样的设想：在紧张时期，放松是一种背叛。我深信，我们的持续紧张政策是愚蠢的，它没有达到充分利用人力资源的目的。

我的大女儿芭芭拉（Barbara）在下一学年（1927—1928年）出生，我开始笨手笨脚地学习照看婴儿和把一长串像信号旗似的尿布晾晒起来。

第二年夏天，我们带着新生儿在新住宅安顿下来。父亲把他那辆已经报废的T型沙滩车送给了我，他和我一起跑了好几趟，把必要的家具搬了过来。那时我们没有电话，没有电，甚至没有炉子。我们在壁炉上调制芭芭拉的配方奶粉和做简单的饭菜，直到我们能买到一个二手的双灶煤油炉。直到现在，我们仍然没有自来水，不过我们已经找到了一个非常令人满意的替代品，那就是水泵和重力水箱。

我们经常把孩子带到熊营池塘边上，她以及我们的二女儿佩姬（Peggy），几乎都是在水里长大的。池塘边上是个半公共场所，有很多邻居带着不同年龄的孩子经常光顾。我教这些孩子养成长途山路徒步旅行的习惯，现在当我去池塘边上时,我看到了这些孩子们的孩子。

那年夏天,我们请克兰夫妇来做客。他们被这个地区迷住了,最后决定先在那里租一个夏屋,后来又把它买了下来。我说过,在我们买房子的时候,该地区的经济正处于最低点。从农业的角度来看,该地区的经济可能又进一步下滑,但它已成为一个非常受欢迎的中产阶级避暑胜地,其中包括一些大学人士。事实上其中一些人已经退休,一年中的大部分时间都在这宁静的环境中度过。现在可以很容易地从我们的邻居中挑选人办起一所相当好的大学,而不需要专门为此引进任何外人。

我在科学工作方面的处境在迅速改善。我作为一个已婚男人的新身份,有可能部分减轻我在数学界所遭受的敌意。尽管如此,许多对我不利的障碍依然存在。伯克霍夫把他的偏见当成原则,使得许多本来可能邀请我的学术机构转向别人。这一时期,大学教授的地位在整个美国得到极大的提高,在这种形势下我的大多数同事都在积极赚钱以备他们的晚年之用,因此这种剥夺对我来说是个严重问题。尽管没有外聘,但MIT确实一直在稳步提升我的职位,不过一个毋庸置疑的事实是,外聘的存在会以某种方式改善我的地位。

既然不能通过正常渠道得到美国的邀请以改善我的地位,我开始在国外寻找,看看能不能在别处找点事做做。英国大学和英国殖民地大学的法律规定,如果出现职位空缺,必须发布公告,并且至少在形式上必须考虑所有候选人的申请。这项规定并没有得到太认真的对待,在许多情况下,在公布空缺职位时,出于种种实用目的,实际已经做出了录用决定。这些广告出现在《自然》和其他英国学术刊物的封底。我曾分别为伦敦国王学院的一个职位空缺和澳大利亚的一个职位空缺投过简历,结果当然是一无所获。尽管如此,我试图改善自己地位的这种实际行为,对于推动我在MIT的晋升很有帮助。

就在这个时候,美国数学会在阿默斯特(Amherst)举行了夏季会议。玛格丽特和我一起去了,我们都非常享受这次机会。对于我来说重要的是,在会上见到了我的朋友塔马尔金[①],他是我在格丁根大学的另一位熟人,他似乎对

---

① Jacob David Tamarkin(1888—1945),俄裔美国数学家,出生于俄帝国犹太富裕家庭,1925年移民美国。——译注

我的研究留下了很好的印象。他成了我热情而真诚的支持者,我在美国开始真正受到重视,他所起的作用比其他任何人都大。

塔马尔金是一位杰出的数学家,他出道于第一次世界大战之前,那时俄国中产阶级以上的人生活非常好。在美国,他试图继续发扬战前俄国的豪爽好客作风。他冒着生命危险从俄国逃了出来,并受到布朗大学理查森(R. G. D. Richardson)教授的热情接待。塔马尔金的数学水平是一流的,在纯粹美国传统的人对我的工作不以为然的时候,他欢迎我的工作。

在这些年里,哈代对美国进行了一系列访问。他也很欣赏我的工作,在他和塔马尔金的赞扬声中,我在这个国家开始出名,但我始终无法忘记,我所得到的绝大部分认可并不来自美国人。

在我1926年旅行归来之后和1931—1932年旅行之前的几年,当然是柯立芝总统的繁荣年代,也是萧条年代。即使在我们相对受到保护的学术生活中,我们也感受到了国家范围和世界范围的两方面强烈冲击。如我之前说,哈佛大学的薪水在繁荣时期已经提高了很多;而MIT的薪水尽管落在后面,但许多人仍然期望他们的薪水能够逐步提高,即使达不到哈佛大学的水平,也不会相差太大。结果是,我在这两所学校的许多同行都在谈论股票市场,表现得像个资本家。只要有5位大学教授聚在一起,你不可能听不到对当时流行股票的比较评估。我的一两个年轻同事对他们的投资比对他们的学术工作更加关注。

我从来没有完全相信这种繁荣,尽管我非常清楚它对我们生活的影响。太多的价值都是纸面价值,正如我当时所看到的,它们可能在一夜之间消失。农民们热衷于办那些银狐饲养场,哪怕是最轻微的不景气也会使它们失去市场。我的一些同事试图通过饲养各种名狗和暹罗猫来增加收入,而他们也面临着同样的问题。佛罗里达州的土地开发热潮以及施托伊本(Steuben)玻璃和古董家具的流行,其前景也同样是捉摸不定的。我们从来没有足够的钱去追逐这些东西,而且坦白说,我也从来没有感受到这种诱惑。所以我已经做好了这次繁荣以崩溃告终的心理准备,到那时纸面价值的损失,必然会带来曾经像绿色的月桂树一样蓬勃发展的整个结构的倒塌。

货币性质的纸面价值与一系列纸面的道德价值有了关联。一家有名望的国家杂志开辟专栏对瑞典火柴大王伊瓦尔·克雷于格(Ivar Kreuger)大加颂扬,这让我感到惊讶和震惊。更让我措手不及的是,学术界也接受了同样的道德价值观。我希望并祈祷经济衰退早点到来,以免导致彻底的失败,这种失败往往会在促销泡沫破灭后到来。我和好朋友菲利普斯讨论了这个问题,并惊讶地发现,尽管他是天生的怀疑论者,并且做人也很精明,但他还是对繁荣的持续满怀希望。在他的这种感觉背后,是他年轻时在南北战争后南方废墟上的长期经历,以及对我们可能会进入另一个这种时期的恐惧。在很大程度上,他的乐观是为了减轻自己恐惧而吹口哨壮胆,但无论如何,他并没有像我那样,希望轻微的萧条可能会让我们放弃追求物质享受,转而更重视道德和知识。他担心经济崩溃不仅会摧毁商业价值,还会摧毁道德价值;而当经济萧条真的来临时,我看到他的担心是有道理的。

经济不景气必然会影响到每一个人,但我们这些学术界人士却暂时享受到最好的待遇。价格在一定程度上下降了,而且虽然我们对薪水快速增长的期望落空了,但我们中的许多人,比如我自己,都有终身教职;即使我们中那些没有终身教职的人,对它也有一种不容易被消除的心理期望。无论如何,我们并没有像在商人中那样经常有人自杀,高楼的窗户对于我们来说并没有特别的想去纵身一跃的风险。

一个真正对自己的工作感兴趣的大学教授,在很大程度上是与周围世界的风云变幻绝缘的。今天,当科学成为普遍攻击的对象,当我们中的许多人对我们的文明是否真的能延续下去产生严重怀疑时,将我们与世界隔离的那层保护屏障在很大程度上已经消失了。

然而在那些日子里——20世纪20年代末和30年代初——虽然我们可能对许多事情产生怀疑,但我们并没有从根本上怀疑我们所生活的这个世界从长远来看有恢复的可能。因此,萨科-万泽蒂事件[①],虚假的繁荣,以及随之而

---

① Sacco-Vanzetti case,意大利移民、无政府主义者萨科和万泽蒂被美国马萨诸塞州警方指控于1920年4月15日抢劫杀人,1921年7月14日被判处死刑,经过多次上诉但均被驳回,于1927年8月23日被执行死刑。此案在马萨诸塞州引起广泛持久的争议。直至1977年8月23日,马萨诸塞州州长发布公告,称萨科和万泽蒂无罪,并恢复名誉。——译注

第六章 成长和进步的岁月

来的几乎同样虚假的萧条,促使我们越来越多地回归自我,回归我们真正的职能——学术工作。

我发现自己此时的工作就是研究,以及指导做研究的学生正确地进行工作。随着我的工作开展和声誉提高,我开始招收研究生。有一位 MIT 的教授,他的在哈佛大学数学系做研究攻读博士学位的儿子想跟随我工作。我们发现,可以在两个系之间做一个安排,让他在哈佛大学获得学位,而我则是他的论文指导者。

我的第一位 MIT 博士生,是名叫卡尔·马肯豪普特(Carl Muckenhoupt)的年轻人。我给他的论文题目是哈拉尔德·玻尔的概周期函数理论。玻尔曾把这些函数作为纯粹抽象的数学实体来研究,但我发现它们可以作为有效工具,用于振动问题的定性甚至计算研究。马肯豪普特的论文代表了纯数学与应用数学之间综合的另一条纽带,而我认为开展这方面的研究是我的职责。

马肯豪普特的工作在我的发展中固然重要,但稍后出现的两项工作,后来证明甚至更为重要。这两项工作的代表是两篇博士论文,巧合的是,它们是在我的指导下由两名来自远东的学生完成的。他们的名字分别是中国的李郁荣和日本的池原止戈夫(Shikao Ikehara)。

我认识李郁荣的过程非常有趣。我的荷兰朋友斯特勒伊克在贝尔电话实验室找到了一份与电路分析有关的暑期工作。这立刻让我想到,我是否可以通过运用傅里叶级数,以不同的方法研究同样的问题。经过进一步的考虑,我觉得自己的想法看来不错,于是我问万尼瓦尔·布什能否给我一个电气工程方面的好学生,让他在我的指导下完成一篇论文。他非常乐意,并向我推荐了当时住在波士顿一所教堂教区会所的李郁荣。李爽快地接受了邀请,于是我们就一起工作了。

李和我成为科研同事到现在已经有四分之一个世纪了。从一开始,他的稳重和判断力正好提供了我所需的平衡轮。我最初的想法是建立一个可调节的校正网络,这本来是可行的,但代价是浪费大量零件。是李发现了如何用同一个部件同时实现几种功能,并通过这种方式将一个庞杂的装置简化为一个设计精巧而实用的网络。

也是李为我们的发明找到了一个可能的买家，那是一家与电影业有密切合作关系的研究公司。首先是李去了长岛市，花了好几个月的时间，耐心地开发我们的设备，计算部件的尺寸，制造出一个良好的工作模型，第一次运行就达到了我们预测的功能，然后把这个设计卖给了我们的客户。

毫无疑问，当时为解决有声电影的问题而诞生不久的电影业，对电气应用并没有很大的兴趣。我们收回了自己的权利，然后我们必须寻找一个永久的买主。正是李在贝尔电话实验室找到了这样一个买主，并走完了有关专利申请的繁琐步骤。

在这里我必须说，对发明感兴趣但没有直接跟专利局打过交道的公众，无法充分体会，看着一项发明一步一步地走过必要的检索和成文阶段所感受的十足的无聊。首先，只取得一项发明的专利并无意义。专利可能具有的任何效力——当专利由一个无任何资源和方法来使用它的个人所持有时，这种效力是极小的——都取决于权利要求和说明书措辞的详细法律条文，而这与发明的实际优点关系甚小。在这方面，专利律师可以提供很大的帮助，但除非他有对发明的特殊理解作为后盾，否则他的帮助是非常有限的。

其结果是，发明者在没有任何过渡阶段的情况下，就从思想博弈进入了文字博弈。他越是热爱其发明的本身，越是希望发展它，就越发现自己在专利局这个虚幻的世界中受挫，他不得不在其中生活几个月或几年。

在这几个月或几年结束时，李和我发现自己拥有了一项可以出售的发明——实际上在专利申请的最后阶段完成之前，我们就已经出售了这项发明。但随后我们遇到了更大的挫折，那就是我们所做的一切努力都变成了一纸专利——也就是说，变成了贝尔实验室从未打算使用，而只是用来对付竞争对手的专利。

从我们的发明在专利局登记到专利期结束，贝尔实验室的人从未使用过我们的发明。尽管如此，当我们的文件接近17年的期限时（就像一个人接近70岁），我们发现一些无线电和电视公司开始对这项新发明表现出极大的好奇心，似乎真的准备把它应用到他们所生产的接收机中。由于我们的专利权已经过期，我们就再也没有兴趣去探究这些工程师是否真的按照我们的想法付

第六章 成长和进步的岁月

诸实施,还是让我们的宝贝胎死腹中了。但这并不妨碍我们有一个精明的想法,那就是无论这项发明是否曾以我们所写的形式用于销售,它仍然在对这门技术的思想产生着影响。

我尽一切努力要让李博士进入美国电气工程行业,在那里他将成为一个有价值的人。当时美国已经有了来自东方国家的工程师,但比今天要稀少得多。我的推荐所遇到的阻力是我们所无法克服的,于是李回到中国寻找工作,先是在工业界,然后是学术界。我在后面的章节中会更多地谈到他。

就在我的一位东方学生李郁荣发展我的一些工程学想法的同时,另一位东方学生池原也在完善我的素数理论方法。德国的素数理论主要倡导者兰道,起初对接受我们的成果犹豫不决,但最终他和他的同事海尔布伦(Heilbronn)撰写论文,进一步推进了这项工作。其结果是,我们把一个困难的数学分支从高年级研究生的学习课程中去掉了,使它甚至可以作为一门高年级本科生的课程。近年来,斯堪的纳维亚数学学派甚至超越了我们的工作,使素数理论在某种非常技术性的意义上成为基本理论。

我已经提到过万尼瓦尔·布什是一位伟大的电子机械设备发明家,他的主要工作是开发高速计算机器,用于解决微分方程技术领域的问题。微分方程涉及各种可测量的物理量及其在时间和空间上的变化率之间的关系。这些物理量可以是电流或电压,也可以是轴的旋转角度或其他不同种类的量。布什的装置有时试图以一组量为基础,有时又以另一组量为基础,但其装置所倾向的形式是一种梅卡诺(meccano)装置,即微分分析仪,其中各种量都可以,比如说,用轴的旋转来表示,而且这些量还可以相加、相乘、相除和其他运算。最重要的是,当需要求一个量的总和时,这些量可以通过称为积分盘的装置读出。

布什机器的各个部件在构思上都不是全新的,但其组合技术,特别是将驱动设备的动力安装在局部以避免机器卡住的技术,代表了技术上的进步,远远超越了之前的任何构想。布什的机器在巴贝奇早期机器失败的地方取得了成功,这正是因为布什出色地利用了巴贝奇时代所无法获得的工程设施和工程理念。

在布什的机器中,数是作为被测量的量而不是数字序列来表示的。这就是我们称布什机为模拟机而非数字机的原因。前者是测量,后者是计数。机器要解决的问题所涉及的物理量,在机器中被性质不同但数量关系相同的其他物理量所取代。

在当时,数字机器(一种经过改进的自动化算盘)仅限于各种形式的台式计算器。

布什机器的一个重要方面是,所有的变化都是随时间这个变量发生的。当布什问我如何让他的机器处理偏微分方程时,这一点变得极为重要,因为在偏微分方程中,时间变化率和空间变化率是通过方程结合在一起的。

当布什向我提出这个问题时,我意识到偏微分方程的主要问题是如何表示在两个或更高空间维度中变化的量,例如照相底片的密度,它上下左右都在变化。

一旦几个变量的函数的表示问题得到了清晰的阐述,那么就可以将这些变量也表示为在时间上而不是在空间上变化的东西。这里在我看来,新的不断发展的电视技术提供了必要的线索。在电视中,画面不是通过同时放置在胶片上的不同透明度的银片,而是通过一个光点在网格的各行上逐点划过,以及在整个网格上逐行划过来传送的。现在,只要是对家用电视机的工作原理稍有好奇心的人,都会熟悉这个被称为扫描的过程。

事实上当时我深信,扫描技术在计算机及其密切相关领域中的社会重要性,将超过其在电视机行业本身。我认为,计算机和控制机器的后来发展已经证实了我这一看法。

在电视屏幕上以单点表示一个量,我们可以采用两种不同的技术:一种来自模拟机,另一种来自数字机。电视屏幕上的每个点或者决定于其强度可测的光量,或者决定于一串数字,就像我们写下一个数那样。相应的,在一个偏微分方程中表示状况的这些量的组合可以是强度的组合,也可以是若干数的数字组合。当时我甚至认为,后一种表示方法更适合偏微分方程机器,因为在电子仪器中,数字的组合比光量的组合更准确、更迅速。我只想说,计算机器技术的实际发展证明了我的推测是正确的,而且现代高速计算机器也是以

第六章 成长和进步的岁月

非常接近于我当时向布什所建议的路线发展的。

我当时（现在依然）强调机械或电子计算机的速度，已经被证明是完全正确的。我们能在一个正方形网格上放置的可识别数，比能放置在该网格任何一行上的更多，而要表示一个偏微分方程的求解过程，我们所必须完成的运算数量是非常庞大的。不进一步大幅度提高运算速度，偏微分方程运算机会变得非常缓慢，以致毫无用处。一般来说，计算机是人脑计算的竞争对手；说到底，它与人脑计算相比的优势主要在于速度。在本书的后面部分，我将再次谈到这个问题，它代表了朝现代化甚高速计算机的起源以及朝与之密切相关的自动化工厂机器前进的第一步。

大约在同一时候，布什正在撰写一本关于电路理论的书。其中我在广义调和分析方面所做的一些工作展现了相当大的实用价值。他就许多章节向我请教，还要求我提供关于傅里叶方法的补充章节。我们非常享受这种合作，我们俩后来经常谈到合作中的乐趣。布什很快就离开了他的理论工作，转而从事行政管理。这是新的学术结构形成过程中的一步，而这一步早就该迈出了。

1919 年我来到 MIT 时，理查德·麦克劳林[①]担任校长。他是一位大名鼎鼎的人物，他极大地提升了 MIT 在国内外的地位。然而他在我进校后不到一个学期就去世了，我们曾希望他能实现的很多目标都还没有实现。特别是，理科各系（包括数学系）与文科各系（包括英语和历史等系），仍然被认为是为学院的主要工作中心（即工程学）服务的部门。

麦克劳林去世后，我们陷入了长达十一年的低谷。在这期间，我们部分时间由一些教师委员会管理，但由于这些委员会公开承认是临时性质的，因此作用甚微；另一部分时间则由欧内斯特·尼科尔斯（Ernest Nichols）校长管理，但他来校时健康状况已经很差，还没来得及给学校留下什么印象就退休，然后去世了。

最后，韦斯利·斯特拉顿（Wesley Stratton）校长凭借他在担任美国标准局局长期间所做的出色工作被任命为校长。然而跟尼科尔斯一样，他也是在

---

① Richard Cockburn McLaurin（1870—1920），出生于苏格兰的美国数学物理学家，教育家，从 1909 年起担任 MIT 校长，直至 1920 年在任上逝世。——译注

自己最出色的工作已经结束的时候上任的,他除了延长了学校的停滞期之外,几乎什么也没做。直到 1930 年,学院一直没有一位领导者能够把握方向,制定明确的政策,并具有毋庸置疑的活力和理解力。

随后,卡尔·泰勒·康普顿(Karl Taylor Compton)被任命为校长。他曾是普林斯顿大学杰出的物理学教授,为人正直,对学院的未来有长远的规划,而且身体健康,精力充沛。他代表学校视察了物理系,清楚地看到了他的前任们都没有机会意识到的一点,即一所强大的工程学院必须同时是一所伟大的理科学院。

自第一次世界大战后我来到马萨诸塞理工学院以来,数学在学院中的作用发生了很大变化。当时,数学主要是用来教育我们的学生,使他们能够处理工程学中的问题,而工程学是他们人生的主要目标。物理和化学也还没有完全摆脱作为服务性学科的地位,它们的主要目标是辅助完成学院的主要任务,即培养工程师。当物理或化学的某一分支自己发展到足够重要的程度,使得其特定课程可以成为工程学的一个新分支时,该课程就会作为一门独立的工程学课程开设。这就是我们电气工程系和化学工程系的历史。现在,学院第一次开始认识到,数学和理科领域的直接研究本身就具有重要的工程学意义,而我们应该像训练工程师那样,明确地致力于在这些领域训练科学家。

尤其是在数学系,这消除了我们一直遭受的巨大困扰。我们的研究工作开始被承认是学院工作的重要组成部分,而不仅仅是让我们跟上学科的发展,从而使我们的日常教学更加新鲜、更具权威性。学院开始效仿名牌大学,承认我们是数学家,而不仅仅是数学常规教师。这并不意味着我们放弃了或可以放弃一所工科学院所必需的服务工作,但这确实意味着我们开始可以在与工科各系的成员相提并论的情况下,发挥自己的作用。

康普顿校长平易近人、谦虚、真诚、可爱。在他的任命下,学院再次获得强有力的领导,因麦克劳林的去世而中断的发展进程得以恢复。

布什的晋升是邀请康普顿来 MIT 的同一行动计划的一部分。他是一位出色的管理者,尤其擅长管理学院的实验室,而不是人事管理。他为康普顿分担了许多与管理一所名校密不可分的细节工作。

康普顿的政策的一部分，是要将教职员工的薪水提高到相当于哈佛大学、普林斯顿大学和其他主要大学已经达到的水平。后来由于战争和战后时期的变故，我们未能如愿完全赶上其他相同水平的学校。然而学院确实有这个意图，并且为实现这一目标做了大量工作。

我个人是新制度的受益者，无论是在薪水方面，还是在有机会看到我所期望以研究为重的数学系得以实现的方面。我晋升为副教授，从此我的地位就有了保障。

正是在 MIT 焕发出新的生机和布什作为电气工程师取得长足发展的时候，他让李郁荣做我的研究生。这是布什为我做过的最好的事情之一，我永远感激他把李引向我的方向。

大约在这个时候，我们开始愉快地忙于接待从欧洲来访的许多科学同行。因跟我的工作电路分析和电气工程有关，我经常见到从柏林大学来的里夏德·考厄（Richard Cauer）和他的妻子。不过，让我感到最有趣和最有益的接触是跟科学家埃伯哈德·霍普夫（Eberhard Hopf）①。他从德国来到哈佛大学，主要是为了跟随 G. D. 伯克霍夫学习。

霍普夫对天体力学和伯克霍夫的新研究很感兴趣。遍历定理最终赋予了威拉德·吉布斯的思想以适当的形式，这正是霍普夫的兴趣所在。顺便说一句，这项工作是了不起的杰作，因为伯克霍夫是在对勒贝格积分还没有特别的了解或兴趣的情况下，研究这个题目的。然而他凭借自己的能力，成功地挖掘出一个重要定理，从那以后，这个定理一直主导着勒贝格积分理论。

我对勒贝格积分和概率论很感兴趣，因此霍普夫和我有很多话题可以聊。不过，他和我一起完成的最出色的工作是在关于恒星辐射平衡研究中出现的微分方程。在恒星内部，有一个电子和原子核跟光量子共存的区域，光量子是构成辐射的物质。在恒星的外部，我们只有辐射，或者至少是伴随着一种非常稀薄形式的物质的辐射。构成光和物质的各种粒子之间存在着某种平衡，当

---

① Eberhard Frederich Ferdinand Hopf（1902—1983），数学家和天文学家，原籍德国，1949 年获美国籍。是遍历理论的奠基人之一，也是分岔理论的先驱，对偏微分方程和积分方程、流体力学和微分几何等学科也有重大贡献。——译注

我们越过恒星表面时，平衡就会突然改变。建立这种平衡的方程很容易，但要找到解这些方程的一般方法却不容易。

恒星中的辐射平衡方程属于现在以霍普夫和我的名字命名的一种类型。它们同在下述情况下出现的另一些方程密切相关：当两种不同的物理状态跨越一个尖锐的边缘或边界而相接时，例如原子弹，它在本质上是恒星的模型，其中原子弹的表面标识了内部状态和外部状态之间的变化；因此，有关原子弹的各种重要问题在霍普夫-维纳方程中得到了自然的表达。原子弹的爆破尺寸问题就是其中之一。

在我看来，霍普夫-维纳方程之最引人注目的应用出现在两个状态之间的边界是时间上而不是空间上的情况中。一个状态代表的是某个时间之前的世界状态，另一个则代表该时间之后的世界状态。而这正是预测理论——即用过去的知识确定未来的理论——某些方面的合适工具。然而有许多关于仪器研制的更一般的问题，可以用同样的时间操作技术来解决。其中之一就是滤波问题，它包括拿来被同步噪声污染的信息，然后尽我们的能力恢复其中纯内容的信息。

预测问题和滤波问题在第二次世界大战中都很重要，并且在随后产生的新技术中仍然很重要。预测问题出现在防空炮火的控制中，因为防空炮手必须像射鸭子一样瞄准飞机的前方。滤波问题则在雷达设计中反复出现，滤波和预测问题在现代气象统计技术中都很重要。

1929年秋天，我收到邀请去布朗大学讲课介绍自己的研究工作。研究生院院长理查森教授邀请了我，但促使发出这一邀请的是我已经提到过的塔马尔金。理查森是一个干巴巴的、友好的苏格兰人，来自加拿大沿海省份；他使塔马尔金在美国有了一个家，而布朗大学为此得到的好处更多。我每周去布朗大学一次，在那里我受到了最热情的接待。塔马尔金和塔马尔金夫人（她已经来到美国，同她的丈夫在一起了）是我的主要东道主。

塔马尔金夫妇将他们在俄国的阔绰生活方式带到了美国，但这个国家的习俗和找到合适仆人的困难之大，使得这种生活几乎不可能实现。塔马尔金夫人在普罗维登斯市①的限制性环境中勇敢地奋斗着，以满足丈夫对美食和美

---

① Providence，布朗大学所在的城市。——译注

酒的习惯性需求，但在这一努力的过程中，她因过度劳累而损害了自己的健康，而她的丈夫则继续超负荷地工作，使他受损的心脏继续恶化。塔马尔金夫人最终死于静脉炎，但她的丈夫将其归咎于过度劳累，并自责不已。在她去世之前，他一直是一个快乐和开朗的灵魂，他继续用他渊博的知识和同情心无私地奉献给年轻的数学家们。然而，他再也不是原来的他了，几年后，他也屈服于他强加给自己心脏的压力而去世。

那一年，我的第二个也是最后一个孩子佩姬出生了，我在医院守夜后，直接去布朗大学讲课。家里有了两个孩子，我变得更加顾家，玛格丽特也更加忙于家庭事务。

当时我正紧张地忙于撰写关于广义调和分析的正式论文。它发表在瑞典的《数学学报》（*Acta Mathematica*）上，该刊物在国际上享有盛誉。论文篇幅很长，实际上是一本小册子。正是塔马尔金催促我把这篇论文写成定稿，也正是他对我手稿和证明的每一个阶段都提出了批评，使之改进很多。我认为我的论文在某种程度上让塔马尔金感到满意，而且肯定是由于他的支持，我很快就收到了为美国《数学年刊》（*Annals of Mathematics*）撰写一篇关于陶伯定理的类似的综合性论文的邀请。

这些论文均有相当于一本小册子的篇幅。至于那篇发表在《数学年刊》上的论文，实际上是作为单行本出版的。在我后来的写作中，我常常希望能继续从塔马尔金的无私批评中获得教益。

我这时的研究在俄国很快被接受，而且同一些俄国数学家的工作有密切关系。我与俄国的主要数学家长期以来一直保持着一种奇特的联系，虽然我之前从未见过他们中的任何一位，而且我相信自己也从未与他们通过信，辛钦（Khintchine）和柯尔莫哥洛夫（Kolmogoroff）是俄国概率论研究的两位主要代表人物，他们长期在与我相同的领域工作。二十多年来，我们一直互相追赶；不是他们证明了我即将证明的定理，就是我以最小的差距领先于他们。我们工作之间的这种联系，不是因为我有什么明确的计划，我相信也不是因为他们有什么明确的计划，而是因为我们在差不多同一时间，以差不多相同的知识装备开展我们最活跃的研究工作。

四年半没有出国旅行，使我有了重新与国外接触的心情。国际数学家大会在斯特拉斯堡举行以后，又举办了两届，我都没有参加：1924年的大会在多伦多举行，但如之前所说，那年夏天我和妹妹伯莎一起出国旅行。1928年的大会在我的格丁根之行刚开始就召开了，我不可能出席，特别是因为我的大女儿芭芭拉在那一年出生。

到了1932年，我感到一种不可遏制的强烈愿望，想参加另一届数学家大会。我计划于1931—1932学年在剑桥大学学习，次年夏天参加在苏黎世举行的数学家大会。我得到了MIT在假期和经费方面的慷慨资助，这样玛格丽特和我就有可能带着我们两个小孩一起去欧洲旅行了。

第七章
剑桥大学的非正式教师

我们像往年一样,以休息和远足度过夏天。我和山谷里的孩子们一起走了比以前更长的路,因为他们现在已经长大了,能坚持翻越总统山脉(the Presidential Range)的艰难旅程。在我们去蒙特利尔乘船前不久,我和几个年轻的朋友一起去乔科鲁阿山(Mount Chocorua)短途旅行,其中一人不幸扭伤了脚踝。把他带下山是一件困难的事,我只能搀扶着他,让他的体重压在我的肩膀上,这样花费两个小时,弄得我疲惫不堪。结果当我们出发去蒙特利尔的时候,我已经累坏,而且还得了重感冒。

这还不是最糟糕的。当时只有一岁半左右的佩姬开始发低烧;虽然当地医生认为海上旅行会很快让她恢复健康,但我们还是不太放心。就这样,当我们在梅勒迪斯(Meredith)乘火车前往蒙特利尔登船时,我们都有点不舒服。

在旅馆度过了一个难熬的夜晚后,我们勉强在早上登船。然后,我们就被疾病缠上了。所幸我们乘坐的加拿大太平洋公司的船上有一位出色的医生,他随船来到海上是为了让自己的身体从一种复杂的致残性疾病中恢复过来;船上还有一位训练有素的一流苏格兰护士和几位前皇家陆军医疗队的军士。佩姬和我立即上床睡觉,而当那位护士在我们的船舱里照顾她时,我则在一名医务乘务员的照料下度过一场化脓性咽喉炎。

当我恢复到可以拖着疲惫的身躯在甲板上走动时,我发现佩姬的情况仍然没有好转。那位医生来了,用听诊器听她的肺部。当我看到他对她胸部一个地方进行详细检查时,我就知道我们有麻烦了。确实是支气管肺炎,在大约一半的航程中,我们都无法确定佩姬能否康复。

医生与另一位作为乘客上船的医生商讨,他们共同制定了治疗方案。航程过半时,最坏的情况已经过去。我们提前发无线电报,要一辆救护车在蒂尔伯里(Tilburg)码头接船,然后把佩姬送往当地医院;这样我们就可以尽量安下心来享受余下的旅程,尽管心中仍然有相当的担忧。

船继续一段航程后就靠岸了,佩姬被送往医院。对于她和医院来说,在我们找到剑桥的住处并准备好接她一起回去之前,最好尽可能少去见她,当时我们是这样考虑的。

我们在伦敦港务局经营的一家极好的酒店住了几天,在那里我很愉快地见到了该机构的代表人——伦敦港务局局长。他对工程学,尤其是气象学非常感兴趣。他告诉我,他的职业是多么孤独,全世界可能只有不到十个人从事类似的工作;在第一次世界大战期间,他被对口单位汉堡港和安特卫普港拒之门外,他的感觉是多么糟糕。他说,事实上在正常的条件下,伦敦港、安特卫普港、鹿特丹港、汉堡港和不来梅港都已形成大港口,必须通过所有相关的港务长官的密切合作来管理。这主要是由于伦敦的进口贸易不平衡,大大超过了出口贸易,以至于在伦敦卸货的船只不得不到别处装货。

我先去了一两次伦敦,拜访在那里的朋友,然后同玛格丽特和芭芭拉一起前往剑桥。我们住在河边一家令人愉快的旅馆里,并立即开始向我的朋友们打听如何寻觅冬季住房。最后,在一家房产中介的帮助下,我们在剑桥东北部的新切斯特顿(New Chesterton)租到了一栋典型的英国中产阶级别墅,离住宅区开始向开阔的乡村和农场延伸的地方不到一个街区。

我们为芭芭拉找到了一所幼儿园,这样就在某种程度上摆脱了我妻子在船上所承受的重担——既要照顾一个病重的孩子,又要管教一个健康活泼的孩子。佩姬的急性病已经痊愈,但身体仍然很虚弱。我们找了一位曾在我们所住旅馆工作过的约克郡妇女照看房子,并租了一辆车以作跨区长途往返蒂尔伯里之用。

这是我第一次在英国这么长时间开车旅行,我惊叹于狭窄道路上的急转

第七章 剑桥大学的非正式教师

弯,以及每个村庄的主要街道似乎都在我们汽车行驶的路线上。

几个星期后,佩姬的体力恢复了大半。但她仍有顽固的轻度感染中耳炎,我们必须认真对待,事实上佩姬要过好几年才再次表现出旅行前的活力。现在,两个女孩都已长大成人,而让我们感到有些惊讶的是,佩姬才是真正精力充沛的那个,她已经摆脱了年轻时的所有困难,而芭芭拉则有些瘦弱。

那个约克郡保姆很快就让佩姬有了本地口音,幸好这种口音现在已经没有了,不过佩姬还是经常用最标准的西赖丁①口音对我说:"Ah coom to Daddy"(欢迎爹爹)。

我们的房子有一个狭长的花园,其后面是一间花房,它可以根据日晒雨淋的方向转动。一位非常友好的女士把这栋带家具的房子租给了我们,她的家离我们只有一两扇门,她还请一位花匠来为我们服务。

不仅这位女士非常热情,就连周围邻居们也从第一天起就开始来拜访我们,其展示热情比我在波士顿任何一个郊区所遇到的都更迅速和主动。这当然有悖于英国人难以接近的传说,但也许与我们在社区中的特殊地位有关。我们的邻居大多是大学里的人。而我不仅是大学里的人,而且多年前曾在剑桥大学待过,所以与这个地方曾经有一定的联系。杰茜·怀特黑德曾经对我说,我必须佩戴三一学院有左斜条的臂章②,以示区别。不过我虽然不完全是剑桥人,但剑桥家族至少承认了我。不管怎样,住在离我家两个门面的意大利语高级讲师和住在隔壁的热带农业讲师都在第一时间拜访了我们,并多次邀请我们去喝非正式的茶。这正是最符合我们口味的热情好客。

后来我们又结识了希伯来语高级讲师,他就住在街边几百码远的地方,他还同时担任牛津大学、剑桥大学和女王陛下一所监狱的官方拉比。他是女王学院的一名研究员,在那里,他和一群高教会派(High Church)的牧师一起长大。他在犹太教里的地位确实在很大程度上相当于高教会派的牧师。他是个不折不扣的仪式主义者,他家的门柱上贴着传统的希伯来经文。

和许多高教会的牧师一样,他的观点也极为自由。当需要为修缮古老的

---

① West Riding,属于约克郡的一个县。——译注
② 有左斜条的臂章是庶子的标志,这里是指维纳不完全是剑桥大学的人。——译注

诺曼圆形教堂筹集资金时，花园聚会就是在他家的草坪上举行的。他收藏了17和18世纪荷兰犹太教会堂和犹太人仪式的印刷品，其中既有阿什肯纳兹（Ashkenazic）人的，也有塞法迪（Sephardic）人的，非常有趣。他的特殊爱好是在犹太音乐和仪式中寻找格里高利圣咏①和基督教仪式的一些来源。

在剑桥期间，我曾跑到伦敦，试图出售李和我发明的滤波器的英国版权。然而并没有成功，主要是因为当时通信工程似乎并不是真正的英国本土产业，而由此反映了美国和德国对其有更积极的兴趣。而且我经过稍微调查后便开始明白，英国专利——或者就此而言，几乎所有种类的欧洲专利——并不像美国专利（实际上只不过是一种诉讼许可）那样可以轻而易举地获得，而是涉及更大量的研究工作，从而更有望获得法院对它的支持。也就是说，它保证了更大的权利，但获得它的成本也相应更高。在大多数国家，法律对纸质专利的保护力度都不如美国，而且明确要求有效专利必须在工业中得到利用才能继续存在。

我在伦敦时会见了卡特赖特（Cartwright）小姐，她后来成为格顿（Girton）学院的院长。她当时就和现在一样，是一位令人愉快的、朴实无华的数学家，在英国数学家中，无论男女，她都是第一流的。她邀请我去喝茶，见一位名叫佩利（Paley）的三一学院年轻教师——我后来经常跟他见面。

我到剑桥不久，就结识了扬（Young）氏兄妹。我想，扬当时是彼得豪斯（Peterhouse）学院的教师，已经做过一些有趣的工作，我们又共同继续发展了它们。扬小姐是格顿学院的教师，她对我两个女儿特别好，她邀请我们全家四人去她的房间喝茶。

但是，在我在剑桥大学的所有科学交往中，最重要的仍然是跟我的老师哈代和他的另一个自己——利特尔伍德教授。那时哈代已经从我学生时代在罗素的房间里见到的那个年轻人变成一个干瘪的老人。然而他仍然是一位令人尊敬的网球运动员和板球爱好者，对板球运动的各种技巧了如指掌。后来在他多次访

---

① Gregorian chants 是西方圣咏的核心传统，是罗马天主教会用拉丁语（有时也用希腊语）创作的一种单声道无伴奏圣歌。主要在9世纪和10世纪的西欧和中欧发展起来。虽然民间传说教皇格里高利一世发明了格里高利圣咏，但学者们认为它是后来加洛林王朝对旧罗马圣咏和高卢圣咏的综合。——译注

第七章　剑桥大学的非正式教师

问美国期间,他对棒球产生了几乎同样的兴趣,巴比·鲁斯(Babe Ruth)这个名字,在他口中就像对板球运动员霍布斯(Hobbs)的名字一样熟悉。

利特尔伍德的攀岩事业已接近巅峰。他经常邀请我去他在三一学院的房间,并攀上内维尔庭院(Neville's Court)里石柱基座上的横梁,以向我演示一些有趣的攀岩动作。哈代和利特尔伍德带我去看了一场板球比赛。他们还带我观看一场橄榄球比赛,比赛中双方球员在争球后把他们自己堆成了令人难以置信的大堆。我恐怕并不了解这两场比赛的精髓。

哈代正在讲授初等数论,但我没有听利特尔伍德的课。不过,我偶尔会去参加他在自己房间里举办的数学研讨会。

哈代憎恨数学的应用,尤其是在工程和战争中的应用,而利特尔伍德则不同,他有非常好的物理方面的意识,并且在两次世界大战中作为军方数学顾问发挥了重要作用。在第一次世界大战中,他发现了一种计算导弹轨迹的绝妙方法,特别是利用不多的几个计算出的轨迹,通过内插法得到整个射程表。第二次世界大战期间,他和卡特赖特小姐离开了他们自己所从事的抽象数学领域,转而搞非常实用的微分方程研究。

我几乎每周都会被邀请到三一学院或其他学院的贵宾桌上就餐,事实上,三一学院几乎把我当成了编外教员。我发现餐桌上的谈话非常有趣,并不像我想象的那样是一种令人紧张的正式场合下的斗智游戏。实际上当我后来去牛津大学拜访我的学术界朋友时,我清楚地意识到这两所学校之间存在着巨大的鸿沟,在剑桥大学并不那么明显的紧张斗智在牛津大学却是家常便饭。

我在剑桥的一次愉快经历是,在三一学院教师公共休息室用完餐,喝过波特酒,抽了烟,然后同教师们一起外出玩滚木球游戏。虽然我的球技同我所有其他运动的技能一样差劲,但在漫长的英国黄昏来临时,和朋友们在这个舒适而隐秘的小花园里放松一下,也是一种享受。这是滚木球(bowls)而不是保龄球(bowling),这两种运动必须仔细区分。传说德雷克①在普利茅斯(Plymouth)

---

① Sir Francis Drake(1540—1596),是英国探险家和武装民船(听命于政府的私人或私营武装船只)船长,早年从事掠夺和贩卖非洲奴隶的航行,被西班牙船队打败后。率领船队专门跟西班牙作对。曾于1577年至1580年间的一次探险中完成环球航行。这是英国人第一次环球航行。1588年作为海军副将参加了打败西班牙无敌舰队的战斗。——译注

319

等待西班牙"无敌舰队"时,在"霍尔"(Hoe)草地上打滚木球,而这项英国体育运动早在这个传说之前就已存在,它与在小道上滚动的保龄球(或称十柱球)没有任何关系。它与冰壶运动的关系更为密切,事实上,冰壶运动只不过是一种在冰上玩的滚木球。

这两所大学的本科生和博士生的构成在大战以后都发生了很大变化。大学不再是统治阶级的特权财产。现在,大学里到处都是才华横溢的年轻人,如果不领助学金,他们根本就不可能进入大学。事实上大多数优等生都是受资助的,而为了获得学士学位而上大学的本科生不再受到青睐。

在这些受资助的学生中,有一些来自非常贫困的家庭,他们发育不良,牙齿不齐,身上有早年贫困和营养不良的痕迹。此外,他们中的许多人还需要克服社会障碍,在大多数情况下,这种障碍更多的是在他们自己的意识中,而不是在周围人的心目中。我的这两所大学——特别是牛津大学——的年轻朋友告诉我,他们是多么努力地学习如何在高级餐桌上进行交谈。所有了解 D. H. 劳伦斯[1]及其作品的人都会清楚这个问题的背景,他很像那些年轻数学家在文学方面的代表,许多这样的数学家在英国为我所遇见,或是后来在美国作为英联邦研究学者而被我遇见。

我在剑桥大学的那一年是物理学史上伟大的一年,因为考克饶夫(J. D. Cockcroft)和瓦耳顿(E. T. S. Walton)刚刚首次分裂了原子。我见过他们的仪器设备:一堆玻璃圆柱体和玻璃板,上面开了孔,用德·考蒂尼斯基水泥(De Kautinisky cement,一种增光的低蒸汽压密封蜡)粘接在一起。我当时和现在都对英国物理学家的做法(实际上是欧洲物理学家的一般做法)印象深刻,他们没有像当今许多美国科学家那样等待巨额拨款,而是就地取材,发挥聪明才智,完成了人们可能认为只有花费金钱才能完成的任务。

然而,剑桥大学有一个实验室却耗资巨大。这是俄罗斯物理学家 P. L. 卡皮查[2]的磁学实验室,他设计了大功率发电机,它们可以通过短路而产生巨大

---

[1] David Herbert Lawrence(1885—1930),20 世纪英国著名小说家。出生于贫穷的矿工家庭,父亲是文盲,母亲受过教育。本人获奖学金完成高中学业。——译注

[2] P. L. Kapitza(1894—1984),俄国著名物理学家,超流体的发现者之一,获 1978 年的诺贝尔物理学奖。——译注

的电流,并流过巨大的导线,这些导线在由此产生的巨大磁场下像愤怒的蛇一样四处乱窜。后来卡皮查要回俄国访问,从那时起,俄国就一直紧紧地抓住他不放——至于他是否同意,就没有人知道了。不管怎样,俄国派人来英国取走了实验室的全部设备。他成为俄罗斯大规模、工厂式实验室的先驱,这种实验室最早由荷兰的卡默林·昂内斯(Kammerlingh Onnes)用于低温研究,现在已成为探索原子核和设计原子弹的标准手段。因此我一听到原子弹和我们使用原子弹的消息,就确信,有了卡皮查对俄国人用这种实验室技术来培训,用不了多少年,他们就会自己掌握核研究的原理和技术,不管他们是否会通过间谍手段获取我们的秘密,或者说服一群不满分子为他们的目的服务。

我在剑桥大学有两个美国朋友。其中一位是年轻的女士,她曾在我的指导下完成了一篇关于相干矩阵的论文,当时她正离开学术工作岗位休假一年,就来到剑桥一边做研究一边休息。另一位在我进MIT第二年时成为数学系的教师。后来他去慕尼黑大学学习,在那里,他在帮助一位美国女士上有轨电车时,卷入了一场与一名军官的决斗。他利用自己选择武器的权利,巧妙地躲过了决斗。他提出这些武器应该是弓和箭,然后让他的朋友们说他是一个神箭手。我们理工学院的一些人在《纽约时报》巴黎版上看到这则报道,于是给他写了一封信,信中声称是某个射箭协会写来的,并向他提供该协会所能授予的最高荣誉。他总是有点容易受骗,于是就上钩了。但我们不禁佩服他的真正勇气,我想他那诚实而真诚的回信反倒让我们哭笑不得。无论如何,我们发现他在剑桥是一个很好的伙伴,时常受到我们小小的嘲弄。

在一次剑桥附近的远足探险中,我试图胜过我的年轻美国朋友。不过这次受嘲弄的是我,因为他反而胜过了我。他把我轻率地挑战其能力的故事传得很远,以至于后来当另一个美国人和我一起去湖区(the Lake Country)远足时,我都很难应对他的挑战。

秋季学期即将结束时,哈代教授向我提出了两件事。一件是关于我的一本关于傅里叶积分的书能否被剑桥大学出版社接受的问题,另一件是剑桥大学的一个奇怪的惯例,即教授可以把他的课给别人来上。哈代教授有权指定任何人代表他来讲课,而这些课将被他的学院、大学和学校董事完全当作他本人的讲课。这样,我就成了剑桥大学的一名准教师,并将在第二学期讲授我自己的傅里叶积分的研究工作,就像多年前我凭借我作为哈佛大学学生的关系成为剑桥大学的准本科生,未经入学注册就参加课程学习一样。

随着学期的结束和圣诞假期的临近,我开始收到大陆同行的邀请,请我去他们的大学(那里的学期还没有结束)讲课。威廉·布拉施克[①]教授邀请我去汉堡大学讲课;维也纳大学的卡尔·门格尔(Karl Menger)教授提出让我在他家住两个星期;布拉格德意志大学的菲利普·弗兰克(Philipp Frank)教授邀请我去那里做几次演讲。

只要一想到这些名字,我就会想起这些人后来所经受的沉浮。在第二次世界大战期间,布拉施克即使不是一个狂热的纳粹分子,至少也成了纳粹的狂热支持者,他写文章嘲笑美国数学。他尤其蔑视普林斯顿大学的数学学院,称其为"黑人小村庄"。门格尔后来作为难民来到美国。我帮他在圣母大学找到了一个职位。我相信他现在伊利诺伊理工学院。弗兰克也是作为希特勒的难民来到美国的,最近刚从哈佛大学退休。

我们这次大陆旅行所见到的其他数学家中有许多——事实上是他们中的大多数——都在美国,或者已经去世。维也纳大学的哈恩(H. Hahn)已经去世;汉堡大学的阿廷(E. Artin)现在是普林斯顿大学的教授;哥德尔曾是门格尔在维也纳大学的助手,现在也在普林斯顿大学,他在那里完成了许多以数理逻辑为基础的伟大工作。柏林大学的冯·米塞斯(Von Mises)是我后来在旅途中遇到的,在他最近去世之前,也是哈佛大学的教授。事实上,当时在欧洲大陆占主导地位的数学学院,要么已经整体漂洋过海,要么已经彻底消失,只有极少数年轻的人留下来承担重建的艰巨任务。

我们在汉堡大学度过了一段愉快的时光,在那里我们被纳入数学研究所的生活节奏。随后,玛格丽特、孩子们和我乘火车前往柏林。在那里,玛格丽特离开我,带着孩子们去看她在布雷斯劳的亲戚,而我则独自前往维也纳。

---

① Wilhelm Blaschke(1885—1962),奥地利数学家,主要研究微分几何与积分几何,长期担任德国汉堡大学数学教授,是陈省身先生的博士论文指导老师。——译注

第七章 剑桥大学的非正式教师

我早些时候曾决定去布拉格大学做几次演讲,并且我在旅行途中就给父亲的老朋友马萨里克①总统写过信,希望当我在他的国家期间能去拜访他。于是我冒昧地又写信给他,自称是他到我父亲家做客时经常见到的那个小男孩,并说我很快就要来布拉格了。我很快收到回信,邀请玛格丽特和我到他位于拉纳(Lana)的总统府去见他。我们在滑雪的最佳季节穿越巨人山脉(Giant Mountains),当我们经过此地时,我希望将来某个冬季再来游玩。

我们的朋友在布拉格迎接了我们,帮我们找了一家合适的旅馆,并给予我们热情的款待。捷克大学的一些教师捐弃他们与德国大学教师的传统恩怨,前来听我讲课,这让我非常感动。

终于到了我们驱车前往拉纳的日子。一辆政府的轿车到旅馆来接我们,并将我们送往总统府,途中经过了一些非常糟糕的道路,沿途是看似相当繁荣的农村。在那里,马萨里克的女儿在一个有一棵高大的基督树和熊熊炉火的舒适房间里等着我们,直到她父亲骑马回来。从接待我们的非正式方式可以看出,我们不是作为国宾,而是作为家庭朋友受到接待的。

精神矍铄、满脸胡须的老总统穿着骑马装走了进来。他清楚地记得访问过我们位于梅德福山庄的家,并告诫我说,我太胖了,应该多运动;我应该像他一样去骑马。他对纳粹的得势表示非常担忧,对欧洲的未来不抱什么希望。然后,他离开去休息了;在与他的半美籍女儿又交谈了几分钟后,我们也离开了。

玛格丽特很快回到了布雷斯劳,我则乘火车去莱比锡大学,短暂拜访了莱昂表叔,并参加了一两场座谈会。我想正是在此时我遇见克贝②,一个笨拙而自负的人——"伟大的函数论专家",据说在他的家乡勃兰登堡,路人都这样称呼他。关于他流传着很多传说。有一次,当他参观达·芬奇那幅严重残缺的油画《最后的晚餐》时,据说他感叹道:"多么可悲!这幅画即将逝去,而我的关于解析函数单值化的定理将永存!"

---

① Tomáš Garrigue Masaryk(1850—1937),捷克斯洛伐克政治家、政治活动家和哲学家,1918 年至 1935 年担任捷克斯洛伐克首任总统。被视为捷克斯洛伐克的开国元勋。——译注
② Paul Koebe(1882—1945),德国数学家,主要研究复变函数。多位数学家对他的学术行为有负面看法。曾任莱比锡数理学院院长。——译注

此后不久，我们乘火车前往荷兰，并乘船横渡海峡。这次孩子们的身体都很好，但我们却疲惫不堪。渡轮经受着只有冬天横渡北海时才会有的大风浪，所幸她们一直在睡觉，而我们两个家长却整夜趴在船舱地板上，饱受晕船之苦。

第二天我们到达剑桥，发现浴室的水管冻裂了，在水管工修理之前，我们经历了两天的烦恼。而在此期间，我必须开始教课，芭芭拉必须回到学校，我们不得不尽力而为。

我授课和出书都进行得很顺利，这个学期的工作和生活模式同上学期一样。我的大部分阅读都是在哲学图书馆（即剑桥哲学学会图书馆）里完成的，我最早的一些论文就发表在该学会的出版物上。正是在这个图书馆里，我结交了最亲密的朋友。

我以前经常看一些通俗读物消遣：尤其是侦探小说，以及诸如《斯特兰德杂志》①和《皮尔逊杂志》(Pearson's Magazine)等英国通俗期刊。有一天我在《斯特兰德杂志》上看到一部一流的惊悚小说《黄金制造者》(The Gold-Makers)。这是一部科幻小说，其中有一些非常可信的科学和经济学内容，而且情节非常精彩：有阴谋、追捕和逃脱。作者是剑桥大学三一学院的 J. B. S. 霍尔丹②教授。该期杂志的封面上是一个身材高大、体格健壮、眉毛浓厚的男人照片，我曾多次在哲学图书馆见到过他。

下一次在图书馆见到霍尔丹时，我鼓起勇气与他交谈，自我介绍，并对他的故事表示赞赏。不过，他的故事中有一个小问题，我提请他注意：他给一个应该是冰岛人的角色用了丹麦人名字。

霍尔丹对我这个不太礼貌的建议表示欢迎，几周后，他邀请我们去他位于老切斯特顿的迷人住宅做客。不过，他第一次出现在我们家是在复活节假期，当时我正和一位美国朋友去湖区做徒步加搭乘公共汽车的旅行。玛格丽特从未见过霍尔丹，而他也有些害羞，没说清楚自己是谁。不过，她还是从我之前

---

① 参见第 84 页脚注①。——译注
② John Burdon Sanderson Haldane（1892—1964），英国遗传学家和进化生物学家。他是群体遗传学的创始人之一，同时也是一位作家。——译注

第七章 剑桥大学的非正式教师

给她的描述中认出了他。霍尔丹邀请玛格丽特去了他家,要见霍尔丹夫人。而他的夫人不巧乘车去了伦敦,由于路上堵车,回来时已经很晚了。一小时又一小时过去了,还是不见霍尔丹夫人的身影。霍尔丹开始感到尴尬,玛格丽特却泰然自若,直到很晚夏洛特·霍尔丹(Charlotte Haldane)才出现。夏洛特·霍尔丹非常感谢玛格丽特很好地把控了局面。

她是一位出色的年轻犹太记者和小说家,对玛格丽特非常好。我们商定,等我从北方回来,两家马上聚会一次。

这时我正在一个地区徒步旅行,它让我想起了心爱的新罕布什尔州,又让我感觉到两者之间的不同。温德米尔(Windermere)让我想起温尼珀索基(Winnipesaukee),但前者更狭窄,形状也较规则些;其后面的山丘比我们新英格兰湖泊后面的山丘更低矮、更贫瘠、更崎岖。它有小树林和树林,但总体上看是荒原和农田包围着树林,而不是树林包围着空地。地势较高的地方有积雪,虽然没有新罕布什尔州四月初的积雪多,但也足以给人一种阴冷的气氛。这里的房子都是用粗糙的石头砌成的,而不是我所习惯的木屋;田野间的石墙比家乡的要高一些,也整齐一些;至于天气,比如我去登斯科费尔(Scafell)峰的时候,则是阴冷、潮湿而又多风暴。

我们旅行回来后,精神重新焕发,玛格丽特带我去拜访了霍尔丹一家。我记得我们和他们打了很多桥牌——家庭对家庭,男人对女人,或者犹太人对非犹太人。我从未见过比 J. B. S. 霍尔丹更健谈、知识更丰富的人。

我从湖区徒步旅行回来后不久,有一天开始感到身体不适。医生过来诊断,说我得了猩红热。我们感到非常不安,因为前一天我们还同我们的朋友比索内特(Bisonette)一家在一起,让他们受感染,特别是他们的小男孩被传染上了。然而我们对此无能为力,只能让救护车把我送到位于市郊的剑桥传染病医院。

我住在一间通向阳台的舒适的房间里,有一个火炉取暖,这很有必要,因为虽然已经进入五月好几天了,天气偶尔还是很阴冷的。房间与房间之间用玻璃隔开,当我的病情刚开始好转,也就是几天后,我就发现有机会和隔壁房间的人在一张压在玻璃隔板上的纸上玩五子棋,而不会互相传染。我也有很多大学里的访客——我的朋友佩利来得特别勤——而我做一点工作,改一些校样也不是不可能的。我所错过的最重要的事,是不能参加六月初(那时我还在康复期)举行的五月周①狂欢,但有些护士跟我闲聊,告诉我这镇上的全部八卦和丑闻。

当我出院时,学期已经结束,在暑假期间,剑桥的生活就像同一时期任何一个学术城市的生活一样枯燥乏味。不过我们继续多次跟霍尔丹夫妇见面,我还经常和霍尔丹一起去流经他家草坪的卡姆(Cam)河延伸段游泳。游泳时,霍尔丹总是叼着烟斗。我也学着他的样子抽起了雪茄,并总是习惯地戴上眼镜。在河上的船夫们看来,我们一定就像两只巨大的水上动物——可以说是一长一短的海象,在河里沉浮。

夏天晚些时候,我要去参加苏黎世国际数学家大会,于是玛格丽特、两个女儿和我动身前往瑞士。我们回到了博尼根的贝勒里夫(Belle-Rive)旅馆。我们的好朋友,也就是业主,还在经营这家旅馆,尽管它马上就要倒闭了。

我们找到一位当地的农家女孩,她同意作为保姆跟我们一起去苏黎世,在我们忙于开会时照管孩子。甚至在我们坐火车前往卢塞恩(Lucerne)并最终到达苏黎世的途中,我们发现数学家们已经开始聚集。我们在格丁根大学时就认识的老朋友埃米·诺特(Emmy Noether)——可能是有史以来最优秀的女数学家——也在火车上,她看上去总是像个勤快、高度近视的洗衣妇。然而她是一个非常热心的人,她的许多学生把她团团围住,就像一群小鸭子围着一只慈母般的母鸭。

我们在苏黎世后山上的一家基督旅馆(Christliches Hospiz)住下,费用不贵。这相当于瑞士的基督教女青年会或基督教青年会的旅馆。这个地方有点道貌岸然,但饭菜不错,环境也很好,最重要的是附近有一个小动物园,那里孩子们可以在各种幼小动物中间玩耍。

像往常一样,在这样的大会上,我们有非常活跃的科学活动和社交生活,

---

① 五月周(the May Week)每年六月举行,据说是剑桥大学一年中最令人兴奋的派对时间。在这一周里,剑桥大学的所有学院都会聚集在一起举办派对,庆祝学年的结束。虽然这些庆祝活动并不对公众开放,但有些派对会有焰火表演!——译注

有公开的和私下的游览和娱乐活动,苏黎世大学和联邦理工学院在这方面进行了愉快的竞争,为我们提供最好的服务。这个地方到处是我们的老朋友,以及那些即将成为我们新朋友的人。那时我已经有足够的声望,因而被邀请主持一场多语言分组会议。判断一个法语说得非常糟糕的好争吵的意大利人和一个同样好争吵但几乎不会法语的德国人之间的争执并不是一件容易的事。

在一次游览途中——我相信那是一次沿湖而上的轮船旅行——两位意大利数学家向我打开了邀请我去意大利讲课的话题。我对法西斯主义毫不同情,并且憎恶这种完全由法西斯主义和官方操控的邀请。我同也参加这次大会的莱昂·利希滕施泰因讨论了此事,他告诉我忘记政治并接受邀请。然而再也没人向我提起这个邀请,他们一定得出这样的结论:我的观点在法西斯意大利不会受欢迎。

佩利也参加了大会,他告诉我,他已经安排秋天来美国和我一起工作。然而,我对他流露出英国的优越感并指责倒霉的瑞士人种种缺点的方式感到有点吃惊。我借机对他教育一番,因为我觉得在这里我们都是外国人,所以就地批评他极其幼稚的民族主义,比将来在美国——那里我应该对他尽地主之谊——批评他更容易。

大会结束后,人都累坏了,我们乘火车穿越德国到达汉堡,在那里我们登上北部德国的劳埃德(Lloyd)船。我们渴望从这场节日——如果不是假期的话——中回来,恢复正常生活。

第八章
回　　国
1932—1933 年

我们愉快而顺利地回到波士顿。玛格丽特忙着找新房子,但我们还没来得及在那里安顿下来,我就被父母打来的电话急急忙忙地叫去了。我已经习惯了这些不做解释的传唤,但坦率地说,我看不出自己最近有什么行为可以解释这个电话的紧急性质和我父母的声音所表达的紧张。

我发现他们非常愤怒。父亲收到了他曾试图与之通信的一位德国语言学家同行的一封极具侮辱性的信,而我的父母都认为,我与德国数学家的接触(他们跟这位语言学家没有丝毫关系)必须被看作是对家庭的不忠。

当然,我父亲对德国的感情是爱恨交加的。他已经达到了憎恨这个国家传统的地步,而他就是从这个传统中成长起来;他感到自己被曾经最想得到他们认可的那些人拒绝了。至于我母亲的感情,部分是从父亲的感情传来的,部分则是她希望与哈佛学术团体的主流观点保持一致,所以突出显示她的极端美国主义。

玛格丽特和我真不知道我们究竟做了什么,会招致如此滔滔不绝的责骂。而且这并不是我们所习惯的那种或多或少带着善意的责骂,而是带着某种不祥的严厉,暗示着父亲正处于一种危急的状态。有些事情不对劲,这不仅仅是一场普通的发怒。

父母那天晚上出去了,家里只剩下我们。他们很快回来,满脸惊慌。我们得知,父亲在过马路时被一辆汽车撞倒了。他的伤势似乎并不严重,虽然一条

第八章 回　　国

腿不能动了；看来困扰他的是皮肉之伤引起的疼痛，而不是任何更深处的伤害。我们给家庭医生打了电话，他是一位年长的绅士，属于我父母那一代人——对于他们来说，礼貌的举止比我们这一代医生粗暴的效率更有意义。他决定让父亲在家休息一晚。

第二天，父亲的情况没有好转，事故发生约 24 小时后，他被送到奥本山医院的 X 光室。他的股骨颈部有裂缝，我们都知道父亲的情况不容乐观。在进行外科手术之前，有必要减轻他的疼痛，平息他的激动和悲观情绪。

选用的药物是聚乙醛（paraldehyde），它通常是一种比较无害的镇静剂，但在父亲的病例中，它被证明会产生最不良的反应。他大部分时间都处于谵妄状态。综合性医院治不了情绪激动的病人，因此有必要将父亲送到一家专门治疗此类病例的医院。不过，这时已经有外科医生为他做了髋部复位。

于是刚回国不久，我要每天去医院探望父亲，还要去第二家医院，用我们的汽车带他去乡下去呼吸新鲜空气。渐渐地，他的髋部痊愈了，头脑也清醒了。我带他回到他的寓所，后来他终于又每天从那里出来，去哈佛图书馆继续进行研究，但他在事故发生前那种近乎孩童般的充沛活力一去不复返了。

就在这段非常难熬的日子里，我得知我的英国同行佩利就要来到，将以英联邦研究员的身份与我一起工作一年。我穿过东波士顿的荒地到码头去迎接他。他就在那里，带着两个只有像他那样的壮汉才能轻松扛起的大包，另外还有一大捆滑雪装备。

随后的几个星期里，我既要去看望父亲，又要尽可能积极地和佩利一起开展科研工作。

佩利对利特尔伍德无限钦佩，我能想象，利特尔伍德作为登山家所取得的成就大大增加了他的钦佩。他从利特尔伍德身上，以及从他自己急躁、难以驯服的天性中汲取了勇气，使他能够突破任何他无法回避的问题。他是英国年轻一代数学家的领军人物，如果不是英年早逝，他将是当今英国数学界的中流砥柱。

佩利和我经常一起在一块巨大的黑板前工作，所在地点是一间布满灰尘、半明半暗的废弃教室（后来变成了 MIT 数学系的杂物房）。我们决定继续我已经在做的电路设计方面的工作,我们使用两人所掌握的每种数学工具来攻克难题。我的角色主要是提出问题和解决问题的大致思路,一般由佩利加以整理和严格化。

他教我掌握了玩数学的高超技术和大量窍门,在数学的武器库中加上这些技术和窍门几乎能解决任何问题,但他对数学在其他科学中所呈现的方式几乎没有任何感觉。在我们所研究的许多问题中,我习惯性地看到运用物理甚至工程学的方法来解决,而我的这种感觉往往决定了我所形成的图像和我试图解决问题的工具。佩利渴望学习我的方法,就像我渴望学习他的本领一样,但我的应用观点对于他来说并不容易掌握,我想他也不认为这种观点完全符合纯数学的精神。我如果不能用数学推理的方法来抓住一只数学狐狸,我宁愿用物理的枪射杀它,这一定让他和我的其他英国朋友感到震惊。

我们一起攻克的一个有趣的问题是,找出一个在半直线上等于零的函数的傅里叶变换的限制条件。就其本身而言,这是一个合理的数学问题,佩利劲头十足地向它发动进攻,但对我有帮助而对佩利没有帮助的是,它本质上是一个电气工程问题。多年来已经知道,电滤波器截止频带的锐利度是有一定限制,但物理学家和工程师们却完全不知道这些限制的深层数学依据。对于佩利来说,这是一个美丽而困难的弈棋问题,其解决之道完全包含在自身中,而我在解决这个问题中同时证明了,电气工程师们在工作中所受到的限制,恰恰是阻碍未来影响过去的那些限制。

佩利和我之间的不同,本质上就像一位伟大而传统的英国古典学者和我父亲之间的不同。我爱我的父亲,尽管他很严厉,我却知道他柔和的一面;但他不是奇普斯先生①。那些学术研究对于奇普斯先生来说,是一场微妙而艰难的游戏;而对于我父亲来说,则是要把自己的理念作为工具用于外面生活世界的一场满怀激情的斗争。我尊重并理解英国的学术研究,但我的根在大陆。

佩利是个滑雪爱好者,但滑雪技术并不高超。他有故意进入禁止滑雪的山坡的习惯,他把沉重的身体踩在长长的滑雪板上,其方式让当地的滑雪教练

---

① 英国作家詹姆斯·希尔顿(James Hilton)于 1934 年出版的长篇小说《再见,奇普斯先生》(Goodbye, Mr. Chips)中的主人公,在一所公立学校教书。——译注

第八章　回　国

大惊失色。事实上,佩利的整个生活理念就是活在危险中。对于他来说,任何对危险和自我保护的让步,都等于承认软弱;而考虑到他对运动员正直品格的渴望,他不敢这样做。

佩利在新罕布什尔州拜访了我们。他表现出对那里的生活和做事方式的严重缺乏了解。我在瑞士见识过他的不善处世之后,对此并不感到惊讶。当他的车在去新罕布什尔州的路上出了点问题时,他曾试图付钱给帮助我们重新上路的路人,尽管我告诉他这些人是我们的邻居,他们出于友好帮助了我们,而且他们会对任何试图付钱给他们的行为深恶痛绝。

然而尽管如此,当他了解到美国和美国乡村生活的真实情况后,他开始尊重我们的人民,因为他们友善而独立。事实上,佩利到死都还像是个不谙世事的中学生,而且如果他能活到八十岁,他仍将是个中学生。

我们后来知道,佩利所表现出的大胆和寻求危险的一面,是一个真实死亡冲动的部分原因。不管怎样,佩利有两个表兄弟像他本人后来一样惨遭横死。其中一个死于汽车相撞,另一个死于攀岩事故。

圣诞假期期间,佩利和一位爱尔兰朋友一起在阿迪朗达克山脉(Adirondacks)滑了一阵子雪,我想这位爱尔兰朋友是另一位英联邦研究员,滑雪结束后,他们继续前往蒙特利尔。我相信他们在阿迪朗达克时差点儿把车撞坏,还同一群在禁酒期来到蒙特利尔的纽约黑帮分子发生纠纷。佩利回到波士顿后,与其说是懊恼,不如说是兴奋。当时我已经知道,对于他来说,所能发生的最好的事情就是某种真正危险和可怕的经历——某种仅幸免于死的事故。

四月份,他和几个波士顿朋友一起去加拿大落基山脉参加滑雪聚会。聚会营地附近有安全有趣的滑雪道,同时滑雪教练把附近的一些滑雪道列为禁区,因为那里很可能发生雪崩。禁止佩利去做一件事,就意味着他一定会去做。

我不久收到他的同伴发来的电报,说他在一次滑雪事故中丧生。他斜穿滑过一个禁滑山坡,显然他带着沉重的滑雪板踩到了雪崩即将开始的地方。一两天后,人们在山下三千英尺处发现了他的尸体,他的一条腿被撕掉了。他被安葬在班夫(Banff),而我承担的悲痛职责就是通知他的母亲和他的英国朋友。我过了一段时间才使自己的心神恢复平静，能够继续工作和适当关注周围的环境。

在此之后，我转向了以墨西哥物理学家曼努埃尔·桑多瓦尔·巴利亚塔为中心的朋友圈。他向我介绍了一位名叫阿图罗·罗森布吕特（Arturo Rosenblueth）的墨西哥生理学家，他是哈佛大学伟大的生理学家沃尔特·坎农（我记得自己还是8岁左右的孩子时见过他）的得力助手。他们曾在许多生理学领域尤其是在神经生理学领域合作过。当时我们已经清楚，无论阿图罗在哈佛的学术命运如何，他的科学使命就是继承坎农的伟大传统。

阿图罗中等身材，体格魁梧，精力充沛，言谈举止敏捷，思考问题时会在房间里踱步。在墨西哥环境中见到他的人都不会怀疑他是一个真正的墨西哥人，尽管他的大部分遗传基因来自其他国家，尤其是匈牙利。

阿图罗和我从一开始就很合得来，不过两人合得来并不是说我们之间没有分歧，而是说我们喜欢这些分歧。我们的一个共同点是对科学方法论有着浓厚的兴趣；另一个共同点是，我们认为科学之间的划分只是为了方便分配资金和精力而划定的行政界线，而每一位工作中的科学家都应该愿意在他的研究需要时跨越这些界线。我们都认为，科学应该是一项合作性的工作。

阿图罗在哈佛大学医学院办了一个关于科学方法的私人研讨会，从而至少部分地贯彻了他关于科学应该是什么的想法。不过，参加研讨会的并不都是医学界人士。曼努埃尔·巴利亚塔和其他一些来自 MIT 的人，包括我自己，都成了研讨会的常客。哈佛大学在那条河的坎布里奇一边的几个院系里的一些人也经常参加会议。阿图罗当然是这些专属于他的盛宴的主要主持人，但如果说还有其他人接过了他手中的缰绳，我想一般公认此人是我。因此这个研讨会代表了我们的几年初步合作，然后是 20 年最终和明确的合作。

虽然我们的研讨会在任何时候都不是哈佛大学医学院或任何其他学院正式教学的一部分，但它的许多参加者认为，它为他们建立了对科学哲学的广泛兴趣，甚至为他们开启了相当具体的思想和研究方向，功不可没。自从阿图罗离开哈佛大学医学院去墨西哥后，我们两人或共同或单独地在墨西哥城或在 MIT 继续举行类似的会议。我们设法大部分恢复了早期聚会的氛围，尽管我们也许不可能把属于我们早期的积极热情(那时我们的主要成功已经在望)完全带回来。研讨会在后期建立了科学声誉,这可能会诱使某些急于求成的人为了自己的利益而试图拿走这个团体的声誉。

　　罗森布吕特和我在私下以及在我们的研讨会上进行了多次讨论的最终主题,是把数学——特别是通信理论——应用于生理学方法。我们制定了一项在这些领域共同努力的政策,以便将来我们能够更紧密地合作。

第九章
战争的先声

1933—1935 年

在我逗留英国剑桥期间,经济萧条达到了顶点。当我们回国时,我们发现它已经进入一个新阶段,其中早先隐含的种种可能的危险正在变成现实。大约在佩利到达的时候,英国已经将黄金贬值,而他向我保证说,这是一个极其聪明的举动,最终会给英国带来决定性的经济优势。他非常正确地告诉我,这是一个我们应该被迫效仿的举动,但第一个采取行动的国家由此获得的好处是那些效仿国家永远无法完全得到的。很明显,世界将会受到冲击,而第一次世界大战后形成的修修补补的经济体系和与之相适应的修修补补的社会体系可能无法承受这种冲击。

当我最后一次在苏黎世与莱昂·利希滕施泰因接触时,我发现他由于阿道夫·希特勒和纳粹党在德国取得的政治地位而情绪低落。他知道"政变"(the Putsch)意味着麻烦,而麻烦很快就会到来。我们在报纸上读到了反犹措施,甚至在这些措施出现在外国新闻简报上时,莱昂给我们寄来了一封悲哀而绝望的信。他没有等到"政变"发生就逃离德国前往波兰。他从塔特拉高原(High Tatra)的扎科帕内(Zakopane)的一家旅馆给我写信,让我在美国给他找一份工作。

我立即准备四处查找一下,但还没等我开始行动,我们又收到了一封信——我想是利希滕施泰因的妻子写来的——告知莱昂死于心力衰竭。这时我知道,我们美国数学家的工作已经刻不容缓,我们必须团结起来,做出系统

第九章 战争的先声

的努力,为许多流离失所的学者找到工作和谋生的机会。

就在这个时候,我收到萨斯夫人写来的一封非常悲惨的信,她是一位可爱的匈牙利小个子(曾在我格丁根求学期间把我置于他的保护之下)的妻子。幸好不久有一个数学会会议,我有机会与辛辛那提大学的同事欧文·巴尼特(Irving Barnett)交谈,正是他向我介绍了广义积分理论。巴尼特提出将来把萨斯安排到辛辛那提大学,不过马萨诸塞理工学院准备接收他一两年,直到他能更熟练地使用英语。

不久萨斯来了,后来他把女儿和弟弟带到了这个国家。他在美国度过了约20年的职业生涯,最后所获得对其确实很高的才能之认可,超过他曾经在德国得到的。

萨斯只是大批移民中的第一人,其中有些人经过了我手。在为拉德马赫(Rademacher)、波利亚(Pólya)、塞格(Szegö)和其他许多人寻找职位的过程中,我至少分担了一些工作。

来自布雷斯劳的拉德马赫受克兰(J. R. Kline)教授之邀来到宾夕法尼亚大学。他所从事的解析数论领域在他来到之前在美国并未受到多大重视;但他在这里形成了一个学派,他的许多最出色的工作都是在美国完成的。

波利亚和塞格是两位匈牙利人,他们在经典分析领域的研究尤为突出。他俩合作写了一本非常有趣的教科书,其中包括大量的研究问题,其难度正适合研究新手去做并能从中受益。两人都为利兰·斯坦福(Leland Stanford)大学所接纳,波利亚刚刚在那里退休。

世界上最伟大的女数学家埃米·诺特被布林·莫尔(Bryn Mawr)学院热诚接纳。不幸的是,几年后她在那里去世了,死因大概与纳粹政权无关。

门格尔从维也纳写信给我,希望能在奥地利崩溃之前在美国找到一个避难所,我们为他争取到圣母大学的邀请。他后来去了伊利诺伊理工学院。

冯·诺伊曼是一位神童,他与爱因斯坦和赫尔曼·外尔(Hermann Weyl)一起在普林斯顿受到热烈欢迎,外尔无疑是自希尔伯特以来最伟大的德国数学家。后来在维布伦的建议和管理下,他们都去了普林斯顿新成立的高级研究所。维布伦和克兰也许是美国为欧洲难民提供帮助的两位主要人物,但我很自豪地相信,我至少在这件事上尽了自己的一份力量。

从一开始我就试图与犹太慈善团体和犹太个人资金来源取得联系,以完成尽可能从纳粹的混乱中拯救更多人的艰巨任务。在这里,我发现大家的反应不一。犹太慈善团体每每断定,在大多数情况下,流离失所的犹太学者已脱离犹太教太远,所以不属于他们专门的责任范围。而且当时正值犹太复国主义运动的高潮时期,而犹太复国主义者认为,他们用于国外或外国人的部分慈善捐款应首先满足犹太复国主义事业的需要,其次——如果有其次的话——才考虑其他事业。

即便如此,我们还是找到了大量可供我们支配的犹太资金,但是我想这些所需的资金至少有一半直接来自我们已经超负荷运转的大学,以及来自洛克菲勒基金会和古根海姆基金会等大型科学基金。

就在移民潮涌来的时候,我收到加入美国科学院的邀请。这个组织在南北战争期间受命将美国科学家的服务置于美国政府的指挥之下。随着时间的推移,它在政府方面的重要性逐渐让位于命名那些可以被认为已经成名的美国科学家的次要职能。在科学问题上一直存在着大量的内部政治,这让我很反感。对于我来说,美国科学院的大楼恰如其分地象征着自命不凡,象征着学术穿上了笔挺的礼服和条纹西裤。经过短暂的一段时间,我对科学高层性质的好奇心得到了充分的满足,之后我就离开了。

在访问英国回来之后到访问中国之前的这段时间里,也许是我最积极地参加数学会会议的时期。年纪很轻的人不可能参加太多这样的会议。年长的人,就像我现在遗憾地发现自己的那个样子,没有精力去经受太多的会议上的兴奋时刻;而且事实上,如果不发现有人要求他担任会议主席或某个会议委员会成员,他就无法参加这些会议。而且他的声望使他能够让别人来拜访他,而无需他去参加会议见他们。因此,一个人一生中的中年期最适合广泛地参加会议。

最令人愉快的会议是那些通常在南方春假期间举行的会议。离开乍暖还寒的波士顿,穿过马萨诸塞州和康涅狄格州的寒冷地带(那里光秃秃的树上已经开始有了些许绿叶的点缀),而在宾夕法尼亚州和马里兰州,山茱萸的白色

第九章 战争的先声

和紫荆树的紫色交相辉映,这的确是一种享受。我们一般会带一个孩子一起去,我想他们和我们一样喜欢这些旅行。

我和普林斯顿高级研究所的莫尔斯(Morse)教授一起获得了博谢分析学奖,这并不是在那些令人愉快的春季会议上,而是在坎布里奇一个寒冷的冬天,气温降到零下18度,在我们开会的拉德克利夫学院寒冷的教室里,不足供暖的蒸汽无用地发出嘶嘶声。得到认可是一件令人愉快的事,而更令人愉快的是,我得到了一位数学家的认可,而我把他的意见看得高于一切:他就是赫尔曼·外尔。

成功的美国数学家通常会获得的荣誉之一,就是应邀为所谓的《学术讨论会丛书》(Colloquium Series)撰写一本书。就个人对这一邀请的满足感而言,它完全等同于获奖。几年来我一直有获得这种邀请的可能性,塔马尔金是我最热情的支持者。邀请是在佩利去世后发出的。如果他还活着,我们会分工合作写这本书;现在他去世了,我觉得把我们一起完成的各种研究和我沿着类似思路进行的其他探索合并到一本书中,是一件虔诚的工作。

这卷《学术讨论会丛书》的题目是《复域中的傅里叶变换》(*Fourier Transforms in the Complex Domain*),我和佩利两人是该书的共同作者。我在1933年的夏季会议上介绍了这本书的内容,会议是在非常令人愉快的大学城威廉斯敦(Williamstown)举行的。

大约在1933—1934学年的这个时候,MIT数学系出现了一群有趣的年轻本科生,克劳德·香农(Claude E. Shannon)就是其中非常引人注目的一员。他提出了一个想法,它在当时就显示出深刻的独创性,而且从那时起,这个想法所引发的开关设备、计算机器和信息论方面的大量工作都证明了它的正确性。

请允许我指出这一想法的内容,其含义在当前的科学工作中具有重要意义。大家都熟悉墙上的开关,它们可以打开和关闭房间里的灯。在最简单的应用中,每个开关只控制一盏灯。然而,几乎每家每户都有更复杂的安排。例如您可以从楼梯脚下打开大厅的灯,然后到楼梯顶将其关掉。我们还可以通过四五个不同的墙壁开关来控制同一盏灯。香农发现,以最经济的方式设计这些开关电路的模式实际上是逻辑代数的一个分支。

开关电路是自动电话中央交换机的核心，而香农的特殊才能正是贝尔电话实验室所需要的。作为这些实验室的员工，香农不断取得成功。他的研究领域包括：信息的一般度量，能在迷宫中学会寻路的电子老鼠，自动国际象棋棋手，信息的编码和解码问题，以及实际上现代信息论的整个范围。在所有这些研究中，他始终坚持自己最初的智力爱好，即研究像墙壁上开关那样的"是"与"否"分明的问题，而不是研究那些似乎暗示着连续或大致连续的电的流动问题。

因此，香农是当今电子计算机和自动化工厂时代的主要推动者之一。而且正是通过他的工作，符号逻辑（所有学科中最形式化的一种）培训才成为从事贝尔电话实验室极其复杂的科学工作之一种公认的入门途径。

虽然香农是 MIT 的人，虽然布什是我们中最早了解并重视他的人之一，但在他作为学生留在这里期间，我和香农的接触相对较少。从那时起，我们两个人沿着平行但不同的方向发展，而我们在科学上关系已经大大拓宽和加深了。

1930 年代初，我们系出现了两位年轻人，他们是马丁（W. T. Martin）和罗伯特·卡梅伦（Robert Cameron）。马丁离开我们去锡拉丘兹大学担任数学系主任，他在该校数学系建设中的出色工作促使我们把他召回来担任 MIT 数学系主任。他的真诚和与其他教员彼此谅解的友谊，是我们系发展到今天的巨大财富。他和卡梅伦一起沿着我的布朗运动论文的路线做了大量的工作，他们把这个领域组织成了一个公认的数学分支。卡梅伦后来离开我们，去了明尼苏达大学，但多年来他仍不时同马丁合作。

当时，有三位学习数学的年轻人与我的工作有更明确的联系。他们是诺曼·莱文森（Norman Levinson）、亨利·马林（Henry Malin）和塞缪尔·萨斯劳（Samuel Saslaw）。他们都是犹太男孩，在不同程度上感受过偏见带来的挫折，但并没有被深深伤害到彻底毁掉的地步。

萨斯劳是三人中最年长的一个，他是大家心目中的好哥哥。莱文森无疑是最强的数学家，他是我的继任者之一，也是博谢奖的获得者。他现在 MIT

第九章 战争的先声

工作,是中生代研究人员的中流砥柱。马林在鼓励团队精神方面发挥了非常有益的作用,而这伙年轻人正需要这种精神来完成困难的数学研究工作。

莱文森在很年轻的时候就为我做过研究,甚至在他完成学士学业之前,就接手了我的一项已经是傅里叶级数理论扩展的工作,并将其推向了极致。我觉得,当时这个孩子已经从我这里获得了他所能获得的一切,他需要扩大接触,去找他所不熟悉的其他学者。哈代愿意在剑桥大学接受他,我们为他争取到 MIT 的雷德菲尔德·普罗克特(Redfield Proctor)奖学金。那是在 1934 年,莱文森在剑桥大学的表现非常令人满意,人们正是根据他所留下的印象来判断和评价在剑桥的未来美国数学家。

当这些年轻人来到我身边工作时,我的中国朋友李和日本朋友池原已经离开了。我在前面讲述了我们是如何得知池原所处的困境并将他送回自己国家的[①]。

李也主动回到中国去找工作了。他尝试过在政界和商界工作,但发现在这两种工作中,一个人都不可能做到保持自己的正直而生存。幸运的是,他被清华大学任命为电气工程学教授,该校正从一个为庚款留美学生补习中学课程和英语的机构发展成为一所成熟而自主的大学。在这里,他终于有了一个舒适的环境。

李没有忘记我。1934—1935 学年,我收到清华大学的邀请,请我去那里讲授数学和电气工程,为期一年。邀请当然来自清华校方,具体是梅贻琦校长和后来成为中国教育部次长的顾毓琇院长。但它肯定是李郁荣首先提议的。经过一段时期的商议,其间我始终迫切想去,但对能否成行和中国局势的稳定性有所顾虑,最后我接受了邀请。当时我的两个女儿分别是 7 岁和 5 岁,尽管我们有些担心旅行的安全和对她们健康的影响,但还是决定带她们一起去。

我对即将开始的中国之行怀有极大的热情。不仅是因为我始终热爱旅行本身的缘故,而且是因为父亲从小教育我,要把知识世界看作一个整体,而每

[①] 维纳在本书前面并未直接提及池原被迫回国的原因,但讲过他的另一位东方学生李郁荣之所以回国,是因为当时来自东方国家的人在美国很难找到工作(见第 307 页)。而据 Heather Love 所写的 The Ikehara Collection: Norbert Wiener's Japan Connections [*IEEE Technology and Society Magazine*, June 2017: 44-49],这也是池原被迫回国的原因。——译注

个国家,无论其地位多么崇高,都不过是这个世界上的一个地区而已。我已经看到并且参与了,美国科学从完全跟随欧洲科学,上升到具有相对重要和自主地位的过程;我还坚信,这里所发生的一切也会发生在任何国家中,或者至少发生在任何已经在行动中显示出知识和文化创新能力的国家。我从来就认为,欧洲文化相对于任何东方伟大文化的优势只是历史上的一个短暂插曲,所以我渴望亲眼看见这些欧洲以外的国家,通过直接考察来了解他们的生活和思想模式。在这一点上,我得到我妻子的完全支持,民族和种族偏见对于她,就像对于我一样,始终是不沾边的。就连我的女儿们,她们还是小孩子的时候,也是在通常的偏见之外教育成长的。

夏天伊始,我们像往常一样在桑威奇镇的家里度过,我和我的年轻朋友们一起参加远足活动,他们现在已经开始长大了。我们从梅勒迪斯(Meredith),也就是我们通常的上下车地点,坐火车北上,途经蒙特利尔到达芝加哥。我们再离开去了加利福尼亚,在那里我接受斯坦福大学的邀请,做了几次演讲。在那里我们见到了我们的朋友塞格夫妇和波利亚夫妇,以及其他更老的熟人。然后我们乘坐多拉尔(Dollar)航线的轮船前往日本。

第十章
中国之行与环游世界

在前往日本的船上,发现我们与一群归国传教士、日本军官和由向导带领的游客混杂在一起,而我们带着两个年幼的孩子,在船上过着非常自我的生活。

在横滨,我们的在大阪大学任教的朋友池原来接我们,他在我们在日本逗留的两个星期里,一直照顾着我们。

已经为我们预订东京帝国饭店的房间,那是由美国建筑师弗兰克·劳埃德·赖特(Frank Lloyd Wright)设计的奇妙建筑,而且池原已安排一位去过美国的日本女士来接我们的孩子。嗨,你瞧!这位女士曾经在波士顿住过,那时我们跟她很熟,因为她的女儿是芭芭拉在幼儿园的朋友。因此我的孩子们和女主人相处得很好,在这方面我们没有遇到任何困难。

酒店很棒,食物也很好,但在那些日子里,客人受到持续的监视。据我们所知,那位出售娃娃和纪念品的美国女士可能奉命向管理层报告我们的一言一行,并最终报告给警察。或许那些侍者还担负着侍者工作以外的一些任务。不过我们还是度过了一段非常愉快的时光,玛格丽特也喜欢购买日本纪念品。

接下来的几天,在炎热的八月,我会见了东京大学的人士,并做了几次演讲。我发现这些大学的学术水平相当高,但我也感觉到,当时的东京大学已经开始受到僵化思想的影响,而这种僵化思想往往会玷污一所确信自己在这个国家中排名首位的大学。东京大学的教授们有点看不起那些在较差大学的同行。

池原陪我们去了大阪,那里比东京更闷热。我发现大阪大学的数学俱乐部很合我的胃口。日本许多最优秀的数学家都来自这个社团,比如吉田耕作①和角谷静夫②,他们在任何地方都是最优秀的数学家。

我们参观了大阪城。没有任何一座欧洲建筑比这座巨石砌成的建筑更令人联想到力量和军事上的坚不可摧。即使是现在,这座后倾的巨石城墙也能阻挡一支军队。在我们看来,这些石头是对旧日本武士和浪人的一种诠释。我们乘坐一艘日本小汽船离开神户前往中国沿海。航行了数天,穿过美丽的日本内海,然后驶过两边荒凉光秃的山丘:右边是朝鲜,左边是山东。船上的饭菜很差;旅客各种各样,很有趣,但很少交流。

几天后,我们看到了从低洼泥泞的海岸驶出的渔船,很快我们就停靠在塘沽火车站旁的码头上。我们惊讶地发现,岸上的中国搬运工比我们曾看到的日本人要高得多,尽管我们在各处也看到过一些高大甚至魁梧的日本人。

很快,中国海关官员上了船,彬彬有礼地询问我们的情况,并告诉我们李博士正在岸上等我们。没过几分钟,李就和我们见面了,我们一起去火车站候车室,里面空荡荡的,四处挂着北戴河避暑胜地的照片,我们坐在那里等车。李告诉我们他结婚了,却不说他的妻子来自中国哪个地方。他立即开始和我讨论我们已经完成的工作和未来工作的前景。

不久火车进站了,我们坐上去北平的二等车厢。这列火车的车厢从外面看是美国式的,而里面采用的是欧洲式的包厢系统。车厢一端没有饮水机,而是有一个小炉子,乘务员在那里总是有一壶煮沸的茶水供应乘客。我们的确发现,在中国,煮沸的茶水就像我们喝凉水一样,是生活必需品。

我们穿过平坦的乡村,看到玉米和高大的中国高粱,让人想起堪萨斯州的玉米田。农舍都是土坯房,屋顶的弧度比我们从中国南方的照片上看到的要小一些。很快,光秃秃的西山出现在眼前,我们不知不觉到了北平火车总站。

---

① Kōsaku Yoshida(1909—1990),日本著名数学家,他所写的《泛函分析》是经典名著,多次再版,在中国也甚有影响。——译注

② Shizuo Kakutani(1911—2004),日裔美国数学家,从事概率论、遍历论和复数分析研究,有著名的"角谷静夫不动点定理"。——译注

乘出租车行驶七英里后，我们来到南苑。这是一大群现代化的平房，不过它们不是沿着西式的街道面朝彼此，而是都面朝南方，眺望着对面房屋的厨房。

在那里我们见到了李太太，她根本不是中国女士，而是一位高挑美丽的加拿大人，曾在纽约和李博士本人同在一家公司工作，而李博士一有固定职位就把她召来。她负责管理李家的佣人，他们来到我们家帮忙，让我们能够开始工作，并为我们准备了可口的饭菜。

我们花了几天时间来适应清华大学和我们的新生活。这是一个双语环境，西方人文科学和自然科学的大部分教学都用英语进行。虽然教员中有一些西方教授，但大部分是中国人，他们大多在美国接受训练，也有一些是在英国、德国和法国接受的训练。

看到这种外国教育怎样反映在教员身上，是很有趣的。有一位曾在巴黎学习的中国女士，即使隔着几个街区，看她走起路来也像法国人。有一位受过德国训练、自信的矮个教授——除了肤色上的细微差别，他的外表跟十足的纳粹没有任何区别。许多教授的美国腔很像我在国内的同事，还有一位穿粗花呢服装的英语教授，浑身上下和灵魂深处都打着牛津大学的印记。

清华大学数学系主任熊庆来教授是我在法国就认识的，他在巴黎就像在西山脚下一样自在，而他11岁的儿子是一位西方风格的艺术家。能够轻松地为巴黎的一所学校撰写法语文章，或用古汉语讨论儒家美德。

我们首先要解决的是生活必需品问题。李家为我们找了几个佣人。有一位年长的管家，也就是头号男仆，他曾为法国大使馆人员工作过。据称他懂一点法语，但基本上只会说"oui"①。有一位"阿妈"，即女佣；一位年长的人力车夫，是伊斯兰教徒，负责送我们的孩子去燕京大学的美国学校；以及一位"大师傅"（即"厨师"的中国叫法），虽然名不副实，但他做的饭菜肯定是可以接受的。

最重要的事情之一是找一位中文老师来我们家指导我们学习中文。李为我们找到一位高大、威严、穿着长袍的老先生，他几乎不懂英语，也不和他的学生讲英语，但他带来了一本英语教材，可以借助这本教科书补充他的口语课。我们的进度不算太慢，我和妻子都对学习一门对于我们来说如此新鲜和陌生

---

① 法语的"是"。——译注

的语言产生了浓厚的兴趣。事实证明,我们的老师不仅仅是一位老师,他还是我们家和当地所有闲言碎语的传播者。我们总能知道某个邻居晚上是否有特别盛大的宴会,或者另一个邻居是否有佣人纠纷,或者那个星期天基督教会众是否要在第三个邻居家里聚会。

我们把孩子们送进附近燕京大学主办的一所小学。还没开学,他们就和住在附近、母亲是美国人的倪家孩子交上了朋友。这两家的孩子闯入邻居家的菜地,侵扰邻居家的私人生活,总之,他们惹上了所有好动的孩子都会惹上的各种麻烦。

燕京大学的美国学校只有一间教室,设有从一年级到高中的所有年级。老师大多来自燕京大学。除了我的孩子,其他孩子的中文都非常流利,以至于我的孩子几乎不愿做任何努力来缩小她们与同学之间的差距。

偶尔,我的孩子们会遭到村里孩子们的辱骂,结果她们以我们管教不住的敏捷,很快学会了骂人的中国话。她们用这些话回击村里孩子们的喊骂,却不明白其中的意思。当我女儿问中国老师其中一句话的意思时,老师就罚她立壁角。

这所学校对我的孩子们非常有益。这种非正式的上学使佩姬的进步速度远远比在任何小学快。她是唯一的初学者,但学年尚未过半,她已经真正开始阅读了。

我们在清华刚安顿下来,熊先生和熊太太邀请整个数学系到新开放的颐和园的庭园里野餐。颐和园是由长廊和殿宇组成的洛可可式①建筑群。每个转角都是形状奇特的窗户,有花瓶形、琵琶形、心形或菱形。这里有蜿蜒曲折的长廊和银杏树,还有一道又一道通往小避暑山庄的阶梯。

熊太太准备了一些中国风味的点心。数学系的勤杂人员提着装点心的篮子,平等地参加了这场盛宴。熊家的几个男孩画了几张路人的素描,其中西合璧的幽默感跃然纸上。

每个人都会说英语,而且除了我们自己,其他人都会说中文。气氛是民主

---

① Rococo,18世纪20年代产生于法国并流行于欧洲的一种建筑风格,其基本特点是纤弱娇媚、华丽精巧、甜腻温柔、纷繁琐细。——译注

的,人与人之间自由地接触。勤杂人员们既没有被故意冷落,也没有被心照不宣地排除在谈话之外。

我们后来应邀去熊家,他家里几乎是一个赏心悦目的现代中国画博物馆。那里有许多画板,上面画着精致灵巧的鱼、虾、蟹和其他各种水中小动物。像他们的学生日本人一样,中国人表现出一种柔情和品位,决不会有太多的伤感,而这种伤感的情调败坏了那么多的西方风景画。对于佛教徒来说,神并不与自然分离,而是彰显于所有的自然之中。因此自然包含作为其存在一部分的上帝本身,而不是作为一种拟人类的人格从外部强加给世界。

从中国绘画到中国宴席只是很短的一步,因为烹饪和绘画一样是中国艺术。对于我这个素食者来说,有大量的菜肴,甚至有整个烹饪流派——专门为吃素的中国和尚而做。然而即便我喜爱中国菜,也几乎无法减轻我们享用二三十道菜的负担。我恐怕我们所提出的在家烹饪的要求,挫伤了我家"大师傅"的职业情感,因为我们更喜欢平民化的食物,而不是那些让他有机会施展技艺的珍馐美味。

我在清华的授课用的是英语,所有学生都能轻松听懂。这些学生中后来有不少人转向纯数学或电气工程。他们现在分布在中国和美国的大学里。课余时间,我经常在教学楼附近喝着系里的勤杂工泡好的茶,和同事们下了无数盘象棋、五子棋或围棋。不过我从未精通围棋,如今在普林斯顿大学,在法恩(Fine)楼和富尔德(Fuld)楼的那些围棋高手们中间,我只是初级水平。

我继续与李博士一起研究电路设计问题。我们尝试做了一些实验室工作,但都没有结果,因为其中所涉及的技术问题,我们当时还没有充分的能力去解决。

李和我真正想做的,是仿效布什的做法,制造一台模拟计算机,但是用高速度的电路来实现,而不使用机械轴和积分器这些速度低得多的设备。这个原理非常合理,事实上后来也被其他人沿用。我们在工作中所缺乏的,是对设计一种装置的问题的透彻理解,在这种装置中,部分输出运动作为新的输入再次反馈到过程的起点。我们在此及以后把这种装置称为反馈机制。

布什已经在他的计算机中使用了反馈机制,但这种机制本身存在某些严重的危险。过于强烈的反馈会使机器发生振荡,从而无法达到平衡。布什型的机器所使用的反馈相对较轻,要避免这种情况并不难,但纯电子设备所使用的反馈较重,就很难克服这个困难了。我本应该从一开始就着手解决这个问题,并主动发展出一个相当全面的反馈机制理论。但我当时没有这样做,结果导致失败。不过我的主要工作是讲授广义调和分析以及包含在佩利和我的书中的内容。我还从事所谓拟解析函数问题的新的纯数学研究。

在过去的 150 年里,代表无穷小微积分现代发展的分析学被分成两个主要部分:单实变函数理论和单复变函数理论。一方面我们有所谓的单复变函数的级数,它是 18 世纪处理以 $1, x, x^2$ 等单变量之幂的级数理论的扩展。这一理论尤其适用于处理平稳渐变的量。人们曾经一度认为,所有重要的数学量都是平稳渐变的;但到了 18 世纪末,调和分析(即振动系统的分析)的研究表明,由互不相关的线段拼凑而成的曲线本身也需要进行分析。这一观点首先导致傅里叶级数理论,然后又导致被称为单实变函数理论的一般研究分支。

因此,单实变函数理论和单复变函数理论代表了两个独立但相关的学科,它们并不像一年级课程和二年级课程那样彼此承接,而是代表了对量的性质以及量之间相互依赖关系的截然不同的看法。在过去 150 年的过程中,这两门学科有过大量的相互作用。然而直到最近,数学家们才注意到,有一些中间领域,其工作方法与二者有相同之处。有一些曲线足够光滑,因此可以从一条曲线的任何一个部分而知道该曲线的整个过程,但它们尚未光滑到能用复变函数的经典理论来处理。对这些曲线的研究被称为拟解析函数理论。法国数学家学派在这一领域做出了巨大贡献,其中最出色的是佐勒姆·芒德布罗伊(Szolem Mandelbrojt)的研究。不过,佩利和我本人在这一领域的著作也引导我在中国逗留期间获得新的研究成果。

我曾希望不久有一天能见到芒德布罗伊,比如在 1936 年于奥斯陆举行的数学家大会上。当我听说芒德布罗伊的支持者阿达马(Hadamard)也要来清华大学时,我希望他能,在我去参加数学家大会的途中,安排我们在法国会面。

我已经指出,我与佩利的工作在电路研究中有直接应用。这些应用与拟解析函数理论中也出现的相同问题有关。于是又一次,正如在我的工作中经常出现的那样,引导我研究实际问题的动机也促使我进入纯数学最抽象的分支之一。

这代表了我的一种态度,它与18世纪和19世纪的大部分工作是相合的,那些工作后来体现在希尔伯特和庞加莱的著作中。但我这个态度并不是目前美国或其他地方流行的态度。现在或最近活跃在美国的两位数学家,即赫尔曼·外尔和约翰·冯·诺伊曼,也持有类似的观点,他们是现代数学中最伟大的两位人物,我相信这并非是巧合。

当然,关于拟解析函数的数学研究并不是我在北平生活的全部,我的主要兴趣是欣赏周围丰富而陌生的生活全景。

我们经常乘坐公共汽车、出租车甚至人力车去城里。坐人力车往返城里是一个有趣的过程,虽然被别人拉着走会让人感到羞愧。城西北门有一家茶馆,是人力车夫的交流场所。城墙外和城墙内的人力车夫各有自己的行会,墙内的人力车夫不准在比茶馆更远的地方拉车。因此,无论从哪个方向把你送到茶馆的人力车夫都要与另一个行会的对手做交易,并由新的人力车夫付费他已经完成的工作。以后,乘客则把欠两人的钱付给新的人力车夫。

当我们第一次进城时,我们被一帮人力车夫围住,他们急于让我们成为他们的雇主,几乎把我们撕成碎片。在李的建议下,玛格丽特和我各挑了一个,在这方面我们再没有遇到什么困难。当我们上车和下车时,我们所选的人力车夫几乎总是为我们做好了准备,如果他不在,他就会指派其他人来代替。整个行会一般都尊重这些交易约定。

我们在城里用餐时,妻子会把盘子里剩下的饭菜送到她的人力车夫那里。而我的人力车夫是伊斯兰教徒,不接受非清真食物,所以我会多给他一小笔钱作为午餐费。我们的两个人力车夫都对我们非常忠诚,特别是玛格丽特的人力车夫在一次与另一个人力车夫的斗殴中伤了眼睛,玛格丽特给他寄了一笔钱,帮助他在养伤期间照顾自己。当我们最后离开北平时,他送中国帽子给我的孩子们,而我的人力车夫则送给我们一罐茉莉花茶。

我的人力车夫既聪明又有事业心。他看报纸,那年晚些时候,当阿达马教授来到清华大学时,我的人力车夫问我,阿-达-马-先-生是否真的像报纸上说的那样是一位伟大的数学家。我毫不怀疑,我的人力车夫的部分兴趣是想在阿达马那里找到一份长期工作,但至少他既有事业心又见多识广,就像一个非常聪明的美国出租车司机一样。

在城里,玛格丽特会去钟表店、大钟店和许多其他类似的地方购物。在这些高级中国商店里,服务常常是很好的,甚至很现代,但装潢和服饰则完全是中国式的。下级店员穿着同等级的棉布长袍,老板和他的直系下属则穿着灰色或蓝色的绫罗绸缎长袍。商店里的语言要么是流利的英语,要么是流利的汉语。洋泾浜英语在北平几乎听不到。上海(中国的纽约)和北平(中国的波士顿)都自视甚高,看不起对方。上海的女士像纽约的女士一样热衷于追赶时髦,她们的中式旗袍常常显示出对西方时尚大胆而引人注目的改良。而在另一方面,北平女士的穿着带有某种贵族知识分子式的低调,如我在查尔斯(Charles)河畔所看到的。

北平是一座古都,有着悠久的艺术和文化传统。人们随处会看到满族血统的朴实农民,他们是清朝朝臣的后代,说着一口优美的宫廷汉语。

这座城市既华丽又肮脏。在路面坑洼的小巷之间串行是非常有趣的,好像是一个贫民窟通向另一个贫民窟,但那里的朱红色月洞门往往通向一个小巧玲珑的宫廷庭院和花园,周围环绕着亭台楼阁,美不胜收。

我的朋友既有美国人,也有中国人。对于双方真正的学者来说,两个群体之间的关系非常好。另一方面,英国小说家萨克雷所熟知的,法国波旁王朝复辟时期出现在巴黎①的英国海外"乌合之众",在 1935 年中国的通商口岸②随处可见。

日本人正在侵犯中国。他们已经直接或通过附属机构接管了河北省的大部分行政权。镇上到处都是日本士兵,他们在操练时会野蛮地冲入中国人群之中。

我和李一起去天津,向美国电话电报公司的代理人收取我们发明的部分

---

① 法国拿破仑垮台后,波旁王朝复辟时期(1815—1830),当时有包括英国在内 30 万外国军队占领了巴黎,该城市处于变动和混乱之中。萨克雷在此期间及以后,曾作为记者待在那里。——译注
② 鸦片战争后,1842 年清朝政府与英国签订《南京条约》,开放上海、广州、福州、厦门、宁波为通商口岸。——译注

报酬。天津很有意思。它有几处外国租界,从俄国租界到法国租界只需一条街,从法国租界到英国租界又只需一条街。在这个精细划分不同国家的混杂区域,给人一种不真实的感觉。

学生们的生活非常混乱。学生们举行了持续数月的罢课。他们进城游行,抗议日本人的入侵和中国人的苟且偷安。当铁路大门不允许学生进入时,一个小姑娘从门缝里钻进去,打开了大门。在城内,警察用棍棒和消防水龙头对付学生,医院和监狱里挤满了人。不过许多学生来自北平的大户人家,因此他们的父母有解救的办法。

所有这些时间,我和李都是在工作中度过的。我们坐在李的书房里的绘图板前,而我们的妻子则在隔壁房间里聊天和看书。在她们认为我们已经完成了足够的工作之后,她们会叫我们出去吃点东西,喝杯茶,最后我们会以打桥牌来结束一天的工作。

我们的一大难题是如何在美国专利局申请专利。为此我们只有一条路可走:与美国大使馆的领事秘书合作。在他的工作指南手册中,有如何处理适当文件和图纸的指示,但我们的外交官朋友对工程和专利要求一无所知,李博士和我不得不向他解释他自己的手册。

我们对使馆人员非常了解,并对使馆随员的素质感到由衷的高兴。要求随员掌握某种具体而困难的知识,如东方语言,这无疑会淘汰外交部门中的花花公子和无能之辈。我的确认为,外交部门在其外围总是最好的。

霜冻延迟了很长时间才降临,池塘和沟渠终于结冰了。尽管这个冬天很短,但其严寒程度并不亚于波士顿的冬季。天气过于干燥,雪下不来,有钱的北平市民最喜欢的运动就是穿着日本制造的溜冰鞋在京城里那些湖的湖面上溜冰。看到一位胡须稀疏的老先生穿着长长的毛皮衬袍在湖面上滑行,摆出一两个花样,真是一道风景。

当然,劳动人民,无论男女,都穿着夏单冬棉的短袄和裤子。贫穷的学生和地位低下的文人则穿蓝色或灰色的棉质长袍。大学里的现代男子在春季和秋季穿西装,但在夏季,他们更喜欢穿凉爽得多的薄绸长衫,通常套在西裤和鞋子外面。在冬天,走廊和教室里寒气逼人,毛皮衬里的长袍几乎成了必需品。

我的女儿佩姬又患上了中耳炎,这在她的童年时代是经常发生的事。没办法,我们只好把她送到城里的美国医院,留在那里让一位非常称职的中国耳科医生和一些优秀的中国护士为她治疗。

与此同时,我们有机会来鉴定我们管家的忠诚。那天是中国的新年,我们当然像国内过圣诞节一样给所有佣人放了假。但管家拒绝放假回去,因为我们家的孩子生病了,尽管那个孩子在七英里外的医院里得到了充分的照顾,而他也帮不了什么忙。我想他是喜欢我们的,但我认为更多的是荣誉感和职业责任感使他不得不这样做。他对女佣那天放假离开非常生气,而且一直没有原谅她,这导致管家和女佣之间爆发了中国传统的争吵。

我的中国朋友中有现代意义上的科学怀疑论者。有些是基督徒,但几乎没有一个是虔诚的道教徒或佛教徒。然而几乎所有人都有一种对整个世界的爱,而不是对任何特定人类的爱,这正是佛教的特点。同样具有中国特色的是,道教传说中那些古朴无形的内容所蕴含的轻盈、恬淡的思想。

我所认识的所有优秀的中国人都继承了儒家传统,他们在信奉基督教时也不失为儒者;因为中国人有融合不同宗教的传统,对于他们来说,欣赏一种宗教并不意味着排斥其他宗教。在所有的尊重任何宗教传统的中国人的背后,都有君子-读书人-治天下三位一体的儒家概念:为人严肃稳重而彬彬有礼,并带有一种幽默感,以谋取社会福利为己任,并以有尊严的学术为手段。

作恶的方式有很多,但美好生活的源泉也有很多。儒家性格是美好生活的一个非常有趣和诱人的源泉,在比较敏感和聪明的传教士中,很少有人能够从中国归来而不深刻理解和不带有儒家观点。中国使前来改变其信仰的人自己皈依了。

即使充分认识到那些素质较好的传教士是好人,并了解他们在教育、医疗帮助和社会改善等方面种种善举,中国基督徒也不欢迎作为一种机构组织下的传教士。他们心目中在中国的基督教会是扎根于人民、拥有中国神职人员的中国人基督教会。他们厌恶传教士直到最近还一直处于受保护的治外法权地位,他们同样厌恶传统传教士代表一种机构组织以高高在上的态度讲话的倾向。

我认为,燕京大学是传教启蒙运动的最好纪念碑之一,它已经摆脱了纯粹传教的立场,而采取中国本土基督教的立场。许多西方人和许多中国人之间有着广泛而持久的友谊。然而中国人都强烈地感到,他们应该在自己的家里当家作主,这种权威的转移不应该有任何可避免的拖延。

即使是那些热爱中国并希望帮助中国的西方人,也对不可能把中国人的生活水平提高到西方人的水平而又不使其成本超出一个破产国家所能承受的范围感到震惊。北平协和医学院的研究表明,中国农民的饮食之不足已到了令人怜悯的地步,这从人力车夫和农民的瘦弱的肚子和蜘蛛般的四肢就可以看出,而且无论农民怎么努力,都无法改善他们的营养。

腐败和贪污似乎是中国人生活中无法去除的一部分,而在过渡时期,任何看似可行的安排都无法把这个问题撇在一边。中国人偏袒家族和宗族,而不顾政治和商业的诚信要求,如果你要打破这种习俗,那么在新秩序取代旧秩序之前,数百万人就注定要挨饿。完全可以理解,为什么中国人总是渴望找到任何一条通往现代化、工业化和更高生活水平的捷径。

我们越来越深地沉浸在中国的生活中,有时就有点想我们同伴的小圈子有所变化。第二个学期开始时,我的朋友,巴黎的阿达马教授来了。他住在我们附近的旧南苑,但很快就搬到了城里的一所公寓,在使馆区或靠近那里——阿达马夫妇在这个更热闹的环境中的生活更愉快得多。阿达马教授年事已高,大学校园里孤寂生活的种种不便吓退了他。我很高兴再次见到他。他是法国数学昔日美好时光的一座记忆宝库。他的妻子则是关于法国学术生活轶事的记忆宝库,她小时候认识巴斯德。

阿达马给我们讲了一个关于他自己年轻时的有趣故事,当时他因为与德雷福斯上校①的妻子有亲戚关系而感到害怕,担心会遭到比较保守的同事们的鄙视。德雷福斯事件使整个法国的情绪达到了极点,每个人要么是狂热的德雷福斯派,要么是狂热的反德雷福斯派。后者包括伟大的数学家埃尔米特

---

① Alfred Dreyfus(1859—1935),法国犹太裔炮兵军官,因叛国罪受到审判并被定罪,后被证明是反犹主义的牺牲品,在舆论的压力下,他最终被宣告无罪。整个过程被称为"德雷福斯事件"。——译注

(Hermite),他将对年轻的阿达马进行博士学位考试。阿达马战战兢兢地来到现场,这位老先生对他说:"阿达马先生,你是个叛徒!"让他的窘迫有增无减。阿达马困惑地嘟囔了几句,埃尔米特接着说:"你已经背叛几何去搞分析了。"

我们经常去城里拜访阿达马夫妇,并且(有时是我和玛格丽特,或者是李和我们两个人)常去所谓的"汉人城"(对应于那长方形的"鞑靼城")①,走进坐落在弯曲、肮脏的街道上的古董店,翻找有价值的东西。在那里,我们经常会看到一些祖宗画像,画中的中国绅士或淑女身着华丽的丝绸长袍,其中男子穿的是文官或武官的官服,身姿挺直,双手放在膝上,神态庄重。尽管这些画像华丽而呆板,但画中人的面容一般都非常精致、幽默和有人情味。

我们发现了这样的一幅祖宗画像,它非常像阿达马教授本人:略微稀疏而细长的胡须,钩形的鼻子,精细而富有人情味的脸,完全可以认为就是他,从而能在一大群人中把他挑出来。虽然画中人的眼睛确实有点斜,肤色也有略呈灰黄,但还不足以混淆辨认。我们买下这幅画像,并把它送给了跟它相像的那个人。他非常喜欢,但我觉得阿达马夫人并不喜欢。她不希望自己的丈夫是个"马戈特"②:在法国茶叶店里常见的,一名清朝官员点头致意的画像,它作为著名的"马戈特咖啡馆"(Café des Deux Magots)的标志而引人注目。

不管怎样,阿达马夫妇在后来的漂泊中把这幅画像弄丢了或错放在什么地方,所以我最近在纽约和巴黎去拜访他家时,已不能再次通过直接观察来验证阿达马与那幅中国画像之间的相似之处。

我前面说过,我一直希望能与芒德布罗伊面对面交流,讨论我们之间的研究关系。阿达马告诉我,芒德布罗伊也渴望与我讨论这些问题。这成了一件重要的事,因为他积极参与了奥斯陆国际数学家大会的组织工作,而我也将出席这场将于那年夏天召开的大会。阿达马写信给芒德布罗伊,安排我在奥斯陆之行中拜访他,并有可能与他共同工作几天。

这种联合工作的习惯几乎是数学家和数学物理学家的特有属性。其他大

---

① 清朝定都北京后,于顺治五年颁布规定,只允许满、蒙、汉八旗官兵及其眷属居住内城,拱卫皇帝,其他人则一律徙城南,即崇文、正阳、宣武门外居住。由于这种隔离制度,当时来京的外国人都习惯于称内城为"鞑靼城",称外城为"汉人城"。——译注

② Magot,中国及日本的瓷制或象牙制的,装在瓶盖等上作捏手的奇形偶像。——译注

第十章 中国之行与环游世界

多数科学家都受到这样一个事实的阻碍,即他们不仅依赖于实验室,而且依赖于一个拥有他们自己的材料和设备的非常特殊的实验室。历史学和语言学工作者通常发现自己所处的领域极具争议性,以至于几乎不可能联合撰写论文,除非由于特殊的意外,他们碰巧不仅有相同的总体观点,甚至还有相同的具体看法。在文学和音乐等艺术领域,并没有足够的共同点使一群艺术家能够实现个人观点的统一,而这种个人观点是真正的创造性工作所必不可少的。然而对于数学来说,所有的刻画这门学科美学方面的真实的个人观点,都有充分的事实根据使合作成为可能,而且意见的分歧会在非个人的基础上得到判断和化解。

最后,我们离开中国的时间开始临近,我们开始考虑如何离开。我取道欧洲回国的主要动机是希望参加奥斯陆大会。我们曾想过走西伯利亚铁路。我询问苏联大使馆的官员,看有没有可能。他们说可以,但玛格丽特和我最终得出的结论是,两个星期的火车旅行对于孩子们来说太辛苦了,于是我们决定从印度洋走更远的海路。我们找到一艘日本船,名义上是头等舱,实际是二等舱,价格也不贵。我们计划在上海上船。

我们乘坐火车从北平出发,同行的还有清华大学工学院的顾毓琇院长和他的一位中国朋友。车厢是按欧洲方式划分的,这给照顾孩子带来了极大的方便。餐车提供西餐和中餐两种选择,我们毫不犹豫地选择中餐。第二天傍晚,我们到达南京对面江北岸的火车渡口。

我和顾把家人留在火车上,我们自己乘上摆渡快船来到南京城,然后驱车前往我的老朋友赵元任的家,发现那里不仅有一个家庭聚会,还有一些有趣的大学官员和一些政府官员。在美国出生的赵家两个女儿现在已经出落得亭亭玉立,还有两个在中国出生的小女儿。

几天后,我们的船到了——日本邮船公司的"榛名丸"。船长是一位非常和蔼可亲的绅士,英语说得很好,我相信他在美国待过一段时间。他非常关心我们的利益。事实上,虽然这艘船又小又挤,而且就它所提供的热带航行服务来说装备也不怎么好,但船上的气氛非常愉快,我们非常享受这次旅行。我们感到这六个星期我们沉浸在一个只是在萨默塞特·毛姆(Somerset Maugham)的著作中才有的世界。

在香港，上船的一位新乘客引起我们极大的兴趣。他是来自云南内地的法国拉扎尔派(Lazarist)传教士勒努(Renou)神父，他正准备返回法国的教会总部，亲自汇报中国服务的需求。我们发现他是一位迷人而睿智的同伴。他认为，派去的神父中法国农家子弟太多，他们充满善意和神圣感，但缺乏训练，甚至不如只有零碎科学知识的中国乡村学校教师，也无法履行条约赋予他们的行政职责。

在政治上，勒努是一个自由主义者，他对法西斯主义的反动势力很少同情，这股反动势力在意大利变得如此强大，并在一部分神职人员中得到某种同情。他是一位历史学家，对教会在17世纪末怎样失去了一个拥抱整个中国的大好机会这个问题非常感兴趣。他告诉我，这就是"中国礼仪之争"(the Affair of the Rites)①，当时只要能为中国的传统仪式找到基督教的解释，很多中国人都会同意信奉天主教。

来自仙台的藤原(Fujiwara)教授也在船上，他和我们一样是去奥斯陆参加国际数学家大会的。船上还有一位中国女士，她正要去伦敦大使馆与未婚夫结婚。这位中国女士非常害羞，对于船上的我们来说是一个神秘人物，但勒努神父试图帮助她走出孤独，他让玛格丽特下来和她说中文。显然这位女士接到指示，在船靠岸之前不得向任何人倾诉，我妻子的所有努力都是徒劳的。然而当我在马赛下船后，他们通过了直布罗陀海峡，这位女士不得不来到甲板上填写登陆所需的文件。在那里，她紧紧靠着玛格丽特并一直紧随，直到船靠岸，她的未婚夫出现并将她接走。

我们在船上大打桥牌，我表现出惯于过高叫牌，招致几位坏脾气的老手发怒。我还下棋。我在这里教一个日本军官下欧洲象棋，而他显然是本国象棋的专家。日本象棋完全不同于欧洲象棋，其棋子是楔形的，棋子的方向而不是颜色表示棋子属于哪一方。值得注意的是，在日本象棋中，吃掉的棋子可以被

---

① 指17世纪至18世纪西方天主教传教士就中国传统礼仪是否与天主教义相容，与清王朝在学术和政治上发生的冲突。在天主教内先后有两种看法，耶稣会认为祭祖、祭祀孔子（祭孔）乃世俗的礼仪，与天主教教义相容，在一定范围内是应该被容忍的；而道明会和方济会则认为这与天主教教义相悖，不可容忍。在道明会建议下，教皇在1645年下令禁止中国教徒祭祖祭孔。但之后在耶稣会的游说下，于1656年解除了这个禁令。这个风波曾一度使中国和亚洲其他地区，包括日本和印度的天主教徒都受到影响。在两个世纪后的1939年，教皇颁布一项谕令，同意教徒进行祭祖仪式和祭孔仪式。后来在第二次梵蒂冈大公会议(1962—1965)上正式认可祭祖祭孔，成为教义的一部分。——译注

第十章　中国之行与环游世界

吃棋者使用——这一事实对于研究朝鲜的战争不无重要意义。否则我们如何解释朝鲜战俘仍被用作对我方作战的棋子,或我方抓住的战俘被用作对敌方不利的棋子呢?不管怎么说,我的日本朋友下了两三次就学会了西洋象棋,并且以绝对的优势连续地打败我。

除了这些娱乐活动,我还根据自己在学术界的一些经历和认识的一些人物,第一次尝试写一部小说。这部小说非常业余,却有助于填补长途旅行中的无聊。此外我至少尝试性地练习了以虚构事实和人物为素材的写作,这种练习自那以来一直让我受益。

当船停在苏伊士运河时,玛格丽特和我去了一趟开罗。回到塞得港(Port Said)几小时后,我们就沐浴在地中海的凉风中。第二天,我们通过西西里岛和意大利大陆之间的墨西拿(Messina)海峡,这里是出现奇妙的"法塔·莫尔加纳"海市蜃楼①的地方。

我们驶入第勒尼安海(Tyrrhenian Sea),不久斯特龙博利(Stromboli)活火山赫然出现在我们面前。这是船长第一次来地中海,他和我们一样想看看这里的风景,所以他好心地把船绕着这座山岛转一圈,然后继续驶向马赛。

我独自一人在马赛上岸,留下家人继续乘船经直布罗陀和比斯开(Biscay)湾前往伦敦。我乘夜间火车前往克莱蒙-费朗(Clermont-Ferrand)。芒德布罗伊早上五点钟来接我。

尽管我们是第一次见面,但他非常友好亲切。他是波兰犹太人,来巴黎学习和生活,并引起亲爱的老阿达马的注意。阿达马的赞誉足以造就一位年轻的数学家,芒德布罗伊从此开始了美好的职业生涯。我们花了四天时间,共同完成一篇论文,后来呈交奥斯陆大会。

当时法国正在进行一场大罢工,芒德布罗伊总的来说是同情罢工者的。我们没有受到任何骚扰。我住在一家小旅馆里,但白天都在芒德布罗伊家里度过,和他一起工作,和他的家人一起吃饭。芒德布罗伊带我四处游览。最后我动身前往英国,比我的家人早到了几天。

---

① Fata Morgana,经常出现在意大利墨西拿海峡的海市蜃楼,被描述为空中的仙女城堡或由她的魔法变出的虚幻陆地。——译注

在伦敦我拜访了霍尔丹夫妇,他们住在摄政公园和动物园附近一个有趣的街区,霍尔丹对那个动物园非常感兴趣。霍尔丹夫人热情地接待了我,但当晚我不能去他们家,因为他们正在为 H. G. 威尔斯举办宴会。不过第二天我去拜访了他们,霍尔丹向我展示了动物园里一些特别有趣的标本,这些标本一般不向公众展示。

几天后,我去码头接我的家人。我们立即着手解决在奥斯陆逗留期间孩子们的安置问题。我们在南海岸的贝克斯希尔(Bexhill)找到了一所类似度假学校的地方,我们把孩子留在那里由可靠的人妥善照顾几个星期。

玛格丽特和我乘船从北海前往丹麦,一路上风大浪急、颠簸劳累,在哥本哈根逗留了一两天,拜访了一些朋友。与我们上次访问时相比,这座城市变得更加匆忙,汽车也更多了,其古色古香的家的味道虽然依然存在,但现在已经大大淡化了。我们乘火车前往奥斯陆,从埃尔西诺(Elsinore)突起的城堡旁乘火车渡轮渡过峡湾,到达瑞典城市海尔辛堡(Hälsingborg)。我们在火车上发现了许多美国和欧洲的数学朋友。

火车经过的瑞典南部让我非常想念缅因州的海岸。就连房屋也是木制的。岩石本身也有我们很熟悉的圆润的冰川外观,我们对这个国家很熟悉,仿佛以前来过。

我们的丹麦语很好,甚至能与瑞典乘客交谈。当我们进入挪威时,语言上的差异就更小了,在任何时候,我们都不会感到语言不通的无助感。

大会安排得很愉快,并使人兴奋和过度激动,一如以前的历届大会。我们发现自己身处许多不同国籍的朋友之中。我们特别同我们的同行巴利亚塔(Vallarta)夫妇结伴(因为巴利亚塔夫妇是在我们结婚后不久结的婚,巴利亚塔夫人成了我妻子的好朋友)。鲁汶大学的勒梅特教士(Canon Lemaître)也加入我们。他曾在哈佛天文台工作多年。我们以前认识他,这次在奥斯陆看到了他,他是一位令人愉快的朋友和餐桌伙伴。在奥斯陆夏天朦胧的午夜,我们会和他一起去郊游和散步。

玛格丽特在大会结束后离开,去看望她在德国的亲戚。我回到英格兰,因为我计划在迷人的威尔特郡(Wiltshire)与霍尔丹夫妇共度几周时光。霍尔丹夫妇在该地区的圆丘和陡峭的山谷中找到一座令人愉悦的古老石屋。霍尔丹知道他的妻子喜欢萨塞克斯郡(Sussex)的丘陵，但萨塞克斯郡的丘陵对于一位大学教授来说太昂贵了。他拿着英格兰的地理图，沿着这些丘陵的白垩地形四处寻找，直到他发现一个比较不为人所知的地区，在那里他可以看到类似的景观。接下来的事情就简单了，霍尔丹夫妇在一个有着令人愉悦的走道和风景的乡村安顿了下来。

我和霍尔丹都对西班牙的自由遭受新打击感到悲痛和沮丧。后来霍尔丹表示愿意为西班牙共和国政府效力，并前往西班牙作战。在西班牙，他对大多数反佛朗哥的政党在善良意愿下的无能和低效感到震惊，并越来越倾向于共产党人。他认为，他们至少有目标和政策。

英国共产党人很快就认识到他是他们最宝贵的财富之一。霍尔丹继续在《工人日报》(*Daily Worker*)担任主编职务，直到他因李森科的教条主义生物学和捷克斯洛伐克的审判而与他们分道扬镳。

我们在光秃秃的山顶上长途跋涉时的大部分谈话都是科学性或文学性的。我给他看了我已经开始写的小说片段，他给我看了他即将出版的一系列儿童故事的手稿，书名是《我的朋友利基先生》(*My Friend Mr. Leakey*)。

回顾我的中国之行和随后的欧洲之行，我现在看到自己从进入MIT最初几年以来所取得的巨大进步。尽管我不是最称职的丈夫和父亲，但我的家庭生活还是很成功的，玛格丽特和我现在有很多共同的经历可以一起分享。我的孩子们已经长大，开始成为伙伴。他们在人生的起点上就拥有了明辨是非的巨大优势，就是把世界看作一个整体，而不仅仅是统治种族和被奴役种族之间的关系。我的科学生涯已经达到这样的阶段：我的成就是毋庸置疑的，即使它们在我们国家的某些地方还不受欢迎。我已经开始看到，我的工作成果不仅体现在一些重要的独立论文中，而且还体现在一个不容忽视的学术观点和学术体系中。如果要在我的职业生涯中找出一个具体的分界点，使我成为一名学徒期满的科学工匠，并在某种程度上成为一名独立的工艺大师，我应该选择1935年，即我的中国之行这一年作为这个分界点。

第十一章
战前的日子

1936—1939 年

在英国的最后几天里，当我去韦斯特（West）郡拜访霍尔丹夫妇时，玛格丽特还在德国。她回来后，我们去孩子们所在的南海岸避暑胜地把她们接回，然后启程回国。一年的离别使我们有必要重新开始我们的 MIT 生活。

我回来时发现数学系的情况相当混乱。除了在数学系工作了几年的埃伯哈德·霍普夫，我们还有另一位年轻人杰西·道格拉斯（Jesse Douglas）。道格拉斯刚刚完成了一项关于诸如肥皂膜形成的极小曲面形状的杰出工作。这是一个经典问题，道格拉斯在这个问题上取得了很大进展，因此他获得了博谢奖，而我之前曾因陶伯定理的研究也获得过这个奖。

必须牢记的是，康普顿校长曾试图将 MIT 的薪水提高到最优秀大学的水平，但由于经济萧条而受挫。因此，我们面临着进退两难的境地。我们要么量入为出，以平庸的薪水聘用平庸的数学家；要么刻意寻找那些在一般市场上被低估的数学家，希望随着经济条件的改善，在康普顿的计划获得推动力之后，我们最终能将他们的薪水提高到适当的金额。

事实上没过多少年，薪水又开始上涨了，而我们这些对 MIT 的丰厚待遇充满信心的人并没有失望。不过还是有一段时间，那些在一般市场上被低估从而被我们以折扣价获得的优秀人才感到被剥削了。

因此，我们的两位杰出青年感到委屈也就不足为奇了。我在的时候，我可以坦率地谈论此事，帮助他们树立对美好未来的希望。我一旦离开去了中国，

第十一章 战前的日子

他俩就开始互相折磨。学者往往很敏感,因此也像艺术家那样易于激动。当我从中国回来的时候,霍普夫和道格拉斯的情感态度都已经走得如此之远,以至于他们永远离开了 MIT。

霍普夫的情况最有意思。他是一个德国人,其种族血统纯正,即使在纳粹德国也能被接受。起初他对希特勒怀有敌意,或至少同情那些受希特勒迫害的人。然而在强大的家庭影响下,他被拉向了纳粹一方。

当我的表叔莱昂·利希滕施泰因因希特勒上台的间接影响而去世后,德国人到处寻找他的继任者。当时优秀的数学家纷纷离开德国,继任者并不好找。最后霍普夫的名字出现了,他获得了这个职位。

要知道在昔日黄金岁月中的德国,一个大学职位在社会上和知识界的声望是美国类似职位所无法比拟的。德国大学的正教授在社会上的地位比最成功的实业家还要高。纳粹为霍普夫提供的职位,如果按其表面价值来衡量的话,在经济上是我们在不久的将来所无法企及的,而在声望上则大大高于我们在遥远的将来所能获得的任何职位。

我想说的是,霍普夫咨询过一些从希特勒主义下逃亡出来的德国难民,他们并没有像人们所预想的那样强烈反对他接受这一职位。首先,虽然他们不可调和地反对纳粹主义,但霍普夫显然愿意对这一运动采取暂时妥协的态度,而且他们也无法与他争辩,好像他在这件事上有什么非常强烈的感觉似的。此外对于德国来说,有一个虽然不是激烈反纳粹,但至少不是激烈亲纳粹的人当然更好。许多德国难民相信,德国要么会被打败,要么迟早会因内在的反感而抛弃纳粹主义,而他们反对纳粹主义丝毫不影响他们对德国本身的自豪感。霍普夫将成为新德国的一部分,这至少可能成为战后重建正常学术的基础。

MIT 校方并不喜欢霍普夫提出的,超越前辈立即晋升的要求(否则立即走人),其形式就像被一把枪指着脑袋。如果从其表面价值看待德国的邀请,如果忽略所有的道德问题,那么霍普夫接受这个邀请是正确的。当然我们所有人都希望德国最终战败,而且我们也几乎肯定,在德国战败后,整个学术体系和霍普夫本人都将毁于一旦。但这是一件由霍普夫决定的事,与其他人无关。

霍普夫接受了德国的邀请。他因为突然高升而沾沾自喜,并且抱着很强的优越感对待他在 MIT 的同事。对我他则表示，他觉得我没有得到我应得的全部，他希望我能找到像他在德国找到的那样的晋升。不用说，这种优越感是不受欢迎的。

注意到留在美国的难民科学家为美国的科学——同时在战争与和平的目的上——做出了巨大贡献，这是很令人感兴趣的。半数以上的核科学领军人物来自轴心国。在此我只需提及爱因斯坦、费米、齐拉特(Szilard)和冯·诺伊曼。冯·米塞斯(von Mises)后来也来到美国，并对统计理论做出了重要贡献，就如库朗和他的学派中的几位成员在引进欧洲流行的应用数学技术方面所做的那样。

我以前的学生诺曼·莱文森从英国回来，他在那里获得了国家研究奖学金。我想尽一切办法为他争取到了系里的职位，但我发现上层人物对他的支持参差不齐。有些人竭尽全力帮助我，支持我的判断，但也有些人非常明确地认为，我们的犹太人已经够多了。其中至少有一位犹太同事，他认为如果有更多的犹太人进来，他在系里受到的欢迎可能会受到损害，他竟把这种欢迎当作他的个人财产来对待。至于我自己，虽然我很愿意承认，按种族和文化出身在相当广泛的范围分配人员可能是一项好政策，但我当时和现在一样认为，所有这些考虑纯粹是为了方便，只要有机会让一个人凭自己的能力出人头地，就应该将这些考虑放在次要位置。优秀人才太稀少了，不能让学校根据次要的考虑因素进行挑选。

1936 年是哈佛大学建校三百周年，许多学者从世界各地赶来参加庆典。哈代也从英国赶来，我呼吁他支持莱文森。他的努力获得了成功，尽管他的任务并不轻松。此后莱文森一直是系里的一员，并继续成为系里的可信赖之人。

因此在这一时期，我受到了许多不同的情感压力。纳粹主义威胁要主宰世界这一事实，对于每一个有自由主义情怀的人，尤其是对于每一个自由主义科学家来说，都是一场持续的噩梦。我通过采取积极措施帮助难民，从而能将内心风暴的一部分释放出来，但这并不足以让我心情安宁。

昔日作为神童所受的教育带来的紧张和压力又重新困扰着我。尽管我很爱我的父亲，但我身边的人还是不厌其烦地提醒我，我毕竟只是父亲的儿子。

第十一章 战前的日子

我是犹太人这一事实使我的情感状况变得有些矛盾。在美国，对德国的暴行和恐怖局势的反应有利于我们犹太人，但这并不能完全抵消这样的认知，即在世界的某个地方，我们正受到灭绝的威胁，而且纳粹的反犹太主义已在美国的某些地区激起反犹太主义的呼应。

我不仅要承受出身和早期教育带来的直接压力和紧张，还要承受附带的压力和紧张，它们的产生是由于：我是从一个相当不寻常的角度进入学术生活的，没有足够的社会成熟度，不知道自己是什么，要去哪里。我与玛格丽特结婚后，这些压力随着时间的推移得到了很大的缓解，但我恐怕只是把自己天性中已经隐含的冲突转嫁给了她。

随着岁月的流逝，我的一些困难也随之减少，因为人们会原谅一个上了年纪的人而不容忍一个年轻人。我本来已到了自然释放情感压力的时期，但由于大萧条、纳粹主义和战争威胁带来的紧张，使得这段时期变得复杂，因此我没有一个时期能让我平静地从早先的冲突中恢复过来，并能让我享受几年真正的宁静。

战前时期的紧张和焦虑，再加上杰西·道格拉斯问题、埃伯哈德·霍普夫问题，以及为莱文森讨回公道的问题，所有这些让我陷入一种混乱状态。从中国回来时，我已经42岁了，已经开始感到自己不再年轻。多年艰苦生活的重负开始影响我的身心。听从妻子的劝告，我咨询了一位从内科转到精神分析科的医生朋友。

在这种情况下，我需要精神分析的帮助也就不用惊讶了。事实上，尽管我很怀疑精神分析的知识组织，但如果我知道可以求助的正确渠道，我早就会去寻找它了。在中国逗留期间，我曾试图接受精神分析，但都以失败告终。即便如此，我还是在那时开始知道，一个人的背景越特殊，他就越难找到合适的心理医生。

即使还是孩子的时候，我就读过精神病方面的书籍，也熟悉沙尔科（Charcot）和雅内（Janet）的一些著作。而且早在我知道弗洛伊德之前，我的亲身经历就已经让我确信，我的灵魂深处存在着黑暗的空间和隐蔽的冲动，它们极力抗拒被揭露出来。我对哲学的研究使我对"潜意识"这个概念并不陌生，我意识到这种潜意识所隐藏的残酷和几乎难以启齿的冲动,以及掩盖它们和将它们埋藏在合理化层面之下的几乎不可抗拒的趋势。

因此当我了解弗洛伊德和他的思想时,我已经做好了充分准备,希望从它们那里看到带有实际疗效的新的意外发现。然而,精神科医生的自圆其说的做法却让我很反感。他们对所有人类问题的回答,对于我来说,都过于花言巧语,过于牵强附会。我并不否认他们所做的许多工作在治疗上的有效性,但在我看来,心理分析的知识根基和科学组织都还没有达到令人信服的程度。而且,要求精神分析对象顺从和在经济上做出牺牲的箴言,似乎包含了太多对精神分析师在职业和经济上有利的东西,因此看起来并不完全客观。

弗洛伊德本人显然已经对自己的内心做过高度的精神分析,但并没有把自己置于他本人后来解释的那种经典的顺从态度中,而我也在自己身上看到了精神分析意识的起初状态,但这并不是从外部强加的。因此我几乎无法准备好让自己处于所建议的完全顺从的状态。

我也不准备毫无保留地接受正统精神分析师对人格的评价,以及他为成功的精神分析所设定的目标。我从不把满足甚至幸福作为生活的首要目标,而且我开始担心传统精神分析师的目的之一是把病人改造成一头心满意足的母牛。

我做了通常的精神病临床分析报告,并试图用我的洞察来补充关于自己的动机和内在价值观的描述。我让分析师知道,我对创造性工作的冲动有多深,在此工作中获得成功的满足感带有多少美学特性。我还告诉他我对文学,尤其是诗歌的喜好。海涅的一些诗句,尤其是他的《争论》(*Disputation*)和《安息日公主》(*Prinzessin Sabbath*)中的诗句,叙述和表达了犹太人的宗教崇高情感,我背诵时会禁不住热泪盈眶。我还进一步告诉他,海涅一方面看到日常生活中的堕落和卑劣,另一方面兴奋地宣扬上帝的荣耀和被鄙视的犹太人的尊严,他的态度在这两者之间突然转变,如何让我产生了深深的敬畏感。

我的精神分析师拒绝使用所有这些材料,认为它们并非来自我潜意识的真正深处。对于他来说,这些东西仅仅代表了我在意识层面所学到的东西,与从模糊记忆的梦境中得到的最微小的暗示相比,它们并不重要。它们可能是有意识的,但它们打动我的能力并非来自我意识的任何表层。

我的精神分析师拒绝把它们写入他的报告,因为它们不是他通过临床诊断得到的。他拒绝在任何程度上考虑它们,这让我深感自己被误解和歪曲了。他指责我犯了精神病人的大忌——抗拒。我当然是抗拒了,但这种抗拒的事实本身就是我所经历大部分的线索,也是我的精神构成之底层大部分的线索。我本试图从一个人那里获得关于我心理状况的一些分析,但我现在认为,这人对我的内心世界不甚了解,经过半年徒劳无功的努力,我们最后分手了。

后来我又求助于其他一些精神分析师,他们并不做那么多的梦境分析,而是更加努力地作为一个人跟我建立融洽关系。这些更老练、更富有同情心的朋友并不那么迷恋躺在沙发上做精神分析的那一套仪式。他们没有忽略记下我的梦境和自相矛盾之处。不过他们把我当作一个独立的个体来对待,远胜于他们那些讲究正统形式的弗洛伊德同行。对于他们来说,精神分析师的沙发并不是普罗克鲁斯忒斯①的床。他们接受我与他们之间的意见分歧,而不会立即给我贴上"抵抗"的标签。

自然,我并没有只把注意力局限于我的精神问题,也没有将所有的努力都留给袒露自己的心灵。在安置难民科学家的问题上,我仍然承担着一定的责任。不过随着时间的推移,这一责任已不再那么艰巨,而且他们的问题也带上了一种新的性质。

更多的国家,如芬兰,甚至中国,在向美国科学界提供移民。早期抵达的移民逐渐减少了对母语(一般为德语)的依赖,并将美国的生活方式视为正常。年长者按照美国传统抚养子女,因此很明显,无论将来发生什么,他们中很少有人会返回欧洲的家,除了暂时往返。年轻的移民纷纷通过婚嫁进入美国家庭。

希特勒时代大规模移民的最终结果尚未可知,但可以肯定的是,新人和新的储备力量对我们数学生活的贡献将被证明与1848年的德国人②,或在《南特

---

① Procrustes,希腊神话中的一名强盗,他把抓来的人放在铁床上,通过砍腿和强拉身体,使其适合铁床的大小。——译注

② 1848年德国爆发了反对专制统治的革命,后被保守贵族镇压,导致大量追求自由的人才逃亡美国。——译注

敕令》(the Edict of Nantes)废除时移民到英国、荷兰和美国的胡格诺派教徒①的贡献相当。

自然,由于美国社会增加了这么多一流的科学家,我与他们中的几位在研究项目上进行了合作。如果我没记错的话,奥雷尔·温特纳(Aurel Wintner)是在移民大潮之前,在他的老师,也就是我的表叔莱昂·利希滕施泰因的推荐下来到美国的。有一年夏天,温特纳和他的家人在新罕布什尔州离我们大约20英里的地方租了一间小屋。在新罕布什尔州的那个地方,相隔20英里就算是隔壁邻居了。

温特纳教授是一位非常机敏、充满热情的科学家,他动作利索,思维敏捷。温特纳夫人是德国著名数学家赫尔德(Hölder)的女儿。数学家同他们的教授之女结婚在欧洲和美国的学术界都是如此常见,以至于有这样一种说法:数学能力的遗传是独特的——它不是从父亲传给儿子,而是从岳父传给女婿。

温特纳最后成了新罕布什尔州我们那个地方的夏天常客。我们开始共同研究有关他自己领域里的各种课题。其中一些课题涉及将我关于广义调和分析的某些想法扩展到轨道问题和天体力学中的扰动问题。这些代表了研究拉普拉斯和拉格朗日18世纪老问题的一种现代方法。

另一项合作研究涉及麦克斯韦气体动力学理论的现代概率方法,将气体视为在相互作用力下运动的粒子集合。在这一领域,我早先已经与两位物理化学家(当时在哥伦比亚大学,现在芝加哥大学)合作开展了一些研究。

温特纳和我共同开展的第三项工作是严格和简化库普曼、冯·诺伊曼和伯克霍夫的遍历定理的证明。我已经提到过这些定理,它们弥补了威拉德·吉布斯工作中的不足,使他关于时间平均与所有可能世界的平均的思想得到了严格的贯彻。在这后一项工作中,我们与年轻的荷兰数学家范坎彭(E. R. Van Kampen)进行了讨论,受益匪浅。不幸的范坎彭,似乎前途无量,却在一两年后死于脑瘤。

---

① The Huguenots,法国新教徒的一个宗教团体,1562—1598年间为争取权利与作为国教的天主教教徒发生"法国宗教战争",1598年4月,国王亨利四世签署《南特敕令》,赋予胡格诺派实质性的宗教、政治和军事自治权。该敕令于1685年被路易十四废除,导致大量的人才外逃。——译注

第十一章 战前的日子

在这段时间里,我一直希望在不太远的将来重返中国讲学。当然,这个希望因接下来几年里发生的事情而彻底破灭。1937年,我的在电气工程系的同事怀尔兹(K. S. Wildes),是我在中国的继任者。他回国时,恰逢卢沟桥事变发生。

这场战斗除了对世界产生影响外,我深深地感到了它对我个人的影响。卢沟桥事件发生时,李郁荣夫妇正在上海访友。随后爆发的中国抗日战争使他们无法返回北平的自己家中。在此期间,李郁荣有段时间在上海找到一份教书的工作,但在大部分时间里,夫妇俩只能依靠自己的积蓄和李对中国艺术品的丰富知识过活。

他的科学发展竟在本应是最有作为、最关键的时期中断,这确实是一个严重的损失;在有可能处理的情况下,如何处理这个问题让我非常苦恼。我想尽一切办法让李来美国,但这次我没有取得成功。

像我一年前一样,怀尔兹也对他在中国的研究甚感兴趣并被深深地吸引。在随后的几年里,我们两人忙于试图影响美国舆论,去增加对中国的援助。我们请康普顿校长帮助推动这件事,他则在中国的救灾工作中发挥了主导作用。学院的其他高层人士也参与了这项工作。

在这种情况下,不难理解为什么我没有回避帮助中国事业的请求,即使支持这一事业的军队并不服从于笨拙、低效的国民党政府利益。

有一段时间,我们确信美国对中国的帮助渠道是正确的。然而,令人不安的传言开始传到我们耳朵里。我逐渐开始听到消息灵通的中国人和游历在外的美国人说,国民党是一棵折断的芦苇,它没有有效地利用美国的援助,它把大批军火和医疗用品转到党内腐败分子手里倒卖掉。

大约就在这个时候,有一群人找到我,希望我支持对中国共产党军队的援助,他们在抗击日本人方面似乎比国民党士兵做得更出色。我接受了邀请,因为我觉得这对美国有利。

实际搞这场活动的人是一群真诚但不出众、效率低下的人,在我看来,他们似乎把更多的时间浪费在邀邀的社交聚会和空谈上,而不是有效地筹集资金。后来我发现,这群人中有些人好像属于共产党的外围组织,还有一大群善意而坚定的中国朋友。

从经济大萧条到第二次世界大战爆发，没有一个有警觉性的人能够不经历共产主义对美国的影响。在大萧条时期，在学术生活中成长起来的年轻人被迫承认，他们在当今世界秩序里并不受待见。安全已成为逝去的梦想，而由各种仇恨构成法西斯主义、纳粹主义和三K党等思潮和组织则是始终存在的威胁，尤其是对于外来群体的成员而言。他们在寻求可以依附的某种运动或某种态度，于是他们必然会在其他声音中听到他们所信任的同事的声音。

我的态度因美国对西班牙保皇党的类似支持而得到加强。在西班牙这件事上，哈佛大学生理学系的坎农（Cannon）教授是灵魂人物。毫无疑问，他是当时美国科学界的伟人，几年前他曾在西班牙讲学。

西班牙在现代并不是一个盛产伟大科学家的国家，但在神经系统生理学领域却有非常重要的贡献，而坎农本人当然也非常关注这一领域。难怪坎农觉得自己被西班牙学术活动的复兴深深吸引，并把团结美国人支持西班牙保皇党作为自己的职责。在这方面，他无法拒绝来自任何方面的援助。这导致一些反对坎农的流言蜚语，但他是一个非常真诚和正直的人，不会被流言蜚语吓跑。

在家庭事务方面，当时的情况对于我来说也是复杂而令人担忧的。父亲在发生意外前不久从哈佛大学退休了。他是一个失意的人，而洛厄尔校长态度生硬地接受了他的退休，没有说几句客气话，这让他更加失望。从车祸事故部分康复后，他继续在哈佛图书馆从事研究工作，甚至从贝尔蒙特步行去图书馆，但他的活动一年比一年少。

我从中国回来后不久，他的健康开始急剧走下坡路，有迹象表明他中风了。他需要住院治疗，但这次的康复迹象远不如前一次。他陷入了一种焦躁的抑郁状态，思维经常混乱。然而，他完全意识到自己的思维混乱，并且正在失去对生活的控制。在我看来，他的抑郁往往是对当时恶性世界政治事件的真实反应。

他会不加区分地用俄语、德语、西班牙语、法语和英语侃侃而谈。当他

第十一章 战前的日子

用我所熟悉的语言讲话时，我看不出他有语法混乱的迹象，也没有把一种语言的词汇和另一种语言的语法混用的倾向。即使当他再也认不出我是他的儿子时，他的多语种语言的正确性和活力也丝毫没有受到影响。父亲的语言知识不仅仅是印在他大脑表层的东西，而且深入于他的大脑结构中。

我经常去看望父亲，还不时开车带他出去旅游。然而他的状况越来越差，让他余下的生命这样无休止地拖延下去甚至是不值得的。最后，在战争的第一年，他在睡梦中平静而安详地离开了人世。

玛格丽特的母亲多年来一直和我们住在一起，只有一两次回德国探亲。在此期间，正如我已说过的，德语在相当程度上成为家里的语言。使德语在我们生活中的作用更加突出的，是我们在一次访问波士顿的一个俱乐部"中国之友"时发生的一件小事。

那里有一位中德混血的拉德克利夫女子学院的学生，她的父亲曾是北平的一个煤矿主，在德国留学期间娶了房东的女儿为妻。这桩婚姻的女儿胡洛蒂(Lottie Hu)正在拉德克利夫学院的研究生院学习人类学。战乱使她失去了收入。她鼓起勇气问玛格丽特，她是否可以和我们住在一起，通过帮家里干活来赚取食宿费和一点零花钱。于是我们把洛蒂接到家里，她成了我年轻女儿们的朋友和伙伴。

洛蒂精通三种语言，中国官话、英语和德语说得同样流利。由于德语已经成为家里的第二语言，在新的安排下，这种情况得以延续，我的两个女儿在德语基础方面都取得了一定的进步。

我的女儿们上初中了。我们照例经常有父母和孩子之间的摩擦，尤其两个女儿对我的知识分子身份有些反感。佩姬不止一次地说："我已经厌倦了被叫作诺伯特·维纳的女儿，我要做佩姬·维纳。"我并没有试图强迫孩子们接受我的框架，但仅仅因为我在社会上和家庭中的地位，他们就不可避免地受到某种压力，但这种压力与我的意志毫无关系。

我为她们感到骄傲，但我并没有把她们培养成神童。有一次，芭芭拉在课本上读到一些对拉丁美洲人的评论，她对我说："爸爸，这本书的作者似乎对拉丁美洲人很傲慢。那些拉丁美洲人难道不憎恨这样的做法吗？"我回答她："你讲得太对了！孩子，他们当然会！"

大约在这个时候，波士顿有了一个以"问孩子"为模式的广播节目。芭芭拉去参加了。我一点也不确定让她参加这个节目是否明智，但她做得很好，她初步学会了在听众面前表现自己的艺术。我对这个儿童小组中不止一位成员后来的命运保持着一定程度的关注，他们似乎都表现得很好，并没有因为这次冒险而受到真正的伤害。

因此像所有家庭一样，我们需要考虑我们的问题，做出我们的决定。我既不确定我所采取的政策是否正确，也不为我可能犯下的任何错误感到羞愧。人的一生只有一次，没有足够的时间来掌握为人父母的艺术。

养育小孩并非易事，但由三个女人分担家务，在很大程度上减轻了我们的负担。我妻子的母亲总是在我们位于贝尔蒙特和乡下的房子周围做一些零碎的工作，她为这些工作积累了一套非凡的工具和小玩意儿，她乐此不疲。

她是一个在乡村长大的德国女人，浪漫的人生观使她来到美国西部的开阔地。在新英格兰这里，她就像我们每个人一样喜爱我们的农舍。

1939年夏天，第二次世界大战爆发前夕，她在新罕布什尔州这栋房子楼上的房间里，在睡梦中安静地去世了。我们把她安葬在乡下的一个小墓园里，那里常常被从奥西皮（Ossipee）山脉吹来的风扫过。我们选择了一块新罕布什尔州墓地传统样式的墓碑，但我们在上面刻了一段碑文，既符合她的德国血统，也符合她性格中的巨大活力。这是路德赞美诗的开头：

"Ein' feste Burg is unser Gott"——"我们的上帝是一座坚固的堡垒"。我很庆幸她幸免于即将开始的第二次世界大战的全面恐怖和屈辱。

甚至在战争到来之前，灾难的阴郁列车就已经启动。1938年秋天的标志，是慕尼黑协定[①]，和近年来困扰波士顿的一系列西印度飓风中的第一次飓风来袭。从那时起，我们所有人都知道世界大战将要爆发。战争直到1939年夏天才爆发。

[①] 1938年9月30日，在德国慕尼黑市由德国、英国、法国及意大利共同签署的协定，逼迫捷克割让苏台德地区给德国，被认为加速了第二次世界大战的爆发。——译注

第十一章 战前的日子

那年夏天,在我妻子的母亲去世后,玛格丽特和我一起到加拿大作了一次短暂的旅行。这次旅行开创了我们几乎每年夏天都进行类似汽车旅行的先例。后来我又独自去了一趟加拿大,这次是为了参加在威斯康星大学麦迪逊分校举行的美国数学学会会议。我从农场出发,沿着克里克(Creak)湖以北的路线行驶,第二天傍晚抵达密歇根州的苏圣玛丽市(Sault Ste. Marie)。

在这里,我得知战争已经来临。这种经历令我惊异地想起24年前,第一次世界大战正好在我另一次旅行中爆发,我那时是北大西洋中部一艘德国船上的乘客。夏季数学会议的所有乐趣和欢乐都烟消云散了。我们曾希望这次会议能为将于1940年夏天在美国举行的国际数学家大会制定计划,但这一计划不得不搁置了十年。

我和一位英国同事驱车返回东部,在纽约州为一位朋友采摘葡萄时,我们有机会评估一下自己的情绪和期望。

第十二章
战 争 岁 月
1940—1945 年

　　1939年秋天我回到MIT，并对形势进行了评估。情况不容乐观。俄德之间的消极结盟给我们一厢情愿地认为纳粹会在东部受到牵制的想法泼了一盆冷水，虽然两国最终还是打了起来，但我们当时并不指望会有这样的运气。此外，我们对俄国建立起来的好感（这主要是因为我们几乎看不到有来自其他什么方向的打击力量，能够限制法西斯的侵略），也因俄国在芬兰的侵略政策而大打折扣。

　　在学术界和技术界，我们大多数人都意识到，一场世界大战最终将把美国以及所有其他重要国家卷入。因此，我们开始考虑在哪个工作领域可以发挥自己的作用。

　　由于我患有近视，服兵役的可能性对于我来说从来都不现实，况且岁月的流逝也没有增强我的体质。我从未想过自己会成为一名行政管理者，事实上也从未有人想过我会有这方面的才能。显然，我应该从事某种科学研究工作。

　　我在第一次世界大战中受过弹道计算的训练。弹道计算就是为火炮和小型武器制作射程表，即根据火炮仰角、火药装药量、弹头重量等数据，计算武器的射程和其他各种相关常数。这项工作对我的训练远不止于纯粹的弹道问题，因为它使我对计算设备的使用方法有了相当全面的了解。近年来，我还花了很多时间与电气工程师合作。因此，我预见到我在战争中注定的位置将是从事将计算技术应用于电气工程问题的某种工作。而且我与李的合作，也使

第十二章 战争岁月

我对工程设计问题有了一定的了解。

所有这一切都很清楚,但不清楚的是对我的召唤会来自哪个方向。随着令人紧张的"静坐战争"(Sitzkrieg)①开始让位于更积极和更具威胁性的军事计划,我们中的大多数人逐渐明白,美国所面临的主要问题是,让英国在战争中保持作为一个有效的参战国,直到我们自己也参战。这意味着,潜艇和轰炸机是我们应该帮助征服的两大威胁②。

幸运的是,英国本身已经有了"雷达"这一卓越发明,从而为我们在此两个领域帮助她提供了最好的线索。MIT从一开始就在推动这类研究,甚至在欧洲战争爆发之前,更是远早于我们的参战。但在当时,这似乎是专家的事,而我并不是雷达专家。

来自德国的难民潮一度加快,然后完全停止了。在我看来,这最后来的数量不大的移民并不具有与之前那些移民中的一些人完全相同的道德价值观。这些从移民榨出机最后榨出来的移民,不止一个人热衷于向我们灌输这样的信念,即纳粹的前进势头是不可阻挡的。他们的狂热几乎不亚于那些受雇的宣传员。最后我们终于清楚地认识到,除了那些丰富了我们的知识生活的优秀的、受迫害的男女外,还有一些人之所以反对纳粹主义,主要是因为他们被排斥在纳粹主义之外。然而新的暑假还是适时地到来了,尽管我们面临着巨大的灾难,但我们还是尽可能地让自己的生活变得愉快。人不能永远生活在阴郁的气氛中。

来自英国剑桥大学的英厄姆(Ingham)一家因战争滞留美国,成为我们的夏日邻居。他们与我们分享了在山上散步和在熊营(Bear Camp)池塘洗澡的乐趣。

那年夏天,匈牙利数学家埃尔德什(Erdös)、日本数学家角谷静夫和英国数学家斯通(Stone)来拜访我们,他们的来访非常有趣。他们刚刚在长岛惹上了麻烦,因为无意中太靠近一个无线电信标站。他们被当作可疑的外国人在

---

① 指英国和法国于1939年9月3日向纳粹德国宣战后,在8个月内双方几乎没有什么交火。——译注
② 作者这两句话的意思为,美国在正式参战前,必须力保英国不被打垮,为此需要帮助英国找到对付德国军队两个最致命的武器——潜艇和轰炸机——的方法。——译注

监狱里关了一夜，后来当局联系到他们的担保人普林斯顿大学的维布伦教授，才把他们释放。就在这次风波之后，他们驱车来到新罕布什尔州，我们在我家的门前进行了一次非常愉快的小聚。目前，角谷在美国任教，斯通和埃尔德什则回到欧洲。

夏天结束时，英厄姆按计划返回英国，但他的妻子和孩子以及他们的女仆第二年又住进我们的山谷。我们再次一起进行了长时间的散步，孩子们现在更容易参与其中了。他们一家回到英国后，我见过他们几次，我相信其中一个男孩正在上大学，另一个男孩是空军军官。他们仍然对新罕布什尔州和我们的山谷充满热爱。

温特纳仍然是我们的夏日邻居。他和我计划在 1940—1941 年期间一起工作，他为此来到坎布里奇。不幸的是，当时我的注意力都集中在战争工作上。我觉得我在某种程度上对温特纳不公平，因为我没有信守我们的非正式契约。他发现自己可以无视战争气氛的压力，而我却不能，尽管我愿意用我的一部分精力与他合作，但却无法投入我的全部兴趣。就这样，我们分道扬镳，渐行渐远。

到了春天，挪威的战祸已经发生，法国的战祸也在逼近。我们习惯于在乡间别墅中获得情感慰藉，以躲避外部世界的喧嚣，但当我们面对欧洲文明即将丧失时，这种情感慰藉已无济于事。

1940 年 8 月，美国数学学会夏季会议在达特茅斯举行。在除了战争什么都不能真正吸引我们的注意力时，这次会议是最令人愉快的。

复量代数对于电话工程至关重要，贝尔电话公司一种用作数值计算机的仪器，就是为了满足此类工作的明确需求而制造的。它的重要性源于这样一个事实，即我们的阿拉伯计数法赋予了数"10"一个人为的位置，这仅仅是习惯使然，并不构成算术的真正基础。不必把一个数写成这么多个一、这么多个十、这么多个百，等等，我们可以容易地把一个整数写成一、二、四、八等等的总和。在这种情况下，我们只需要 0 和 1 这两个数字，而不是传统的 10 个数字。

俄罗斯农民在加减乘除运算中所使用的，就是相当于这种被称为二进制的比例尺。与十进制相比，其一大优点是乘法表简化为"一乘一等于一"。

第十二章 战争岁月

由于显而易见的原因,二进制运算比十进制运算更容易实现机械化,贝尔系统的仪器也相应地采用了二进制符号。用二进制进行所有运算的唯一严重缺点是,我们已经采用了十进制,而且现有的大部分数值结果都是用十进制给出的。当我们需要进行大量新计算时,往往值得忽略这一事实:将所有初始数据转换为二进制,并将所有最终结果转换为十进制。

二进制计数法的一个应用场合是使用量规测量机械零件的厚度。假设我们有一个精确厚度为一英寸的量规、一个精确厚度为两英寸的量规、一个精确厚度为四英寸的量规和一个精确厚度为八英寸的量规。然后,我们可以将这些量具组合起来,得到从一英寸到十五英寸的精确英寸测量值。代码如下:我们将这些量具组合在一起:

1 英寸	1 英寸量规
2 英寸	2 英寸量规
3 英寸	2 英寸量规和 1 英寸量规
4 英寸	4 英寸量规
5 英寸	4 英寸量规和 1 英寸量规
6 英寸	4 英寸量规和 2 英寸量规
7 英寸	4 英寸量规,2 英寸量规和 1 英寸量规
8 英寸	8 英寸量规
9 英寸	8 英寸量规和 1 英寸量规
10 英寸	8 英寸量规和 2 英寸量规
11 英寸	8 英寸量规,2 英寸量规和 1 英寸量规
12 英寸	8 英寸量规和 4 英寸量规
13 英寸	8 英寸量规,4 英寸量规和 1 英寸量规
14 英寸	8 英寸量规,4 英寸量规和 2 英寸量规
15 英寸	8 英寸量规,4 英寸量规,2 英寸量规和 1 英寸量规

这相当于将数字 1 至 15 写成:1,10,11,100,101,110,111,1000,1001,1010,1011,1100,1101 和 1111。

我不记得是在达特茅斯会议之前还是之后,万尼瓦尔·布什曾向 MIT 的各位教师发出一份调查问卷，征求他们对战争情况下动员和使用科学家的建议。在这个问题上，我有非常明确的意见，我强烈支持科学合作，这种合作将跨越一门科学和另一门科学之间的界限，同时应该是自愿的，从而在很大程度上保留科学家的积极性和个人责任。我不相信一切可能依赖于个人高度服从上级完全权威性安排的计划，因为这种安排会给每个人规定狭隘的工作范围。因此我建议成立由来自不同领域的科学家组成的小型流动团队，共同解决他们的问题。当他们取得一定成绩后，我计划让他们把工作交给一个发展小组，然后根据他们已经获得的科学经验和合作经验，以一个整体的方式继续解决下一个问题。

但结果却是一无所获。那些几乎只与小型机器装置打交道的人往往会对它们产生热爱，因为它们没有影响人类运作的不可预知的因素。

发明和设计小型机器装置很容易成为一种信仰。值得庆幸的是，过去20年小型机器装置的兴衰在一定程度上动摇了包括布什在内的许多人对机器无限可能的信念。然而现在仍有许多人没有像布什那样直接面对机器的缺点和优点，这些人依附当今潮流，推崇大实验室和大管理者。

在达特茅斯会议结束返回的路上，我开始与莱文森（他当时已经是一位羽毛丰满的同行了）讨论计算机的总体问题，并开始猜测这是否就是我注定要从事战争工作的领域。一段时间以来，我一直在为布什考虑使用机器解决偏微分方程系统的问题，我觉得一种电视扫描将是偏微分方程问题机械化的适当基础。我在二进制机器方面的新经验使我确信，电子二进制机器正是偏微分方程问题所需的高速计算设备。

我看到，要使一台机器能够正确地处理偏微分方程，它必须在几乎令人难以置信的短时间内完成大量的工作。这告诉我，未来用于这些特定目的的高速计算机器，不可能是布什的模型，即用电气或机械量来表示物理量，而是普通台式计算机的某种巨大扩展，并且如我所说的那样，在二进制而不是十进制的系统中工作。

既然我对计算速度问题产生了浓厚的兴趣，我就不得不考虑计算方法中两种伟大战略的相对优势。布什采用的其中一种策略被称为模拟计算，即把计算的数值表示为可测量的物理量。另一种是数字计算模式,也就是台式计算机的模式,用数字的位数序列来表示一个数。

模拟计算机与数字计算机之间的重要区别在于,后者的运算方式与我们自己在纸上的运算方式基本相同。当我们用 56 表示一个数字时,我们的意思是,它是 5 个十和 6 个一的组合。当我们用这个数字乘以 38(即 3 个十和 8 个一)时,就会进行下表所示的运算:

$$
\begin{array}{r}
5\ 6 \\
3\ 8 \\
\hline
4\ 8 \\
4\ 0\ \\
1\ 8\ \\
1\ 5\ \\
\hline
2\ 1\ 2\ 8
\end{array}
$$

我们永远不必超越乘法表和简单的加法规则,也不必把 56 和 38 表述为 56 度或 38 英寸这样的量。

有些数字乘法器不使用十进制,而是使用二进制。这就是它们的工作原理:考虑 $7 \times 5 = 35$ 的运算。

$$7 = 4 + 2 + 1$$
$$5 = 4 + 1$$

在二进制中,这些语句相当于把 7 写成 111 的形式,把 5 写成 101 的形式——这意味着 7 是一个 4,一个 2 和一个 1;5 则是一个 4 和一个 1,没有 2。当我们将它们相乘时,就会得到下面的运算表:

$$
\begin{array}{r}
1\ 1\ 1 \\
1\ 0\ 1 \\
\hline
1\ 1\ 1 \\
0\ 0\ 0\ \\
1\ 1\ 1\ \\
\hline
1\ 1\ 2\ 1\ 1
\end{array}
$$

如果我们记住,在我们的记数制中,2 = 10,那么数字 11211 可以写成 12011 或 20011 或 100011。最后一种表示法是真正的二进制表示法,它不使用 0 和 1 以外的数字。在这里，这意味着 $32+0(16)+0(8)+0(4)+2+1=35$。这种方法被称为二进制乘法。我再说一遍，它和普通的十进制乘法一样，都是数字乘法。

作为对比，一种特殊的模拟运算仪器的运算过程如下：在一个电动力学电流测量计中，两个线圈相互吸引的程度与这两个线圈所带电流的乘积成正比，而这种吸引力可以用一种适当的刻度仪器来测量。如果一个线圈携带 7 个单位的电流，另一个线圈携带 5 个单位的电流，那么刻度的读数将与 35 个单位的电流成正比。这种用于乘法的仪器被称为模拟仪器，因为我们正在用一种新的情况来取代原来的情况，在新的情况中，我们设置了模拟原来量大小的两个电流，并通过模拟原来情况的物理情况来读出乘积。

因此数字运算机与模拟运算机的不同之处在于，数字运算机从理论上讲可以绝对精确地读取所引入数字，而模拟运算机则仅限于原始情况与我们在计算中用来代替它的相应情况的实际模拟精确度。用于求解微分方程的布什机器是严格意义上的模拟机器。

至于这些机器的相对优点，由于电气和其他测量仪器具有极大的灵活性，因此制造一台相当好的模拟机比制造一台相当好的数字机要容易得多。然而在高速度或高精度方面，数字式机器则具有完全的优势。很少有物理测量的精度能超过万分之一，而这只相当于确定一个 4 位的十进制数和差不多 14 位的二进制数。

而且要进行如此精确的测量，几乎不可能是一个真正瞬时的过程。模拟机因其本质所限，其速度无法满足极快、极大规模的计算需求，因此我觉得它们的发展已经到顶。

当谈到数字机器时，我不得不考虑这种机器工作的真正本质。普通台式计算机上一些轮子的位置是根据其他轮子的位置来确定的。其每个位置都是在 10 个选择中做出的一个选择。用金属轮上 10 个突出部分来表示这 10 个选择并不困难，但使用金属轮会涉及惯性和摩擦这两个非常麻烦和限制性的问题。

用电子数字选择代替现有数字机器特征性的机械选择，似乎在各方面都更为可取。与机械零件的顺序驱动相比,电子流的惯性大大降低,而且通过放大消除准摩擦损耗(即电阻损耗)在技术上也更加容易。基于这两点,我十分肯定,未来的高速计算机器将是电子数字机器。我可以说,这种想法已经开始在各种文献中出现,而我接受这种计算机方法,只是代表了时代的精神。

像我已说过的那样,十进制数字机器将在 10 种可能性中选择一个作为其基本决定,而二进制机器则在两种可能性中选择一个。我想,十进制的普遍使用来自我们两只手有 10 个手指头。有些种族,如玛雅人,显然把手指和脚趾放在一起计算,从而使用 20 进制。一个有趣的思考是,如果人类是按照沃尔特·迪斯尼动画片的样式构造的,每只手有 4 个手指,那么我们很可能就会采用八进制,而这与二进制只有细微的变化,因为 $2 \times 2 \times 2$ 等于 8。

虽然不推荐在数字计算机器中使用十进制,但它有一个意外的优点,即至少比其他一些进制比如说十三进制好用。十进制类型的计算机器依赖于使用 10 个等距齿的轮子。要建造这些机器,就需要勾画一个十边形——有 10 个角的多边形。这在平面几何中是一个简单的问题,而勾画一个有 13 条边的正多边形却不简单。

然而在使用电子电路的情况中,相当于轮子的部件并不依赖于普通的平面几何,10 也不是一个特别容易表示的数字。在电路中要做的选择自然是一连串的二选一。

众所周知,已有一些电路具有两个可供选择的平衡位置,它们被称为触发电路(flip-flop circuits)。要构建一个有 10 种选择的电路,唯一简单的方法似乎就是将触发电路组合起来。用触发电路的逻辑,可以在一连串的二选一(即一个二之幂的组合)中形成选择的组合。由此看来,构造一个有 10 个选择的集合的唯一自然的方法就是构造一个有 16 个选择的集合,然后弃用其中 6 个。

在设计一台机器时,你不仅要为机器所做的一切,而且为你要让机器所做的一切付出努力和成本。为了 10 选一的目的而使用 16 选一的设置,意味着 37.5% 的浪费。我得出的结论是,用于求解偏微分方程的高速计算机器应该是一台采用二进制的数字电子机器。

要在二进制的基础上工作,我们需要使用只有两种可能选择的器具,例如一张卡片上是否有打孔。这种装置在国际商用机器公司制造的 Hollerith 机器中已经很常见了。不过,这种以 2 为单位写入数字的特殊方式并不适合完全高速的机器。卡片打孔的过程很慢,如果我们所考虑的每步操作只需花数百万分之一秒的话,而只有达到这样的操作速度,我们才可能实现真正的高速计算;而且用过的卡片的处理,以及建立充分的新卡片库存,这些问题的规模很快会达到一个近乎天文数字。

如果使用电火花而不是机械来打纸卡,打孔速度可能会大大提高,但这样做依然会跟前面一样留下如何处理大量材料的严重问题。于是我自然地想到使用钢带,用电磁铁在钢带上做磁性标记。人们可以高速读取这样的标记,也可以高速擦除它,留下空白钢带以备再次使用。

这种钢带的主要问题之一是如何将标记做得很小,以便在给定区域内保持尽可能多的清晰可辨的标记。这就要求用于标记和读取的磁铁上的磁极非常小。我觉得,除非钢带本身或至少其有效磁层非常薄,否则这些小磁极可能会受到钢带内磁场扩散的干扰。

于是我产生了一个想法,部分是自己想出来的,部分是通过与比我更熟悉这方面技术发展的同事交谈得到的。那就是最好分别处理对带子的两个要求:可磁化和牢固地连在一起。为此我们可以在满足强度要求的非磁性材料上加一层薄薄的磁层。我曾想过在黄铜或非磁性金属带上涂上薄薄的铁层,但我也想到过——我相信是通过一位同事的建议——那种现在此领域占主导地位的装置:一种涂有磁铁氧化物薄层的纸带。

最近我和 IBM 公司的一位朋友谈起了高速计算机器的现状,特别谈到那些按照现在所谓的蒙特卡罗方法工作的机器,即通过极其频繁地重复平均过程来求解偏微分方程。显然,现在所使用的装置本质上就是我在 1940 年建议的那种。

赌场的赔率是非常有规律和可预测的,蒙特卡罗法就是把一个数学问题设定为一场理想的赌博,赌非常多次,然后确定其理论上的赢率。我在 1940 年提出的计算装置与当今的蒙特卡罗方法具有相同的非静态特性,也依赖于

第十二章 战争岁月

进行一场理想的赌博。

我向万尼瓦尔·布什汇报了我的建议，但并没有得到很好的回应。布什承认我的想法有其可能性，但他认为这些想法过于遥远，与第二次世界大战没有任何关系。他鼓励我战后再考虑这些想法，现在要把注意力集中在更直接的实际应用的问题上。

后来我发现，他对我所建议的设置并没有很高的评价，主要因为我不是工程师，从未做过把两个部件合在一起的事。他对任何没有达到实际建造水平的工作的评价都非常低。我现在唯一感到满意的是，在我的想法提出大约十年之后，现在的技术发展证明它是对的。

放弃以此作为处于战争威胁中的任务后，我开始四处寻找其他我可能更好发挥作用的地方。有一次，我想到了一种对信息进行编码和解码的数学和机械方法。我的想法肯定会奏效，但在这个领域，光有想法是不够的。事实上，要使它有任何价值，它必须比现有设备或任何容易发明的设备好用很多。

一种解码-编码设备比另一种解码-编码设备更好用意味着什么，这个问题并不简单。人们会想当然地认为，只要给敌人足够的时间，任何足够长的密码文本都可能被他破译，而且还必须考虑到，即使密码已知，要解码一个密码电文也不一定是轻而易举的。一个好的密码必须既能让己方的机器或收信人轻松解码，又能让敌人在不了解密码的情况下很难破译。

当对一个系统或一个设备有两种不同的要求时，通常这并不会导致单一种的设备，而是多种设备，其种类数量依赖于人们对这两种要求分别所赋予的权重。于是有一些在战场中使用的简单密码，它们所加密的信息只需保密一小时；而对于必须保密数月的信息来说，就要使用难破解的密码。在这两者之间，还会有一系列的密码。由于这个原因，密码设计不是一个在不了解其现有习惯做法和每种特定用途的实际需求的情况下，可以仓促进行的工作。我不得不再次四处寻找另一个可能有用的领域。我在高射炮射击控制装置的设计中找到了它。

当我还是个孩子的时候，射击控制主要是从海岸炮台和战列舰的角度来考虑的，也就是说，炮台相对于目标的运动如此缓慢，因此在目标离开有效射

379

程之前,仍有机会用非常简陋的手动装置进行大量的计算。

然而在第一次世界大战中,飞机改变了这一切。击落飞机当然不像朝要塞发射迫击炮弹,而是像打飞行中的野鸭。你射击时野鸭不会停留不动,如果你把枪口瞄准你所看到的鸭子的位置,那么当子弹到达那里时,它已朝前飞了相当的距离。所以您必须瞄准目标的前方射击,而且必须快速准确地估计出射击提前量。如果估计不准确,那你很可能不会有下一个机会射击那只野鸭了。

因此,从一开始就有必要在高射炮的控制系统中安装一个相当于射程表的机械装置,它能使高射炮自动瞄准飞机的前方,使炮弹和飞机同时到达同一地点。在某种程度上,这是一个纯粹的几何问题,但对它更精细的分析则涉及改进我们对飞机本身未来位置的估计。这个估计必须来自飞机的过去位置,或至少是所观察到的其过去位置。预测飞机未来位置的问题就是数学家所说的外推法问题。

我以前所从事的电气工程工作让我熟悉了算子理论。算子在这里代表一种装置,它能将一定的电输入转变为相应的电输出。从数学上讲,算子可以用变换公式来表示,但并不是所有的变换公式都能产生物理上可以实现的算子。我们必须对算子施加的物理现实性的主要条件是,输出应只涉及输入的过去和现在。我们将看到,瞄准飞机前方发射的问题所要求的是,用可实现算子近似地给出飞机的未来位置,因为事实上,只有不可实现的算子才能精确给出飞机的未来位置。只有了解飞行员心理的先知才能绝对肯定地预测飞机的未来位置,不过实际上往往有足够的方法可以让人做出相当准确的预测。

事实上,我最初想到的用于预测的数学过程是不可能实现的,因为它们假定对未来已有了解。不过我能够证明,在一定意义上,这些过程可以用无须这种假定的过程来近似。

在这里,我不想纠缠于只有科学家或工程师才能理解的技术问题。不过,事实上我确实考虑过用可实现算子来逼近不可实现算子的某些可能性。我向考德威尔(Caldwell)教授提出了这些想法,考德威尔教授通常负责 MIT 布什计算机的工作,他现在正致力于将这些计算机应用于战争问题。按照当时的

第十二章 战争岁月

惯例,考德威尔立即把我的想法定为密级,于是此后我再也不能对任何想与之交谈的人随意谈论这些想法了。

为了让我的想法进入试验阶段,考德威尔和我都想使用布什的微分分析仪,因为它易于组装,可以模拟大量不同的问题。这台微分分析仪很像梅卡诺①套件,事实上当英国人试图效仿布什建造微分分析仪时,他们所使用的就是普通的梅卡诺套件,并取得非常令人信服的成功。

我们用我们的设备做了不同的装配,进行了几次实验,发现我们事先认为更好的那些装配实际上确实如此。我们的仪器是由一些加法器、乘法器和积分盘组装而成的。

在这一阶段,预测理论被列为政府项目,曾在国际商业机器公司工作过一段时间的年轻工程师朱利安·比奇洛(Julian Bigelow)被指派负责这一项目。这是我们之间长期合作的开始。比奇洛是一个沉默寡言、道地的新英格兰人,他唯一的科学上的缺点就是过分追求科学美德。他是一个完美主义者,在他的眼中,没有一件他所完成的工作能让他满意。

他曾经热衷于飞行,但这项运动在战争时期已不可能,而且不管怎样,对于普通人来说太昂贵了。大多数私人飞行事故并不严重,飞行员可以安然无恙地离开,但飞机的修理不是一件小事。它必须由经过认证的机械师进行,并获得民航当局的许可。由于这些修理通常发生在偏远的地方,因此对钱袋造成了真正的负担。

多年来,比奇洛一直在保养一系列老旧汽车。对于普通的汽车驾驶员来说,汽车只是到达某处的工具,但对于酷爱小玩意儿的人来说,汽车则是对其克服困难能力的挑战。这样的工程师永远不会满足于一辆功能正常的汽车。他要么试图制造一辆超级汽车,要么发挥自己的聪明才智,让一辆按照汽车驾驶员的所有标准,几年前就应该被扔进垃圾堆的汽车运转起来。如果你和这样的驾驶员一起乘车,你会很安全,不会发生任何事故,但你永远不会,永远不

---

① Meccano 是一个模型建造系统品牌,由 Frank Hornby 于 1898 年在英国利物浦创立。该系统由可重复使用的金属条、金属板、角钢、车轮、车轴和齿轮以及螺母和螺栓等组成。通过它可以组装能工作的模型和机械装置。——译注

会在旅行中不经受风险。我记得有一次,冯·诺伊曼想跟比奇洛商议,希望他能担任一个计算机器项目的工程师。我们从普林斯顿打电话到纽约,比奇洛同意开车前来。我们一直等到约定的时间,比奇洛都没有出现。一个小时后,他还没来。就在我们快要放弃希望的时候,我们听到了一辆非常破旧的汽车发出的噗噗声。就在气缸最后一次可能的燃烧中,他终于开着车出现了,这辆汽车如果不是在如此能干的工程师手里,几个月前就报废了。

比奇洛和我开始尝试确定我们的预测方法的局限,因为几乎可以肯定,我们会发现一些严重的局限。这一次,我们没有在平滑的曲线上试用我们的预测器,而是在两条直线以一定角度相交的图形上试用。

要明白,我们的预测器由两个装置组成,其中一个装置是为了跟踪给定的曲线,另一个装置则根据过去的数据,被期望能指明未来稍远的这条曲线。我们将第二个装置称为跟随器。当我们把预测器应用于这样一条曲线:它不是平滑的,而是一条直线段连着另一条与前者成一定角度的线段。这时预测器仍然在工作,但其工作方式非常特别。

有趣和令人兴奋的是,而且事实上并不出乎意料,那些为最好地跟踪平滑曲线而设计的仪器过于灵敏,在直线拐角处会产生剧烈的摆动。我们反复试验,结果总是一样。于是一个想法冒上我心头:也许这种困难是事物的规律,我没有办法克服它。也许预测的本质就是,一个对于平滑曲线来说是精确的仪器,对于粗糙曲线来说就会过于灵敏。也许我们在这里遇到了在海森伯测不准原理中出现的同一类的自然界恶意的例子,该原理禁止我们同时精确地说出一个粒子的位置和速度。

我们对这个问题研究得越多,就越确信我们是对的,困难是根本性的。如果我们不能如愿以偿(即开发出一种完美的通用预测器),我们就必须剪裁我们的衣服,开发出数学所允许的最佳预测器。唯一的问题是:我们所说的最佳预测器是什么意思?如果不准确的误差和过度灵敏的误差似乎总是在相反的方向上,我们有什么依据可以在这两种误差之间做出折中呢?

答案是,我们只能在统计学的基础上进行折中。对于我们想要预测的曲线的实际分布情况,或者说对于我们想要击落的飞机的实际分布情况,我们可能会寻求一种使某些数量成为最小值的预测方法；如果我们应该以易于计算而不是以军事意义为指导，那么一开始最自然选择的量，就是预测的均方误差。

这意味着我们每次都取预测误差的平方，或者换句话说，预测值与真实值之差的平方。然后求出其在仪器整个运行时间的平均值。这个平方误差的平均值就是我们要尽量减小的误差。

因此我们可以将预测问题设定为最小化问题，并在对被预测的曲线的统计做出一定假设后，赋予其明确的数学形式。处理与曲线相关的量的最小化问题的数学分支叫作变分法，它有一种非常著名和公认的技术。在许多情况下，它可以为满足最小化条件的函数或曲线建立一个微分方程，但在有些情况下（我们的这个案例就是其中之一），它可以导致一个被称为积分方程的相关方程。

这对于我来说很幸运，因为积分方程正是我感兴趣的领域；但更幸运的是，这个问题所导致的特定积分方程是埃伯哈德·霍普夫和我所考虑的积分方程的略微扩展。结果我不仅能够给出预测问题的公式，而且还能解开它；尤为幸运的是，解的形式很简单。要在金属上实现我们在纸上想出的办法并不难。我们所要做的，就是把电感、电阻和电容做成一个非常简单的组件，作用在一个小电动机上，这种小电动机你可以在任何一家仪器公司买到。

我们制作了一个仪器，它能将一个点相对于给定基线的高度转换成电压。我们将这个随时间变化的电压通过电阻丝、电容器和磁线圈的电气组合传递出去。在系统的另一个点上，我们取下电压，用电压表对其进行连续测量。我们实际使用的电压表可以提供输出电压的连续图表。正是这个输出图可以预测未来一定时间内的电压。

我必须解决的下一个问题，是关于在我们要拿来做预测的数据没有精确给出的情况下的预测。这也导致了一个最小化问题，其中我们不仅要做所提供数据的统计，还要同时做误差的统计。这个最小化问题引出了另一个霍普夫-维纳方程。它被用同样的方法解开，我们于是获得了令人非常满意的理论。

在科学工作中，能把你的问题解决了是不够的。你还必须把这些问题反复考察一下，看看自己究竟解决了什么样的问题。经常出现的情况是，你在解决一个问题的过程中，却自动给出了另一个问题的答案，而对后一问题你甚至还没有用相同的思路考虑过。

这在这个新预测理论中得到了证实。在对带有干扰噪声的信息进行统计处理的基础上，预测信息之未来，结果表明，这一概念本身包含了一种新方法的全部思想，这方法在某种意义上是分离噪声和信息的最佳方法。

这件事发生在一个非常恰当的时机，因为新的雷达技术遇到了严重的困难。在雷达技术中，从背景噪声中分辨出混乱而微弱的信息也是非常重要的。对于电气工程师来说，噪声不仅指你听到的噪声，还指任何不必要的电气干扰。例如，你在调节不好的电视机中看到的颤动和闪烁就是噪声。那些通过雷达设备传入的，会混淆而不是帮助确定我们正在寻找的图像的信息，也被称为噪声。

滤波器的功能就是将噪声和信息分离。滤波器在电话工程史上可以追溯到许多年前，是一种能将信息从相伴的噪声部分中分离的设备。最初，滤波器的设计目的是让一定频率（或音调）范围内的所有信息通过，尽可能不改变信息的强度，并尽可能减弱相邻的其他频率。

人们仿效电话滤波器，为电视制造了同类的滤波器，结果发现，到了一定程度之后，此类滤波器设计得分辨率越高，其功能就越差。为什么会出现这种情况？答案是，电话滤波器是根据人耳的具体特性量身定制的。人耳在感知音高方面非常准确，在感知响度方面也相当准确，但在感知所谓的相位方面却很差，相位就是空气振动经过零点的精确时间。正如我所说的，交流电不是用其强度一个量来表示，而是用强度和相位两个量来表示的。交流电的图像有点像梳子的齿。当我沿着梳子的边缘向前或向后移动梳子时，我改变了某个称为相位的量。在声音中，这种相位变化并非完全不可察觉，但并不是特别重要，早期用于电话工作和其他声音工作的滤波器并不太注意相位差的问题。

雷达和电视一样，都是通过眼睛来感知的；在雷达或电视所传输的那种信息中，眼睛对相位误差和振幅误差一样敏感。因此老式电话型滤波器用于雷

第十二章 战争岁月

达和电视中所产生的相位失真,对于要在大频率范围内出色地传输振幅这一任务来说,代价太高了。为了将电视和雷达的总误差降到最低,有必要减少相位失真,其代价是所允许的振幅失真要比其原先最好的大一些。在寻求这两种失真之间的平衡时,我所建议的方法——尽管并不理想——至少是可行的,而且比以前使用的任何方法都要好得多。

我并不是说其他人没有意识到早期雷达滤波器设计的失败,也不是说这些人没有理解失败的本质原因,而只是说我的方法第一次提供了一种简单、紧凑、合理的方法,从基本原理上解决了这个问题。

比奇洛和我成立了一个小实验室,探索预测器的可能发展。有两位员工和我们一起工作。一位是出色的机械师和电工,他几乎能以最快的速度把我们的想法变成金属制品。另一位是计算员,曾经是一名会计师。

读者朋友,如果你要建立一个计算机实验室,请记住我的警告,不要让一个会计师来做计算员,无论他多么诚实和高效。你的计算员必须算到那么多位数的精确度。这意味着那么多位的有效数字,不管这些有效数字是从小数点前六位开始还是从小数点后六位开始。你的会计师只算到分,而且永远只算到分。我们的会计师无论计算什么数,他在每个阶段都会把它们精确到小数点后两位,不管它们是以百万为单位的数(这时甚至小数点左边的第一位也没有任何意义),还是要从小数点后面五位才开始的数。

这是他的良知,他应该精确到最后一分钱;他根本不明白物理量不是以分为单位,而是以一个滑动的价值尺度来衡量的,其中一个问题的分可能是另一个问题的元。特别是,当他必须求出一个小数作为两个几乎相等的大数之间的差时,他永远也不会意识到,这些大数的测量精度要比它们之间的差所要求的精度高得多。

我非常认真地对待我在这个项目中的责任。我试图与时间赛跑,而这是我完全不适合的。我不止一次地彻夜计算,以赶在一些想象中的截止期限前,而这些截止期限并不存在。我当时没有充分认识到苯齐巨林①的危险性,我现

---

① Benzedrine,一种中枢神经兴奋剂,又称安非他命,二次世界大战期间被西方军队大量使用,可使人忘记疲劳,提高警觉,感觉快乐。——译注

在恐怕因服用过它已严重损害了我的健康。

不管怎么说,我发现了一个非常令人不快的事实,那就是在我的项目中,保密的重担压得我喘不过气来,而苯齐巨林又会影响一个人正确保守秘密的能力。它在我并不善于保密的天性上加上了一种唠叨,这在当时是完全不合适的。我不得不放弃它,寻找一种更合理的方式来增强自己的力量,以承担战争工作的重担。

我的工作受洛克菲勒研究所的沃伦·韦弗(Warren Weaver)博士监管。我和比奇洛几次去他那里,与他商量,并将我们的想法与其他研究预测理论和平滑防空数据的人的想法进行比较。我们曾两三次南下,前往弗吉尼亚州的门罗堡(Fort Monroe)和北卡罗来纳州海岸的一个军营。在那里我们看到贝尔电话实验室的工作人员,他们非常愿意与我们交流思想,我们与他们以及同一领域的其他工作人员汇集了我们的资源。经过旅途劳顿和辛勤工作之后,在这些会议上,我恐怕经常打瞌睡。

回到家后我们做了一个实验装置,用来产生飞机预测问题中出现的那种不规则函数,然后我们根据在这个装置上所做的统计观察,设计了一个预测装置。我们实际上能够制造出一种预测器,它能够及时显示电压模式的形状,比方说,在它发生之前的半秒钟。这样我们就可以检验我们的理论,并找到能够提供良好预测的仪器的标准。

产生一条不规则的曲线,其不规则程度在统计学上是可控的,这个问题非常有趣。我们把一个光点反射在天花板上,该点沿着或多或少带有周期性的路线移动。我们试图用另一个通过一面镜子反射的光点来跟踪它,而这面镜子是由一个特定的装置控制的。在这个装置中,光点的实际运动并不与控制它的曲柄的转动成正比,而是与这种运动的导数和积分的相当复杂的混合成正比。此外,曲柄还连接着一个由砝码和弹簧组成的系统,这与人们自然而然会跟此类装置联系在一起的运动感觉(the kinesthetic sensations)相去甚远。换句话说,这个点必须由一个控制装置来移动,而这个控制装置的启动很复杂,而且带给你的运动感觉也完全不对。当然,每个人对这个装置的反应都不尽相同;我们所设定的预测指标不仅基于该装置的一般行为,还基于每个人在训练的某个特定阶段控制它的特定能力。

明确而一致的结果令我们感到欣慰。一方面我们制作了一个机械装置，它为我们在面对人为问题时的行为方式以及人为造成的不规则动作的性质提供了大量的启示。另一方面我们还找到了一种方法，可以在一定程度上复制飞机在飞行中的不规则运动。因此我们对这一理论抱有一定的希望，希望它能用于设计一种击落飞机的实用装置。

我们的想法对于控制防空火力具有双重重要意义。在这种控制中，必须考虑两个人为因素。一方面当飞机驾驶员在飞行并采取规避行动时，他的飞行模式不仅与飞机的局限性而且与他的神经系统的局限性有很大关系，因此他的行动与我们设计的假想人的行动没有太大差别。另一方面高射炮手不仅使用的技术不可能完全跟踪目标，而且由于他的感觉器官和肌肉的局限性也会出现某些随机误差。这两种人为因素结合在一起，成为高射炮手击落目标的半机械过程的一部分。

战争初期，唯一已知的用高射炮跟踪飞机的方法是，高射炮手通过人为调节的过程将飞机锁定在自己的瞄准镜中。战争后期，随着雷达的完善，这一过程被机械化了。可以直接将定位飞机的雷达装置连接到高射炮上，从而消除了炮口瞄准中的人为因素。

然而，要消除敌人行为中的人为因素似乎根本不可能。因此为了尽可能完整地用数学方法处理总体控制问题，有必要将吸收系统的不同部分，为它们建立单一的基础，或者基于人或者基于机械。由于我们对高射炮瞄准的机械要素的理解似乎远远领先于我们对心理的理解，因此我们选择尝试寻找高射炮瞄准和飞机驾驶员的机械模拟。

在这两种情况中，操作者调节自己的行为的方式，似乎都是通过观察某种行为模式中所出现的误差，并通过做一些针对性的动作来纠正这些误差。在我们看来，这种控制方法与电路中已知的一种方法并无二致，该方法目前正被应用于伺服机械设备中，或用于我们可以切换外部动力源以达到控制目的系统中，例如卡车的动力转向系统。我们称之为负反馈（negative feedback）。

我们将负反馈用于控制船舶炮塔的动力输入。当火炮所瞄准的方向与我们的计算设备指示其应当瞄准的方向不同时,这种差异被用来调节炮塔的动力输入,它将使炮塔具有接近所需位置的性质。

生理学家有一句格言:器官的病理变化对其正常行为有很大的启示作用。我们向自己提出了这样一个问题:负反馈装置有特定的可识别病理吗?在这里我们有充分的根据。

为了解负反馈装置的一般用途,让我们以一个由手柄控制的炮塔为例。如果这个手柄直接作用于炮塔,那么同样的压力作用于手柄所产生的结果在这两种情况下将产生很不同的结果:一种情况炮塔是冷的并且油脂是黏稠的,另一种情况炮塔是热的并且油脂容易流动。在另外两种情况下的结果也不相同:一种是炮筒放平,从而增加了炮塔的惯性矩;另一种是炮筒升高,从而炮塔对垂直轴的惯性矩较小。炮塔反馈控制的主要目的是使炮塔的响应与杠杆上的推动力更接近成比例,从而减少对可变摩擦力、惯性和其他外部环境的依赖。

与没有反馈的系统相比,反馈系统不仅对载荷变化的依赖性较小,而且随着越来越多的运动被反馈回来,或者换句话说,如果反馈经过越来越大的放大,这种依赖性会越来越小。然而这种行为上的改善并不会无限期地持续下去,因为在某一阶段之后,随着反馈的大幅度放大,设备将进入自发振荡,其行为将变得如此狂野,以至降低而不是提高了设备的负载独立性。我们想象,如果人的控制也依赖于反馈,那么就会出现某些反馈量非常大的病理症状,在这种情况下,人的系统非但不能有效地发挥控制系统的作用,反而会陷入越来越疯狂的振荡之中,直到它崩溃,或者至少直到它的基本行为方式发生巨大变化。

这个想法是由比奇洛和我一起产生的,我提请我的神经生理学家朋友罗森布吕特博士注意它。当时他还没有去墨西哥,还是坎农博士在哈佛医学院的同事。我们提出的具体问题是:是否有任何已知的神经失调症,患者在静止时没有震颤,但在试图做拿起一杯水这样的动作时,会使他摆动得越来越大,直到动作受挫,使得(例如)水被打翻?

罗森布吕特博士的回答是,这种病理症状是众所周知的,被称为意向性震

第十二章 战争岁月

颤(intention tremors),其病灶通常在于小脑,它控制着我们有组织的肌肉活动及其发生的水平。因此我们关于反馈在人的控制中起着重要作用的猜测,为下述确凿的事实所证实:反馈的病理学与公认的人类有序和有组织行为的病理学在形式上非常相似。

在过去的两年里,我有过一次经历,可以说是我在这里所提出的观点的注解。我的小孙女和我们住在一起,突然出现了意向性震颤,其性质与本文所讨论的完全相同。我们立刻带她去了医院,发现她患上了某种累及小脑的脑炎。这是一种可能会产生后果的病症,但她非常幸运地完全康复了,没有留下任何后遗症。如果我是一个迷信的人,这种经历和许多其他医学家报告的经历可能会让我猜想,疾病有一种邪恶的品性,它只想报复研究它的科学家。

回到我们三人小组的工作:我们把这些想法写成一篇文章,但更重要的是,比奇洛和我认为,我们可以放心地把控制链中的人为环节当作反馈装置来处理。所以我们觉得,可以从我们粗糙的实验装置出发,朝着设计一个完整的防空控制和预测装置的方向前进。

很明显,防空控制装置本质上是一个反馈回路,并且在其结构中还包含许多辅助的反馈回路,因此我们必须找出这些回路的一些特性。但这些特性无法获得,所以我们设计的整体装置基本上是粗糙的,而且其行为也无法检验。在这种情况下,我们认为不宜继续深入研究,部分原因是,我们能用数学方法计算出的那些实验性行为并不表明它具有出色的性能。

我们的想法被这一领域其他工作者急切地吸收采纳了,并且确实导致相关工作在实践中非常明显的改进,尤其是在滤波实验观察误差方面。我们最终没有被委托完善自己的设计,但事实上,我被要求撰写一本关于时间序列、外推法和内插法的书。这本书以照相平版印刷的形式复制,由于装订时使用的是黄纸封面,因此被称为"黄祸"(yellow peril),这个名称以前仅限于施普林格数学丛书中的黄色书籍。我的教科书不仅在战争期间被高射炮瞄准和射击控制系统的设计人员广泛使用,而且还被当时和后来的伺服工程师和电气通信人员广泛使用。战后又印了增补修订版,其中有诺曼·莱文森教授所写的附录,他把如何使用我的方法说得更加清楚。

我在防空火力控制统计处理方面所做的工作，最终导致通信工程中的一般统计观点。从那时起到现在所经历的岁月，确保了这一观点在通信工程领域被普遍接受，但也带来了更多的东西。我几乎可以说，整个工程学都在迅速采用统计学的观点，而且这种观点正在向气象学、社会学和经济学等不那么正统的领域蔓延。

让我回到早先所论述的，关于威拉德·吉布斯以及他和他的同时代人在物理学领域掀起的革命。正统的牛顿物理动力学观点给出了一些涉及变化率的方程，即微分方程。借助这些方程，并了解变量（其变化率与其数值的关系被确定）的初始值或零时值，我们就可以一步一步地推导出这些现象的历史。我们知道在每个时间点上的数值。根据这些值，我们确定它们自身的变化率，这样就可以得出下一瞬间同一变量的值和变化率的近似。

如果我们选择的瞬间足够短，我们就可以沿着现象的历史到达我们希望达到的任何时间点。这就是天文学家计算行星轨道的方法，也是弹道学专家研究抛射体飞行时确定其轨迹的方法。

在天文学中，正如我之前所说，这些轨道的计算是非常精确的数学，我们的初始数据也是非常准确的。但在大多数弹道或工程问题中，情况并非如此。例如在发射炮弹时，仰角的已知精度非常有限，炮弹重量、火药装药量以及各种大气条件也是如此。结果是，我们一开始并没有精确地给出这些数据，而只是在一定范围内给出了每组数据。求解弹道方程的传统方法是，先假定初始数据是精确给出的。然后我们找到射程、撞击角、撞击速度和其他重要数据，并立即开始借助内插法或修正法对初始数据进行修正，这种修正数据的计算过程与之前解方程的方法完全不同。

在这个过程中，我们浪费了大量的精力，首先浪费在使数据达到不切实际的精确程度，其次浪费在修正我们不完美的现实结果。不过还有另一种方法正在被使用，其精神之父就是威拉德·吉布斯。

吉布斯指出，当一个动力系统按照自身的规律发展时，例如当陀螺自由旋转时，就会出现非常类似于流体流动的现象。要描述陀螺的特性，我们需要在某个空间中找到一个点，但这个空间与我们所熟悉的立体几何学的三维空间并不相同。一个陀螺需要 6 个坐标(或可测量)来表示其位置,和 6 个坐标(或可测量)表示其力矩;它们共同组成一个 12 维阵列,我们可以类比地将其称为 12 维空间。在此空间中,存在着一定的体积,使得在某一时刻填满一定体积的一组顶点,在任何其他时刻也会填满相等的体积。在所有没有动力输入或输出的动力系统中,都可以找到这种体积不变性。

这种流动可以看作是概率流动,而吉布斯就是这样设想的。一个粒子在某一时刻出现在这个特殊空间的某一区域的概率,与它在稍后时刻出现在由该区域流入的相应区域的概率是相同的。

因此典型的流动方程不再是所谓常微分方程组的一般系统,而是一组积分方程。这些积分方程将过去的分布与未来的分布以这样的方式联系起来:如果我们叠加不同的过去分布,那就会叠加相应的未来分布。一个其输出之和与输入之和相呼应的系统被称为线性系统,而处理动力学的流动法的积分方程也可视为线性系统。

这种方法在计算上非常实用;如果要解决的问题复杂程度很高,这种方法很可能比纯粹的牛顿方法容易得多。目前,MIT 机械工程系的成员正在广泛使用这类方法的某些简化版。

除了在较为复杂的情况下具有纯粹的计算优势外,从逻辑角度来看,这种方法在本质上也优于牛顿计算法。理由是:我们在问题中输入的不仅是后来得到的精确数据,从而减轻了方程本身和初始条件之不精确所带来的不利;而且还包含了该问题固有之阻碍我们工作的不精确性。因此我们不进行过度计算,也没有通过对其误差的专门研究来减轻这种过度计算的影响,而是在一开始就把所有的牌都摆在桌面上。我们最终得到的就是我们想要的,不多也不少。这不仅减少了许多不必要的工作,还提高了我们工作的真正精确性。

任何科学测量都不能指望完全精确,任何使用不精确数据的计算结果也不能被视为精确。传统的牛顿物理学采用不准确的观测数据,赋予它们并不存在的精确度,计算出它们应该得出的结果,然后根据原始数据的不准确性来降低这些结果的精确度。现代物理学的态度与牛顿的态度不同,它在精确到正好能观察到那些不精确数据的水平上使用它们,并试图计算不完全精确的结果，而不经过假定数据完全已知的任何阶段。

如果我们在这些不精确的问题上采用天文学家在确定行星轨道时所用的那种计算方法，我们可能会碰巧选择这样一些初始条件，它们所导致的最终结果在我们已使用的范围更广的初始条件所导致的结果中并不具代表性，而我们轨道的这种不稳定性可能会使我们对最终误差做出错误的估计。

正如我在前面介绍我的预测工作时所说的，我们的仪器越灵敏，它们就越不稳定。这就造成了一种不同于不精确性但同样严重的误差。我所说的机械仪器的这种情况，也会在计算方法中发生。不精确误差和不稳定误差之间的平衡，是我们只能在统计的基础上计算解决问题。那么为什么不从一开始就假设统计基础，并通过统一的计算方法获得平均结果和误差呢？

如果对所有科学的统计性质的认识已经在大多数牛顿式的机械工程计算中被证明是有价值的，那么在那些我们的观察误差天然地非常大的领域中，它就更应该是天然的计算方法了！

让我们以气象学为例。我们已经掌握了大量的关于大气动力学的知识，如果我们对初始条件的观测非常准确，我们就可以用纯粹的牛顿方法计算未来，尽管这种方法很可能涉及大量的过度计算。不过我们对大气层的实际了解，只是每天对每十万立方英里的大气层进行不超过三到四次观测所得到的取样。

最近，在约翰·冯·诺伊曼的影响下，有人试图把天气预报当作一个非常复杂的天文轨道问题来解决。这个想法是把所有初始数据放在一台超级计算机上，然后利用运动定律和流体力学方程，计算出未来相当长一段时间内的天气情况。

但其中隐藏的困难是，气象局的所有观测数据只能提供极少数点的有限信息，中间存在巨大的空白。我们只能通过某种统计推理来填补这些空白。因此，一个充分有效的气象学方法必须同时包含动力学和统计学。有明显的迹象表明，气象学中的统计因素不能被最小化，否则会危及整个研究。

我无意否认动力学的重要性，但我确实想强调把这种动力学看作一种统计流的吉布斯方法的优点。

第十二章 战 争 岁 月

　　气象学是近年来出现在科学史上的大多数数值科学的一个典型。在经济学中,所谓经济动力学的计量经济科学面临着一个根本性的难题,即放在动力学中的数值量没有很好的定义,而必须被视为粗略的统计估计。谁知道如何准确地定义"需求",以及如何用其他大多数经济学家都满意的方法来量度它？任何两位经济学家能够对在某一特定时间美国失业人数取得一致意见吗？

　　在采取两个步骤之前,计量经济学永远不会走得太远：其中一个步骤是,对计量经济学所处理的那些量——需求量、存货量,等等——的观察,作为把它们组合起来的动力学,必须执行相同的精确和严格的标准；另一个步骤是,我们应该从一开始就认识到,我们所处理的那些量的统计和不完全精确的性质,所以我们应该对它们进行吉布斯式的处理。

　　我刚才关于气象学和计量经济学的论述同样适用于社会动力学、生物统计学,特别是适用于对神经系统的复杂研究,它本身就是一种大脑气象学。它正好属于在半精准科学(semiprecise sciences)中使用数学方法的语法。它是未来工程学的核心。

　　这种新技术在我研究防空火力控制预测器的战争工作中已有所预示,并在我发展通信理论的过程中得到进一步发展。到目前为止,它在科学工作的适当领域中还只深入了开头几步,但它在哲学上是正确的,而且它有可能改变所有精准和半精准科学的整个面貌。

　　当我初次撰写关于预测理论的著作时,我并不知道一些主要的数学思想已经在文献中介绍过了。不久我发现,就在第二次世界大战之前,俄国数学家柯尔莫哥洛夫在《法国科学院院报》(*Comptes Rendus*)上发表了一篇关于同一主题的重要短文。在这篇论文中,柯尔莫哥洛夫仅限于离散预测,而我研究的是连续时间的预测；柯尔莫哥洛夫没有讨论滤波器,也没有讨论任何有关电气工程技术的内容；他也没有把他的预测器制作成金属设备或将其应用于防空火力控制的任何方法。

　　然而我所有真正深刻的想法在我把它们发表之前,都已在柯尔莫哥洛夫的著作中出现了,尽管我是过了一段时间才知道的。柯尔莫哥洛夫和他的学生克赖因(Krein)等人的一系列论文不断出现在《俄罗斯科学院报告》

(Doklady)上，虽然这些论文大部分仍坚持柯尔莫哥洛夫以前提出的预测概念，比我自己的狭隘一些，但我决不相信柯尔莫哥洛夫没有独立地意识到我所提出的某些应用的可能性。如果我的猜测是正确的话，那他一定是因为这些应用对于苏联军事科学工作的重要性而不得不把它们保密。克赖因最近发表的一篇论文明确提到我自己在应用领域的工作，这让我确信了这一点。

我从未见过柯尔莫哥洛夫，实际上我也从未去过俄国[①]，而且从未与他或他那学派里的任何人通过信。因此，我对他的评价主要是猜测。在我为美国军事当局工作的早期阶段，我还没有看到柯尔莫哥洛夫的论文，就有人问我，国外是否有人可能拥有与我类似的思想。我说，毫无疑问，这些思想在德国不会受到特别欢迎；我自己的朋友，瑞典的克拉默和法国的莱维，很可能也有类似的想法；但如果世界上有人在研究这些思想，那最有可能的就是俄国的柯尔莫哥洛夫。我之所以这样说，是因为我知道，二三十年来，我们两人谁都几乎不发表任何方面的论文，而只发表跟对方准备发表的论文有着相同的主题的密切相关的论文。

在过去的两三年里，我看到一本关于预测理论、通信理论和类似主题的俄文书籍，其中大量引用柯尔莫哥洛夫和我的研究成果。它把优先权给了柯尔莫哥洛夫，尽管只有部分优先权属于他；不过我刚才已经说过，有充分的理由认为他不仅是这一主题大部分内容的独立发现者，而且是第一位写出这方面著作的人。这本书非常认真地对待我自己的工作，比我所预期的苏联书籍（国际关系的原因让他们这样做）对我的态度要公平得多。

那本"黄祸"书在美国的研究工作中仍然发挥着重要作用，既用于军事目的，也有更一般的用途。这本书是在政府的允许下再版的，肯定有一本流入了俄国，并成为我刚才写到的俄国人评述我的工作的基础。

从这时起，我的工作，或者说我的小组的工作，已经扩展到通信理论和实践的一个非常广泛的领域。首先，"黄祸"书对通信问题做了非常明确的统计处理。写这本书的时候，几乎没有人从这些角度考虑过通信问题。我想，我可

[①] 维纳后来于1960年6月，去莫斯科参加了首届"控制与自动化国际大会"，并见到柯尔莫哥洛夫。——译注

以自豪地说，通信理论的统计方法现在几乎在所有地方都被接受了。

我是从带有连续电流的电路，或者至少是可以解释为连续电流的电路出发，来研究信息理论的。而与此同时，贝尔电话实验室的克劳德·香农则从电子开关系统的角度出发，发展了一套平行且基本等效的理论。这是他早先在开关问题中使用逻辑代数的工作的直接发展。

如我之前所说，香农喜欢离散而嫌弃连续。他把离散信息当作像是在时间上分布的"是"与"否"序列，他把"是"与"否"之间的单个决定视为信息元素。在滤波的连续理论中，我从一个起点相当不同的观点出发，导出了一个非常相似的信息单位定义。

在引入香农-维纳的信息量定义时（因为它同等地属于我们两人），我们完全背离了这一领域当时的思想。多年来，人们一直认为，通信线路在单位时间内的传输能力是用它所能传输的频带宽度来衡量的。

200周带宽每秒可传输的信息量被设想是100周带宽的两倍。这种设想忽略了一个事实，即在没有噪声的情况下，任何频带宽度都足以在一秒钟内传输任何数量的信息。测量精度为十万亿分之一的单个电压能够传递《大英百科全书》中的所有信息，如果电路噪声没有把我们的测量精度降低到万分之一的话。

在电话技术发展的早期，只有极少数线路的所载信息达到了它们的极限。由于电话技术的发展以及无线电和电视等新的通信方式，都要求更充分地利用现有的信息空间，于是事情变得很清楚，线路或空中信道的噪声成为我们必须考虑的另一个重要因素。以太中充满了无线电工程师所说的静电干扰，而任何导体，无论是金属导体还是气体导体，都无法携带比单个电子更小的电能。电子流的不规则性被称为"射电效应"，它是所有现代通信设计的一个重要因素。

直到第二次世界大战前不久，通信信道的负荷才变得大到足以使这种固有噪声成为使用线路进行更多通信的严重实际障碍。因此，通信理论中的统计观点——这是我多年前通过广义调和分析预见到，并由香农和我在第二次世界大战初期共同打下基础——在战争开始后不久就成为不可避免的、基本的观点。

我们所做的与火炮控制机和神经系统有关的反馈工作带来了另一场革命,它与第一场革命一样,在过去几年中得到了普遍认可。我刚到马萨诸塞理工学院时,电气工程被分为两个基本部分,在德国被称为弱电流技术和强电流技术,在美国则被称为通信工程和电力工程。

这两个领域之间的区别是有效的,但在相当长的一段时间内,人们并不了解这种区别的性质和这种区别的分界点。电视发射台或跨大西洋的无线电发射台可能会使用相对较大的电能,但它主要面向通信;而牙医钻孔机中的分马力电机可能会使用相对较小的电能。然而,第一种设备主要是为了处理信息,第二种设备则是为了获得动能。

在人们还没有充分认识到这一区别的时期,用于控制炮塔和其他重型设备的伺服机构自然被认为属于电力技术而非通信技术。电力技术的整个传统是把电流和电压看作是随时间变化的,而通信技术的整个传统,特别是在亥维赛的影响下,则把信息看作是大量或无限量不同频率的总和。像电话、电报和电视一样,伺服机构适合频率处理而不是时间处理,要看到这一点是不容易的。

我认为我能够宣称,是我指出了这一事实,并且将伺服机构的整个理论转到通信工程。我在这些问题上的整个观点使我把计算机视为另一种形式的通信设备,从而更多地关注其信息方面而不是动力方面的问题。在我看来,它的本质是一系列开关设备,它们设备相互连接在一起,使得从其中若干阶段输出的信息作为输入和调节信息被引入下一阶段。

显然,虽然这些开关装置可能是齿轮之类的东西,但它们同样也可能是机械继电器或依赖于真空管和其他电子现象的电气继电器。如前所述,我更倾向于使用二选一的开关装置,而不是十选一的开关装置,我还试图让工程界注意这种计算机器的概念。

正是在哈佛大学,我发现了第一台依赖于继电器的新型开关计算机,它由霍华德·艾肯(Howard Aiken)监造。艾肯是在政府资助下开发这种计算机的。艾肯的工作给我留下了深刻的印象,让我非常钦佩,艾肯本人也认为他的工作是对一百年前英国巴贝奇开发的简陋计算机的现代延续。巴贝奇对计算机的数学可能性形成了极好的概念,但对计算机所引起的机械问题却几乎一无所知。

我惊讶地发现,艾肯当时坚持把相对较慢的机械继电器作为机械计算机的重要部件,而对使用电子继电器所能带来的速度并不看重。这种局限性的观点现在已被艾肯本人摒弃,他已成为电子计算机领域最活跃、最具独创性的发明家和设计师之一。但在当时,他受制于一种奇怪的道德怪癖,认为使用机械继电器的工作本质上是合理和正确的,而使用电子继电器的工作则是不必要的,在道德上是草率的。

在此我想再次强调,那些在设计小装置上表现出实际聪明才智的人有一种很顽固的态度弱点,就是他们希望将某一学科的技术永远固定在他们的聪明才智所达到的精确点上,从而在思想和道德上对后面偏离其原则的工作极力抵制——事实上是阻挠。我们数学家所使用的最昂贵的东西莫过于纸张和可能是打印机墨水了,我们完全可以接受这样一个事实:如果我们在一个非常活跃的领域工作,我们的发现在被写下来的那一刻,甚至在被构思出来的那一刻,就会开始过时。我们知道,在很长一段时间里,我们所做的一切都只不过是那些已经知道我们最终成果的人的跳板。这正是牛顿所说的那句著名格言的含义:"如果我比别人看得更远,那是因为我站在巨人的肩膀上。"

然而对于已成为金属装备的发明,其商业可能性往往会使在工业界工作的人忽视以上的基本事实,并促使他希望,能够把进步的潮流阻挡在他自己做出贡献的阶段上。专利制度,以及一位发明者想法的商业价值,这些作为某种可赚钱的东西,往往会把他推向这个方向。这是不现实的。作为一个务实的人,发明者应该有这样一种非常实际的意识,即在许多年里,他的最大贡献将不单是一个小装置,而是推动了有关过去、现在和未来的大量小装置的整个思想和观念的发展。他应该顺应这种思想潮流,并认识到,正如他已经超越了他的前人一样,他本人和他的工作将不得不充当通向未来的垫脚石,而不是科学和技术最终必然达到的终点。

然而我对计算机发展的兴趣,使我远远超出了过去、现在和未来那些用黄铜、铟、玻璃和钢制造的计算机器。大脑和神经系统也具有计算机的主要特征。与中继器的"是"与"否"类似，神经纤维从根本上说只能处于两种状态：传递信息的状态和不传递信息的状态。这就是所谓的神经系统"全有或全无"定律；尽管它并不像其粗略、冰冷的表述所暗示的那样精确真实，但它足以代表神经传导的一个基本事实。

诚然，神经纤维可能会受到不同强度的信息刺激，但每条这样的信息的最终命运要么是消亡，无法到达神经纤维的末端，要么是继续化学家所说的自我催化过程，引发一个脉冲，从纤维的一端传到另一端。当它到达纤维末端时，其随后的历程几乎与最初的刺激强度无关，以至于可以完全忽略这种强度。因此，神经纤维与开关电路（一种有且只有两种平衡状态的电路）之间存在某种类似之处。这种类比如此接近，以至于在信息到达纤维末端之前很久，信息是一组脉冲的形式而不是以脉冲强度的形式传递的。

神经纤维不仅是开关器件，而且是连接其他开关器件的器件。神经纤维通过被称为"突触"的接合点或接合系统相互沟通，其是否在传出纤维中建立新的信息取决于从不同纤维接收到的一组精确的输入信息。在最简单的情况下，突触系统有一个阈值，即如果在某个临界时间间隔内，有超过一定数量的传入纤维接收到信息，传出纤维就会激发，否则不会。

我们已习惯于日常生活中的反馈现象，以致常常忘记最简单过程的反馈性质。当我们直立时，并不是像雕像那样直立，因为即使是最稳固的雕像也需要固定在某个基座上，否则就会倒下。然而人之所以能直立，是因为他们不断地抵制着向前或向后倒下的倾向，设法通过肌肉收缩把他们朝相反的方向拉动来抵消这两种倾向。人体的平衡，就像我们在生命过程中发现的大多数平衡一样，不是静态的，而是各种过程不断相互作用的结果，这些过程以积极的方式抵制任何导致它们崩溃的趋势。所以我们的站立和行走都是在不断地与重力搏斗，就像生命在不断地与死亡搏斗一样。

有鉴于此，我不得不把神经系统看成是一台计算机，并把这个想法告诉了我的朋友罗森布吕特和其他神经生理学家。我设法在普林斯顿召集一批神经生理学家、通信工程师和计算机学家，举行了一次非正式会议，我发现每个小组都非常愿意学习其他小组正在做的事情,并使用他们的术语。结果很快我们就发现,在所有这些领域工作的人都开始使用同样的语言,词汇中包含了通信工程师、伺服机械师、计算机师和神经生理学家的表达方式。

例如,他们都对信息的存储以备日后使用感兴趣,他们都发现记忆一词(神经生理学家和心理学家所使用的)是一个方便的术语,可以涵盖这些不同领域的整个范围。所有这些人都发现,"反馈"这个来自电子工程师并延伸到伺服机械师的术语,是描述生物体和机器现象的恰当方式。他们都发现,用"是"或"否"的个数来衡量信息是很方便的,所以他们迟早会决定把这种信息单位称为"比特"。我可以认为,这次会议是控制论这门新科学(或者说是,在机器和活有机体内的通信和控制理论)的发源地。

我当时曾希望这门新科学能够在广阔的战线上迅速发展。此学科如今确实有了大的发展,我也参与了它的后期阶段。然而当时的环境并不利于新思想的正常发展,我不得不非常小心地观察了一段时间,在此期间,我打算对科学所做的重要贡献,却被相当多的公众解读为科幻小说和哗众取宠。

科幻小说当下正在流行,对此类作品的赞赏已成为一种时尚,即使是在一些严肃的科学家中。我自己小时候是儒勒·凡尔纳和 H. G. 威尔斯的忠实读者,现在的科幻小说作品就来源于他们,但它们是一个比一个更华而不实、更有害的作品。一方面它导致了对权力和残暴的幻想,其破坏性不亚于"血腥暴力"(thud-and-blunder)①式的黑帮故事或一点儿也不好笑的滑稽剧。另一方面它促使滋生一代这样的年轻人,他们自以为是在用科学的语言思考问题,因为他们使用的是科幻小说的语言。在我们的科学和工程学校里,要教育这些年轻人确实很困难,他们相信自己受到召唤要从事科学工作,仅仅因为他们习惯于玩弄那些关于破坏力、在其他行星上生活和火箭旅行的想法。

这种恶性的白日梦在很大程度上是第二次世界大战的产物,这场战争极大地挫伤了整整一代科学工作者的士气。战争期间,科学和数学的地位发生

---

① Thud-and-blunder 是 blood and thunder(充满暴力和凶杀情节的)谐音读法,自 19 世纪下半叶后成为西方文学作品的一种类型,主要描述充满血腥暴力和犯错、往往带有幽默感的冒险故事。——译注

了迅速变化。最重要的是,生活中的每一个角落的闲暇都在消失。战前,我经常发现 MIT 的男生们午饭后在沃克(Walker)纪念馆的某个休息室里打一两盘桥牌。我经常参加这些游戏。

我不认为我自己或学生们浪费了这些时间,因为在游戏的间隙,我们经常有机会进行广泛的讨论,可能是纯粹的海阔天空的闲聊,也可能是真正的思想碰撞。从战争一开始,每个人都非常认真,所有智力游戏的机会都受到了限制。时至今日,已经很难找到年轻人敢于从工作中抽出足够的时间来思考他们的工作是怎么回事。沉湎于太空旅行幻想小说所花去的时间,并不能代替一场有益的闲聊。

战前,尤其是经济萧条时期,科学界的职位并不好找。那时对这些职位的要求也变得非常高。战争期间,这种情况在两个方面发生了变化。首先,没有足够的人员来实施战争所涉及的所有科学项目。其次,为了实施这些项目,必须对工作进行组织,从而能启用那些其训练、能力和奉献精神只达到最低要求的人。

其结果是,那些本应考虑为自己的职业生涯做长期准备的年轻人却过着现挣现吃的轻松生活,自信地认为目前大量需要科学家的状况会保持下去。这些人无法接受纪律和艰苦的工作,并且把任何自己可能会取得的科学成就,当作好像已经在工作中实现了一样。在年长者们渴求帮助和人力的情况下,这些孩子们会四处寻找那些要求最少、给予他们最多溺爱和奉承的雇主。

这是科学界风气普遍败坏的一部分,这种风气一直延续至今。在过去的大多数年代,科学工作人员都是严格挑选的,而且选择的范围也很小。丁尼生[①]的诗作《北方农民:新风尚》(*Northern Farmer: New Style*)中有这样一句:"你不要为了钱而结婚,而要去钱所在的地方!"(Doänt thou marry for munny, but goä wheer munny is!)

因此,一个略有反社会倾向的雄心勃勃的人,或者说得更委婉一点,一个

---

① Alfred Lord Tennyson(1809—1892),是英国维多利亚时代最受欢迎及最具特色的诗人和剧作家。《北方农民》(*Northern Farmer*)是他用自己的家乡话"林肯郡方言"创作的诗,以再现他度过青年时代的乡村之生活和特征。——译注

第十二章 战争岁月

不在乎花别人钱的人,以前会像躲避瘟疫一样躲避科学事业。但从战争时期开始,这些原本可能成为股票推销员或保险业明星的冒险家,就开始入侵科学界。

我们必须摒弃过去所习惯的假设。以前我们都知道,科学家也有恶习。我们中间有些人迂腐,有些人酗酒,有些人好大喜功,但在正常情况下,我们不会在我们的世界里遇到撒谎的人或搞阴谋诡计的人。

当我开始离开安稳的生活而进入战时混乱的科学环境时,我发现在我所信任的人当中,有一些人是不值得信任的。我不止一次地感到大失所望,这严重刺痛了我的心。

巩固通信理论的会议是在珍珠港事件之后很久才召开的。也许读者会感到惊讶,我在这里讲述了那么多的战争工作,却没有提到珍珠港事件和美国的实际参战。事实上,我们所有人早就确信,战争正在以这种或那种形式降临美国,而敌对行动的真正开始并没有改变我在防御手段方面的工作。

1941年秋天,盟军在斯堪的纳维亚、荷兰和法国接连遭遇失败,不列颠战役,以及在北非反复拉锯、难以判断的局势,这一切所造成的紧张气氛已经达到了人们认为可以承受的极限,同时由于人们普遍认为日本即将爆发什么事情,使这种紧张气氛变得更加复杂。虽然我们都没有为珍珠港事件做好针对性准备,但我认为我们并不相信像日本这样的军事独裁国家会按照标准规则来玩战争和外交游戏,尤其是当这些规则对我们明显有利的时候。因此至少对于我来说,珍珠港事件是一场奇耻大辱,但并非在人意料之外。

珍珠港事件以及我们随后在地球两侧参加第二次世界大战,对我产生了许多直接影响。诚然,我不能在战争研究方面要比以前做得更多,因为我已经在这方面全身心地工作了一年多。然而,战争使曼努埃尔·桑多瓦尔·巴利亚塔和我为了国际友好的目的,利用主要来自国务院(或就他而言,来自墨西哥政府)的资金前往南美洲的计划泡汤了。

我觉得对于我来说,远为重要的是我亲爱的朋友李郁荣夫妇的命运。我们刚为他们争取到从香港出发的班轮的船票,珍珠港事件爆发了,这艘船无法启航,或至少无法载乘我们的朋友启航。就这样,已经在中日战争中度过五年而与自己的专业没有任何适当接触的李,被命运判决再等五年,直到"对日作战胜利日"①后,我们才能够把他弄到美国来。在整个这一期间,我们之前为他争取到的 MIT 电气工程系的一个职位一直空缺,或者至少是半空缺的,于是当他终于来到这里,他得以被聘为讲师。后来他又相继被聘为助理教授和副教授。

当一个专业人员像睡了十年的里普·凡·温克尔②一样醒来时,发现世界已经变了,这时他该做什么?这个问题非常棘手。显而易见的事情似乎是,花一两年时间研究这段时期的各种发展。这在某种程度上是必须要做的,但这并不是处理这种情况的完全适当的方法。大量的新材料往往会使学生产生知识上的消化不良。他必须与年轻一代竞争,但年轻一代在这一领域不断发展的同时,已经轻松学会了其中的知识,并能熟练运用。我们的里普·凡·温克尔不可能指望与他们竞争。

让李的困境有所缓和的,是我前不久在那本"黄祸"书中建立起相当一部分的通信工程统计理论。我向李指出,在比赛中避免灾难性落后的一个办法就是刻意走在比赛的前面,这样就能在其他人追赶的时候获得几年的优势。李明白了这一点。

由于我们曾经有多年合作的习惯,他对我的思维过程和写作方式非常熟悉,这使事情变得容易多了。于是他着手把我只是概括性地描述的那些想法,转化为详细的通信和工程的理论,并充当向工程界众人解释我后来称之为控制论的那个领域的翻译。

李在这一计划中确立了自己的地位,几年来一直忙于贯彻这一计划,并取得巨大成功。现在,他正在从新的角度撰写一本关于通信工程的书③,他在书中表现出了极大的耐心、彻底性和对读者的体贴。对于我来说,虽然我跟这门学科的起源有着密切关系,但我不可能做到这样超然的处理。

---

① Victory over Japan Day,简称 V-J Day,指 1945 年 8 月 15 日,日本宣布投降的日子。——译注
② Rip Van Winkle,是美国作家华盛顿·欧文(Washington Irving,1783—1859)所创作的著名短篇小说中的主人公。他在山上一觉睡了 20 年,下山回家后,发现世道已完全改变。——译注
③ Lee Y W. Statistical Theory of Communication. New York: John Wiley & Sons, 1960. Republished by New York: Dover Publications, 2005. ——译注

第十二章 战争岁月

　　李已经向相当多的政府部门和工业实验室介绍了那些新思想。他培养了整整一代年轻的电气工程师,让他们沿着统计路线进行研究,并把我的观点作为解决通信问题的惯用方法。他还组织了非常成功的暑期会议,使已经积极投身于通信行业的工程师们能够来到MIT进修有关控制论的课程。

　　通过这些方式,十年隔绝所造成的种种困难被成功地绕过了。李在新方法方面的领先优势使他有时间补上1936—1946年间产生的知识,而且他所从事的工作为他提供了具体的问题,以作为他理解和熟悉这段时期研究的试金石。换句话说,我俩从李氏夫妇战后抵达波士顿南站的那一刻起就开始采取的计划,现在看到了回报。

　　李郁荣回到MIT后,极大地鼓舞了我继续深入研究伺服机构以及后来被我命名为控制论的整个一类课题。如我已说过的,李本人正在完成一本有关这方面的书。然而我们两人在这方面所能做的一切,或者一百个人所能做的一切,都不足以涵盖我们的早期工作所导致的有关伺服机构和自动工厂的文献的一小部分。自动工厂有望成为一种常规工厂而不是个别现象,对于现在还在上大学的人来说,在他们的一生中都将如此。它正在催生一种新的专家职业,这些专家不仅能够设计这些工厂,而且能够为它们提出各种各样课题。现代自动工厂设计技术远远超出了像我这样的理论家的能力范围。如我将在后面的章节中说明的那样,我认为我的主要职责不是进一步发展自动工厂,而是解释其本质和后果,并提醒劳资双方需要明智地面对这些问题。

第十三章
墨 西 哥

1944 年

　　随着战争的继续,那些工作已经从像我这样的纯粹科学家手中转到设计人员手中,而我无事可干了。大约是在 1944 年 1 月,我从巴利亚塔那里听说,墨西哥数学会将于次年春天在瓜达拉哈拉(Guadalajara)开会,他们希望美国方面踊跃参加,尤其希望我能出席。

　　几乎从我越过边境的那一刻起,我就被粉蓝色的泥砖房、沙漠中明亮清冷的空气、新的花草树木,以及即将开始的比我们这些拘谨的北美人更有激情的新生活方式迷住了。墨西哥城海拔高,气候凉爽,槐花和叶子花色彩鲜艳,地中海式的建筑,所有这些都让我做好了迎接新的和令人兴奋的事物的准备。我后来曾多次回到墨西哥,而并没有改变我的这些第一印象。如果我有一天感到今后没有机会再去接触这个国家并参与它的生活,这将是我悲伤的一天。

　　罗森布吕特夫妇在我抵达时前来迎接,并把我安排在国立心脏病研究所的实习医生宿舍。当我开始适应环境并克服了因高海拔而产生的严重倦怠感后,阿图罗和我便开始一起研究一种被称为"阵挛"(clonus)的肌肉震颤:许多人在将两膝上下叠放、盘腿而坐时,都会经历这种熟悉的痉挛性振动。这似乎是研究神经-肌肉系统反馈性震颤的一个极好的例子。

　　我在开始此次旅行时只懂极少的西班牙语,所掌握的不过是关于拉丁语和罗曼语的一般知识,以及 MIT 的一名墨西哥学生教我的两三节课。

　　我随身携带了一本西班牙语语法书,并尝试用自己很糟糕的西班牙语跟

第十三章 墨　西　哥

实习生同伴们交流，而他们中的大多数人都会说很不错的英语。我经常在正式的医生餐厅与实习医生一起用餐，我发现自己逐渐喜欢上了浓烈的辣椒酱，这似乎是所有菜肴的必备佐料。他们对我非常友好，同时也非常有礼貌，因为西班牙语和墨西哥传统都允许将礼貌和熟悉紧密结合起来。他们对我的称呼是 maestro，这既指老师，也指木匠或泥瓦匠等手艺人。当用于指老师时，它比称呼"先生"（señor）要亲热得多，也恭敬得多。

我和年轻的医生们下了很多棋，偶尔也和阿图罗下棋，不过我觉得他对我作为棋手的评价更多的是在跳棋上，我去看他的时候，我们经常下跳棋。我经常到市中心购物。为此我必须等到我的血球数上升到足以克服功能性贫血的程度，这种贫血困扰着所有墨西哥城的新游客[①]。

在这次访问中，我对阿图罗有了更多的了解。他最初并不是一名科学家，而是音乐家，有一段时间靠在墨西哥城的一家餐馆演奏古典钢琴曲为生。阿图罗还是一流的国际象棋选手和桥牌高手，他在这两种竞技游戏中的水平如此之高，所以他拒绝我跟他对弈或打牌。他对自己家乡的气候和艺术非常热爱。对此我无法反驳他，虽然我认为他常常喜欢贬低新英格兰的乡村，以及在这方面，一般地相较于城市而贬低乡村。

在墨西哥之后，他最钦佩的国家是法国，在那里他完成了他的大部分医学学业。只要是对一个非新英格兰人说话，他就会讲关于新英格兰的许多趣事，他有一点顽皮的性格，以逗人为乐。

他是一个勤奋的人，对身边人的真诚和勤奋提出了极为严格的要求，而他对自己的要求更严格。根据我看待事物的方式，我觉得他对研究中某一特定部分的预期结果关注太深，以致如其结果与预期不同，他就会过分担心，并花费过多精力试图挽救那些已经证明无法挽救的东西。

我们对阵挛研究的进展令我满意，但并没有达到阿图罗对实验研究的严格要求。所写的论文从未发表，虽然我认为其中的许多观点已被普遍接受。

除了研究阵挛，我们还对作为节律性收缩指挥者的心脏进行了一些研究。这项工作后来被阿图罗的另一位合作者大大完善了。

[①] 墨西哥城海拔 2 240 米，初到此地的游客大都会有高原反应。——译注

一旦我可以自由活动，我就拜访巴利亚塔夫妇和在墨西哥国立自治大学①的数学家们。曼努埃尔和他的妻子玛丽亚·路易莎(Maria Luisa)热烈欢迎我们来到墨西哥。他们住在玛丽亚·路易莎的父母马尔甘(Margain)夫妇位于起义大道(Avenida Insurgentes)的大房子里，同住的还有路易莎的几个兄弟和他们的妻子，以及侄女和侄子。不久前去世的马尔甘神父是一名医生，他的几个儿子是医生、建筑师和律师。

和他们圈子里的许多墨西哥人一样，我的朋友曼努埃尔和玛丽亚·路易莎也与马克西米利安②的传奇故事有关。玛丽亚·路易莎的曾叔父马尔甘中尉曾在克雷塔罗(Querétaro)指挥行刑队枪决了马克西米利安和他的两位将军梅希亚(Mejía)和蒙特马尔(Montemar)。而她的一位曾姑姑却是卡洛塔③的侍女。曼努埃尔的一位祖先曾是一个省的省长，也是马克西米利安的对手和战胜者、印第安人贝尼托·胡亚雷斯④(Benito Juárez)总统的政治支柱。于是，我的墨西哥之行让我仿佛一下子沉浸在这个国家引人入胜的暴力历史中。

我的另一位墨西哥科学家朋友是纳波莱斯·甘达拉(Nápoles Gándara)，他是墨西哥大学的数学教授，曾邀请我去那里讲学。他曾在MIT师从德克·斯特勒伊克(Dirk Struik)。他的主要成就并不在于他的原创性研究，而在于他多年来为支持数学和数学家的培养所做的努力。他具有大部分甚至可能是全部的印第安人血统，他完全继承了其印第安人祖先的谦虚坚定和目标专一的精神。

墨西哥的印第安人与西班牙人在许多方面是不同的。西班牙人而不是印第安人具有我们所认为的南方的浪漫气息。另一方面，印第安人在稳重、忠诚和认真负责方面是无与伦比的。于是，每个种族都具备国家所需要的品质。

---

① 曼努埃尔·圣多瓦·巴利亚塔(Manuel Sandoval Vallarta)当时是墨西哥国立自治大学(National Autonomous University of Mexico)的物理教授，并兼任MIT物理教授。——译注

② Maximilian(1832—1867)，奥地利大公，在法国政府的干涉和扶植下，于1864年4月10日成为墨西哥第二帝国皇帝，1867年6月19日被墨西哥共和国处死。——译注

③ Carlota(1840—1927)，马克西米利安的妻子，墨西哥第二帝国的皇后。——译注

④ Benito Juárez(1806—1872)，1858年起担任墨西哥第26任总统，是墨西哥第一位土著总统。——译注

第十三章 墨 西 哥

一件了不起的事情是,印第安人已经获得应有的地位,并纷纷成为新的中产阶级,而这个阶级的发展是建立在西班牙人、印第安人和外国人的三足鼎立之上的。

我的墨西哥朋友们来自这三个社会族群,看到这个源自不同族群的新中产阶级如何构成一个亲切、友好、组织良好的社会阶层,真是令人兴奋。

我的朋友天文学家埃罗(Erro)带我去见教育部长托里斯·博德特(Torres Bodet),他为文盲教育做了大量工作。在一个拉丁国家,当国家天文台台长向教育部长介绍一位外国学者时,想必他会穿上长礼服和条纹西裤,非常讲究礼节。而事实上,埃罗是穿着马裤和蓝白相间的运动衫出现的。墨西哥既有西班牙和拉美的讲究礼节,又有美国的自由和随性,这两者的结合非常迷人。

在墨西哥城,我见到很多医学界人士以及数学家、物理学家和天文学家。我在每个地方都发现一种崭新而活跃的知识分子生活正在形成。墨西哥人非常清楚,要想达到那些老牌国家的科学水平,他们还必须走很长的路,但他们决心弥补自己在科学史上的迟到,工作水平也在逐年提高。与此同时,我的这些朋友们的友善、热情和对知识的执着也是独具魅力的,对于我来说,墨西哥永远不是一个真正的外国。

在我的医学界朋友中,我想特别提到加西亚·拉莫斯(García Ramos)医生,因为他本人就是新墨西哥的一个生动的典范。他出生在克雷塔罗,父母家境贫寒,其血统绝大部分是奥托米(Otomi)印第安人。他从小就参军。在考试或凭能力提拔的各个阶段,他都名列前茅。他被送往陆军医学院,并以优异的成绩毕业。阿图罗收他为助手。

加西亚·拉莫斯曾获得古根海姆奖学金前往美国学习,现在他已经是一位著名的生理学家。我第一次认识他时,他还是一名陆军少校,现在已经是正式的上校了。他已经退役,目前是墨西哥城营养实验室的负责人。一个不首先考虑军队的将军是没有前途的,而加西亚·拉莫斯对医学研究的兴趣远大于对军队的兴趣。因此,军队再也没有什么可提供给他了。

在墨西哥数学家中,哈佛大学已故的 G. D. 伯克霍夫教授影响深远。几年前,他对爱因斯坦引力相对论中占据关键位置的某些现象提出了另一种解释。伯克霍夫的理论实际上并不是相对论,其目的是解释水星轨道上的某些异常现象,即太阳的吸引力导致的光的位移,以及宇宙偏远角落的光向光谱的红色端移动。在伯克霍夫工作期间,有几位墨西哥人在坎布里奇与他接触。现在,他们把伯克霍夫的影响传递给了自己的学生。这个新课题为年轻的墨西哥数学学派所喜爱,关于伯克霍夫工作的论文写了一篇又一篇。1944年伯克霍夫去世后,墨西哥人继续将这项工作发扬光大,作为一种虔诚的敬意。

我可以继续一个一个地介绍我的朋友们,却也只能仅仅介绍其中的一小部分人,但有一个人我必须特别提及,他就是我们的看门人奥尔韦拉(Olvera),一位身材瘦长的雇工,他拥有一种本能的文化,而它在墨西哥社会几乎不识字的阶层中是很常见的。我说的本能文化,首先指的是对正确、优雅地使用西班牙语的自豪感。事实上,奥尔韦拉本人是识字的。他充分利用自己作为教育机构雇工的优势,在许多方面扩展了自己的文化。特别是,他和几位年轻的医生以及速记员一起,参加了由罗森布吕特夫人开办的英语班。他是罗森布吕特夫人最得意的学生之一。现在他能够说出和他的西班牙语一样好的英语;据说有一次,他对实验室里两个嬉皮笑脸的美国男孩说:"先生们,这种行为不配做一名国际科学家。"事实上,奥尔韦拉的用词,无论是西班牙语还是英语,都非常出色,以至于当阿图罗和我在写论文时遇到任何用词问题,我们会说:"奥尔韦拉会怎么说呢?"

奥尔韦拉对实验室和阿图罗全情投入,这种投入有时甚至会让人尴尬。作为一个精力充沛的人,阿图罗自然更愿意像其他人一样去理发店或擦鞋匠那里;但奥尔韦拉不让他去。理发师和鞋匠必须在奥尔韦拉认为老板的个人形象需要整修的时候来到他的办公室,而阿图罗则尴尬地坐在椅子上,门被关上,以免外人看到他的狼狈相。

在这座漂亮的现代化研究所的大楼里,特别值得骄傲的是迭戈·里韦拉[①](Diego Rivera)所创作的两幅关于心脏医学历史的壁画。尽管里韦拉的个人

[①] Diego Rivera(1886—1957),墨西哥著名画家,20世纪最负盛名的壁画家之一,被视为墨西哥国宝级人物。他的作品2006年曾在上海展出。——译注

第十三章 墨 西 哥

风格十分张扬,但这些画作却显示出他深厚的研究和学术功底。画中出现的医疗器械都被正确地勾勒出来。无论它们是否符合公认的模式,它们都能正常工作。为此,阿图罗和里韦拉多次相互磋商。

然而,这些壁画的艺术价值远远超出了这些技术细节。其中一幅画是关于心脏病学的早期历史,其色调总体上是红色的,来自塞尔维特[①]被烧死的那堆柴火。要知道,塞尔维特除了是约翰·加尔文[②]眼中的异端之外,他还是血液循环的发现者之一。像里韦拉这样的人自然乐于证明,焚烧异教徒既是天主教徒也是新教徒的恶行。

另一幅画的颜色主要为蓝色,这是由伦琴射线管和现代心脏病学家的其他电气设备所发出的光线造成的。在这两幅画中,不仅仔细描绘了为这门科学做出贡献的个人,还描绘了他们不同的民族特色。许多单个面孔或群体的形象都被刻画得入木三分、情感丰富,特别是有一块地方画得非常精彩,表现的是肺结核病患者拉埃内克[③]使用听诊器为一位濒临死亡的心脏病患者诊治的情景。你可以看到,这位患病医生的姿态与病人的姿态在每一根线条中都遥相呼应,病人则显示出希波克拉底面容[④]。

我去瓜达拉哈拉参加数学会议的时间到了。我不想说这次会议上的数学是多么新颖或令人兴奋,然而它代表了一个在数学领域还是新手的国家在高水平工作方面的真正尝试。会议本身和会议所在的城市同样迷人。

我们有相当多的美国人参加了会议,既有受邀的,也有自来的。其中一位特邀嘉宾是约翰斯·霍普金斯大学的默纳汉(Murnaghan)教授,他在适应这个国家的饮食方面遇到了常见的困难。一天早上,罗森布吕特夫妇早早地来

---

① Miguel Servet(1511—1553),西班牙神学家、医生、制图师和文艺复兴时期的人文主义者,第一个正确描述了肺循环功能。因否定三位一体和婴儿洗礼的罪名而先后被天主教和新教的有关法律机构判处火刑,并由新教开创者之一加尔文执行。国内曾误传他因为发现血液循环而被烧死。——译注

② John Calvin(1509—1564),欧洲宗教改革家,基督教新教加尔文宗创始人。——译注

③ René Laënnec(1781—1826),法国医生和音乐家。1816年在内克医院工作时,凭借自己雕刻木笛的技艺发明了听诊器。因肺结核病逝。——译注

④ Hippocratic face。由古希腊医学家希波克拉底首先描述的,一种在医学上预示着死亡的病者面容,其特征是鼻尖,眼睛凹陷,太阳穴内陷,耳朵冰冷、内收,耳垂扭曲,面部皮肤坚硬、拉长、干燥,颜色苍白或昏暗,等等。——译注

到这里,罗森布吕特用英语自言自语道:"我感觉很好,句号!"我回应说:"默纳汉感觉很坏,冒号。"①

我们多次游览瓜达拉哈拉及其周边地区。奥罗斯科②的画作真诚而有男子气概,尤其让我欣喜。

在市长府邸有一幅他的名画,他在画中以一种强烈而残酷的象征性方式表现了法西斯主义和共产主义之间的战争。不过,他最有趣的一组画作是在养育院里。这是一所公立孤儿院,在我看来,与大多数寄宿学校相比,它更人性化,也更少制度化。孩子们没有穿校服,而是穿着普通的衣服,在绿树成荫的院子里玩着各种各样的玩具。学校有两个管弦乐队,一个由年龄较大的学童组成,另一个由年龄较小的学童组成。指挥兼音乐教师是一位年长的印第安人绅士,其不苟言笑的面容跟肖像画中的胡亚雷斯很相像,他取得了非常出色的真正专业水平的成绩。

这所学校的小教堂是用奥罗斯科的画装饰的,虽然不是基督教传统的通俗画作,但它们无疑是宗教画,而且主要表现的是一种新"启示录"③。这些画运用哑红和哑蓝的色彩,带有一点埃尔·格列柯④的风格。不过它们并不特别强调色彩的运用,而是采用极为现代的画法。其中一幅画表现的是车轮碾压阿兹特克人⑤的城墙。这幅画的寓意是,阿兹特克人从未了解过的西方文明的车轮压垮了土著文化。其他的画以征服为主题,展示了西班牙手持利剑的士兵和身着长袍的僧侣。在这有几百年历史的整个大教堂的中殿里,这些画带着一种严酷的美和力量的精神,让人觉得,尽管它是严酷的,但孩子们仍然可

---

① 在英语中,"冒号"和"肠子"都是单词"colon"。所以维纳的这句话是双关语,从字面上看,这句话正好跟罗森布吕特的话对应,实际上却是说默纳汉的肠胃不舒服。——译注

② José Clemente Orozco(1883—1949),墨西哥漫画家和画家,专门从事政治壁画,喜欢人类苦难的主题,但不像里韦拉那样现实,对机器更着迷。他主要受到象征主义的影响。——译注

③ "启示录"(Apocalypse)是西方的一种文学体裁,主要描述一种超自然的存在(例如上帝)如何向人类揭示宇宙奥秘或未来,通常是大规模灾难性事件。最有名的是作为《圣经》最后一卷的"约翰启示录",其中讲述了世界末日的到来以及人类接受最后审判。第二次世界大战爆发后,西方文艺界出现了一股"新启示录"的潮流,其最明显的要素是爱、死亡、对神话的追随以及对战争的认识。——译注

④ El Greco(1541—1614),西班牙文艺复兴时期著名的幻想风格主义画家,擅长宗教画,使用色彩大胆而新奇,呈现梦幻般的效果。——译注

⑤ Aztecs,墨西哥人数最多的一支印第安人,原始宗教是多神教。在被西班牙征服之后,大多数阿兹特克人都信仰了天主教,成为现代墨西哥人。在原来首都的废墟上,建立起墨西哥城。——译注

第十三章 墨 西 哥

以通过它来培养他们对艺术崇高性的感觉。

我们大会成员观看了瓜达拉哈拉学校男女教师的舞蹈表演。他们完全没有学校老师古板的样子。整场演出充满活力和真诚,激起我们最大的赞美。

当我回到美国时,我发现人们对我和阿图罗共同从事的那种工作,即运用现代数学方法把神经系统当作通信问题来研究,产生了浓厚兴趣。我的一位同事说服了在纽约市的梅西基金会①组织一系列会议,专门讨论这个课题。这一系列会议持续了好几年。在这里,一群精神病学家、社会学家、人类学家等,与神经生理学家、数学家、通信专家和计算机设计者聚集在一起,看看他们是否能找到共同的思想基础。

讨论很有趣,事实上我们确实或多或少地学会了用彼此的语言交谈,但在达成完全理解的道路上存在着巨大的障碍。这些语义上的困难在于,总的来说,没有任何其他语言可以替代数学的精确性,但社会科学的大部分词汇都是而且必须用来表达那些我们尚不知道如何用数学术语表达的东西。

我确实当时就发现,正如我在许多其他场合所发现的那样,数学家在为不太精确领域的科学家担任顾问时的主要职责之一,就是劝他们不要对数学抱有过高的期望。要让他们明白,在我们只能得到一位数精度的情况下,使用一个三位数字的数是不明智的(而且这实际上是一种严重的无知)。因此尽管我们深信,同样的思维模式贯通各种通信问题——无论是社会、生理还是机械方面的通信问题——然而是数学家,而不是生理学家和社会学家,急需提醒大家不要高估数学在这些其他领域的具体可能性。

阿图罗参加了最初几次的梅西会议。我们要继续我们已经开始的亲密合作,为此要确保今后几年的工作得到有关方面的支持。我们设法让 MIT 和墨西哥国立心脏病研究所都对这个项目感兴趣,并在纽约从洛克菲勒基金会获得了资金。那里的沃伦·韦弗已经完成了他在战时的职责,回到正常的工作岗位上,他对我的预测研究可能带来的成果充满了热情和希望。在这里他代

---

① Macy Foundation,美国的一个私人慈善捐赠组织,由凯特·梅茜·拉德(Kate Macy Ladd,1863—1945)于 1930 年为纪念她的父亲小约赛亚·W. 梅西(Jasiah Macy Jr.)而创立。致力于改善卫生专业人员的教育。——译注

表洛克菲勒基金会的自然科学小组。而代表生物科学小组的罗伯特·莫里森(Robert Morison)博士也对这个计划很感兴趣。他是阿图罗的密友,曾是我们在哈佛医学院晚餐小组的成员。在他和韦弗的努力下,我们获得了让我们继续干的信号。

MIT、研究所和洛克菲勒基金会达成了一项决定,即在五年的期限内,我应该每两年在墨西哥待半年,而阿图罗则在这几年内应该有一部分时间待在MIT。我们一直遵守这一决定,但稍有修改,现在只剩下原计划中的半年时间让阿图罗在波士顿度过。

除了我和阿图罗在心脏传导和阵挛方面所做的工作外,还有一组生物学研究,其中一些研究是我和他合作完成的,另有一些研究受到了我的关注。这些研究中的大多数都没有得出明确的结果,但它们仍然具有值得进一步研究的特点。

有一项我和罗森布吕特一起做的工作,是尝试建立并解出脉冲沿神经流动的微分方程,然后用这种方法计算出电以脉冲形式通过的分布。这就是所谓的神经尖峰理论。在我看来,神经脉冲通过时电位的突然上升和下降,至少可以分为三个隔开的而相继发生的现象。

我们共同进行的另一项研究是关于脉冲通过突触进行传导的统计理论,其中突触是传入神经纤维与神经系统中续行纤维相连接的地方。这是在罗森布吕特博士逗留坎布里奇期间完成的。我与MIT电子实验室的工作人员[特别是杰罗姆·威斯纳(Jerome Wiesner)博士]合作,进行了另外两项尚未成熟但在我看来很有希望的研究。其中一个想法主要由威斯纳提出,即尝试以这样的方式用仪器分析声音,使得声音的模式可以作为一系列局部压力或振动传达给皮肤。我们在这一问题上取得了可喜的进展,但对于如何以最佳方式向聋人提供这种仪器,使其成为借助触觉感知声音的一种替代耳朵的方式,我们并没有形成明确的选择方案。

这代表了我对人类假体理论之一般看法的一个方面。我一直认为用假肢能够做许多事情,只要认识到截肢者失去的不仅是运动功能,还有感觉功能;而且由于截肢者失去了正常人所能获得的部分信息,使他处于一种不仅类似于瘫痪,而且类似于"运动失调"(ataxia)的状态。所谓运动失调就是丧失了控

第十三章 墨 西 哥

制运动方向的刺激信号,它并不是阻止一个人运动,而是通过剥夺其对自己运动的感知,来阻止他有目的地运动。

与这一概念密切相关的是为瘫痪病人提供更合适的人工呼吸器的想法。现有的人工呼吸器挽救了许多人的生命,但它往往使病人依赖于其无法控制的固定的呼吸过程,而使他忘却正常的呼吸过程。在我看来,确实有可能从那些尚未完全坏死的呼吸肌上获取电信号,并将其放大,以使病人有可能满意地控制自己的人工呼吸器,同时还可以锻炼利用自己剩下的呼吸肌。这项工作有待于组织一批生理学家、医生和工程师进行必要的研究。

在我所做的所有生理学研究中,我认为最有意义的是将所谓时间序列的统计理论应用于脑电波研究。

我在战时所做的关于时间序列过滤和预测的工作,代表了我早先在广义调和分析和布朗运动方面所做工作的一种延伸,是研究按时间分布的不规则现象的工具。多年来,我一直打算在每一个看似合适的领域中使用这些工具。脑电波研究刚开始,甚至自从我在哈佛医学院参加阿图罗的研讨会接触到一批最早的脑电图专家后,我就觉得在这个领域自己可以有所成就;我从未停止恳求我的神经物理学家同志们,希望他们耐心地听讲这些方法,并尽可能用一些实验数据来检测它们。

在脑电波研究的早期,人们认为通过头皮观察到的大脑中的杂散电流将为大脑生理学和相关的精神现象带来新的启示。事实上通过对脑电波的研究,在治疗癫痫方面已经取得了很大的成果,但人们在 1930 年代所抱有的巨大期望尚未实现。原因在于,我们原本看到的脑电波是各种现象的混合物,就像是,比如说,我们在计算机或控制机器周围观察到的杂散电流。这些现象各说各的语言,但这样的语言并不是我们仅仅通过观察脑电图机的墨水记录就能用肉眼精确观察到的。这些墨水记录中包含了许多信息,但这些信息就像我们在(为我们提供了埃及文字线索的)罗塞塔石碑[①]出现之前所掌握的有关

[①] Rosetta Stone,制作于公元前 196 年,石碑上刻有古埃及国王托勒密五世登基的诏书,同样的内容用了希腊文字、古埃及文字和当时的通俗体本文字刻写。1799 年被一名法军上尉在一个埃及港湾城市罗塞塔发现,考古学家由此解读出已经失传千余年的埃及象形文之意义与结构。——译注

埃及语言的信息一样。

近年来，我一直是一个由 MIT 各实验室和马萨诸塞总医院的人员所组成的小组的成员，该小组一直在努力通过调和分析找到解读脑电波文字的罗塞塔石碑。我们之前在这个领域有一个取得显著成功的例子，那就是美国伟大的实验物理学家迈克尔逊（Michelson）的工作。

迈克尔逊发明了一种叫作干涉仪的仪器，这是迄今为止为研究光谱而发明的最精密的机器，它使迈克尔逊能够完成像测定一些恒星对地球的角度这样一种看似不可能完成的任务。事实上，这种仪器的原理可以在研究脑电波和其他类似振荡的仪器中实现。我们称这种仪器为自相关器。MIT 的许多人，特别是李郁荣，已经把自相关器的设计做到了令人惊讶的完美程度。

当粗糙的原始脑电波记录经过自相关仪的转换后，我们得到一幅非常清晰和有意义的图像，这与进入机器的粗糙记录之难以辨认的混乱完全不同。我们在这一领域的工作才刚刚起步，但我们对它的未来充满希望；如果三十年前的早期脑电图学家对一种真正可读的脑电图记录形式的雄心勃勃的期望现在能够开始实现，我们也不会感到惊讶。

干涉仪和自相关仪之间的类比是深刻而重要的，迈克尔逊的早期工作为我们提供了解读这类机器所显示结果的完整语言。

事实上自从我结束对墨西哥的访问后，在过去的三年里，我的很大一部分工作是在做脑电波研究，但我认为这基本上是阿图罗和我共同开始的研究方向的圆满结束。

脑电波自相关研究并不是我的数学兴趣和罗森布吕特的生理学兴趣相遇的唯一领域。我们在机器和人类反馈之间发现的最初类比，被我们在神经系统和控制机或计算机之间不断发现的惊人的新类比一次又一次地补充。

从一开始，我就被神经系统与数字计算机之间的相似性所震撼。我无意声称这些类比是完全的，也无意声称我们可以通过称神经系统为数字计算机来穷尽它的特性。我只是想说明，神经系统行为的某些方面与数字计算机的行为很接近。

神经系统当然是一个由传递脉冲的元素组成的复杂网络。从根本上说，

第十三章 墨　西　哥

如果一个脉冲的强度足以从一根神经纤维的末端传到另一根神经纤维的末端，它就会作为一个整体到达更远的末端，而不会受到较近末端上脉冲强度的太大影响，只要它能通过。因此，神经纤维传递的是"是"或"否"。当一个脉冲到达神经纤维的末端时，它会与达到同一水平的其他各种脉冲相结合，以决定下一根神经纤维是否放电。换句话说，神经纤维是一台逻辑机器，其中后面的一个决定是根据前面一系列决定的结果而做出的。这基本上就是计算机中元件的运行模式。除了这种基本的相似性之外，我们还发现了与记忆、学习等等现象有关的辅助相似性。

近年来，还有一个医学问题引起了我的注意。沃尔特·坎农基于克劳德·贝尔纳①的"内部环境"概念，强调人体的健康甚至存在取决于所谓的"体内自我平衡过程"（homeostatic processes），即保持体温、血压和生物体内部环境的许多其他因素稳定，从而使生命得以延续的过程。也就是说，生命表面上的平衡是一种积极的平衡，其中每一次偏离正常状态都会带来相反方向的反应，这就是我们所说的负反馈性质。

所以当身体出现问题时，一定是发生了这样的情况，即因反馈过程的内在故障而产生病状，而这里用数学来描述病状的表现方式就能揭示反馈过程及其故障的本质。我的一位同事保罗·哈恩（Paul Hahn）和我将这种讨论应用于白血病的病史，我们看到大量证据表明，在白血球的过度生长中，其用于平衡血球的生成和毁灭的"体内自我平衡过程"并没有被完全废除，只是处于一个不正常的水平。我认为，"体内自我平衡失调病"的概念可能会在许多医学领域证明是很有用的。

以往医学界有一种从局部角度思考问题的重要倾向。在有关大脑的问题上尤其如此，几乎大脑皮层或半球表面的每一个区域都被发现或推测出独立的功能。而这种高度强调局部性的倾向，已经使人们把关于人体组织的一般问题归因于可局部化的原子现象。

---

① Claude Bernard（1813—1878），法国生理学家，首倡用双盲实验确保科学观察的客观性，不承认科学界的个人权威，使传统经验医学向现代医学转变。被称为"科学界最伟大的人物之一"。他首创"内部环境"（Milieu intérieur）的概念，认为内部环境的稳定是生物体不受外界影响而生存的根本条件。——译注

在我看来，我们对控制装置的研究让我们更深入地了解到，这些局部现象是如何积聚成为遍及整个大脑——或事实上是整个人体——的整体过程的。在健康的活动中，必须了解这些整体过程，因为在病理条件下，它们可能会以一种无法归咎于个别器官失灵的方式发生故障。在有些疾病中，如白血病，某些过程（如白血球的形成）显然在疯狂地进行。然而即使在这种病态活动中，也有强烈的迹象表明，出错的并不是对白细胞形成和毁灭过程的所有内部控制的缺失，而是一种在错误水平上起作用的控制。

我和阿图罗在墨西哥的多次访问以及他在美国的访问期间所做的大部分研究都已发表在技术刊物上。我还将详述我后来几次访问的细节。我和我的妻子希望今后能更多地访问墨西哥，无论是为了我的研究和写作，还是为了享受这个对我们热情好客的国家的生活。

第十四章
科学家的道德问题，原子弹
1942—

　　第二次世界大战期间的一天，我被叫到华盛顿去见万尼瓦尔·布什。他告诉我，哥伦比亚大学的哈罗德·尤里①想见我，是与铀同位素分离有关的扩散问题。我们当时已经知道，铀同位素会在元素嬗变中，甚至在可能的原子弹制造中，发挥重要作用，这项工作的早期阶段在战前已开始，但美国没有做。

　　我去纽约跟尤里交谈了一次，但我发现自己并不具备解决他所请求帮助的特殊问题的特殊资质。我正忙于自己的预测器工作。我觉得我已经找到战争期间自己的位置。这是一个我自己的想法能特别派上用场的位置；而且我觉得，在这里没有我的帮助，别人就做不出那么好的工作。

　　所以我对尤里的问题并没有表现出特别的热情，尽管我没有说"我不会研究这个问题"那样的话。也许是我没有被审查通过接触这个问题，也许我缺乏热情本身就被当作不使用我的充分理由，反正再也没有人找过我。这项工作是曼哈顿工程和原子弹研制的一部分。

　　后来，与我有联系的一些年轻人被安排参与曼哈顿工程。他们以一种令人不安的随便态度与我和其他人交谈。不管怎样，我渐渐地知道，他们的工作是求解一长串微分方程，以解决重复扩散的问题。分离铀同位素的问题被归结为含铀液体的一长串扩散过程，在每个过程阶段两种同位素都有微量分离，

---

① Harold Urey（1893—1981），美国物理化学家，因在同位素方面的开创性工作使他发现氘而获得 1934 年诺贝尔化学奖。他在原子弹的研制过程中发挥了重要作用。——译注

到最后阶段就获得了相当完全的分离。要分离像铀同位素这样物理和化学性质相似的两种物质，这种反复扩散是必要的。我当时有一种怀疑（虽然我对此项工作的细节一无所知，但我现在仍然有这种怀疑），即这样的计算大部分是在浪费昂贵的金钱。有人向我解释说，使用这种工作方法每步得到的结果是如此之微小，如果计算没达到其最大可能的精度，那它们就会是零。

而我觉得这样的算法并不合理，因为正是在这种累积地使用每次都完成很少的过程的情况下，用单个偏微分方程对微分方程系统进行标准近似才是最有效的。换句话说，我过去和现在都坚信，这种非常缓慢且经常重复的扩散过程，只有被合理地当作一种连续的现象才具有实际的重要意义。

不管怎么说，我并不了解曼哈顿工程的详细情况，不过我和美国任何其他活跃的科学家慢慢地都知道了，有这样一个工程正在进行中。即使在当时，我们并不清楚它的用途。我们担心，放射性同位素主要被用作毒药。我们惧怕，在这种情况下，我们很可能会发现自己在研制一种国际道德和政策不允许我们使用的武器，就像它们曾经阻止德国人对城市使用毒气一样。即使知道这项工作的成果是一种爆炸物，我们也完全不清楚关于这种炸弹的可能用途，以及使用这种炸弹会涉及怎样的道德问题。至少有一点我是非常肯定的：我很高兴自己对它的制造和后来的使用不负任何责任。

至此，战争的道德问题还未与我有直接关系。然而1944年秋天发生了一系列事件，它们对我后来的职业生涯和思想产生了重大影响。我已经开始思考高速计算机和自动工厂之间的关系，并得出结论：计算机的本质在于其速度和编程（即通过磁带或打孔卡确定要执行的操作顺序），自动工厂离我们并不遥远。我在想，我是否已经处于这样的道德境地，其中我的首要职责应该是要告诉别人，有些事物可能会危害社会。

自动化工厂必然会引发新的社会就业问题，而我不确定自己是否有答案。不同层次的劳动力将大量重新分配。当人被机械地使用，仅仅作为一种低级的开关或做简单决定的装置时，自动工厂就有可能用机械装置完全取代人。另一方面，自动化工厂产生了对这样的高技能专业人员的新需求：他们能够组织操作顺序，使其最有效地执行特定的功能。

第十四章 科学家的道德问题，原子弹

它还需要受过特别训练的故障排除人员和维修人员。如果对劳动力需求的这些变化是以一种杂乱无章、缺乏组织的形式出现，那么我们很可能会面临一个前所未有的最严重的失业周期。在我看来，我们完全有可能避免这种灾难，但要避免它，只能是通过多加思考，而不是坐等灾难的来临。我将在本章稍后部分谈谈我对此事的看法。

于是当一位同行①想要了解我的新工作时，我回信说，我一点儿也不能确定是否应该把这项工作告诉他，或者说要告诉广大公众。由于他是出于军事目的来询问，而我又不知道自己是否应该参与将我的新想法用于可控导弹等方面的工作，所以我对是否应该把我的想法公之于众更加犹豫不决了。

我把那封信给我的一位同事看了，他碰巧很有新闻天赋。他当即建议我把信寄给《大西洋月刊》(the Atlantic Monthly)，以作为另写一篇可能更为详尽的文章的基础。我听从他的建议把信寄给了杂志②。如果我当时充分考虑到，我这样做会让自己承担深重的道德责任，而他却什么责任都没有，那我很可能会犹豫，尽管我也许会把这种犹豫当作懦夫行为而抛弃。我的行为很快就带来了道德后果。

大约在这个时候，我同意参加两次会议：较早的一次是普林斯顿大学在其建校二百周年时召集的关于应用数学的会议；较后的一次则是艾肯在哈佛大学组织的关于自动高速计算机器的会议。这后一次会议由哈佛大学和海军部联合主办，我已同意在会上发表论文。同时，我在普林斯顿会议上报告了我在预测理论方面的工作。虽然我知道自己的报告所涉及的材料最终可能用于军事目的，但我曾指望我的报告的抽象性和我的许多同事的天生惰性能阻止这项工作被立即和不可控制地用于军事目的。

---

① 据 MIT 档案馆资料，这位同行是在波音飞机公司研究部门工作的 George E. Forsythe (1917—1971)，他当时在为美国空军研制导弹。他写信给维纳，是为了索取 Extrapolation, Interpolation, and Filtering of Stationary Time Series 一书，并询问了关于导弹控制的问题。维纳回信拒绝提供帮助，同时表达了反战的观点。维纳在此的叙述跟事实情况略有不同。——译注

② 维纳把给 Forsythe 的回信，略去收信人信息后，以"科学家反抗"(A Scientist Rebels)为题投给了 The Atlantic Monthly (January 1947)。信中大意说，"由于对日本广岛和长崎的原子弹轰炸，科学家提供科学知识已不再必然是无害的行为，它可能会导致严重的后果。我不愿意参加轰炸和毒杀无反抗能力人们的行动。我不会再发表可能被不负责任的军方拿来搞破坏的任何成果。"——译注

然而，我被迫卷进了一件事。一位曾在MIT任教的同事回到母校加利福尼亚大学，由于以前的交往并且由于当时的风气，他一直推举我担任一个位于加利福尼亚州的军事或半军事机械计算项目的负责人或顾问。在这件事上他没有征求过我的意见，但他认为，如果邀请我去加利福尼亚，我一定会毫不犹豫地接受。

我说过，这个项目是半军事性的。事实上，该项目隶属于标准局，但很明显，如果该项目成功，其设计的所有设施都将被军方抢先使用多年。我的朋友想让我从事的工作，不仅其目标令我厌恶，而且还涉及保密条款，由警察审查我的观点，以及承担行政责任。这些我都不能接受。这些条件会束缚我的行为，使我在短短几个月内崩溃。当我接到邀请时，我考虑了一下我在《大西洋月刊》上发表的信，我别无选择，只能拒绝。我可能无论如何都会拒绝，因为我不认为自己是一个合适的行政管理者。

然后我想起了哈佛大学的军事会议，我已经承诺要在会上发言。离会议举行还有两周左右的时间，所以我想我有足够的时间来撤销我的承诺。我去找艾肯，试图说明情况。我特别向他指出，来自加利福尼亚的邀请使我必须对我的战争工作采取明确的立场，我不能接受一种与军事有关的联系而拒绝另一种。因此，我要求解除我发表演讲的承诺。

我从艾肯那里得知，有时间把我的名字从会议发言人名单上拿掉。然而当会议开始时，我发现艾肯所做的只是在发给会议成员和新闻界的印刷节目单上将我的名字划了一条线。

这个程序让我非常尴尬。这让他更加难堪。记者们来问我，把我的名字划掉是否与刊登在《大西洋月刊》上的那封信有关。我说有关系，并试图向他们解释是什么情况迫使我这样做的。我在这件事上承担了全部责任，并说我是征得艾肯的同意才这样做的，我这样做并不是出于怨恨或个人敌意。

自然，他们就此事去找了艾肯。他不假思索地认为我参与了某种阴谋，企图诋毁他的名誉，把这次会议变成一桩公共丑闻。事实上，正如我所说的那样，我一开始就和他进行协商，并且达成这件事不能公之于众的谅解。如果不是他用划掉我名字的方式强调我参加了会议，这件事也不会公之于众。

第十四章　科学家的道德问题，原子弹

所有这些情感经历都不能同那些我在广岛原子弹爆炸时所经受的相比。起初我当然感到震惊，但并不意外，因为我早就意识到有可能对敌人使用曼哈顿工程的新武器。然而坦率地说，我一直抱着希望，希望原子弹中的某些东西在最后一刻会失灵，因为我已经对原子弹的重要性，以及从那时起被迫生活在无限毁灭威胁的阴影下对社会意味着什么，进行了大量的思考。

对日战争结束了，而且并没有遭受因对本土的正面进攻而带来的重大伤亡，对此我当然感到很欣慰。但即便是这一令人欣慰的消息，也让我深感不安。我很清楚有一种倾向（它并不局限于美国，尽管在这里非常强烈），就是把战争看成是一场受吹捧的足球比赛，经过一段时间，最后的比分已经出来了，我们必须把这场比赛算作是一场明确的胜利或者是一场明确的失败。我知道，这种将历史划分为彼此隔离、自成一体的区块之观点，在陆军和海军中绝不是只有极少数人才有的。

但是对于我来说，这种片段式的历史观看上去太肤浅了。我认为，原子弹最重要的意义并不在于结束了一场特定的战争并且没有给我们造成过多的伤亡，而在于我们现在面临着一个我们以后必须与之共存的新世界和新的可能性。关于过去的战争最重要的事实是，尽管它们都很严重，对于参与战争的人来说完全是毁灭性的，但它们或多或少都是局部性的事件。一个国家和一种文明可能会毁灭，但迄今为止，恶性的毁灭过程都是局部的，新的种族和人民会接过其他种族和人民放下的火炬。

我丝毫没有低估战争中毁灭的意愿，它是使用石斧的战争和使用弓箭的战争的一部分，如同是使用火枪的战争和使用机枪的战争的一部分一样。引起我最强烈注意的是，在以往的战争中，毁灭能力并不与毁灭意愿相称。于是我认识到，虽然对于伤亡者来说，受大炮轰击或被人们已经熟悉的爆炸性炸弹从空中轰炸，与受到原子弹轰炸的区别是非常小的，但在我看来，它们在对全人类造成的后果方面存在着最重要的实际差别。

迄今为止，除非有参战人民一致和长期的意愿，否则任何大战（包括第二次世界大战）都不可能发生，也就是说，如果没有千百万人民真正的深入参与，是不可能进行这样的战争的。而现在新式大规模杀伤性武器，虽然总的花费

一定是很高昂的,但每杀一人的成本已变得如此低廉,以至于它们不再占据国家预算的绝大部分。

历史上第一次产生这样的可能,由几千人组成的有限群体威胁要绝对毁灭千百万人,而他们这样做却不用承担任何非常明确的直接危险。

战争已经从举国协力实现势不可挡的主张,转向通过按下按钮来宣布少数人的意愿。从根本上说情况就是如此,即使把投入整个核研究领域的绝对数目巨大但相对较少的经费都算作军事费用。如果考虑到几位将军和几位飞行员只需付出相对较少的努力,就能把已经制造好的原子弹投放到目标上,那么这件事就更加千真万确了。

因此,至少作为一种可能性,战争已经从举国协力的领域转移到私人阴谋的领域。鉴于未来的大争斗有可能发生在美国和苏联政府之间,又鉴于苏联政府的整个氛围和管理让人捉摸不透,我们采取了一个从本质上来说对我们最危险的步骤。

我并不太认真地看待一些科学事务的行政高官所做的断言,大意是制造原子弹所需的技术纯粹是美国的东西,至少在许多年内不可能被可能的敌人复制,在此期间,我们可以指望发展出一种新的甚至更具毁灭性的技术。首先,我认识不止一位这些应用科学领域的教皇和红衣主教,我非常清楚他们是如何低估外国人的,尤其是那些非欧洲人种的外国人。我与许多种族和国家的学者都有广泛的交情,但我并没有发现,科学能力和道德修养是那些有着白皙皮肤和讲英语的人所特有的。

但这还不是全部。当我们通过对敌人使用原子弹来宣布我们拥有原子弹及原子弹的威力时,我们就已经向每个国家发出通知:它的继续存在和政策的独立性取决于它能否迅速拥有类似的武器。这意味着两件事情:其一是,任何作为我们的对手或潜在对手的国家,为了自身的持续独立生存,都必然会推动核研究,而且有关原子弹原理的基本知识也对他们有极大的鼓舞,这些知识确保这种研究是不会徒劳无功的;其二是,任何这样的国家都必然会建立间谍系统,以获取我们的秘密。

这并不是说,我们美国人没有责任为了国家的生存而全力反对这种泄密

第十四章　科学家的道德问题，原子弹

和间谍活动；但这确实意味着，这种法律上的考虑和对忠诚的美国公民的道德责任的要求，不能指望在我们的国境之外有丝毫的约束力。如果俄国和美国的角色颠倒过来，我们就不得不像他们那样，试图发现和挖掘对方如此重要的秘密；我们会把任何与我们的利益相关、从事与富克斯①或罗森伯格夫妇②完全相同的间谍活动的人视为民族英雄。

于是，我在心中开始慢慢地思考关于"保密"的一般性问题：这与其说这是一个道德问题，不如说是一个实际问题，以及是一项我们可能希望长期有效地加以维护的政策。在这里，我不禁想到士兵们自己是如何看待战场上的秘密的。众所周知，只要有足够的理由，只要值得花足够长的工作时间，每一种密码都是可以破解的；在战场上，一支军队有一小时的密码，有二十四小时的密码，有一周的密码，也许还有一年的密码，但绝不会有永远的密码。

在普通的生活环境中，我们不习惯从间谍、欺骗等角度去思考问题。特别是，这种想法与真正的科学家的品质格格不入——如爱因斯坦所指出的那样，科学家的对手是一个难以理解和解释的世界，但这个世界并不恶意地抵制这种解释："上帝是微妙的，但他并不卑鄙。"

对于价值有限的普通秘密，我们不必永远担心有人试图破解它们。然而当我们有了一个具有最高价值和危险性的原子弹的秘密，那么假设它永远不会被破解，或者假设科学家中的普遍善意会排除这样的一两个人存在，他们可能会因为自己的观点或稍微偏离道德约束而把我们的秘密交给那些会危害我们的人，这都是不现实的。

如果我们要玩弄现代战争的锐利武器，我们所面临的不仅仅是因意外和粗心而被割伤的危险，而且实际上肯定会有其他人步我们的后尘，于是我们将面临我们迫使其他人面临的同样的危险。因此，保密在当下来看是非常必要的，但从长远来看又是完全不可能的。把我们的主要保护寄托于如此脆弱的防御是不现实的。

---

① 参见第 286 页脚注③。——译注
② Julius Rosenberg(1918—1953)是美国信号部队的文职工程师，因涉嫌与妻子 Ethel Rosenberg(1915—1953)一起向苏联提供美国军事情报，包括原子弹机密，于 1950 年被捕受审，后被处死。——译注

而且还有其他一些理由，它们有着具体得多的依据，使我对我们所采取的方针是否明智感到怀疑。诚然，原子弹是在德国军队从战争中被消灭后才造出来的，所以日本成了原子弹作为实际致命武器的唯一可能的试验场。不过日本和东方其他地方的许多人会认为，我们愿意对日本使用这种可怕的武器，而我们可能不愿意用它来对付白人敌人。我自己也不禁怀疑，这种指控是否有一定程度的真实性。如今欧洲在东方的殖民主义正在迅速走向终结，而每个东方国家都有充分的理由意识到西方某些人习惯于在白人和有色人种之间制造道德差异；在这样的一个世界中，就我们未来的外交政策而言，这种武器纯粹是炸药（因为有了原子弹，这已经是一个过时的比喻了）。而使形势变得十倍糟糕的是，我们最大的潜在敌人（如果不是我们最大的实际敌人的话）俄国也能够使用这种炸药，而且会毫不犹豫地使用。

这是最清楚不过的史实，即我们的原子弹研制工作是国际性的，是由一群人促成的，特别是对核理论贡献最大的那群学者，我指的是爱因斯坦、齐拉特、费米和尼尔斯·玻尔等人，他们如果不是因为全世界都强烈感受到纳粹德国的威胁这一事实，是不可能聚集在一起的。期望今后能从世界各个角落聚集起类似的一群人来捍卫我们的国家政策，就意味着继续期望我们始终拥有同样的道德声誉。因此，我们在一个可能被认为我们不会对白人使用原子弹的场合使用了它，这是双重的不幸。

还有一件事在我们许多人的心里引起深深的疑虑。虽然核计划并未占去国家军费的大部分，其本身仍然是一项极其昂贵的工程。负责这项计划的人经手花费了数十亿美元，而战后迟早会有清算的一天，届时国会将会要求对这些巨额开支进行严格的核算并说明理由。在这种情况下，如果核研究的高层管理者能够合法或合理地宣称，这项研究在实现终结战争这一主要目标方面发挥了作用，那将大大增强他们的地位。另一方面，如果他们两手空空——原子弹仍然是准备用于未来战争，甚或只是象征性地用它向日本人宣告，如果战争继续进行，我们将真的使用原子弹——那么他们的地位就会大大削弱，而且他们将面临被战后反弹上台的新政府搞垮的严重危险，因为新政府很想揭露前任政府的腐败和无能。

第十四章 科学家的道德问题,原子弹

所以,不仅从爱国主义的角度来看,使用具有强大杀伤力的原子弹的压力是巨大的,而且从参与研制原子弹的人员的个人命运的角度来看,压力也同样巨大。这种压力也许是不可避免的,但从一开始就应该更认真地考虑这种压力的可能性,以及我们被个人利益所迫而采取一种可能不符合我们最佳利益的政策的可能性。

原子弹制造的技术工作非常出色,这是毫无疑问的。坦率地说,我看不到有任何证据表明,在制定本应与此相伴的政策中,也做出了类似的高质量工作。从洛斯阿拉莫斯试验性爆炸到真正使用原子弹之间的时间如此短暂,以至于无法进行清晰的思考。科学家对原子弹的作用最了解,最有资格对未来原子弹的可能性做清楚的估计,但他们的顾虑被完全忽视;邀请日本当局参观在南太平洋某地举行的原子弹实验演习的建议也被断然拒绝。

在这一切的背后,我感受到了那些技术人员想看到他们所设计装置运转起来的欲望。此外,"按钮战争"的整个想法对于那些对自己的发明能力充满信心、而对人类极度不信任的人来说具有巨大的诱惑力。我见过这样的人,对他们的行事风格非常了解。不幸的是,战争以及随后困难的和平让他们走到了前台。

就在广岛原子弹爆炸的当天,我的脑海中闪过了所有这些想法和其他想法。富有创造力的学者的强项之一,同时也是他的负担之一,就是他必须独立思考。我希望——哦,我多么希望!——我能够被动地接受所发生的一切,真诚地接受决策者的智慧,放弃一切个人判断。然而事实是,我没有理由相信这些人对局势中比较重大的问题的判断优于我自己的判断,无论他们掌握了多少专门的知识。我知道有不止一位科学领域的高级官员,他们与其他国家和其他立场的科学家的接触不及我的十分之一,他们在评估世界对原子弹的反应方面也远不如我。此外,我知道自己一直习惯于或多或少地从哲学的角度来思考科学史和发明史,我不相信那些决策者能比我做得更好。真诚的科学家必须坚持自己的赌注和猜测,即使他是卡桑德拉①,而没

---

① Cassandra,希腊神话中的特洛伊女祭司,命中注定她会说出真实的预言,但永远不会被相信。现在其名字常用来表示一个人的准确预言(通常是即将发生的灾难)不被人相信。——译注

有人相信他。我坚持孤独的科学工作许多年，最终证明我是正确的。这种对"权威者"的不信任，是我对事情不特别满意的根源，但我就是这样的人，不得不这么做。

我最担心的问题之一，是原子弹对科学的影响，以及原子弹使得公众对待科学家的态度有哪些改变。为了战争，我们自愿接受了一定程度的保密措施，并放弃了许多行动自由，尽管我们中的许多人认为，正是为了这个目的，我们被强加了比最佳保密措施更多的保密措施，这对我们内部交流的妨碍有时超过了对敌人收集情报的阻碍。我们曾希望这种不习惯的自我束缚只是一种临时措施，并期待在这场战争之后——终究要像以前一样——我们应该恢复自由的交流精神，无论在国内还是在国际上，这才是科学的生命。而现在我们发现，不管我们愿不愿意，我们都将成为整个国家生活所依赖的秘密的守护者。在可预见的将来，我们再也不能像自由人一样从事研究工作了。那些在战争中获得凌驾于我们之上的地位和权力的人，最不愿意放弃他们所获得的任何一点权势。由于我们中的许多人都掌握着可能被敌人获取并对我们国家不利的机密，我们显然注定要永远生活在猜疑的氛围中，而且从战争中开始的警察对我们政治观点的审查，也没有任何将要缓解的迹象。

公众和我们一样，极少有人喜欢原子弹，许多人很快就看到未来危险的迹象，并产生了深深的负罪感。这种意识在寻找替罪羊。谁能比科学家们自己更适合当替罪羊呢？毫无疑问，他们开发了导致原子弹出现的理论和技术。街上的人对科学家知之甚少，认为他们是一个奇怪而自闭的种族，很快地就指责他们渴望获得炸弹所显示的破坏力。而使这种说法更可信也更危险的是，虽然工作中的科学家们很少感觉到个人的力量，也很少渴望得到这种力量，但有一群从事行政管理工作的技术人员却非常清楚地意识到，他们在权力斗争中拥有了一张新的王牌。

无论如何，我在一开始就非常清楚，我们科学家从现在起将面临一种矛盾的态度。因为把我们视为药师和魔术师的公众，很可能会像其他更原始的公众一样，把我们视为可以接受的神灵的祭品。就在原子弹爆炸的那些日子里，

第十四章 科学家的道德问题,原子弹

过去八年中猎杀女巫①的整个模式变得清晰起来,而我们现在所经历的不过是注定要发生的事而已。

虽然原子弹本身与我无关,但我却被引向了一次非常深刻的灵魂反省。我已经解释过我在预测和计算机方面的工作是如何引导我建立了(如我后来所称的)"控制论"之基础,以及如何认识到自动化工厂的可能性。从严格的科学角度来看,这并不像原子弹那样具有革命性,但它在社会上为善为恶的可能性却是巨大的。我试图看看我的职责会把我引向何方,以及我是否应该行使个人保密权,如同政府高层所拥有的保密权,把我的想法和我所做的工作隐藏起来。

我对这样的想法思考了一段时间后,得出结论:这是不可能的,因为我所拥有的思想属于时代而不属于我自己。如果我能够把我所做的一切隐藏起来,那么它们一定会在其他人的工作中再次出现,而且很有可能以一种不那么强调其哲学意义和社会危险性的形式出现。我无法从这匹野马的背上下来,所以我只能骑着它。

于是我决定转变立场,从主张严格保密转向完全公开,让所有人都注意到这些新发展的可能性和危险性。我首先想到,工会的人自然会对此事最感兴趣。我的朋友给我介绍了两位工会领导人,其中一位是知识分子顾问,他本人在与他有联系的工会人员中没有什么直接的权威,另一位是打字员工会的高级官员。在这两个人身上,我发现我的英国朋友几年前告诉我的话得到了证实:工会官员大都直接来自车间工作台,他们过于直接关心车间管理的困难和高度技术性的问题,以至于无法对自己行业的未来做任何前瞻性的考虑。

我当时发现,我的工会朋友们有很多善意,但他们绝对不愿意把我的想法传达给他们的工会工人。那是 1940 年代中期的事,但自那以后,情况发生根本性的变化。我后来与汽车工人联合会的沃尔特·鲁瑟(Walter Reuther)先

---

① 作者应指这段时间内发生的一系列事件:在广岛和长崎原子弹爆炸(1945 年 8 月 6 日和 9 日)前不久,美国众议院投票通过,把"众议院非美活动调查委员会"(The House Un-American Activities Committee)改为常设机构,从而把调查可疑的反对美国的活动常态化。该机构后来被参议员麦卡锡(Joseph McCarthy,1908—1957)把持操控,用以大肆迫害疑似共产党和民主进步人士,乃至一切有不同政见的人。——译注

生反复沟通,发现他既理解我的问题,也愿意通过他的工会刊物宣传我的想法。事实上,我在鲁瑟先生和他身边的人身上发现了更全面的工会管理的才干,而这是我在最初几次尝试与工会的接触时所未见的。

在另外一个领域,我关于自动化工厂的想法也取得了令人满意的进展。这就是管理界本身。1949年冬天,我在管理促进会(Society for the Advancement of Management)上做了一次演讲,内容涉及自动工厂在技术上的可能性以及它将带来的社会问题,并且在这两个问题上,我都得到了高层管理当局(例如雷明顿·兰德公司的一位高官)的支持。1952年12月,我应邀在美国机械工程师协会举办的自动化工厂研讨会上就类似主题发表演讲。

从第一次演讲到第二次演讲,人们的普遍态度有了显著的转变。不仅与会的公众人数大大增加,我的技术讲座也得到了多个行业的自动机械师的肯定,而且整个团体的社会意识也远远超出了我三年前所看到的情况。

虽然有很多人比我更乐观地认为,实现大规模工业自动化而又不带来灾难的可能性很大,但在一次将深刻地影响到人们未来生活方式的会议上,大家还是对维护广大公众利益的问题展开了广泛的讨论。特别是将从事重复性工作的工人培养升级为故障排除人员(实际上是一种初级工程师)的问题,受到了极大关注。

另一个引起很多争论的问题是,我们未来可能会有新的闲暇时间,以及如何能够利用和必须利用它。事实上,我曾听到过一些铁石心肠的工程管理者发表的观点,听起来非常像威廉·莫里斯①的主张。最重要的是,每个人都支持我提出告诫,即不能把人类从工厂的重复劳动中解放出来当作是对人类的贬低和对机器小发明的赞颂。

在这次演讲之后的几年里,自动化工厂已经从遥远的可能性发展成为初步的现实,于是我们能够开始根据事实来评估它可能对社会产生的影响。19世纪初的第一次工业革命以机器作为动力源取代了个人。今天,没有一个工

---

① William Morris(1834—1896),英国设计师、工匠、诗人和早期社会主义者。他反对工业化,认为机器生产是一场罪恶。强调中世纪手工工艺,提出要恢复劳动者的尊严和手工工艺的美。他设计的家具、织物、彩色玻璃、壁纸和其他装饰艺术在英国掀起了工艺美术运动。——译注

厂工人的大部分工资是靠其力气来赚取的。即使他所从事的是最艰苦的体力劳动,例如他是一名钢水搅炼工人,他的大部分工资也不是作为动力过程中的主要推动者而获得的。他的报酬实际上取自他的经验和知识,即如何在目的性很强的生产过程中最有效地发挥他的力量。

然而,像钢水搅炼工这样的强劳力工人只占绝对少数。工厂工人的手头有一个小型电动机或气动工具,这些东西可以让他拥有十个人的体力。他的工作是通过一串给定顺序的连续动作来达到某种目的。例如,他要在罐头上粘贴标签,他必须确保面前有一叠正确的标签,正确地润湿它,将它贴在罐头上的正确位置,并在适当的时候从一个罐头转到下一个罐头。这种工人的工作完全是重复性的,它仅要求最低水平的判断力和观察力。

当然,还有其他形式的工厂劳动。有领班,还有检修组成员,这些工人最起码的水平必须是熟练技工,水平较高者在职能上相当于初级工程师。撇开这些较高级别的工人不说,工厂里的普通工人所从事的往往是如此常规的工作,其每一动作和每一动作的提示都可以预先设定。这就是像泰勒[①]和吉尔布雷思夫妇[②]的动作研究这样的效率系统的意义所在。

我已经指出,自动化工厂的运作将取代的正是这一层次的工作。从根本上说,在我看来,自动化工厂所取代的大部分人类劳动是一种不适合人类做的劳动,只有在发生了工业革命的历史事件之后,他们才被认为是人类的自然任务。但是,这种劳动的任何突然和无偿的转移,都必定会带来失业的灾难性后果。

这些劳动力将何去何从?最明显的答案是,即使是自动化工厂,也始终需要相当数量的故障排除人员、熟练技工、编程专家以及使机器适应特定问题的专家。在逐步实现自动化的过程中,工厂中的非熟练劳动力的自然去向是通过某种升级方式进入这些高级员工的队伍。于是,这种升级的可能性问题就变得至关重要。

[①] Frederick Winslow Taylor(1856—1915),美国发明家和工程师,被誉为科学管理之父。他的工业管理制度被称为泰勒主义,极大地影响了全世界工业工程和生产管理的发展。——译注

[②] Frank Bunker Gilbreth(1868—1924),美国工程师,与妻子 Lillian Gilbreth 共同开发了时间与动作研究法,应用于产业工人的工作习惯,以提高他们的工作效率。——译注

有大量证据表明，为上一代人提供非熟练工厂劳动力的来源正在枯竭，因为自第一次世界大战结束后不久，我们就没有大批移民来美国寻求安家落户并愿意接受任何程度的低下经济地位。正是最后一代大批移民的子女参加了第二次世界大战，而今天正在崛起的一代则由其子女的子女组成。这些年轻一代不愿意接受旧式工厂非熟练工人在经济上永远处于劣势的地位。他们中的许多人开始从事专业工作，甚至那些没有从事专业工作的人也开始要求自己的工作有趣而不是一条绝路。

在我们的工业史上，技术进步是受某类劳动力减少的推动，这已经不是第一次了。自动电话交换机的出现，就是因为即使招来全部高中毕业的女生都无法满足旧手工交换机系统的需要。

另一件事可能会使劳动力的升级比几年前看起来要容易得多，那就是在我们的军队中，把相当一部分年轻人培训成为相对高级的技术人员。空军的情况尤其如此。能被训练学会使用和维护雷达设备的年轻人，当然也能很容易地学会成为工厂故障排除小组的成员。

因此，虽然还不能肯定，但很有可能的是，自动化工厂的劳动环境来得正是时候。不管怎么说，自动化工厂正在走进的氛围是一种适合人类活动的氛围，是一种已经意识到自动化的优势和风险的氛围。

虽然这是许多人的工作，但我感到自豪的是，自动化正在走进的健康和理解的氛围，以及劳资双方在准备共同制定一种包含自动化工厂的工业生活模式方面的合作，有一部分可能要归功于我早期为提请人们注意这两个因素所做的努力。

第十五章
南锡,控制论,巴黎及以后的日子

1946—1952 年

1946 年夏天,在法国南锡大学将要举行一次关于调和分析的非公开数学会议。我受邀参加。事实上,会议大部分的讨论内容都与我的想法有关。我乘坐一艘荷兰船前往英国,在参加会议之前,我像往常一样访问了英国和我的英国朋友。我去了伦敦大学学院,霍尔丹正在那里执教。他已与第一任妻子离婚,现在娶了一位很有才华的年轻遗传学家,她在战争期间曾是他的助手,协助他进行有关高压下各种气体效应的生理实验。

他们两人都曾多次穿上潜水服,潜入钢制的水箱中,在不同气体的高浓度环境下进行实验,直到这些气体变得非常有毒,以至于他们都抽搐起来。我相信霍尔丹抽搐了四次,他的妻子抽搐了七次。这与霍尔丹所遵循的传统是一致的,他把自己当作小白鼠,去承受他所能找到的各种极端的生理条件;他在战争早期的无畏精神也使他成为清除敌人投在岸上的地雷的专家。

总的来说,霍尔丹是这样一种人:当有一项他认为重要的工作需要完成时,他会有意让自己处于危险、不适或令人讨厌的境地。在他身上有一种高于理性水平的东西,类似于我也在同事佩利身上发现的那种不计后果的动力。

和霍尔丹夫妇住在一起的时候,我愉快地拜访了在特丁顿(Teddington)的英国国家物理实验室、伦敦大学的各个学院、曼彻斯特大学和剑桥大学的同行们。我发现曼彻斯特大学在高速自动计算器的新技术方面走在了前列。而在英国国家物理实验室,图灵正在把数理逻辑和电子学结合起来,这与香农在美国所做的工作相同。总之,我发现英国的氛围已完全有条件吸收我当时提出的关于控制、通信和组织的新思想。

实际上,是我到达巴黎时,开始考虑要写一本全面论述这些主题的书。在那里,MIT的一位同事向我介绍了我所见过的最有趣的人之一,赫尔曼(Hermann)公司的出版商弗赖曼(Enrique Freymann)。

弗赖曼(他刚去世,唉!)是墨西哥人,他最初是作为墨西哥外交部门的文化专员来到巴黎的。他的一位祖父是退休的德国船长,在墨西哥西海岸的特皮克(Tepic)地区安家。另一位祖父是同一地区的印第安人首领。我朋友的两位祖母都是西班牙人。弗赖曼在索邦大学对面开了一家简陋的小书店,时不时就会有一位科学界或其他知识界的名人光顾,他津津乐道地向我讲述了他的两位祖父[①]如何分别试图抓住他,不让他受到对方影响的:一位祖父告诉他要永远做一个欧洲人,另一位祖父则提醒他自己是一个印第安人。

我们详谈了墨西哥,最后谈到我的科研工作。弗赖曼提出了他最感兴趣的问题:我能否把自己关于通信、自动化工厂和神经系统的想法写成小册子,收录在他的丛书中?

他向我解释说,他是前出版商赫尔曼(Hermann)的女婿,在他岳父去世后,他是家族中唯一愿意继续经营这家出版公司的人。他向我讲述了他曾经通过各种方法为许多社团争取到出版合同,以及他如何利用这些合同建立起一家真正的知识出版社,它几乎完全摆脱了其他任何出版社会有的牟利动机。

我早就听说过法国有一群非凡的数学家在用"布尔巴基"的笔名集体写书,"布尔巴基"是一位昔日法国将军的名字,这群人开始以这个笔名写作,原是出于一种大学生式的恶作剧。弗赖曼告诉我,他实际上是这个小组的创始人,他希望通过发展一所新的虚构大学来扩大这个小组,这所大学的名字就叫"南加哥大学"(University of Nancago),取自芝加哥和南锡的两所现有大学[②]。

---

① 按照中国的叫法,应该是一位祖父和一位外祖父。——译注

② 一群法国优秀数学家从1939年开始,集体撰写数学丛书《数学原本》(*Éléments de mathématique*),旨在仿效欧几里得《几何原本》奠定数学的理论基础。该书的署名作者是"尼古拉·布尔巴基",据称来自"南加哥大学"——其实是因为这群数学家中的主要人物分别在法国南锡大学和美国芝加哥大学执教,而杜撰的大学。该丛书由赫尔曼公司出版,历时数十年,对现代数学的发展有较大的影响。——译注

第十五章　南锡,控制论,巴黎及以后的日子

我觉得与这样一个有趣的团体交往会很有趣。我同意为弗赖曼写一本书,我们在附近的一家糕点店喝了一杯可可,就签订了合同。

在此期间,我一直与芒德布罗伊保持联系,他其实就是南锡会议的组织者。我们一起做过一些数学工作,他还陪我前去南锡,乘坐的是高速小火车——它现在已取代了以前往返于首都和南锡之间的快车。我和其他外国大人物一起被安排住进那座美丽的酒店,它是斯坦尼斯劳斯(Stanislaus)广场上彼此很协调的建筑群的一部分。

这个广场的辉煌可以追溯到18世纪,当时波兰前国王成为洛林公爵①。作为首都,南锡几乎可以与巴黎或凡尔赛相媲美。据说,南锡宫廷的礼仪甚至比凡尔赛宫还要严格。事实上,这最终导致了公爵的死亡。据说有一天,他在屋顶上散步,有点醉醺醺的,不小心从一个烟囱上摔了下来,由于周围没有可以触碰他身体的级别足够高的人,他只能待在那里,直到窒息而死。

我下榻的酒店是国外参会者的总部。那里有来自丹麦的哈拉尔德·玻尔、来自瑞典的卡勒曼(Carleman)、来自巴塞尔的奥斯特洛夫斯基(Ostrowski)和来自苏黎世联邦理工学院的亲爱的老爹普朗舍雷尔(Plancherel)。耶森(Jessen)来自丹麦,博伊林(Beurling)来自瑞典,他们都属于年轻的一代。

其中,哈拉尔德·玻尔和卡勒曼现已去世。卡勒曼的死有独特的悲剧性,因为他的死是典型的斯堪的纳维亚模式,知道易卜生和斯特林堡②戏剧的人都很熟悉这种模式。他死于酗酒——不是这里经常导致毁灭的社交酗酒,而是炽热、激情的嗜酒狂,即使在斯堪的纳维亚国家最有教养的圈子里,这也是一种常见病。在会议期间,他经常带着醉意;之后在巴黎,我看到他红着眼睛,留着三天的胡子,来到芒德布罗伊的寓所,要求预支他应得的旅费。

在所有南锡人中,我见得最多的是洛朗·施瓦茨(Laurent Schwartz)。他的妻子是保罗·莱维的女儿,多年前我去普洛格莱索(Pougues-les-Eaux)探望

---

①　即斯坦尼斯瓦夫一世(Stanisław I,1677—1733),曾为波兰国王,后被入侵的俄国和奥地利人赶下台。法国国王把洛林送给他,使他成为洛林公爵。他住在作为洛林首府的南锡,领导对该城市的大规模建设。——译注

②　August Strindberg(1849—1912),瑞典剧作家、小说家和短篇小说家,其作品的主要特点是自然主义和表现主义。——译注

她父亲时见过她。施瓦茨的工作与我的工作非常相似。他将我在《数学学报》上关于广义调和分析的论文中已经论述过的领域又进一步推广了。他为其建立了高度抽象的基础,而这正是他所属的布尔巴基学派所有工作的特点。

我们这些客人作为个人和团体,被带入南锡小城的社会生活。这时法国正处于困难而艰苦的时期,葡萄酒被葡萄汁取代,美味的法式面包中可能含有一半的玉米面;但我们的主人却一个比一个地热情好客。很明显,如果一位女主人在宴会上准备了三种蛋糕,那么下一位女主人就会准备四种,再下一位女主人就是五种了。在这些宴会上,我们见到了校长先生、市长先生和省长先生。我们深信,校长先生、市长先生、省长先生以及他们各自的夫人,多年来一直周而复始地见面。尽管这种生活体现了礼节、文化和教育,但它的刻板却让新英格兰小镇看起来像是社会自由的圣所。

在我写这本书的时候,南锡大学还没有像其他许多法国外省大学那样,因大批优秀学者流向巴黎学术中心而损失得那么厉害。不过施瓦茨后来还是遵循法国学术生涯的传统去了首都。在我访问南锡大学时,它对于那些希望看到最好的法国大学生活并希望得到仍处于最旺盛精力和上升阶段的年轻人的充分注意的年轻数学家来说,是一个绝佳的访问中心。但现在,它又显示出退步成为一所不求上进的法国外省大学的迹象。

这次会议非常成功,我们发现可以很好地整合我们的工作。我回到巴黎。在与布利冈(Bouligand)一起工作了几天后,我们共同撰写了一篇论文,并与弗赖曼进行了进一步的磋商,之后我渡海到英国,在从南安普顿上船回国前,我作了短暂访问。我想就是在这第二次旅行中,我再次访问了牛津大学,并去了更西边的布里斯托尔,在那里我见到格雷·沃尔特(Grey Walter),他向我展示他在脑电图方面所做的极其有趣的工作。

1875年,理查德·卡顿(Richard Caton)在英国对动物进行了脑电图研究,不过德国人汉斯·贝格尔(Hans Berger)是第一个对人体头皮上显示的某些电位进行观察的人。这些电位起源于大脑的电化学活动,与各种神经和精神疾病有一定的关系,但这种关系还不太清楚。从一开始,人们就对这些现象寄予厚望,认为这是一种直接了解大脑生理机能的方式,而且事实上,这些现象在癫痫和癫痫先兆期病例中显示出某些可辨识的特征。

除此之外,在适当的条件下还可以观察到脑电波的某些规律性。其中最明显、最稳定的就是所谓的阿尔法节律,它是一种周期约为十分之一秒的振荡。

要读懂这种不规则振荡并不容易,其中包含的许多信息是肉眼无法看到的。我在之前一章讲述我与阿图罗·罗森布吕特共同从事生理学研究的经历时说过,我最近开发了一些数学工具,使观察者能够对脑电波做出更接近明确的判断。这项工作目前由 MIT 和马萨诸塞总医院的科学家们共同参与,正在进行中。

格雷·沃尔特博士虽然出生在美国,但长期生活在欧洲,可以说是欧洲脑电波研究的领军人物之一。他是一个充满热情和活力的人,他设计的仪器可以画出全面显示大脑不同部位脑电波的图像。这幅图像很有趣,毫无疑问将有助于研究大脑的正常生理机能和诊断大脑疾病。不过与我们在研究中使用的工具相比,它在数学细节方面更多是概括性的,并不精确。事实上,沃尔特的科学观更接近于图像艺术家,而不是数学家。

与我自己差不多同时,沃尔特开始看到反馈机器与人类神经系统之间的类比关系,并制作能够显示动物行为某些特征的机械装置。我一直在研究能自动飞向灯光的"飞蛾"。沃尔特的自动机被叫做"海龟",能展示一系列更复杂的行为。其中包括一种它们可以在行动中相互避开的机制,以及另一种机制:当它们"饿了"——准确地说,是当它们的蓄电池耗尽时——它们可以被引导到一个类似于兔舍的地方,在那里它们可以给自己充电,直到蓄电池被重新充满。

我从南安普顿回国时乘坐的是一艘荷兰船,跟我来时所乘坐的是同一艘。在这两次航行中,乘客名单中有很大一部分是移民到美国的荷兰农民,其中许多人曾居住在大急流城(Grand Rapids)附近的密歇根地区。他们大都出身农民,从小深受加尔文主义宗教的教育,这种情况在荷兰比比皆是。战后他们回到家乡,与在战争中饱受苦难的同胞进行第一次接触,他们在国家复兴中发挥了重要作用。我用荷兰语说了一两次脏话,恐怕失去了他们对我的尊敬,当时他们身体颤抖的样子,我在新英格兰农村从未见过。

然而当这些优秀、朴实、高贵、可敬的人走进吸烟室,喝上一两杯荷兰杜松子酒后,他们就会唱起古老的荷兰歌曲,甚至开始以古老的荷兰方式跳舞,就像在扬·斯滕[①]、阿德里安·布劳沃[②]和老勃鲁盖尔[③]的画作中所展示的那样。衣服变了,但这些端庄的农妇和健壮而严肃的农夫的脸庞一点也没变,甚至有些歌曲,以及我想还有些舞蹈,可以追溯到17世纪。

回到美国后,我发现自己必须重新开始在墨西哥的工作。我的女儿芭芭拉正在为那个夏天怎么过而有点犹豫不决,于是我就带她一起去墨西哥。我与阿图罗·罗森布吕特一起开始更多的神经生理学工作,我继续与同一群人生活在一起,生活方式与我之前的访问完全相同。芭芭拉和我,以及后来加入我们的玛格丽特,在旧赛马场上的房地产开发项目中的一栋公寓楼里找到住处,我们共享一个屋顶花园,从那里我们可以看到波波卡特佩特(Popocatépetl)和伊斯塔西瓦特尔(Iztaccihuatl)两座火山上的皑皑白雪。同一栋楼的另一套公寓里住着一对年轻的美国夫妇。那位丈夫也在国立心脏病研究所工作,我们经常一起讨论我答应写给弗赖曼的那本关于预测理论和控制装置的书。

我非常努力地写这本书,而首先令我头疼的是,该为这本书取一个什么样的书名,以及为所写的主题取一个什么样的名称。我首先在希腊文中寻找一个表示"信使"的词,却找到了唯一的词"angelos"。这个词在英语中的特定含义是"天使",即上帝的信使。所以该词的原义无法给我提供正确的语境。然后我在控制领域寻找合适的词。找到了唯一的希腊语词"kubernētēs"(舵手)。我决定,既然我找的词要在英语中使用,就应该利用希腊语的英语发音,于是就有了"cybernetics"(控制论)这个名字。后来,我发现早在19世纪初,法国物理学家安培(Ampère)就在社会学意义上使用过一个相应的词,但当时我并不

[①] Jan Steen(1626—1679),荷兰风俗画画家,作品以心理洞察力、幽默以及丰富的色彩为特点。——译注

[②] Adriaen Brouwer(1605—1638),佛兰德斯(现属比利时)风俗画画家和绘图师,对佛兰德斯和荷兰的艺术家都产生过影响。作品大都取材于普通生活:农民在酒馆里抽烟、喝酒或斗殴;庸医在面无表情的病人身上做手术等等。——译注

[③] Pieter Brueghel, the Elder(1525—1569),16世纪佛兰德斯最伟大的画家,一生以农村生活作为艺术创作题材。——译注

第十五章 南锡,控制论,巴黎及以后的日子

知道。

我选择"控制论"这个词的原因是,为了表达其所蕴含之概念所适用领域中全部的控制技术和科学,这是我所能找到的最佳之词。多年前,万尼瓦尔·布什曾向我建议,应该找到新的科学工具来处理关于控制和组织的新理论。我最终开始在通信领域寻找这些工具。我早期对概率论的研究,如对布朗运动的研究,使我确信,在一个一切都是必然的、没有任何事物是偶然的世界里,不可能获得关于组织的重要概念。这样一个刚性的世界,其组织性就如同一座刚性焊接的桥梁。一切都依赖于其他一切,没有任何事情只依赖于桥梁结构的某一部分而与另一部分无关。其结果是,在这样的桥上,没有办法将其应变(the strains)局部化,除非一座焊接起来的桥所用材料能够产生并重新调整其内部应变,否则应变几乎肯定会如此集中,以至于桥会在不知何处断裂或扯开,并将倒塌。

因此,一座桥梁或一座建筑之所以能够经久耐用,只是因为它不是完全刚性的。同样,一个组织只有在其各个部分都能或多或少地对内部压力系统做出反应的情况下才能存在。我们必须将组织视为这样一种东西,其中组织起来的几个部分之间存在着相互依存关系,但这种相互依存关系又有程度之分。某些内部相互依存关系一定比其他的更重要,这就等于说,内部相互依存关系并不完全,系统的某些量确定后,会给其他量留下了变化的机会。这种因情况而异的变化是一种统计性的变化,而只有统计理论才有足够的自由度,使得组织的概念具有重要意义。

我不得不回到威拉德·吉布斯的工作,回到关于世界不是一个孤立的现象,而只是具有全面概率分布的多种可能现象之一的思想。我被迫把因果关系看成是能多能少的东西,而不是要么有要么没有的东西。

我的控制论思想的整个背景就在我早先的工作记录中:因为我对通信理论感兴趣,所以我不得不考虑信息理论,尤其是关于系统的某一部分的知识所给予我们的,关于系统其余部分的部分信息。因为我研究过调和分析,知道连续谱问题会让我们回去研究那样的函数和曲线,它们太不规则,故不在经典分析的范围内;所以我对不规则有新的重视,并对宇宙的本质不规则性形成了一

种新的概念。因为我曾与物理学家和工程师以最可能密切的方式一起工作过,所以我知道我们的数据永远不可能精确。因为我对神经系统的复杂机制有些研究,所以我知道我们周围的世界只有通过神经系统才能进入,并且我们关于这个世界的信息仅限于神经系统所能传递的有限信息。

并非巧合的是,我在上中学时写的第一篇幼稚的哲学论文,题目就是"无知论"(The Theory of Ignorance),当时我还不到 11 岁。即使在那个时候,我就已经意识到,借助人类思维这样一种松散的机制,是不可能产生一个完美严密的理论的。当我跟随伯特兰·罗素学习时,我无法让自己相信存在一个包含所有逻辑的封闭的公设集合,在它们所定义的体系中没有任何任意性的余地。在这里,在没有他们高超的技巧作为证明依据的情况下,我预见到后来哥德尔及其追随者对罗素的某种批判,他们提供了真正的证明,来否认存在任何这样单一的封闭逻辑:它是从一套规定的法则以封闭和严格的方式推导而出的。

在我看来,逻辑、学习以及所有的思维活动,永远不能作为一幅完整和封闭的图景来理解,而只能通过一个人把他自己与其所处的环境关联起来(en rapport)的过程来理解。重要的是为了获取知识的战斗,而不是胜利。每一次绝对的胜利之后,都会立即出现"诸神的黄昏"①,这时胜利的概念在取得胜利的那一刻就被消解了。

我们在无序的洪流中逆流而上,这股洪流倾向于将一切都归结为热力学第二定律所描述的热死平衡和同一性(sameness)。麦克斯韦、玻尔兹曼和吉布斯在物理学中所说的热死,在克尔凯郭尔②的伦理学中也有相应的论述,他指出,我们生活在一个混乱的道德宇宙中。而我们的主要职责是在其中随心所欲地建造有秩序和有系统的飞地(enclaves)。这些飞地一旦被我们建造出来后,不会因其自身的动力而无限期地留存在那里。就像红皇后所说的那样,

---

① The Twilight of the gods,北欧神话中的一个重要事件,众神在一场大战中大部分丧生,世界被毁灭。然后世界重新崛起,变得洁净和富饶,幸存的神和回归的神将会面。——译注
② Soren Aabye Kierkegaard(1813—1855),丹麦宗教哲学心理学家、诗人,现代存在主义哲学的创始人,后现代主义的先驱,也是现代人本心理学的先驱。——译注

第十五章　南锡,控制论,巴黎及以后的日子

如果不拼命奔跑,我们就无法留在原地①。

我们不是在为无限期的未来取得最终胜利而战。能够存在,能够继续存在,能够一直存在,就是最大的胜利。任何失败都无法剥夺我们的成功,因为我们曾在这个似乎对我们漠不关心的宇宙中存在过一段时间。

这不是失败主义,而是生活在这样一个世界——其中的必然性就是任何差异都会不可避免地消失——的一种悲剧感。面对大自然压倒性的无序趋势,我们宣示自己的本性,并试图建立一块有组织的飞地,这是对诸神及其强加的铁一般的必然性的蔑视。这里有悲剧,但也有荣耀。

这些就是我希望综合在我的《控制论》一书中的理念。我最初的目标相当具体和有限。我想介绍香农和我本人正在发展的新信息理论,以及源于战前柯尔莫哥洛夫的工作和我对防空预测器的研究的新预测理论。我希望让要比我的"黄祸书"读者更多的公众注意到这些观点之间的关系,并向他们展示一种主要是统计的通信工程新方法。我还希望让这些公众注意到人类神经系统与计算和控制机器之间的那么多的相似之处,它们启发了罗森布吕特和我的共同研究。然而我只有竭尽自己的全部才智,才有可能完成这项多重形式的任务。几乎在一开始,我就清楚地认识到,这些新的通信和控制概念涉及对人类、人类对宇宙的认识以及对社会的新诠释。

通信绝不仅限于人类,因为已经发现至少在哺乳动物、鸟类、蚂蚁和蜜蜂中,都有不同程度的通信;然而相较于所有的动物之间的通信,如鸟类的叫声和求偶舞蹈,蜜蜂向巢中同伴指示蜜源方向和距离的哑舞,以及我们刚刚开始了解的其他所有的通信方式,人类的语言比动物的这些方式更发达、更灵活,并且因此提出了一些完全不同的问题。

除了显而易见的多种语言,以及任何单一语言作为一种表达方式具有广泛的表达范围之外,人的大脑中似乎有广泛的区域专门用于语言和听觉以及

---

① 这是在 Lewis Carroll 的《爱丽丝镜中奇遇记》(参见第 148 页)中,红皇后对爱丽丝说的话。它在西方世界被广泛引用,相当于中国的古语"逆水行舟,不进则退"。美国进化生物学家范瓦伦(L. van Valen)甚至于 1973 年提出关于物种竞争的"红皇后假说"(The Red Queen hypothesis):物种如果不进化,就会倒退甚至灭绝。——译注

阅读和书写等不同方面，这也证明了高度发达的通信方式对于人的无比重要性。

与外部世界通信意味着接收来自它的信息并向它发送信息。一方面，这意味着观察、实验和学习；另一方面，这意味着对外部世界施加影响，使我们的行动变得有目的和有效。实验实际上是与外部世界进行双向对话的一种形式，其中我们用发出的指令来确定接收到的观察结果的情况，同时我们用接收到的观察结果来提高发出的指令的有效性。

通信是社会的胶合剂。社会并不只是众多个体为了各自的争斗和繁衍后代的聚集，这些个体还会在一个更大的有机体中亲密互动。社会有自己的记忆，它比所属任何个人的记忆都要持久和丰富得多。在那些有幸拥有良好文字记录的社会中，这种公共传统的很大一部分都被记载下来；但也有一些社会，虽然没有文字，却以宗教仪式来记忆部落颂歌和历史，以此技术形式保存了整个传统。

社会学和人类学主要是通信科学，因此属于控制论的范畴。社会学的一个特殊分支被称为经济学，与社会学的其他分支相比，它的特点是拥有更好的数值衡量标准；由于社会学本身的控制论特性，经济学也是控制论的一个分支。所有这些领域都共享控制论的一般思想，尽管其中许多领域的数值技术还没有精确到值得利用控制论的全部数学工具的地步。

除了在这些已有科学中的作用之外，控制论必然会影响到科学哲学本身，特别是在科学方法和认识论或知识论领域。首先，在控制论和我早先的研究中如此明显的统计观点迫使我们对秩序或规律性采取新的态度。完美的信息中没有任何可测量的东西，就此而言可测量的信息不可能是完美的。如果我们能够测量因与果之间的关联程度（我在信息论方面的许多研究表明，这是一个完全可能实现的目标），那么这只能是因为宇宙并非一个完全严密的结构，而是一个在不同区域可能存在微小变化的结构。这样我们就能观察到，宇宙某一方面的变化会给其他方面带来多大的变化。

因此，从控制论的角度来看，世界是一个有机体，它结合得既不太紧密，所以某些方面发生变化并不会使所有方面都发生变化；也不太松散，所以不是任

第十五章　南锡,控制论,巴黎及以后的日子

一件事都可以像其他任何事一样轻易发生。这个世界既没有牛顿物理学模型的刚性,也没有处在一种最大熵状态或热寂状态下的——此时不可能有真正的新事物发生——缺乏细节特征的柔性。这是一个"过程"的世界(a world of Process)①,而不是一个"过程"所导致的最终死寂平衡的世界,也不是一个在所有事件发生之前就由像莱布尼茨那样预先确定的和谐所决定的世界。

在这样一个世界里,知识的本质就是认识的过程。寻求处于时间尽头之宇宙的渐近状态中的最终知识是没有用的,因为这种渐近状态(如果存在的话)很可能是无时间的、无知识的和无意义的。知识是生命的一个方面,如果它一定要被解释的话,就必须在我们活着的时候加以解释。生命是个人与环境之间持续不断的相互作用,而不是永恒形式下的存在方式。

所有这些表示了一种方式,用它我相信能够来为克尔凯郭尔以及受他影响的那些作家之悲观主义增添一些积极的东西。在这些人中间,最有影响的是存在主义者②。我并没有用一种波利亚娜③意义上的乐观哲学来取代存在之阴郁,但我至少让自己相信,我的前提(它们跟存在主义的前提相差并不远)与对宇宙和对我们在宇宙中的生活所持的积极态度是相容的。

这些是我在撰写关于控制论一书时在脑海中反复思考的主要观点。我和阿图罗以及同住一栋公寓的美国生理学家进行了讨论。我们都觉得这些想法很有希望成为重要的东西,尽管我们中没有一个人,甚至连我自己都没有想到,当它们付梓出版后,会引起那么大的轰动。

我因为没有把很多时间花在阿图罗和我共同的工作上感到有些不安。这项工作稍有停滞,究其原因,并非是阿图罗或我的完全责任。阿图罗是个午后和傍晚工作的人,要到下午三四点钟才会精力充沛,他可以一直工作到午夜以

---

① 作者在这里的论述,反映了西方"过程哲学"(Process Philosophy)流派的思想。该流派认为,存在是动态的,反对传统哲学一直把现实描述为静态个体的思想方法。过程哲学的历史可以追溯到古希腊哲学家赫拉克利特提出的"万物皆流"(everything flows)。——译注
② 存在主义(Existentialism),1930年左右至20世纪中叶在欧洲大陆影响最大的哲学思潮,有多种流派,其共同点是对世界上人类存在的一种解释,强调其具体性和问题性。其思想渊源主要来自克尔凯郭尔的神秘主义、尼采的唯意志主义、胡塞尔的现象学等。——译注
③ Polyanna,起源于美国作家Eleanor Hodgman Porter于1913年创作的系列儿童同名小说,宣传极度乐观主义,对美国民众有很大影响。——译注

后。而我是一个早上工作的人，一觉醒来就进入最佳状态，到了下午两点就开始松懈，天黑之后就完全无法进行创造性的工作了。结果我们的合作有了许多间隙时间，我只能找些事情来填补，而《控制论》的写作确实起了填补的作用。

我撰写这本书，受到了不时产生的家庭开支的驱使，这些开支在当时对我构成极大的威胁，迫使我把精力投入这项新工作，而这项工作也成为我后来所有事业的基础。当时我的各种开支堆积，而我又没有积累的财富来支持它们。我决定像其他许多作家做过的那样，通过写作来填补财务亏空，如果做得到的话。在这里先提一下，我这样做确实成功了：虽然我的写作从未使我成为富翁，但《控制论》这本书是我目前所享有的一切保障的开端。

现在，MIT第二学年的学期即将来临，我准备返回美国。就在启程前不久，我完成了这本书，并把它寄给了巴黎的弗赖曼。我如释重负，利用在墨西哥剩下的几天时间，我参观了塔斯科（Taxco），并与我的墨西哥朋友们度过了一段美好时光。

几年来，我一直患有白内障，此时，双眼的白内障已经发展到严重影响阅读的程度。没有别的办法，只能动手术摘除眼球晶体。自然，眼科手术是一件使人在精神上感到惊恐的事情。不过我很幸运，我的眼科医生得到了我的充分信任，他也知道如何安慰我的情绪。结果我发现手术的折磨比我预想的要小，于是我做好准备，适时接受另一只眼睛的手术，以及双眼的一系列小手术，这些手术是使我获得最大可能的好视力所必需的。

在很大程度上，我的近视和白内障手术相互抵消了。最后的结果是，我现在不戴眼镜也能比以前更好地看远处了，阅读视力也达到了可以忍受的水平。尽管如此，手术还是让我的眼睛对过分强的光线和长时间的使用都相当敏感。它们迫使我改变了工作习惯，不过在某些方面的改变对我自己非常有利。

现在，我的大部分数学工作是在黑板上而不是纸上完成的，这就让我不必再很不舒服地时而看远时而看近了，这样做时我还必须戴上双焦点或三焦点眼镜。更重要的是，它让我有效地使用高效率的秘书，取代了我用手或打字机的写作习惯。

第十五章 南锡,控制论,巴黎及以后的日子

对于我这种手脚笨拙的人来说,单纯的写作一直是一项不受欢迎的任务,而我对它的厌恶使我的文笔变得简练,并让我写的字歪歪扭扭难以辨认。现在我摆脱了这种状况,于是自手术以来,我从事写作之多远远超过我以前认为可能达到的程度。

我一直觉得,文字作品既是给眼睛看的也是给耳朵听的。促成这种想法的一个原因是,我在八岁时有长达六个月的时间被禁止使用眼睛,所有的教学都是靠耳朵来接受。口述迫使作者意识到语音,我非常喜欢口述。我的记忆力比一般人强得多,没有笔记对于我来说并不是障碍。当我想到一个想法,必须将它整理成一个比较周详的手稿时,我就会将它口述给我的秘书,然后我们一起再加以润色。

我的所有口述都是直接对着秘书做的,我不喜欢非人性的口述机器。一个受过教育、有品位的秘书才有可能完成我要求她做的工作,这样的人可以而且应该通过她的反应和表情(如果没有其他方式的话)对我的口述不断提出批评。这样就建立起一个我应该(用我的控制论词汇)称之为反馈过程的东西,我充分利用了这一过程。

而且在我口述的时候,会有很长一段时间是我在思考下一句要说的话,而在这段时间里,我几乎总会忘掉要让听写机上那可恶的圆筒停止转动,然后又忘了再启动它。

我给MIT的领导,特别是MIT出版社的官员看了我的控制论书稿。他们很感兴趣。他们确实希望能在美国出版这本书。

从一种角度看,这并不困难,因为这本书是用英语写的,尽管它将出现在法国的丛书中。而从另一种角度看,由于我已经授予弗赖曼该书的版权(因为他一收到书就接受了),所以在我们能够使用他的胶版来印刷发行美国版本的书之前,还有一些法律和道德方面的问题需要解决。

所有这些问题最终都得到解决,MIT出版社和约翰·威利父子公司接手了这本书。顺便说一句,在同一时间,这两家出版社还合作再版了我的那本"黄祸书"。

弗赖曼对《控制论》商业前景的估计并不高,事实上,大西洋另一边的任何

人也都这样认为。当这本书成为科学畅销书时，我们都大吃一惊，而我自己并不是吃惊最小的。

这本书一下子把我从一个在自己的领域里声誉良好但影响有限、干活的科学家变成公众人物。这令人感到高兴，但也有其不利之处，因为从那时起，我就一直致力于与五花八门的科学团体合作，我不得不成为一场运动的一部分，而这场运动的迅速发展已经超出我个人所能控制的范围。

《控制论》是对我以前从未写过权威性论述的那些问题的新阐述，同时也是集我种种思想之大成。由于校对工作是在我不能用眼的情况下完成的，而且本应提供帮助的年轻助手们也没有认真对待他们的责任，所以这本书的形式相当令人不满意。

这本书出版后获得了很好的评价，而且如我已说过的，出乎意料地畅销，我于是受到大量约请撰写多少带有通俗性质的论文和发表公开演讲。有一段时间，我不断地接受那些恭敬奉承的撰稿和演讲邀请，这给了我一种新的、也许是虚假的重要感。

然后我明白了，如果我想为科学做出更多贡献，如果我想保持应有的健康状况，我就必须节省精力。一般来说，演讲邀请所获得的报酬或声望，抵偿不了我所付出的大量精力。我还从自己痛苦的经验中学到，一名演讲者必须花多大的力量才能保护自己免受剥削。

出于非常相似的理由，我不接受工程咨询的请求。那些来自跟我的研究相近之领域的咨询者，他们通常对得到我名字的兴趣，比对得到我可能的任何想法的兴趣大得多。此外，接受公司工程师的一轮又一轮的询问，接触和会见一些其主要目的是把我榨干的陌生人，而在所有这些苛刻的要求下，我还要保持和蔼可亲的样子，这种折磨连宗教裁判所的施刑者们也不会使用。

在这段时间里，我的女儿们都已 20 岁上下，正在上大学。芭芭拉有几年在投身科学事业和从事新闻工作之间一直未做决定。她先是在拉德克利夫女子学院学习一年，然后又去 MIT 学习了一段时间。她在波士顿大学学习新闻专业，但直到与戈登·雷兹贝克（Gordon Raisbeck）结婚后，她才在新泽西州莫里斯敦（Morristown）的家附近的德鲁（Drew）大学完成了她的学业。在此期间,她在位于华盛顿的科学服务社做了许多科学新闻工作。

佩姬进入塔夫茨学院学习,我也是在这所学校完成本科学业的。她的专业是生物化学,毕业后在 MIT,在伦敦和在波士顿大学攻读了一定的研究生课程。她曾在伍斯特实验生物学基金会(Worcester Foundation for Experimental Biology)工作过一段时间。佩姬不久后结婚,现在新泽西州北部的一家制药公司工作。

我的两个女婿都是贝尔电话实验室的工程师,从事着肯定属于数学的工作,也做其他更具应用性的工作。因此在我的家族中,数学能力从岳父传给女婿,这就是我已经说过的数学的特殊遗传。

1950 年,我获邀作为富布赖特(Fulbright)研究员前往法国,并在法兰西学院讲学。法国方面的邀请来自芒德布罗伊。我最终决定,我不能花整整一年的时间来完成这项任务,所以直到 12 月我才启程前往法国。

我的法国朋友为我在萨伏依(Savoy)找了一家旅馆,在那里我可以休息一下,然后再开始我相当艰巨的任务。这些工作之所以艰巨,是因为我还要参加 1951 年 1 月初在巴黎举行的高速计算机和自动化大会。

大会结束后,我去英国逗留几周,和霍尔丹夫妇住在一起。不久玛格丽特和佩姬也来了。

玛格丽特和我立即动身前往巴黎。我们在巴黎天文台的一栋楼里住了几个星期,一下子就融入了这个社区的学术和社会生活。

我很享受在法兰西学院的教学生活,完全被当作自己人对待。我的讲课有 20 天,每到讲课的那一天我都要去小办公室,思考几分钟我的讲稿,在日志本上签到,然后装着木腿的校役把我领进阶梯教室。我用法语讲课,词汇不够用时就向听众求助。

第一天我就发现有一位老朋友在听课。他是一位法国医生,曾在墨西哥国立心脏病研究所工作,有一次我过度劳累,是他照顾了我。这次在法国期间,他一直照顾我的健康,并邀请我和我的妻子在他的公寓里度过了许多愉快的时光。此后他曾多次访问美国,因此我们有机会在自己的土地上回报他的盛情款待。

数学家们让我们完全融入他们的家庭生活。我经常去探望亲爱的老阿达马和他的妻子,在我们看来,虽然他们都已经八十多岁了,但几乎不见老。我们也去弗雷歇和布利冈的家作客。

我还在法兰西学院之外做演讲,其中有几次是在高等电信学院(Ecole Supérieure de Télécommunications)的一个小组面前讲工程学。我还在一个大厅里作了哲学讲座,这个大厅几乎紧挨着萨特的寓所——存在主义的老家。我们还参加过一位哲学教授家里的沙龙,在那里我受到完全是法国式的追捧。

我花了很多时间与弗赖曼在他的办公室里闲聊,在蒙帕尔纳斯(Montparnasse)大道的"精选"酒吧(Bar Select)下棋,以及参加城里的其他小娱乐活动。我们经常去看电影,对巴黎的好餐馆和咖啡馆也略知一二。

我在前一年另写了一本供大众阅读的书。它比较通俗地讲述了控制论,特别强调社会的因素。书名是《人有人的用处》(The Human Use of Human Beings),该书已由霍顿·米夫林(Houghton Mifflin)出版社出版,并以平装本的形式出现在道布尔迪出版社(Doubleday)的《铁锚丛书》(Anchor Books)中。我想把它卖给巴黎的一家出版商翻译成法文。我终于找到了这样一位出版商,他就是两岸(Deux Rives)出版社的迪费兹(M. Dufèze)先生。

复活节时佩姬来看我们,于是我们全家去了一趟南锡大学,我在那里发表了演讲。洛朗·施瓦茨和他的朋友们和上次一样热情好客。我妻子的法语比我好,佩姬也发现自己能够很好地参与我们的谈话和社交生活。

春天晚些时候,我在巴黎的讲学结束了,玛格丽特和我一起去马德里。在最后一次法国之行的前一个夏天,国际数学家大会在马萨诸塞州的坎布里奇举行,我参加了这次会议。在会上,西班牙人对我很热情,我收到了去马德里讲学的邀请。我申明,当他们知道我的观点后,可能会不喜欢它,但他们并不以为然。

我接受了他们的邀请。与此同时,我的东道主读了我的一些著作,断定让我在一个极权国家讲述自己的自由观点,是危险的。虽然我的西班牙语和法语说得一样好,但他还是要求我用法语讲课,我现在相信,这样我的讲课一般就不容易被理解。他嘱咐我只讲工程和数学,不要讲任何政治、哲学或生物学

第十五章 南锡,控制论,巴黎及以后的日子

方面的东西。

我们住进一家极好的旅馆,受到最热情的款待,但在整个期间,我们感到自己被与这个国家隔绝开来,不让我们了解国内的情况。鉴于我们的西班牙语知识和旅行经验,这种隔绝是无法维持的,因为我经常去附近的公园散步,与那里的人们交谈,玛格丽特和我还乘火车去了埃斯科里亚尔(Escorial)。当我们的主人发现我们这样躲过了他的监视时,他非常生气,而当另一位西班牙朋友提出带我们乘汽车去塞维利亚旅行时,他就更生气了。

于是我们很高兴能离开这个国家,回到法国的自由生活中去。我们在令人愉悦的巴斯克(Basque)小镇圣胡安德吕兹(St.-Juan-de-Luz)度过部分假期。在那里,我全身心地投入到一项在美国开始、在巴黎和马德里继续进行的工作中——撰写这本自传的前一卷,书名为《昔日神童》。重温我童年时期作为神童的困难经历是一种巨大的精神压力,但把它们写出来也是最好的精神疗法。

我们在回国的交通问题上遇到了一些困难,于是我们回到巴黎来解决这件事以及其他一些重要问题。我们在圣日耳曼教堂附近一家舒适的左岸旅馆安顿下来。然后我们回到萨伏依休息,直到做好准备返回美国。

我们下榻的萨伏依镇的一位医生,是我们在巴黎的医生朋友的父亲。在萨伏依逗留快结束时,我因讲课和写作过度操劳而头痛欲裂,不得不去镇医院就诊。与此同时,我的巴黎朋友写信给他的父亲,推荐了一种合适的治疗方法,使用之后,我的病情立即大为缓解。尽管如此,我们在前往热那亚乘船的旅途中,我还是备受疾病的折磨,我被交给船上的外科医生照顾。他继续对我进行治疗,当我回国时,我已经恢复得不错了,但却非常疲惫。

我和妻子几乎是立刻就去了墨西哥,参加墨西哥大学庆祝建校四百周年的活动。当时颁发了荣誉学位,我获得其中的一个。墨西哥人的庆典活动极其奢华,两周的庆祝活动虽然令人愉悦,但也让我筋疲力尽。我继续与阿图罗合作,直到1952年1月我们返回美国。

甚至在此之前,印度数学家就已经开始与我商谈,希望我能访问印度并在那里讲学。直到1953年的圣诞假期,我才觉得自己有权利前往印度。

第十六章
印　　度

1953 年

1953年12月，我作为印度政府和一批政府支持机构的客人，开始了为期七周的印度讲学之旅。这次旅行的契机是在海得拉巴（Hyderābād）举行的全印度科学大会。访印之旅很早就在商谈之中，但几年来一直未能敲定，因为要使印度政府和我自己的几项要求在时间上和旅行本身的性质上准确地相互吻合是很困难的。我不愿意在没有我爱妻的保护和陪伴下独自旅行；但如果我逗留的时间短，那显然不可能提出这个要求，而要逗留较长时间，当时我实际上做不到。

然而在1953年初，情况变得使我们刚好能做像一次为期六七周的印度之旅这样的事。我的健康曾经因最近之成功带来的严重折磨而受到相当的损害，但现在已经恢复得很好，只要稍加注意，我应该能够经得起这次旅行。此外，我的女儿佩姬显然即将与一位年轻的工程师和学友约翰·布莱克（John Blake）订婚。事实上，这个订婚是在1953年秋季学期的较早时候宣布的。一方面，这使得我的妻子必须留在美国，为婚礼做多方面的准备。另一方面，会有一个准备婚礼的热闹时期，在此期间，我或多或少会成为自己家中多余的人。我于是敲定了赴印旅程的安排，将于12月19日离美，在女儿婚礼前一周返回，婚礼定于2月20日举行。

就像我之前在中国和墨西哥的经历一样，我这次印度之行的动机也不仅仅是因为不安分或无聊的好奇。越来越多的印度作者在我们的科学期刊上发

第十六章　印　度

表论文，我们越来越需要东方来补充两次世界大战后在智力和道德上日渐衰弱的西方。我很高兴有机会去看看国际科学生活中的又一个新成员，并感受那里的氛围。

当然，我早先的出国访问为我的印度之行提供了一些准备。我对中国和日本的访问使我对东方国家，以及那些既有很强的知识能力，又很贫穷，而且刚刚开始进入真正的国际科学生活阶段的国家的特殊问题，都有一定程度的了解。另一方面，墨西哥（我已在十年的时间里彻底熟悉了她）则将她的一些问题与属于热带气候的问题结合起来。我在美国和英国认识了许多印度学生和同行。他们（其中好些人我将在印度重逢）让我对印度的具体情况，特别是对构成印度生活之基础的那种强烈的宗教态度，有了一定的了解。

12月19日下午，我乘飞机离开波士顿前往巴黎。我并不喜欢航空旅行。这种旅行太短暂，无法鼓励旅客间的新接触，也无法让人为新的紧张的经历做好精神准备。

巴黎的机场正在罢工，因此我们不确定飞机要飞往哪里。事实上，直到飞机改变行程计划在香农机场[①]降落时，我们才被告知要在布鲁塞尔[②]下机。最后我才知道，我们将乘坐包车而不是飞机前往巴黎。我们驱车一小时接一小时地穿过比利时，白天顺利越过边境。天黑后到达巴黎荣军院（Gare des Invalides）火车站时，我发现由于罢工，我乘坐印度航空公司飞机的下一站行程仍然没有着落。

我于是在巴黎度过愉快的三天，包括拜访朋友，即席演讲，以及联系出版商和同行。我很幸运地发现，在赫尔曼出版社有一小笔我甚至都不知道的版税钱在等着我。但是可怜的弗赖曼，就是他告诉了我这个好消息，却在我到访后不久因中风而去世。

我得知，自己必须在23日晚上离开巴黎前往日内瓦，我的飞机将从那里飞往印度。我在日内瓦与一位神经科医生一起度过了平安夜，我以前见过他很多次，我的家人跟他也很熟。

[①] 该机场位于爱尔兰。——译注

[②] 比利时的首都。——译注

踏上印度航空公司的飞机,就等于从瑞士进入印度。飞行员们都是印度人——大部分是帕西人(Parsis),两名女服务员也是印度人。机组人员中还有额外的仆人,这在东方是常有的事,膳食也是根据乘客的宗教和饮食要求特别准备的。由于我宣称自己是素食者,我发现这对于我来说是一个理想的安排。

我们在孟买降落,在印度原子能委员会秘书的帮助下,我匆匆通过了海关和移民检查。这位秘书被派来照顾我和其他来孟买参加全印度科学大会的外国科学访问者。我俩一见如故,他带我到朱胡(Juhu)海滩,在棕榈树下与他和他的妻子一起喝茶。我一踏上印度的土地,就感受到印度人的热情接待,而且在我整个印度逗留期间始终如一。

泰姬陵酒店是东西方文化的奇妙结合,我在那里安顿下来后,第二天去参加新的原子能研究所的奠基仪式,它建在港口附近军事区内。一批令人感兴趣的知名人士出席了奠基仪式,其中包括尼赫鲁[①]本人,他发表了简短而精彩的讲话。印度红衣主教也来到现场,他是一位身材高大的果阿[②]绅士,代表了葡萄牙在印度的古老宗教传统。这一基督教传统,就像南方古老的叙利亚基督教传统一样,经常被外国人忽视,或者说没有得到足够的重视。实际上,葡萄牙人在印度的历史比莫卧儿帝国[③]还要悠久。尽管果阿目前不在印度本土(至少在我写这篇文章的时候是这样),但果阿人遍布印度,尤其是在孟买。他们认为自己是地地道道的印度人。我曾有幸在陆军和海军中见到果阿军官,很明显,他们认为自己是真正的印度人,其他人也这样认为。

让我印象深刻的另一件事是,奠基仪式用的是英语。英语仍然是印度的主要语言之一,尽管有政治家们发起的一场由来已久的运动,要以印地语或当地语言取而代之,并将印度的纯英语教育局限于至少部分是英国血统的人。

这些人,即英裔印度人,是印度人口中比许多人想象的更古老、更重要的组成部分,他们在接受自己是印度人以及被其他印度人接受的压力下,过得相

[①] Jawaharlal Nehru(1889—1964),印度开国总理(1947—1964)。——译注

[②] Goanese,现在是印度的一个邦,从16世纪初开始,长期成为葡萄牙的殖民地,直到1961年被印度以武力夺回。——译注

[③] Mughal Empire,突厥化的蒙古人帖木儿的后裔巴布尔于1526—1857年在印度建立的王朝。——译注

第十六章 印　　度

当艰难。事实上，毫无疑问，这是他们唯一真正的未来。

英裔印度妇女，与帕西人和南方基督徒一起，做航空公司的空姐，原因很特别，因为这份工作需要穿欧式服装，而印度教徒和穆斯林都不太喜欢女性穿欧式服装。

对于所有的陆军和空军的军官，以及在某种程度上对于所有的海军官兵，英语是唯一可接受的语言。这在很大程度上是由于现代战争的技术性质，以及任何一种本地语言都缺乏足够的技术词汇和用语，而这些语言在这些方面确实大量借用了英语。英语仍然是印度所有科学分支的语言，虽然印度正在为将来改用印地语而努力，但要知道这一举措能取得多大成功，现在还为时尚早。

英国在印度的统治与之前的莫卧儿王朝的统治一样长，其影响并非短暂。爱国的印度人当然喜欢大肆宣传自己的历史而不是英国人的历史，甚至把印度兵变①描写成一场独立战争。在20世纪上半叶的大部分时间里，印度人对英国满怀着深仇大恨，如今在很大程度上已经消退，尊重英国已经不再是屈从于异族统治的标志，印度人对其他外国的评价可能没有英国那么好了。

英国人帮助印度完成了向完全独立的过渡，并继续留在印度担任尚未找到合适的印度人接替的职位，他们不仅受到尊敬，而且还受到爱戴。我指的是像蒙巴顿勋爵（Lord Mountbatten）及其夫人这样的人，借调留在印度从事技术工作的高级军官，以及一小部分科研机构的负责人。

我在这里所说的适用于整个印度，但我对英语在南方的作用尤为印象深刻。我的那些并非职业亲英人士的印度朋友告诉我，在马德拉斯（Madras）市②，95％的各阶层居民都懂英语，而且英语说得还不错。这可能是因为泰米尔（Tamil）语是一门非常难学的语言，并且它在印度的其他地区不通行，而印地语对于泰米尔人来说就像英语一样陌生和难学。

在印度各地都能见到讲泰米尔语的人，由于他们天生的能力和知识修养，

---

① Indian Mutiny，1857—1859年在印度发生的反对英国统治的广泛暴动，由为英国东印度公司服务的印度军队发起。在印度它也被称为第一次独立战争。——译注

② 1996年起更名为金奈。——译注

他们更愿意使用英语作为与北印度朋友交流的惯用工具。

奠基仪式结束后，我去参加一个以尼赫鲁为主要客人的聚会，有机会跟他见面，并看到他所受到的极大尊重，甚至崇敬。他看起来相当疲惫和虚弱，但我听说他拥有巨大的力量。印度和他都将需要这种力量；因为在他担任领袖的国大党中，似乎没有人甚至能够接近他的地位成为二号人物。

奠基仪式后的第二天，我乘飞机前往艾哈迈达巴德(Ahmadābād)。我被送到那里去参加印度科学院的会议。会议的主要人物是物理学家、诺贝尔奖获得者 C. V. 拉曼爵士[1]。

我住在物理学家维克拉姆·萨拉巴伊(Vikram Sarabhai)教授的家中，他也是我的朋友巴利亚塔夫妇的密友。事实上，巴利亚塔夫妇在我之前不久也在他家小住。萨拉巴伊夫人是一位著名的印度古典舞蹈家，她让她的歌舞团住在自己的家里。我曾在墨西哥大学四百年校庆时看过她及其歌舞团的演出。

由于我们有共同的朋友，萨拉巴伊一家把我当成家人。事实上，我应邀参加了他们大家庭每周一次的聚餐，地点就在维克拉姆·萨拉巴伊的父亲——艾哈迈达巴德纺织业界的领袖——的家中。

在这个家庭宴会上——我应该说是家族宴会，因为印度家庭是一个比西方家庭范围更广的群体——我是在场的唯一的非印度人，为了迁就我这个外国人的习惯，我被安排使用一张桌子就餐，其他人则围着放在地上的小平台就餐。

在座的萨拉巴伊家族成员中，最令人感兴趣的可能是维克拉姆的外祖父，他是一位老先生，曾在多个土邦担任首席长官。他身材修长、禁欲、贵族气质十足，像他这样的老人在新印度的发展中起着不可缺少的重要作用。《吠陀》[2]的戒律非常精确地规定了人生的正确历程。根据我的理解（我不确定是否符合其原义），一个男人应该度过二十年的青年时期、二十年的士兵时期（或者更准确地说，积极参与世界的斗争和争论）和二十年的一家（印度意义上的大家

---

[1] Sir C. V. Raman(1888—1970)，印度物理学家，因发现拉曼效应获 1930 年诺贝尔物理学奖。——译注

[2] Veda，源于古印度的一大批宗教典籍。是最古老的梵文文献，也是印度教最古老的经文。——译注

庭)之主时期。在这之后,他应该成为"三尼沙"(sunnyasi),即宗教隐士,并将余年用于沉思神性和获得印度人称之为"涅槃"(nirvana)的那种救赎。这样,他就可以跳出注定转世为新的动物和人身的轮回顺序。

印度仍然存在着传统的"三尼沙",吉卜林的《第二部丛林之书》(*Second Jungle Book*)中的故事"普伦·巴加特的奇迹"(The Miracle of Purun Bhagat),就讲述了一个"三尼沙"。

然而,对于一个掌管着自己命运的印度来说,纯粹的沉思生活是不够的,她需要做很多事情来阻断贫穷、无知和苦难的延续,所以她不能奢侈地听凭有能力、有经验的人只顾忙于自己的救赎。于是这些优秀老人对来世深沉而虔诚的冲动,被升华为无私地服务于社会所需要的这样一些事务,其中经验和正直是不可或缺的,而且没有任何个人利益动机。

印度人不紧不慢地在他们自己的经文中为这种更世俗、更实际的做法寻找理由,认为它在宗教意义上等同于"三尼沙"的生活。他们这样做是完全正确的。任何一个国家都不可能太多地使用仅仅从外部传入的动机和行动方式,而必须在自己的传统和精神中,为自己的发展找到道德上的支持,这些发展是解决新问题所必需的。

与其他现代人一样,这些老先生有的也穿西服,但也有许多人坚持自己国家的服装和方式。当他们这样做时,表现出了惊人的优雅和美感。当一条简单的羊毛披肩披在一位温文尔雅的年迈贤者的肩上时,就像阿旃陀(Ajanta)或埃洛拉(Ellora)寺庙中佛像的服装,看上去是多么的高贵。

在萨拉巴伊的家宴上,拉曼爵士和夫人也出席了。拉曼在印度的新发展中,既是一位重要人物,也是一种象征。他是一个南方婆罗门,具有许多南方婆罗门与生俱来的敏锐和深刻的智慧力量。而他的性格中又多了一份积极和明确性,这表明他熟悉运用权威,并愿意积极参与生活。拉曼是一位应用物理学家和出色的实验家,而不是人们所想象的在印度的那种理论物理学家。

我在艾哈迈达巴德做了几次演讲,一次是关于我在量子理论方面所做的尝试,一次是关于预测理论。然后我去了浦那大学(Poona University),参观了校园,校长就属于我说过的那些优秀的印度老先生。我还在国家化学实验室（National Chemical Laboratory）做了演讲。在那里我跟正在研究物理化学方面各种重要问题的学生见了面。该实验室的负责人 G. I. 芬奇[①]是珠穆朗玛峰的伟大攀登者，在他的下属和印度百姓中深受爱戴。

印度对英国人的态度已发生了根本转变。要跨越统治者与被统治者之间的障碍交朋友一直是很困难的。统治者可能自认为高人一等，而被统治者可能会担心自己被当作在奉承拍马，为了自身的利益而跟随统治者。印度脱离英国则已极大地促进了真正的英印友谊。

甘地和尼赫鲁明智而稳健的建议为英国成为印度最受欢迎的西方国家做出了很大贡献。我们也不能忘记蒙巴顿夫妇作为最后一任总督和总督夫人，在放弃英国在印度的权力和为新秩序做好准备方面所奉行的明智政策。我不会说，对英国过去的政策已经没有多少批评了，但同时也有了这样的有益认识，那就是，在面对一个既新又旧国家的现实问题时，这种批评只是一种非常糟糕的逃避问题的方法。

我回到孟买后，一个俄国科学代表团来到印度，参加将在海得拉巴举行的印度科学大会。很明显，他们的目的之一是通过向印度人展示苏联科学的精华来进行间接的宣传。总的来说，这个代表团的成员是经过精心挑选的，其中虽然有一些人主要是政治辩护者，但也有一些真诚的、不搞政治、品德优秀的高水平科学家。

我在整个行程中，始终被安排跟这些俄国人住在同一个旅馆里。我必须从一开始就确定自己的对策。我当时认为（并且现在也觉得是正确的），任何个人敌意的表现都是不可取的，不会增加美国在印度人中间的良好声誉。我对俄国代表团的几位成员说："听着，我们要在一起待上几个星期，我不想让你们或我自己难堪。让我们友好相处，畅所欲言地讨论那些没有技术或政治含义的科学问题。"我的态度得到很好的回应，代表团中真正的科学家们在行程中没有在任何时候，用任何可能是宣传或套取情报的行为使我难堪。

一开始，参会的俄国小组完全由被选为科学家的人组成。当然，其中一些

[①] George Ingle Finch（1888—1970），澳大利亚物理化学家和著名登山家。1922 年与同伴首次携带氧气设备攀登珠穆朗玛峰到达海拔 8320 米的高度，创造了人类攀登高度的纪录。——译注

第十六章 印　　度

科学家是经济哲学领域的,这自然意味着他们应该采取正统的马克思主义观点。其余的代表似乎与其他国家的科学家很相似,在各自的科学问题上似乎并不坚持任何鲜明的路线。

在这早期阶段,与俄国小组的交谈相对容易。后来,他们从孟买领事馆和驻德里大使馆派来一批翻译之类的人员。这批人员的规模事实上与最初的代表团不相上下,而他们给我和印度人留下的印象却不如那些科学家代表的好。他们看起来更像是警察,主要目的是保护他们的科学家免受可能的西方欧美的影响,防止他们说出或听到任何可能对他们的政府不利的话。

一直用非常实用和有效的英语与我交谈的科学家们,在这些翻译员的强迫下,几乎只能说俄语。于是整个会议的气氛变得,我不想说是敌对的,但明显是不那么开放和友好了。每当我们中的一个人与俄国代表团中一人交谈时,总有一名翻译坐在近旁,要么把俄语翻译出来,要么至少把用英语说的每一个字都听进去。偶尔,他们似乎也会向他们所看护的人员明确示意,继续交谈是不允许的。

俄国人于是往往聚在一起,一同前往餐厅,很少与外国代表接触,也很少与那些显然不属于亲苏组织的印度人接触。我在这里讲述的是我所看到的情况,尽管我听说,在会议快结束时,俄国人确实进行了一些比较广泛和独立的接触。

俄国人来后不久,我们动身去海得拉巴,在那里所有外国代表都被安排住进希尔堡(Hill Port)的房子,这是一座相当破旧的宫殿,以前属于海得拉巴邦君主的一个儿子。在这里,一些宽敞的房间被改成宿舍,我和几位年长的英国杰出科学家住在一起。经过一段时间的相互熟悉,我们相处得非常融洽。

希尔堡与世隔绝,很容易让人联想到阿加莎·克里斯蒂(Agatha Christie)侦探小说中的场景。在这里有一个俄国代表团,还有其他许多像我一样的科学家,大家住同一幢房子,并且同桌用餐。印度的科学界名人和内阁部长每隔几个小时过来一下,然后离开,但除此之外,我们都很孤独,没有人会说一句印度语。我们逐渐地对大家被分为相互之间极少交流的两群人感到有点厌烦,我们西方人决定让非俄国人在餐桌上隔着空位就座,迫使俄国人坐在我们中间。

这一天，我们这些非俄国人乘坐包机前往奥兰加巴德（Aurangābād），从那里乘大客车前往阿旃陀和埃洛拉的奇妙石窟寺和雕塑。无论英国人在印度做了什么，他们还是保护了印度的古物和历史遗迹。印度人则在掌握权力后看到了英国人留下的优良传统并继承下来，他们继续保护这些古迹，并且鼓励他们的公民了解自己伟大的过去。

我们在奥兰加巴德住了两个晚上，然后在一天早上乘一架飞机去海得拉巴。我们本来以为这架飞机会把俄国人带来，因为他们也要来参观这些石窟。但在他们出发时发生了一系列的意外，于是他们不仅取消这次飞行，而且在印度逗留的其余时间里一直害怕坐飞机。他们决定中止阿旃陀之行是很不妥的，因为当时印度人花了很大的努力才为他们在奥兰加巴德找到住处。

我们不止一次地取笑这群俄国人，但我不得不承认他们很善于应对。有一次在海得拉巴举行"中国之友"会议，他们的积极表现得引人瞩目，不过我发现没有一个俄国人懂一句中文。我有点炫耀地展示了我的中文知识，并嘲笑俄国人不懂如此重要的世界语言。此外，我还问他们为什么不脱离队伍，与这个国家的人民进行更密切的接触。

我这样做时知道，像我这样的西方人提出的建议对于他们来说肯定只有负面的价值。事实上很明显的是，他们的派代表集体行动的政策，对于增进与印度人民交流所起之作用是很弱的。许多西方人都与印度人有着丰富的联系，可以真正在印度人家里与他们会面。

在海得拉巴逗留结束时，我们中的一些人应邀参加了一系列非正式聚会，海得拉巴内阁部长出席了这些聚会，其中有几次他们还是东道主。看到穆斯林和印度教徒不分宗教信仰在一起工作，看到印度教部长们在穆斯林部长夫人主持的早餐桌上用餐，令人感到非常振奋。

我乘坐飞机从海得拉巴去马德拉斯，在那里我的老朋友维贾亚拉加万（Vijayaraghavan）前来迎接，大约18年前我在英国认识了他，后来在美国他曾来我家做客。当时他是一个身材修长的年轻人，用一条洁白包头巾遮住他婆罗门教的发髻，我的两个小女儿喜欢玩弄他的头巾。他给她们留下了深刻的

第十六章 印　度

印象,我相信她们其实还给一个玩具娃娃取了他的名字。1952年,他再次来访,这次他没有戴包头巾,因为已经没有发髻可以遮掩了。我已长大成人的女儿们对他的感情则一如她们的孩提时代。

在马德拉斯,他是我亲切的朋友、东道主和顾问;虽然我住在酒店,而不是他家,但我除了睡觉,其余时间都和他在一起,我还在他家吃过几次饭。要知道,按照印度教的标准,我是一个外族野蛮人,一个被遗弃的人,在一代人之前,任何婆罗门都会认为我出现在餐桌上就是对他们的污染,所以我受邀吃饭是一种相当大恩惠和友谊的象征。我们经常在黎明时分出去,在印度洋壮观的拍岸激浪中游泳,他会带上他的女儿和小孙子。

我在他的研究所做了一次科学演讲,结识了他的那群可爱的朋友。我对马德拉斯活跃而热诚的知识分子生活留下了极好的印象。我向他的朋友们讲授了自动化工厂及其对未来印度可能产生的影响。我想我几乎是那里唯一的穿西装的人。

最后,维贾亚拉加万和他的母亲、女儿一起陪我去马德拉斯的迈拉布尔(Mylapore)郊区一座寺庙旁的一家小布店,帮我给我女儿佩姬挑选了一件华丽的藏红花丝绸纱丽,镶嵌着深红色的织金边,还帮我挑选了与纱丽搭配的女式短上衣材料。

在我逗留期间的许多场合,我们谈论了许多科学和个人方面的事情,我们对我们的子孙可能过上的生活进行许多猜测,他们是否会发现一个更加美好的世界——其中宗教和种族的偏见应该已经消退,所有民族都可以在普遍的人道氛围中为了各种各样的目的而相会。

离开马德拉斯,我去班加罗尔这座令人愉快的城市作短暂游览,在那里我又见到拉曼,做了几次演讲并积极参与学术。之后,我回到孟买塔塔(Tata)学院做客一周。孟买有许多一流的科学家,有印度人,也有外国人,我在那里找到丰富的教学和学习机会,特别是与几位年轻数学家合作并评论他们的工作。

在这段经历中,我的特别亲密的朋友是高善必(Kosambi)教授,他曾是坎布里奇中学的一名学生,当时他的父亲(来自英属印度的难民)正在哈佛图书馆研究丰富的梵文资料。也许由于早年在美国接受的训练,高善必教授比大多数印度同胞更像一名斗士,而不是一个安详的印度学者。不过我发现,他并不是唯一的为反驳我对印度人灵魂宁静之钦佩而对西方人之干劲表示同样钦佩的印度人。

在我遇到的其他孟买科学家中,还有马萨尼(Masani)和钱德拉塞卡兰(Chandrasekharan)。马萨尼是帕西人,我还多次见到他在塔塔学院的帕西同事巴巴(Bhabha)。我发现帕西人是一个非常有趣的群体,他们非常彻底地接受了新印度。然而他们的灵魂却在爱国主义和自认为准欧洲人(几乎是西方人)之间有部分的分裂,他们这十万人的少数民族是在英国人的统治下,接受了"准欧洲人"这种身份的。

我在孟买的逗留是我印度之行最有收获的部分之一,我与印度同事分享了我最新的工作成果。去印度的时候,我已经在研究多时间序列的预测问题,比如两点或多点的天气预报。这引出了一个所谓矩阵分解的数学问题。我以为自己已经完全解决了这个问题,但当我与马萨尼交谈时,他告诉我,这个问题应该从比我所设想的更广阔的角度来考虑,所以还有很多工作要做。在孟买期间,我尽最大努力去解决这个问题,并幸运地完成了这项工作。

我认为,我在印度积极从事新的创造性工作,而不仅仅是介绍已经完成的工作,这一事实使我与印度数学家的关系更加密切,否则我不能奢望走到这一步。不管怎样,我都努力践行我的观点,即教授高年级学生学科学的最好方法,实际上也是唯一的方法,就是与他们一起参与共同的事业。

我在孟买扶轮社(Rotary Club)发表关于民族和种族关系的演讲,并参加了一个MIT校友有趣的集会,他们似乎在印度新的国家发展中发挥了非常积极的作用。我还参观圣弗朗西斯·泽维尔(St. Francis Xavier)学院,在那里,西班牙耶稣会神父们似乎是一个备受爱戴的群体,他们与印度教徒、帕西教徒和穆斯林学生亲如兄弟般地相处在一起。事实上我发现,在印度的教会比这些神父的祖国西班牙之教会显得更加自由和开放。

我从孟买乘飞机前往加尔各答,有幸在马哈拉诺比斯(Mahalanobis)教授领导的印度统计研究所工作了一周。马哈拉诺比斯夫妇让我住在他们家里,

第十六章　印　度

我和他们一家的关系亲密到了迷人的程度。他们给我安排的房间,原来是给他们的朋友拉宾德拉纳特·泰戈尔①晚年时住的。

来来往往的印度和外国科学家非常有趣,加尔各答大学的玻色(Bose)教授对阿曼德·西格尔(Armand Siegel)和我本人的新物理思想做了睿智而深刻的批评,使我受益匪浅。我为研究所的工作人员举办了多次讲座,并随时准备同他们一起讨论他们的研究工作。

我经常去附近的一座寺庙——电影《大河》(*The River*)中一些情节的场景就取自那里——思考我的科学工作,我有幸受到那里的一位信徒的热情接待。他是一名邮局官员,每天都来参拜。他留着大胡子,穿着整洁的印度服装。他邀请我参观寺庙内部,这里直到最近是不对非印度人开放的。

马哈拉诺比斯夫妇和聚集在他们家的一帮可爱的朋友与我畅谈世界科学和世界政治。他们让我去参观加尔各答的景点,包括动物园和艺术博物馆。

加尔各答之行后,我又访问了贝拿勒斯(Benares),然后去了阿格拉(Agra)。贝拿勒斯给我的印象是一个险恶的仙境。另一方面,阿格拉的宫殿和陵墓,包括泰姬陵,则让我领教了如何将国王的奢华同纪律和均衡结合起来。

我从阿格拉来到德里。在那里我去看了由克里希南(Krishnan)教授管理得很好的国家物理研究所,我非常高兴地看到,该研究所既重视科学进步,也重视建立一支科学工作者队伍以使这种科学进步成为可能。利用太阳能的工作已经初见成效,并有望在未来取得更大的成果。即使仅局限于用太阳能而不是用燃烧牛粪的火焰来做饭,就已经为提高印度土壤的肥力做出了重要贡献。

我在克里希南的研究所和大学都讲了课。在大学里,我继续讲述了我在迈拉布尔受欢迎的演讲中谈到的主题,即自动化工厂对印度未来的意义。

在印度的逗留,让我思考起印度在工业化和科学化世界中的未来角色。

---

① Rabindranath Tagore(1861—1941),印度诗人、短篇小说家、歌曲作曲家、剧作家、散文家和画家,在向西方介绍印度文化方面影响深远,被公认为20世纪早期印度杰出的创作艺术家。1913年,他成为第一位获得诺贝尔文学奖的非欧洲人。——译注

正如我所说的那样,印度科学家在智力上可以与任何国家的科学家相媲美。但另一方面,技术熟练的技术人员,即科学技术战场上的军士,则更难招募。在艺术方面,印度手工艺精湛,但往往缺乏西方工场所要求的精确性和一致性。现正在放手大量招募这些科技军士,主要是从军事部门本身和新成立的大型国家实验室中招募。国家物理研究所依靠锡克人作为熟练工人的来源,他们在车间里表现出了同样的能力,即让他们在过去成为印度军队骨干的那种能力。然而到目前为止,该国的设施使得他们进入新技术工人阶层的人数相当少。

在人口的底层,有无限量的非熟练工人和效率不高的劳动力,这使得一个国家很容易发生毁灭性的阶级化,其性质甚至比英国在工业革命早期所发生的还要糟糕。

鉴于这些情况,我怀疑印度是否应该按照西方公认的大规模工厂劳动模式来实现工业化。这是实现直接工业化的最快捷方式之一,它使印度有机会利用其毋庸置疑的大规模人口资产。但我怀疑这一过程是否值得付出人类苦难的代价。村民生活窘迫,营养不良,而工业化城市则会更加窘迫,甚至会剥夺城市化的村民原本在印度贫困条件下还能拥有的卑微地位。19世纪工厂体系无节制的发展,已经使大城市的郊区变成印度饥荒和曼彻斯特单调乏味这两者的令人厌恶的混合体。

我不愿意忽视这样一种可能性,即印度未来的工业化通过尽早引进自动化工厂,而在很大程度上避开曼彻斯特或芝加哥的单调乏味和苦难。苦难因失业造成,但它更是纯粹因商品的匮乏而造成。自动化工厂所需要的人不是底层的工人,而是有非常高水平的科学家和工程师,以及相对较高水平的一小批高技能故障排除者和维修工人。印度很有把握在几十年内提供这两类人才,虽然它在一个世纪的大部分时间里无法提供一大批技术熟练、其收入足以让他们过上温饱的生活工厂工人。

当然,我可能是错的。可以想象,在自动化工厂制度下,工业快速增长的温室大气层所产生的弊端可能比它所能减轻的任何弊端都要严重。我不得而知。我所知道的是,在印度引入自动工厂新经济可能会发生得比我们大多数人愿意承认的更快,而且这很可能是它成为一个繁荣、高效的工业化国家的捷径。

换句话说,这是一种我们确实可能不得不放弃的可能性,但印度不能在没有彻底思考其意义的情况下放弃它。我听说尼赫鲁有兴趣仔细考虑,走这条替代的工业化之路的可能性。

结　束　语

我在写着这本书的最后几页时,已经 60 岁了,作为一个有创造力的数学家已进入生活的晚期。然而我仍在工作,我不愿认为我的努力已经结束。我的许多想法仍在为工程学和物理学的发展做出贡献,所以这样的一本书只是一份期中报告而已。

许多学者喜欢做这件事,那就是思考驱使自己从事学术研究并后来取得成功的原因:遗传与环境哪一个更重要。就我本人而言,要将这两个因素区分开来尤其困难,因为在很大程度上,我的遗传就是我的环境。

我不仅携带着父亲传给我的那些基因,而且经受了他对我进行的那种他认为对于男孩合适的训练,让我具有正是从他那里传来的性格特征。如果没有父亲的那份天性,我就不适合接受他的训练;如果没有他的训练,我从他那里获得的潜能就很可能得不到锻炼和发挥。

在父亲本人的世界观中,以及在他对我的训练中,都有一部分是要把理论与实践非常彻底地结合起来。父亲是一位语言学家,他认为语言的历史不是几乎孤立的有机组织的准生物学生长,而是各种历史力量的相互作用。对于他来说,语言学是文化历史学家的工具,正像铲子是考古学家的工具一样。有着这样一位在语言研究方面不能满足于形式和抽象的父亲,他的儿子自己也不能满足于那些没有真正接触过物理学的数学家所代表的薄弱的数学观点,这并不令人惊讶。

结　束　语

我父亲是最具独立性的人,所以我如果不宣布自己的独立性,甚至独立于他本人,我就不可能成为他忠实的儿子。从根本上说,他做的是他喜欢做的研究,就是我从小看到的那种工作。他的工作不是根据别人的命令,而是根据严厉的自我批评的内在要求。作为父亲的儿子,我只能按照这种模式行事。

我做了那些事情,我之所以做并不是为了响应外界的命令,而是因为我愿意遵循一种吸引我的模式,是因为我所做的每一项工作似乎都朝着一个明确的有组织的方向发展。我的纪律是一种自律,就像小时候父亲强加给我的纪律一样。

学者的纪律是对追求真理的奉献。它包括愿意做出这种奉献所要求的真正牺牲,无论是金钱牺牲还是名誉牺牲,甚至在极端的情况下(但并非没有先例),是人身安全的牺牲。然而这种纪律的主要部分是内在的,属于个人与科学本身的关系,而不是个人对开展科学的外部环境的反应。

首先,纪律并不排除犯错误。它所排除的是保留一个已经清楚地暴露了其错误性的错误。如果一条定理前后不一致,或者一个证明在你所能施加的最大压力下无法变得完整,那就把它扔掉吧。

这就是知识纪律的消极一面。不过它也有积极的一面。如果一条定理仅仅是看上去怪异或不同寻常,如果你尽最大努力也发现不了任何矛盾,那就不要把它丢在一边。如果一个证明看似唯一的错误就是它不合常理,那么就要敢于接受它,接受它的不合常理性以及全部。要有勇气坚持自己的信念——因为如果你不这样做,你就会发现,你可能已经想到的最好的东西,会被更大胆的人从你的眼皮底下偷走;而最重要的是,因为这是唯一男人该做的事。

我很幸运,出生并成长于第一次世界大战之前,在那个时期,国际学术界的活力和热忱尚未被之后四十年的灾难所淹没。我尤为幸运的是,我无须在任何一段相当长的时间里做现代科学工厂里的一个齿轮,做吩咐我做的事情,接受上级指派的任务,拥有自己的大脑只是像中世纪的陪臣拥有他的封地。如果我出生在这种现代封建知识体系中,我认为我将只是一个微不足道的人。我从心底里同情当代的科学家,他们中的许多人,不管他们是否愿意,都注定要成为"时代精神"的知识奴仆和撞钟的和尚。

我从父亲的非传统训练中得到或失去了什么？我不知道，因为我的生命只有一次。我的猜测是，在一个更传统、更温和的制度下，我可能会受到较少的情感创伤，但我不会发展出我的科学血脉中的强烈个性，这是因为我很早就接触到一个非常强大、非常有个性的人。正是这种在一位精力充沛的父亲面前为保持个性而进行的斗争，理所当然地使我的工作后来呈现出非常独特的形式。

虽然在另一种训练下我可能会取得一些成就，但有一点是明确的：如果没有任何训练和指导，我的职业生涯就会受到阻碍，我的工作效率就会被扭曲。对于一个有着精力充沛气质的人来说，很容易在琐碎的事情上消磨掉自己的力量。我最看重的是我早期与知识分子典范人物的接触，即使一种完全不同的接触可能会以另一种方式把我塑造成学者，但如果没有接触，我就会成为一事无成的怪人。我知道的许多情况表明，相对较少的科学接触，虽然不是绝对致命的，但仍然会造成损害和局限性。

科学家必须知道别人在做什么，以让他自己工作的个性正好能够实现。他必须生活在一个以科学为职业的世界里，其中有他可以与之交谈的同伴，在与他们的接触中，他可以展现自己的风格。

95%真正具有原创性的科学工作确实是由不到5%的专业科学家完成的，但如果没有其他95%的专业科学家帮助创造高水平的科学观点，这些工作的大部分就根本无法完成。即使是自学成才的学者，也必须感谢大学营造的无私学术氛围，正是这种氛围为他提供了活动的框架。

毫无疑问在当今时代，尤其是在美国，投身于正式科学事业的男性和女性比历史上任何时候都要多。这并不意味着科学的知识环境也得到了相应的改善。今天的美国科学家有许多在政府的实验室工作，在那里保密是当务之急，其保护方法是把研究课题刻意细分，以至于没有人能够完全了解自己工作的意义。这些实验室，包括大型工业实验室，都非常清楚科学家的重要性，因此他们被迫每天打卡上班，并对其最后一分钟的研究也要作出说明。假期被压缩到最低限度，但咨询、报告和参观其他工厂却被无限制地鼓励，因此科学家，尤其是年轻科学家，没有闲暇来培育自己的想法。

结 束 语

科学的报酬比过去任何时候都高。这种报酬的结果是吸引了许多以报酬为第一考虑的人进入科学界,他们不屑于牺牲眼前的利益来换取自己观念的自由发展。而那种科学内在的发展,尽管对未来的科学世界可能是重要的和不可或缺的,但一般不会给他们的雇主带来一分钱的收入。

也许企业已经学会了承担长期风险,但必须是可计算的风险;而从本质上讲,没有任何风险比从新观念中获利的风险更不可计算。

在这个时代,利润动机被推崇备至,以至于确实经常把所有其他动机排除之外。思想对社会的价值以多少美元和美分来估算,然而与新思想相比,美元和美分不过是转手即逝的货币。一项发现可能需要 50 年的时间才能导致新的实际应用,而它很少有机会给这样一些人带来好处,他们付出代价支持了导致这项发现的工作;然而如果不去做这些发现,而继续依赖那些已经存在的发现,我们就是在出卖我们的未来和我们子孙后代的未来。

像是一种学术传统,一片红杉树林可能已经存在数千年,而现在的木料则代表了许多世纪前太阳和雨水的投资。这种投资的回报直到现在才有,但有多少钱和多少证券仍然在同一批人的手中,哪怕只掌握一个世纪?因此,如果我们要用金钱的短期价值来衡量红杉林的长期生命,我们就没有能力把它当作一个农业企业来经营。在一个唯利是图的世界里,我们只能把它当作矿产来开采,而在我们的身后留给未来一片荒地。

有些科学思想我们可以清楚地追溯到 250 年前的莱布尼茨时代,但这些思想才刚刚开始在工业中得到应用。一个商业公司或政府部门,其主要工作是为了满足对新武器的迫切需求,它们在回顾以往时能看到这一时期吗?

伟大的科学树林必须托付给能够制定和维护长期价值观的长期机构。在过去,教会就是这些机构中的一个,尽管它在某种程度上已经从其崇高地位上跌落下来,但它还是催生了大学和其他知识机构,如那些科学院,这些大学和机构本身也延续了数百年。

这些长期机构不能也不会要求将它们的希望和理想立即转化为今日世界的微小变化。它们的存在是基于一种信念,即知识的发展是一件好事,最终一定会造福于所有人。

企业，尤其是最复杂的保险业，并不缺乏对长远未来的规划。精算师的技能在于估计风险。但一般来说，保险业并不仅仅关注防范破坏性风险。销售保险的公司也销售年金。同样，任何对未来的长期规划都必须包括对罕见和不可估量的有利情况以及罕见和不可估量的灾难的讨论。如果人类要生存下去，我们就必须为其提供罕见的、不可估量的好处，其中之一就是伟大的、有创造力的智者突然降世。

将智力天赋纳入长期计划的政策，必然要比普通企业之类的短期机构更长久，因此必须转移到更稳定的机构，如基金会和大学，它们至少考虑到这种政策的持续存在。

我不是一个人在说这些话，但是我在与时代的大潮流背道而驰。人们普遍认为，在科学领域，个人的时代，尤其是自由个人的时代已经过去。许多科学行政官员和大部分民众认为，大规模攻关无所不能，甚至认为思想观念已经过时。

在这种大规模攻关的驱动力背后，有许多强烈的心理动机。无论是公众还是行政大长官，都不太了解科学的内在延续性，但他们都看到其震撼世界的后果，并对此感到恐惧。他们都希望切除科学家的大脑，就像拜占庭国家阉割它的公务人员一样。此外，那些对自己的智力水平没有把握的伟大的行政官员，可以通过裁减其科学雇员来提高自己的地位。

我们可以用一个极端的例子来检验大型科学机构工作原则的合理性，那就是猴子的写作工间和打字机：在时代的进程中，它们几乎肯定会成功地打出字母表中的字母和字典中的单词的各种可能的组合。这些猴子和打字机工作的真正价值是什么？它们迟早会写出莎士比亚的所有作品。难道我们要把莎士比亚作品的诞生归功于这种大规模攻关吗？绝不是，因为在写出莎士比亚的作品之前，他们几乎肯定已经创作出几乎所有可以想象得到的无稽之谈和胡言乱语。

只有在抛弃了非莎士比亚的东西，或者至少是其中的绝大部分之后，莎士比亚才会脱颖而出，无论是在理论的还是在实践的重要意义上。说猴子的作品将包含莎士比亚的作品，与说一块大理石将包含米开朗基罗的雕像是一回

结 束 语

事。米开朗基罗所做的毕竟是纯粹批判性工作,即从他的雕像中去除遮盖在它上面的不必要的大理石。于是在最高的创作层面上,这种最高的创作不过是最高的批判。

当然,大型实验室本身能构成一个有限的例子。该实验室从最高层到最底层的各个层次工作者的大规模攻关,完全有可能错过最佳性能点,并且失去可能在一大堆不忍卒读的五流报告中获得的许多真正的好成果。这是当前大规模科学的一个可看到的实际缺陷。如果一个新的爱因斯坦理论在我们的一个超级实验室里以政府报告的形式出现,那么很有可能没人有耐心去阅读受同样资助发表的大量报告,并从中发现它。

大型实验室在最好的情况下可能会做很多重要的事情,但在最坏的情况下,它就是一个泥潭,既吞噬领导者的能力,也吞噬其下属的能力。

我还没有发现这样的大型实验室,使我在其环境中能够如此自由地发展我的工作,即把我工作的详细内容讲出来的自由。这很可能是我自身性格的一种局限性,但我与年轻人打交道的经验告诉我,这是许多有话要说的人所共有的局限性。我希望并祈祷,这个重要科学工作者阶层的价值不会因为短视的管理便利和时代潮流而被丢弃。当然,我之所以能够继续从事有益的工作,要归功于 MIT 管理层的热诚精神,归功于他们习惯于保护我,使我的时间不被无端占用,也不让那些对我的职能抱有狭隘观念的人来干扰我。

在 MIT 的自由氛围中工作 36 年之后,我已经 60 岁了,但我并没有发现自己的科学兴趣已经到了尽头,我希望我的成就也没有到尽头。在我看来,我在脑电波方面的合作研究即将开花结果,成为一门重要的科学。同样,我与阿曼德·西格尔在布朗运动和时间序列方面的合作研究,正在引导我重新考虑这个世界上原因和机遇所作用的相关部分。我不知道我还有多少年的时间,如果不能亲自完成这项工作,至少也要看到它正在进行,并了解我过去的想法在其中起了多大作用;但即使现在,我也可以合理地确信,我的科学事业虽然开始得早,但将持续得久。

人 名 索 引

阿达马(Hadamard, Jacques, 1865—1963), 法国数学家, 其最重要的数学成就是于 1896 年证明了素数定理; 在维纳的推动下, 曾于 1936 年 3 月来中国清华大学讲学 3 个月。 259,260,295,346—348,351,352,355,446

阿尔比(Albee), 康奈尔大学教授, 维纳选修了他的英国古典哲学家的课程。 115

阿尔杰(Alger Jr., Horatio, 1832—1899), 美国儿童小说家, 作品有 130 部左右, 大都讲穷孩子如何通过勤奋和诚实获得财富和社会成功。 83

阿尔杰(Alger, Philip), 维纳在阿伯丁试验场工作时的同事。 191

阿诺德(Arnold, Benedict, 1741—1801), 独立战争时期的美国军队的将军, 后叛变投靠英军, 其名字在美国成为叛国和背叛的代名词。 152

阿廷(Artin, Emil, 1898—1962), 德国数学家。 322

埃尔德什(Erdös, Paul, 1913—1996), 匈牙利著名数学家。 371,372

埃尔米特(Hermite, Charles, 1822—1901), 法国数学家。 351,352

埃格尔(Eger, Aqiba, 1761—1838), 犹太教大拉比, 维纳的先祖。 10

埃利奥特(Eliot, Charles William, 1834—1926), 美国教育家, 担任哈佛大学校长 40 年。 96

埃罗(Erro), 墨西哥天文学家, 维纳的朋友。 407

埃文斯(Evans, Griffith Conrad, 1887—1973), 美国数学家, 毕业于哈佛大学, "神童"西迪斯的好友和支持者。 100

艾肯(Aiken, Howard, 1900—1973), 美国数学家, 在哈佛大学造出了第一台依赖于继电器的新型开关计算机。 396, 397,419,420

艾略特(Elliott, T. S., 1888—1965), 英裔美国诗人、剧作家和文艺批评家, 获 1948 年诺贝尔文学奖, 维纳在哈佛大学的校友。 166

艾森哈特(Eisenhart, Luther Pfahler, 1876—1965), 美国数学家, 曾任普林斯顿大学教授。 259

爱德华兹(Edwards), 美国将军, 前"北方师"师长。维纳作为《华盛顿先驱报》记者, 采访过他及其亲友。 199,200

爱迪生(Edison, Thomas Alva, 1847—1931), 美国著名发明家。 264

人 名 索 引

爱丁顿(Eddington, Arthur Stanley, 1882—1944),英国天文学家、物理学家和数学家。 282

爱默生(Emerson, Ralph Waldo, 1803—1882),美国散文家、诗人和通俗哲学家。 134,191

爱因斯坦(Einstein, Albert, 1879—1955),世界著名物理学家,创建相对论,1921年获诺贝尔物理学奖。 145,147,152,208,228,231,240,250,284,335,360,408,423,424,467

安培(Ampère, André-Marie, 1775—1836),法国物理学家。 436

昂内斯(Onnes, Kammerlingh, 1853—1926),荷兰物理学家,因低温物理学的开创性成就获1913年诺贝尔物理学奖。 321

奥布赖恩(O'Brien),《华盛顿先驱报》编辑部主任,曾是维纳父母的邻居,维纳去他那里工作过。 198,199

奥尔科特(Alcott, Amos Bronson, 1799—1888),美国教师,作家,哲学家和改革家。 75

奥尔科特(Alcott, Louisa May, 1832—1888),美国女作家,其代表作是《小妇人》。 83

奥尔韦拉(Olvera),墨西哥国立心脏病研究所的看门人。 408

奥格登(Ogden, C. K.),维纳在英国剑桥大学学习期间的伙伴。 143

奥罗斯科(Orozco, José Clemente, 1883—1949),墨西哥漫画家和画家,专门从事政治壁画,喜欢人类苦难的主题。 410

奥斯古德(Osgood, W. F., 1864—1943),美国数学家,哈佛大学教授,介绍维纳去马萨诸塞理工学院。 174,184,197,201,234

奥斯特洛夫斯基(Ostrowski),瑞士数学家。 433

巴巴(Bhabha),印度塔塔学院教师。 458

巴贝奇(Babbage, Charles, 1791—1871),英国数学家、发明家,制作了第一台自动数字计算机。 8,307,397

巴利亚塔(Vallarta, Manuel Sandoval),维纳在马萨诸塞理工学院的墨西哥学生,后也成为该院的教授。 207,276,290,332,356,401,405,452

巴拿赫(Banach, Stefan, 1892—1945),波兰数学家。 169,208,254,256,257

巴纳姆(Barnum, Phineas Taylor, 1810—1891),美国表演艺术家,他采用耸人听闻的表演和宣传形式,普及了公共博物馆、音乐会和马戏团等娱乐活动。 258

巴尼特(Barnett),美国辛辛那提大学数学教授。 203,237,238,335

巴斯德(Pasteur, Louis, 1822—1895),法国化学家和微生物学家。 351

巴特勒(Butler, Nicholas Murray, 1862—1947),美国哲学家、政治家、外交官和教育家,1931年诺贝尔和平奖得主。曾任哥伦比亚大学校长。 167

巴特勒(Butler, Samuel, 1835—1902),英国作家,其自传小说《众生之路》甚有影响。 55,56,127

巴特利特(Bartlett, Frederic C., 1886—1969),英国心理学家,维纳在剑桥大学学习期间的好友。 153

柏拉图(Plato, 前428—前348),古希腊伟大哲学家。 115,131,145

鲍德温(Baldwin, George),维纳在MIT的女秘书。 31

鲍耶(Bolyai, John, 1802—1860),匈牙利数学家,非欧几何开创者之一。 248

贝尔纳(Bernard, Claude, 1813—1878),法国生理学家,首倡用双盲实验确保科学观察的客观性,不承认科学界的个人权威。 415

贝格尔（Berger，Hans，1873—1941），德国精神病学家，首次研究人类脑电波。 434

贝克（Baker，Henry Frederick，1866—1956），英国剑桥大学数学教授，专长几何学和分析。 144

贝克（Baker，Louise，1909—1981），美国女作家。8岁时因车祸失去右腿。但她还是设法滑旱冰、游泳、打网球，独自到欧洲旅行，并成为报纸记者。 106

贝内特（Bennet），维纳在阿伯丁试验场的数学同事。 192

贝特森（Bateson，William，1861—1926），英国生物学家，遗传学的创建者。 86

比尔德（Beard，Dan，1850—1941），美国插图作家，曾为少年科普读物《圣·尼古拉斯杂志》写系列文章。 50

比奇洛（Bigelow，Julian，1913—2003），曾在美国国际商业机器公司工作的年轻工程师，二战期间代表政府跟维纳开展合作研究。 381,382,388,389

比斯（Beith，John Hay，1876—1952），英国的一名校长和军人，也是小说家、剧作家、散文家和历史学家，以Ian Hay的笔名写作。 165

比索内特（Bisonette），维纳一家的朋友。 325

毕达哥拉斯（Pythagoras，约前570—约前490），古希腊著名哲学家、数学家。 95,265,284

边沁（Bentham，Jeremy，1748—1832），英国法理学家、哲学家、经济学家和社会改革者。 54

波里茨基（Poritzky），维纳在阿伯丁试验场的数学同事。 192

波利亚（Pólya，George，1887—1985），匈牙利裔数学家，后移居美国。 335

玻恩（Born，Max，1882—1970），德国物理学家，1954年获诺贝尔物理学奖。 147,212,286,287,289

玻尔（Bohr，Harald，1887—1951），丹麦数学家。 158,208,209,276,295—297,305,433

玻尔（Bohr，Niels Henrik David，1885—1962），丹麦物理学家，量子力学奠基人之一，1922年获诺贝尔物理学奖。 145,147,277,284,296,297,424

玻尔兹曼（Boltzmann，Ludwig Eduard，1844—1906），奥地利数学家，对电磁学和热力学有重要贡献。 438

玻色（Bose，Satyendra Nath，1894—1974），印度数学家和物理学家。 459

伯恩斯坦（Bernstein，Felix，1878—1956），德国数学家。 160

伯尔内（Börne，Ludwig，1786—1837），德国作家、记者、文学和戏剧评论家。 95

伯克霍夫（Birkhoff，George David，1884—1944），美国数学界领袖，跟维纳关系不太好。 173,174,184,190,232,233,240,241,290,291,293,302,311,364,407,408

伯利（Berle，A. A.），跟维纳同一年（1909）被哈佛大学录取的"神童"。 100,104—106,135

勃朗宁（Browning，Robert，1812—1889），英国诗人，剧作家。 18

博爱理（Boring，A.），E.G.博林的姐姐，动物学家。 181

博德特（Bodet，Torres），墨西哥教育部长。 407

博雷尔（Borel，Emile，1871—1956），法国数学家。 207

博林（Boring，Edwin G.，1886—1968），美国心理学家，维纳在康奈尔大学的研究生同学。 181

博谢(Bôcher, Maxime, 1867—1918),数学家,专长微分方程、级数和代数;哈佛大学教授。 46,137,175,337

博伊林(Beurling),瑞典数学家。 433

布拉施克(Blaschke, Wilhelm, 1885—1962),德国数学家,陈省身的博士生导师。 322

布莱克(Blake, John),维纳的二女婿。 448

布朗利(Branly, Edouard, 1844—1940),法国发明家,物理学家。他所发明的布朗利检波器,推动了无线电报的早期发展。 81

布劳沃(Brouwer, Adriaen, 1605—1638),佛兰德斯(现属比利时)风俗画画家和绘图师。 436

布雷(Bray, Hubert),维纳在阿伯丁试验场的数学同事,后曾任赖斯学院数学系主任。 192

布里奇曼(Bridgman, Percy, 1882—1961),美国物理学家,因其在高压物理方面的工作而获得1946年诺贝尔物理学奖。 126

布利冈(Bouligand, Georges Louis, 1889—1979),法国数学家。 207,208,275,276,278,434,446

布利斯(Bliss),美国芝加哥大学数学教授。 191,192

布鲁斯(Bruce, H. Addington, 1874—1959),美国记者,写过心理学方面的书,曾采访了维纳的父亲。 57,91

布罗德(Broad),英国剑桥大学教授。 201

布施(Busch, Wilhelm, 1832—1908),德国幽默作家、画家、诗人和雕刻家。 44

布什(Bush, Vannevar, 1890—1974),二战时期美国最伟大的科学家和工程师之一,领导了"曼哈顿计划";香农和李郁荣的导师,维纳的好友。 289,290,305,307—311,345,373,374,376,379,417,437

布尤科(Bouyoucos),密歇根大学学生,维纳登山旅行的伙伴。 171

蔡尔德(Child, Francis, 1825—1896),美国学者和教育家,其重要贡献是对民谣的系统收集、分类和整理;他介绍维纳的父亲入职哈佛大学。 24,244

查诺夫(Tsanoff),保加利亚人,维纳在康奈尔大学学习时期的好友。 116

柴门霍夫(Zamenhof, Lazarz Ludwik, 1859—1917),波兰医生和眼科专家,世界语发明者。 12

池原(Ikehara, Shikao, 1904—1984),日本数学家,维纳在MIT的博士生。 307,339,341,342

达·芬奇(da Vinci, Leonardo, 1452—1519),意大利文艺复兴时期最伟大的艺术家。 104,323

达尔文(Darwin, Charles, 1809—1882),英国博物学家,创立自然选择进化论,首次提出动物和人类有共同的祖先,震惊西方宗教社会。本人是一个不可知论者。 226

大仲马(Dumas, Alexandre, 1802—1870),法国19世纪浪漫主义作家。其代表作有《三个火枪手》《基督山伯爵》等。他跟儒勒·凡尔纳是好朋友,积极支持后者以浪漫主义风格创作科幻小说。 66,129

丹尼尔(Daniell, Percy John, 1889—1946),英国数学家。 204,238,275

道格拉斯(Douglas, Jesse),美国数学家,维纳在MIT的年轻同事。 358,359,361

德布罗意(de Broglie, Louis Victor, 1892—

1987），法国物理学家，1929 年获诺贝尔物理学奖。 147
德雷福斯（Dreyfus, Alfred, 1859—1935），法国犹太裔炮兵军官，因叛国罪受到审判并被定罪，后被证明是反犹主义的牺牲品。 351
德雷克（Drake, Sir Francis, 1540—1596），英国探险家和武装民船（听命于政府的私人或私营武装船只）船长。 319
德鲁（Drew, Daniel, 1797—1879），美国著名投机者，据说他从 100 美元开始，经过贩牛，经营汽轮机，操纵伊利铁路股票，赚到 1 300 万美元，成为当时美国最有钱的人。最后于 1876 年破产。 22
德谟克里特（Democritus, 约前 460—约前 370），古希腊哲学家，提出原子论。 280
德莫斯（Demos, Raphael），哈佛大学学生，维纳登山旅行的伙伴。 171, 178
迪费兹（Dufèze, M.），法国出版商。 446
迪金森（Dickinson, Lowes, 1862—1932），英国政治科学家，哲学家。 147
迪克森（Dickson, Leonard Eugene, 1874—1954），美国数论和群论专家，中国数学家杨武之（1896—1973）的博士生导师。 259
迪普里耶（Dupriez），比利时鲁汶大学的法学教授，他的一家跟维纳一家是朋友。 167
迪斯尼（Disney, Walt, 1901—1966），美国著名的电影、电视制片人和表演艺术家，动画片的先驱，也是米老鼠和唐老鸭等卡通人物的创造者。还规划并建造了迪斯尼乐园。 63, 377
蒂利（Thilly, Frank, 1865—1934），美国著名哲学和哲学史家，维纳父亲在密苏里大学时期的同事和朋友，后去康奈尔大学执教，帮助把维纳招入该校。 107,

110, 116
丁尼生（Tennyson, Alfred Lord, 1809—1892），是英国维多利亚时代最受欢迎及最具特色的诗人和剧作家。 400
杜威（Dewey, John, 1859—1952），著名美国哲学家和教育家。 32, 168
多比尔（Dolbear, Katherine），她的发表在《师范神学院》杂志上的文章"早熟的孩子"，给出对维纳的负面评价，令维纳父子十分气愤。 135
厄尔利（Early），维纳访学格丁根大学期间，在该校已留学 10 年的美国人。 157
恩格曼（Engemann, Herbert），维纳的学生，也是他的妻弟。 210
恩格曼（Engemann, Margaret, 1894—1989），维纳的妻子。 210—212, 271, 289, 291—297, 299—302, 313, 314, 316, 322—326, 328, 341, 347, 348, 352—358, 361, 367, 368, 436, 445—447
法兰克福特（Frankfurter, Felix, 1882—1965），美国著名法学家，曾担任美国最高法院大法官。 105
凡尔纳（Verne, Jules Gabriel, 1828—1905），法国著名科幻小说家。 65, 66, 399
范坎彭（Van Kampen, E. R.），荷兰年轻数学家，维纳的合作者之一，不幸早逝于脑瘤。 364
范德比尔特（Vanderbilt, Cornelius, 1794—1877），经营铁路和水上运输致富，绰号"船长"（Commodore），以他开头的范德比尔特家族是美国最富有的家族之一。 22
菲利普斯（Phillips, H. B.），维纳在马萨诸塞理工学院的数学同事。 206, 236, 275, 304
费米（Fermi, Enrico, 1901—1954），意大利裔美国物理学家。获 1938 年诺贝尔物

理学奖。 360,424

费希尔(Fisher, Bud, 1885—1954),美国漫画家,他创作的《马特和杰夫》(*Mutt and Jeff*)是美国第一部报纸每日连载连环画。 88

费伊(Fay),维纳在塔夫茨学院念书时的法语和德语教师。 81

芬奇(Finch, George Ingle, 1888—1970),澳大利亚物理化学家和著名登山家。 454

冯·诺伊曼(von Neumann, John, 1903—1957),匈牙利裔美国数学家、计算机科学家、物理学家和经济学家。 240, 287,335,347,360,364,382,392

佛朗哥(Francisco Franco Bahamonde, 1892—1975),前西班牙首相,独裁者。 357

弗拉马利翁(Flammarion, Camille, 1842—1925)。法国天文学家和作家,写过50多本书,其中包含关于天文学的科普书和科幻小说。 29

弗赖曼(Freymann, Enrique),墨西哥裔法国出版商,他策划出版了有名的布尔巴基《数学原理》,以及维纳的《控制论》。 432—434,436,442,443,446,449

弗兰克(Frank, Philipp),布拉格德意志大学数学教授,后作为难民去了美国。 322

弗雷格(Frege, Friedrich Ludwig Gottlob, 1848—1925),德国数学家,现代符号逻辑学奠基人之一。 250

弗雷歇(Fréchet, Maurice-René, 1878—1973),法国数学家,维纳的合作者。 197,208,241,247,250,252—254,257, 258,446

弗洛伊德(Freud, Sigmund, 1856—1939),奥地利精神病学家,精神分析学创始人,犹太人。 6,7,26,33,51,93,361—363

服部(Hattori),在哈佛大学访问讲学的日本教授,维纳帮助他完成其中国哲学课程的日常工作。 119,172

福林(Folin, Otto, 1867—1934),瑞典出生的美国化学家,哈佛大学教授,维纳家的亲密邻居。 46

傅里叶(Fourier, Joseph, 1768—1830),法国数学家,主要贡献在于建立热扩散偏微分方程,并发明利用三角函数无穷级数来求解。 265,266,309

富克斯(Fuchs, Klaus, 1911—1988),德国物理学家,1950年因向前苏联提供美国和英国原子弹研究的重要机密而被捕并判处14年监禁。因在狱中表现良好而于1959年获释,随即返回德国,继续从事核物理研究。 286,423

富兰克林(Franklin, Phillip),维纳的妹夫和他马萨诸塞理工学院的同事。 192, 193,201,267

富勒(Fuller),美国波士顿经纪人,维纳参加哈佛军团时期的射击教官。 178,179

伽罗瓦(Galois, Évariste, 1811—1832),法国数学家,创立群论,彻底解决了代数方程根式解的问题。 80

甘达拉(Gándara, Nápoles),墨西哥大学的数学教授,维纳的朋友。 406

甘地(Gandhi, Mohandas Karamchand, 1869—1948),印度民族解放运动领导人。 454

高尔斯华绥(Galsworthy, John, 1867—1933),英国小说家、剧作家,1932年诺贝尔文学奖获得者。 148

高善必(Kosambi, Damodar Dharmananda, 1907—1966),数学家、史学家,维纳的印度朋友,中国人民的老朋友。 457

高斯(Gauss, Johann Carl Friedrich, 1777—1855),德国伟大数学家、物理学家、天文学家、大地测量学家。 248

戈培尔(Goebbels, Paul Joseph, 1897—1945)，德国第三帝国的宣传部长。156

戈斯(Gosse, Edmund, 1849—1928)，英国翻译家，作家，文学史家，批评家。 56

哥德尔(Gödel, Kurt Friedrich, 1906—1978)，奥地利逻辑学家、数学家和哲学家，后移居美国。 146,200,322,438

歌德(Goethe, Johann Wolfgang von, 1749—1932)，德国著名思想家、作家和科学家。 244

格兰特(Grant, Ulysses, 1822—1885)，打赢美国内战的联邦军总司令，但在战后任职总统期间，被涉威士忌酒帮腐败案。 22

格朗瓦尔(Gronwall)，维纳在阿伯丁试验场的数学同事。 192

格劳斯坦(Graustein)，维纳在阿伯丁试验场的数学同事。 193

格雷(Gray, Henry, 1827—1861)，英国解剖学家，他的著作《人类解剖学》被认为是"医生的圣经"，多次再版。 86

格列柯(Greco, El, 1541—1614)，西班牙文艺复兴时期著名的幻想风格主义画家，擅长宗教画。 410

格林(Green, Gabriel Marcus)，维纳在阿伯丁试验场的数学同事，在哈佛大学工作，维纳妹妹康斯坦丝的未婚夫，后死于流感。 193,196,197

格林(Greene, Graham, 1904—1991)，英国小说家，剧作家，记者。 139

格林希尔爵士(Greenhill, Sir George, 1847—1927)，英国数学家，主要贡献在椭圆函数论。 259

顾毓琇(1902—2002)，江苏无锡人，获MIT博士学位，曾任清华大学电机系主任。 339,353

哈代(Hardy, Godfrey Harold, 1877—1947)，英国著名数学家。 115,139, 143,144,147,158,163,228—230,242, 291,292,298,303,318,319,321,339, 360

哈恩(Hahn, H.)，维也纳大学数学教授。 322

哈恩(Hahn, Paul)，维纳的同事与合作者。 415

哈蒙德(Hammond)，康奈尔大学教授，教维纳读柏拉图的希腊原本《共和国》。 114

哈钦森(Hutchinson)，康奈尔大学数学教授，维纳在他的指导下学习单复变函数论。 115,144

哈斯金斯(Haskins)，达特茅斯学院数学教授，死于肺炎。 195

哈斯克尔(Haskell)，维纳家庭的眼科医生。 59

哈特(Harte, Bret, 1836—1902)，美国西部文学的代表作家，以描写加利福尼亚州的矿工、赌徒、娼妓而负盛名。 15

海尔布伦(Heilbronn, 1908—1975)，德国数学家，主要研究代数数论。 307

海伦·凯勒(Keller, Helen, 1880—1968)，美国现代女作家、教育家、社会活动家。2岁时因突发的疾病猩红热丧失了视觉和听觉。1900年进入哈佛大学拉德克利夫女子学院学习。 58

海涅(Heine, Heinrich, 1797—1856)，具有世界声誉的德国诗人，深受维纳父子的喜爱。 54,129,362

海森伯(Heisenberg, Werner Karl, 1901—1976)德国物理学家，量子力学奠基人之一，1932年获诺贝尔物理学奖。 145,147,286,287

亥维赛(Heaviside, Oliver, 1850—1925)，英国物理学家。 208,266,267,276

汉伯格(Hambourg, Mark, 1879—1960),俄裔英国钢琴家。 44

荷马(Homer),生活于公元前8—9世纪的古希腊诗人,据称是《伊利亚特》和《奥德赛》的作者。 129

贺拉斯(Horace,前65—前27),古罗马杰出的拉丁文抒情诗人和讽刺作家。 129

赫尔德(Hölder, Ludwig Otto, 1859—1937),德国数学家。 364

赫尔曼(Hermann),法国出版商,创建了以他命名的出版公司,并由他的女婿弗赖曼继承。 432,449

亨德森(Henderson, Lawrence J., 1878—1942),美国生理学家,哈佛大学生物化学教授。 127

亨廷顿(Huntington, E. V., 1874—1952),美国数学家,维纳父亲的朋友,维纳在哈佛大学攻读哲学博士期间,曾跟随他学习公理化数学,对维纳的数学思想有很大影响。 128,131,137,175,249,250

洪堡(Humboldt, Friedrich Wilhelm Heinrich Alexander von, 1769—1859),德国著名地理学家、博物学家、探险家。1799—1804年间在美洲广泛旅游,对美国19世纪的科学发展影响甚大,在美国被称为"第二个哥伦布"、"美国的科学发现者"。去世后留下1万多卷图书资料,后被称为《洪堡藏书》(the Humboldt Library),其中大部被焚毁。后来美国"洪堡出版公司"根据留下的藏书书目,重新出版了其中一部分。它们应该就是少年维纳所看到的书。 49,51,226

胡洛蒂(Hu, Lottie),在美国拉德克利夫女子学院学习的中德混血女学生,学习期间住宿在维纳家中,兼做维纳女儿的家教和玩伴。 367

胡塞尔(Husserl, Edmund, 1859—1938),德国哲学家,创立现象学理论。 153,159

胡亚雷斯(Juárez, Benito, 1806—1872),1858年起担任墨西哥第26任总统,是墨西哥第一位土著总统。 406,410

怀德纳(Widener, Harry Elkins, 1885—1912),美国商人和藏书家,因泰坦尼克号沉没而逝世后,其母亲捐资哈佛大学建造以他命名的图书馆。 133,134

怀尔兹(Wildes, K. S.),MIT电气工程系教师,接替维纳在清华大学的讲学工作。 365

怀特海(Whitehead, Alfred North, 1861—1947),英国数学家和哲学家,与罗素合著《数学原理》,曾执教于哈佛大学。 128,130,144,146,153,166,168,232,247,249,252

怀特黑德(Whitehead, Jessie),英国数学家阿尔弗雷德·怀特海的女儿,维纳的朋友。 252,317

霍布斯(Hobbs),英国板球运动员。 319

霍顿(Houghton, Cedric Wing),跟维纳同一年(1909)被哈佛大学录取的"神童"。 100,105,106

霍尔(Hall, G. Stanley, 1844—1924),美国心理学家,被认为是儿童心理学和教育心理学的奠基人。 28,49,135

霍尔丹(Haldane, Charlotte),J.B.S.霍尔丹的夫人。 325,326,356—358,431,445

霍尔丹(Haldane, John Burdon Sanderson, 1892—1964),英国遗传学家、生物计量学家、生理学家和科学普及工作者,开辟了群体遗传学和进化论研究的新道路;是维纳的好友。 11,324—326,356—358,431,445

霍尔特(Holt, Edwin Bissell, 1873—

1946），哈佛大学哲学与心理学教授（1901—1918），新现实主义倡导者之一。 125

霍普夫（Hopf, Eberhard Frederich Ferdinand, 1902—1983），德国数学家和天文学家，后移民美国。 311, 312, 358, 359, 361, 383

吉卜林（Kipling, Rudyard, 1865—1936），著名英国作家，诗人，1907年诺贝尔文学奖获得者。他写的短篇小说集《丛林书》（*The Jungle Book*）是维纳的儿时读物，给他留下深刻的印象。 25, 28, 42, 129, 453

吉布斯（Gibbs, Josiah Willard, 1839—1903），美国19世纪最伟大的科学家之一，理论物理学家、化学家，对于热力学理论有开创性贡献。 8, 206, 229, 236, 237, 239, 240, 284, 311, 364, 390—392, 437, 438

吉尔（Gill），维纳在阿伯丁试验场的数学同事。 192, 193

吉尔伯特（Gilbert, William Schwenck, 1836—1911），英国剧作家、文学家、诗人。 186

吉尔布雷思（Gilbreth, Frank Bunker, 1868—1924），美国工程师，与妻子共同开发了时间与动作研究法，以提高工作效率。 430

吉尔布雷思（Gilbreth, Lillian），弗兰克·吉尔布雷思的妻子。 430

吉田耕作（Yoshida, Kōsaku, 1909—1990），日本著名数学家，他所写的《泛函分析》是经典名著，多次再版，在中国也甚有影响。 342

加德纳（Gardner, Jack, 1840—1924），美国波士顿著名的艺术品收藏家。 45

加尔文（Calvin, John, 1509—1564），欧洲宗教改革家，基督教新教加尔文宗创始人。 409, 435

加托（Gâteaux, René Eugène, 1889—1914），法国数学家。 204, 238

贾德森（Judson, Adoniram, 1788—1850），美国公理会传教士，在缅甸传教近40年。 179

角谷静夫（Kakutani, Shizuo, 1911—2004），日裔美国数学家，从事概率论、遍历论和复数分析研究，有著名的"角谷静夫不动点定理"。 342, 371

杰斐逊（Jefferson, Thomas, 1743—1826），美国第三任总统。 175

杰克逊（Jackson, Dugald），维纳一家在新罕布什州的桑威奇镇上度夏居所的邻居，马萨诸塞理工学院教授。 109, 262, 266

金（King, Everett, 1794—1865），美国唯一神教牧师、教师、政治家和著名的美国演说家，曾任哈佛大学校长（1846—1849）。 61

金斯利（Kingsley, John Sterling, 1854—1929），美国生物学家和动物学家，维纳曾选修过他的课。他编纂的《标准博物志》（1883）、《通俗博物志》（1890）等，图文并茂，很受读者欢迎。 49, 86, 87, 99, 226

卡顿（Caton, Richard, 1842—1926），英国电生理学家和心脏病学家；首创对动物的脑电图研究。 434

卡恩，B.（Kahn, Bertha, 1867—1964），维纳的母亲。 9, 13, 18, 19, 22, 23, 26, 28, 29, 34, 40, 41, 46, 49, 53, 64, 67, 93, 100, 111, 114, 122, 123, 151, 153, 154, 170, 177, 202, 215, 227, 246, 274, 328

卡恩，H.（Kahn, Henry），维纳的外祖父。 19, 20, 67, 170

人名索引

卡夫卡(Kafka, Franz, 1883—1924),捷克德语小说家,犹太人。 164

卡勒曼(Carleman, Torsten, 1892—1949),瑞典数学家。 433

卡罗尔(Carroll, Lewis, 1832—1898),英国数学家和小说家;儿童名著《爱丽丝漫游奇境》的作者。 30,148,201

卡洛塔(Carlota, 1840—1927),马克西米利安的妻子,墨西哥第二帝国的皇后。 406

卡梅伦(Cameron, Robert),维纳在 MIT 的年轻同事。 338

卡皮查(Kapitza, Petr Leonidovich, 1894—1984),俄国著名物理学家,超流体的发现者之一,获 1978 年的诺贝尔物理学奖。 320

卡斯尔(Castle, William Ernest, 1867—1962),美国遗传学家,哈佛大学教授,维纳父亲的朋友。 46

卡斯纳(Kasner),哥伦比亚数学教授,维纳在该校期间,经常与他一起散步。 169

卡特赖特(Cartwright, Dame Mary Lucy, 1900—1998),英国女数学家,混沌理论研究先驱。曾任剑桥大学格顿学院院长(1949—1968)。 318,319

凯洛格(Kellogg),美国哈佛大学数学教授。 207,267,268,270,271

恺撒(Caesar, Julius, 前 100—前 44),古罗马杰出的军事统帅、政治家,罗马帝国的奠基者,死于刺杀。 71

坎农(Cannon, Walter, 1871—1945),美国神经学家和生理学家,哈佛大学教授,维纳父亲的朋友。 46,47,87,332,366,388,415

康拉德(Conrad, Joseph, 1857—1924),波兰裔英国小说家。 148

康普顿(Compton, Karl Taylor, 1887—1954),美国物理学家,长期担任 MIT 校长(1930—1948)。 310,311,358

考德威尔(Caldwell, Samuel Hawks, 1904—1960),美国电气工程师,对早期计算机的研制有贡献。 380,381

考厄(Cauer, Richard),德国柏林大学教授。 311

考克饶夫(Cockcroft, J. D., 1897—1967),英国物理学家,因与人合作成功分裂原子核而分享 1951 年诺贝尔物理学奖。 320

柯尔莫哥洛夫(Kolmogoroff, Andrey Nikolaevich, 1903—1987),苏联著名数学家。 313,393,394,439

柯立芝(Coolidge, Calvin, 1872—1933),美国第 30 任总统。 204,205,303

科利斯(Corliss, Janet),路易斯·科利斯的女儿,做过维纳的秘书。 300

科利斯(Corliss, Louis),毕业于康奈尔大学的工程师,维纳在新罕布什尔州桑威奇镇夏屋的邻居。 300

克贝(Koebe, Paul, 1882—1945),德国数学家,主要研究复变函数。 323

克尔凯郭尔(Kierkegaard, Soren Aabye, 1813—1855),丹麦宗教哲学心理学家、诗人,现代存在主义哲学的创始人。 438,441

克拉默(Cramer, Harald, 1893—1985),瑞典数学家,在概率统计领域有重要贡献,与维纳有密切的工作联系。 257,394

克莱因(Klein, Christian Felix, 1849—1925),德国数学家。 159,174,234,279,291

克赖因(Krein),俄国数学家,柯尔莫哥洛夫的学生。 393,394

克兰(Kline, John Robert, 1891—1955),美国数学家和教育家。 292,293,302,335

克劳斯(Kraus, Karl, 1874—1936), 20 世纪早期最著名的奥地利作家之一。 43

克雷于格(Kreuger, Ivar, 1880—1932), 瑞典工程师、企业家和金融家。 304

克里斯蒂(Christie, Agatha, 1890—1976), 英国著名侦探小说家。 455

克里希南(Krishnan), 印度国家物理研究所所长。 459

克利夫兰(Cleveland, Grover, 1837—1908), 美国第 22 和第 24 任总统。 109

克鲁泡特金(Kropotkin, Peter Alekseyevich, 1842—1921), 俄国革命家和地理学家, 无政府主义的重要代表人物之一。 44

克伦斯基(Kerensky, Aleksandr, 1881—1970), 俄国社会主义政治家, 1917 年俄国临时政府的首脑。 75, 177, 245

克罗瑟斯(Crothers, Samuel McCord, 1857—1927), 唯一神教派主日学校牧师, 主持了维纳两个妹妹的婚礼。 64, 65

库克(Cook, Frederick Albert, 1865—1940), 美国医生和探险家, 他声称自己在 1908 年到达北极, 被认为是造假。 88

库朗(Courant, Richard, 1888—1972), 德国数学家, 后移居美国。 278, 279, 287, 291—293, 296, 360

库利奇(Coolidge, Julian Lowell, 1873—1954), 美国数学家, 中国数学家姜立夫 1915—1919 年在哈佛大学攻读博士学位的导师。 175

库珀(Cooper, James Fenimore, 1789—1851), 美国早期浪漫主义作家, 西部文学的开创者之一。 83

库普曼(Koopman, Bernard, 1900—1981), 法裔美国数学家。 240, 364

库什曼(Cushman), 维纳在塔夫茨学院念书时的哲学和心理学教授。 84

奎因(Quain, Jones, 1796—1865), 爱尔兰外科医生, 解剖学教授, 他的著作《解剖学基础》是该领域标准英语课本。 86

拉埃内克(Laënnec, René, 1781—1826), 法国医生和音乐家; 发明了听诊器。 409

拉德克利芙(Radcliffe, Ann, 1764—1823), 英国女作家, 是描写黑暗、恐怖和神秘的哥特小说的先驱。 58

拉德马赫(Rademacher, Hans Adolph, 1892—1969), 德国数学家, 后移居美国。 335

拉斐德(Lafayette, Marquis de, 1757—1834), 法国贵族、军人、政治家, 参加了美国独立战争。 69

拉格朗日(Lagrange, Joseph-Louis, 1736—1813), 法国著名数学家。 364

拉曼(Raman, Chandrasekhara Venkata, 1888—1970), 印度物理学家, 因发现拉曼效应获 1930 年诺贝尔物理学奖。 452, 453

拉莫斯(Ramos, García), 墨西哥医生。 407

拉普拉斯(Laplace, Pierre-Simon de, 1749—1827), 法国著名数学家、物理学家和天文学家。 364

拉斯金(Ruskin, John, 1819—1900), 英国艺术、建筑和社会评论家, 天才画家, 独特的散文家, 他的一些著作给少年维纳留下深刻印象。 65

拉特雷(Rattray, F. C.), 英国唯一神教派的神职人员。 127

莱布尼茨(Leibniz, Gottfried Wilhelm, 1646—1716), 德国著名哲学家、数学家和逻辑学家, 独立发明了微积分。 8, 84, 146, 218, 238, 281, 282, 441, 465

莱夫谢茨(Lefschetz, Solomon, 1884—1972), 美国数学家, 主要研究代数拓扑。 168, 259

莱维(Levy, Hyman, 1889—1975), 苏格兰

人 名 索 引

数学物理学家,维纳在格丁根结识的朋友。 156,242,257,275,394,433

莱维(Lévy, Paul, 1886—1971),法国著名数学家和概率论家,维纳的朋友。 156,242,257,275,394,433

莱维特(Leavitt, Laura, 1874—1959),美国艾尔中学的女校长,9岁的维纳于1903年入学后,听她讲授拉丁文课。 71—73,77

莱文森(Levinson, Norman),维纳在MIT的年轻同事。 338,339,360,361,374,389

莱因斯(Rhines),《美国百科全书》编辑部主任,曾录用维纳来编辑部工作。 185,186,188,190

赖特(Wright, Frank Lloyd, 1867—1959),美国建筑设计师、作家和教育家。 341

兰伯特(Lambert),维纳在塔夫茨学院念书时的生物学教师。 85

兰道(Landau, E. G. H., 1877—1938),德国数学家。 153,158,162,230,307

兰德(Rand),哈佛大学哲学图书馆馆长。 134

兰塞姆(Ransom),维纳在塔夫茨学院念书时的数学教师。 80,87

劳伦斯(Lawrence, David Herbert, 1850—1930),20世纪英国著名小说家。 320

老勃鲁盖尔(Brueghel, the Elder, Pieter, 1525—1569),16世纪佛兰德斯最伟大的画家。一生以农村生活作为艺术创作题材。 436

勒贝格(Lebesgue, Henri Léon, 1875—1941),法国数学家。 174,197,204,207,240,275,276

勒梅特教士(Canon Lemaître, Georges Henri Joseph Édouard, 1894—1966),比利时数学家和天文学家。 356

勒努(Renou),在云南传教的法国神父,曾跟维纳一家同船旅游。 354

雷恩(Wren, Frank George, 1874—1940),塔夫茨学院人文学院院长,数学教授。维纳在他的指导下学习数学。 87

雷兹贝克(Raisbeck, Gordon),维纳的大女婿。 444

黎曼(Riemann, Georg Friedrich Bernhard, 1826—1866),德国著名数学家。 184,296

李森科(Lysenko, Trofim Denisovich, 1898—1976),苏联乌克兰裔生物学家、农学家,伪科学家。 357

李郁荣(1904—1989),广东新会人,维纳在MIT的博士生,也是维纳的朋友与合作者。 305—307,311,318,339,342,343,345,347—349,352,365,401—403,414

里德(Reid, Mayne, 1818—1883),爱尔兰小说家,其作品主要描写殖民地时期的美国;少年维纳很喜欢其中的冒险情节。 49,83

里特(Ritt),维纳在阿伯丁试验场的数学同事。 192

里韦拉(Rivera, Diego, 1886—1957),墨西哥著名画家。 408,409

理查森(Richardson, R. G. D.),美国布朗大学数学教授。 303,312

理查兹(Richards, I. A.),维纳在英国剑桥大学学习期间的伙伴。 143

利普卡(Lipka),维纳在马萨诸塞理工学院的数学同事。 206

利特尔伍德(Littlewood, John Edensor, 1885—1977),英国数学家。 144,158,230,292,318,319,329

利希滕施泰因(Lichtenstein, Leon, 1878—1933),波兰裔德国数学家,维纳的表叔。 277,278,327,334,359,364

列文虎克(Leeuwenhoek, Antonie Philips

van,1632—1723),荷兰显微镜专家。 280,281

卢米斯(Loomis,F. W.),维纳在阿伯丁试验场工作时的同事。 191

卢瑟福(Rutherford,Ernest,1769—1859),英国著名物理学家,诺贝尔化学奖获得者。 231

鲁克米希(Ruekmich,Christian),阿比西尼亚人,维纳在康奈尔大学学习时期的好友和实验室搭档。 116

鲁瑟(Reuther,Walter,1907—1970),美国劳工领袖。 427

鲁斯(Ruth,Babe),美国棒球运动员。 319

路易-菲利普(Louis-Philippe,1773—1850),法国国王(1830—1848)。 259

伦勃朗(van Rijn,Rembrandt Harmenszoon,1606—1669),荷兰画家。 300

罗巴切夫斯基(Lobachevski,Nikolas lvanovich,1792—1856),俄国数学家,非欧几何开创者之一。 248

罗伯逊(Robertson,Helen),哈佛大学拉德克利夫女子学院学生,曾每周帮助少年维纳学习德语和拉丁语。 58

罗塞蒂(Rossetti,Dante Gabriel,1829—1919),英国画家,批评家。 209

罗森伯格(Rosenberg,Ethel,1915—1953),朱利叶斯·罗森伯格的妻子。 423

罗森伯格(Rosenberg,Julius,1918—1953),美国信号部队的文职工程师,因涉嫌与妻子Ethel Rosenberg一起向苏联提供原子弹机密,被捕受审并处死。 423

罗森布吕特(Rosenblueth,Arturo,1900—1970),墨西哥研究工作者、医生和心理学家;维纳的重要合作者。 332,333,388,398,404,405,407—412,414,416,435,436,439,441,447

罗森菲尔德(Rosenfeld,Moritz,1862—1923),美国意第绪语诗人,他的诗作由维纳的父亲译成英语并出版,于是广为流传。 43,66,112

罗斯金(Ruskin,John,1819—1900),英国艺术、建筑和社会的批评家。维纳很欣赏他的著作《现代画家》。 130

罗素(Russell,Bertrand Arthur William,1872—1970),英国哲学家、数学家和逻辑学家。 126,130,131,134,136,137,139,144—149,152,153,157,163,164,166,168,172,173,201,228,231,232,247,249,250,318,438

罗伊斯(Royce,Josiah,1855—1916),美国实用主义和客观唯心主义哲学家,哈佛大学哲学系教授。他主持的讨论班给维纳留下深刻的印象。 125,126,130,134,249

洛厄尔(Lowell,Abbott Lawrence,1856—1943),美国律师,教育家;1909—1933年任哈佛大学校长。 85,96,97,100,133,177,183,202,203,253

马丁(Martin,W. T.),维纳在MIT的年轻同事。 338

马哈拉诺比斯(Mahalanobis),印度统计研究所所长。 458,459

马可尼(Marconi,Guglielmo,1874—1937),意大利物理学家,无线电通信的发明者,1909年获诺贝尔物理学奖。 263

马克·吐温(Twain,Mark,1835—1910),美国著名批判现实主义作家。 15,182

马克西米利安(Maximilian,1832—1867),奥地利大公,在法国政府的干涉和扶植下,于1864年4月10日成为墨西哥第二帝国皇帝,1867年6月19被墨西哥共和国处死。 406

马肯豪普特(Muckenhoupt,Carl),维纳的

第一个 MIT 博士生。 305

马林(Malin, Henry),维纳在 MIT 的年轻同事。 338,339

马萨里克(Masaryk, Tomáš Garrigue, 1850—1937),捷克斯洛伐克政治家、政治活动家和哲学家,1918 年至 1935 年担任捷克斯洛伐克首任总统。 245,323

马萨尼(Masani),印度科学家。 458

迈克尔逊(Michelson, Albert Abraham, 1852—1931),美国物理学家。 284,414

迈蒙尼德(Maimonides, Moses, 1135—1204),犹太哲学家,法律学家和医学家;维纳的先祖。 10,110,119

麦克劳林(McLaurin, Richard Cockburn, 1870—1920),出生于苏格兰的美国数学物理学家,教育家,从 1909 年起担任 MIT 校长,直至 1920 年在任上逝世。 309

麦克斯韦(Maxwell, James Clerk, 1831—1879),英国数学家、物理学家,创建现代电磁学理论。 8,283,284,364,438

麦克塔格特(McTaggart, John McTaggart Ellis, 1866—1925),英国唯心论形而上学哲学家。 148,149

芒德布罗伊(Mandelbrojt, Szolem, 1899—1983),波兰裔法国数学家,维纳的合作者之一。 346,352,355,433,445

毛姆(Maugham, Somerset, 1874—1965),英国作家。 353

梅森(Mason, Alfred Edward Woodley, 1865—1948),英国小说家、剧作家、演员、军官、间谍,也曾短期从政。 84

梅希亚(Mejía),墨西哥皇帝马克西米利安手下的将军。 406

梅贻琦(1889—1962),中国第一批庚款留美学生,长期担任清华大学校长。 339

门德尔松(Mendelssohn, Moses, 1729—1786),德国犹太哲学家,被称为"德国的苏格拉底",他是 18 世纪德国启蒙运动的领导人,近代犹太史上的重要人物。他指出在犹太教中信仰和理性之间是没有冲突的。他支持宗教信仰自由、政治宽容,倡导公民平等而不必遵循教条。 10,13,119

门格尔(Menger, Karl, 1902—1985),维也纳大学数学教授,后作为难民去了美国。 322,335

蒙巴顿勋爵(Lord Mountbatten, 1900—1979),英国政治家、海军元帅,英属印度末任总督。 451

蒙特马尔(Montemar),墨西哥皇帝马克西米利安手下的将军。 406

米开朗基罗(Buonarroti, Michelangelo, 1475—1564),意大利文艺复兴时期雕塑家、画家、建筑师和诗人。 466

米柳科夫(Milyukoff, Pavel Nikolayevich, 1859—1943),俄国政治家和历史学家,曾在 1917 年俄国临时政府中担任重要职务。 75,177,245

米塞斯(Mises, Richard Martin Edler von, 1883—1953),奥地利数学家,后移居美国,任哈佛大学教授。 322

明斯特贝格(Münsterberg),哈佛大学哲学系教授。 125,127,128,174

摩尔(Moore, George Edward, 1873—1958),英国有影响的现实主义哲学家、思想家。 126,148,149,163

莫尔斯(Morse, Harold Calvin Marston, 1892—1977),美国数学家,创建莫斯理论。 337

莫雷(Morley, Edward Williams, 1838—1923),美国化学家。 284

莫里森(Morison, Robert),洛克菲勒基金会生物科学小组的博士。 412

莫里斯(Morris, William, 1834—1896),英

国设计师、工匠、诗人和早期社会主义者。他反对工业化，认为机器生产是一场罪恶。　428

莫里耶(du Maurier, George, 1834—1896)，出生于法国的插图画家和作家。　39

莫里兹(Morize)，维纳所在预备军官训练团中的法国少校教官，也是哈佛大学的法语教授。　183

默里(Murray, Forrest)，维纳的哈佛大学校友和朋友。　61,258

默纳汉(Murnaghan)，美国约翰斯·霍普金斯大学教授，跟维纳一起在墨西哥访问。　409,410

默塞尔(Mursell, Jim)，在哈佛大学哲学系学习的澳大利亚留学生，维纳的登山旅伴。　178

默瑟(Mercer, James, 1883—1932)，英国数学家，专长分析学。　144

穆尔(Moore, C. L. E.)，维纳在马萨诸塞理工学院的数学同事。　206,235

穆勒(Mill, James, 1773—1836)，苏格兰历史学家、经济学家、政治理论家和哲学家，J. S. 穆勒的父亲。　5,53—56,59

穆勒(Mill, John Stuart, 1806—1873)，19世纪英国著名哲学家和经济学家。　5,53—56,59

穆斯-阿诺尔特(Muss-Arnoldt, Gustav, 1858—1927)，奥地利犹太人，亚述学专家，维纳父亲的朋友。　47

穆西奥(Muscio, Bernard)，维纳在英国剑桥大学学习期间的同学与好友。　142

穆肖(Muscio, Bernard)，澳大利亚心理学家。　252

内斯比特(Nesbit, Evelyn, 1858—1924)，英国女作家、诗人。　84

尼赫鲁(Nehru, Jawaharlal, 1889—1964)，印度开国总理。　450,452,454,461

尼科尔斯(Nichols, Ernest, 1869—1924)，美国物理学家与教育家，曾任 MIT 校长(1921—1922)。　309

牛顿(Newton, Isaac, 1643—1727)，伟大的英国物理学家和数学家，开创牛顿力学和微积分。　233,237,238,286,391,392,397

诺隆德(Nørlund, Niels Erik, 1885—1981)，丹麦著名数学家和天文学家，开创运用复变函数解微分方程，其妹妹 Margrethe 嫁给了尼尔斯·玻尔。　297

诺特(Noether, Emmy, 1882—1935)，德国著名女数学家，后移居美国。　326,335

欧·亨利(O. Henry, 1862—1910)，美国短篇小说家。　182

帕尔米耶里(Palmieri)，天主教布教总会的神父，维纳父亲的朋友。　245

帕尔默(Palmer)，哈佛大学哲学系教授。　125

帕克(Parker)，哈佛大学生物系教授，指导过作为塔夫茨学院学生的维纳。　86

帕斯卡(Pascal, Blaise, 1623—1662)，17世纪法国著名的数学家、物理学家和哲学家。　5

庞加莱(Poincaré, Jules Henri, 1854—1912)，法国著名数学家、物理学家。　173,232,241,347

泡利(Pauli, Wolfgang Ernst, 1900—1958)，物理学家，1945 年获诺贝尔物理学奖。　287

佩克(Peck, Annie, 1850—1935)，美国女登山家，她热爱登山是受了维纳父亲的影响。　17,18

佩里(Perry, Ralph Barton, 1876—1957)，美国教育家和哲学家，美国实用主义哲学

中新现实主义学派的创始人。1902—1946 年在哈佛大学执教。 125,170

佩利(Paley, Raymond, 1907—1933),英国数学家,维纳的一位重要合作者,后因滑雪事故去世。 318,326,327,329—331,334,337,346

皮兰(Perrin, Jean Baptiste, 1870—1942),法国物理学家,因对布朗运动的研究而获得 1926 年诺贝尔物理学奖。 240

皮里(Peary, Robert, 1856—1920),美国北极探险家。通常认为是他领导一支探险队于 1909 年首次抵达北极。 88

皮亚诺(Peano, Giuseppe, 1858—1932),意大利数学家,符号逻辑的奠基者之一。 136

珀尔(Pearl, Raymond, 1879—1940),美国动物学家,生物计量学与生物统计学应用的奠基者之一。维纳曾参加他的研究小组。 181

蒲柏(Pope, Alexander, 1688—1744),18 世纪英国最伟大的诗人,讽刺家。 54

普法夫(Pfaff, Johann Friedrich, 1765—1825),德国数学家。 193

普朗克(Planck, Max Karl Ernst Ludwig, 1858—1947),德国理论物理学家。 280,284

普朗舍雷尔(Plancherel, Michel, 1885—1967),瑞士数学家,主要研究领域是分析学、数学物理和代数。 266

普罗克特(Proctor, Redfield, 1831—1908),美国政治家。 339

普桑(Poussin, De La Vallée, 1866—1962),比利时数学家,主要成就是证明了素数定理。 296

普特里德斯(Phoutrides, Aristides Evangelos),哈佛大学学生,维纳登山旅行的伙伴。 171

齐拉特(Szilard, Leo, 1898—1964),匈牙利裔物理学家和发明家,后移居美国。他写给美国总统罗斯福的信由爱因斯坦签名,导致造出第一颗原子弹的曼哈顿计划。 360,424

钱德拉塞卡兰(Chandrasekharan),印度科学家。 458

乔丹(Jordan, David Starr, 1851—1931),美国著名鱼类学家、教育家,曾任斯坦福大学校长(1891—1913)。 152,201

乔丹(Jourdain, Philip Edward Bertrand, 1879—1919),英国逻辑学家。 152,201

乔伊斯(Joyce, James, 1882—1941),爱尔兰小说家、诗人和文学评论家。 186

乔治(George, Clare),维纳在新罕布什尔州桑威奇镇夏屋的女邻居。 300

切斯特顿(Chesterton, Gilbert Keith, 1874—1936),英国作家。 38

琼斯(Jones, Emily Elizabeth Constance, 1848—1922),剑桥大学格顿学院院长(1903—1916)。 149

若尔当(Jordan, Camille, 1838—1922),法国著名数学家,在代数、群论和伽罗瓦理论领域有重要贡献。 259

撒克斯特(Thaxter, Ronald, 1858—1932),美国真菌学家、植物病理学家、植物学家和昆虫学家,哈佛大学教授,维纳听过他的课。 99

萨金特(Sargent, John Singer, 1856—1925),美国画家,擅长肖像画,也曾为几家图书馆和美术馆画壁画。 134

萨凯里(Saccheri, Giovanni Girolamo, 1667—1733),意大利耶稣会士、数学家。对非欧几何学的早期发展有重要贡献。 248

萨克雷(Thackeray, William Makepeace,

1811—1863),英国小说家,其代表作是《名利场》。 129,176,348

萨拉巴伊(Sarabhai, Vikram),印度物理学家,维纳的好友。 452

萨斯(Szasz, Otto, 1884—1952),匈牙利数学家,维纳的好友。 160,335

萨斯劳(Saslaw, Samuel),维纳在MIT的年轻同事。 338

萨特(Sartre, Jean-Paul, 1905—1980),法国哲学家、小说家和剧作家,存在主义代表人物。 446

塞尔维特(Servet, Miguel, 1511—1553),西班牙神学家、医生和文艺复兴时期的人文主义者。 409

塞格(Szegö, Gábor, 1895—1985),匈牙利裔数学家,后移居美国。 335

塞申斯(Sessions, Roger),比维纳晚一年(1910)被哈佛大学录取的"神童"。 100,105,106

桑塔亚纳(Santayana),哈佛大学哲学系教授。 125,148

沙尔科(Charcot, Jean-Martin, 1825—1893),法国神经科医生和教授,现代神经病学的创始人,以研究催眠和歇斯底里著称,精神分析创始人弗洛伊德曾跟随他学习。 226,361

沙利文(Sullivan, Arthur, 1842—1900),英国作曲家。 186

莎士比亚(Shakespeare, William, 1564—1616),英国著名戏剧家、诗人。 14,104,105,466

施勒德(Schröder, Friedrich Wilhelm Karl Ernst, 1841—1902),德国数学家,在有序集和基数研究领域有重要贡献。 130,250

施密特(Schmidt, Karl),塔夫茨学院的哲学教授,维纳的博士论文指导者。 130

施密特(Schmidt, Robert),德国数论专家,维纳的朋友。 295—297

施瓦茨(Schwartz, Laurent, 1915—2002),法国数学家。 433,434,446

史蒂文森(Stevenson, Robert Louis, 1850—1894),苏格兰小说家、散文家和诗人,最有名的作品是《金银岛》。 49

史密斯(Smith, Benjamin),美国杜兰大学数学教授,维纳父亲的朋友。 24

舒斯特(Schuster, Sir Franz Arthur Friedrich, 1851—1934),德裔英国物理学家。 266

斯宾诺莎(Spinoza, Baruch de, 1632—1677),荷兰著名理性主义哲学家。 84

斯宾塞(Spencer, Herbert, 1820—1903),英国社会学家,哲学家,社会达尔文主义的创立者。 79,80

斯科菲尔德(Schofield, William Henry, 1870—1920),哈佛大学教授,研究古北欧语言和比较文学。 25

斯莫卢霍夫斯基(Smoluchowski, Marian, 1872—1917),奥地利物理学家。 208,240

斯坦梅茨(Steinmetz, Charles P., 1865—1923),德裔美国电气工程师,对发展交流电理论有重要贡献。 264

斯特拉顿(Stratton, Wesley, 1861—1931),美国政府官员、物理学家与教育家,曾任MIT校长(1923—1930)。 309

斯特勒伊克(Struik, Dirk Jan),荷兰数学家,维纳的朋友。 299,300,305,406

斯特林堡(Strindberg, August, 1849—1912),瑞典剧作家、小说家和短篇小说家。 433

斯滕(Steen, Jan, 1626—1679),荷兰风俗画画家。 436

斯通(Stone, A. H.),英国数学家。 371,372

斯威夫特(Swift, Jonathan, 1667—1745),英裔爱尔兰作家,英语世界中最重要的

讽刺作家。其小说《格列佛游记》在中国很有影响。 129,281

索瑟德(Southard),美国波士顿精神病医院首任院长。 127

塔夫脱(Taft, William Howard, 1857—1930),美国第27任总统。 199

塔马尔金(Tamarkin, Jacob David, 1888—1945),俄裔美国数学家,维纳的挚友。 302,303,312,313,337

泰戈尔(Tagore, Rabindranath, 1861—1941),印度诗人、短篇小说家、歌曲作曲家、剧作家、散文家和画家;1913年获得诺贝尔文学奖。 459

泰勒(Taylor, Frederick Winslow, 1856—1915),美国发明家和工程师,被誉为科学管理之父;极大地影响了全世界工业工程和生产管理的发展。 429

泰勒(Taylor, Geoffrey Ingram, 1886—1975),英国物理学家;他关于湍流理论的论文启发了维纳对于布朗运动的研究。 238,239,242

泰勒(Taylor, Isaac, 1829—1901),英国教士,语言学家、地名学家;他编著的《字母书》(*The Alphabet*),介绍了世界上几十种文字字母的来源和发展。 74

泰勒(Taylor, James S.),维纳在MIT的同事。 258,260

泰勒(Tyler, Harry W.),马萨诸塞理工学院数学系主任,是他把维纳招入该学院。 202,235

坦尼尔(Tenniel, John, 1820—1914),英国插画家和讽刺艺术家,其最著名的作品之一是为《爱丽丝漫游奇境》绘制生动的插图。 148

汤普森(Thompson, Sir Benjamin, Count Rumford, 1753—1814),英国物理学家,发明家。美国独立战争时在英国保皇党军队中任骑兵中校,美国独立后逃亡英国伦敦。 152

特罗布里奇(Trowbridge, John Townsend, 1827—1916),美国作家,作品包括儿童文学、小说和诗歌。 83

特斯拉(Tesla, Nikola, 1856—1943),塞尔维亚裔美国发明家和工程师,发明了三相电力传输系统。 264

藤原(Fujiwara),日本仙台大学的数学教授。 354

图灵(Turing, Alan Mathison, 1912—1954),英国著名数学家、逻辑学家。 146,431

托尔斯泰(Tolstoy, Lev Nikolaevich, 1828—1910),俄国伟大的小说家,创作了多部现实主义小说,其人文主义思想对维纳的父亲有深刻影响。 13,17,33,54,56,71,72,228

瓦耳顿(Walton, E. T. S., 1903—1995),爱尔兰物理学家,因与人合作成功分裂原子核而分享1951年诺贝尔物理学奖。 320

外尔(Weyl, Hermann, 1885—1955),德国著名数学家,后移居美国。 335,337,347

威尔斯(Wells, Herbert George, 1866—1946),英国多才多艺的作家,著有120多部作品,其中科幻小说占六分之一,被称为"科幻小说之父"。 65,148,356,399

威尔逊(Wilson, E. B.),维纳在马萨诸塞理工学院的数学同事。 205,262

威廉二世(Wilhelm II von Deutschland, 1859—1941),德国皇帝(1888—1918)。 244

威斯纳(Wiesner, Jerome),在MIT电子实验室工作的博士。 412

韦德(Wade),维纳在塔夫茨学院念书时的

希腊语教师。 80,116

韦弗(Weaver, Warren, 1894—1978),美国数学家,二战期间代表洛克菲勒基金会监管维纳的科研工作。 386,411

维布伦(Veblen, Major),少校。 193

维布伦(Veblen, Oswald, 1880—1960),美国数学家。 137,138,168,190—192,201,232,241,290,335,372

维德(Widder),维纳在阿伯丁试验场的数学同事,后在哈佛大学数学系工作。 192

维吉尔(Publius Vergilius Maro,前70—前19),古罗马最伟大的诗人。 71

维贾亚拉加万(Vijayaraghavan),维纳的印度朋友。 456

维纳(Wiener, Barbara, 1928—2016),维纳大女儿。 301,314,316,317,324,341,367,368,436,444

维纳(Wiener, Peggy, 1929—2000),维纳小女儿。 301,313,315—317,344,350,368,445,446,448,457

维纳,B.(Wiener, Bertha, 1902—1995),维纳的二妹。 64,67,76,120,121,139,151,235,274,278,294,314

维纳,C.(Wiener, Constance, 1898—1973),维纳的大妹。 18,30,40,59,64,70,120,121,123,139,151,181,184,189,193,196,197,235,274,298

维纳,F.(Wiener, Fritz, 1909—?),维纳的弟弟,长期患有精神疾病。 76,121—123,151,274

维纳,L.(Wiener, Leo, 1862—1939),哈佛大学斯拉夫语教授,诺伯特·维纳的父亲。 8—20,22—25,28—35,37—50,52—63,66—68,71—75,79—81,84,85,87,88,91—96,100—105,107,108,110—112,114—118,120,121,123—125,128—131,134,135,138,139,151—154,163—166,170,171,174,176—178,180,185,186,189,191,196,200,202,206,210,213—218,225—228,231,233,234,242—246,268,274,277,278,291,294,301,323,328—330,359,360,367,462—464

维纳,S.(Wiener, Solomon),诺伯特·维纳的祖父。 10

温特纳(Wintner, Aurel, 1903—1958),匈牙利裔数学家,在维纳的表叔推荐下移民美国,跟维纳一家是亲密邻居。 364,372

温特沃思(Wentworth, George Albert, 1835—1906),美国数学教师,编写过大量的很有影响的中小学和大学的数学教材,其中有的在20世纪初流传到中国。 36,60

沃尔夫森(Wolfson, Harry),哈佛大学闪米特语言博士,维纳的好友。 194

沃尔什(Walsh, Joe),哈佛大学数学教授,维纳的朋友。 258

沃尔泰拉(Volterra, Vito, 1860—1940),意大利数学家,对于微积分的发展有重要影响。 197

沃尔特(Walter, Grey, 1910—1977),英国布尔登神经学研究所研究员,在脑电图应用中有开创性贡献。 434,435

伍兹(Woods, F. H.),维纳在马萨诸塞理工学院的数学同事。 205

伍兹(Woods, Frederic Adams, 1873—1939),美国著名植物学家和生态学家。 126,131

西迪斯(又译"席德斯", Sidis, William James, 1998—1944),跟维纳同一年(1909)被哈佛大学录取的"神童",后来的生活历尽坎坷。 100—106,128,135

西格尔(Siegel, Armand),波士顿大学教

授。 287,459,467

西塞罗(Cicero, Marcus Tullius, 前106—前43),罗马共和国晚期的哲学家、政治家、律师、作家、雄辩家。 71

希契科克(Hitchcock),维纳在马萨诸塞理工学院的数学同事。 206

希斯洛普(Hyslop),维纳一家在新罕布什尔州的桑威奇镇上度夏居所的邻居,教授,以研究超自然现象闻名。 108

希特勒(Hitler, Adolf, 1889—1945),奥地利德国人,纳粹党领袖。 156,160, 163,322,334,359,363

席勒(Schiller, Ferdinand Canning Scott, 1864—1937),德裔英国哲学家。 134

霞飞(Joffre, Joseph-Jacques-Césaire, 1852—1931),法国元帅,第一次世界大战期间任法国军队总司令。 164

香农(Shannon, Claude E., 1916—2001),美国科学家,信息论奠基人。 337, 338,395,431,439

萧伯纳(Shaw, George Bernard, 1856—1950),英国剧作家、文艺批评家,获得1925年诺贝尔文学奖。 127

肖布(Schaub),康奈尔大学教授,讲授比较宗教学课程,维纳在康奈尔大学学习时期常和他们夫妇共进午餐,探讨《旧约》中的语言学知识。 116

谢费尔(Sheffer),哈佛大学的数学博士,维纳跟他合作研究数理逻辑。 180, 181,200

辛钦(Khintchine, Aleksandr Yakovlevich, 1894—1959),俄罗斯数学家。 313

熊庆来(1893—1969),中国云南人,数学家。 343

薛定谔(Schrödinger, Erwin Rudolf Josef Alexander, 1887—1933),奥地利物理学家,量子力学奠基人之一,1933年获诺贝尔物理学奖。 145,147,287

雅内(Janet, Pierre Marie Félix, 1859—1947),法国心理学家、医生、哲学家,也是解离和创伤记忆领域的心理治疗师先驱。 226,361

亚伯拉罕(Abraham),《旧约》圣经中的人物,并认为是犹太人的始祖。 117

亚采维奇(Yatsevich, Michael),俄国在第一次世界大战期间的一位政坛人物。 245

亚当斯(Adams, Eliot Quincy),维纳在塔夫茨学院念书时,所结交的马萨诸塞理工学院的大学生。 81,101

亚当斯(Adams, Henry, 1838—1918),美国历史学家和作家。 42

亚当斯(Addams, Charles, 1912—1988),美国漫画家,以黑色幽默和描写死亡恐怖著称。 40

亚里士多德(Aristotle, 前384—前322),古希腊著名哲学家、科学家。 111,194

亚历山大(Alexander, James W., 1888—1971),美国数学家,拓扑学奠基人之一。 168,192,232,278

扬(Young),英国剑桥大学彼得豪斯学院教师,维纳的合作者之一。 318

杨格(Young, John Wesley, 1879—1932),美国数学家。 137

耶森(Jessen),丹麦数学家。 433

耶斯佩森(Jespersen, Otto, 1860—1943),丹麦语言学家,英语语法的最重要的权威。维纳认为他父亲语言学贡献与此人不相上下。 94,214

易卜生(Ibsen, Henrik, 1828—1906),挪威著名剧作家。 212,291,433

英厄姆(Ingham, A. E.),英国数学家,维纳的朋友。 292,293,371,372

尤里(Urey, Harold, 1893—1981),美国物理化学家,获1934年诺贝尔化学奖。他在原子弹的研制过程中发挥了重要

作用。 417

雨果(Hugo, Victor, 1802—1885),法国著名浪漫主义作家。 83

约翰逊(Johnson, Osa),曾于维纳同船的女旅行家。 261

约翰逊(Johnson, Samuel, 1709—1784),绰号"约翰逊博士"(Dr. Johnson),英国评论家、传记作家、散文家。 101

赞格威尔(Zangwill, Israel, 1864—1926),英国犹太人作家。 44,118,139,149

扎伦巴(Zaremba, Stanisław, 1863—1942),波兰数学家,主要贡献在调和分析领域。 270,275

詹姆斯(James, Henry, 1843—1916),美国小说家,William James之弟。 85

詹姆斯(James, William, 1842—1910),美国著名心理学家和哲学家,维纳父子的好友。 85,108,125—127,134

赵元任(1892—1982),著名华人语言学家、音乐家,维纳的好友。 172,353